U0710473

简体横排

前四史

史記

中册

〔汉〕司马迁 撰
〔宋〕裴 骃 集解
〔唐〕司马贞 索隐
〔唐〕张守节 正义

中華書局

史记卷十九

惠景间侯者年表第七

太史公读列封至便侯,① 曰:有以也夫! 长沙王者,著令甲,称其忠焉。② 昔高祖定天下,功臣非同姓疆土而王者八国。③ 至孝惠时,唯独长沙全,禅五世,④ 以无嗣绝,⑤ 竟无过,为藩守职,信矣。故其泽流枝庶,毋功而侯者数人。⑥ 及孝惠讫孝景间五十载,追修高祖时遗功臣,及从代来,吴楚之劳,诸侯子弟若肺腑,⑦ 外国归义,封者九十有馀。咸表始终,当世仁义成功之著者也。

①【索隐】便音鞭,县名也。吴浅所封。

②【集解】邓展曰:"汉约,非刘氏不王。如芮王,故著令使特王。或曰以芮至忠,故著令也。"瓒曰:"汉以芮忠,故特王之;以非制,故特著令。"

③【集解】异姓国八王者,吴芮、英布、张耳、臧荼、韩王信、彭越、卢绾、韩信也。【索隐】非同姓而王者八国,齐王韩信、韩王韩信、燕王卢绾、梁王彭越、赵王张耳、淮南王英布、临江王共敖、长沙王吴芮,凡八也。

④【索隐】禅者,传也。案:《诸侯王表》,芮国至五世而绝。

⑤【集解】徐广曰:"孝文后七年,靖王薨,无嗣。"

⑥【索隐】案:此表芮子浅封便侯,传至玄孙;又封成王臣之子为沅陵侯,亦至曾孙。

⑦【索隐】柿府二音。柿,木札也;附,木皮也。以喻人主疏末之亲,如木札出于木,树皮附于树也。《诗》云"如涂涂附",《注》云"附,木皮"也。

国名	便【索隐】《汉志》县名，属桂阳。音鞭。	轪【集解】音大。　【索隐】轪音大，县名，在江夏也。
侯功	长沙王子，侯，二千户。	长沙相，侯，七百户。
孝惠七	七　元年九月，顷侯吴浅元年。	六　二年四月庚子，侯利仓元年。【索隐】《汉书》作"轪侯朱仓"，故长沙相。
高后八	八	二 六，三年，侯豨元年。
孝文二十三	二十二 一　后七年，恭侯信元年。	十五 八　十六年，侯彭祖元年。
孝景十六	五 十一　前六年，侯广志元年。	十六
建元至元封六年三十六	二十八　元鼎五年，侯千秋坐酎金，国除。	三十　元封元年，侯秩为东海太守，行过不请，擅发卒兵为卫，当斩，会赦，国除。
太初已后		

平都【索隐】县名，属东海。	
以齐将，高祖三年降，定齐，侯，千户。	
三　五年六月乙亥，孝侯刘到元年。【索隐】故齐将。已上孝惠时三人也。	
八	
二 二十一　三年，侯成元年。	右孝惠时三
十四　后二年，侯成有罪，国除。	

扶柳【索隐】县名，属信都。	郊【索隐】一作"洨"，县名，属沛郡。
高后姊长姁子，侯。	吕后兄悼武王身佐高祖定天下，吕氏佐高祖治天下，天下大安，封武王少子产为郊侯。
七　元年四月庚寅，侯吕平元年。八年，侯平坐吕氏事诛，国除。	五　元年四月辛卯，侯吕产元年。六年七月壬辰，产为吕王，国除。八年九月，产以吕王为汉相，谋为不善。大臣诛产，遂灭诸吕。

南宫【索隐】县名，属信都。	梧【索隐】县名，属彭城。
以父越人为高祖骑将，从军，以大中大夫侯。	以军匠从起郏，入汉，后为少府，作长乐、未央宫，筑长安城，先就，功侯，五百户。
七　元年四月，丙寅，侯张买元年。八年，侯买坐吕氏事诛，国除。	六　元年四月乙酉，齐侯阳成延元年。 二　七年，敬侯去疾元年。
	二十三
	九 七　中三年，靖侯偃元年。
	八　元光三年，侯戎奴元年。 十四　元狩五年，侯戎奴坐谋杀季父弃市，国除。

平定【索隐】《汉志》阙。或乡名。	博成【索隐】《汉志》阙。
以卒从高祖起留，以家车吏入汉，以枭骑都尉击项籍，得楼烦将功，用齐丞相侯。一云项涓。	以悼武王郎中，兵初起，从高祖起丰，攻雍丘，击项籍，力战，奉卫悼武王出荥阳，功侯。
八　元年四月乙酉，敬侯齐受元年。	三　元年四月乙酉，敬侯冯无择元年。 四　四年，侯代元年。八年，侯代坐吕氏事诛，国除。
一 四　二年，齐侯市人元年。 十八　六年，恭侯应元年。	
十六	
七　元光二年，康侯延居元年。 十八　元鼎二年，侯昌元年。 二　元鼎四年，侯昌有罪，国除。	

沛【索隐】县名，属沛郡。	襄成【索隐】县名，属颍川。	轵【索隐】县名，属河内。
吕后兄康侯少子，侯，奉吕宣王寝园。	孝惠子，侯。	孝惠子，侯。
七 元年四月乙酉，侯吕种元年。 一 为不其侯。八年，侯种坐吕氏事诛，国除。	一 元年四月辛卯，侯义元年。二年，侯义为常山王，国除。	三 元年四月辛卯，侯朝元年。四年，侯朝为常山王，国除。

壶关【索隐】县名，属河内。	沅陵【索隐】沅陵，县，近长沙，《汉志》属武陵。	上邳
孝惠子，侯。	长沙嗣成王子，侯。	楚元王子，侯。
四　元年四月辛卯，侯武元年。五年，侯武为淮阳王，国除。	八　元年十一月壬申，顷侯吴阳元年。	七　二年五月丙申，侯刘郢客元年。
	十七 六　后二年，顷侯福元年。	一　二年，侯郢客为楚王，国除。
	十一 四　中五年，哀侯周元年。后三年，侯周薨，无后，国除。	

朱虚【索隐】县名，属琅邪。	昌平【索隐】县名，属上谷。	赘其【索隐】县名，属临淮。
齐悼惠王子，侯。	孝惠子，侯。【索隐】实吕氏也。	吕后昆弟子，用淮阳丞相侯。
七　二年五月丙申，侯刘章元年。	三　四年二月癸未，侯太元年。七年，太为吕王，国除。	四　四年四月丙申，侯吕胜元年。八年，侯胜坐吕氏事诛，国除。
一　二年，侯章为城阳王，国除。		

中邑【索隐】《汉志》阙。	乐平【索隐】《汉志》阙。	山都【索隐】《汉志》阙。
以执矛从高祖入汉，以中尉破曹咎，用吕相侯，六百户。	以队卒从高祖起沛，属皇䜣，以郎击陈馀，用卫尉侯，六百户。	高祖五年为郎中柱下令，以卫将军击陈馀，用梁相侯。
五　四年四月丙申，(真)〔贞〕侯朱通元年。	二　四年四月丙申，简侯卫无择元年。 三　六年，恭侯胜元年。	五　四年四月丙申，贞侯王恬开元年。
十七 六　后二年，侯悼元年。	二十三	三 二十　四年，惠侯中黄元年。
十五　后三年，侯悼有罪，国除。	十五 一　后三年，侯侈元年。	三 十三　四年，敬侯触龙元年。
	五　建元六年，侯侈坐以买田宅不法，又请求吏罪，国除。	二十二 八　元狩五年，侯当元年。元封元年，侯当坐与奴阑入上林苑，国除。

松兹【集解】徐广曰："松，一作'祝'。"【索隐】《汉表》作"祝"，县名，属庐江。	成陶【集解】徐广曰："一作'阴'。" 【索隐】《汉表》作"成阴"也，《汉志》阙。
兵初起，以舍人从起沛，以郎(吏)〔中〕入汉，还，得雍王邯家属功，用常山丞相侯。	以卒从高祖起单父，为吕氏舍人，度吕(氏)〔后〕淮之功，用河南守侯，五百户。
五　四年四月丙申，夷侯徐厉元年。	五　四年四月丙申，夷侯周信元年。
六 十七　七年，康侯悼元年。	十一 三　十二年，孝侯勃元年。十五年，侯勃有罪，国除。
十二 四　中六年，侯偃元年。	
五　建元六年，侯偃有罪，国除。	

俞【集解】如淳曰："音输。"【索隐】俞音输。俞县属清河也。	滕【索隐】胜侯。一作"滕"。刘氏云作"胜"，恐误。今案：滕县属沛郡，"胜"未闻。
以连敖从高祖破秦，入汉，以都尉定诸侯，功比朝阳侯。婴死，子它袭功，用太中大夫侯。	以舍人、郎中，十二岁，以都尉屯田霸上，用楚相侯。
四　四年四月丙申，侯吕它元年。【索隐】吕他，他音驰，吕婴子也。八年，侯它坐吕氏事诛，国除。	四　四年四月丙申，侯吕更始元年。【索隐】更始，吕氏之族。八年，侯更始坐吕氏事诛，国除。

醴陵【索隐】县名，今在长沙。	吕成	东牟【索隐】县名，属东莱。
以卒从，汉王二年初起栎阳，以卒吏击项籍，为河内都尉，〔用〕长沙相侯，六百户。	吕后昆弟子，侯。	齐悼惠王子，侯。
五　四年四月丙申，侯越元年。	四　四年四月丙申，侯吕忿元年。八年，侯忿坐吕氏事诛，国除。	三　六年四月丁酉，侯刘兴居元年。
三　四年，侯越有罪，国除。		一　二年，侯兴居为济北王，国除。

锤【集解】一作“钜”。【索隐】县名,属东莱。	信都 【索隐】县名,属信都。	乐昌
吕肃王子,侯。	以张敖、鲁元太后子侯。	以张敖、鲁元太后子侯。
二 六年四月丁酉,侯吕通【索隐】吕后兄子。元年。八年,侯通为燕王,坐吕氏事,国除。	一 八年四月丁酉,侯张侈【索隐】敖子,以鲁元公主封。元年。	一 八年四月丁酉,侯张受元年。
	元年,侯侈有罪,国除。	元年,侯受有罪,国除。

祝兹【索隐】《汉书》作“琅邪”。	建陵【索隐】《汉表》作“东海”。
吕后昆弟子，侯。	以大谒者侯，宦者，多奇计。
八年四月丁酉，侯吕荣元年。坐吕氏事诛，国除。	八年四月丁酉，侯张泽元年。【索隐】一名释。九月，夺侯，国除。

东平【集解】徐广曰："一作'康'。"【索隐】县名，在东平。	右高后时三十一
以燕王吕通弟侯。	
八年五月丙辰，侯吕庄元年。坐吕氏事诛，国除。	

阳信【索隐】表在新野，志属勃海，恐有二县。	轵【索隐】县名，属河内也。
高祖十二年为郎。以典客夺赵王吕禄印，关殿门拒吕产等入，共尊立孝文，侯，二千户。	高祖十年为郎，从军，十七岁为太中大夫，迎孝文代，用车骑将军迎太后，侯，万户。薄太后弟。
十四　元年三月辛丑，侯刘揭【索隐】阳信夷侯刘揭。元年。 九　十五年，侯中意元年。	十　元年四月乙巳，侯薄昭元年。 十三　十一年，易侯戎奴元年。
五　六年，侯中意有罪，国除。	十六
	一　建元二年，侯梁元年。

壮武【索隐】县名,属胶东。	清都【集解】徐广曰:"一作'鄡',音苦尧反。"【索隐】清郭侯驷钧。齐封田婴为清郭君。《汉表》"邬侯驷钧",邬,太原齐县。
以家吏从高祖起山东,以都尉从(之)〔守〕荥阳,食邑。以代中尉劝代王入,骖乘至代邸,王卒为帝,功侯,千四百户。	以齐哀王舅父侯。【索隐】舅父即舅,犹姨曰姨母然也。
二十三 元年四月辛亥,侯宋昌元年。	五 元年四月辛未,侯驷钧元年。前六年,钧有罪,国除。
十一 中四年,侯昌夺侯,国除。	

周阳【索隐】县名，属上郡。	樊【索隐】县名，属东平。
以淮南厉王舅父侯。	以睢阳令〔从〕高祖初起(从)阿，以韩家子还定北地，用常山相侯，千二百户。
五　元年四月辛未，侯赵兼元年。前六年，兼有罪，国除。	十四　元年六月丙寅，侯蔡兼元年。 九　十五年，康侯客元年。【集解】徐广曰："客，一作'容'。"
	九 七　中三年，恭侯平元年。
	十三 十四　元朔二年，侯辟方元年。元鼎四年，侯辟方有罪，国除。

管【索隐】管，古国，今为县，属荥阳。	瓜丘【索隐】斥丘。县，在魏郡。
齐悼惠王子，侯。	齐悼惠王子，侯。
二　四年五月甲寅，恭侯刘罢军元年。【索隐】共侯刘罢军。 十八　六年，侯戎奴元年。	十一　四年五月甲寅，侯刘宁国元年。 九　十五年，侯偃元年。
二　三年，侯戎奴反，国除。	二　三年，侯偃反，国除。

营【索隐】表在济南。	杨虚
齐悼惠王子，侯。	齐悼惠王子，侯。
十　四年五月甲寅，平侯刘信都元年。 十　十四年，侯广元年。	十二　四年五月甲寅，恭侯刘将庐元年。【索隐】杨虚共侯刘将庐。《汉书》作“将闾”，齐悼惠王子，袭封，王子也。十六年，侯将庐为齐王，有罪，国除。
二　三年，侯广反，国除。	

扐【集解】音力。【索隐】扐。县名，属平原。音力。	安都【索隐】《汉志》阙。
齐悼惠王子，侯。	齐悼惠王子，侯。
十二 四年五月甲寅，侯刘辟光元年。十六年，侯辟光为济南王，国除。	十二 四年五月甲寅，侯刘志元年。十六年，侯志为济北王，国除。

平昌【索隐】县名,属平原。	武城【索隐】《汉志》阙。凡阙者,或乡名,或寻废,故志不载。
齐悼惠王子,侯。	齐悼惠王子,侯。
十二　四年五月甲寅,侯刘卬元年。十六年,侯卬为胶西王,国除。	十二　四年五月甲寅,侯刘贤元年。十六年,侯贤为菑川王,国除。

白石【索隐】县名，属金城。	波陵【索隐】《汉志》作"泝"，音泝。
齐悼惠王子，侯。	以阳陵君侯。
十二　四年五月甲寅，侯刘雄渠元年。十六年，侯雄渠为胶东王，国除。	五　七年三月甲寅，康侯魏驷元年。十二年，康侯魏驷薨，无后，国除。

南郧【集解】徐广曰:"一作'朝'。"【索隐】韦昭音贞,一音程。李彤云:"河南有郧亭。"音赪。	阜陵【索隐】县名,属九江。
以信平君侯。	以淮南厉王子侯。
一　七年三月丙寅,侯起元年。【索隐】起,名也,史失其姓。孝文时坐后父故夺爵级,关内侯。	八　八年五月丙午,侯刘安元年。十六年,安为淮南王,国除。

安阳【索隐】安陵。县名,属冯翊,恐别有"安陵"。	阳周
以淮南厉王子侯。	以淮南厉王子侯。
八　八年五月丙午,侯勃元年。十六年,侯勃为衡山王,国除。	八　八年五月丙午,侯刘赐元年。十六年,侯赐为庐江王,国除。

东城【索隐】县名，属九江。	犁【索隐】县名，属东郡。	缾【索隐】县名，属琅邪。缾音瓶。
以淮南厉王子侯。	以齐相召平子侯，千四百一十户。	以北地都尉孙卬，匈奴入北地，力战死事，子侯。
七　八年五月丙午，哀侯刘良元年。十五年，侯良薨，无后，国除。	十一　十年四月癸丑，顷侯召奴元年。 三　后五年，侯泽元年。	十　十四年三月丁巳，侯孙单元年。
	十六	二　前三年，侯单谋反，国除。
	十六 十九　元朔五年，侯延元年。元封六年，侯延坐不出持马，斩，国除。	

弓高【索隐】《汉表》在营陵。	襄成【索隐】襄城，志属颍川。
以匈奴相国降，故韩王信孽子，侯，千二百三十七户。	以匈奴相国降侯，故韩王信太子之子，侯，千四百三十二户。
八　十六年六月丙子，庄侯韩颓当元年。	七　十六年六月丙子，哀侯韩婴元年。 一　后七年，侯泽之元年。
十六　前元年，侯则元年。	十六
十六　元朔五年，侯则薨，无后，国除。	十五　元朔四年，侯泽之坐诈病不从，不敬，国除。

故安【索隐】县名，属涿郡。	章武【索隐】县名，属勃海。
孝文元年，举淮阳守从高祖入汉功侯，食邑五百户；用丞相侯，一千七百一十二户。	以孝文后弟侯，万一千八百六十九户。
五　后三年四月丁巳，节侯申屠嘉元年。	一　后七年六月乙卯，景侯窦广国元年。
二 十四　前三年，恭侯蔑元年。	六 十　前七年，恭侯完元年。
十九 五　元狩二年，清安侯臾元年。元鼎元年，臾坐为九江太守有罪，国除。	八 十　元光三年，侯常坐元年。元狩元年，侯常坐谋杀人未杀罪，国除。

<table>
<tr><td>南皮【索隐】县名，属勃海。</td><td rowspan="8">右孝文时二十九</td></tr>
<tr><td>以孝文后兄窦长君子侯，六千四百六十户。</td></tr>
<tr><td></td></tr>
<tr><td></td></tr>
<tr><td>一　后七年六月乙卯，侯窦彭祖元年。</td></tr>
<tr><td>十六</td></tr>
<tr><td>五
五　建元六年，夷侯良元年。
十八　元光五年，侯桑林元年。元鼎五年，侯桑林坐酎金罪，国除。</td></tr>
<tr><td></td></tr>
</table>

平陆【索隐】县名，属西河。又有东平陆，在东平。	休
楚元王子，侯，三千二百六十七户。	楚元王子，侯。
二　元年四月乙巳，【集解】一云“乙卯”。侯刘礼元年。三年，侯礼为楚王，国除。	二　元年四月乙巳，侯富元年。三年，侯富以兄子戎为楚王反，富与家属至长安北阙自归，不能相教，上印绶。诏复王。后以平陆侯为楚王，更封富为红侯。

沈犹【索隐】《汉表》在高苑。	红【索隐】红、休，盖二乡名。王莽封刘歆为红休侯。一云红即虹县也。
楚元王子，侯，千三百八十户。	楚元王子，侯，千七百五十户。
十六　元年四月乙巳，夷侯刘秽元年。	四　三年四月乙巳，庄侯富元年。【索隐】红雅侯刘富，一云礼侯也，楚元王子。案王传，休侯富免后封红侯，此则并列，误也。《汉表》一书而已。 一　前七年，悼侯澄元年。 九　中元年，敬侯发元年。【集解】发，一作"嘉"。
四 十八　建元五年，侯受元年。元狩五年，侯受坐故为宗正听谒不具宗室，不敬，国除。	十五 一　元朔四年，侯章元年。元朔五年，侯章薨，元后，国除。

宛朐【索隐】冤朐，县名，属济阴。	魏其【索隐】县名，属琅邪。	棘乐
楚元王子，侯。	以大将军屯荥阳，捍吴楚七国，侯，三千三百五十户。	楚元王子，侯，户千二百一十三。
二　元年四月乙巳，侯刘埶元年。【索隐】萧该埶音艺。三年，侯埶反，国除。	十四　三年六月乙巳，侯窦婴元年。	十四　三年八月壬子，敬侯刘调元年。
	九　建元元年为丞相，二岁免。元光四年，侯婴坐争灌夫事上书称为先帝诏，矫制害，弃市，国除。	一 十一　建元二年，恭侯应元年。 十六　元朔元年，侯庆元年。元鼎五年，侯庆坐酎金，国除。

俞【索隐】俞音输，县名，属清河。	建陵
以将军吴楚反时击齐有功。布故彭越舍人，越反时布使齐，还已枭越，布祭哭之，当亨，出忠言，高祖舍之。黥布反，布为都尉，侯，户千八百。	以将军击吴楚功，用中尉侯，户一千三百一十。
六　六年四月丁卯，侯栾布元年。中五年，侯布薨。	十一　六年四月丁卯，敬侯卫绾元年。
十　元狩六年，侯贲坐为太常庙牺牲不如令，有罪，国除。【集解】一云元朔二年，侯贲元年。	十 十八　元光五年，侯信元年。元鼎五年，侯信坐酎金，国除。

建平【索隐】县名，属沛郡。	平曲【索隐】案：《汉表》在高城。
以将军击吴楚功，用江都相侯，户三千一百五十。	以将军击吴楚功，用陇西太守侯，户三千二百二十。
十一　六年四月丁卯，哀侯程嘉元年。	五　六年四月己巳，侯公孙昆【索隐】《汉书》作“浑”。邪元年。中四年，侯昆邪有罪，国除。太仆贺父。
七 一　元光二年，节侯横元年。 一　元光三年，侯回元年。元光四年，侯回薨，无后，国除。	

江阳【索隐】县，在东海也。	遽【索隐】案《汉表》，乡名，在常山。
以将军击吴楚功，用赵相侯，户二千五百四十一。	以赵相建德，王遂反，建德不听，死事，子侯，户千九百七十。
四　六年四月壬申，康侯苏嘉元年。【集解】徐广曰："苏，一作'籍'。"【索隐】《汉表》作"苏息。" 七　中三年，懿侯卢元年。【集解】徐广曰："一作'哀侯'。"	六　中二年四月乙巳，侯横【索隐】《史》失其姓。元年。后二年，侯横有罪，国除。
二 十六　建元三年，侯明元年。 十一　元朔六年，侯雕元年。元鼎五年，侯雕坐酎金，国除。	

新市【索隐】县名，属钜鹿。	商陵【索隐】《汉表》在临淮。
以赵内史王慎，王遂反，慎不听，死事，子侯，户一千十四。	以楚太傅赵夷吾，王戊反，不听，死事，子侯，千四十五户。
五　中二年四月乙巳，侯王康元年。 三　后元年，殇侯始昌元年。	八　中二年四月乙巳，侯赵周元年。
九　元光四年，殇侯始昌为人所杀，国除。	二十九　元鼎五年，侯周坐为丞相知列侯酎金轻，下廷尉，自杀，国除。

山阳	安陵
以楚相张尚,王戊反,尚不听,死事,子侯,户千一百一十四。	以匈奴王降侯,户一千五百一十七。
八　中二年四月乙巳,侯张当居元年。	七　中三年十一月庚子,侯子军元年。
十六　元朔五年,侯当居坐为太常程博士弟子故不以实罪,国除。【集解】徐广曰:"程,一作'泽'。"	五　建元六年,侯子军薨,无后,国除。

垣【索隐】县名，属河东。	遒【索隐】县名，属涿郡。音兹鸠反。
以匈奴王降侯。	以匈奴王降侯，户五千五百六十九。
三　中三年十二月丁丑，侯赐元年。六年，赐死，不得及嗣。	中三年十二月丁丑，侯隆彊【索隐】遒侯李隆彊。元年。不得隆彊嗣。
	后元年四月甲辰，侯则坐使巫齐少君祠祝诅，大逆无道，国除。【集解】徐广曰："《汉书》云武后二年。"

容成【索隐】县名，属涿郡。	易【索隐】县名，属涿郡。
以匈奴王降侯，七百户。	以匈奴王降侯。
七　中三年十二月丁丑，侯唯徐卢【索隐】容成侯唯徐庐。元年。	六　中三年十二月丁丑，侯仆黥元年。后二年，侯仆黥薨，无嗣。
十四　建元元年，康侯绰元年。 二十二　元朔三年，侯光元年。	
十八　后二年，三月壬辰，侯光坐祠祝诅，国除。	

范阳【索隐】县名，属涿郡。	翕【索隐】《汉表》在内黄。
以匈奴王降侯，户千一百九十七。	以匈奴王降侯。
七　中三年十二月丁丑，端侯代【索隐】范阳靖侯代。元年。	七　中三年十二月丁丑，侯邯郸元年。
七 二　元光二年，怀侯德元年。元光四年，侯德薨，无后，国除。	九　元光四年，侯邯郸坐行来不请长信，不敬，国除。

亚谷【索隐】一作“恶父”,《汉表》在河内。	隆虑【索隐】隆卢。音林闾。县名,属河内。
以匈奴东胡王降,故燕王卢绾子侯,千五百户。	以长公主嫖子侯,户四千一百二十六。
二　中五年四月丁巳,简侯它父【索隐】简侯他父。元年。 三　后元年,安侯种元年。	五　中五年五月丁丑,侯蟜元年。【集解】徐广曰:“案本纪乃前五年,非中五年。”
十一　建元元年,康侯偏元年。 二十五　元光六年,侯贺元年。	二十四　元鼎元年,侯蟜坐母长公主薨未除服,奸,禽兽行,当死,自杀,国除。
十五　征和二年七月辛巳,侯贺坐太子事,国除。	

乘氏【索隐】县名，属济阴。	桓邑	盖【索隐】《汉表》在勃海。
以梁孝王子侯。	以梁孝王子侯。	以孝景后兄侯，户二千八百九十。
中五年五月丁卯，侯买元年。中六年，侯买嗣为梁王，国除。	一　中五年五月丁卯，侯明元年。中六年，为济川王，国除。	五　中五年五月甲戌，靖侯王信元年。
		二十八　元狩三年，侯偃元年。元鼎五年，侯偃坐酎金，国除。

塞	武安【索隐】县名，属魏郡。
以御史大夫前将(军)兵击吴楚功侯，户千四十六。	以孝景后同母弟侯，户八千二百一十四。
三　后元年八月，侯直不疑元年。	一　后三年三月，侯田蚡元年。
三 十二　建元四年，侯相如元年。 十三　元朔四年，侯坚元年。元鼎五年，坚坐酎金，国除。	九 五　元光四年，侯梧元年。元朔三年，侯梧坐衣襜褕入宫廷中，不敬，国除。

周阳 【索隐】县名，属上郡。	右孝景时三十(一)
以孝景后同母弟侯，户六千二十六。	
一　后三年三月，懿侯田胜元年。	
十一 八　元光六年，侯彭祖元年。元狩二年，侯彭祖坐当归与章侯宅不与罪，国除。	

【索隐述赞】惠景之际，天下已平。诸吕构祸，吴楚连兵。条侯出讨，壮武奉迎。薄窦恩泽，张赵忠贞。本枝分荫，肺腑归诚。新市死事，建陵勋荣。咸开青社，俱受丹旌。旋窥甲令，吴便有声。

史记卷二十

建元以来侯者年表第八

【索隐】七十二国，太史公旧；馀四十五国，褚先生补也。

太史公曰：匈奴绝和亲，攻当路塞；闽越擅伐，东瓯请降。二夷交侵，当盛汉之隆，以此知功臣受封侔于祖考矣。何者？自《诗》、《书》称三代“戎狄是膺，荆荼是征”，①齐桓越燕伐山戎，武灵王以区区赵服单于，秦缪用百里霸西戎，吴楚之君以诸侯役百越。况乃以中国一统，明天子在上，兼文武，席卷四海，内辑亿万之众，岂以晏然不为边境征伐哉！自是后，遂出师北讨强胡，南诛劲越，将卒以次封矣。

①【集解】《毛诗传》曰：“膺，当也。”郑玄曰：“徵，艾。”【索隐】荼音舒。徵音澄。

国名	翕【索隐】音吸。案:《汉表》在内黄也。	持装【索隐】《汉表》作“辕”,在南阳也。
侯功	匈奴相降,侯。元朔二年,属车骑将军,击匈奴有功,益封。	匈奴都尉降,侯。
元光	三　四年七月壬午,侯赵信元年。	六年后九月丙寅,侯乐【索隐】音岳。元年。
元朔	五　六年,侯信为前将军击匈奴,遇单于兵,败,信降匈奴,国除。	六
元狩		六
元鼎		元年,侯乐死,无后,国除。
元封		
太初已后		

亲阳【索隐】《汉表》在舞(阳)〔阴〕也。	若阳【索隐】表在平氏也。
匈奴相降,侯。	匈奴相降,侯。
三　二年十月癸巳,侯月氏元年。五年,侯月氏坐亡斩,国除。	三　二年十月癸巳,侯猛元年。五年,侯猛坐亡斩,国除。

长平【索隐】《地理志》县名，在汝南。	平陵【索隐】表在武当。
以元朔二年再以车骑将军击匈奴，取朔方、河南功侯。元朔五年，以大将军击匈奴，破右贤王，益封三千户。	以都尉从车骑将军青击匈奴功侯。以元朔五年，用游击将军从大将军，益封。
五　二年三月丙辰，烈侯卫青元年。【集解】徐广曰："青以元封五年薨。"	五　二年三月丙辰，侯苏建元年。
六	六
六	六　六年，侯建为右将军，与翕侯信俱败，独身脱来归，当斩，赎，国除。
六	
太初元年，今侯伉元年。	

岸头 【索隐】表在皮氏。	平津 【索隐】表在高城。
以都尉从车骑将军青击匈奴功侯。元朔六年,从大将军,益封。	以丞相诏所褒侯。
五　二年六月壬辰,侯张次公元年。	四　(三)〔五〕年十一月乙丑,献侯公孙弘元年。
元年,次公坐与淮南王女奸,及受财物罪,国除。	二 四　三年,侯庆元年。
	六
	三　四年,侯庆坐为山阳太守有罪,国除。

涉安	昌武【索隐】表在武阳。
以匈奴单于太子降侯。	以匈奴王降侯。以昌武侯从骠骑将军击左贤王功，益封。
一　三年四月丙子，侯於单【索隐】音丹。元年。五月，卒，无后，国除。	三　四年(七)〔十〕月庚申，坚侯赵安稽元年。
	六
	六
	一 五　二年，侯充国元年。
	太初元年，侯充国薨，亡后，国除。

襄城【索隐】《汉表》作“襄武侯乘龙”，不同也。案：韩婴亦封襄城侯，《地理志》襄城在颍川，襄武在陇西也。	南奅【集解】徐广曰：“匹孝反。”【索隐】徐广曰：“匹孝反。”刘氏“普教反”。张揖“奅，空也”，《纂文》云“奅，虚大也。”《茂陵中书》云“南奅侯”，此本字也。《卫青传》作“窌”。《说文》以为从穴，音柳宥反；从大，音疋孝反。
以匈奴相国降侯。	以骑将军从大将军青击匈奴得王功侯。太初二年，以丞相封为葛绎侯。
三　四年(七)〔十〕月庚申，侯无龙元年。【集解】一云“乘龙”。	二　五年四月丁未，侯公孙贺元年。
六	六
六	四　五年，贺坐酎金，国除，绝，(十)〔七〕岁。
六	
一　太初二年，无龙从浞野侯战死。 三　三年，侯病已元年。	十三　太初二年三月丁卯，封葛绎侯。征和二年，贺子敬声有罪，国除。

合骑【索隐】表在高城也。	乐安【索隐】安乐表在昌,《地理志》昌县在琅邪也。
以护军都尉三从大将军击匈奴,至右贤王庭,得王功侯。元朔六年益封。	以轻车将军再从大将军青击匈奴得王功侯。
二　五年四月丁未,侯公孙敖元年。	二　五年四月丁未,侯李蔡元年。
一　二年,侯敖将兵击匈奴,与骠骑将军期,后,畏懦,当斩,赎为庶人,国除。	四　五年,侯蔡以丞相盗孝景园神道壖地罪,自杀,国除。

龙额【索隐】《地理志》县名，属平原。刘氏音额。崔浩音洛，又云"今河间有龙额村，与弓高相近"。	随成【索隐】表在千乘。
以都尉从大将军青击匈奴得王功侯。元鼎六年，以横海将军击东越功，为案道侯。【索隐】《汉表》以龙额、案道为二人封，非也。韦昭云案道属齐也。	以校尉三从大将军青击匈奴，攻农吾，先登石累，【索隐】累音垒，险阻地名。《汉表》作"瞢"，音门。得王功侯。
二　五年四月丁未，侯韩说元年。	二　五年四月乙卯，侯赵不虞元年。
六	三　三年，侯不虞坐为定襄都尉，匈奴败太守，以闻非实，(坐)谩，【索隐】谓上闻天子状不实，为谩，而国除。谩音木干反。国除。
四　五年，侯说坐酎金，国绝。二岁复侯。	
六　元年五月丁卯，案道侯说元年。	
十三　征和二年，子长代，有罪，绝。子曾复封为龙额侯。	

从平【索隐】表在乐昌邑。	涉轵【索隐】《汉表》轵在西安，无“涉”字。《地理志》西安在齐郡。涉轵犹从骠然，皆当时意也，故上文有涉安侯。
以校尉三从大将军青击匈奴，至右贤王庭，数为雁行上石山先登功侯。	以校尉三从大将军击匈奴，至右贤王庭，得王，虏阏氏功侯。
二　五年四月乙卯，公孙戎奴元年。	二　五年四月丁未，侯李朔元年。
一　二年，侯戎奴坐为上郡太守发兵击匈奴，不以闻，谩，国除。	元年，侯朔有罪，国除。

宜春【索隐】志县名，属汝南。豫章亦有之。	阴安【索隐】志县名，属魏。
以父大将军青破右贤王功侯。	以父大将军青破右贤王功侯。
二　五年四月丁未，侯卫伉元年。	二　五年四月丁未，侯卫不疑元年。
六	六
元年，侯伉坐矫制不害，国除。	四　五年，侯不疑坐酎金，国除。

发干【索隐】志县名，属东郡。	博望【索隐】志县名，属南阳。
以父大将军青破右贤王功侯。	以校尉从大将军六年击匈奴，知水道，及前使绝域大夏功侯。
二　五年四月丁未，侯卫登元年。	一　六年三月甲辰，侯张骞元年。
六	一　二年，侯骞坐以将军击匈奴畏懦，当斩，赎，国除。
四　五年，侯登坐酎金，国除。	

冠军【索隐】县名，属南阳。	众利【索隐】众利，表在（阳城）〔城阳〕姑莫，后以封伊即轩也。
以嫖姚校尉再从大将军，六年从大将军击匈奴，斩相国功侯。元狩二年，以骠骑将军击匈奴，至祁连，益封；迎浑邪王，益封；击左右贤王，益封。	以上谷太守四从大将军，六年击匈奴，首虏千级以上功侯。
一　六年四月壬申，景桓侯霍去病元年。	一　六年五月壬辰，侯郝贤【索隐】郝音呼恶反，又音释。元年。
六	一　二年，侯贤坐为上谷太守入戍卒财物上计谩罪，国除。
六　元年，哀侯嬗元年。	
元年，哀侯嬗薨，无后，国除。【集解】徐广曰："嬗字子侯，为武帝奉车。登封泰山，暴病死。"	

潦【索隐】表在舞阳。	宜冠【索隐】冠音官。表在昌也。
以匈奴赵王降，侯。	以校尉从骠骑将军二年再出击匈奴功侯。故匈奴归义。
一　元年七月壬午，悼侯赵王煖訾【索隐】煖音况远反。訾，即移反。元年。二年，煖訾死，无后，国除。	二　二年正月乙亥，侯高不识元年。四年，不识击匈奴，战军功增首不以实，当斩，赎罪，国除。

煇渠【索隐】乡名。案:表在鲁阳。煇,上下并音徽。	从骠【索隐】以从骠骑得封,故曰从骠。后封浞野侯。
以校尉从骠骑将军二年再出击匈奴,得王功侯。以校尉从骠骑将军二年虏五王功,益封。故匈奴归义。	以司马再从骠骑将军数深入匈奴,得两王子骑将军侯。以匈河将军元封三年击楼兰功,复侯。
五　二年二月乙丑,忠侯仆多【索隐】《汉表》作“仆朋”。此云“仆多”,与《卫青传》同。元年。	五　二年五月丁丑,侯赵破奴元年。
三 三　四年,侯电元年。	四　五年,侯破奴坐酎金,国除。
六	浞野　四　三年,侯破奴元年。
四	一　二年,侯破奴以浚稽将军击匈奴,失军,为虏所得,国除。

下麾【索隐】表在猗氏。麾音抝。	漯阴【索隐】表在平原。
以匈奴王降侯。	以匈奴浑邪王将众十万降侯，万户。
五　二年六月乙亥，侯呼毒尼元年。	四　二年七月壬午，定侯浑邪元年。
四 二　五年，炀侯伊即轩元年。	六　元年。魏侯苏元年。【索隐】魏，谥；苏，名。《谥法》"克捷行军曰魏"也。
六	五　五年，魏侯苏薨，无后，国除。
四	

煇渠【索隐】韦昭云："仆多所封则作'煇渠'，应庀所封则作'浑渠'。二者皆乡名，在鲁阳。今并作'煇'，误也。"案：《汉表》及传亦作"煇"，孔文祥云"同是元狩中封，则一邑分封二人也。"其义为得。	河綦 【索隐】表在济南郡。
以匈奴王降侯。	以匈奴右王与浑邪降侯。
四　三年七月壬午，悼侯扁訾元年。【索隐】《汉表》作"悼侯应庀"。庀读必二反。扁，必显反。訾，子移反。	四　三年七月壬午，康侯乌犁元年。【索隐】《汉书》作"禽犁"。
一　二年，侯扁訾死，无后，国除。	二 四　三年，馀利鞮元年。
	六
	四

常乐【索隐】表在济南。	符离【索隐】县名,属沛郡。
以匈奴大当户与浑邪降侯。	以右北平太守从骠骑将军四年击右王,将重会期,【索隐】将重,将字上属。重者,再也。会期,言再赴期。将,去声。重,平声。首虏二千七百人功侯。
四　三年七月壬午,肥侯稠雕【索隐】《汉书·卫青传》作"彫离"。元年。	三　四年六月丁卯,侯路博德元年。
六	六
六	六
二　太初三年,今侯广汉元年。	太初元年,侯路博德有罪,国除。

壮【索隐】表在东平。	众利【索隐】表、志阙。
以匈奴归义(匈奴)因淳王从骠骑将军四年击左王,以少破多,捕虏二千一百人功侯。	以匈奴归义楼剸王【索隐】剸音专。从骠骑将军四年击右王,手自剑合功侯。【索隐】手自剑,谓手刺其王而合战,封。
三　四年六月丁卯,侯复陆支元年。	三　四年六月丁卯,质侯伊即轩【索隐】轩,居言反。元年。
二 四　三年,今侯偃元年。	六
六	五 一　六年,今侯当时元年。
四	四

湘成【索隐】表在阳城。	义阳【索隐】表在平氏。
以匈奴符离王降侯。	以北地都尉从骠骑将军四年击左王，得王功侯。
三　四年六月丁卯，侯敞屠洛元年。	三　四年六月丁卯，侯卫山元年。
四　五年，侯敞屠洛坐酎金，国除。	六
	六
	四

散【索隐】表在阳城。	臧马【索隐】表在朱虚。
以匈奴都尉降侯。	以匈奴王降侯。
三　四年六月丁卯，侯董荼吾【索隐】刘氏荼音大姑反，盖误耳。今以其人名余吾，余吾，匈奴水名也。元年。	一　四年六月丁卯，康侯延年元年。五年，侯延年死，不得置后，国除。
六	
六	
二 二　太初三年，今侯安汉元年。	

周子南君【索隐】表在长社。	乐通【索隐】韦昭云:"在临淮高平。"
以周后绍封。	以方术侯。
三 四年十一月丁卯,侯姬嘉元年。	一 四年四月乙巳,侯五利将军栾大元年。五年,侯大有罪,斩,国除。
三 三 四年,君买元年。	
四	

瞭【索隐】音辽。表在舞阳。	术阳【索隐】述阳，表在下邳。
以匈奴归义王降侯。	以南越王兄越高昌侯。
一　四年六月丙午，侯次公元年。五年，侯次公坐酎金，国除。	一　四年，侯建德元年。五年，侯建德有罪，国除。

龙亢【索隐】晋灼云“龙，阙。”《左传》“齐侯围龙”，龙，鲁邑。萧该云“广德所封土是龙，有‘亢’者误也。”	成安【索隐】表在郏，志在陈留。
以校尉摎（世）乐击南越，死事，子侯。【索隐】摎，居虬反。	以校尉韩千秋击南越死事，子侯。
二　五年三月壬午，侯广德元年。	二　五年三月壬子，侯延年元年。
六　六年，侯广德有罪诛，国除。	六　六年，侯延年有罪，国除。

昆【索隐】表在钜鹿。	骐【索隐】志属河东，表在北屈。	梁期【索隐】志属魏郡。
以属国大且渠击匈奴功侯。	以属国骑击匈奴，捕单于兄功侯。	以属国都尉五年间出击匈奴，得复累絺缦等功侯。
二　五年五月戊戌，(昆)侯渠复累【索隐】乐彦累，力委反。颜师古音力追反。元年。	二　五年(五)〔六〕月壬子，侯驹幾元年。【集解】一云“骑幾”。	二　五年七月辛巳，侯任破胡元年。
六	六	六
四	四	四

牧丘【索隐】表在平原。	瞭【索隐】表在下邳。初以封次公，又封毕取。	将梁【索隐】表、志阙。
以丞相及先人万石积德谨行侯。	以南越将降侯。	以楼船将军击南越，椎锋却敌侯。
二　五年九月丁丑，恪侯石庆元年。	一　六年三月乙酉，侯毕取元年。	一　六年三月乙酉，侯杨仆元年。
六	六	三　四年，侯仆有罪，国除。
二 二　三年，侯德元年。	四	

安道【索隐】表在南阳。	随桃【索隐】表在南阳。	湘成【索隐】表在堵阳。
以南越揭阳令闻汉兵至自定降侯。	以南越苍梧王闻汉兵至降侯。	以南越桂林监闻汉兵破番禺，谕瓯骆兵四十馀万降侯。
一　六年三月乙酉，侯揭阳令〔史〕定元年。	一　六年四月癸亥，侯赵光元年。	一　六年五月壬申，侯监居翁【索隐】监，官也；居，姓；翁，字。元年。
六	六	六
四	四	四

海常【索隐】表在琅邪。	北石【索隐】《汉表》作“外石”，在济南。
以伏波司马捕得南越王建德功侯。	以故东越衍侯佐繇王斩馀善功侯。
一　六年七月乙酉，庄侯苏弘元年。	
六	六　元年正月壬午，侯吴阳元年。
太初元年，侯弘死，无后，国除。	三　太初四年，今侯首元年。

下郦【索隐】《汉表》作“郦”。	缭嫈【索隐】缭音“缭绕”之“缭”。嫈，案《字林》音乙耕反。《西南夷传》音聊嫈。
以故瓯骆左将斩西于王功侯。	以故校尉从横海将军说击东越功侯。
六　元年四月丁酉，侯左将黄同元年。【索隐】《西南夷传》“瓯骆将左黄同”，则“左”是姓，恐误。《汉表》云“将黄同”，则“左将”是官不疑。	一　元年五月(乙)〔己〕卯，侯刘福元年。二年，侯福有罪，国除。
四	

蘖儿【索隐】韦昭云："在吴越界，今为乡也。"	开陵【索隐】表在临淮。	临蔡【索隐】表在河内。
以军卒斩东越徇北将军功侯。	以故东越建成侯与繇王共斩东越王馀善功侯。	以故南越郎闻汉兵破番禺，为伏波得南越相吕嘉功侯。
六　元年闰月癸卯，庄侯辕终古元年。【集解】徐广曰："闰四月也。"	六　元年闰月癸卯，侯建成元年。	六　元年闰月癸卯，侯孙都元年。
太初元年，终古死，无后，国除。		

东成【索隐】表在九江。	无锡【索隐】表在会稽。	涉都【索隐】涉多。表在南阳。
以故东越繇王斩东越王馀善功侯,万户。	以东越将军汉兵至弃军降侯。	以父弃故南海守,汉兵至以城邑降,子侯。
六　元年闰月癸卯,侯居服元年。	六　元年,侯多军元年。	六　元年中,侯嘉元年。
		二　太初二年,侯嘉薨,无后,国除。

平州【索隐】表在梁父。	荻苴【索隐】音狄蛆。表在勃海。
以朝鲜将汉兵至降侯。	以朝鲜相汉兵至围之降侯。
一　三年四月丁卯，侯唊元年。【集解】如淳曰："唊音颊"。　四年，侯唊薨，无后，国除。	四　三年四月，侯朝鲜相韩阴元年。

浉清【索隐】表在齐。浉音获，水名，在齐。又音乎卦反。	騠兹【索隐】騠音啼。表在琅邪。
以朝鲜尼谿相使人杀其王右渠来降侯。	以小月氏若苴王【索隐】苴，子馀反。将众降侯。
四　三年六月丙辰，侯朝鲜尼谿相(侯)参元年。	三　四年十一月丁卯，侯稽谷姑【索隐】稽滑姑。元年。
	太初元年，侯稽谷姑薨，无后，国除。

浩【索隐】表、志阙。	瓡谡【集解】徐广曰："在河东。瓡音胡。谡，之涉反。"【索隐】县名。案：表在河东，志亦同。即狐字。
以故中郎将将兵捕得车师王功侯。	以小月氏王将众千骑降侯。
一　四年正月甲申，侯王恢元年。四年四月，侯恢坐使酒泉矫制害，当死，赎，国除。封凡三月。	二　四年正月乙酉，侯扜者【索隐】扜音乌，亦音汙。元年。 一　六年，侯胜元年。
	四

幾【索隐】音机。表在河东。	涅阳【索隐】表在齐，志属南阳。	右太史公本表
以朝鲜王子汉兵围朝鲜降侯。	以朝鲜相路人，汉兵至，首先降，道死，其子侯。	
二　四年三月癸未，侯张路【索隐】韦昭云："路，姑洛反。"归义元年。六年，侯张路使朝鲜，谋反，死，国除。	三　四年三月壬寅，康侯子最元年。	
	二　太初二年，侯最死，无后，国除。	

当涂【索隐】表在九江。	蒲【索隐】表在琅邪。	潦阳【索隐】潦音辽。表在清河。	富民【索隐】表在蕲。	右孝武封国名
魏不害，以圉守尉捕淮阳反者公孙勇等侯。	苏昌，以圉尉史捕淮阳反者公孙勇等侯。	江德，以园厩啬夫共捕淮阳反者公孙勇等侯。	田千秋，家在长陵。以故高庙寝郎上书谏孝武曰："子弄父兵，罪当笞。父子之怒，自古有之。蚩尤畔父，黄帝涉江。"上书至意，拜为大鸿胪。征和四年为丞相，封三千户。至昭帝时病死，子顺代立，为虎牙将军，击匈奴，不至质，诛死，国除。【集解】《汉书音义》曰："质，所期处也。"	

后进好事儒者褚先生曰:太史公记事尽于孝武之事,故复修记孝昭以来功臣侯者,编于左方,令后好事者得览观成败长短绝世之適,得以自戒焉。当世之君子,行权合变,度时施宜,希世用事,以建功有土封侯,立名当世,岂不盛哉!观其持满守成之道,皆不谦让,骄蹇争权,喜扬声誉,知进不知退,终以杀身灭国。以三得之,①及身失之,不能传功于后世,令恩德流子孙,岂不悲哉!夫龙雒侯曾为前将军,世俗顺善,厚重谨信,不与政事,退让爱人。其先起于晋六卿之世。有土君国以来,为王侯,子孙相承不绝,历年经世,以至于今,凡百馀岁,岂可与功臣及身失之者同日而语之哉?悲夫,后世其诫之!

①【集解】以三得之者,即上所谓"行权合变,度时施宜,希世用事"也。

博陆	霍光，家在平阳。以兄骠骑将军故贵。前事武帝，觉捕得侍中谋反者马何罗等功侯，三千户。【集解】文颖曰："博，广；陆，平。取其嘉名，无此县也。食邑北海河东。"瓒曰："渔阳有博陆城也。"中辅幼主昭帝，为大将军。谨信，用事擅治，尊为大司马，益封邑万户。后事宣帝。历事三主，天下信向之，益封二万户。子禹代立，谋反，族灭，国除。
秺【集解】《汉书音义》曰："音妒。在济阴成武，今有亭矣。"	金翁叔名日磾，以匈奴休屠王太子从浑邪王将众五万，降汉归义，侍中，事武帝，觉捕侍中谋反者马何罗等功侯，三千户。中事昭帝，谨厚，益封三千户。子弘代立，为奉车都尉，事宣帝。
安阳【索隐】表在荡阴，志属汝南。	上官桀，家在陇西。以善骑射从军。稍贵，事武帝，为左将军。觉捕斩侍中谋反者马何罗弟重合侯通功侯，三千户。中事昭帝，与大将军霍光争权，因以谋反，族灭，国除。

桑乐【索隐】表在千乘。	上官安。以父桀为将军故贵,侍中,事昭帝。安女为昭帝夫人,立为皇后故侯,三千户。骄蹇,与大将军霍光争权,因以父子谋反,族灭,国除。
富平【索隐】志属平原。	张安世,家在杜陵。以故御史大夫张汤子武帝时给事尚书,为尚书令。事昭帝,谨厚习事,为光禄勋右将军。辅政十三年,无適过,侯,三千户。及事宣帝,代霍光为大司马,用事,益封万六千户。子延寿代立,为太仆,侍中。
义阳【索隐】表在平氏。	傅介子,家在北地。以从军为郎,为平乐监。昭帝时,刺杀外国王,天子下诏书曰:"平乐监傅介子使外国,杀楼兰王,以直报怨,不烦师,有功,其以邑千三百户封介子为义阳侯。"子厉代立,争财相告,有罪,国除。
商利【索隐】表在徐郡。	王山,齐人也。故为丞相史,会骑将军上官安谋反,山说安与俱入丞相,斩安。山以军功为侯,三千户。上书愿治民,为代太守。为人所上书言,系狱当死,会赦,出为庶人,国除。
建平【索隐】表在济阳。	杜延年。以故御史大夫杜周子给事大将军幕府,发觉谋反者骑将军上官安等罪,封为侯,邑二千七百户,拜为太仆。元年,出为西河太守。五凤三年,入为御史大夫。

弋阳【索隐】志属汝南。	任宫。以故上林尉捕格谋反者左将军上官桀，杀之便门，封为侯，二千户。后为太常，及行卫尉事。节俭谨信，以寿终，传于子孙。
宜城【索隐】表在济阴。	燕仓。以故大将军幕府军吏发谋反者骑将军上官安罪有功，封侯，邑二千户。为汝南太守，有能名。
宜春【索隐】志属汝南。	王䜣，家在齐。本小吏佐史，稍迁至右辅都尉。武帝数幸扶风郡，䜣共置办，拜为右扶风。至孝昭时，代桑弘羊为御史大夫。元凤三年，代田千秋为丞相，封二千户。立二年，为人所上书言暴，自杀，不殊。子代立，为属国都尉。
安平【索隐】表在汝南，志属涿郡。	杨敞，家在华阴。故给事大将军幕府，稍迁至大司农，为御史大夫。元凤六年，代王䜣为丞相，封二千户。立二年，病死。子贲代立，十三年病死。子翁君代立，为典属国。三岁，以季父恽故出恶言，系狱当死，得免，为庶人，国除。
右孝昭时所封国名	

阳平【索隐】志属东郡。	蔡义，家在温。故师受《韩诗》，为博士，给事大将军幕府，为杜城门候。入侍中，授昭帝《韩诗》，为御史大夫。是时年八十，衰老，常两人扶持乃能行。然公卿大臣议，以为为人主师，当以为相。以元平元年代杨敞为丞相，封二千户。病死，绝无后，国除。
扶阳【索隐】志属沛郡，表在萧。	韦贤，家在鲁。通《诗》、《礼》、《尚书》，为博士，授鲁大儒，入侍中，为昭帝师，迁为光禄大夫，大鸿胪，长信少府。以为人主师，本始三年代蔡义为丞相，封扶阳侯，千八百户。为丞相五岁，多恩，不习吏事，免相就第，病死。子玄成代立，为太常。坐祠庙骑，夺爵，为关内侯。
平陵【索隐】表在武当。	范明友，家在陇西。以家世习外国事，使护西羌。事昭帝，拜为度辽将军，击乌桓功侯，二千户。取霍光女为妻。地节四年，与诸霍子禹等谋反，族灭，国除。
营平【索隐】表在济南。	赵充国。以陇西骑士从军得官，侍中，事武帝。数将兵击匈奴有功，为护军都尉，侍中，事昭帝。昭帝崩，议立宣帝，决疑定策，以安宗庙功侯，封二千五百户。

阳成【索隐】表在济阴,非也。且济阴有城阳县耳,而颍川汝南又各有阳城县,"城"字从"土",在"阳"之下,今此似误,不可分别也。	田延年。以军吏事昭帝;发觉上官桀谋反事,后留迟不得封,为大司农。本造废昌邑王议立宣帝,决疑定策,以安宗庙功侯,二千七百户。逢昭帝崩,方上事并急,因以盗都内钱三千万。【集解】《汉书·百官表》曰:"司农属官有都内。"发觉,自杀,国除。
平丘 【索隐】志属陈留,表在肥城。	王迁,家在卫。【索隐】一作"衙",音牙。《地理志》衙县在冯翊。为尚书郎,习刀笔之文,侍中,事昭帝。帝崩,立宣帝,决疑定策,以安宗庙功侯,二千户。为光禄大夫,秩中二千石。坐受诸侯王金钱财,漏泄中事,诛死,国除。
乐成【索隐】表在平氏,志属南阳。	霍山。山者,大将军光兄子也。光未死时上书曰:"臣兄骠骑将军去病从军有功,病死,赐谥景桓侯,绝无后,臣光愿以所封东武阳邑三千五百户分与山。"天子许之,拜山为侯。后坐谋反,族灭,国除。
冠军【索隐】志属南阳。	霍云。以大将军兄骠骑将军適孙为侯。地节三年,天子下诏书曰:"骠骑将军去病击匈奴有功,封为冠军侯。薨卒,子侯代立,病死无后。《春秋》之义,善善及子孙,其以邑三千户封云为冠军侯。"后坐谋反,族灭,国除。

平恩【索隐】志属魏郡。	许广汉，家昌邑。坐事下蚕室，独有一女，嫁之。宣帝未立时，素与广汉出入相通，卜相者言当大贵，以故广汉施恩甚厚。地节三年，封为侯，邑三千户。病死无后，国除。
昌水【索隐】表在於陵。	田广明。故郎，为司马，稍迁至南郡都尉、淮阳太守、鸿胪、左冯翊。昭帝崩，议废昌邑王，立宣帝，决疑定策，以安宗庙。本始三年，封为侯，邑二千三百户。为御史大夫。后为祁连将军，击匈奴，军不至质，当死，自杀，国除。
高平【索隐】志属临淮。	魏相，家在济阴。少学《易》，为府卒史，以贤良举为茂陵令，迁河南太守。坐贼杀不辜，系狱，当死，会赦，免为庶人。有诏守茂陵令，为杨州刺史，入为谏议大夫，复为河南太守，迁为大司农、御史大夫。地节三年，谮毁韦贤，代为丞相，封千五百户。病死，长子宾代立，坐祠庙失侯。
博望【索隐】志属南阳。	许中翁。【集解】名舜。以平恩侯许广汉弟封为侯，邑二千户。亦故有私恩，为长乐卫尉。死，子延年代立。
乐平	许翁孙。以平恩侯许广汉少弟故为侯，封二千户。拜为强弩将军，击破西羌，还，更拜为大司马、光禄勋。亦故有私恩，故得封。嗜酒好色，以早病死。子汤代立。

将陵	史子回。【集解】名曾。以宣帝大母家封为侯，二千六百户，与平台侯昆弟行也。子回妻宜君，故成王孙，嫉妒，绞杀侍婢四十馀人，盗断妇人初产子臂膝以为媚道。为人所上书言，论弃市。子回以外家故，不失侯。
平台【索隐】志属常山。	史子叔。【集解】名玄。以宣帝大母家封为侯，二千五百户。卫太子时，史氏内一女于太子，嫁一女鲁王，今见鲁王亦史氏外孙也。外家有亲，以故贵，数得赏赐。
乐陵【索隐】志属临淮。平原亦有乐陵。	史子长。【集解】名高。以宣帝大母家贵，侍中，重厚忠信。以发觉霍氏谋反事，封三千五百户。
博成【索隐】表在临淮。	张章，父故颍川人，为长安亭长。失官，之北阙上书，寄宿霍氏第舍，卧马枥间，夜闻养马奴相与语，言诸霍氏子孙欲谋反状，因上书告反，为侯，封三千户。
都成【索隐】志属颍川。	金安上，先故匈奴。以发觉故大将军霍光子禹等谋反事有功，封侯，二千八百户。安上者，奉车都尉秺侯从群子。行谨善，退让以自持，欲传功德于子孙。

平通【索隐】表在博阳。	杨恽，家在华阴，故丞相杨敞少子，任为郎。好士，自喜知人，居众人中常与人颜色，以故高昌侯董忠引与屏语，言霍氏谋反状，共发觉告反，侯，二千户，为光禄勋。到五凤四年，作为妖言，大逆罪腰斩，国除。
高昌【索隐】志属千乘。	董忠，父故颍川阳翟人，以习书诣长安。忠有材力，能骑射，用短兵，给事期门。【集解】《汉书·东方朔传》曰："武帝微行，出与侍中常侍武骑及待诏陇西北地良家子能骑射者期诸殿门，故有'期门'之号。"与张章相习知，章告语忠霍禹谋反状，忠以语常侍骑郎杨恽，共发觉告反，侯，二千户。今为枭骑都尉，侍中。坐祠宗庙乘小车，夺百户。
爰戚	赵成。【索隐】《汉表》作"赵长平"。用发觉楚国事侯，二千三百户。地节元年，楚王与广陵王谋反，成发觉反状，天子推恩广德义，下诏书曰"无治广陵王"，广陵不变更。后复坐祝诅灭国，自杀，国除。今帝复立子为广陵王。
酂	地节三年，天子下诏书曰："朕闻汉之兴，相国萧何功第一，今绝无后，朕甚怜之，其以邑三千户封萧何玄孙建世为酂侯。"

平昌	王长君,【集解】名无故。家在赵国,常山广望邑人也。卫太子时,嫁太子家,为太子男史皇孙为配,生子男,绝不闻声问,行且四十馀岁,至今元康元年中,诏征,立以为侯,封五千户。宣帝舅父也。
乐昌【索隐】表在汝南。	王稚君,【集解】名武。家在赵国,常山广望邑人也。以宣帝舅父外家封为侯,邑五千户。平昌侯王长君弟也。
邛成【索隐】表在济阴。	王奉光,家在房陵。以女立为宣帝皇后,故封千五百户。言奉光初生时,夜见光其上,传闻者以为当贵云。后果以女故为侯。
安远【索隐】表在慎。	郑吉,家在会稽。以卒伍起从军为郎,使护将弛刑士田渠梨。会匈奴单于死,国乱,相攻,日逐王将众来降汉,先使语吉,吉将吏卒数百人往迎之。众颇有欲还者,斩杀其渠率,遂与俱入汉。以军功侯,二千户。
博阳【索隐】表在南顿。	邴吉,家在鲁。本以治狱为御史属,给事大将军幕府。常施旧恩宣帝,迁为御史大夫,封侯,二千户。神爵二年,代魏相为丞相。立五岁,病死。子翁孟代立,为将军,侍中。甘露元年,坐祠宗庙不乘大车而骑至庙门,有罪,夺爵,为关内侯。

建成【索隐】表在沛。	黄霸，家在阳夏，以役使徙云阳。以廉吏为河内守丞，迁为廷尉监，行丞相长史事。坐见知夏侯胜非诏书大不敬罪，久系狱三岁，从胜学《尚书》。会赦，以贤良举为扬州刺史，颍川太守。善化，男女异路，耕者让畔，赐黄金百斤，秩中二千石。居颍川，入为太子太傅，迁御史大夫。五凤三年，代邴吉为丞相。封千八百户。
西平【索隐】表在临淮。	于定国，家在东海。本以治狱给事为廷尉史，稍迁御史中丞。上书谏昌邑王，迁为光禄大夫，为廷尉。乃师受《春秋》，变道行化，谨厚爱人。迁为御史大夫，代黄霸为丞相。
右孝宣时所封	
阳平【索隐】表在东郡。	王稚君，【集解】名杰。【索隐】《汉表》名禁。家在魏郡。故丞相史。女为太子妃。太子立为帝，女为皇后，故侯，千二百户。初元以来，方盛贵用事，游宦求官于京师者多得其力，未闻其有知略广宣于国家也。

【索隐述赞】孝武之代，天下多虞。南讨瓯越，北击单于。长平鞠旅，冠军前驱。术阳衔璧，临蔡破禺。博陆上宰，平津巨儒。金章且佩，紫绶行纡。昭帝已后，勋宠不殊。惜哉绝笔，褚氏补诸。

史记卷二十一

建元已来王子侯者年表第九

制诏御史："诸侯王或欲推私恩分子弟邑者，令各条上，朕且临定其号名。"

太史公曰：盛哉，天子之德！一人有庆，天下赖之。

国名	兹【索隐】表、志阙。	安成【索隐】表在豫章。	宜春【索隐】表、志阙。
王子号	河间献王子。	长沙定王子。	长沙定王子。
元光	二　五年正月壬子，侯刘明元年。	一　六年七月乙巳，思侯刘苍元年。	一　六年七月乙巳，侯刘成元年。
元朔	二　三年，侯明坐谋反杀人，弃市，国除。【集解】徐广曰："一作'掠杀人，弃市。'"	六	六
元狩		六	六
元鼎		六　元年，今侯自当元年。	四　五年，侯成坐酎金，国除。
元封		六	
太初		四	

句容【索隐】表在会稽。	句陵【集解】徐广曰："一作'容陵'。"【索隐】表、志阙。	杏山【索隐】表、志阙。	浮丘【索隐】表在沛。
长沙定王子。	长沙定王子。	楚安王子。	楚安王子。
一　六年七月乙巳，哀侯刘党元年。	一　六年七月乙巳，侯刘福元年。	一　六年后九月壬戌，侯刘成元年。	一　六年后九月壬戌，侯刘不审元年。
元年，哀侯党薨，无后，国除。	六	六	六
	六	六	四 二　五年，侯霸元年。
	四　五年，侯福坐酎金，国除。	四　五年，侯成坐酎金，国除。	四　五年，侯霸坐酎金，国除。

广戚【索隐】表、志阙。	丹杨【索隐】丹阳。表在芜湖。	盱台【索隐】表、志阙。
鲁共王子。	江都易王子。	江都易王子。
六 元年十(一)月丁酉,节侯刘择元年。【集解】徐广曰:"择,一作'将'。"	六 元年十二月甲辰,哀侯敢元年。	六 元年十二月甲辰,侯刘象之元年。【索隐】表作"蒙之"。
六 元年,侯始元年。	元狩元年,侯敢薨,无后,国除。	六
四 五年,侯始坐酎金,国除。		四 五年,侯象之坐酎金,国除。

湖孰【索隐】表在丹阳。	秩阳【索隐】表作"秣陵"。	睢陵【索隐】表作"淮陵"。
江都易王子。	江都易王子。	江都易王子。
六　元年正月丁(亥)〔卯〕，顷侯刘胥元年。【索隐】表作"胥行"。	六　元年正月丁卯，终侯刘涟元年。【索隐】表名缠。	六　元年正月丁卯，侯刘定国元年。
六	六	六
四 二　五年，今侯圣元年。	三　四年，终侯涟薨，无后，国除。	四　五年，侯定国坐酎金，国除。
六		
四		

龙丘【索隐】表在琅邪。	张梁【索隐】表、志阙。	剧【索隐】表、志阙。	壤【索隐】表、志阙。
江都易王子。	江都易王子。	菑川懿王子。	菑川懿王子。
五　二年五月乙巳,侯刘代元年。	五　二年五月乙巳,哀侯刘仁元年。	五　二年五月乙巳,原侯刘错元年。	五　二年五月乙巳,夷侯刘高遂。【索隐】刘高。元年。
六	六	六	六
四　五年,侯代坐酎金,国除。	二 四　三年,今侯顺元年。	一五　二年,孝侯广昌元年。	六　元年,今侯延元年。
	六	六	六
	四	四	四

平望【索隐】表、志阙。	临原【索隐】表作“临众”。	葛魁【集解】徐广曰：“葛，一作‘莒’。”【索隐】表、志阙，或乡名。
菑川懿王子。	菑川懿王子。	菑川懿王子。
五　二年五月乙巳，夷侯刘赏元年。	五　二年五月乙巳，敬侯刘始昌元年。	五　二年五月乙巳，节侯刘宽元年。
二 四　三年，今侯楚人元年。	六	三 三　四年，（今）侯戚元年。
六	六	二　三年，侯戚坐杀人，弃市，国除。
六	六	
四	四	

益都【索隐】表、志皆阙。	平酌【索隐】《汉表》作“平的”，志属北海。	剧魁【索隐】志属北海。
菑川懿王子。	菑川懿王子。	菑川懿王子。
五　二年五月乙巳，侯刘胡元年。	五　二年五月乙巳，戴侯刘彊元年。	五　二年五月乙巳，夷侯刘墨元年。
六	六	六
六	六　元年，思侯中时元年。	六
六	六	三　元年，侯昭元年。 三　四年，侯德元年。
四	四	四

寿梁【索隐】表在寿乐。	平度【索隐】志属东莱。	宜成【索隐】表在平原。	临朐【索隐】表在东海。
菑川懿王子。	菑川懿王子。	菑川懿王子。	菑川懿王子。
五　二年五月乙巳,侯刘守元年。	五　二年五月乙巳,侯刘衍元年。	五　二年五月乙巳,康侯刘偃元年。	五　二年五月乙巳,哀侯刘奴元年。
六	六	六	六
四　五年,侯守坐酎金,国除。	六	六　元年,侯福元年。	六
	六	六	六
	四	元年,侯福坐杀弟,弃市,国除。	四

雷【索隐】表在东海。	东莞【索隐】志属琅邪。	辟【索隐】表在东海。
城阳共王子。	城阳共王子。	城阳共王子。
五　二年五月甲戌，侯刘稀元年。	三　二年五月甲戌，侯刘吉元年。五年，侯吉有痼疾，不朝，废，国除。	三　二年五月甲戌，节侯刘壮元年。 二　五年，侯朋元年。
六		六
五　五年，侯稀坐酎金，国除。		四　五年，侯朋坐酎金，国除。

尉文【索隐】表在南郡。	封斯【索隐】志属常山。	榆丘【索隐】表、志皆阙。	襄嚵【索隐】韦昭云:"广平县。"嚵音仕咸反,又仕俭反。
赵敬肃王子。	赵敬肃王子。	赵敬肃王子。	赵敬肃王子。
五　二年六月甲午,节侯刘丙元年。	五　二年六月甲午,共侯刘胡阳元年。	五　二年六月甲午,侯刘寿福元年。	五　二年六月甲午,侯刘建元年。
六　元年,侯犊元年。	六	六	六
四　五年,侯犊坐酎金,国除。	六	四　五年,侯寿福坐酎金,国除。	四　五年,侯建坐酎金,国除。
	六		
	二 二　三年,今侯如意元年。		

邯会【索隐】志属魏郡。	朝【索隐】凡侯不言郡县，皆表、志阙。	东城【索隐】志属九江。	阴城【索隐】表、志阙。
赵敬肃王子。	赵敬肃王子。	赵敬肃王子。	赵敬肃王子。
五　二年六月甲午，侯刘仁元年。	五　二年六月甲午，侯刘义元年。	五　二年六月甲午，侯刘遗元年。	五　二年六月甲午，侯刘苍元年。
六	六	六	六
六	二 四　三年，今侯禄元年。	元年，侯遗有罪，国除。	六
六	六		元年，侯苍有罪，国除。
四	四		

广望【索隐】志属涿郡。	将梁【索隐】表在涿郡。	新馆【索隐】表在涿郡。	新处【索隐】表在涿郡。
中山靖王子。	中山靖王子。	中山靖王子。	中山靖王子。
五　二年六月甲午,侯刘安中元年。	五　二年六月甲午,侯刘朝平元年。	五　二年六月甲午,侯刘未央元年。	五　二年六月甲午,侯刘嘉元年。
六	六	六	六
六	四　五年,侯朝平坐酎金,国除。	四　五年,侯未央坐酎金,国除。	四　五年,侯嘉坐酎金,国除。
六			
四			

陉城【索隐】表在涿郡，志属中山。	蒲领【索隐】表在东海。	西熊【索隐】表、志阙。	枣彊【索隐】志属清河。
中山靖王子。	广川惠王子。	广川惠王子。	广川惠王子。
五　二年六月甲午，侯刘贞元年。	四　三年十月癸酉，侯刘嘉元年。	四　三年十月癸酉，侯刘明元年。	四　三年十月癸酉，侯刘晏元年。
六			
四　五年，侯贞坐酎金，国除。			

毕梁【索隐】表在魏郡。	房光【索隐】表在魏郡。	距阳【索隐】表、志皆阙。	蒌(安)【索隐】蒌音力俱反。《汉表》"蒌节侯"，无"安"字。节，谥也。
广川惠王子。	河间献王子。	河间献王子。	河间献王子。
四　三年十月癸酉，侯刘婴元年。	四　三年十月癸酉，侯刘般元年。	四　三年十一月癸酉，侯刘匄元年。	四　三年十月癸酉，侯刘邈元年。
六	六	四 二　五年，侯渡元年。	六
六	元年，侯般有罪，国除。	四　五年，侯渡有罪，国除。	六
三　四年，侯婴有罪，国除。			六　元年，今侯婴元年。
			四

阿武【索隐】表、志皆阙。	参户【索隐】志属勃海。	州乡【索隐】志属涿郡。	成平【索隐】表在南皮。
河间献王子。	河间献王子。	河间献王子。	河间献王子。
四　三年十月癸酉，湣侯刘豫元年。	四　三年十月癸酉，侯刘勉元年。	四　三年十月癸酉，节侯刘禁元年。	四　三年十月癸酉，侯刘礼元年。
六	六	六	二　三年，侯礼有罪，国除。
六	六	六	
六	六	五 一　六年，今侯惠元年。	
二 二　三年，今侯宽元年。	四	四	

广【索隐】表在勃海。	盖胥【索隐】《汉志》在太山，表在魏郡。	陪安【索隐】表在魏郡。
河间献王子。	河间献王子。	济北贞王子。
四　三年十月癸酉，侯刘顺元年。	四　三年十月癸酉，侯刘让元年。	四　三年十月癸酉，康侯刘不害元年。
六	六	六
四　五年，侯顺坐酎金，国除。	四　五年，侯让坐酎金，国除。	一 二　二年，哀侯秦客元年。三年，侯秦客薨，无后，国除。

荣简【索隐】徐广曰："一作'营简'。"　【索隐】《汉表》作"营关"，在茌平。	周坚【索隐】表、志皆阙。	安阳【索隐】表在平原。
济北贞王子。	济北贞王子。	济北贞王子。
四　三年十月癸酉，侯刘骞元年。	四　三年十月癸酉，侯刘何元年。	四　三年十月癸酉，侯刘桀元年。
二　三年，侯骞有罪，国除。	四 二　五年，侯当时元年。	六
	四　五年，侯当时坐酎金，国除。	六
		六
		四

五樣【索隐】表在泰山。	富【索隐】表、志皆阙。	陪【索隐】倍。表在平原。
济北贞王子。	济北贞王子。	济北贞王子。
四　三年十月癸酉，侯刘臒丘元年。【索隐】臒丘，旧作臒，音劬，刘氏音乌霍反。	四　三年十月癸酉，侯刘袭元年。	四　三年十月癸酉，缪侯刘明元年。
六	六	六
四　五年，侯臒丘坐酎金，国除。	六	二 二　三年，侯邑元年。五年，侯邑坐酎金，国除。
	六	
	四	

从【集解】徐广曰："一作'散'。"【索隐】从音緅。《汉表》作"菆"，在平原。今平原无菆县，此例非一，盖乡名也。	平【索隐】志属河南。
济北贞王子。	济北贞王子。
四　三年十月癸酉，侯刘信元年。	四　三年十月癸酉，侯刘遂元年。
六	元年，侯遂有罪，国除。
四　五年，侯信坐酎金，国除。	

羽【索隐】志属平原。	胡母【索隐】表在泰山。	离石【索隐】表在上党，志属西河。
济北贞王子。	济北贞王子。【索隐】自陪安侯不害已下十一人是济北贞王子，而《汉表》自安阳侯已下是济北式王子，同是元朔三年十月封，恐因此误也。	代共王子。
四　三年十月癸酉，侯刘成元年。	四　三年十月癸酉，侯刘楚元年。	四　三年正月壬戌，侯刘绾元年。
六	六	六
六	四　五年，侯楚坐酎金，国除。	六
六		六
四		四

邵【索隐】表在山阳。	利昌【索隐】昌利。志属齐郡。	蔄【索隐】志属西河。	临河【索隐】志属朔方。
代共王子。	代共王子。	代共王子。	代共王子。
四　三年正月壬戌，侯刘慎元年。	四　三年正月壬戌，侯刘嘉元年。	三年正月壬戌，侯刘憙元年。	三年正月壬戌，侯刘贤元年。
六	六		
六	六		
六	六		
四	四		

隰成【索隐】志属西河。	土军【索隐】志属西河。	皋狼【索隐】表在临淮。	千章【集解】徐广曰："一作'斥'。"【索隐】千章，表在平原。
代共王子。	代共王子。	代共王子。	代共王子。
三年正月壬戌，侯刘忠元年。	三年正月壬戌，侯刘郢客元年。	三年正月壬戌，侯刘迁元年。	三年正月壬戌，侯刘遇元年。
	侯郢客坐与人妻奸，弃市。		

博阳【索隐】志属汝南。	宁阳【索隐】表在济南。	瑕丘【索隐】志属山阳。	公丘【索隐】志属沛郡。
齐孝王子。	鲁共王子。	鲁共王子。	鲁共王子。
四　三年三月乙卯，康侯刘就元年。	四　三年三月乙卯，节侯刘恢元年。	四　三年三月乙卯，节侯刘贞元年。	四　三年三月乙卯，夷侯刘顺元年。
六	六	六	六
二 二　三年，侯终吉元年。五年，侯终吉坐酎金，国除。	六	六	六
	六	六	六
	四	四	四

郁狼【索隐】韦昭云:“属鲁。”志不载。狼音卢党反,又音郎。	西昌	陉城【索隐】《汉表》作“陆地”为得。靖王子贞已封陉,二人不应重封。
鲁共王子。	鲁共王子。	中山靖王子。
四　三年三月乙卯,侯刘骑元年。	四　三年三月乙卯,侯刘敬元年。	四　三年三月癸酉,侯刘义元年。
六	六	六
四　五年,侯骑坐酎金,国除。	四　五年,侯敬坐酎金,国除。	四　五年,侯义坐酎金,国除。

邯平【索隐】表在广平。	武始【索隐】表在魏。	象氏【索隐】韦昭云："在钜鹿。"
赵敬肃王子。【索隐】赵敬肃王子四人，以异年封，故别见于此。	赵敬肃王子。【索隐】后立为赵王。	赵敬肃王子。
四　三年四月庚辰，侯刘顺元年。	四　三年四月庚辰，侯刘昌元年。	四　三年四月庚辰，节侯刘贺元年。
六	六	六
四　五年，侯顺坐酎金，国除。	六	六
	六	二 四　三年，思侯安德元年。
	四	四

易【索隐】一作"鄗"。志属涿郡，表在鄗。	洛陵【索隐】表作"路陵"，在南阳。	攸舆【索隐】案：今长沙有攸县，本名攸舆。《汉表》在南阳。
	长沙定王子。	长沙定王子。
三年四月庚辰，安侯刘平元年。	三　四年三月乙丑，侯刘章元年。	三　四年三月乙丑，侯刘则元年。
六	一　二年，侯章有罪，国除。	六
六		六
四 二　五年，今侯种元年。		六
四		元年，侯则篡死罪，弃市，国除。

荼陵【索隐】表在桂阳，志属长沙。	建成【索隐】表在豫章。	安众【索隐】志属南阳。
长沙定王子。	长沙定王子。	长沙定王子。
三　四年三月乙丑，侯刘欣元年。	三　四年二月乙丑，侯刘拾元年。	三　四年三月乙丑，康侯刘丹元年。
六	五　六年，侯拾坐不朝，不敬，国除。	六
一 五　二年，哀侯阳元年。		六
六		五 一　六年，今侯山拊元年。【索隐】拊音趺。
元年，侯阳薨，无后，国除。		四

叶【索隐】叶音摄。县名，属南阳。	利乡	有利【索隐】表在东海。	东平【索隐】表在东海。
长沙定王子。	城阳共王子。	城阳共王子。	城阳共王子。
三　四年三月乙丑，康侯刘嘉元年。	三　四年三月乙丑，康侯刘婴元年。	三　四年三月乙丑，侯刘钉元年。	三　四年三月乙丑，侯刘庆元年。
六	二　三年，侯婴有罪，国除。	元年，侯钉坐遗淮南书称臣，弃市，国除。	二　三年，侯庆坐与姊妹奸，有罪，国除。
四　五年，侯嘉坐酎金，国除。			

运平【索隐】表在东海。	山州【索隐】表、志阙。	海常【索隐】表在琅邪。	钧丘【索隐】《汉表》作“驺丘”。
城阳共王子。	城阳共王子。	城阳共王子。	城阳共王子。
三　四年三月乙丑，侯刘䜣元年。	三　四年三月乙丑，侯刘齿元年。	三　四年三月乙丑，侯刘福元年。	三　四年三月乙丑，侯刘宪元年。
六	六	六	三 三　四年，今侯执德元年。
四　五年，侯䜣坐酎金，国除。	四　五年，侯齿坐酎金，国除。	四　五年，侯福坐酎金，国除。	六
			六
			四

南城【索隐】表、志阙。	广陵【集解】徐广曰："一作'阳'。"	庄原【索隐】《汉表》作"杜原"。
城阳共王子。	城阳共王子。	城阳共王子。
三　四年三月乙丑，侯刘贞元年。	三　四年三月乙丑，常侯刘表元年。【索隐】虒侯表。晋灼曰："虒音斯。"	三　四年三月乙丑，侯刘皋元年。
六	四 二　五年，侯成元年。	六
六	四　五年，侯成坐酎金，国除。	四　五年，侯皋坐酎金，国除。
六		
四		

临乐【索隐】韦昭云:“县名,属勃海。	东野【索隐】表、志阙。	高平【索隐】表在平原。	广川
中山靖王子。	中山靖王子。	中山靖王子。	中山靖王子。
三　四年四月甲午,敦侯刘光元年。【索隐】《谥法》:“善行不怠曰敦。”	三　四年四月甲午,侯刘章元年。【索隐】戴侯章。	三　四年四月甲午,侯刘嘉元年。	三　四年四月甲午,侯刘颇元年。
六	六	六	六
六	六	四　五年,侯嘉坐酎金,国除。	四　五年,侯颇坐酎金,国除。
五 一　六年,今侯建元年。	六		
四	四		

千锺【集解】徐广曰："一作'重'。"【索隐】《汉表》作"重侯担"，在平原。《地理志》有重丘也。	披阳【索隐】萧该披音皮，刘氏音皮彼反。志属千乘也。
河间献王子。	齐孝王子。
三　四年四月甲午，侯刘摇元年。【集解】一云"刘阴"。	三　四年四月乙卯，敬侯刘燕元年。
一　二年，侯阴不使人为秋请，有罪，国除。	六
	四 二　五年，今侯隅元年。
	六
	四

定【索隐】定，地名。	稻【索隐】志属琅邪。	山【索隐】表在勃海。
齐孝王子。	齐孝王子。	齐孝王子。
三　四年四月乙卯，敬侯刘越元年。【索隐】敫侯越。敫，谥也。《说文》云："敫读如跃。"	三　四年四月乙卯，夷侯刘定元年。	三　四年四月乙卯，侯刘国元年。
六	六	六
三 三　四年，今侯德元年。	二 四　三年，今侯都阳元年。	六
六	六	六
四	四	四

繁安【索隐】表、志阙。	柳【索隐】表、志阙。	云【索隐】志属琅邪。
齐孝王子。	齐孝王子。	齐孝王子。
三　四年四月乙卯，侯刘忠元年。【索隐】夷侯忠。	三　四年四月乙卯，康侯刘阳元年。	三　四年四月乙卯，夷侯刘信元年。
六	六	六
六	三 三　四年，侯罢师元年。	五 一　六年，今侯岁发元年。
六	四 二　五年，今侯自为元年。	六
三 一　四年，今侯寿元年。	四	四

牟平【集解】徐广曰："一作'羊'。"【索隐】志属东莱。	柴【索隐】志属泰山。	柏阳【索隐】《汉表》作"畅"，在中山。
齐孝王子。	齐孝王子。	赵敬肃王子。
三 四年四月乙卯，共侯刘渫元年。【索隐】渫音薛。	三 四年四月乙卯，原侯刘代元年。	二 五年十一月辛酉，侯刘终古元年。
二 四 三年，今侯奴元年。	六	六
六	六	六
六	六	六
四	四	四

鄗【索隐】《汉表》作“歊”，音霍。志属常山郡。	桑丘【索隐】表在深泽。	高丘【索隐】表、志阙。
赵敬肃王子。	中山靖王子。	中山靖王子。
二　五年十一月辛酉，侯刘延年元年。【索隐】安侯。	二　五年十一月辛酉，节侯刘洋元年。【索隐】《汉表》名将夜。	二　五年三月癸酉，哀侯刘破胡元年。
六	六	六
四　五年，侯延年坐酎金，国除。	三 三　四年，今侯德元年。	元年，侯破胡薨，无后，国除。
	六	
	四	

柳宿【索隐】表在涿郡。	戎丘【索隐】表、志阙。	樊舆【索隐】表、志阙。	曲成【索隐】表在涿郡。
中山靖王子。	中山靖王子。	中山靖王子。	中山靖王子。
二　五年三月癸酉，夷侯刘盖元年。	二　五年三月癸酉，侯刘让元年。	二　五年三月癸酉，节侯刘条元年。	二　五年三月癸酉，侯刘万岁元年。
二 四　三年，侯苏元年。	六	六	六
四　五年，侯苏坐酎金，国除。	四　五年，侯让坐酎金，国除。	六	四　五年，侯万岁坐酎金，国除。
		六	
		四	

安郭【索隐】在涿郡。	安险【索隐】志属中山。	安遥【索隐】表作“安道”。	夫夷
中山靖王子。	中山靖王子。	中山靖王子。	长沙定王子。
二　五年三月癸酉,侯刘博元年。	二　五年三月癸酉,侯刘应元年。	二　五年三月癸酉,侯刘恢元年。	二　五年三月癸酉,敬侯刘义元年。
六	六	六	六
六	四　五年,侯应坐酎金,国除。	四　五年,侯恢坐酎金,国除。	四 六　五年,今侯禹元年。
六			六
四			四

春陵【索隐】志属南阳。	都梁【索隐】志属零陵。	洮阳【索隐】志属零陵。洮音滔，又音道。
长沙定王子。	长沙定王子。	长沙定王子。
二　五年六月壬子，侯刘买元年。【索隐】节侯。	二　五年六月壬子，敬侯刘遂元年。	二　五年六月壬子，靖侯刘狗彘元年。【索隐】《汉表》名将燕。
六	六	五　六年，侯狗彘薨，无后，国除。
六	六　元年，今侯係元年。	
六	六	
四	四	

泉陵【索隐】志属零陵。	终弋【索隐】表在汝南。	麦【索隐】表在琅邪。	钜合【索隐】表在平原。
长沙定王子。	衡山王赐子。	城阳顷王子。	城阳顷王子。
二　五年六月壬子，节侯刘贤元年。	一　六年四月丁丑，侯刘广置元年。【索隐】广买。		
六	六	六　元年四月戊寅，侯刘昌元年。	六　元年四月戊寅，侯刘发元年。
六	四　五年，侯广置坐酎金，国除。	四　五年，侯刘昌坐酎金，国除。	四　五年，侯发坐酎金，国除。
六			
四			

昌【索隐】志属琅邪。	萯【索隐】费侯，音秘，又扶谓反。表在琅邪。	雩殷【索隐】雩康侯泽。志属琅邪。音呼、加二音。
城阳顷王子。	城阳顷王子。	城阳顷王子。
六　元年四月戊寅，侯刘差元年。【索隐】昌侯羌。	六　元年四月戊寅，侯刘方【索隐】万。元年。	六　元年四月戊寅，康侯刘泽元年。
四　五年，侯差坐酎金，国除。	四　五年，侯方坐酎金，国除。	六

石洛【索隐】表在琅邪。	扶浔【索隐】《汉表》作"挟术",在琅邪。浔音浸。
城阳顷王子。	城阳顷王子。
六　元年四月戊寅,侯刘敢元年。【索隐】石洛侯敢。	六　元年四月戊寅,侯刘昆吾元年。
六	六
六	六
四	四

挍【索隐】音效。志阙。说者或以为琅邪被县,恐不然也。	朸【索隐】音勒。朸县属平原。
城阳顷王子。	城阳顷王子。
六　元年四月戊寅,侯刘霸元年。【索隐】《汉表》名云。城阳顷王子十九人,《汉表》二十人,有挟僖侯霸,疑此表脱。	六　元年四月戊寅,侯刘让元年。
六	六
六	六
四	四

父城【集解】徐广曰:"一作'六城'。"【索隐】志在辽西,表在东海。	庸【索隐】表在琅邪。
城阳顷王子。	城阳顷王子。
六　元年四月戊寅,侯刘光元年。	六　元年四月戊寅,侯刘谭元年。【索隐】《汉表》名馀。
四　五年,侯光坐酎金,国除。	六
	六
	四

翟【索隐】表在东海。	䲋【索隐】表在襄贲。音肥。襄贲，县名。	彭【索隐】表在东海。
城阳顷王子。	城阳顷王子。	城阳顷王子。
六　元年四月戊寅，侯刘寿元年。	六　元年四月戊寅，侯刘应元年。	六　元年四月戊寅，侯刘偃元年。【索隐】彭侯彊。
四　五年，寿坐酎金，国除。	四　五年，侯应坐酎金，国除。	四　五年，侯偃坐酎金，国除。

瓡【集解】徐广曰:"一作'报'。" 【索隐】报侯。报,县名,志属北海,《汉》作"瓡"。节,谥也。韦昭以瓡为诸綮反。颜师古云"即'瓠'字也"。然此作"报",徐广云"又作'瓠'"也。
城阳顷王子。
六 元年四月戊寅,侯刘息元年。
六
六
四

虚水【索隐】虚音墟。志属琅邪。	东淮【索隐】表在东海。	栒【索隐】栒音荀。表在东海。案志，栒在扶风，与"栒"别也。
城阳顷王子。	城阳顷王子。	城阳顷王子。
六　元年四月戊寅，侯刘禹元年。	六　元年四月戊寅，侯刘类元年。	六　元年四月戊寅，侯刘买元年。【索隐】栒侯贤。
六	四　五年，侯类坐酎金，国除。	四　五年，侯买坐酎金，国除。
六		
四		

涓【索隐】涓。音育也。表在东海。涓水在南阳，南阳有涓阳县，疑表非也。	陆【索隐】表在寿光。	广饶【索隐】志属齐郡。
城阳顷王子。	菑川靖王子。	菑川靖王子。
六　元年四月戊寅，侯刘不疑元年。	六　元年四月戊寅，侯刘何元年。	六　元年十月辛卯，康侯刘国元年。
四　五年，侯不疑坐酎金，国除。	六	六
	六	六
	四	四

缾【索隐】缾音萍。韦昭云："古缾邑。音蒲经反。"志属琅邪也。	俞闾	甘井【索隐】表在钜鹿。
菑川靖王子。	菑川靖王子。	广川穆王子。
六　元年十月辛卯，侯刘成元年。【索隐】敬侯成。	六　元年十月辛卯，侯刘不害元年。【索隐】侯无害。	六　元年十月乙酉，侯刘元元年。
六	六	六
六	六	六
四	四	四

襄陵【索隐】表在钜鹿，志属河东。	皋虞【索隐】志属琅邪。	魏其【索隐】志属琅邪。
广川穆王子。	胶东康王子。	胶东康王子。
六　元年十月乙酉，侯刘圣元年。		
六	三　元年五月丙午，侯刘建元年。 三　四年，今侯处元年。	六　元年五月丙午，畅侯刘昌元年。
六	六	六
四	四	四

祝兹【索隐】案志，松兹在庐江，亦作“祝兹”。表在琅邪。刘氏云：“诸侯封名，《史》、《汉》表多有不同，不敢辄改。”今亦略检表、志同异，以备多识也。
胶东康王子。
四　元年，五月丙午，侯刘延元年。五年，延坐弃印绶出国，不敬，国除。

【索隐述赞】汉氏之初，矫枉过正。欲大本枝，先封同姓。建元已后，藩翰克盛。主父上言，推恩下令。长沙济北，中山赵敬。分邑广封，振振在咏。扞城御侮，晔晔辉映。百足不僵，一人有庆。

史记卷二十二

汉兴以来将相名臣年表第十

	公元前206	205	204
	高皇帝元年	二	三
大事记【索隐】谓诛伐、封建、薨、叛。	春，沛公为汉王，之南郑。秋，还定雍。	春，定塞、翟、魏、河南、韩、殷国。夏，伐项籍，至彭城。立太子。还据荥阳。	魏豹反。使韩信别定魏，伐赵。楚围我荥阳。
相位【索隐】置立丞相、太尉、三公也。	一　丞相萧何守汉中。	二　守关中。	三
将位【索隐】命将兴师。		一　太尉长安侯卢绾。	二
御史大夫位【索隐】亚相也。	御史大夫周苛守荥阳。		

203	202
四	五
使韩信别定齐及燕，太公自楚归，与楚界洪渠。	冬，破楚垓下，【索隐】垓音陔，堤名，在洨县。杀项籍。春，王践皇帝位定陶。【索隐】在济阴沇水之阳。入都关中。【索隐】咸阳也。东函谷，南峣武，西散关，北萧关。在四关之中，故曰关中。用刘敬、张良计都之也。
四	五 罢太尉官。
三 周苛守荥阳，死。	四　后九月，绾为燕王。
御史大夫汾阴侯周昌。【索隐】汾阴县，属河东。	

201	200	199
六	七	八
尊太公为太上皇。【索隐】名执嘉，一名瑞。刘仲为代王。立大市。更命咸阳曰长安。【索隐】案：上卢绾已封长安侯者，盖当时别有长安君。	长乐宫成，自栎阳徙长安。伐匈奴，匈奴围我平城。	击韩信反虏于赵城。贯高作乱，明年觉，诛之。匈奴攻代王，代王弃国亡，废为郃阳侯。【索隐】郃音合。在冯翊，刘仲封也。
六　封为酂侯。【索隐】音嵯，此在沛郡。后代音赞，在南阳也。张苍为计相。【索隐】计相，主天下书计及计吏。	七	八

198	197	196	195
九	十	十一	十二
未央宫成，置酒前殿，太上皇辇上坐，帝奉玉卮上寿，曰："始常以臣不如仲力，今臣功孰与仲多？"太上皇笑，殿上称万岁。徙齐田，楚昭、屈、景于关中。	太上皇崩。陈豨反代地。	诛淮阴、彭越。黥布反。	冬，击布。还过沛。夏，上崩，(置)〔葬〕长陵。
九　迁为相国。	十	十一	十二
		周勃为太尉。攻代。后官省。	
御史大夫昌为赵丞相。	御史大夫江邑侯赵尧。【索隐】江邑食侯赵尧。江邑，《汉志》阙。		

194	193	192	191
孝惠元年	二	三	四
赵隐王如意死。始作长安城西北方。除诸侯丞相为相。	楚元王、齐悼惠王来朝。 七月辛未，何薨。	初作长安城。蜀湔氐反，【索隐】湔音煎，氐音柢。蜀郡县名。击之。	三月甲子，赦，无所复作。
十三	十四　七月癸巳，齐相平阳侯曹参为相国。	二	三

190	189	188
五	六	七
为高祖立庙于沛城成，置歌儿一百二十人。 八月乙丑，参卒。	七月，齐悼惠王薨。立太仓、西市。（八月赦齐）	上崩。大臣用张辟彊计，吕氏权重，以吕台为吕王。立少帝。（己卯）〔九月辛巳〕，葬安陵。
四	一　十月（乙）〔己〕巳，安国侯王陵为右丞相。（十月己巳）曲逆侯陈平为左丞相。	二
	尧抵罪。	
	广阿侯任敖为御史大夫。【集解】徐广曰：“《汉书》在高后元年。”	

187	186	185	184	183
高后元年	二	三	四	五
王孝惠诸子。置孝悌力田。	十二月，吕王台薨，子嘉代立为吕王。行八铢钱。		废少帝，更立常山王弘为帝。	八月，淮阳王薨，以其弟壶关侯武为淮阳王。令戍卒岁更。
三　十一月甲子，徙平为右丞相。辟阳侯审食其为左丞相。	四　平。 二　食其。	五 三	六 四 置太尉官。	七 五
			一　绛侯周勃为太尉。	二
	平阳侯曹窋为御史大夫。【集解】一本在六年。【索隐】窋，竹律反。			

182	181	180	179
六	七	八	孝文元年
以吕产为吕王。四月丁酉，赦天下。昼昏。	赵王幽死，以吕禄为赵王。梁王徙赵自杀。	七月，高后崩。九月，诛诸吕。后九月，代王至，践皇帝位。 后九月，食其免相。	除收孥相坐律。立太子。赐民爵。
八 六	九 七	十　七月辛巳，为帝太傅。九月（丙）〔壬〕戌，复为丞相。 八	十一　十一月辛巳，平徙为左丞相。太尉绛侯周勃为右丞相。
三	四	五　隆虑侯灶【集解】徐广曰："姓周。"为将军，击南越。	六　勃为相，颍阴侯灌婴为太尉。
		御史大夫苍。	

178	177
二	三
除诽谤律。皇子武为代王，参为太原王，(胜)〔揖〕为梁王。	徙代王武【索隐】景帝子，后封梁。为淮阳王。上幸太原。济北王反。匈奴大入上郡。以地尽与太原，太原更号代。
一　十一月乙亥，绛侯勃复为丞相。 十月，丞相平薨。	一　十二月乙亥，太尉颍阴侯灌婴为丞相。 十一月壬子，勃免相，之国。
一	二　棘蒲侯陈武为大将军，击济北。昌侯卢卿、共侯卢罢师、甯侯遬、深泽侯将夜【集解】徐广曰："遬姓魏，将夜姓赵。"皆为将军，属武祁侯贺，将兵屯荥阳。 罢太尉官。

176	175	174	173
四	**五**	**六**	**七**
	除钱律，民得铸钱。	废淮南王，迁严道，道死雍。【索隐】严道在蜀郡。雍在扶风。	四月丙子，初置南陵。
十二月(乙)[己]巳，婴卒。			
一　正月甲午，御史大夫北平侯张苍为丞相。	二	三	四
安丘侯张说为将军，击胡，出代。			
关中侯申屠嘉为御史大夫。			

172	171	170
八	九	十
太仆汝阴侯滕公卒。【索隐】汝阴侯，夏侯婴也。为滕令，故曰滕公。	温室钟自鸣。以芷阳乡为霸陵。【索隐】芷音止，又音昌改反。《地理志》有芷阳县。名霸陵者，以霸水为名也。	诸侯王皆至长安。
五	六	七
	御史大夫敬。	

169	168	167	166
十一	十二	十三	十四
上幸代。地动。	河决东郡金堤。徙淮阳王为梁王。	除肉刑及田租税律、戍卒令。	匈奴大入萧关，发兵击之，及屯长安旁。
八	九	十	十一
			成侯董赤、内史栾布、昌侯卢卿、隆虑侯灶、甯侯遬皆为将军，东阳侯张相如为大将军，皆击匈奴。中尉周舍、郎中令张武皆为将军，屯长安旁。

165	164	163	162
十五	十六	后元年	二
黄龙见成纪。上始郊见雍五帝。	上始〔郊〕见渭阳五帝。	新垣平诈言方士，觉，诛之。	匈奴和亲，地动。 八月戊辰，苍免相。
十二	十三	十四	十五　八月庚午，御史大夫申屠嘉为丞相，封故安侯。
			御史大夫青。

161	160	159	158
三	四	五	六
置谷口邑。		上幸雍。	匈奴三万人入上郡，二万人入云中。
二	三	四	五
			以中大夫令免为车骑将军，军飞狐；故楚相苏意为将军，军句注；【索隐】并如字。句，又音钩。将军张武屯北地；河内守周亚夫为将军，军细柳；宗正刘礼军霸上；祝兹侯徐厉军棘门：以备胡。数月，胡去，亦罢。

157	156	155
七	孝景元年	二
六月己亥，孝文皇帝崩。(其年)丁未，太子立。民出临三日，葬霸陵。	立孝文皇帝庙，郡国为太宗庙。	立皇子德为河间王，(阏)〔阏〕为临江王，馀为淮阳王，非为汝南王，彭祖为广川王，发为长沙王。四月中，孝文太后崩。 嘉卒。
六	七 置司徒官。	八 开封侯陶青为丞相。
中尉亚夫为车骑将军，郎中令张武为复土将军，【索隐】复音伏。属国捍【索隐】户幹反，亦作“悍”。徐广曰：“姓徐，一名厉，即祝兹侯。”为将屯将军。詹事戎奴为车骑将军，侍太后。		
		御史大夫错。

154	153	152
三	四	五
吴楚七国反，发兵击，皆破之。皇子端为胶西王，胜为中山王。	立太子。	置阳陵邑。 丞相北平侯张苍免。
二 置太尉官。	三	四
中尉条侯周亚夫【索隐】修侯周亚夫。修音条。渤海有修市县，一作“条”。为太尉，击吴楚；曲周侯郦寄为(大)将军，击赵；窦婴为大将军，屯荥阳；栾布为(大)将军，击齐。	二　太尉亚夫。	三
	御史大夫蚡。	

151	150	149	148
六	七	中元年	二
徙广川王彭祖为赵王。	废太子荣为临江王。四月丁巳，胶东王立为太子。 青罢相。		皇子越为广川王，寄为胶东王。
五	六月乙巳，太尉条侯亚夫为丞相。 罢太尉官。	二	三
四	五　迁为丞相。		
御史大夫阳陵侯岑迈。	御史大夫舍。		

147	146	145	144
三	四	五	六
皇子乘为清河王。 亚夫免相。	临江王征，自杀，葬蓝田，燕数万为衔土置冢上。	皇子舜为常山王。	梁孝王武薨。分梁为五国，王诸子：子买为梁王，明为济川王，彭离为济东王，定为山阳王，不识为济阴王。
四　御史大夫桃侯刘舍为丞相。	二	三	四
御史大夫绾。			

143	142	141	140
后**元**年	二	三	孝武建元**元**年 【索隐】年之有号，始自武帝，自建元至后元凡十一号。
五月，地动。七月乙巳，日蚀。 舍免相。		正月甲子，孝景〔皇帝〕崩。二月丙子，太子立。	绾免相。
五　八月壬辰，御史大夫建陵侯卫绾为丞相。	二	三	四　魏其侯窦婴为丞相。 置太尉。
	六月丁丑，史御大夫岑迈卒。		武安侯田蚡为太尉。
御史大夫不疑。			御史大夫抵。【集解】《汉表》云牛抵。

139	138	137	136
二	三	四	五
置茂陵。 婴免相。	东瓯王广武侯望率其众四万馀人来降，处庐江郡。		行三分钱。【集解】徐广曰："《汉书》云'半两'。四分曰两。"
二月乙未，太常柏至侯许昌为丞相。 蚡免太尉。 罢太尉官。	二	三	四
御史大夫赵绾。【索隐】代卫绾。		御史大夫青翟。【索隐】姓庄。	

135	134	133	132
六	元光元年	二	三
正月，闽越王反。孝景太后崩。【集解】徐广曰：“景帝母窦氏。” 昌免相。		帝初之雍，郊见五畤。	五月丙子，(决河)〔河决〕于瓠子。
五　六月癸巳，武安侯田蚡为丞相。	二	三	四
青翟为太子太傅。		夏，御史大夫韩安国为护军将军，卫尉李广为骁骑将军，太仆公孙贺为轻车将军，大行王恢为将屯将军，太中大夫李息为材官将军，篡单于马邑，不合，诛恢。	
御史大夫安国。			

131	130	129	128
四	**五**	**六**	**元朔元年**
十二月丁亥，地动。 蚡卒。	十月，族灌夫家，弃魏其侯市。	南夷始置邮亭。	卫夫人立为皇后。
五　平棘侯薛泽为丞相。	二	三	四
		太中大夫卫青为车骑将军，出上谷；卫尉李广为骁骑将军，出雁门；大中大夫公孙敖为骑将军，出代；太仆公孙贺为轻车将军，出云中：皆击匈奴。	车骑将军青出雁门，击匈奴。卫尉韩安国为将屯将军，军代，明年，屯渔阳卒。
御史大夫欧。			

127	126	125	124
二	三	四	五
	匈奴(败)〔杀〕代太守友。【集解】徐广曰:“太守姓共,名友。”	匈奴入定襄、代、上郡。	匈奴(败)〔杀〕代都尉朱英。 泽免相。
五	六	七	八　十一月乙丑,御史大夫公孙弘为丞相,封平津侯。
春,车骑将军卫青出云中,至高阙,取河南地。			春,长平侯卫青为大将军,击右贤。卫尉苏建为游击将军,属青。左内史李沮【索隐】音子如反。为强弩将军,太仆贺为车骑将军,代相李蔡为轻车将军,岸头侯张次公为将军,大行息为将军:皆属大将军,击匈奴。
	御史大夫弘。		

123	122
六	元狩元年
	十月中,淮南王安、衡山王赐谋反,皆自杀,国除。
二	三
大将军青再出定襄击胡。合骑侯公孙敖为中将军,太仆贺为左将军,郎中令李广为后将军。翕侯赵信为前将军,败降匈奴。卫尉苏建为右将军,败身脱。左内史沮为强弩将军。皆属青。	
	御史大夫蔡。

121	120	119
二	三	四
匈奴入雁门、代郡。江都王建反。胶东王子庆立为六安王。 弘卒。	匈奴入右北平、定襄。	
四　御史大夫乐安侯李蔡为丞相。	二	三
冠军侯霍去病为骠骑将军，击胡，至祁连；合骑侯敖为将军，出北地；博望侯张骞、郎中令李广为将军，出右北平。		大将军青出定襄，郎中令李广为前将军，太仆公孙贺为左将军，主爵赵食其为右将军，平阳侯曹襄为后将军：击单于。
御史大夫汤。		

118	117	116
五	六	元鼎元年
蔡坐侵园堧，【索隐】庙壖垣，而恋反。壖垣，外垣短墙也。自杀。	四月乙巳，皇子闳为齐王，旦为燕王，胥为广陵王。	
四　太子少傅武彊侯庄青翟为丞相。	二	三

115	114	113	112
二	三	四	五
青翟有罪，自杀。		立常山宪王子平为真定王，商为泗水王。六月中，河东汾阴得宝鼎。	三月中，南越相嘉反，杀其王及汉使者。 八月，周坐酎金，自杀。
四　太子太傅高陵侯赵周为丞相。	二	三	四　九月辛巳，御史大夫石庆为丞相，封牧丘侯。
汤有罪，自杀。			卫尉路博德为伏波将军，出桂阳；主爵杨仆为楼船将军，出豫章：皆破南越。
御史大夫庆。			

111	110	109	108	107
六	元封元年	二	三	四
十二月，东越反。				
二	三	四	五	六
故龙頟侯韩说为横海将军，出会稽；楼船将军杨仆出豫章；中尉王温舒出会稽：皆破东越。		秋，楼船将军杨仆、左将军荀彘出辽东，击朝鲜。		
御史大夫式。【索隐】卜式也。	御史大夫宽。【索隐】兒宽也。			

106	105	104	103	102	101
五	六	太初元年	二	三	四
		改历，以正月为岁首。【索隐】始用夏正也。	正月戊(申)〔寅〕庆卒。		
七	八	九	十　三月丁卯，太仆公孙贺为丞相，封葛绎侯。	二	三
				御史大夫延广。	

100	99	98	97
天汉元年	二	三	四
四	五	六	七
			春，贰师将军李广利出朔方，至余吾水上；游击将军韩说出五原；因杅【索隐】音于。因杅，地名。将军公孙敖：皆击匈奴。
御史大夫卿。【索隐】王卿也。		御史大夫周。【索隐】杜周也。	

96	95	94	93
太始元年【集解】班固云:“司马迁记事讫于天汉。”自此已后,后人所续。 【索隐】裴骃以为自天汉已后,后人所续,即褚先生所补也。后史所记,又无异呼,故今不讨论也。	二	三	四
八	九	十	十一
		御史大夫胜之。	

92	91	90	89
征和元年	二	三	四
冬，贺坐为蛊死。	七月壬午，太子发兵，杀游击将军说、使者江充。	六月，刘屈氂因蛊斩。	
十二	三月丁巳，涿郡太守刘屈氂为丞相，封彭城侯。	二	六月丁巳，大鸿胪田千秋为丞相，封富民侯。
		春，贰师将军李广利出朔方，以兵降胡。重合侯莽通出酒泉，御史大夫商丘成出河西，击匈奴。	
	御史大夫成。		

88	87	86	85	84	83
后元元年	二	孝昭始元元年	二	三	四
二	三	四 九月，日磾卒。	五	六	七
	二月己巳，光禄大夫霍光为大将军，博陆侯；都尉金日磾为车骑将军，秺侯；太仆安阳侯上官桀为大将军。				三月癸酉，卫尉王莽为左将军，骑都尉上官安为车骑将军。

82	81	80	79	78	77	76
五	六	元凤元年	二	三	四	五
					三月甲戌，千秋卒。	十二月庚戌，䜣卒。
八	九	十	十一	十二	三月乙丑，御史大夫王䜣为丞相，封富春侯。	二
		九月庚午，光禄勋张安世为右将军。		十二月庚寅，中郎将范明友为度辽将军，击乌丸。		
		御史大夫䜣。			御史大夫杨敞。	

75	74	73
六	元平元年	孝宣本始元年
	敞卒。	
十一月乙丑，御史大夫杨敞为丞相，封安平侯。	九月戊戌，御史大夫蔡义为丞相，封阳平侯。	二
九月庚寅，卫尉平陵侯范明友为度辽将军，击乌丸。	四月甲申，光禄大夫龙额侯韩曾为前将军。五月丁酉，水衡都尉赵充国为后将军，右将军张安世为车骑将军。	
	御史大夫昌水侯田广明。	

72	71	70
二	三	四
	三月戊子，皇后崩。 六月乙丑，义薨。	十月乙卯，立霍后。
三	六月甲辰，长信少府韦贤为丞相，封扶阳侯。 田广明、田顺击胡还，皆自杀。充国夺将军印。	二
七月庚寅，御史大夫田广明为祁连将军，龙额侯韩曾为后将军，营平侯赵充国为蒲类将军，度辽将军平陵侯范明友为云中太守，富民侯田顺为虎牙将军：皆击匈奴。		
	御史大夫魏相。	

69	68	67	66	65
地节元年	二	三	四	元康元年
		立太子。 五月甲申，贤老，赐金百斤。		
三	四 三月庚午，将军光卒。	六月壬辰，御史大夫魏相为丞相，封高平侯。	二 七月壬寅，禹腰斩。	三
	二月丁卯，侍中、中郎将霍禹为右将军。	七月，安世为大司马、卫将军。禹为大司马。		
		御史大夫邴吉。		

64	63	62	61	60	59
二	三	四	神爵元年	二	三
			上郊甘泉太畤、汾阴后土。	上郊雍五畤。祋祤出宝璧玉器。	三月，相卒。
四	五	六 八月丙寅，安世卒。	七	八	四月戊戌，御史大夫邴吉为丞相，封博阳侯。
			四月，乐成侯许延寿为强弩将军。后将军充国击羌。酒泉太守辛武贤为破羌将军。韩曾为大司马、车骑将军。		
					御史大夫望之。

58	57	56	55	54	53
四	五凤元年	二	三	四	甘露元年
			正月，吉卒。		
二	三	四 五月己丑，霸卒。	三月壬申，御史大夫黄霸为丞相，封建成侯。	二	三 三月丁未，延寿卒。
		五月，延寿为大司马、车骑将军。			
		御史大夫霸。	御史大夫延年。		

52	51	50	49	48
二	三	四	黄龙元年	孝元初元元年
赦殊死，赐高年及鳏寡孤独帛，女子牛酒。	三月己丑，霸薨。			
四	七月丁巳，御史大夫于定国为丞相，封西平侯。	二	三	四
			乐陵侯史子长为大司马、车骑将军。太子太傅萧望之为前将军。	
御史大夫定国。	太仆陈万年为御史大夫。			

47	46	45	44	43
二	三	四	五	永光元年
				十月戊寅，定国免。
五	六	七	八	九 七月，子长免，就第。
	十二月，执金吾冯奉世为右将军。		二月丁巳，平恩侯许嘉为左将军。	九月，卫尉平昌侯王接为大司马、车骑将军。 二月，广德免。
			中少府贡禹为御史大夫。十二月丁未，长信少府薛广德为御史大夫。	七月，太子太傅韦玄成为御史大夫。

42	41	40	39	38
二	三	四	五	建昭元年
三月壬戌朔，日蚀。				
二月丁酉，御史大夫韦玄成为丞相，封扶阳侯。丞相贤子。	二	三	四	五
七月，太常任千秋为奋武将军，击西羌；云中太守韩次君为建威将军，击羌。后不行。	右将军平恩侯许嘉为车骑将军，侍中、光禄大夫乐昌侯王商为右将军，右将军冯奉世为左将军。			
二月丁酉，右扶风郑弘为御史大夫。				

37	36	35	34	33	32
二	三	四	五	竟宁元年	孝成建始元年
	六月甲辰，玄成薨。				
六	七月癸亥，御史大夫匡衡为丞相，封乐安侯。	二	三	四	五
弘免。				六月己未，卫尉杨平侯王凤为大司马、大将军。 延寿卒。	
光禄勋匡衡为御史大夫。	卫尉繁延寿为御史大夫。			三月丙寅，太子少傅张谭为御史大夫。	

31	30	29	28
二	三	四	河平元年
	十二月丁丑，衡免。		
六	七 八月癸丑，遣光禄勋诏嘉上印绶免，赐金二百斤。	三月甲申，右将军乐昌侯王商为右丞相。	二
	十月，右将军乐昌侯王商为光禄大夫、右将军，执金吾弋阳侯任千秋为右将军。 谭免。	任千秋为左将军，长乐卫尉史丹为右将军。 十月己亥，尹忠自刺杀。	
	廷尉尹忠为御史大夫。	少府张忠为御史大夫。	

27	26	25	24
二	三	四	阳朔元年
		四月壬寅，丞相商免。	
三	四	六月丙午，诸吏散骑光禄大夫张禹为丞相。	二
	十月辛卯，史丹为左将军，太仆平安侯王章为右将军。		

20	21	22	23
鸿嘉元年	四	三	二
三月，禹卒。			
四月庚辰，薛宣为丞相。	七月乙丑，右将军光禄勋平安侯王章卒。		三
	闰月壬戌，永卒。	九月甲子，御史大夫王音为车骑将军。	张忠卒。
		十月乙卯，光禄勋于永为御史大夫。	六月，太仆王音为御史大夫。

【索隐述赞】高祖初起，啸命群雄。天下未定，王我汉中。三杰既得，六奇献功。章邯已破，萧何筑宫。周勃厚重，朱虚至忠。陈平作相，条侯总戎。丙魏立志，汤尧饰躬。天汉之后，表述非功。

史记卷二十三

礼书第一

【索隐】书者，五经六籍总名也。此之八书，记国家大体。班氏谓之志，志，记也。　【正义】天地位，日月明，四时序，阴阳和，风雨节，群品滋茂，万物宰制，君臣朝廷尊卑贵贱有序，咸谓之礼。五经六籍，咸谓之书。故《曲礼》云“道德仁义非礼不成，教训正俗非礼不备，分争辩讼非礼不决”云云。

太史公曰：洋洋①美德乎！宰制万物，役使群众，岂人力也哉？②余至大行礼官，③观三代损益，乃知缘人情而制礼，依人性而作仪，其所由来尚矣。

①【索隐】音羊。洋洋，美盛貌。邹诞生音翔。

②【正义】言天地宰制万物，役使群品，顺四时而动，咸有成功，岂藉人力营为哉，是美善盛大众多之德也。故孔子曰“四时行焉，百物生焉”。

③【索隐】大行，秦官，主礼仪。汉景帝改曰大鸿胪。鸿胪，掌九宾之仪也。

人道经纬万端，规矩无所不贯，诱进以仁义，束缚以刑罚，故德厚者位尊，禄重者宠荣，所以总一海内而整齐万民也。人体安驾乘，①为之金舆错衡以繁其饰；②目好五色，为之黼黻文章以表其能；耳乐钟磬，为之调谐八音以荡其心；口甘五味，为之庶羞酸咸以致其美；③情好珍善，为之琢磨圭璧以通其意。故大路越席，④皮弁布裳，⑤朱弦洞越，⑥大羹玄酒，⑦所以防其淫侈，救其雕敝。⑧是以君臣朝廷尊卑贵贱之序，下及黎庶车舆衣服宫室饮食嫁娶丧祭之分，事有宜适，物有节文。仲尼曰：“禘自既灌而往者，吾不欲观之矣。”⑨

①【正义】时证反。

②【集解】《周礼》王之五路有金路。郑玄曰：“以金饰诸末。”　【索隐】错镂衡

扼为文饰也。《诗》曰"约軝错衡",《毛传》云"错衡,文衡也"。【正义】为,于伪反。错作"镳",七公反。

③【集解】《周礼》曰:"羞用百有二十品。"郑玄曰:"羞出于牲及禽兽,以备其滋味,谓之庶羞。"郑众曰:"羞者,进也。"

④【集解】服虔曰:"大路,祀天车也。越席,结括草以为席也。"王肃曰:"不缘也。"【正义】按:括草,蒲草。越,户括反。

⑤【集解】《周礼》曰:"王视朝则皮弁之服。"郑玄曰:"皮弁之服,十五升白布衣,积素为裳也。"【正义】以鹿子皮为弁也。按:襞积素布而为裳也。

⑥【集解】郑玄曰:"朱弦,练朱丝弦也。越,瑟底孔。"

⑦【集解】郑玄曰:"大羹,肉湆不调以盐菜也。玄酒,水也。"

⑧【索隐】雕谓雕饰也。言雕饰是奢侈之弊也。

⑨【集解】孔安国曰:"禘祫之礼,为序昭穆也,故毁庙之主及群庙之主皆合食于太祖。灌者,酌郁鬯,灌于太祖,以降神也。既灌之后,列尊卑,序昭穆。而鲁逆祀,跻僖公,乱昭穆,故不欲观之。"

周衰,礼废乐坏,大小相逾,管仲之家,兼备三归。① 循法守正者见侮于世,奢溢僭差者谓之显荣。自子夏,门人之高弟也,② 犹云"出见纷华盛丽而说,入闻夫子之道而乐,二者心战,未能自决",而况中庸以下,渐渍于失教,被服于成俗乎?孔子曰"必也正名",于卫所居不合。③ 仲尼没后,受业之徒沈湮而不举,或适齐、楚,或入河海,④ 岂不痛哉!

①【集解】包氏曰:"三归,娶三姓女也。妇人谓嫁曰归。"

②【索隐】言子夏是孔子门人之中高弟者,谓才优而品第高也,故《论语》四科有"文学子游、子夏"是。

③【集解】《论语》曰:"子路曰'卫君待子而为政,子将奚先'?子曰'必也正名乎'!"马融曰:"正百事之名。"

④【正义】《论语》云大师挚适齐,亚饭干适楚,鼓方叔入于河,少师阳、击磬襄入于海。鲁哀公时,礼坏乐崩,人皆去也。

至秦有天下,悉内六国礼仪,采择其善,虽不合圣制,其尊君抑臣,朝廷济济,依古以来。① 至于高祖,光有四海,叔孙通颇有所增益减损,大抵皆袭秦故。② 自天子称号③ 下至佐僚及宫室官名，少所变改。孝文即位，有司议欲定仪礼，孝文好道家之学，以为繁礼饰貌，无益于治，躬化谓何耳，④ 故罢去之。孝景时，御史大夫晁错明于世务刑名，数干谏孝景曰："诸侯藩辅，臣子一例，古今之制也。今大国专治异政，不禀京师，恐不可传后。"孝景用其计，而六国畔逆，⑤ 以错首名，天子诛错以解难。⑥ 事在《袁盎》语中。是后官者养交安禄而已，莫敢复议。

①【正义】秦采择六国礼仪，尊君抑臣，朝廷济济，依古以来典法行之。

②【集解】应劭曰："抵，至也。"瓒曰："抵，归也。" 【索隐】按：大抵犹大略也。臣瓒以抵训为归，则是大略大归，其义通也。

③【正义】称，尺证反。

④【正义】《孝文本纪》云上身衣弋绨，所幸慎夫人令衣不曳地，帏帐不得文绣，治霸陵皆以瓦器。是躬化节俭，谓何嫌耳，不须繁礼饰貌也。

⑤【正义】吴、楚、赵、菑川、济南、胶西为六国也。齐孝王狐疑城守，三国兵围齐，齐使路中大夫告天子，故不言七国也。

⑥【正义】上纪买反，下乃惮反。

今上即位，招致儒术之士，令共定仪，十馀年不就。或言古者太平，万民和喜，瑞应辨至，① 乃采风俗，定制作。上闻之，制诏御史曰："盖受命而王，各有所由兴，殊路而同归，谓因民而作，追俗为制也。议者咸称太古，百姓何望？汉亦一家之事，典法不传，谓子孙何？化隆者闳博，治浅者褊狭，可不勉与！"乃以太初之元改正朔，② 易服色，封太山，定宗庙百官之仪，以为典常，垂之于后云。

①【正义】辨音遍。

②【集解】应劭曰："初用夏正，以正月为岁首，改年为太初。"

礼由人起。人生有欲，欲而不得则不能无忿，忿而无度量则争，① 争则乱。先王恶其乱，故制礼义以养人之欲，给人之求，使欲不穷于物，物不屈于欲，② 二者相待而长，是礼之所起也。故礼者养也。稻粱五味，所以养口也；椒兰芬茝，③ 所以养鼻也；钟鼓管弦，所以养耳也；刻镂文章，所以养目也；疏房床笫几席，所以养体也：④ 故礼者养也。

①【正义】音诤。

②【正义】屈，群物反。

③【索隐】音止，又昌改反。

④【集解】服虔曰："箦谓之笫。" 【索隐】疏谓窗也。 【正义】疏谓窗也。笫，侧里反。

君子既得其养，又好其辨也。所谓辨者，贵贱有等，长少有差，贫富轻重皆有称也。故天子大路越席，所以养体也；① 侧载臭茝，所以养鼻也；② 前有错衡，所以养目也；③ 和鸾之声，④ 步中《武》《象》，骤中《韶》《濩》，所以养耳也；⑤ 龙旗九斿，所以养信也；⑥ 寝兕⑦ 持虎，⑧ 鲛韅⑨ 弥龙，⑩ 所以养威也。故大路之马，必信至教顺，然后乘之，所以养安也。孰知夫(士)出死要节之所以养生也，⑪ 孰知夫轻费用之所以养财也，⑫ 孰知夫恭敬辞让之所以养安也，⑬ 孰知夫礼义文理之所以养情也。⑭

①【正义】谓蒲草为席，既洁且柔，洁可以祀神，柔可以养体也。

②【索隐】刘氏云："侧，特也。臭，香也。茝，香草也。言天子行，特得以香草自随也，其馀则否。"臭为香者，《山海经》云"臭如蘪芜"，《易》曰"其臭如兰"，是臭为草之香也。今以侧为边侧，载者置也，言天子之侧常置芳香于左右。

③【集解】《诗》云："约軝错衡。"《毛传》云："错衡，文衡也。"

④【集解】郑玄曰："和，鸾，皆铃也，所以为车行节也。《韩诗内传》曰鸾在衡，和在轼前，升车则马动，马动则鸾鸣，鸾鸣则和应。"服虔曰："鸾在镳，和在衡。《续汉书·舆服志》曰鸾雀(立)〔在〕衡也。" 【正义】皇侃云："鸾，以金为鸾，悬铃其中，于衡上，以为迟疾之节，所以正威仪行舒疾也。"

⑤【集解】郑玄曰："《武》，《武王》乐也。《象》，《武舞》也。《韶》，舜乐也。《濩》，汤乐也。" 【正义】步犹缓。缓车则和鸾之音中于《武》《象》，骤车中于《韶》《濩》也。

⑥【集解】《周礼》曰："交龙为旗。" 【正义】斿音旒。

⑦【索隐】按：以兕牛皮为席。 【正义】兕音似。《尔雅》云兕似牛。

⑧【索隐】持虎者，以猛兽皮文饰倚较及伏轼，故云持虎。刘氏云"画之于旂竿及楯仗等"，以今所见为说也。

⑨【集解】徐广曰："鲛鱼皮可以饰服器，音交。韅者，当马腋之革，音呼见反。"

【索隐】以鲛鱼皮饰鞢。鞢，马腹带也。

⑩【集解】徐广曰："乘舆车金薄璆龙为舆倚较，文虎伏轼，龙首衔轭。" 【索隐】弥亦音弭，谓金饰衡枙为龙。此皆王者服御崇饰，所以示威武，故云"所以养威"也。此文皆出《大戴礼》，盖是荀卿所说。刘氏云："薄犹饰也。璆然，龙貌。璆音虬。"

⑪【索隐】言人谁知夫志士推诚守死，要立名节，仍是养生安身之本，故下云"人苟生之为见，若者必死"，是解上意，言人苟以贪生之为见，不能见危致命，若者必死。若犹如也，言执心为见，如此者必刑戮及身，故云"必死"。下文皆放此也。 【正义】夫音扶。要音腰。孰知犹审知也。出死犹处死也。审知志士推诚处死，要立名节，若曹沫、茅焦，所以养生命也。

⑫【正义】费音芳味反。轻犹薄。言审知鲜薄费用则能畜聚，所以养财货也。

⑬【正义】言审知恭敬辞让所以养体安身。

⑭【正义】言审知礼义文章道理所以养其情性。此四科，是儒者有礼义，故两得之也。

人苟生之为见，若者必死；①苟利之为见，若者必害；②怠惰之为安，若者必危；③情胜之为安，若者必灭。④故圣人一之于礼义，则两得之矣；一之于情性，则两失之矣。故儒者将使人两得之者也，墨者将使人两失之者也。⑤是儒墨之分。⑥

①【正义】苟，且；若，如此也。言平凡好生之人，且见操节之士，以礼义处死，养得其生有效，如此者必死也。

②【正义】言平凡好利之人，且见利义之士，以轻省费用，养得其财有效，如此者必害身也。

③【正义】惰，徒卧反。言平凡怠惰之人，且见有礼之士，以恭敬礼让，养得安乐有效，如此者必危亡也。

④【索隐】覆解上"礼义文理之所以养情也"。 【正义】胜音叔证反。言平凡好胜之人，且见利义之士，礼义文理，养得其情性有效，如此者必灭亡也。此四科，是墨者无礼义，故两失之也。

⑤【索隐】墨者不尚礼义而任俭啬，无仁恩，故使人两失之。《易》曰"悦以使人，人忘其死"是也。

⑥【正义】分，扶问反。分犹等也。若儒等者是治辨之极，强固之本，威行之

道，功名之总，则天下归之矣。

治辨之极也，强固之本也，①威行之道也，②功名之总也。③王公由之，④所以一天下，臣诸侯也；弗由之，所以捐社稷也。故坚革利兵不足以为胜，⑤高城深池不足以为固，严令繁刑不足以为威。由其道则行，不由其道则废。楚人鲛革犀兕，所以为甲，坚如金石；宛之钜铁⑥施，钻如蜂虿，⑦轻利剽遫，⑧卒如熛风。⑨然而兵殆于垂涉，唐昧死焉；⑩庄蹻起，楚分而为四⑪参。是岂无坚革利兵哉？⑫其所以统之者非其道故也。汝颍以为险，⑬江汉以为池，⑭阻之以邓林，⑮缘之以方城。⑯然而秦师至鄢郢，举若振槁。⑰是岂无固塞险阻哉？其所以统之者非其道故也。纣剖比干，囚箕子，为炮格，刑杀无辜，时臣下懔然，莫必其命。⑱然而周师至，而令不行乎下，不能用其民。是岂令不严，刑不陖哉？其所以统之者非其道故也。

①【索隐】自此已下，皆是儒分之功也。　【正义】固，坚固也。言国以礼义，四方钦仰，无有攻伐，故为强而且坚固之本也。

②【正义】以礼义导天下，天下伏而归之，故为威行之道也。

③【正义】以礼义率天下，天下咸遵之，故为功名之总。总，合也，聚也。

④【正义】言由礼义也。

⑤【索隐】覆上"功名之总也"。

⑥【集解】徐广曰："大刚曰钜。"　【正义】宛城，今邓州南阳县城是也。音于元反。钜，刚铁也。

⑦【索隐】钻谓矛刃及矢镞也。

⑧【正义】上匹妙反，下音速。剽遫，疾也。

⑨【正义】卒，村忽反。熛，必遥反。熛风，疾也。

⑩【集解】许慎曰："垂涉，地名也。"

⑪【索隐】蹻音其略反，楚将之名。言其起兵乱后楚遂分为四。按《汉志》，滇王，庄蹻之后也。　【正义】以"起"字为绝句。或曰楚庄王苗裔也。按：《括地志》云"师州、黎州在京西南五千六百七十里。战国楚威王时，庄蹻王滇，则为滇国之地"。楚昭王徙都鄀，（庄蹻王滇）楚襄王徙都陈，楚考烈王徙都

寿春，咸被秦逼，乃四分也。然昭王虽在庄蹻之前，故荀卿兼言之也。

⑫【索隐】参者，验也。言验是，楚岂无利兵哉。　【正义】参，七含反。言蹻、楚国岂无坚甲利兵哉，为其不由礼义，故众分也。

⑬【正义】《括地志》云："汝水源出汝州鲁山县西伏牛山，亦名猛山。汝水至豫州郾城县名湏水。《尔雅》云'河有雝，汝有湏'，亦汝之别名。颍水源出洛州嵩高县东南三十五里阳乾山，俗名颍山。《地理志》高陵山，汝出，东南至新蔡县入淮；阳乾山颍水出，东至下蔡入淮也。"

⑭【正义】江即岷江，从蜀入，楚在荆州南。汉江从汉中东南入江。四水为楚之险固也。

⑮【集解】《山海经》曰："夸父与日逐走，日入，渴，欲得饮，饮于渭河；不足，北饮大泽；未至，道渴而死。弃其杖，化为邓林。"骃谓邓林后遂为林名。【索隐】按：裴氏引《山海经》，以为夸父弃杖为邓林，其言北饮大泽，盖非在中国也。刘氏以为今襄州南凤林山是古邓祁侯之国，在楚之北境，故云阻以邓林也。

⑯【正义】《括地志》云："方城，房州竹山县东南四十一里。其山顶上平，四面险峻，山南有城，长十馀里，名为方城，即此山也。"

⑰【索隐】振，动也，击也。槁，干叶也。　【正义】鄢音郾。《括地志》云："故城在襄州安养县北三里，古郾子之国，邓之南鄙也。又率道县南九里有故郾城，汉惠帝改曰宜城也。郢城，荆州江陵县东北六里，即吴公子光伐楚，楚平王恐，城郢者也。又楚武王始都郢，纪南故城是也，在江陵北十五里也。"

⑱【索隐】言无人必保其性命。

古者之兵，戈矛弓矢而已，然而敌国不待试而诎。①城郭不集，沟池不掘，②固塞不树，树变不张，然而国晏然不畏外而固者，无他故焉，明道而均分之，③时使而诚爱之，则下应之如景响。有不由命者，然后俟之以刑，则民知罪矣。④故刑一人而天下服。罪人不尤其上，知罪之在已也。是故刑罚省而威行如流，无他故焉，由其道故也。故由其道则行，不由其道则废。古者帝尧之治天下也，盖杀一人刑二人而天下治。《传》曰"威厉而不试，刑措而不用"。

①【集解】徐广曰："试，一作'诚'也。"【正义】诎，丘勿反。试，用也。

②【正义】求勿反，又求厥反。

③【正义】分，扶问反。言明儒墨之分，使礼义均等，则下应之如影响耳。

④【正义】事君以礼义，民有不由礼义者，然后待之以刑，则民知罪伏刑矣。

天地者，生之本也；先祖者，类之本也；① 君师者，治之本也。无天地恶生？② 无先祖恶出？无君师恶治？三者偏亡，③ 则无安人。故礼，上事天，下事地，尊先祖而隆君师，是礼之三本也。

①【正义】类，种类也。

②【正义】恶音乌。

③【索隐】邹音遍。　【正义】偏，匹然反。

故王者天太祖，① 诸侯不敢怀，② 大夫士有常宗，③ 所以辨贵贱。贵贱治，得之本也。郊畴乎天子，④ 社至乎诸侯，⑤ 函⑥ 及士大夫，所以辨尊者事尊，卑者事卑，宜钜者钜，宜小者小。故有天下者事七世，有一国者事五世，有五乘之地者事三世，⑦ 有三乘之地者事二世，⑧ 有特牲而食者不得立宗庙，⑨ 所以辨积厚者流泽广，积薄者流泽狭也。

①【集解】《毛诗叙》曰："文武之功起于后稷，故推以配天焉。"

②【索隐】怀，思也。言诸侯不敢思以太祖配天而食也。又一解，王之子孙为诸侯，不思祀其父祖，故《礼》云"诸侯不敢祖天子"，盖与此同意。

③【集解】《礼记》曰："别子为祖，继别为宗。百世不迁者，谓别子之后也。"

④【索隐】畴，类也。天子类得郊天，馀并不合祭，今《大戴礼》作"郊止乎天子"是也。止或作"畴"，因误耳。

⑤【索隐】言天子已下至诸侯得立社。

⑥【集解】音含。　【索隐】啗音含。含谓包容。诸侯已下至士大夫得祭社，故《礼》云"大夫成群立社曰置社"，亦曰里社也。邹诞生音啗徒滥反，意义亦通，但不见古文，各以意为音耳。今按：《大戴礼》作"导及士大夫"，导亦通也。今此为"啗"者，当以导与蹈同，后"足"字失"止"，唯有"口"存，故使解者穿凿也。

⑦【集解】郑玄曰："古者方十里，其中六十四井出兵车一乘，此兵法之赋。"

⑧【集解】《穀梁传》曰："天子至于士皆有庙，天子七，诸侯五，大夫三，士二。始封之者必为其太祖。"

⑨【集解】《礼记》曰："庶人祭于寝。"

大飨上玄尊，俎上腥鱼，①先大羹，贵食饮之本也。大飨上玄尊而用薄酒，食先黍稷而饭稻粱，祭哜先大羹②而饱庶羞，贵本而亲用也。贵本之谓文，亲用之谓理，两者合而成文，以归太一，是谓大隆。③故尊之上玄尊也，④俎之上腥鱼也，豆之先大羹，一也。⑤利爵弗啐也，⑥成事俎弗尝也，⑦三侑之弗食也，⑧大昏之未废齐也，⑨大庙之未内尸也，始绝之未小敛，一也。⑩大路之素帱也，⑪郊之麻绕，⑫丧服之先散麻，一也。⑬三年哭之不反也，⑭《清庙》之歌⑮一倡而三叹，⑯县一钟尚拊膈，⑰朱弦而通越，一也。⑱

①【集解】郑玄曰："大飨，祫祭先王，以腥鱼为俎实，不臑孰之也。"

②【集解】郑玄曰："哜，至齿。"

③【索隐】贵本亲用，两者合而成文，以归太一。太一者，天地之本也。得礼之文理，是合于太一也。隆者，盛也，高也。得礼文理，归于太一，是礼之盛者也。

④【正义】皇侃云："玄酒，水也。上古未有酒，而始之祭但酌水用之，至晚世虽有酒，存古礼，尚用水代酒也。"

⑤【索隐】尊之上玄尊，俎之上生鱼，豆之先大羹，三者如一，皆是本，故云一也。

⑥【集解】郑玄曰："啐，入口也。" 【索隐】按：《仪礼》祭毕献，祝西面告成，是为利爵。祭初未行无算爵，故不啐入口也。

⑦【索隐】成事卒哭之祭，故《记》曰"卒哭曰成事"。既是卒哭之祭，始从吉祭，故受胙爵而不尝俎也。

⑧【索隐】礼，祭必立侑以劝尸食，至三饭而后止。每饭有侑一人，故有三侑。既是劝尸，故不相食也。

⑨【索隐】废齐，谓昏礼父亲醮子而迎之前，故《曲礼》云"斋戒以告鬼神"，是昏礼有齐也。

⑩【索隐】此五者皆礼之初始，质而未备，亦是贵本之义，故云一也。

⑪【集解】《礼记》曰："乘素车，贵其质也。"郑玄曰："素车，殷辂也。" 【索隐】帱音稠。谓车盖以素帷，亦质也。

⑫【集解】《周礼》曰："王祀昊天上帝，服大裘而冕。"《论语》曰："麻冕，礼也。"孔安国曰："冕，缁布冠。古者绩麻三十升布以为之。"【正义】绕音免。亦作"冕"。

⑬【集解】《仪礼·士丧礼》曰："始死，主人散带，垂之三尺。"《礼记》曰："大功已上散带也。"【索隐】大路已下，三事相似如一，故云一也。散麻取其质无文饰，亦贵本也。

⑭【集解】《礼记》曰："斩衰之哭，若往而不反。"

⑮【集解】郑玄曰："《清庙》谓作乐歌《清庙》。"

⑯【集解】郑玄曰："倡，发歌句者。三叹，三人从叹。"

⑰【集解】徐广曰："一作'搏膈'。"【索隐】县一钟尚拊隔。隔，悬钟格。拊音抚。〔拊〕隔，不击其钟而拊其格，不取其声，亦质也。邹氏隔音膊，盖依《大戴礼》也。而郑《礼注》云搏，拊柷敔也。

⑱【索隐】大瑟而练朱其弦，又通其下孔，使声浊且迟，上质而贵本，不取其声文。自"三年"已下四事，皆不取其声也。

凡礼始乎脱，① 成乎文，② 终乎税。③ 故至备，情文俱尽；④ 其次，情文代胜；⑤ 其下，复情以归太一。⑥ 天地以合，日月以明，四时以序，星辰以行，江河以流，万物以昌，好恶以节，喜怒以当。以为下则顺，以为上则明。⑦

①【索隐】脱犹疏略也。始，初也。言礼之初尚疏略也。

②【索隐】言礼成就有文饰。

③【集解】徐广曰："一作'悦'。"【索隐】音悦。言礼终卒和悦人情也。《大戴礼》作"终于隆"，隆谓盛也。

④【集解】徐广曰："古'情'字或假借作'请'，诸子中多有此比。"【正义】言情文俱尽，乃是礼之至备也。

⑤【索隐】音升，又尸证反。或文胜情，或情胜文，是情文更代相胜也。《大戴礼》作"迭兴"也。

⑥【索隐】言其次情文俱失，归心浑沌天地之初，复礼之本，是归太一也。

⑦【正义】自"天地"以下八事，大礼之备，情文俱尽，故用为下则顺，用为上则明也。

太史公曰：至矣哉！①立隆以为极，而天下莫之能益损也。本末相顺，②终始相应，③至文有以辨，④至察有以说。⑤天下从之者治，不从者乱；从之者安，不从者危。小人不能则也。⑥

①【索隐】已下亦是太史公取荀卿《礼论》之意，极言礼之损益，以结《礼书》之论也。

②【索隐】谓礼之盛，文理合以归太一，至礼之杀，复情以归太一。隆杀皆归太一者，是本末相顺也。

③【索隐】礼始于脱略，终于税，税亦杀也，杀与脱略，是始终相应也。　【正义】应，乙陵反，当也。

④【索隐】言礼之至文，能辨尊卑贵贱，故云有以辨也。

⑤【索隐】言礼之至察，有以明隆杀损益，委曲情文，足以悦人心，故云有以说也。

⑥【正义】小人犹庶人也。则，法也。言天下士以上至于帝王，能从礼者则治安，不能从礼者则危乱，庶人据于事，不能法礼也。

礼之貌诚①深矣，坚白同异之察，入焉而弱。②其貌诚大矣，擅作典制褊陋之说，入焉而望。③其貌诚高矣，暴慢恣睢，④轻俗以为高之属，入焉而队。⑤故绳诚陈，⑥则不可欺以曲直；衡诚县，⑦则不可欺以轻重；规矩诚错，⑧则不可欺以方员；君子审礼，则不可欺以诈伪。⑨故绳者，直之至也；衡者，平之至也；规矩者，方员之至也；礼者，人道之极也。然而不法礼者不足礼，谓之无方之民；⑩法礼足礼，谓之有方之士。礼之中，能思索，⑪谓之能虑；能虑勿易，⑫谓之能固。能虑能固，加好之焉，圣矣。⑬天者，高之极也；地者，下之极也；日月者，明之极也；无穷者，广大之极也；圣人者，道之极也。⑭

①【索隐】有本作"悫诚"者，非也。

②【正义】言礼之貌信深厚矣，虽有邹子坚白同异之辩明察，入于礼义之中，自然懦弱败坏(之礼)也。

③【索隐】言擅作典制及褊陋之说。入焉，谓入礼则自嗛望知其失。　【正义】言礼之貌信广大矣，虽有擅作典制褊陋之说，文辞入于礼义之中，自然成淫俗褊陋之言。

④【索隐】恣睢犹毁訾也。

⑤【索隐】言訾毁礼者自取队灭也。 【正义】言礼之貌信尊高矣，虽有暴慢恣睢轻俗以为高之属，入于礼义之中，自然成坠落暴慢轻俗之人。

⑥【集解】郑玄曰："诚犹审也。陈，设也，谓弹画也。"

⑦【集解】郑玄曰："衡，称也。县谓锤也。" 【正义】县音玄。

⑧【索隐】错，置也。规，车也。矩，曲尺也。 【正义】错，七故反。

⑨【正义】诈伪谓坚白同异，擅作典制，暴戾恣睢自高也。故陈绳，曲直定；悬衡，轻重分；错规矩，方员□；审礼，诈伪自消灭矣。

⑩【集解】郑玄曰："方犹道也。"

⑪【索隐】索，求也。

⑫【正义】易谓轻易也。

⑬【正义】好，火到反。言人以得礼之中，又能思审索求其礼，谓之能思虑；又不轻易其礼，谓之能坚固。能虑，能固其礼，更加好之，乃圣人矣。

⑭【正义】道谓礼义也。言人有礼义，则为圣人，比于天地日月，广大之极也。

以财物为用，以贵贱为文，以多少为异，以隆杀为要。①文貌繁，情欲省，礼之隆也；文貌省，情欲繁，礼之杀也；文貌情欲相为内外表里，并行而杂，礼之中流也。②君子上致其隆，下尽其杀，而中处其中。③步骤驰骋广骛不外，④是以君子之性守宫庭也。⑤人域是域，士君子也。⑥外是，民也。⑦于是中焉，房皇周浃，曲(直)得其次序，圣人也。⑧故厚者，礼之积也；大者，礼之广也；⑨高者，礼之隆也；明者，礼之尽也。⑩

①【索隐】隆犹厚也。杀犹薄也。

②【正义】言文饰情用，表里外内，合于儒墨，是得礼情之中，而流行不息也。

③【正义】中谓情文也。

④【正义】骛音务。言君子之人，上存文饰，下务减省，而合情文，处得其中，纵有战阵杀戮邪恶，则不弃于礼义矣。三皇步，五帝骤，三王驰，五伯骛也。

⑤【索隐】言君子之性守正不慢远行，如常守宫庭也。 【正义】宫庭，听朝处。喻君子心内常守礼义，若宫庭焉。

⑥【索隐】域，居也。言君子之行，非人居亦弗居也。 【正义】处平凡人域之中，能知礼义之域限，即为士及君子也。

⑦【索隐】外谓人域之外，非人所居之地。以喻礼义之外，别为它行，即是小

人，故云外是人也。

⑧【索隐】房音旁。旁皇犹徘徊也。周浃犹周匝。言徘徊周浃，委曲得礼之序，动不失中，则是圣人之行也。

⑨【索隐】言君子圣人有厚大之德，则为礼之所积益弘广也，故曰“甘受和，白受采，忠信之人可以学礼，苟无忠信，则礼不虚道”。然此文皆荀卿《礼论》也。

⑩【正义】言君子内守其礼，德厚大积广，至于高尊明礼，则是礼之终竟也。此书是褚先生取荀卿《礼论》兼为之。

【索隐述赞】礼因人心，非从天下。合诚饰貌，救弊兴雅。以制黎甿，以事宗社。情文可重，丰杀难假。仲尼坐树，孙通蕝野。圣人作教，罔不由者。

史记卷二十四

乐书第二

【正义】天有日月星辰，地有山陵河海，岁有万物成熟，国有圣贤宫观周域官僚，人有言语衣服体貌端修，咸谓之乐。《乐书》者，犹《乐记》也，郑玄云以其记乐之义也。此于《别录》属《乐记》，盖十一篇合为一篇。十一篇者，有《乐本》，有《乐论》，有《乐施》，有《乐言》，有《乐礼》，有《乐情》，有《乐化》，有《乐象》，有《宾牟贾》，有《师乙》，有《魏文侯》。今虽合之，亦略有分焉。刘向校书，得《乐书》二十三篇，著于《别录》。今《乐记》惟有十一篇，其名犹存也。

太史公曰：余每读《虞书》，至于君臣相敕，维是几安，而股肱不良，万事堕坏，未尝不流涕也。成王作颂，推己惩艾，①悲彼家难，②可不谓战战恐惧，善守善终哉？③君子不为约则修德，④满则弃礼，佚能思初，安能惟始，沐浴膏泽而歌咏勤苦，非大德谁能如斯！《传》曰“治定功成，礼乐乃兴”。海内人道益深，其德益至，所乐者益异。满而不损则溢，盈而不持则倾。凡作乐者，所以节乐。⑤君子以谦退为礼，以损减为乐，乐其如此也。以为州异国殊，情习不同，故博采风俗，协比声律，⑥以补短移化，助流政教。天子躬于明堂临观，而万民咸荡涤邪秽，斟酌饱满，以饰厥性。故云《雅》《颂》之音理而民正，嘄噭⑦之声兴而士奋，郑卫之曲动而心淫。及其调和谐合，鸟兽尽感，而况怀五常，含好恶，自然之势也？

①【正义】音刈。

②【正义】乃惮反。家难，谓文王囚羑里，武王伐纣。

③【正义】言成王作颂，悲文王战战恐惧，推己戒励为治，是善守善终也。

④【正义】为，于伪反。

⑤【正义】音洛。言不乐至荒淫也。

⑥【正义】比音鼻。

⑦【索隐】上姑尧反，又音叫。下音击。

治道亏缺而郑音兴起，封君世辟，① 名显邻州，争以相高。自仲尼不能与齐优遂容于鲁，② 虽退正乐以诱世，作五章以刺时，③ 犹莫之化。陵迟以至六国，流沔沈佚，遂往不返，卒于丧身灭宗，并国于秦。

①【索隐】辟亦君也。　【正义】辟，并亦反。

②【索隐】齐人归女乐而孔子行，言不能遂容于鲁而去也。或作"逐客"，误耳。

③【索隐】按：系〔家〕、《家语》所云孔子嗤季桓子作歌引《诗》曰"彼妇人之口，可以出走。彼妇人之谒，可以死败。优哉游哉，聊以卒岁"。是五章之刺也。

秦二世尤以为娱。丞相李斯进谏曰："放弃《诗》《书》，极意声色，祖伊所以惧也；① 轻积细过，恣心长夜，纣所以亡也。"赵高曰："五帝、三王乐各殊名，示不相袭。上自朝廷，下至人民，得以接欢喜，合殷勤，非此和说不通，解泽不流，② 亦各一世之化，度时之乐，何必华山之騄耳而后行远乎？"二世然之。

①【正义】祖伊谏殷纣，纣不听。孔安国云祖己后贤臣也。

②【正义】说音悦。解音蟹。言非此乐和适，亦悦乐之不通，散恩泽之事不流，各一世之化也。谏二世，故名之也。

高祖过沛诗《三侯之章》，① 令小儿歌之。高祖崩，令沛得以四时歌舞宗庙。孝惠、孝文、孝景无所增更，于乐府习常肄旧而已。②

①【索隐】按：过沛诗即《大风歌》也。其辞曰"大风起兮云飞扬，威加海内兮归故乡，安得猛士兮守四方"是也。侯，语辞也。《诗》曰"侯其祎而"者是也。兮亦语辞也。沛诗有三"兮"，故云三侯也。

②【正义】肄音异。

至今上即位，作十九章，① 令侍中李延年次序其声，拜为协律都尉。通一经之士不能独知其辞，皆集会《五经》家，相与共讲习读之，乃能通知其意，多尔雅之文。

①【索隐】按:《礼乐志·安世房中乐》有十九章。

汉家常以正月上辛祠太一甘泉,以昏时夜祠,到明而终。常有流星经于祠坛上。使僮男僮女七十人俱歌。春歌《青阳》,夏歌《朱明》,①秋歌《西暤》,②冬歌《玄冥》。③世多有,故不论。④

①【集解】瓒曰:"《尔雅》云春曰青阳,夏曰朱明。"

②【集解】韦昭曰:"西方少暤也。"

③【正义】《礼记·月令》云玄冥,水官也。

④【索隐】言四时歌多有其词,故此不论载。今见《汉书·礼乐志》。

又尝得神马渥洼水中,①复次以为《太一之歌》。歌曲曰:"太一贡兮天马下,②沾赤汗兮沫流赭。③骋容与兮跇万里,④今安匹兮龙为友。"后伐大宛得千里马,马名蒲梢,⑤次作以为歌。歌诗曰:"天马来兮从西极,经万里兮归有德。承灵威兮降外国,涉流沙兮四夷服。"中尉汲黯进曰:"凡王者作乐,上以承祖宗,下以化兆民。今陛下得马,诗以为歌,协于宗庙,先帝百姓岂能知其音邪?"上默然不说。丞相公孙弘曰:"黯诽谤圣制,当族。"

①【集解】李斐曰:"南阳新野有暴利长,当武帝时遭刑,屯田燉煌界。人数于此水旁见群野马中有奇异者,与凡马异,来饮此水旁。利长先为土人持勒靽于水旁,后马玩习久之,代土人持勒靽,收得其马,献之。欲神异此马,云从水中出。"苏林曰:"洼音'室曲'之'室'也。" 【索隐】洼音一佳反,乌花反。苏林音"室曲"之"室",室即窳也。

②【索隐】按:《礼乐志》"贡"作"况",况与贡意亦通。 【正义】太一,北极大星也。

③【集解】应劭曰:"大宛马汗血沾濡也,流沫如赭。"

④【集解】孟康曰:"跇音逝。"如淳曰:"跇谓超逾也。" 【索隐】亦〔作〕"逝"。邹诞生云跇,一作"世",亦音跇。跇,超也。

⑤【集解】应劭曰:"大宛旧有天马种,蹋石汗血,汗从前肩膊出如血,号一日千里。" 【索隐】梢音史交反。又本作"骚",亦同音。

凡音之起,由人心生也。①人心之动,物使之然也。②感于物而动,故形于声；③声相应，故生变；④变成方，谓之音；⑤比音而乐之，及干戚羽旄，谓之乐也。⑥乐者，音之所由生也，⑦其本在人心感于物也。⑧是故其哀心感者，其声噍以杀；⑨其乐心感者，其声啴以缓；⑩其喜心感者，其声发以散；⑪其怒心感者，其声粗以厉；⑫其敬心感者，其声直以廉；⑬其爱心感者，其声和以柔。⑭六者非性也，⑮感于物而后动，⑯是故先王慎所以感之。⑰故礼以导其志，乐以和其声，政以壹其行，⑱刑以防其奸。礼乐刑政，其极一也，⑲所以同民心而出治道也。⑳

①【正义】皇侃云："此章有三品，故名为《乐本》，备言音声所起，故名《乐本》。夫乐之起，其事有二：一是人心感乐，乐声从心而生；一是乐感人心，心随乐声而变也。"

②【正义】物者，外境也。外有善恶来触于心，则应触而动，故云物使之然也。

③【集解】郑玄曰："宫商角徵羽杂比曰音，单出曰声，形犹见也。"王肃曰："物，事也。谓哀乐喜怒和敬之事感人而动，见于声。"

④【集解】郑玄曰："乐之器，弹其宫则众宫应，然而不足乐，是以变之使杂也。"【正义】崔灵恩云："缘五声各自相应，不足为乐，故变使杂，令声音谐和也。"

⑤【集解】郑玄曰："方犹文章。"【正义】皇侃云："单声不足，故变杂五声，使交错成文，乃谓为音也。"

⑥【集解】郑玄曰："干，楯也；戚，斧也：《武舞》所执也。羽，翟羽也；旄，旄牛尾：《文舞》所执也。"【正义】比音鼻，次也。音，五音也。言五音虽杂，犹未足为乐，复须次比器之音及《文》《武》所执之物，共相谐会，乃是由音得名。为乐《武》阴《文》阳，故所执有轻重异。

⑦【正义】合音乃成乐，是乐由音而生，诸乐生起之所由也。

⑧【正义】本犹初也。物，外境也。(言)将欲明乐随心见，故更陈此句也。

⑨【集解】郑玄曰："噍，踧也。"【索隐】焦音如字。邹诞生作"噍"，音将妙反。【正义】杀，所介反。噍，踧急也。若外境痛苦，则其心哀戚，哀戚在心，故乐声踧急而杀也。此下六者，皆人君见前境来感己而制乐音，随心见之也。

⑩【集解】郑玄曰："啴，宽绰之貌。"【正义】啴，宽也。若外境可美，则其心欢乐，欢乐在心，故乐声必随而宽缓也。

⑪【集解】郑玄曰："发，扬也。"【正义】若外境会意，其心喜悦，悦喜在心，故乐声发扬也。

⑫【正义】若外境乖失，故己心怒恚，怒在心，心随怒而发扬，故无辍硋，则乐声粗强而严厉也。

⑬【正义】廉，隅也。若外境尊高，故己心悚敬，悚敬在内，则乐声直而有廉角也。

⑭【正义】柔，软也。若外境怜慕，故己心爱惜，爱惜在内，则乐和柔也。

⑮【正义】性本静寂，无此六事。六事之生，由应感见而动，故云非性。

⑯【集解】郑玄曰："言人声在所见，非有常。"

⑰【正义】六事随见而动，非关本性，圣人在上，制正礼以防之，故先王慎所以感之者也。

⑱【正义】胡孟反。

⑲【集解】郑玄曰："极，至也。"【正义】四事，防慎所感之由也。用〔正〕礼教导其志，用（世）〔正〕乐谐和其声，用法律齐其行，用刑辟防其凶〔奸〕，民不复流僻，徒感防之，使同其一（敌）〔致〕，不为非也。极，至也。

⑳【集解】郑玄曰："此其所谓至也。"【正义】上四事功成，民同其心，俱不邪僻，故治道出也。民心所触，有前六者不同，故圣人用后四者制之。

凡音者，生人心者也。①情动于中，故形于声，②声成文谓之音。③是故治世之音安以乐，其正和；④乱世之音怨以怒，其正乖；⑤亡国之音哀以思，其民困。⑥声音之道，与正通矣。⑦宫为君，⑧商为臣，⑨角为民，⑩徵为事，⑪羽为物。⑫五者不乱，则无惉懘之音矣。⑬宫乱则荒，其君骄；⑭商乱则搥，其臣坏；⑮角乱则忧，其民怨；⑯徵乱则哀，其事勤；⑰羽乱则危，其财匮。⑱五者皆乱，迭相陵，谓之慢。⑲如此则国之灭亡无日矣。⑳郑卫之音，乱世之音也，比于慢矣。㉑桑间濮上之音，㉒亡国之音也，其政散，其民流，诬上行私而不可止。㉓

①【正义】此《乐本章》第二段，明乐感人心也。人心即君人心也。乐音善恶由君上心之所好，故云生于人心者也。

②【正义】情，君之情也。中犹心也。心既感物而动，故形见于声也。

③【正义】谓之音，清浊虽异，各见于外，成于文彩，并谓之音也。

④【正义】乐音洛。言平理之世，其乐音安静而欢乐也。正政同也。

⑤【集解】徐广曰："一作'烦'。"【正义】乱世之音，民心怨怒，乐声亦怨，由其

正乖僻故。

⑥【正义】思音四。亡国，谓将欲灭亡之国，乐音悲哀而愁思。亡国之时，民之心哀思，其乐音亦哀思，由其民困苦故也。

⑦【集解】郑玄曰："言八音和否随政也。"【正义】正和则声音安乐，正乖则声音怨怒，是声音之道与正通矣。

⑧【集解】王肃曰："居中总四方。"【索隐】居中总四方，宫弦最大，用八十一丝，声重而尊，故为君。【正义】宫属土，居中央，总四方，君之象也。

⑨【集解】王肃曰："秋义断。"【索隐】商是金，金为决断，臣事也。弦用七十二丝，次宫，如臣次君也。

⑩【集解】王肃曰："春物并生，各以区别，民之象也。"【索隐】弦用六十四丝，声居宫羽之中，比君为劣，比物为优，故云清浊中，人之象也。【正义】角属木，以其清浊中，民之象。

⑪【集解】王肃曰："夏物盛，故事多。"【索隐】徵属夏，夏时生长，万物皆成形体，事亦有体，故配事。弦用五十四丝。【正义】徵属火，以其徵清，事之象也。

⑫【集解】王肃曰："冬物聚。"【索隐】羽为水，最清，物之象。王肃云"冬物聚，故为物，弦用四十八丝"。

⑬【集解】郑玄曰："惉懘，獘败不和之貌也。"【索隐】苫滞。又本作"惉懘"。【正义】惉，獘也。懘，败也。君、臣、民、事、物五者各得其用，不相坏乱，则五音之响无獘败也。

⑭【集解】郑玄曰："荒犹散。"【正义】宫乱，则其声放散，由其君骄溢故也。

⑮【集解】徐广曰："捶，今《礼》作'陂'也。"【索隐】捶，邹音都回反。徐广曰"今《礼》作'陂'"，音诐也。【正义】商音乱，其声欹邪不正，由其臣不理于官，〔官〕坏故也。

⑯【正义】角音乱，其声忧愁，由政虐民怨故也。

⑰【正义】徵音乱，其声哀苦，由徭役不休，其民事勤劳也。

⑱【正义】羽音乱，其声倾危，由君赋重，(於)其民贫乏故也。

⑲【正义】迭，互也。陵，越也。五声并不和，则君臣上下互相陵越，所以谓之为慢也。

⑳【集解】郑玄曰："君、臣、民、事、物也，其道乱，则其音应而乱也。"【索隐】无日犹言无复一日也。以言君臣陵慢如此，则国之灭亡朝夕可待，无复一

日也。

㉑【集解】郑玄曰："比犹同。"【正义】郑音好滥淫志，卫音促速烦志，并是乱世音，虽乱而未灭亡，故比慢也。比，必以反。

㉒【集解】郑玄曰："濮水之上，地有桑间，在濮阳南。"【正义】昔殷纣使师延作长夜靡靡之乐，以致亡国。武王伐纣，此乐师师延将乐器投濮水而死。后晋国乐师师涓夜过此水，闻水中作此乐，因听而写之。既得还国，为晋平公奏之。师旷抚之曰："此亡国之音也，得此必于桑间濮上乎？纣之所由亡也。"

㉓【正义】若用此濮上之音，其政必离散而民人流徙逃亡，缘臣诬上，各行私情，国即灭亡而不可禁止也。

凡音者，生于人心者也；①乐者，通于伦理者也。②是故知声而不知音者，禽兽是也；知音而不知乐者，众庶是也。唯君子为能知乐。③是故审声以知音，④审音以知乐，⑤审乐以知政，⑥而治道备矣。⑦是故不知声者不可与言音，不知音者不可与言乐。知乐则几于礼矣。⑧礼乐皆得，谓之有德。德者得也。⑨是故乐之隆，非极音也；⑩食飨之礼，非极味也。⑪清庙之瑟，⑫朱弦而疏越，⑬一倡而三叹，有遗音者矣。⑭大飨之礼，⑮尚玄酒⑯而俎腥鱼，⑰大羹不和，⑱有遗味者矣。⑲是故先王之制礼乐也，非以极口腹耳目之欲也，将以教民平好恶而反人道之正也。⑳

①【正义】此《乐本章》第三段也。前第一段明人心感乐，第二段明乐感人心，此段圣人制正乐以应之。此段自有二重：自"凡音"至"反人道"为一重，却应第二段乐感人心也；又自"人(心)生而静"至"王道备矣"为一重，却应第一段人心感乐也。

②【集解】郑玄曰："伦犹类也。理，分也。"【正义】音初生自君心，形而成乐，乐成则能通于百姓，使各尽其类分，故曰通伦理者也。

③【集解】郑玄曰："禽兽知此为声耳，不知其宫商之变。八音并作，克谐，曰乐。"

④【正义】声为音本，若欲知音，当须审定其声，然后音可知。

⑤【正义】音为乐本，前审定其音，然后可知乐也。

⑥【正义】乐为政本，前审定其乐，然后政可知也。

⑦【正义】前审定其本，后识其末，则为治之道乃可备也。

⑧【集解】郑玄曰："几，近也。"【正义】礼谓治国之礼，包万事。万事备具，始是礼极。今知乐者但正君、臣、民、事、物五者之情，于礼未极，故云几于礼也。

⑨【集解】郑玄曰："听乐而知政之得失，则能正君、臣、民、事、物之礼。"【正义】若听乐而知礼，则是礼乐皆得；二者备具，则是有德之君也。又言有德之人是能得礼乐之情，故云德者得也。

⑩【集解】郑玄曰："隆犹盛也。极犹穷也。"【正义】大乐之盛，本在移风易俗，非穷钟鼓之音，故云非极音也。故《论语》"乐云乐云，钟鼓云乎哉"是也。

⑪【正义】食音嗣。食享谓宗庙祭也。大礼之盛，本在安上治民，非崇玉帛至味，故云非极味也。故《论语》"礼云礼云，玉帛云乎哉"是也。

⑫【集解】郑玄曰："清庙谓作乐歌《清庙》。"王肃曰："于清庙中所鼓之瑟。"

⑬【集解】郑玄曰："越，瑟底孔，画疏之使声迟。"

⑭【集解】郑玄曰："遗犹馀也。"王肃曰："未尽音之极。"【正义】倡音唱。一唱谓一人始唱歌，三叹谓三人赞叹也。乐歌此先王之道，不极音声，故但以熟弦广孔，少唱寡和。此音有德，传于无穷，是有馀音不已。一云所重在德，本不在音，是有遗馀音，念之不忘也。

⑮【正义】大享即食享也。变"食"言"大"，崇其名故也。不尚重味，故食言大也。此言礼盛不(作)〔在〕至味之事。

⑯【正义】祫祭之礼，则列玄尊在上，五齐在下也。

⑰【正义】凡俎有肴生腊，(是俎)腥鱼者，生鱼也，俎虽有三牲而兼载生鱼也。

⑱【正义】和，胡卧反。大羹，肉汁也。祫祭有肉汁为羹，无盐菜之芼和也。

⑲【正义】遗亦馀也。此(者)〔皆〕质素之食。礼，人主诚设之道不极滋味，故尚明水而腥鱼。此礼可重，流芳竹帛，传之无已，有馀味。一云礼本在德，不在甘味，故用水鱼而遗味也。

⑳【集解】郑玄曰："教之使知好恶。"【正义】好，火到反。恶，一故反。平，均也。言先王制礼作乐，本是教训浇民，平于好恶之理，故去恶归善，不为口腹耳目之欲，令反归人之正道也。

人生而静，天之性也；①感于物而动，性之颂也。②物至知知，然后好恶形焉。③好恶无节于内，知诱于外，不能反己，天理灭矣。④夫物之感人无穷，而人之好恶无节，则是物至而人化物也。⑤人化物也者，灭天理而穷人欲者也。⑥于是有悖逆诈伪之心，有淫佚作乱之事。是故强者胁弱，众者暴寡，知者诈愚，勇者苦怯，疾病不养，老幼孤寡不得其所，此大乱之道也。是故先王制礼乐，人为之节：⑦衰麻哭泣，⑧所以节丧纪也；钟鼓干戚，所以和安乐也；婚姻冠笄，所以别男女也；⑨射乡食飨，所以正交接也。⑩礼节民心，乐和民声，政以行之，刑以防之。礼乐刑政四达而不悖，则王道备矣。

①【正义】此第三段第二重也。人初生未有情欲，其(情欲)至静禀于自然，是天之性也。

②【集解】徐广曰："颂音容。今《礼》作'欲'。"【正义】其心虽静，感于外情，因物而动，是性之贪欲也。

③【集解】王肃曰："事至，能以智知之，然后情之好恶见。"【正义】上"知"音智。

④【集解】王肃曰："内无定节，智为物所诱于外，情从之动，而失其天性。"【正义】言好恶不自节量于心，唯知情欲诱之于外，不能反还己躬之善，则天性灭绝矣。

⑤【集解】郑玄曰："随物变化。"【正义】夫物不一，故言无穷也。若人心嗜欲无度，随好恶不能节之，则与之而化，故云人化物。

⑥【集解】郑玄曰："言无所不为。"【正义】心随物化，则灭天性而恣人心之欲也。

⑦【集解】郑玄曰："为作法度以遏其欲也。"王肃曰："以人为之节，言得其中也。"

⑧【正义】此以下并是陈礼节人之事也。制五服哭泣，所以纪丧事之节，而不使背死忘生也。事死者难，故以哀哭为前也。

⑨【集解】郑玄曰："男二十而冠，女许嫁而笄。"【正义】冠音贯。笄音鸡。

⑩【集解】郑玄曰："射乡，大射乡饮酒。"

乐者为同，礼者为异。①同则相亲，异则相敬。乐胜则流，②礼胜则离。③合情饰貌者，礼乐之事也。④礼义立，则贵贱等矣；⑤乐文同，则上下和矣;⑥好恶著,则贤不肖别矣;⑦刑禁暴,爵举贤,则政均矣。⑧仁以爱之,义以正之,如此则民治行矣。⑨

①【集解】郑玄曰:"同谓协好恶也,异谓别贵贱。"【正义】此第二章名为《乐论》。其中有四段,此章论礼乐同异也。夫乐使率土合和,是为同也;礼使父子殊别,是为异也。

②【集解】王肃曰:"流遁不能自还。"

③【集解】王肃曰:"离析而不亲。"【正义】胜,式证反。胜犹过也。礼乐虽有同异,而又相须也。若乐过和同而无礼,则流慢,无复尊卑之敬。若礼过殊隔无乐,则亲属离析,无复骨肉之爱也。

④【集解】郑玄曰:"欲其并行彬彬然。"【正义】乐和内,是合情也;礼检迹,是饰貌也。

⑤【集解】郑玄曰:"等阶级。"

⑥【正义】文谓声成文也。若作乐文采谐同,则上下并和,是乐和民声也。

⑦【正义】好恶并去声,又并如字。著,张虑反。若法律分明,善恶章著,则贤愚斯别,政化行矣。

⑧【正义】王者(为)用刑(则)〔以〕禁制暴慢,疏爵以举赏贤良,则政治均平,是刑以防之矣。既是禁暴而又言举贤者,示刑最为重,不宜独行,必须赏罚兼明也。然礼乐之用非政不行,明须四事连行也。

⑨【正义】言礼乐刑政既均,又须仁以爱民,义以正民,如此则民顺理正行矣。

乐由中出,①礼自外作。②乐由中出,故静;③礼自外作,故文。④大乐必易,⑤大礼必简。⑥乐至则无怨,礼至则不争。⑦揖让而治天下者,礼乐之谓也。暴民不作,诸侯宾服,兵革不试,⑧五刑不用,百姓无患,天子不怒,如此则乐达矣。合父子之亲,⑨明长幼之序,⑩以敬四海之内。⑪天子如此,则礼行矣。⑫

①【集解】郑玄曰:"和在心。"【正义】此《乐论》第二段,谓乐功也。出犹生也。为人在中,和有未足,故生此乐也。

②【集解】郑玄曰:"敬在貌。"【正义】作犹起也。为人在外,敬有未足,故起此礼也。

③【正义】乐和心,在内,故云静。

④【集解】郑玄曰:"文犹动。"【正义】礼肃人貌,貌在外,故云动。

⑤【正义】易，以豉反。朱弦疏越是也。

⑥【集解】郑玄曰："易简，若于清庙大飨然。"【正义】玄酒腥鱼是也。

⑦【集解】郑玄曰："至犹达也，行也。"【正义】乐行主和，和达则民无复怨怒也。礼行主谦，谦达则民不争竞也。

⑧【集解】郑玄曰："宾，协也。试，用也。"

⑨【正义】前云"礼至不争"，故致天下尊卑之序也。礼使父慈子孝，是合父子之亲也，即父事三老也。

⑩【正义】长坐幼立，是明长幼之序，即兄事五更是也。

⑪【正义】《孝经》云："教以孝，所以敬天下之为人父；教以弟，所以敬天下之为人兄；教以臣，所以敬天下之为君。"即是敬四海之内也。

⑫【正义】言天子能躬行礼，则臣下必用礼，如此则礼行矣。"合父子"以下，悉自天子自身行之也。

大乐与天地同和，①大礼与天地同节。②和，故百物不失；③节，故祀天祭地。④明则有礼乐，⑤幽则有鬼神，⑥如此则四海之内合敬同爱矣。⑦礼者，殊事合敬者也；⑧乐者，异文合爱者也。⑨礼乐之情同，故明王以相沿也。⑩故事与时并，⑪名与功偕。⑫故钟鼓管磬羽籥干戚，乐之器也；⑬诎信俯仰级兆舒疾，⑭乐之文也。⑮簠簋俎豆制度文章，礼之器也；升降上下周旋裼袭，礼之文也。故知礼乐之情者能作，⑯识礼乐之文者能术。⑰作者之谓圣，⑱术者之谓明。⑲明圣者，术作之谓也。

①【正义】此《乐论》第三段，论礼与乐唯圣能识也。言天地以气氤氲，合生万物。大乐之理，顺阴阳律吕生养万物，是大乐与天地同和也。

②【集解】郑玄曰："言顺天地之气与其数也。"【正义】言天有日月，地有山川，高卑殊形，生用各别。大礼辩尊卑贵贱等差异别，是大礼与天地同节。

③【集解】郑玄曰："不失其性。"【正义】乐与天地同和，能生成万物。

④【集解】郑玄曰："成物有功报焉。"【正义】礼与天地同节，有尊卑上下，报生成万物之功。

⑤【集解】郑玄曰："教人者也。"【正义】明犹外也。言圣王能使乐与天地同和，礼与天地同节，又能显明其礼乐以教人也。

⑥【集解】郑玄曰："助天地成物者也。《易》曰知鬼神之情状。然则圣人精气谓之神，贤智之精气谓之鬼也。"【正义】幽，内也。言圣王又能内敬鬼神，

助天地生成万物。

⑦【正义】言行礼同节，故四海合敬矣。乐同和，故四海同爱矣。

⑧【正义】尊卑贵贱之别，是殊事也。施之同以庄敬，是合敬也。

⑨【正义】宫商错而成文，随事而制变，是异文；同以劝爱，是合爱也。

⑩【集解】郑玄曰："沿犹因述也。殷因于夏，周因于殷。" 【正义】乐情主和，礼情主敬，致化是同。以其致化情同，故明王相因述也。

⑪【集解】郑玄曰："举事在其时也。"王肃曰："有其时，然后得立其事。" 【正义】言圣王所为之事与所当之时并行也。若尧舜揖让之事与淳和之时并行，汤武干戈之事与浇薄之时并行。此句明礼也。

⑫【集解】郑玄曰："为名在(於)其功也。偕犹俱也。"王肃曰："有功，然后得受其名。" 【正义】名谓乐名也。偕，俱也。功者，揖让干戈之功也。圣王制乐之名，与所建之功俱作也。若尧、舜乐名《咸池》、《大韶》，汤、武乐名《大濩》、《大武》也。

⑬【正义】此陈乐事也。钟鼓之属是乐之器，有形质，故为事也。

⑭【集解】徐广曰："级，今《礼》作'缀'。"骃案：郑玄曰"兆其外营域"。 【索隐】徐广曰："级，今《礼》作'缀'。"缀舞者，酇列也。又按：下文"其舞行及远"，"及短"，《礼》皆作"缀"，盖是字之残缺讹变耳，故此为"级"而下又为"及"也。然并依字读，义亦俱通，恐违古记耳。

⑮【正义】文饰之事也。

⑯【正义】既能穷本(知末)知变，又能著诚去伪，所以能述作，故谓之圣也。

⑰【集解】郑玄曰："述谓训其义。" 【正义】谓上文"屈伸俯仰"，"升降上下"也。

⑱【正义】尧、舜、禹、汤之属是也。

⑲【正义】游、夏之属是也。

乐者，天地之和也；礼者，天地之序也。① 和，故百物皆化；序，故群物皆别。② 乐由天作，礼以地制。③ 过制则乱，过作则暴。④ 明于天地，然后能兴礼乐也。⑤ 论伦无患，乐之情也；⑥ 欣喜欢爱，乐之(容)〔官〕也。⑦ 中正无邪，礼之质也；⑧ 庄敬恭顺，礼之制也。⑨ 若夫礼乐之施于金石，越于声音，用于宗庙社稷，事于山川鬼神，则此所以与民同也。⑩

①【正义】此《乐论》第四段也。谓礼乐之情也。乐法天地之气，故云天地之

和;礼法天地之形,故云天地之序。礼乐从天地而来,王者必明于天地,然后能兴起礼乐也。

②【集解】郑玄曰:"化犹生也。别谓形体异。"

③【集解】郑玄曰:"言法天地。" 【正义】天用和气化物,物从气化,是由天作也。地有高下区分以生万物,礼有品节殊文,是由地制也。

④【集解】郑玄曰:"过犹误也。暴,失《文》、《武》意也。

⑤【正义】礼乐既不可误,故须明天地者乃可制作也。

⑥【集解】王肃曰:"言能合道论,中伦理而无患也。" 【正义】既云唯圣人识礼乐之情,此以下更说其情状不同也。伦,类也。贺玚云:"乐使物得类序而无害,是乐之情也。"

⑦【正义】(容)〔官〕犹事也。贺玚云:"八音克谐使物欣喜,此乐之事迹也。"

⑧【集解】郑玄曰:"质犹本。" 【正义】明礼情也。质,本也。礼以(心内)〔内心〕中正,无有邪僻,是礼之本。

⑨【正义】明礼情之事也。谓容貌庄敬,谦恭谨慎,是礼之节制也。

⑩【集解】王肃曰:"自天子至民人,皆贵礼之敬,乐之和,以事鬼神先祖也。" 【正义】言四者施用祭祀,随世而异,则前王所不专,故又云则此所以与民同,言随世也。

王者功成作乐,治定制礼。①其功大者其乐备,其治辨者其礼具。②干戚之舞,非备乐也;③亨孰而祀,非达礼也。④五帝殊时,不相沿乐;三王异世,不相袭礼。⑤乐极则忧,礼粗则偏矣。⑥及夫敦乐而无忧,⑦礼备而不偏者,其唯大圣乎?天高地下,万物散殊,而礼制行也;⑧流而不息,合同而化,而乐兴也。⑨春作夏长,仁也;秋敛冬藏,义也。仁近于乐,义近于礼。⑩乐者敦和,率神而从天;⑪礼者辨宜,居鬼而从地。⑫故圣人作乐以应天,作礼以配地。礼乐明备,天地官矣。⑬

①【集解】郑玄曰:"功成治定同时耳,功主于王业,治主于教民。" 【正义】此第三章名《乐礼章》,言明王为治,制礼作乐,故名《乐礼章》。其中有三段:一明礼乐齐,其用必对;二明礼乐法天地之事;三明天地应礼乐也。

②【集解】徐广曰:"辨,一作'别'。"骃案:郑玄曰"辨,遍也"。 【正义】辨,皮勉反,又边练反。夫礼乐必由功治,〔功治〕有小大,故礼乐应之而广狭也。

若上世民淳易化，故王者功治广遍，是以礼乐备也。而殷、周民浇难化，故王者功治褊狭，则礼乐亦不具。

③【集解】郑玄曰："乐以文德为备，若《咸池》也。"【正义】证乐不备也。干戚，(周)《武〔舞〕》也。乐以文德为备，故用朱丝疏越，干戚之舞，故非备乐也。

④【集解】郑玄曰："达犹具也。至敬不飨味而贵气臭。"【正义】解礼不具也。谓腥俎玄尊，表诚象古而已，不在芬苾孰味。是乃浇世为之，非达礼也。

⑤【集解】郑玄曰："言其有损益。"【正义】庾蔚之云："乐兴于五帝，礼成于三王。乐兴王者之功，礼随世之质文。"崔灵恩云："五帝淳浇不同，故不得相沿为乐；三王文质之不等，故不得相袭为礼。"

⑥【集解】郑玄曰："乐，人之所好也，害在淫侉；礼，人之所勤，害在倦略。"

⑦【集解】郑玄曰："敦，厚也。"

⑧【集解】郑玄曰："礼为异。"【正义】天高于上，地卑于下，万物布散殊别于其中，而大圣制礼，别异尊卑，是众大而行，故云礼制行矣。礼以节制为义，故云礼制。

⑨【集解】郑玄曰："乐为同。"【正义】天地二气，流行不息，合同氛氲，化生万物。而大圣作乐，合同人心，是以象天地而起，故云乐兴也。

⑩【集解】郑玄曰："言乐法阳而生，礼法阴而成。"【正义】近，其靳反。春夏生长万物，故为仁爱。乐主陶和万性，故仁近于乐也。秋则杀敛，冬则蛰藏，并是义主断割。礼为节限，故义近于礼也。

⑪【集解】郑玄曰："敦和，乐贵同。"【正义】此释仁近乐之义。言乐之为体，敦厚和同，因循圣人之神气而从顺于天。

⑫【集解】郑玄曰："别宜，礼尚异也。"孙炎曰："居鬼，品处人鬼之志。"【正义】此解义近礼之由。居鬼犹循神也。鬼谓先贤也。礼之为体，尊卑殊别，各有其宜，因居先贤鬼气而从顺于地，分别礼分。

⑬【集解】郑玄曰："各得其事也。"王肃曰："各得其位也。"

天尊地卑，君臣定矣。①高卑已陈，贵贱位矣。②动静有常，大小殊矣。③方以类聚，物以群分，则性命不同矣。④在天成象，在地成形，⑤如此则体者天地之别也。⑥地气上跻，⑦天气下降，⑧阴阳相摩，⑨天地相荡，⑩鼓之以雷霆，⑪奋之以风雨，⑫动之以四时，⑬煖之以日月，⑭而百

(物)化兴焉,⑮如此则乐者天地之和也。⑯

①【正义】此《乐礼章》第二段也,明礼乐法天地事也。言君尊于上,臣卑于下,是象天地定矣。

②【集解】郑玄曰:"高卑谓山泽也。位矣,尊卑之位象山泽。"

③【集解】郑玄曰:"动静,阴阳用事也。小大,万物也。大者常存,小者随阴阳出入。"

④【集解】郑玄曰:"方谓行虫。物谓殖生者。性之言生也。命,生之长短。"【正义】性,生也。万物各有嗜好谓之性。命者,长短夭寿也。所祖之物既禀大小之殊,故性命夭寿不同也。

⑤【集解】郑玄曰:"象,光耀。形,体貌。"【正义】言日月星辰之光耀,草木鸟兽之体貌也。

⑥【正义】结礼之别也。此天地明圣,制礼殊别,是天地之分别也,亦别辨宜居鬼而从地也。

⑦【集解】郑玄曰:"隮,升也。"

⑧【正义】明礼乐法天地气也。天地二气之升降合而生物,故乐以气法地,弦歌声气升降相合,以教民也。然气从下升,(此)〔在〕乐象气,故从地始也。形以上尊,(故)礼象形,〔故〕从天始也。

⑨【正义】二气切摩而万物生发,作乐亦令声气切摩,使民心生敬也。

⑩【集解】郑玄曰:"荡,动也。"【正义】天地八节荡动也。天地化物,八节更相感动,作乐亦令八音相感动也。

⑪【正义】万物虽以气生,而物未发,故雷霆以鼓动之,如乐用钟鼓以发节也。大雷曰霆。

⑫【集解】郑玄曰:"奋,迅也。"【正义】万物皆以风雨奋迅而出,如乐用舞奋迅以象之,使发人情也。

⑬【正义】万物生长,随四时而动,如乐各逐心内所须而奏之。

⑭【正义】煖音喧远反。万物之生,必须日月煖照,如乐有蕴藉,使人宣昭也。蕴藉者,歌不直言而长言嗟叹之属。

⑮【集解】郑玄曰:"百物化生。"

⑯【正义】结乐之和也。如此则圣人作乐,法天地和同,是乐者天地之和也,亦是敦和率神而从天也。

化不时则不生,①男女无别则乱登,②此天地之情也。③及夫礼乐之极乎天而蟠乎地,④行乎阴阳而通乎鬼神,⑤穷高极远而测深厚,⑥乐著太始⑦而礼居成物。⑧著不息者天也,著不动者地也。⑨一动一静者,天地之间也。⑩故圣人曰"礼云乐云"。⑪

①【正义】此《乐礼章》第三段,明天地应于礼乐也。前圣人既作礼乐,此明天地应乐也。若人主行化失时,天地应以恶气毁物,故云化不时则不生也。

②【集解】郑玄曰:"登,成也。乐失则害物,礼失则乱人。" 【正义】此明天地应礼也。登,成也。若人君行礼,男女无别,则天地应而错乱成之也。

③【正义】结随礼乐得失而应之,是天地之情也。然乐是气化,故云害物;礼是形教,故言乱人也。

④【集解】郑玄曰:"极,至也。蟠犹委也。" 【索隐】音盘。邹诞本作"播",亦作"蟠"。

⑤【正义】言阴阳和,四时顺,以应礼乐,礼乐与鬼神并助天地而成化也。

⑥【集解】郑玄曰:"高远,三辰也。深厚,山川也。言礼乐之道,上至于天,下委于地,则其间无所不之矣。"

⑦【集解】王肃曰:"著,明也。明太始,谓法天也。" 【索隐】著,明也。太始,天也。言乐能明太始是法天。

⑧【集解】成物谓地也。居亦谓法也。 【索隐】言地能成万物,故成物谓地也。居亦法也,言礼法地也。 【正义】著犹处也。天为万物之始,故曰太始。天苍而气化,乐亦气化,故云处太始也。成物,地也,体盘薄长成万物也。在地成形,礼亦形教,故云居成也。地卑,故曰居;天高,故曰著也。

⑨【集解】郑玄曰:"著犹明白也。息谓休止也。" 【索隐】著谓(著)明白。〔著〕运生不息者,天之功也,故《易·乾卦》云"天行健,君子以自强不息"是。著养万物不动者,地之德也,故《易·坤卦》云"安贞吉"是也。 【正义】此美礼乐配天地也。著亦处也。言乐气化,处运生不息者,配天也。礼制尊卑定位,成养万物,处不移动者,配地也。

⑩【集解】郑玄曰:"间谓百物也。" 【正义】此美礼乐若分则配天地,若合则与百物齐一也。(静动而生)百物禀天动地静而生,故呼百物为天地之间也。

⑪【集解】郑玄曰:"言礼乐之法天地也。" 【正义】引圣证此章也。言圣人云,明此一章是礼乐法天地也,故言圣人曰"礼云乐云"。乐动礼静,其并用事,

如天地间物有动静也。

昔者舜作五弦之琴，以歌《南风》；① 夔始作乐，以赏诸侯。② 故天子之为乐也，以赏诸侯之有德者也。德盛而教尊，五谷时孰，然后赏之以乐。③ 故其治民劳者，其舞行级远；④ 其治民佚者，其舞行级短。⑤ 故观其舞而知其德，⑥ 闻其谥而知其行。⑦《大章》，章之也；⑧《咸池》，备也；⑨《韶》，继也；⑩《夏》，大也；⑪ 殷周之乐尽也。⑫

①【集解】郑玄曰："《南风》，长养之风也，言父母之长养己也。其辞未闻也。"王肃曰："《南风》，育养民之诗也。其辞曰'南风之薰兮，可以解吾民之愠兮。'"【索隐】此诗之辞出《尸子》及《家语》。【正义】此第四章名《乐施》，明礼乐前备后施布天下也。中有三段：一明施乐以赐诸侯也；二明施乐须节，既赐之，所以宜节也；三明礼乐所施，各有本意本德。《世本》"神农作琴"，今云舜作者，非谓舜始造也，改用五弦琴，特歌《南风》诗，始自舜也。五弦者，无文武二弦，唯宫商角徵羽之五弦也。《南风》是孝子之诗也。南风养万物而孝子歌之，言得父母生长，如万物得南风也。舜有孝行，故以五弦之琴歌《南风》诗，以教理天下之孝也。

②【集解】郑玄曰："夔欲舜与天下之君共此乐。"

③【正义】陈其合赏也。若诸侯孝德明盛，教令尊严，年谷丰稔，故天子赏乐也，天下因而法之也。

④【正义】行音胡郎反。级音子卫反。本，或作"缀"，音同。此明虽得乐赐，而随功德优劣(也)〔为〕舞位行列也。缀谓酂列也。若诸侯治民劳苦，由君德薄，王赏之以乐，则舞人少，不满，将去酂疏远也。

⑤【集解】王肃曰："远以象民行之劳，近以象民行之逸。"【正义】佚音逸。言若诸侯治民暇逸，由君德盛，王赏舞人多，则满，将去酂促近也。庾蔚之云："此为虞夏礼也。虞犹淳，故可随功赐乐；殷周渐浇，易生忿怨，不宜犹有优劣，是以同制。诸侯六佾，故与《周礼》不同也。"

⑥【正义】观其舞位人多少，去缀近远，即知其君德薄厚也。

⑦【集解】郑玄曰："谥者行之迹。"【正义】行音胡孟反。制死谥随君德，故闻死谥则知生行。此一句比拟其舞也。

⑧【集解】郑玄曰："尧乐名。言尧德章明。"【正义】既生时舞则知德，死则闻

谥验行，故更引死后闻乐则知行事解之也。《大章》，尧乐也。章，明也。民乐尧德大明，故名乐曰《大章》，后人闻《大章》则知尧生时德大明。上章是尧德之明，下章是后明于尧德。《白虎通》云"《大章》，大明天地之道"。

⑨【集解】郑玄曰："黄帝所作乐名，尧增修而用之。咸，皆也。池之言施也，言德之无不施也。"王肃曰："包容浸润行化皆然，故曰备也。"

⑩【集解】郑玄曰："舜乐名。言能继尧之德。"

⑪【集解】郑玄曰："禹乐名。言禹能大尧舜之德。"

⑫【集解】郑玄曰："言尽人事也。《周礼》曰'殷曰《大濩》，周曰《大武》'。"

天地之道，寒暑不时则疾，①风雨不节则饥。②教者，民之寒暑也，③教不时则伤世。④事者，民之风雨也，事不节则无功。⑤然则先王之为乐也，以法治也，⑥善则行象德矣。⑦夫豢豕为酒，⑧非以为祸也；⑨而狱讼益烦，则酒之流生祸也。⑩是故先王因为酒礼，一献之礼，宾主百拜，⑪终日饮酒而不得醉焉，此先王之所以备酒祸也。故酒食者，所以合欢也。⑫

①【正义】此则《乐施章》第二段，明施乐须节也。既必须节，故引譬例。寒暑，天地之气也。若寒暑不时，则民多疾疫也。

②【正义】风雨，天事也。风雨有声形，故为事也。若飘洒凄厉，不有时节，则谷损民饥也。

③【集解】郑玄曰："教谓乐也。"

④【正义】寒暑不时，既为民疾苦；乐教不时，则伤世俗之化也。

⑤【正义】风雨不节，则民饥馑；礼事不节，则治无功也。

⑥【集解】王肃曰："作乐所以法其治行也。"

⑦【集解】王肃曰："君行善，即臣下之行皆象君之德。" 【正义】此广乐所以须节已。言先王为乐必以法治，治善则臣下之行皆象君之德也。

⑧【集解】郑玄曰："以谷食犬豕曰豢。为，作也。"

⑨【正义】此言礼须节也。豢，养也。言前王豢犬豕及作酒之事，本以为礼祀神祇，设宾客，和亲族，礼贤能，而实非为民作祸灾也。

⑩【集解】郑玄曰："小人饮之善酗，以致狱讼。" 【正义】此礼事也。言民得豢酒，无复节限，卒至沈酗斗争杀伤，而刑狱益生烦多，则是酒之流害生其祸也。

⑪【集解】郑玄曰:"一献,士饮酒之礼。百拜,以喻多也。

⑫【正义】此结节功也。既防酒祸,故饮不醉争,以特合欢适也。

乐者,所以象德也;①礼者,所以闭淫也。②是故先王有大事,必有礼以哀之;③有大福,必有礼以乐之:④哀乐之分,皆以礼终。⑤

①【正义】此《乐施章》第三段,明礼乐之所施各有本意,在于象德也。此言乐意也,言乐之所施于人,本有和爱之德。

②【正义】此言礼意也。言礼之所施于人,(大)〔本〕止邪淫过失也。

③【集解】郑玄曰:"大事谓死丧。"【正义】民有丧则先王制衰麻哭泣之礼以节之,使其各遂哀情,是礼以哀之也。

④【正义】乐音洛。大福,祭祀者庆也。民庆必歌舞饮食,庶羞之礼使不过,而各遂欢乐,是有以乐之也。

⑤【正义】分,扶问反。结二事。哀乐虽反,皆用礼节,各终其分,故云皆以礼终。

乐也者,施也;礼也者,报也。①乐,乐其所自生;②而礼,反其所自始。③乐章德,④礼报情反始也。⑤所谓大路者,天子之舆也;⑥龙旗九旒,天子之旌也;⑦青黑缘者,天子之葆龟也;⑧从之以牛羊之群,则所以赠诸侯也。"⑨

①【集解】郑玄曰:"言乐出而不反,而礼有往来。"【正义】施,式豉反。此第六段,《乐象法章》第五段,不以次第而乱升在此段,明礼乐用别也。庾蔚之云:"乐者,所以宣畅四气,导达情性,功及物而不知其所报,即是出而不反,所以谓施也。礼者,所以通彼之意,故有往必有来,所以谓报也。"

②【集解】郑玄曰:"自由也。"【正义】此广施也。乐名所起,由民下之心所乐生,非有所报也。

③【正义】此广报也。反犹报也。礼生无名,但是事耳,随时得质文之事而报之。

④【正义】闻名知德,若《大章》是也。

⑤【集解】孙炎曰:"作乐者缘民所乐于己之德,若舜之民乐其绍尧,(也)周之民乐其伐纣,而作《韶》、《武》也。制礼者本己所由得民心,殷尚质,周尚文是也。"【正义】礼报人情而制,随质文之始也。

⑥【正义】此以下广言礼以报为体之事。舆，车也。大路，天子之车也。诸侯朝天子，修其职贡，若有动劳者，天子赐之大路也。

⑦【正义】庾蔚之云："龙旂九旒，上公之旌。"

⑧【集解】《公羊传》曰："龟青缘。"何休曰："缘，甲頯也。千岁之龟青頯，明乎吉凶也。"【索隐】葆与"宝"同，《史记》多作此字。《公羊传》"宝龟青缘"，何休以缘为甲頯，千岁之龟青頯，明于吉凶。頯音耳占反。【正义】缘，以绢反。

⑨【集解】郑玄曰："赠诸侯，谓来朝将去，送之以礼也。"【正义】合结上诸事，皆是天子送诸侯礼也。言五等诸侯朝毕反去，天子赠之大路龙旗宝龟，又送之以牛羊之群也。

乐也者，情之不可变者也；①礼也者，理之不可易者也。②乐统同，③礼别异，④礼乐之说贯乎人情矣。⑤穷本知变，乐之情也；⑥著诚去伪，礼之经也。⑦礼乐顺天地之诚，⑧达神明之德，⑨降兴上下之神，⑩而凝是精粗之体，领父子君臣之节。⑪

①【正义】此第七章明乐之情，与之符达鬼神，合而不可变也。中有三段，一明礼乐情达鬼神也，二证礼乐达鬼神之事，三明识礼乐之本可尊也。前第六章明象。象必见情，故以乐主情。乐变则情变，故云情之不可变也。

②【集解】郑玄曰："理犹事也。"【正义】礼主事礼别也，故云事之不可易者也。

③【正义】解情不变也。统，领也。同，和合之情者也。

④【集解】郑玄曰："统同，同和合也。辨异，异尊卑之位。"【正义】解事不可易也。礼别于尊卑之事也。

⑤【正义】贯犹通也。言人情莫过于同异，而礼乐能统同辨异，故其说理能通人情。

⑥【正义】庾蔚之云："乐能通和性分，使各不失其所，是穷自然之本也。使人不失其所守，是知变通之情也。"

⑦【正义】著，竹虑反。去，丘吕反。著，明也。经，常也。著明诚信，违去诈伪，是礼之常行也。

⑧【正义】见，胡练反。合明礼乐也。礼出于地，尊卑有序，是见地之情也。乐

出于天，远近和合，是见天之情也。

⑨【正义】达，通也。礼乐不失，则天降甘露，地出醴泉，是通于神明之德也。

⑩【集解】郑玄曰："降，下也。兴犹出也。"【正义】乐六变，天神下；八变，地祇出：是兴降上下之神。

⑪【集解】郑玄曰："凝犹成也。精粗谓万物大小也。领犹理治也。"

是故大人举礼乐，则天地将为昭焉。① 天地欣合，阴阳相得，② 煦妪覆育万物，③ 然后草木茂，区萌达，④ 羽翮奋，角觡生，⑤ 蛰虫昭稣，⑥ 羽者妪伏，毛者孕鬻，⑦ 胎生者不殰而卵生者不殈，⑧ 则乐之道归焉耳。⑨

①【正义】为，于伪反。昭音照。此《乐情章》第二段，明礼乐能通达鬼神之事。前既云能通鬼神，此明其事也。大人圣人与天地合德，故举礼乐为教，而天地从之大明也。

②【正义】欣，喜也。合犹蒸也。礼乐化行，故天气下，地气蒸合，阴阳交会，故相得也。论体谓之天地，论气谓之阴阳也。

③【集解】郑玄曰："气曰煦，体曰妪。"

④【集解】郑玄曰："屈生曰区。"【正义】区音勾。草木据其成体之茂，区萌据其新牙，故曰达。达犹出也。曲出曰区，菽豆之属；直出曰萌，稻稷之属也。

⑤【集解】郑玄曰："无鰓曰觡。"【索隐】牛羊有鰓曰角，麋鹿无鰓曰觡。【正义】觡，加客反。羽翮，鸟也。角觡，兽也。鸟兽得天地覆育煦妪，故飞者则奋翅翮，走者则生角觡也。

⑥【集解】郑玄曰："昭，晓也。凡蛰虫以发出为晓，更息曰苏。"【正义】蛰虫得阴阳煦妪，故皆出地上，如夜得晓，如死更有气也。

⑦【集解】郑玄曰："孕，任也。鬻，生也。"【正义】伏，房富反。羽，鸟也。毛，兽也。二气既交，万物生乳，故鸟生卵妪伏之，兽怀孕而生育之也。

⑧【集解】郑玄曰："内败曰殰。殈犹裂也。"【正义】殰音读。殈音呼觅反。胎生，兽也。卵生，鸟也。怀任在内而死曰殰，卵坼不成子曰殈。今和气不殰殈也。

⑨【集解】孙炎曰："乐和阴阳，故归此也。"【正义】庾蔚之云："一论天地二气，万物各得其所，乃归于乐耳。"

乐者，非谓黄钟大吕弦歌干扬也，① 乐之末节也，② 故童者舞之；③

布筵席，陈樽俎，列笾豆，以升降为礼者，④礼之末节也，⑤故有司掌之。⑥乐师辩乎声诗，故北面而弦；⑦宗祝辩乎宗庙之礼，故后尸；⑧商祝辩乎丧礼，⑨故后主人。⑩是故德成而上，⑪蓺成而下；⑫行成而先，⑬事成而后。⑭是故先王有上有下，有先有后，然后可以有制于天下也。⑮

①【集解】郑玄曰："扬，钺也。"　【索隐】郑玄曰："干，楯也。扬，钺也。"则扬与钖同。皇侃以扬为举，恐非也。　【正义】此《乐情章》第三段，明识礼乐本者为尊，识末者为卑，黄钟大吕之属，故云非谓也。扬，举也，谓举楯以舞也。

②【正义】黄钟已下，是乐之末节也。

③【正义】末事易之，不足贵重，故使童子小儿舞奏之也。

④【正义】此亦明末也。用礼之本在著诚去伪，安上理民，不在铺筵席樽俎，升降为礼之事也。

⑤【正义】布筵以下，是礼之末节也。

⑥【集解】郑玄曰："言礼乐之本由人君也。礼本著诚去伪，乐本穷本知变。"【正义】有司，典礼小官也。末节事易解，不为可重，故小官掌其事也。

⑦【集解】王肃曰："但能别声诗，不知其义，故北面而弦。"郑玄曰："弦谓鼓琴瑟。"　【正义】此更引事证乐师晓乐者辩别声诗。声谓歌也。言乐师虽能别歌诗，并是末事，故北面，言坐处卑也。

⑧【集解】郑玄曰："后尸，居后赞礼仪也。此言知本者尊，知末者卑。"　【正义】此礼事也。宗祝，太祝，即有司之属也。虽能分别正宗庙之礼，然佐于尸而非为敬之主，为卑，故在尸后也。

⑨【集解】郑玄曰："商祝，祝习商礼者，商人教以敬于接神。"

⑩【正义】商祝者，殷商之神祝，习商家神礼以相佐丧事，故云辩丧礼。其虽掌丧事而非发丧之主，故在主人后，言立处贱也。

⑪【正义】上谓堂上也。德成谓人君礼乐德成则为君，故居堂上，南面，尊之也。

⑫【正义】下，堂下也。艺成谓乐师伎艺虽成，唯识礼乐之末，故在堂下，北面，卑之也。

⑬【正义】行，胡孟反。先犹前也，尸及丧主也。行成谓尸尊而人孝，故为行成。

⑭【集解】郑玄曰："德，三德也。行，三行也。蓺，才伎也。先谓位在上也，后谓位在下也。"【正义】事为劣，故为在宗、商二祝也，识尸及主人后也。

⑮【集解】郑玄曰："言尊卑备，乃可制作以为治。"【正义】故先王使上下前后尊卑分，乃可制礼作乐，以班于天下也。如周公六年乃为礼也。

乐者，圣人之所乐也，①而可以善民心。其感人深，其风移俗易，故先王著其教焉。②

①【正义】此《乐施章》第三段后也，误在此。"闭淫"之后，又用此章广为象其德，故云圣人之所以观德也。

②【集解】郑玄曰："谓立司乐以下，使教国子也。"

夫人有血气心知之性，①而无哀乐喜怒之常，②应感起物而动，③然后心术形焉。④是故志微焦衰之音作，⑤而民思忧；⑥啴缓慢易繁文简节之音作，⑦而民康乐；⑧粗厉猛起奋末广贲之音作，⑨而民刚毅；⑩廉直经正⑪庄诚之音作，而民肃敬；⑫宽裕肉好⑬顺成和动之音作，而民慈爱；⑭流辟邪散狄成涤滥之音作，⑮而民淫乱。⑯

①【正义】此第五章名《乐言》，明乐归趣之事。中有三段：一言人心随王之乐也，二明前王制正乐化民也，三言邪乐不可化民也。前既以施人，人必应之，言其归趣也。此言人心随王之乐也。夫人不生则已，既已生，必有血气心知之性也。

②【正义】性合五常之行，有喜怒哀乐之分，但其发无常，时随外境所触，故亦无常也。

③【正义】解所有四事之由也。缘外物来感心，心触感来，起动应之，故有上四事也。

④【集解】郑玄曰："言在所以感之也。术，所由也。形犹见也。"

⑤【集解】郑玄曰："志微，意细也。吴公子札曰'其细已甚'。"

⑥【正义】杀音所界反，又色例反。思音先利反。此以下皆言心乐感而应见外事也。若人君丛脞，情志细劣，其乐音噍戚杀急，不舒缓也。音既局促，故民应之而忧也。

⑦【集解】郑玄曰："简节少易也。"

⑧【正义】啴，昌单反。易，以豉反。乐音洛。啴，绰也。缓，和也。慢，疏也。繁，文多也。康，和；乐，安也。言人君道德绰和疏易，则乐音多文采与节奏简略，而下民所以安。

⑨【集解】王肃曰："粗厉，亢厉；猛起，发扬；奋末，浸疾；广贲，广大也。"

⑩【正义】粗音麄。贲，房粉反，又音坟。粗，略也。厉，严也。猛，刚；起，动也。末，支体也。广，大也。贲，气充也。言人君若性麄严刚动而四支奋跃，则乐充大，民应之，所以刚毅也。

⑪【集解】孙炎曰："经，法也。"【索隐】孙炎曰："经，法也。"今《礼》本作"劲"。

⑫【正义】经音劲。言人君廉直劲而刚正，则乐音矜严而诚信，民应之，所以肃敬也。

⑬【集解】王肃曰："肉好，言音之洪美。"【索隐】王肃曰："肉好言音之洪润。"

⑭【正义】肉，仁救反。好，火到反。肉，肥也，谓音如肉之肥。言人君宽容肥好，则乐音顺成而和动，民应之，所以慈爱也。

⑮【集解】王肃曰："狄成，言成而似夷狄之音也。涤，放荡；滥，僭差也。"【索隐】王肃曰："狄成，言成而似夷狄之音也。"

⑯【正义】辟，匹亦反。邪音斜。狄音惕。狄，涤，皆往来疾速也。往来速而成，故云狄成；往来疾而僭滥，故云涤滥也。言君上流淫纵僻，回邪放散，则乐音有往来速疾僭差之响，故民应之而淫乱也。心本无此六事，由随乐而起也。

是故先王本之情性，①稽之度数，制之礼义，②合生气之和，道五常之行，③使之阳而不散，阴而不密，④刚气不怒，柔气不慑，⑤四畅交于中而发作于外，⑥皆安其位而不相夺也。⑦然后立之学等，⑧广其节奏，省其文采，⑨以绳德厚也。⑩类小大之称，⑪比终始之序，⑫以象事行，⑬使亲疏贵贱长幼男女之理皆形见于乐：⑭故曰"乐观其深矣"。⑮

①【正义】此《乐言章》第二段也。前言民随乐变，此言先王制正乐化民也。言圣人制乐，必本人之性情也。

②【正义】稽，考也。制乐又考天地度数为之，如律吕应十二月，八音应八风之属也。

③【集解】郑玄曰："生气，阴阳也。五常，五行也。"【正义】道音导。行，胡孟反。合，应也。

④【集解】郑玄曰："密之言闭也。"【正义】阳谓禀阳气多人也。阳气舒散，人禀阳多则奢；阴阳闭密，人禀阴多则缜密。今以乐通二者之性，皆使中和，故阳者不散，阴者不密也。

⑤【集解】郑玄曰："慑犹恐惧也。"【正义】慑，之涉反，惧也。性刚者好怒，柔者好惧。今以乐和，使各得其所，不至怒惧也。

⑥【正义】四，阴、阳、刚、柔也。畅，通也。交，互也。中，心也。今以乐调和四事，通畅交互于中心，而行用举动发于外，不至散密怒慑者也。

⑦【正义】此结乐为本情性之事也。闭阳开阴，抑刚引柔，悉使中庸，故天下安其位，无复相侵夺之也。

⑧【集解】郑玄曰："等，差也。各用其材之差学之也。"【正义】前用乐陶情和畅，然后乃以乐语乐舞二事教之，民各随己性才等差而学之，以备分也。

⑨【集解】郑玄曰："广，增习之也。省犹审(习之)也。文采谓节奏合也。"

⑩【集解】郑玄曰："绳犹度也。"王肃曰："绳，法也。法其德厚也。"

⑪【集解】孙炎曰："作乐器大小称十二律。"【索隐】类，今《礼》作"律"。孙炎曰"作乐器小大称十二律"也。

⑫【集解】郑玄曰："始于宫，终于羽。"

⑬【集解】郑玄曰："宫为君，商为臣。"

⑭【正义】此结本人之情，以下缘本而教亲疏。以下之理悉章著乐功，使闻者皆知而见辑睦情也。

⑮【正义】此引古语证观感人之深矣。

土敝则草木不长，水烦则鱼鳖不大，①气衰则生物不育，②世乱则礼废而乐淫。③是故其声哀而不庄，乐而不安，④慢易以犯节，⑤流湎以忘本。⑥广则容奸，⑦狭则思欲，⑧感涤荡之气而灭平和之德，⑨是以君子贱之也。⑩

①【正义】此《乐言章》第三段，言邪乐不可化民。将言邪乐之由，故此前以天地为譬，此以地为譬也。敝犹劳熟，烦犹数搅动也。土过劳熟，水过挠动，则草木鱼鳖不长大也。

②【正义】此以天譬也。气者，天时气也。气若衰微，则生物不复成遂也。

③【正义】此合譬也，世谓时世。乱，其礼不备，乐不节，故流淫过度。水土劳敝，则草木鱼鳖不长大，如时世浊乱之礼乐，不可为化矣。

④【正义】乐音洛。此证乐淫之事也。淫乐则声哀而无庄,故虽奏以自乐,必致倾危,非自安之道,故云乐而不安。若《关雎》"乐而不淫,哀而不伤",则是有庄敬而安者也。

⑤【正义】易,以豉反。言无庄敬〔也〕。慢易(也)无节奏,故云犯节也,即是哀而不庄也。

⑥【正义】湎音沔。靡靡无穷,失于终止,故言忘本,即乐而不安之义也。

⑦【正义】言淫慝礼乐,声无节也。广,声缓也。容,含也。其声缓者,则含容奸伪也。

⑧【集解】王肃曰:"其音广大,则容奸伪;其狭者,则使人思利欲也。"【正义】狭,声急也。其声急者,则思欲攻之也。

⑨【正义】感,动也。言此恶乐能动善人涤荡之善气,使失其所,而灭善人平和之德也。

⑩【正义】君子用乐调和,是故贱于动灭平和之气也。

凡奸声感人而逆气应之,① 逆气成象② 而淫乐兴焉。③ 正声感人而顺气应之,顺气成象而和乐兴焉。④ 倡和有应,⑤ 回邪曲直各归其分,⑥ 而万物之理以类相动也。⑦

①【正义】此第六章名《乐象》也。本第八,失次也。明人君作乐,则天地必法象应之。中有五段:一明淫乐正乐俱能成象;二明君子所从正乐;三明邪正皆有本,非可假伪;四证第三段有本不伪之由;五明礼乐之用。前有证,故明其用别也。今此明淫正二乐俱能成象,故先言淫乐为习应人事也。言君奏奸声之乐以感动人民,则天地应之而生逆乱之气也。

②【集解】郑玄曰:"成象谓人乐习之也。"

③【正义】兴,生也。若逆气流行于世而民又习之为法,故云成象。既习乱为法,故民之乐声生于淫佚也。

④【正义】言顺气流行,民习成法,故乐声亦生于和也。

⑤【正义】倡音昌尚反。和,胡卧反。君唱之,天地和之,民应之,故云唱和有应也。

⑥【正义】分,房问反。此是有应也。回邪,不正也。曲,折也。直,不邪也。言相应和,表直影正,表曲影邪,各归其分也。

⑦【正义】奸声致慝，正响招顺，是以天下万物之理，各随君善恶，以类而相动也。

是故君子反情以和其志，① 比类以成其行。② 奸声乱色不留聪明，淫乐废礼不接于心术，惰慢邪辟之气不设于身体，③ 使耳目鼻口心知百体皆由顺正，以行其义。④ 然后发以声音，文以琴瑟，⑤ 动以干戚，饰以羽旄，从以箫管，⑥ 奋至德之光，⑦ 动四气之和，⑧ 以著万物之理。⑨ 是故清明象天，广大象地，终始象四时，周旋象风雨；⑩ 五色成文而不乱，八风从律而不奸，百度得数而有常；⑪ 小大相成，⑫ 终始相生，⑬ 倡和清浊，代相为经。⑭ 故乐行而伦清，⑮ 耳目聪明，⑯ 血气和平，⑰ 移风易俗，天下皆宁。⑱ 故曰"乐者乐也"。⑲ 君子乐得其道，⑳ 小人乐得其欲。㉑ 以道制欲，则乐而不乱；㉒ 以欲忘道，则惑而不乐。㉓ 是故君子反情以和其志，㉔ 广乐以成其教，㉕ 乐行而民乡方，㉖ 可以观德矣。㉗

①【集解】郑玄曰："反犹本也。" 【正义】此《乐象章》第二段也。明君子从正乐也。君子，人君也。反犹本也。民下所习既从于君，故君宜本情，不使流宕，以自安和其志也。

②【正义】行，胡孟反。万物之理以类相动，故君子比于正类以成己行也。

③【正义】此以下皆反情性之类事也。术，道也。既本情和志，又比类成行，故奸声乱色不留视听，淫乐秽礼不与心道相接，惰慢邪僻不设置己身也。声色是事，故云聪明，而气无形，故于身为设也。

④【正义】百体谓身体百节。既不行奸乱已下诸事，故能使诸行并由顺正以行其德，美化其天下也。不留聪明于奸声乱色，故耳目得顺正也。不用心术接淫慝礼乐，故心知得顺正也。不设身于邪僻，故百体得顺正也。不言鼻口者，嗜不一也，亦因戒臭味顺正也。

⑤【正义】其身已正，故然后乃可制乐为化，故用歌之音声内发己之德，用琴瑟之响外发己之行。歌者在上，此是堂上之乐，故前明之也。

⑥【正义】又用干戚羽旄箫管，从而播之。丝竹在下，此是堂下之乐，故后明之也。

⑦【索隐】孙炎曰："至德之光，天地之道也。"

⑧【索隐】孙炎曰："四气之和，四时之化。"

⑨【集解】孙炎曰："奋，发也。至德之光，天地之道也。四气之和，四时之化也。著犹诚也。"

⑩【集解】王肃曰："清明广大，终始周旋，皆乐之节奏容仪发动也。"【正义】历解乐所以能通天地。言歌声清明，是象天气也。广大谓钟鼓有形质，是象地形也。谓奏歌周而复始，如四时循环也，若乐六变九变是也。谓舞人回旋，如风雨从天而下。

⑪【集解】郑玄曰："五色，五行也。八风从律，应节至也。百度，百刻也。言日月昼夜不失正也。"王肃曰："至乐之极，能使然耳。"

⑫【正义】大小谓月晦小大相通以成岁也。贺玚云："十二月律互为宫羽而相成也。"

⑬【正义】岁月终而更始也。贺玚云："五行宫商，迭相为终始也。"

⑭【集解】郑玄曰："清谓蕤宾至应钟也。浊谓黄钟至仲吕也。"【正义】代，更也。经，常也。日月半岁阴阳更相为常也，即还相为宫也。

⑮【集解】郑玄曰："伦谓人道也。"【正义】谓上正乐之行也，谓下事张本也，即乐行之事也。由正乐既行，故人伦之道清也。

⑯【正义】不视听奸乱，故视听聪明。

⑰【正义】口鼻心知百体皆由从正，故血气和平。

⑱【正义】既皆由从正以行其义，故风移俗革，天下阴阳皆安宁。移是移徙之名，易是改易之称也。文王之国自有文王之风，桀纣之邦亦有桀纣之风。桀纣之后，文王之风被于纣民，易前之恶俗，从今之善俗。上行谓之风，下习谓之俗。

⑲【正义】引旧语乐名，广证前事也。前事邪正之乐虽异，并是其人所乐，故名曰乐也。

⑳【正义】虽其人所乐而名为乐，而人心不同，故所乐有异(有异)而名通，故皆名乐。君子，尧舜也。道谓仁义，故制乐亦仁义也。

㉑【正义】小人，桀纣也。人欲，邪淫也。

㉒【正义】若君子在上，小人在下，君子乐用仁义以制小人之欲，则天下安乐而不敢为乱也。

㉓【集解】郑玄曰："道谓仁义也，欲谓邪淫也。"【正义】若小人在上，君子在下，则小人肆纵其欲，忘正道，而天下从化，皆为乱惑，不得安乐。

㉔【正义】若以道制欲则是君子，以欲忘道则为小人，故君子之人本情修性以

和其志，不使逐欲忘道，反情以至其行也。

㉕【正义】内本情和志而外又广于乐，以成其教，然后发以声音，以著万物之理也。

㉖【集解】郑玄曰："方犹道也。"【正义】君上内和志行，乐教流行，故民皆向君子之道，即仁义制欲者，故乐行而伦清，以至天下安宁也。

㉗【正义】结乐使人知上之事，故观知其德也。

德者，性之端也；①乐者，德之华也；②金石丝竹，乐之器也。③诗，言其志也；④歌，咏其声也；⑤舞，动其容也：⑥三者本乎心，然后乐气从之。⑦是故情深而文明，⑧气盛而化神，⑨和顺积中而英华发外，唯乐不可以为伪。⑩

①【正义】此《乐象章》第三段，明邪正有本，皆不可伪也。德，得理也。性之端，本也。言人禀生皆以得理为本也。

②【正义】得理于内，乐为外，故云德华也。

③【正义】历解饰所须也。乐为德华，若莫之能用，故须金石之器也。

④【正义】前金石为器，须用诗述申其志，志在心，不术不畅，故用诗述之也。

⑤【正义】若直述其志，则无酝藉之美，故又长言歌咏，使声音之美可得而闻之也。

⑥【正义】若直咏歌未畅，故又举手蹈足以动其形容也。

⑦【正义】三者，志、声、容也。乐气，诗、歌、舞也。君子前有三德为本乎心，后乃诗歌舞可观，故云然后乐气从之也。

⑧【正义】德为性本，故曰情深也。乐为德华，故云文明。

⑨【正义】歌、舞、蹈，乐气从之，故云气盛。天下咸宁，故曰化神也。

⑩【集解】郑玄曰："三者，本志也，声也，容也。言无此本于内，则不能为乐耳。"【正义】内外符合而无有虚假，不可以为伪也。

乐者，心之动也；①声者，乐之象也；②文采节奏，声之饰也。③君子动其本，④乐其象，⑤然后治其饰。⑥是故先鼓以警戒，⑦三步以见方，⑧再始以著往，⑨复乱以饬归，⑩奋疾而不拔，(也)⑪极幽而不隐。⑫独乐其志，不厌其道；⑬备举其道，不私其欲。⑭是以情见而义立，⑮乐终而德尊；⑯君子以好善，小人以息过：⑰故曰"生民之道，乐为大焉"。⑱

①【正义】此《乐象章》第四段也，明证前第三段乐本之事。缘有前境可乐，而心动应之，故云乐者心之动也。

②【正义】象，法也。乐舞无声则不彰，故声为乐之法也。

③【正义】若直有声而无法度，故须文采节奏，声之仪饰也。

④【正义】本，德也。心之动必应德也。

⑤【正义】德行必应法也。

⑥【正义】饰，文采节奏也。前动心有德，次行乐有法，然后乃理其文饰也。

⑦【集解】郑玄曰："将奏乐，先击鼓以警戒众也。"【正义】此引武王伐纣之事，证前有德后有饰也。武王圣人，是前有德也；而用此节奏，是后有饰也。先鼓者，为武王伐纣，未战之前，鸣皮鼓以警戒，使军众逆备也。今作《武乐》者，未奏之前鸣皮鼓以敕人使豫备具也，是明志后有事也。

⑧【集解】郑玄曰："将舞必先三举足，以见其舞之渐也。"王肃曰："舞《武乐》三步为一节者，以见伐道也。"【正义】见，胡练反。三步，足三步也。见方谓方战也。武王伐纣，未战之前，兵士乐奋其勇，出军阵前三步，示勇气方将战也，今作乐象之。缵列毕而舞者将欲舞，先举足三顿为步，以表方将舞之势也。

⑨【集解】郑玄曰："《武舞》再更始，以明伐纣时再往也。"【正义】著，竹虑反。再始谓两过为始也。著，明也。文王受命十一年，而武王除丧，军至孟津观兵，曰"纣未可伐也"，乃还师，是一始也。至十三年，更兴师伐之，是再始也。今舞《武》者，前成列将欲舞而不舞，是一始也。去复更来，是二过始，明象武王再往，故云再始著往也。

⑩【集解】郑玄曰："谓鸣铙而退，明以整归也。"【正义】复者，伏也。饬音敕。复乱者，纣凶乱而安复之。饬归者，武王伐纣胜，鸣金铙整武而归也。以去奏皮鼓，归奏金铙者，皮，文也，金，武也，初示文德，使纣自改之则不伐，纣既不改，因而用兵，用兵既竟，故鸣金铙而归，示用已竟也。今奏《武舞》，初皮鼓警众，末鸣铙以归，象伐纣已竟也。铙，镫铎也。

⑪【集解】王肃曰："舞虽奋疾而不失节，若树木得疾风而不拔。"【正义】谓舞形也。奋，迅；疾，速也。拔，倾侧也。伐纣时士卒欢喜，奋迅急速，以尚威势，猛而不倾侧也。今《武舞》亦奋迅急而速，不倾倒象。

⑫【集解】郑玄曰："极幽谓歌也。"【正义】皆谓文采节奏也。

⑬【集解】王肃曰："乐能使仁人独乐其志，不厌倦其道也。"【正义】言武王诸

将，人各忻悦，象武王有德，天下之志并无厌(干戈)〔仁义〕君臣之道。

⑭【正义】缘人人不厌，故作乐者事事法之。欲备举武王之道耳，非为私情之所欲也。

⑮【正义】不厌武王之道，其情既见，则不私其欲，义亦立也。

⑯【正义】为乐之理既终，是象德之事，其德亦尊显也。

⑰【正义】乐理周足，象德可尊，以此教世，何往而不可，君子闻之则好善，小人闻之则改过也。

⑱【正义】此引旧语，结乐道之为大。

君子曰：礼乐不可以斯须去身。①致乐以治心，②则易直子谅之心油然生矣。③易直子谅之心生则乐，乐则安，安则久，久则天，天则神。天则不言而信，神则不怒而威。④致乐，以治心者也；⑤致礼，以治躬者也。⑥治躬则庄敬，庄敬则严威。⑦心中斯须不和不乐，而鄙诈之心入之矣；⑧外貌斯须不庄不敬，而慢易之心入之矣。⑨故乐也者，动于内者也；礼也者，动于外者也。乐极和，礼极顺。内和而外顺，则民瞻其颜色而弗与争也，望其容貌而民不生易慢焉。德辉动乎内而民莫不承听，理发乎外而民莫不承顺，⑩故曰"知礼乐之道，举而错之天下无难矣"。⑪

①【正义】此第十章名为《乐化章》第十，以化民，故次《宾牟贾》成第十也。其章中皆言乐陶化为善也。凡四段：一明人生礼乐恒与己俱也；二明礼乐不可偏用，各有一失也；三明圣人制礼作乐之由也；四明圣人制礼作乐，天下服从。此初段，人生礼乐恒与己俱也。恒故能化，化故在前也，引君子之言以张本也。斯须，俄顷也。失之者死，故俄顷不可去身者也。

②【集解】郑玄曰："致犹深审也。乐由中出，故治心也。"

③【集解】王肃曰："易，平易；直，正直；子谅，爱信也。"郑玄曰："油，新生好貌。"

④【集解】郑玄曰："若善心生则寡于利欲，寡于利欲则乐矣。志明行成，不言而见信，如天也；不怒而见畏，如神也。"

⑤【正义】结所由也。有威信，由于深审乐以结心之故。

⑥【正义】前明乐治心，今明礼检迹。若深审于礼以治身，则庄敬也。郑玄云"礼自外作，故治身也"。

⑦【集解】郑玄曰:"礼自外作,故治身也。" 【正义】既身庄敬俨然,人望而畏之,是威严也。治内难见,发明乐句多;治外易观,发明礼句少,而又结也。

⑧【集解】郑玄曰:"谓利欲生也。"

⑨【集解】郑玄曰:"易,轻易也。"

⑩【集解】郑玄曰:"德辉,颜色润泽也。理,容貌进止也。"孙炎曰:"德辉,明惠也。理,言行也。"

⑪【正义】错,七故反。引旧证民莫不承听,莫不承顺也。圣王有能详审极致礼乐之道,举而措之于天下,天下悉从,无难为之事也。

乐也者,动于内者也;礼也者,动于外者也。①故礼主其谦,②乐主其盈。③礼谦而进,以进为文;④乐盈而反,以反为文。⑤礼谦而不进,则销;乐盈而不反,则放。⑥故礼有报⑦而乐有反。⑧礼得其报则乐,乐得其反则安。礼之报,乐之反,其义一也。⑨

①【正义】此《乐化章》第二段也。明礼乐不可偏用,各有一失,既方明所失,故前更言其所发外内不同也。动亦感触。

②【集解】郑玄曰:"人所倦也。"王肃曰:"自谦损也。" 【索隐】王肃曰:"自谦慎也。"

③【集解】郑玄曰:"人所欢也。"王肃曰:"充气志也。"

④【集解】郑玄曰:"进者谓自勉强也。文犹美也,善也。"王肃曰:"礼自减损,所以进德修业也。"

⑤【集解】郑玄曰:"反谓自抑止也。"王肃曰:"乐充气志而反本也。"

⑥【集解】郑玄曰:"放淫于声乐,不能止也。"

⑦【集解】孙炎曰:"报谓礼尚往来,以劝进之。"王肃曰:"礼自减损,而以进为报也。"

⑧【集解】孙炎曰:"反谓曲终还更始。" 【索隐】孙炎曰"反谓曲终还更始"也。

⑨【集解】郑玄曰:"俱起立于中,不销不放。"

夫乐者乐也,人情之所不能免也。①乐必发诸声音,形于动静,人道也。②声音动静,性术之变,尽于此矣。③故人不能无乐,乐不能无形。④形而不为道,不能无乱。先王恶其乱,故制《雅》《颂》之声以道之,使其声足以乐而不流,使其文足以纶而不息,⑤使其曲直繁省廉肉节奏,⑥足以感动人之善心而已矣，不使放心邪气得接焉，是先王立乐之方也。⑦是故乐在宗庙之中，君臣上下同听之，则莫不和敬；在族长乡里之中，长幼同听之，则莫不和顺；在闺门之内，父子兄弟同听之，则莫不和亲。故乐者，审一以定和，比物以饰节，节奏合以成文，⑧所以合和父子君臣，附亲万民也，是先王立乐之方也。故听其《雅》《颂》之声，志意得广焉；⑨执其干戚，习其俯仰诎信，容貌得庄焉；行其缀兆，⑩要其节奏，⑪行列得正焉，进退得齐焉。故乐者天地之齐，中和之纪，⑫人情之所不能免也。

①【正义】此《乐化章》第三段也。明圣人所以制乐，由人乐于歌舞，故圣人制乐以和乐之，故云乐者乐也。但欢乐是人所贪，贪不能自止，故云人情也。

②【集解】郑玄曰："人道，人之所为也。"

③【集解】郑玄曰："不可过。"

④【集解】郑玄曰："形，声音动静也。"

⑤【集解】郑玄曰："文，篇辞也。息，销也。"

⑥【集解】郑玄曰："曲直，歌之曲折；繁省廉肉，声之洪杀也。"

⑦【集解】郑玄曰："方，道也。"

⑧【集解】郑玄曰："审一，审其人声也。比物谓杂金革土匏之属以成文，五声八音克谐，相应和也。"

⑨【正义】前云先王制之声音，形于动静，故此证其事也。此是发于声音也。民听正声，得益盛德之美，志意得广大也。

⑩【集解】郑玄曰："缀，表也，所以表行列也。"

⑪【集解】郑玄曰："要犹会也。"

⑫【集解】郑玄曰："纪，总要之名。"

夫乐者，先王之所以饰喜也；①军旅铁钺者，先王之所以饰怒也。故先王之喜怒皆得其齐矣。喜则天下和之，怒则暴乱者畏之。先王之道礼乐可谓盛矣。

①【正义】此《乐化章》第四段也。明乐唯圣人在上者制作，天下乃从服也。若内有喜，则外歌舞以饰之，故云先王以乐饰喜也。

魏文侯问于子夏曰:①“吾端冕而听古乐②则唯恐卧,听郑卫之音则不知倦。敢问古乐之如彼,何也?新乐之如此,何也?”

①【正义】此章第八,明文侯问也。文侯故晋大夫毕万之后,见子夏而问于乐也。

②【集解】郑玄曰:“端,玄衣也。古乐,先王之正乐。”【正义】此文侯问事也。端冕谓玄冕。凡冕服,其制正幅袂二尺二寸,故称端也。著玄冕衣与玄端同色,故曰端冕听古乐也。此当是庙中听乐。玄冕,祭服也。

子夏答曰:“今夫古乐,进旅而退旅,①和正以广,②弦匏笙簧合守拊鼓,③始奏以文,止乱以武,④治乱以相,讯疾以雅。⑤君子于是语,于是道古,修身及家,平均天下:此古乐之发也。今夫新乐,进俯退俯,⑥奸声以淫,溺而不止,⑦及优侏儒,⑧獶杂子女,不知父子。⑨乐终不可以语,不可以道古:此新乐之发也。⑩今君之所问者乐也,所好者音也。⑪夫乐之与音,相近而不同。”⑫

①【集解】郑玄曰:“旅犹俱也。俱进俱退,言其齐一也。”【正义】子夏之答凡有三,初则举古礼,次新乐以酬问意,又因更别说以诱引文侯,欲使更问也。此是答述古乐之情。旅,众也。

②【集解】郑玄曰:“无奸声也。”

③【集解】郑玄曰:“合,皆也。言众皆待击鼓乃作也。拊者,以韦为表,装之以糠也。”【正义】拊音敷武反。拊,一名相。亦奏古笙乐也。弦,琴也。匏,瓠属也,四十六簧;笙十九至十三簧也。簧,施于匏笙之管端者也。合,会也。守,待也。拊者,皮为之,以糠实如革囊也,用手抚之鼓也。言奏弦匏笙簧之时,若欲令堂上作乐则抚拊,堂上乐工闻抚拊乃弦歌也。若欲令堂下作乐则击鼓,堂下乐工闻鼓乃吹管播乐也。言弦匏笙簧皆待拊为节,故言会守拊鼓也。

④【集解】郑玄曰:“文谓鼓,武谓金也。”

⑤【集解】孙炎曰:“整其乱行,节之以相;赴敌迅疾,趋之以雅。”郑玄曰:“相即拊也,亦以节乐。雅亦乐器名,状如漆筩,中有椎。”

⑥【集解】郑玄曰:“俯犹曲也。言不齐一也。”【正义】此第二述杂乐也。俯,曲也。新乐行列不齐,进退曲也。

⑦【集解】王肃曰："奸声淫，使人溺而不能自止。"

⑧【集解】王肃曰："俳优短人也。"

⑨【集解】郑玄曰："獶，猕猴也。言舞者如猕猴戏，乱男女尊卑也。"

⑩【正义】此结新乐答也。

⑪【正义】此第三段，诱引文侯更问前故说此句，言文侯所问乃是乐，而好铿锵之音，非律吕克谐之正乐也。

⑫【集解】郑玄曰："铿锵之类皆为音，应律乃为乐。"

文侯曰："敢问如何？"①

①【集解】郑玄曰："欲知音乐异意。"

子夏答曰："夫古者天地顺而四时当，①民有德而五谷昌，疾疢不作而无袄祥，此之谓大当。②然后圣人作为父子君臣以为之纪纲，纪纲既正，天下大定，天下大定，然后正六律，和五声，弦歌《诗·颂》，此之谓德音，德音之谓乐。《诗》曰：'莫其德音，其德克明，克明克类，克长克君。王此大邦，克顺克俾。③俾于文王，其德靡悔。既受帝祉，施于孙子。'此之谓也。④今君之所好者，其溺音与？"⑤

①【正义】当，丁浪反。此答古乐之由也。天地从，四时当，圣人在上故也。

②【集解】郑玄曰："当谓不失其所也。"

③【集解】郑玄曰："德正应和曰莫。照临四方曰明。勤施无私曰类。教诲不倦曰长。庆赏刑威曰君。慈和遍服曰顺。俾当为'比'，择善而从之曰比。"

④【集解】郑玄曰："施，延也。言文王之德皆能如此，故受天福，延及后世。"

⑤【集解】郑玄曰："言无文王之德，则所好非乐。"

文侯曰："敢问溺音者何从出也？"

子夏答曰："郑音好滥淫志，①宋音燕女溺志，②卫音趣数烦志，③齐音骜辟骄志，四者皆淫于色而害于德，是以祭祀不用也。④《诗》曰：'肃雍和鸣，先祖是听。'夫肃肃，敬也；雍雍，和也。夫敬以和，何事不行？⑤为人君者，谨其所好恶而已矣。君好之则臣为之，上行之则民从之。《诗》曰'诱民孔易'，此之谓也。⑥然后圣人作为鞉鼓椌楬埙篪，⑦此六者，德音之音也。⑧然后钟磬竽瑟以和之，干戚旄狄以舞之。此所以祭先王之庙也，所以献酬酳酢也，所以官序贵贱各得其宜也，⑨此所以示后世有尊卑长幼序也。钟声铿，铿以立号，⑩号以立横，⑪横以立武。君子听钟声则思武臣。石声硁，⑫硁以立别，⑬别以致死。君子听磬声则思死封疆之臣。丝声哀，哀以立廉，⑭廉以立志。君子听琴瑟之声则思志义之臣。竹声滥，⑮滥以立会，会以聚众。君子听竽笙箫管之声则思畜聚之臣。鼓鼙之声欢，欢以立动，动以进众。君子听鼓鼙之声则思将帅之臣。⑯君子之听音，非听其铿铃而已也，彼亦有所合之也。⑰

①【集解】郑玄曰："滥，滥窃奸声也。" 【正义】子夏历述四国之所由以答文侯也。

②【集解】王肃曰："燕，欢悦。"

③【集解】孙炎曰："趣数，音促速而数变也。"郑玄曰："烦，劳也。"

④【集解】郑玄曰："言四国出此溺音。"

⑤【集解】郑玄曰："古者乐敬且和，故无事而不用，溺音无所施。"

⑥【集解】郑玄曰："诱，进也。孔，甚也。言民从君之所好恶，进之于善无难也。"

⑦【集解】郑玄曰："椌楬谓柷敔。" 【索隐】埙，以土为之，大如鹅子，形似锤，吹之为声。篪，以竹为之，六孔，一孔上出名翘，横吹之，今之横笛是也。《诗》云"伯氏吹埙，仲氏吹篪"是也。

⑧【集解】郑玄曰："六者为本，以其声质。"

⑨【集解】郑玄曰："官序贵贱，谓尊卑乐器列数有差。"

⑩【集解】郑玄曰："号令，所以警众也。"王肃曰："钟声高，故以之立号也。"

⑪【集解】郑玄曰："横，充也。谓气作充满。"

⑫【集解】王肃曰："声果劲。"

⑬【集解】郑玄曰："谓分明于节义。"

⑭【集解】郑玄曰："廉，廉隅。"

⑮【集解】王肃曰："滥，会诸音。"

⑯【集解】郑玄曰："闻欢嚣则人意动作也。"

⑰【集解】郑玄曰："以声合己志。"

宾牟贾侍坐于孔子，①孔子与之言，及乐，曰："夫《武》之备戒之已久,何也?”②

①【正义】此第九章。名《宾牟贾问》者,盖孔子之问本为牟贾而设,故云《牟贾问》也。

②【集解】郑玄曰:“《武》谓周舞也。备戒,击鼓警众也。”【正义】此孔子问牟贾及乐之事,凡问有五,此其一也。备戒者,谓将欲作乐前鸣鼓警戒,使乐人各备容仪。言初欲奏乐时既已备戒,使有节奏,故令武舞者备戒已久。疑其迟久,故问之也。

答曰:“病不得其众也。”①

①【集解】郑玄曰:“病犹忧也。以不得众心为忧,忧其难。”【正义】牟贾答也。亦有五,而二答是,三答非。今答是也。言武王伐纣时忧不得众心,故前鸣鼓戒众,久之乃出战也。故令舞者久久乃出,象武王忧不得众心故也。

“永叹之,淫液之,何也?”①

①【集解】郑玄曰:“永叹,淫液,歌迟之也。”【正义】此第二问也。

答曰:“恐不逮事也。”①

①【集解】郑玄曰:“逮,及也。事,伐事也。”【正义】此答亦是也。言众士望武王欲伐速,恒恐不及伐事之机,故有永叹淫液之声。

“发扬蹈厉之已蚤,何也?”①

①【集解】王肃曰:“厉,疾也。备戒虽久,至其发作又疾也。”【正义】第三问也。发,初也。扬,举袂也。蹈,顿足蹋地。厉,颜色勃然如战色也。问乐舞何意发初扬袂,又蹈顿足蹋地,勃然作色,何忽如此(何)也。

答曰:“及时事也。”①

①【集解】郑玄曰:“时至,武事当施也。”王肃曰:“欲令之事各及时。”【正义】此答非也。牟贾意言发扬蹈厉象武王一人意欲及时之事,故早为此也。郑亦随贾意注之也。

“《武》坐致右宪左,何也?”①

①【集解】王肃曰:“右膝至地,左膝去地也。”【正义】宪音轩。第四问也。坐,跪也。致,至也。轩,起也。问舞人何忽有时而跪也。

答曰："非武坐也。"①

①【集解】郑玄曰："言武之事无坐也。"【正义】此答亦非也。牟贾言武奋之士不应有坐也。

"声淫及《商》，何也？"①

①【集解】王肃曰："声深淫贪商。"【正义】第五问也。

答曰："非《武》音也。"①

①【集解】王肃曰："言武王不获已为天下除残，非贪商也。"【正义】此答又非也。

子曰："若非《武》音，则何音也？"①

①【正义】孔子评其答《武》音不贪，但不知其实解理，空言其非，反问也。

答曰："有司失其传也。①如非有司失其传，则武王之志荒矣。"②

①【集解】郑玄曰："有司典乐者。传犹说也。"【正义】传，直缘反。贾答言武王非有贪，是有司传之谬妄，故有此矣。

②【集解】郑玄曰："荒，老耄也。言典乐者失其说，时人妄说也。"【正义】贾又云假令非传者谬妄，则是武王末年，年志荒耄之时，故有贪商之声也。

子曰："唯丘之闻诸苌弘，亦若吾子之言是也。"①

①【集解】郑玄曰："苌弘，周大夫。"【索隐】按：《大戴礼》云孔子适周，访礼于老聃，学乐于苌弘是也。【正义】苌音直良反。吾子，牟贾也。言我闻苌弘所言，亦如贾今所言之也。

宾牟贾起，免席而请曰："①夫《武》之备戒之已久，则既闻命矣。②敢问迟之迟而又久，何也？"③

①【正义】免犹避也。前所答(四)〔五〕事，(五)〔四〕不被叩问，今疑不知前答之是非，故起所疑而问也。

②【集解】孙炎曰："闻命谓言是。"

③【集解】郑玄曰："迟之迟谓久立于缀。"

子曰："居，吾语汝。①夫乐者，象成者也。②总干而山立，③武王之事也；④发扬蹈厉，太公之志也；⑤武乱皆坐，周召之治也。⑥且夫《武》，始而北出，⑦再成而灭商，⑧三成而南，⑨四成而南国是疆，⑩五成而分陕，周公左，召公右，⑪六成复缀，以崇天子，⑫夹振之而四伐，盛(振)威于中国也。⑬分夹而进，⑭事蚤济也。⑮久立于缀，以待诸侯之至也。⑯且夫女独未闻牧野之语乎？⑰武王克殷反商，⑱未及下车，⑲而封黄帝之后于蓟，封帝尧之后于祝，⑳封帝舜之后于陈；㉑下车而封夏后氏之后于杞，㉒封殷之后于宋，封王子比干之墓，㉓释箕子之囚，使之行商容而复其位。㉔庶民弛政，庶士倍禄。㉕济河而西，㉖马散华山之阳㉗而弗复乘；牛散桃林之野㉘而不复服；㉙车甲弢㉚而藏之府库而弗复用；倒载干戈，苞之以虎皮；㉛将率之士，使为诸侯，名之曰'建櫜'：㉜然后天下知武王之不复用兵也。散军而郊射，㉝左射《狸首》，右射《驺虞》，㉞而贯革之射息也；㉟裨冕搢笏，㊱而虎贲之士税剑也；祀乎明堂，㊲而民知孝；朝觐，然后诸侯知所以臣；耕藉，㊳然后诸侯知所以敬：五者天下之大教也。食三老五更于太学，㊴天子袒而割牲，执酱而馈，执爵而酳，冕而总干，㊵所以教诸侯之悌也。若此，则周道四达，礼乐交通，则夫《武》之迟久，不亦宜乎？"㊶

①【集解】郑玄曰："居犹安坐也。"

②【集解】王肃曰："象成功而为乐。"

③【集解】王肃曰："总持干楯，山立不动。"

④【正义】此下明应象成之事也，答所以迟也。象武王伐纣，持楯立，以待诸侯至，故云武王之事也。

⑤【集解】王肃曰："志在鹰扬也。"【正义】答迟久已竟，而牟贾前答发扬蹈厉以为象武王欲及时事，非也。言此是太公志耳。太公相武王伐纣，志愿武王之速得，自奋其威勇以助也。

⑥【集解】王肃曰："武乱，武之治也。皆坐，以象安民无事也。"【正义】贾前答武坐，非也，因又为之说，言当伐纣时，士卒行伍有乱者，周召二公以治正之，使其跪敬致右轩左，以待处分，故今八佾象斗时之乱，挨相正之，则俱跪，跪乃更起以作行列，象周召之事耳，非《武舞》有坐之也。

⑦【集解】郑玄曰："始奏，象观兵盟津时也。"【正义】说五事既竟，而迟久之意未周，故更广其象成之事。非答前五事，故云"且夫"也。始而北出者，谓

奏乐象武王观兵孟津之时也。王居镐在南，纣居朝歌在河北，故舞者南来，持楯向北，尚象之也。

⑧【集解】郑玄曰："成犹奏也。再奏，象克殷时。"【正义】再成谓舞者再来奏时也。舞者初始前，一向北而不舞，象武王前观孟津，不伐而反也。至再往而向北，遂奏成击刺。

⑨【集解】王肃曰："诛纣已而南。"【正义】舞者第三奏，往而转向南，象武王胜纣，向南还镐之时也。

⑩【集解】王肃曰："有南国以为疆界。"【正义】舞者第四奏，象周太平时，南方荆蛮并来归服，为周之疆界。

⑪【集解】王肃曰："分陕东西而治。"【正义】舞者至第五奏，而东西中分之，为左右二部，象周太平后，周公、召公分职为左右二伯之时。

⑫【集解】郑玄曰："六奏，象兵还振旅也。复缀，反位止也。"王肃曰："以象尊崇天子。"

⑬【集解】王肃曰："振威武也。四伐者，伐四方与纣同恶者。一击一刺为一伐也。"【正义】夹音古合反。夹振，谓武王与大将(军)夹军而奋铎振动士卒也。言当奏《武》乐时，亦两人执铎夹之，为节之象也。凡四伐到一止，当伐纣时，士卒皆四伐一止也，故《牧誓》云"今日之事不过四伐五伐"是也。故作《武》乐舞者，亦以干戈伐之象也。

⑭【集解】徐广曰："一作'迟'。"

⑮【集解】王肃曰："分部而并进者，欲事早成。"

⑯【集解】郑玄曰："象武王伐纣待诸侯也。"

⑰【集解】郑玄曰："欲语以作《武》乐之意。"【正义】今卫州所理汲县，即牧野之地也。更欲语牟贾奏《武》乐迟久之意，其语即下所陈是也。

⑱【集解】郑玄曰："反，当为'及'，谓至纣都也。"

⑲【索隐】给，《礼》文作"及"，盖声相近而字误耳。【正义】车，戎车也。军法，一车三人乘之，步卒七十二。《牧誓》云"戎车三百两"，则二万二千五百人也。

⑳【正义】《地理志》云平原郡祝阿县也。蓟音计，幽州县是也。

㉑【正义】陈州宛丘县故陈城是也。

㉒【正义】汴州雍丘县，故杞国。

㉓【集解】郑玄曰："积土为封。封比干之墓，崇贤也。"

㉔【集解】徐广曰:"《周本纪》云命召公释箕子之囚,又曰表商容之闾。"

㉕【集解】郑玄曰:"弛政,去纣时苛役。倍禄,复其纣时薄者。"

㉖【正义】济,渡也。河,黄河也。武王伐纣事毕,从怀州河阳县南渡河至洛州,从洛城而西归镐京也。

㉗【集解】郑玄曰:"散犹放。"

㉘【集解】徐广曰:"在弘农县,今曰桃丘。"

㉙【正义】示无复用。服亦乘也。桃林在华山之旁,此二处并是牛马放生地,初伐就此取之,今事竟归之前处,故《尚书·武成篇序》云"武王伐殷,往伐归兽"是也。

㉚【集解】徐广曰:"音韬。"

㉛【集解】郑玄曰:"包干戈以虎皮,明能以武服兵也。"

㉜【集解】王肃曰:"所以能櫜弓矢而不用者,将率之士力也,故建以为诸侯,谓之建櫜也。" 【索隐】王肃云:"将帅能櫜弓矢而不用,故建以为诸侯,因谓建櫜也。"

㉝【集解】郑玄曰:"郊射,为射宫于郊也。"王肃曰:"郊有学宫,可以习礼也。"

㉞【集解】郑玄曰:"左,东学;右,西学也。《狸首》、《驺虞》,所歌为节也。"

㉟【集解】郑玄曰:"贯革,射穿甲革也。"

㊱【集解】郑玄曰:"裨冕,衣裨衣而冠冕也。裨衣,衮之属也。搢,插也。"

㊲【集解】郑玄曰:"文王之庙为明堂。"

㊳【集解】郑玄曰:"耕藉,藉田也。"

㊴【集解】郑玄曰:"老更,互言之耳,皆老人更知三德五事者也。周名太学曰东胶。"

㊵【集解】郑玄曰:"冕而总干,在舞位。"

㊶【集解】郑玄曰:"言《武》迟久,为重礼乐也。"

子贡见师乙而问焉,① 曰:"赐闻声歌各有宜也,② 如赐者宜何歌也?"

①【集解】郑玄曰:"师,乐官也。乙,名也。"

②【集解】郑玄曰:"气顺性。"

师乙曰:"乙,贱工也,① 何足以问所宜。请诵其所闻,而吾子自执焉。[2]宽而静，柔而正者宜歌《颂》；广大而静，疏达而信者宜歌《大雅》；恭俭而好礼者宜歌《小雅》；正直清廉而谦者宜歌《风》；肆直而慈爱者[3]宜歌《商》；温良而能断者宜歌《齐》。夫歌者，直己而陈德；[4]动己而天地应焉，四时和焉，星辰理焉，万物育焉。[5]故《商》者，五帝之遗声也，商人志之，故谓之《商》；《齐》者，三代之遗声也，齐人志之，故谓之《齐》。明乎《商》之诗者，临事而屡断；[6]明乎《齐》之诗者，见利而让也。[7]临事而屡断，勇也；见利而让，义也。有勇有义，非歌孰能保此？故歌者，上如抗，下如队，曲如折，止如槁木，居中矩，句中钩，累累乎殷如贯珠。[8]故歌之为言也，长言之也。[9]说之，故言之；言之不足，故长言之；长言之不足，故嗟叹之；嗟叹之不足，故不知手之舞之足之蹈之。"[10]《子贡问乐》。[11]

①【集解】郑玄曰："乐人称工也。"

②【集解】郑玄曰："执犹处也。"

③【集解】郑玄曰："肆，正也。"

④【集解】郑玄曰："各因其德歌所宜。"

⑤【集解】郑玄曰："育，生也。"

⑥【集解】郑玄曰："以其肆直。"

⑦【集解】郑玄曰："以其温良而能断也。"

⑧【集解】郑玄曰："言歌声之著，动人心之审，而有此事。"

⑨【集解】郑玄曰："长言，引其声。"

⑩【集解】郑玄曰："手舞足蹈，欢之至。"

⑪【正义】结此前事，悉是答子贡问之事。其《乐记》者，公孙尼子次撰也。为《乐记》通天地，贯人情，辩政治，故细解之。以前刘向《别录》篇次与郑《目录》同，而《乐记》篇次又不依郑《目》。今此文篇次颠倒者，以褚先生升降，故今乱也。今逐旧次第随段记之，使后略知也。以后文出褚意耳。

凡音由于人心，天之与人有以相通，如景之象形，响之应声。故为善者天报之以福，为恶者天与之以殃，其自然者也。

故舜弹五弦之琴，歌《南风》之诗而天下治；纣为朝歌北鄙之音，身死国亡。舜之道何弘也？纣之道何隘也？夫《南风》之诗者生长之音也，舜乐好之，乐与天地同意，得万国之欢心，故天下治也。夫朝歌者不时也，北者败也，鄙者陋也，纣乐好之，与万国殊心，诸侯不附，百姓不亲，天下畔之，故身死国亡。

而卫灵公之时，①将之晋，至于濮水之上舍。②夜半时闻鼓琴声，问左右，皆对曰"不闻"。乃召师涓曰："吾闻鼓琴音，问左右，皆不闻。其状似鬼神，为我听而写之。"师涓曰："诺。"因端坐援琴，听而写之。明日，曰："臣得之矣，然未习也，请宿习之。"灵公曰："可。"因复宿。明日，报曰："习矣。"即去之晋，见晋平公。平公置酒于施惠之台。③酒酣，灵公曰："今者来，闻新声，请奏之。"平公曰："可。"即令师涓坐师旷旁，援琴鼓之。未终，师旷抚而止之曰："此亡国之声也，不可遂。"平公曰："何道出？"师旷曰："师延所作也。与纣为靡靡之乐，武王伐纣，师延东走，自投濮水之中，故闻此声必于濮水之上，先闻此声者国削。"平公曰："寡人所好者音也，愿遂闻之。"师涓鼓而终之。

①【正义】时卫都楚丘。楚〔丘〕故城在宋州楚丘县北三十里，卫之楚丘邑也。

②【正义】《括地志》云："在曹州离狐县界，即师延投处也。"

③【正义】一本"庆祁之堂"。《左传》云"虒祁之宫"。杜预云："虒祁，地名也，在绛州西四十里，临汾水也。"

平公曰："音无此最悲乎？"师旷曰："有。"平公曰："可得闻乎？"师旷曰："君德义薄，不可以听之。"平公曰："寡人所好者音也，愿闻之。"师旷不得已，援琴而鼓之。一奏之，有玄鹤二八集乎廊门；再奏之，延颈而鸣，舒翼而舞。

平公大喜，起而为师旷寿。反坐，问曰："音无此最悲乎？"师旷曰："有。昔者黄帝以大合鬼神，今君德义薄，不足以听之，听之将败。"平公曰："寡人老矣，所好者音也，愿遂闻之。"师旷不得已，援琴而鼓之。一奏之，有白云从西北起；再奏之，大风至而雨随之，飞廊瓦，左右皆奔走。平公恐惧，伏于廊屋之间。晋国大旱，赤地三年。

听者或吉或凶。夫乐不可妄兴也。

太史公曰:夫上古明王举乐者,非以娱心自乐,快意恣欲,将欲为治也。正教者皆始于音,音正而行正。故音乐者,所以动荡血脉,通流精神而和正心也。故宫动脾而和正圣,商动肺而和正义,角动肝而和正仁,徵动心而和正礼,羽动肾而和正智。故乐所以内辅正心而外异贵贱也;上以事宗庙,下以变化黎庶也。琴长八尺一寸,正度也。弦大者为宫,而居中央,君也。商张右傍,其馀大小相次,不失其次序,则君臣之位正矣。故闻宫音,使人温舒而广大;闻商音,使人方正而好义;闻角音,使人恻隐而爱人;闻徵音,使人乐善而好施;闻羽音,使人整齐而好礼。夫礼由外入,乐自内出。故君子不可须臾离礼,须臾离礼则暴慢之行穷外;不可须臾离乐,须臾离乐则奸邪之行穷内。故乐音者,君子之所养义也。夫古者,天子诸侯听钟磬未尝离于庭,卿大夫听琴瑟之音未尝离于前,所以养行义而防淫佚也。夫淫佚生于无礼,故圣王使人耳闻《雅》《颂》之音,目视威仪之礼,足行恭敬之容,口言仁义之道。故君子终日言而邪辟无由入也。

【索隐述赞】乐之所兴,在乎防欲。陶心畅志,舞手蹈足。舜曰《箫韶》,融称属续。审音知政,观风变俗。端如贯珠,清同叩玉。洋洋盈耳,《咸》《英》馀曲。

史记卷二十五

律书第三

王者制事立法，物度轨则，壹禀于六律，①六律为万事根本焉。②

①【索隐】按：律有十二。阳六为律，黄钟、太蔟、姑洗、蕤宾、夷则、无射；阴六为吕，大吕、夹钟、中吕、林钟、南吕、应钟是也。名曰律者，《释名》曰"律，述也，所以述阳气也"。《律历志》云"吕，旅，助阳气也"。案：古律用竹，又用玉，汉末以铜为之。吕亦称间，故有六律、六间之说。元间大吕，二间夹钟是也。汉京房知五音六律之数，十二律之变至六十，犹八卦之变为六十四卦也。故中吕上生执始，执始下生去灭，上下相生，终于南事，而六十律毕也。

②【索隐】《律历志》云"夫推历生律，制器规圜矩方，权重衡平，准绳嘉量，探赜索隐，钩深致远，莫不用焉"，是万事之根本。

其于兵械尤所重，①故云"望敌知吉凶，②闻声效胜负"，③百王不易之道也。

①【索隐】按：《易》称"师出以律"，是于兵械尤重也。　【正义】内成曰器，外成曰械。械谓弓、矢、殳、矛、戈、戟。刘伯庄云："吹律审声，听乐知政，师旷审歌，知晋楚之强弱，故云兵家尤所重。"

②【索隐】凡敌阵之上，皆有气色，气强则声强，声强则其众劲。律者，所以通气，故知吉凶也。　【正义】凡两军相敌，上皆有云气及日晕。《天官书》云："晕等，力钧；厚长大，有胜；薄短小，无胜。"故望云气知胜负强弱。引旧语乃曰"故云"。

③【索隐】《周礼》"太师执同律以听军声而占其吉凶"是也。故《左传》称师旷知南风之不竞，此即其类也。　【正义】《周礼》云"太师执同律以听军声而诏其吉凶"，《左传》云师旷知南风之不竞，即其类。

武王伐纣，吹律听声，①推孟春以至于季冬，杀气相并，②而音尚宫。③同声相从，物之自然，何足怪哉？

①【索隐】其事当有所出，今则未详。

②【正义】人君暴虐酷急，即常寒应。寒生北方，乃杀气也。武王伐纣，吹律从春至冬，杀气相并，律亦应之。故《洪范》咎征云"急常寒若"是也。

③【正义】《兵书》云："夫战，太师吹律，合商则战胜，军事张强；角则军扰多变，失士心；宫则军和，主卒同心；徵则将急数怒，军士劳；羽则兵弱少威焉。"

兵者，圣人所以讨强暴，平乱世，夷险阻，救危殆。自含(血)〔齿〕戴角之兽见犯则校，而况于人怀好恶喜怒之气？喜则爱心生，怒则毒螫加，①情性之理也。

①【正义】螫音释。

昔黄帝有涿鹿之战，以定火灾；①颛顼有共工之陈，以平水害；②成汤有南巢之伐，以殄夏乱。③递兴递废，胜者用事，所受于天也。

①【集解】文颖曰："神农子孙暴虐，黄帝伐之，故以定火灾。"

②【集解】文颖曰："共工，主水官也。少昊氏衰，秉政作虐，故颛顼伐之。本主水官，因为水行也。"

③【正义】南巢，今庐州巢县是也。《淮南子》云："汤伐桀，放之历山，与末喜同舟浮江，奔南巢之山而死。"按：巢即山名，古巢伯之国。云南巢者，在中国之南也。

自是之后，名士迭兴，晋用咎犯，①而齐用王子，②吴用孙武，申明军约，赏罚必信，卒伯诸侯，兼列邦土，虽不及三代之诰誓，然身宠君尊，当世显扬，可不谓荣焉？岂与世儒暗于大较，③不权轻重，猥云德化，不当用兵，大至君辱失守，④小乃侵犯削弱，遂执不移等哉！故教笞不可废于家，刑罚不可捐于国，诛伐不可偃于天下，用之有巧拙，行之有逆顺耳。

①【正义】狐偃也，咎季也，又云胥臣也。

②【索隐】徐广云："王子成父。"

③【索隐】大较，大法也。淳于髡曰"车不较则不胜其任"是也。较音角。

④【索隐】徐广云："如宋襄公是也。"

夏桀、殷纣手搏豺狼，足追四马，勇非微也；百战克胜，诸侯慑服，权非轻也。秦二世宿军无用之地，①连兵于边陲，力非弱也；结怨匈奴，絓祸於越，②势非寡也。及其威尽势极，闾巷之人为敌国。咎生穷武之不知足，甘得之心不息也。

①【索隐】谓常拥兵于郊野之外也。　【正义】谓三十万备北(阙)〔边〕，五十万守五岭也。云连兵于边陲，即是宿军无用之地也。

②【正义】絓，胡卦反。顾野王云："絓者，所碍。"

高祖有天下，三边外畔；大国之王虽称蕃辅，臣节未尽。会高祖厌苦军事，亦有萧、张之谋，故偃武一休息，羁縻不备。

历至孝文即位，将军陈武等议曰："南越、朝鲜①自全秦时内属为臣子，后且拥兵阻阨，选蠕观望。②高祖时天下新定，人民小安，未可复兴兵。今陛下仁惠抚百姓，恩泽加海内，宜及士民乐用，征讨逆党，以一封疆。"孝文曰："朕能任衣冠，③念不到此。会吕氏之乱，功臣宗室共不羞耻，误居正位，常战战栗栗，恐事之不终。且兵凶器，虽克所愿，动亦秏病，谓百姓远方何？又先帝知劳民不可烦，故不以为意。朕岂自谓能？今匈奴内侵，军吏无功，边民父子荷兵日久，④朕常为动心伤痛，无日忘之。今未能销距，愿且坚边设候，结和通使，休宁北陲，为功多矣。且无议军。"故百姓无内外之繇，得息肩于田亩，天下殷富，粟至十馀钱，鸣鸡吠狗，烟火万里，可谓和乐者乎！

①【正义】潮仙二音。高骊平壤城本汉乐浪郡王险城，即古朝鲜地，时朝鲜王满据之也。

②【集解】阨音厄卖反。选音思兖反。蠕音而兖反。　【索隐】蠕音软。选蠕谓动身欲有进取之状也。

③【正义】朕音而禁反。

④【正义】荷音何我反。

太史公曰：文帝时，会天下新去汤火，①人民乐业，因其欲然，能不扰乱，故百姓遂安。自年六七十翁亦未尝至市井，游敖嬉戏如小儿状。

孔子所称有德君子者邪!②

①【索隐】谓秦乱,楚汉交兵之时,如遗坠汤火,即《书》云“人坠涂炭”是也。

②【索隐】《论语》曰“善人为邦百年,亦可以胜残去杀”也。

《书》曰“七正”,二十八舍。①律历,天所以通五行八正之气,②天所以成孰万物也。舍者,日月所舍。舍者,舒气也。

①【索隐】七正,日、月、五星。七者可以正天时。又孔安国曰“七正,日月五星各异政”也。二十八宿,〔七正〕之所舍也。舍,止也。宿,次也。言日月五星运行,或舍于二十八次之分也。

②【索隐】八谓八节之气,以应八方之风。

不周风居西北,主杀生。东壁居不周风东,主辟生气①而东之。至于营室。②营室者,主营胎③阳气而产之。东至于危。危,垝也。④言阳气之(危)垝,故曰危。十月也,律中应钟。⑤应钟者,阳气之应,不用事也。其于十二子为亥。亥者,该也。⑥言阳气藏于下,故该也。

①【索隐】辟音闢。

②【索隐】定星也。定中而可以作室,故曰营室。其星有室象也,故《天官书》主庙。此言“主营胎阳气而产之”,是说异也。【正义】《天官书》云“营室为清庙,曰离宫、阁道”,是有宫室象。此言“主营胎阳气而产之”,二说不同。

③【集解】徐广曰:“一作‘含’。”

④【索隐】垝音鬼毁反。

⑤【正义】应,乙证反。《白虎通》云:“应者,应也,言万物应阳而动下藏也。”汉初依秦以十月为岁首,故起应钟。

⑥【索隐】按:《律历志》云“该阂于亥”。【正义】孟康云:“阂,藏塞也。阴杂阳气藏塞,为万物作种也。”

广莫风居北方。广莫者,言阳气在下,阴莫阳广大也,故曰广莫。东至于虚。虚者,能实能虚,言阳气冬则宛藏于虚,①日冬至则一阴下藏,一阳上舒,故曰虚。东至于须女。②言万物变动其所,阴阳气未相离,尚相(如)胥〔如〕也,故曰须女。十一月也,律中黄钟。③黄钟者,阳气踵黄泉而出也。其于十二子为子。子者,滋也;滋者,言万物滋于下也。其于十母为壬癸。壬之为言任也,言阳气任养万物于下也。癸之为言揆也,言万物可揆度,故曰癸。东至牵牛。牵牛者,言阳气牵引万物出之也。牛者,冒也,言地虽冻,能冒而生也。牛者,耕植种万物也。东至于建星。建星者,建诸生也。十二月也,律中大吕。大吕者,其于十二子为丑。④

①【正义】宛音蕴。

②【索隐】婺女名也。

③【正义】《白虎通》云:"黄中和之气,言阳气于黄泉之下动养万物也。"

④【集解】徐广曰:"此中阙不说大吕及丑也。" 【正义】案:此下阙文。或一本云"丑者,纽也。言阳气在上未降,万物厄纽未敢出也"。

条风居东北,主出万物。条之言条治万物而出之,故曰条风。南至于箕。箕者,言万物根棋,①故曰箕。正月也,律中泰蔟。②泰蔟者,言万物蔟生也,故曰泰蔟。其于十二子为寅。寅言万物始生螾然③也,故曰寅。南至于尾,言万物始生如尾也。南至于心,言万物始生有华心④也。南至于房。房者,言万物门户也,至于门则出矣。

①【集解】徐广曰:"一作'横'也。"

②【正义】蔟音千豆反。《白虎通》云:"泰者,大也。蔟者,凑也。言万物始大凑地而出之也。"

③【索隐】音引,又音以慎反。

④【集解】徐广曰:"一作'茎'。"

明庶风居东方。明庶者,明众物尽出也。二月也,律中夹钟。①夹钟者,言阴阳相夹厕也。其于十二子为卯。卯之为言茂也,言万物茂也。其于十母为甲乙。甲者,言万物剖符②甲③而出也;乙者,言万物生轧轧也。南至于氐。④氐者,言万物皆至也。南至于亢。亢者,言万物亢见也。南至于角。角者,言万物皆有枝格如角也。三月也,律中姑洗。⑤姑洗者,言万物洗生。其于十二子为辰。辰者,言万物之蜄⑥也。

①【正义】《白虎通》云:"夹,孚甲也。言万物孚甲,种类分也。"

②【集解】音孚。

③【索隐】符甲犹孚甲也。

④【正义】氐音丁礼反。

⑤【正义】姑音沽。洗音先典反。《白虎通》云："沽者，故也。洗者，鲜也。言万物去故就新，莫不鲜明也。"

⑥【集解】音之慎反。　【索隐】蜄音振。或作"娠"，同音。《律历志》云"振羡于辰"。

清明风居东南维，主风吹万物而西之。〔至于〕轸。轸者，言万物益大而轸轸然。西至于翼。翼者，言万物皆有羽翼也。四月也，律中中吕。[①]中吕者，言万物尽旅而西行也。其于十二子为巳。巳者，言阳气之已尽也。西至于七星。七星者，阳数成于七，故曰七星。西至于张。张者，言万物皆张也。西至于注。[②]注者，言万物之始衰，阳气下注，故曰注。五月也，律中蕤宾。[③]蕤宾者，言阴气幼少，故曰蕤；痿阳不用事，故曰宾。

①【正义】中音仲。《白虎通》云"言阳气将极中充大也"，故复申言之也。

②【索隐】音丁救反。注，咮也。《天官书》云"柳为鸟咮"，则注，柳星也。

③【正义】蕤音仁佳反。《白虎通》云："蕤者，下也。宾者，敬也。言阳气上极，阴气始宾敬之也。"

景风居南方。景者，言阳气道竟，故曰景风。其于十二子为午。午者，阴阳交，故曰午。[①]其于十母为丙丁。丙者，言阳道著明，故曰丙；丁者，言万物之丁壮也，故曰丁。西至于弧。弧者，言万物之吴落[②]且就死也。西至于狼。狼者，言万物可度量，断万物，故曰狼。

①【索隐】《律历志》云"咢布于午"。

②【集解】徐广曰："吴，一作'柔'。"

凉风居西南维，主地。地者，沈夺万物气也。[①]六月也，律中林钟。[②]林钟者，言万物就死气林林然。其于十二子为未。未者，言万物皆成，有滋味也。[③]北至于罚。罚者，言万物气夺可伐也。北至于参。[④]参言万物可参也，故曰参。七月也，律中夷则。[⑤]夷则，言阴[⑥]气之贼[⑦]万物也。

其于十二子为申。申者，言阴用事，申贼万物，⑧故曰申。北至于浊。⑨浊者，触也，言万物皆触死也，故曰浊。北至于留。⑩留者，言阳气之稽留也，故曰留。八月也，律中南吕。⑪南吕者，言阳气之旅入藏也。其于十二子为酉。酉者，万物之老也，⑫故曰酉。

①【正义】沇，一作"洗"。

②【正义】《白虎通》云："林者，众也。言万物成熟，种类多也。"

③【索隐】《律历志》云"昧薆于未"，其意殊也。

④【正义】音所林反。

⑤【正义】《白虎通》云："夷，伤也。则，法也。言万物始伤，被刑法也。"

⑥【集解】徐广曰："一作'阳'。"

⑦【集解】徐广曰："一作'则'。"

⑧【集解】徐广曰："贼，一作'则'。" 【索隐】《律历志》"物坚于申"也。

⑨【索隐】按：《尔雅》"浊谓之毕"。

⑩【索隐】留即昴，《毛传》亦以留为昴。

⑪【正义】《白虎通》云："南，任也。言阳气尚任包，大生荠麦也。"

⑫【索隐】《律历志》"留孰于酉"。

阊阖风居西方。阊者，倡也；阖者，藏也。言阳气道万物，阖黄泉也。其于十母为庚辛。庚者，言阴气庚万物，故曰庚；辛者，言万物之辛生，故曰辛。北至于胃。胃者，言阳气就藏，皆胃胃也。北至于娄。娄者，呼万物且内之也。北至于奎。①奎者，主毒螫杀万物也，奎而藏之。九月也，律中无射。②无射者，阴气盛用事，阳气无馀也，故曰无射。其于十二子为戌。戌者，言万物尽灭，故曰戌。③

①【集解】徐广曰："一作'圭'。" 【索隐】按：《天官书》"奎为沟渎，娄为聚众，胃为天仓"，今此说并异，及六律十母，又与《汉书》不同，今各是异家之说也。

②【正义】音亦。《白虎通》云："射，终也。言万物随阳而终，当复随阴而起，无有终已。"此说六吕十干十二支与《汉书》不同。

③【索隐】《律历志》"毕入于戌"也。

律数：

九九八十一以为宫。三分去一，五十四以为徵。三分益一，七十二以为商。三分去一，四十八以为羽。三分益一，六十四以为角。

黄钟长八寸七分一，宫。①大吕长七寸五分三分(一)〔二〕。②太蔟长七寸(七)〔十〕分二，角。夹钟长六寸(一)〔七〕分三分一。姑洗长六寸(七)〔十〕分四，羽。③仲吕长五寸九分三分二，徵。蕤宾长五寸六分三分(一)〔二〕。林钟长五寸(七)〔十〕分四，角。④夷则长五寸(四分)三分二，商。南吕长四寸(七)〔十〕分八，徵。无射长四寸四分三分二。应钟长四寸二分三分二，羽。

①【索隐】黄钟长八寸十分一宫。案：上文云“律九九八十一以为宫”，故云长八寸十分一宫。而云黄钟长九寸者，九分之寸也。刘歆、郑玄等皆以为长九寸即十分之寸，不依此法也。云宫者，黄钟为律之首，宫为五音之长，十一月以黄钟为宫，则声得其正。旧本多作“七分”，盖误也。

②【索隐】谓十一月以黄钟为宫，五行相次，土生金，故以大吕为商者，大吕所以助阳宣化也。

③【索隐】亦以金生水故也。

④【索隐】水生木，故为角。不用蕤宾者，以阴气起；阳不用事，故去之也。

生钟分：①

①【索隐】此算术生钟律之法也。　【正义】分音扶问反。

子一分。①丑三分二。②寅九分八。③卯二十七分十六。④辰八十一分六十四。巳二百四十三分一百二十八。午七百二十九分五百一十二。未二千一百八十七分一千二十四。申六千五百六十一分四千九十六。酉一万九千六百八十三分八千一百九十二。戌五万九千四十九分三万二千七百六十八。亥十七万七千一百四十七分六万五千五百三十六。

①【索隐】自此已下十一辰，皆以三乘之，为黄钟积实之数。

②【索隐】案：子律黄钟长九寸，林钟丑冲长六寸，以九比六，三分少一，故云丑三分二。即是黄钟三分去一，下生林钟之数也。

③【索隐】十二律以黄钟为主，黄钟长九寸，太蔟长八寸，寅九分八，即是林钟

三分益一，上生太蔟之义也。　【正义】孟康云："元气始起于子。未分之时，天地人混合为一，故子数独一。"《汉书·律历志》云："太极元气，函三为一，行于十二辰，始动于子，参之于丑，得三；又参于寅，得九；又参之于卯，得二十七；又参之于辰，得八十一；又参之于巳，得二百四十三；又参之于午，得七百二十九；又参之于未，得二千一百八十七；又参之于申，得六千五百六十一；又参之于酉，得万九千六百八十三；又参之于戌，得五万九千四十九；又参之于亥，得十七万七千一百四十七。此阴阳合德，气种于子，化生万物者也。"然丑三分二，寅九分八者，并是分之馀数，而《汉书》不说也。

④【索隐】此以丑三乘寅，寅三乘卯，得二十七。南吕为卯，冲长五寸三分寸之一，以三约二十七得九，即黄钟之本数。又以三约十六得五，馀三分之一即南吕之长，故云卯二十七分十六，亦是太蔟三分去一，下生南吕之义。已下八辰并准此。然云丑三分二，寅九分八者，皆分之馀数也。

生黄钟术曰：以下生者，①倍其实，三其法。②以上生者，四其实，三其法。③上九，商八，羽七，角六，宫五，徵九。④置一而九三之以为法。⑤实如法，得长一寸。⑥凡得九寸，命曰"黄钟之宫"。故曰音始于宫，穷于角；⑦数始于一，终于十，成于三；气始于冬至，周而复生。

①【索隐】生钟术曰以下生者。案：蔡邕曰"阳生阴为下生，阴生阳为上生。子午已东为上生，已西为下生"。又《律历志》云"阴阳相生自黄钟始，黄钟(生)〔至〕太蔟，左旋八八为五"。从子至未得八，下生林钟是也。又自未至寅亦得八，上生太蔟。然上下相生，皆以此为率也。

②【索隐】谓黄钟下生林钟，黄钟长九寸，倍其实者，二九十八，三其法者，以三为法，约之得六，为林钟之长也。

③【索隐】四其实者，谓林钟上生太蔟，林钟长六寸，以四乘六得二十四，以三约之得八，即为太蔟之长。

④【索隐】此五声之数亦上生三分益一，下生三分去一。宫下生徵，徵益一上生商；商下生羽，羽益一上生角。然此文似数错，未暇研核也。

⑤【索隐】《汉书·律历志》曰："太极元气，函三为一，行之于十二辰，始动于子，参之于丑得三，又参之于寅得九。"是谓因而九三之也。韦昭曰："置一而九，以三乘之是也。"乐产云："一气生于子，至丑而三，是一三也。又自丑至寅为九，皆以三乘之，是九三之也。又参之卯，得二十七；参之于辰，得八

十一；又参之于巳，得二百四十三；又参之午，得七百二十九；又参于未，得二千六百八十七；又参之于申，得六千五百六十三；又参于酉，得万九千六百八十三；又参于戌，得五万九千四十九；又参至于亥，得十七万七千一百四十七：谓之该数。此阴阳合德，气钟于子，化生万物也。然丑三分，寅九分者，即分之馀数也。”

⑥【索隐】实如法得一。实谓以子一乘丑三，至亥得十七万七千一百四十七为实数。如法谓以上万九千六百八十三之法除实得九，为黄钟之长。言“得一”者，算术设法辞也。“得”下有“长”，“一”〔下有〕“寸”者，皆衍字也。韦昭云得九寸之一也。姚氏谓得一即黄钟之子数。

⑦【索隐】即如上文宫下生徵，徵上生商，商下生羽，羽上生角，是其穷也。

神生于无，①形成于有，②形然后数，形而成声，③故曰神使气，气就形。形理如类有可类。或未形而未类，或同形而同类，类而可班，类而可识。圣人知天地识之别，故从有以至未有，④以得细若气，微若声。⑤然圣人因神而存之，⑥虽妙必效情，核其华道者明矣。⑦非有圣心以乘聪明，孰能存天地之神而成形之情哉？神者，物受之而不能知（及）其去来，⑧故圣人畏而欲存之。唯欲存之，神之亦存。⑨其欲存之者，故莫贵焉。⑩

①【正义】无形为太易气，天地未形之时，言神本在太虚之中而无形也。

②【正义】天地既分，二仪已质，万物之形成于天地之间，神在其中。

③【正义】数谓天数也，声谓宫、商、角、徵、羽也。言天数既形，则能成其五声也。

④【正义】从有谓万物形质也，未有谓天地未形也。

⑤【正义】气谓太易之气，声谓五声之声也。

⑥【正义】言圣人因神理其形体，寻迹至于太易之气，故云因神而存之，上云从有以至未有是也。

⑦【正义】妙谓微妙之性也。效犹见也。核，研核也。华道，神妙之道也。言人虽有微妙之性，必须程督己之情理，然后研核神妙之道，乃能究其形体，辨其成声，故谓明矣。故下云“非有圣心以乘聪明，孰能存天地之神而成形之情哉”是也。

⑧【正义】言万物受神妙之气，不能知觉，及神去来，亦不能识其往复也。

⑨【正义】言圣人畏神妙之理难识，而欲常存之；唯欲常存之，故其神亦存也。

⑩【正义】言平凡之人欲得精神存者，故亦莫如贵神之妙焉。

太史公曰：(故)〔在〕旋玑玉衡以齐七政，即天地二十八宿。①十母，②十二子，③钟律调自上古。建律运历造日度，可据而度也。④合符节，通道德，即从斯之谓也。

①【正义】宿音息袖反，又音肃。谓东方角、亢、氐、房、心、尾、箕，南方井、鬼、柳、星、张、翼、轸，西方奎、娄、胃、昴、毕、觜、参，北方斗、牛、女、虚、危、室、壁，凡二十八宿一百二十八宿星也。

②【正义】十干：甲、乙、丙、丁、戊、己、庚、辛、壬、癸。

③【正义】十二支：子、丑、寅、卯、辰、巳、午、未、申、酉、戌、亥。

④【正义】度音田洛反。

【索隐述赞】自昔轩后，爰命伶纶。雄雌是听，厚薄伊均。以调气候，以轨星辰。军容取节，乐器斯因。自微知著，测化穷神。大哉虚受，含养生人。

史记卷二十六

历书第四

昔自在古，历建正作于孟春。① 于时冰泮发蛰，百草奋兴，秭鳺先滜。② 物乃岁具，生于东，次顺四时，卒于冬分。③ 时鸡三号，卒明。④ 抚十二〔月〕节，卒于丑。⑤ 日月成，故明也。明者孟也，幽者幼也，幽明者雌雄也。雌雄代兴，而顺至正之统也。日归于西，起明于东；月归于东，起明于西。正不率天，又不由人，⑥ 则凡事易坏而难成矣。

①【索隐】按：古历者，谓黄帝《调历》以前有《上元太初历》等，皆以建寅为正，谓之孟春也。及《颛顼》、夏禹亦以建寅为正。唯黄帝及殷、周、鲁并建子为正。而秦正建亥，汉初因之。至武帝元封七年始改用《太初历》，仍以周正建子为十一月朔旦冬至，改元太初焉。今按：此文至于"十二月节"，皆出《大戴礼》虞史伯夷之辞也。

②【集解】徐广曰："秭音姊，鳺音规。子鳺鸟也，一名鷤鴂。"【索隐】按：徐广云"秭音规"者，误也，当云"秭音姊，鳺音规"，盖遗失耳。言子鳺鸟春气发动，则先出野泽而鸣也。又按：《大戴礼》作"瑞雉"，无释，未测其旨，当是字体各有讹变耳。鷤音弟，鴂音桂。《楚词》云"虑鷤鴂之先鸣，使夫百草为之不芳"，解者以鷤鴂为杜鹃。

③【索隐】卒，子律反。分，如字。卒，尽也。言建历起孟春，尽季冬，则一岁事具也。冬尽之后，分为来春，故云冬分也。

④【集解】徐广曰："卒，一作'平'，又云卒，斯也。"【索隐】三号，三鸣也。言夜至鸡三鸣则天晓，乃始为正月一日，言异岁也。徐广云卒，一作"平"，又作"斯"，于文皆便。

⑤【正义】抚犹循也。自平明寅至鸡鸣丑，凡十二辰，辰尽丑又至明朝寅，使一日一夜，故曰幽明。

⑥【索隐】正不率天，亦不由人。此文出《大戴礼》，是孔子称周太史之词。

王者易姓受命，必慎始初，改正朔，易服色，推本天元，顺承厥意。①

①【索隐】言王者易姓而兴，必当推本天之元气行运所在，以定正朔，以承天意，故云承顺厥意。

太史公曰：神农以前尚矣。盖黄帝考定星历，①建立五行，起消息，②正闰馀，③于是有天地神祇物类之官，④是谓五官。各司其序，不相乱也。民是以能有信，神是以能有明德。民神异业，敬而不渎，故神降之嘉生，⑤民以物享，⑥灾祸不生，所求不匮。

①【索隐】按：《系本》及《律历志》黄帝使羲和占日，常仪占月，臾区占星气，伶伦造律吕，大桡作甲子，隶首作算数，容成综此六术而著《调历》也。

②【正义】皇侃云："乾者阳，生为息；坤者阴，死为消也。"

③【集解】《汉书音义》曰："以岁之馀为闰，故曰闰馀。" 【正义】邓平、落下闳云"一月之日，二十九日八十一分日之四十三"。按：计其馀分成闰，故云正闰馀也。每一岁三百六十六日馀六日，小月六日，是一岁馀十二日，大计三十三月则一闰之耳。

④【正义】应劭云："黄帝受命有云瑞，故以云纪官。春官为青云，夏官为缙云，秋官为白云，冬官为黑云，中官为黄云。"按：黄帝置五官，各以物类名其职掌也。

⑤【集解】应劭曰："嘉谷也。" 【索隐】应劭云："嘉谷也。"

⑥【正义】刘伯庄云："物，事也。人皆顺事而享福也。"

少皞氏之衰也，九黎乱德，①民神杂扰，不可放物，②祸菑荐至，③莫尽其气。颛顼受之，乃命南正重司天以属神，命火正黎司地以属民，④使复旧常，无相侵渎。

①【集解】《汉书音义》曰："少皞时诸侯作乱者。"

②【索隐】放音昉，依也。

③【索隐】上音在见反，古"荐"字，假借用耳。荐，集也。

④【集解】应劭曰："黎，阴官也。火数二；二，地数也：故火正司地以属万民。" 【索隐】按：《左传》重为句芒，木正；黎为祝融，火正。此言"南"者，刘氏以为

"南"字误，非也。盖重黎二人元是木火之官，兼司天地职，而天是阳，南是阳位，故木亦是阳，所以木正为南正也；而火是地正，亦称北正者，火数二，二地数，地阴，主北方，故火正亦称北正：为此故也。臣瓒以为古文"火"字似"北"，未为深得也。

其后三苗服九黎之德，①故二官咸废所职，而闰馀乖次，②孟陬殄灭，③摄提无纪，历数失序。④尧复遂重黎之后，不忘旧者，使复典之，而立羲和之官。明时正度，则阴阳调，风雨节，茂气至，民无夭疫。年耆禅舜，申戒文祖，⑤云"天之历数在尔躬"。⑥舜亦以命禹⑦。由是观之，王者所重也。

①【正义】孔安国云："三苗，缙云氏之后诸侯也。"按：服，从也。言九黎之君在少暤之世作乱，今三苗之君从九黎乱德，故南北二官皆废，使历数失序。

②【集解】《汉书音义》曰："次，十二次也。史推历失闰，则斗建与月名错。"

③【集解】《汉书音义》曰："正月为孟陬。闰馀乖错，不与正岁相值，谓之殄灭。"【索隐】按：正月为陬。陬音邹，又作侯反。《楚词》云"摄提贞乎孟陬"。言历数乖误，乃使孟陬殄灭，不得其正也。

④【集解】《汉书音义》曰："摄提，星名，随斗杓所指建十二月。若历误，春三月当指辰而指巳，是谓失序。"【索隐】摄提失方。按：《天官书》云"摄提三星，若鼎足句之，直斗杓所指，以建时节，故曰摄提格"。格，至也。言摄提随月建至，故云格也。

⑤【集解】徐广曰："戒，一作'敕'。"【正义】言于文祖之庙以申戒舜也。

⑥【集解】何晏曰："历数谓列次也。"

⑦【集解】孔安国曰："舜亦以尧命己之辞命禹也。"

夏正以正月，殷正以十二月，周正以十一月。盖三王之正若循环，穷则反本。天下有道，则不失纪序；无道，则正朔不行于诸侯。

幽、厉之后，周室微，陪臣执政，史不记时，君不告朔，①故畴人子弟分散，②或在诸夏，或在夷狄，是以其禨祥废而不统。③周襄王二十六年闰三月，而《春秋》非之。先王之正时也，履端于始，④举正于中，⑤归邪⑥于终。⑦履端于始，序则不愆；举正于中，民则不惑；归邪于终，事则不悖。

①【集解】郑玄曰："礼，人君每月告朔于庙，有祭，谓之朝享。"

②【集解】如淳曰："家业世世相传为畴。律，年二十三傅之畴官，各从其父学。"【索隐】韦昭云："畴，类也。"孟康云："同类之人明历者也。"乐产云："畴昔知星人。"

③【集解】如淳曰："《吕氏春秋》'荆人鬼而越人机'，今之巫祝祷祠淫祀之比也。"晋灼曰："机音'珠玑'之'玑'。"

④【集解】韦昭曰："谓正历必先称端始也，若十一月朔旦冬至也。"

⑤【集解】韦昭曰："气在望中，则时日昏明皆正也。"

⑥【集解】音馀。

⑦【集解】韦昭曰："邪，馀分也。终，闰月也。中气在晦则后月闰，在望是其正中也。"

其后战国并争，在于强国禽敌，救急解纷而已，岂遑念斯哉！是时独有邹衍，明于五德之传，①而散消息之分，以显诸侯。而亦因秦灭六国，兵戎极烦，又升至尊之日浅，未暇遑也。而亦颇推五胜，②而自以为获水德之瑞，更名河曰"德水"，而正③以十月，色上黑。然历度闰馀，未能睹其真也。

①【正义】传音竹恋反。五德，五行也。

②【集解】《汉书音义》曰："五行相胜，秦以周为火，用水胜之也。"

③【正义】音征。以秦始皇名讳之，故改也。

汉兴，高祖曰"北畤待我而起"，亦自以为获水德之瑞。虽明习历及张苍等，咸以为然。是时天下初定，方纲纪大基，高后女主，皆未遑，故袭秦正朔服色。

至孝文时，鲁人公孙臣以终始五德上书，言"汉得土德，宜更元，改正朔，易服色。当有瑞，瑞黄龙见"。事下丞相张苍，张苍亦学律历，以为非是，罢之。其后黄龙见成纪，张苍自黜，所欲论著不成。而新垣平以望气见，颇言正历服色事，贵幸，后作乱，故孝文帝废不复问。

至今上即位，招致方士唐都，分其天部；①而巴落下闳运算转历，②然后日辰之度与夏正同。乃改元，更官号，封泰山。因诏御史曰："乃者，有司言星度之未定也，广延宣问，以理星度，未能詹也。③盖闻昔者黄帝合而不死，名察度验，定清浊，起五部，建气物分数。④然盖尚矣。书缺乐弛，朕甚闵焉。朕唯未能循明也，紬绩日分，⑤率应水德之胜。⑥今日顺夏至，⑦黄钟为宫，林钟为徵，太蔟为商，南吕为羽，姑洗为角。自是以后，气复正，羽声复清，名复正变，以至子日当冬至，则阴阳离合之道行焉。十一月甲子朔旦冬至已詹，其更以七年为太初元年。⑧年名'焉逢摄提格'，⑨月名'毕聚'，日得甲子，夜半朔旦冬至。"⑩

①【集解】《汉书音义》曰："谓分部二十八宿为距度。"

②【集解】徐广曰："陈术云征士巴郡落下闳也。" 【索隐】姚氏案：《益部耆旧传》云"闳字长公，明晓天文，隐于落下，武帝征待诏太史，于地中转浑天，改《颛顼历》作《太初历》，拜侍中不受"。

③【集解】徐广曰："詹，一作'售'也。" 【索隐】按：《汉书》作"雠"，故徐广云一作"售"，售即雠也。韦昭云"雠，比校也"。郑德云"相应为雠"也。

④【集解】应劭曰："言黄帝造历得仙，名节会，察寒暑，致启闭分至，定清浊，起五部。五部，金、木、水、火、土也。建气物分数，皆叙历之意也。"孟康曰："合，作也。黄帝作历，历终复始无穷已，故曰不死。清浊，律声之清浊也。五部，五行也。天有四时，分为五行也。气，二十四气；物，万物也。分，历数之分也。"瓒曰："黄帝圣德，与虚合契，升龙登仙于天，故曰合而不死。题名宿度，候察进退，谓三辰之度，吉凶之验也。" 【索隐】臣瓒云："题名宿度，候察进退，以为吉凶之状，依文作解为得。"案：《汉书》作"名察发敛"，韦昭云"发，气发；敛，气敛"。又《续汉书》以为道之发敛，景之长短，则发敛是日行道去极盈缩也。

⑤【索隐】紬音宙，又如字。紬绩者，女工紬缉之意，以言造历算运者犹若女工缉而织之也。

⑥【集解】徐广曰："盖以为应土德，土胜水。"

⑦【索隐】按：夏至，谓夏至、冬至。

⑧【索隐】按：改元封七年为太初元年。然汉始以建亥为年首，今改以建寅，故以七年为元年。韦昭云"汉兴至此百二岁"。案：《律历志》云"乃以前历上元太初四千六百一十七岁，至元封七年，复得阏逢摄提之岁，中冬十一月甲子朔旦冬至"。

⑨【集解】徐广曰："岁阴在寅，在行；岁星在丑，右行。" 【索隐】按：《尔雅》云"岁在甲曰焉逢，寅曰摄提格"，则此甲寅之年十一月甲子朔旦夜半冬至也。然此篇末亦云"寅名摄提格"，则此甲寅之岁也。又据二年名单阏，三年名执徐等，年次分明，而《汉志》以为其年在丙子，当是班固用《三统》，与《太初历》不同，故与太史公说有异。而《尔雅》近代之作，所记年名又不同也。左行右行，按苏林云"岁与星行所在之次"。 【正义】焉音于乾反，后同。

⑩【集解】文颖曰："律居阴而治阳，历居阳而治阴，更相治，间不容期忽。五家文悖异，推太初之元也。" 【索隐】聚音娵。案：虞喜云"天元之始，于十一月甲子夜半朔旦冬至，日月若连珠，俱起牵牛之初。岁，雄在阏逢，雌在摄提格。月，雄在毕，雌在訾，訾则娵訾之宿。日，雄在甲，雌则在子。此则甲寅之元，天道之首"。

历术甲子篇①

①【索隐】以十一月朔旦冬至得甲子，甲子是阳气支干之首，故以甲子命历术为篇首，非谓此年岁在甲子也。

太初元年，岁名"焉逢①摄提格"，②月名"毕聚"，③日得甲子，④夜半朔旦冬至。⑤

①【索隐】甲，岁雄也。《汉书》作"阏逢"，亦音焉，与此音同。

②【索隐】寅，岁阴也。此依《尔雅》甲寅之岁，若据《汉志》，以为丙子之年。

③【索隐】谓月值毕及陬訾也。毕，月雄也。聚，月雌也。

④【索隐】谓十一月冬至朔旦得甲子也。

⑤【索隐】以建子为正，故以夜半为朔；其至与朔同日，故云夜半朔旦冬至。若建寅为正者，则以平旦为朔也。

正北①

①【索隐】谓蔀首十一月甲子朔旦时加子为冬至，故云"正北"也。然每岁行周天全度外馀有四分之一，以十二辰分之，冬至常居四仲，故子年在子，丑年在卯，寅年在午，卯年在酉。至后十九年章首在酉，故云"正西"。其"正南"、"正东"，并准此也。 【正义】黄钟管，子时气应称正北，顺行四(时)仲，

所至为正月一日，是岁之始，尽一章。十九年黄钟管，应在酉则称“正西”。他皆放此。

十二①

①【索隐】岁有十二月，有闰则云十三也。

无大馀，无小馀；①

①【索隐】其岁甲子朔旦，日月合于牵牛之初，馀分皆尽，故无大小馀也。【正义】无大小馀者，以出闰月之岁有三百五十四日三百四十八分，除五甲三百日，馀有五十四日三百四十八分，缘未满六十日，故置为来年大小馀。亦为太初元年日得甲子朔旦冬至，前年无奇日分，故无大小馀也。

无大馀，无小馀；①

①【索隐】上大小馀朔之大小馀，此谓冬至大小馀。冬至亦与朔同日，并无馀分，至与朔法异，故重列之。

焉逢摄提格太初元年。①

①【索隐】如《汉志》太初元年岁在丙子，据此，则甲寅岁也。《尔雅·释天》云岁阳者，甲、乙、丙、丁、戊、己、庚、辛、壬、癸十干是也。岁阴者，子、丑、寅、卯、辰、巳、午、未、申、酉、戌、亥十二支是也。岁阳在甲云焉逢，谓岁干也。岁阴在寅云摄提格，谓岁支也。

十二

大馀五十四，①小馀三百四十八；②

①【索隐】岁十二月，六大六小，合三百五十四日，以六除之，五六三十，除三百日，馀五十四日，故下云“大馀者日也。” 【正义】月朔旦甲子日法也。

②【索隐】《太初历》法，一月之日，二十九日九百四十分日之四百九十九，每两月合成五十九日，馀五十八分。今十二月合馀六个五十八，得此数，故〔下〕云“小馀者月也”。 【正义】未满日之分数也。其分每满九百四十则成一日，即归上，成五十五日矣。大馀五十四者，每岁除小月六日，则成三百五十四日，除五甲三百日，犹馀五十四日，为未满六十日，故称“大馀五十四”也。小馀三百四十八者，其大数五十四之外更馀分三百四十八，故称“小馀三百四十八”也。此大小馀是月朔甲子日法，以出闰月之数，一岁则有三百

五十四日三百四十八分，每六十日除之，馀为未满六十日，故有大小馀也。此是太初元年奇日奇分也。置大馀五十四算，每年加五十四日，满六十日除之，奇算留之；每至闰后一年加二十九算，亦满六十日除之，奇算留之；若才足六十日，明年云无大馀，无小馀也。又明年以置五十四算，如上法，置小馀三百四十八算，每年加三百四十八分，满九百四十分成一日，归上，馀算留之；若至闰后一年加八百四十七分，亦满九百四十分成日，归大馀，奇留之；明年以加三百四十八算，如上法也。

大馀五，① 小馀八；②

①【索隐】周天三百六十五度四分度之一，日行一度，去岁十一月朔在牵牛初为冬至，今岁十一月十二日又至牵牛初为一周，以六甲除之，六六三十六，除三百六十馀五，故云大馀五也。 【正义】冬至甲子日法也。

②【索隐】即四分之一，小馀满三十二从大馀一，四八三十二，故云小馀八。明年又加八得十六，故下云小馀十六。次明年又加八得二十四，故下云小馀二十四。又明年加八得三十二为满，故下云无小馀。此并依《太初》法行之也。 【正义】未满日之分数也。其分每满三十二则成一日，即归上成六日矣。大馀五者，每岁三百六十五日，除六甲三百六十日，犹馀五日，故称大馀五(日)也。小馀八者，每岁三百六十五日四分日之一，则一日三十二分，是一岁三百六十五日八分，故称小馀八也。此大小馀是冬至甲子日法，未出闰月之数，每六十日除之，为未满六十日，故有大小馀也。此是太初元年奇日奇分也。置大馀五算，每年加五算，满六十日则除之；后年更置五算，如上法。置小馀八算，每年加八算，满三十二分为一日，归大馀；后年更置八算，如上法。大馀者，日也。小馀者，日之奇分也。

端蒙单阏二年。①

①【集解】徐广曰："单阏，一作'亶安'。" 【索隐】端蒙，乙也。《尔雅》作"旃蒙"。单阏，卯也，丹遏二音，又音蝉焉。二年，岁在乙卯也。 【正义】单音丹，又音时连反。阏音乌葛反，又于连反。

闰十三

大馀四十八，小馀六百九十六；

大馀十，小馀十六

游兆执徐三年。①

①【索隐】游兆，景也。《尔雅》作"柔兆"。执徐，辰也。三年。　【正义】三年，丙辰岁也。

十二

大馀十二，小馀六百三；

大馀十五，小馀二十四；

强梧大荒落四年。①

①【索隐】强梧，丁也。大芒骆，巳也。四年。　【正义】梧音语。四年，丁巳岁也。

十二

大馀七，小馀十一；

大馀二十一，无小馀；

徒维敦牂天汉元年。①

①【索隐】徒维，戊也。敦牂，午也。天汉元年。　【正义】牂音作郎反。天汉元年，戊午岁也。

闰十三

大馀一，小馀三百五十九；

大馀二十六，小馀八；

祝犁协洽二年。①

①【索隐】祝犁，己也，《尔雅》作"著雍"。汁洽，未也。二年。　【正义】二年，己未岁也。

十二

大馀二十五，小馀二百六十六；

大馀三十一，小馀十六；

商横涒滩三年。①

①【索隐】商横，庚也，《尔雅》作"上章"。赤奋若，丑也。《天官书》及《尔雅》申为汭汉，丑为赤奋若。今自太初已来计岁次与《天官书》不同者有四，盖后历术改故也。三年也。　【正义】涒音吐魂反。滩音吐丹反。又作"涒汉"，

字音与上同。三年，庚申岁也。

十二

大馀十九，小馀六百一十四；

大馀三十六，小馀二十四；

昭阳作鄂四年。①

①【索隐】昭阳，辛也，《尔雅》作“重光”。作鄂，酉也。四年。 【正义】四年，辛酉岁也。

闰十三

大馀十四，小馀二十二；

大馀四十二，无小馀；

横艾淹茂太始元年。①

①【索隐】横艾，壬也，《尔雅》作“玄默”。淹茂，戌也。太始元年。 【正义】太始元年，壬戌岁也。

十二

大馀三十七，小馀八百六十九；

大馀四十七，小馀八；

尚章大渊献二年。①

①【索隐】尚章，癸也，《尔雅》作“昭阳”也。困敦，亥也。《天官书》子为困敦，《尔雅》同。二年。 【正义】二年，癸亥岁也。

闰十三

大馀三十二，小馀二百七十七；

大馀五十二，小馀一十六；

焉逢困敦三年。①

①【索隐】焉逢，甲也。大渊献，子也。《天官书》亥为大渊献，与《尔雅》同。三年也。 【正义】敦音顿。三年，甲子岁也。

十二

大馀五十六，小馀一百八十四；

大馀五十七，小馀二十四；

端蒙赤奋若四年。①

①【索隐】端蒙，乙也。汭汉，丑也。《天官书》作“赤奋若”，与《尔雅》同。四年。已后自太始、征和已下讫篇末，其年次甲乙皆准此。并褚先生所续。【正义】四年，乙丑岁也。

十二

大馀五十，小馀五百三十二；

大馀三，无小馀；

游兆①摄提格征和元年。②

①【集解】徐广曰：“作‘游桃’。”

②【正义】李巡注《尔雅》云：“万物承阳而起，故曰摄提格。格，起也。”孔文祥云：“以岁在寅正月出东方，为众星之纪，以摄提宿，故曰摄提；以其为岁月之首，起于孟陬，故云格。〔格〕，正也。”

闰十三

大馀四十四，小馀八百八十；

大馀八，小馀八；

强梧单阏二年。①

①【正义】李巡云：“言阳气推万物而起，故曰单阏。”单，尽；阏，止也。

十二

大馀八，小馀七百八十七；

大馀十三，小馀十六；

徒维执徐三年。①

①【正义】李巡云：“伏蛰之物皆敷舒而出，故云执徐也。

十二

大馀三，小馀一百九十五；

大馀十八，小馀二十四；

祝犁大芒落四年。①

①【集解】芒，一作“荒”。【正义】姚察云：“言万物皆炽盛而大出，霍然落之，故云荒落也。”

闰十三

大馀五十七，小馀五百四十三；

大馀二十四，无小馀；

商横敦牂后元元年。①

①【正义】〔孙炎注〕《尔雅》云：“敦，盛也。牂，壮也。言万物盛壮也。”

十二

大馀二十一，小馀四百五十；

大馀二十九，小馀八；

昭阳汁洽二年。①

①【集解】汁，一作“协”。【正义】李巡云：“言阴阳化生，万物和合，故曰协洽也。”

闰十三

大馀十五，小馀七百九十八；

大馀三十四，小馀十六；

横艾涒滩始元元年。①

①【集解】涒滩，一作“芮汉”。【正义】孙炎注《尔雅》云：“涒滩，万物吐秀倾垂之貌也。”

正西

十二

大馀三十九，小馀七百五；

大馀三十九，小馀二十四；

尚章作噩二年。①

①【集解】噩，一作“鄂”。【正义】李巡云：“作鄂，万物皆落枝起之貌也。”

十二

大馀三十四，小馀一百一十三；

大馀四十五，无小馀；

焉逢淹茂三年。①

①【集解】淹，一作“阉”。【正义】李巡云：“言万物皆蔽冒，故曰阉茂。〔阉〕，蔽〔也〕。〔茂〕，冒也。”

闰十三

大馀二十八，小馀四百六十一；

大馀五十，小馀八；

端蒙大渊献四年。①

①【正义】孙炎云：“渊献，深也。献万物于天，深于藏盖也。”

十二

大馀五十二，小馀三百六十八；

大馀五十五，小馀十六；

游兆困敦五年。①

①【正义】孙炎云：“困敦，混沌也。言万物初萌，混沌于黄泉之下也。”

十二

大馀四十六，小馀七百一十六；

无大馀，小馀二十四；

强梧赤奋若六年。①

①【正义】李巡云：“阳气奋迅万物而起，无不若其性，故曰赤奋若。赤，阳色；奋，迅也；若，顺也。”

闰十三

大馀四十一，小馀一百二十四；

大馀六，无小馀；

徒维摄提格元凤元年。

十二

大馀五，小馀三十一；

大馀十一，小馀八；

祝犁单阏二年。

十二

　　大馀五十九，小馀三百七十九；

　　大馀十六，小馀十六；

商横执徐三年。

闰十三

　　大馀五十三，小馀七百二十七；

　　大馀二十一，小馀二十四；

昭阳大荒落四年。

十二

　　大馀十七，小馀六百三十四；

　　大馀二十七，无小馀；

横艾敦牂五年。

闰十三

　　大馀十二，小馀四十二；

　　大馀三十二，小馀八；

尚章汁洽六年。

十二

　　大馀三十五，小馀八百八十九；

　　大馀三十七，小馀十六；

焉逢涒滩元平元年。

十二

　　大馀三十，小馀二百九十七；

　　大馀四十二，小馀二十四；

端蒙作噩本始元年。

闰十三

　　大馀二十四，小馀六百四十五；

　　大馀四十八，无小馀；

游兆阉茂二年。

十二

大馀四十八，小馀五百五十二；

大馀五十三，小馀八；

强梧大渊献三年。

十二

大馀四十二，小馀九百；

大馀五十八，小馀十六；

徒维困敦四年。

闰十三

大馀三十七，小馀三百八；

大馀三，小馀二十四；

祝犁赤奋若地节元年。

十二

大馀一，小馀二百一十五；

大馀九，无小馀；

商横摄提格二年。

闰十三

大馀五十五，小馀五百六十三；

大馀十四，小馀八；

昭阳单阏三年。

正南

十二

大馀十九，小馀四百七十；

大馀十九，小馀十六；

横艾执徐四年。

十二

大馀十三，小馀八百一十八；

大馀二十四，小馀二十四；

尚章大荒落元康元年。

闰十三

大馀八，小馀二百二十六；

大馀三十，无小馀；

焉逢敦牂二年。

十二

大馀三十二，小馀一百三十三；

大馀三十五，小馀八；

端蒙协洽三年。

十二

大馀二十六，小馀四百八十一；

大馀四十，小馀十六；

游兆涒滩四年。

闰十三

大馀二十，小馀八百二十九；

大馀四十五，小馀二十四；

强梧作噩神雀元年。

十二

大馀四十四，小馀七百三十六；

大馀五十一，无小馀；

徒维淹茂二年。

十二

大馀三十九，小馀一百四十四；

大馀五十六，小馀八；

祝犁大渊献三年。

闰十三

大馀三十三，小馀四百九十二；

大馀一，小馀十六；

商横困敦四年。

十二

大馀五十七，小馀三百九十九；

大馀六，小馀二十四；

昭阳赤奋若五凤元年。

闰十三

大馀五十一，小馀七百四十七；

大馀十二，无小馀；

横艾摄提格二年。

十二

大馀十五，小馀六百五十四；

大馀十七，小馀八；

尚章单阏三年。

十二

大馀十，小馀六十二；

大馀二十二，小馀十六；

焉逢执徐四年。

闰十三

大馀四，小馀四百一十；

大馀二十七，小馀二十四；

端蒙大荒落甘露元年。

十二

大馀二十八，小馀三百一十七；

大馀三十三，无小馀；

游兆敦牂二年。

十二

大馀二十二，小馀六百六十五；

大馀三十八，小馀八；

强梧协洽三年。

闰十三

大馀十七，小馀七十三；

大馀四十三，小馀十六；

徒维涒滩四年。

十二

大馀四十，小馀九百二十；

大馀四十八，小馀二十四；

祝犁作噩黄龙元年。

闰十三

大馀三十五，小馀三百二十八；

大馀五十四，无小馀；

商横淹茂初元元年。

正东

十二

大馀五十九，小馀二百三十五；

大馀五十九，小馀八；

昭阳大渊献二年。

十二

大馀五十三，小馀五百八十三；

大馀四，小馀十六；

横艾困敦三年。

闰十三

大馀四十七，小馀九百三十一；

大馀九，小馀二十四；

尚章赤奋若四年。

十二

大馀十一,小馀八百三十八;

大馀十五,无小馀;

焉逢摄提格五年。

十二

大馀六,小馀二百四十六;

大馀二十,小馀八;

端蒙单阏永光元年。

闰十三

无大馀,小馀五百九十四;

大馀二十五,小馀十六;

游兆执徐二年。

十二

大馀二十四,小馀五百一;

大馀三十,小馀二十四;

强梧大荒落三年。

十二

大馀十八,小馀八百四十九;

大馀三十六,无小馀;

徒维敦牂四年。

闰十三

大馀十三,小馀二百五十七;

大馀四十一,小馀八;

祝犁协洽五年。

十二

大馀三十七,小馀一百六十四;

大馀四十六,小馀十六;

商横涒滩建昭元年。

闰十三

大馀三十一，小馀五百一十二；

大馀五十一，小馀二十四；

昭阳作噩二年。

十二

大馀五十五，小馀四百一十九；

大馀五十七，无小馀；

横艾阉茂三年。

十二

大馀四十九，小馀七百六十七；

大馀二，小馀八；

尚章大渊献四年。

闰十三

大馀四十四，小馀一百七十五；

大馀七，小馀十六；

焉逢困敦五年。

十二

大馀八，小馀八十二；

大馀十二，小馀二十四；

端蒙赤奋若竟宁元年。

十二

大馀二，小馀四百三十；

大馀十八，无小馀；

游兆摄提格建始元年。

闰十三

大馀五十六，小馀七百七十八；

大馀二十三，小馀八；

强梧单阏二年。

十二

大馀二十，小馀六百八十五；

大馀二十八，小馀十六；

徒维执徐三年。

闰十三

大馀十五，小馀九十三；

大馀三十三，小馀二十四；

祝犁大荒落四年。

右《历书》：大馀者，日也。小馀者，月也。端（旃）蒙者，年名也。支：丑名赤奋若，寅名摄提格。干：丙名游兆。正北，冬至加子时；正西，加酉时；正南，加午时；正东，加卯时。①

①【正义】准前解，小馀是日之馀分也。自"右《历书》"已下，小馀又非是，年名复不周备，恐褚先生没后人所加。

【索隐述赞】历数之兴，其来尚矣。重黎是司，容成斯纪。推步天象，消息母子。五胜轮环，三正互起。孟陬贞岁，畴人顺轨。敬授之方，履端为美。

史记卷二十七

天官书第五

【索隐】案：天文有五官。官者，星官也。星座有尊卑，若人之官曹列位，故曰天官。　【正义】张衡云："文曜丽乎天，其动者有七，日月五星是也。日者，阳精之宗；月者，阴精之宗；五星，五行之精。众星列布，体生于地，精成于天，列居错峙，各有所属，在野象物，在朝象官，在人象事。其以神著有五列焉，是有三十五名：一居中央，谓之北斗；四布于方各七，为二十八舍；日月运行，历示吉凶也。"

中宫①天极星，②其一明者，太一常居也；③旁三星三公，④或曰子属。后句四星，⑤末大星正妃，⑥馀三星后宫之属也。环之匡卫十二星，藩臣。皆曰紫宫。⑦

①【索隐】姚氏案：《春秋元命包》云"官之为言宣也，宣气立精为神桓"。又《文耀钩》曰"中宫大帝，其精北极星。含元出气，流精生一也"。

②【索隐】案：《尔雅》"北极谓之北辰"。又《春秋合诚图》云"北辰，其星五，在紫微中"。杨泉《物理论》云"北极，天之中，阳气之北极也。极南为太阳，极北为太阴。日、月、五星行太阴则无光，行太阳则能照，故为昏明寒暑之限极也"。

③【索隐】案：《春秋合诚图》云"紫微，大帝室，太一之精也"。　【正义】泰一，天帝之别名也。刘伯庄云："泰一，天神之最尊贵者也。"

④【正义】三公三星在北斗杓东，又三公三星在北斗魁西，并为太尉、司徒、司空之象，主变出阴阳，主佐机务。占以徙为不吉，居常则安，金、火守之并为咎也。

⑤【索隐】句音钩。句，曲也。

⑥【索隐】案：《援神契》云"辰极横，后妃四星从，端大妃光明"。又案：《星经》

以后句四星名为四辅，其句陈六星为六宫，亦主六军，与此不同也。

⑦【索隐】案：《元命包》曰“紫之言此也，宫之言中也，言天神运动，阴阳开闭，皆在此中也”。宋均又以为十二军，中外位各定，总谓之紫宫也。

前列直斗口①三星，随北端兑，②若见若不，曰阴德，③或曰天一。④紫宫左三星曰天枪，⑤右五星曰天棓，⑥后六星绝汉抵营室，曰阁道。⑦

①【索隐】直，刘氏云如字，直，当也。又音值也。

②【索隐】隋斗端兑。隋音汤果反。刘氏云“斗，一作‘北’”。案：《汉书·天文志》作“北”。端作“耑”。兑作“锐”。锐谓星形尖锐也。

③【索隐】案：《文耀钩》曰“阴德为天下纲”。宋均以为阴行德者，道常也。【正义】《星经》云：“阴德二星在紫微宫内，尚书西，主施德惠者，故赞阴德遗惠，周急赈抚。占以不明为宜；明，新君践极也。”又云：“阴德星，中宫女主之象。星动摇，衅起宫掖，贵嫔内妾恶之。”

④【正义】天一一星，疆阊阖外，天帝之神，主战斗，知人吉凶。明而有光，则阴阳和，万物成，人主吉；不然，反是。太一一星次天一南，亦天帝之神，主使十六神，知风雨、水旱、兵革，饥馑、疾疫。占以不明及移为灾也。《星经》云：“天一、太一二星主王者即位，令诸立赤子而传国位者。星不欲微；微则废立不当其次，宗庙不享食矣。”

⑤【索隐】楚庚反。

⑥【集解】苏林曰：“音‘榔杙’之‘榔’。” 【索隐】棓音皮，韦昭音剖。又《诗纬》曰：“枪三星，棓五星，在斗杓左右，主枪人棓人。”石氏《星赞》云“枪棓八星，备非常”也。 【正义】棓，庞掌反。天棓五星在女床东北，天子先驱，所以御兵也。占：星不具，国兵起也。

⑦【索隐】绝，度也。抵，属也。又案：《乐汁图》云“阁道，北斗辅”。石氏云“阁道六星，神所乘也”。 【正义】汉，天河也。直度曰绝。抵，至也。营室七星，天子之宫，亦为玄宫，亦为清庙，主上公，亦天子离宫别馆也。王者道被草木，营室历九象而可观。阁道六星在王良北，飞阁之道，天子欲游别宫之道。占：一星不见则辇路不通，动摇则宫掖之内起兵也。

北斗七星，①所谓“旋、玑、玉衡②以齐七政”。③杓携龙角，④衡殷南斗，⑤魁枕参首。⑥用昏建者杓；⑦杓，自华以西南。⑧夜半建者衡；⑨衡，殷中州河、济之间。⑩平旦建者魁；魁，海岱以东北也。⑪斗为帝车，运于中央，⑫临制四乡。分阴阳，建四时，均五行，移节度，定诸纪，皆系于斗。

①【索隐】案：《春秋运斗枢》云“斗，第一天枢，第二旋，第三玑，第四权，第五衡，第六开阳，第七摇光。第一至第四为魁，第五至第七为标，合而为斗”。《文耀钩》云“斗者，天之喉舌。玉衡属杓，魁为琁玑”。徐整《长历》云“北斗七星，星间相去九千里。其二阴星不见者，相去八千里也”。

②【索隐】案：《尚书》“旋”作“璿”。马融云“璿，美玉也。机，浑天仪，可转旋，故曰机。衡，其中横筩。以璿为机，以玉为衡，盖贵天象也”。郑玄注《大传》云“浑仪中筩为旋机，外规为玉衡”也。

③【索隐】案：《尚书大传》云“七政，谓春、秋、冬、夏、天文、地理、人道，所以为政也。人道政而万事顺成”。又马融注《尚书》云“七政者，北斗七星，各有所主：第一曰正日；第二曰主月法；第三曰命火，谓荧惑也；第四曰煞土，谓填星也；第五曰伐水，谓辰星也；第六曰危木，谓岁星也；第七曰剽金，谓太白也。日、月、五星各异，故曰七政也”。

④【集解】孟康曰：“杓，北斗杓也。龙角，东方宿也。携，连也。”【正义】案：角星为天关，其间天门，其内天庭，黄道所经，七耀所行。左角为理，主刑，其南为太阳道；右角为将，主兵，其北为太阴道也。盖天之三门，故其星明大则天下太平，贤人在位；不然，反是也。

⑤【集解】晋灼曰：“衡，斗之中央。殷，中也。”【索隐】案：晋灼云“殷，中也”。宋均云“殷，当也”。

⑥【正义】枕，之禁反。衡，斗衡也。魁，斗第一星也。言北方斗，斗衡直当北之魁，枕于参星之首；北斗之杓连于龙角。南斗六星为天庙，丞相、大宰之位，主荐贤良，授爵禄，又主兵，一曰天机。南二星，魁、天梁；中央一星，天相；北二星，天府庭也。占：斗星盛明，王道和平，爵禄行；不然，反是。参主斩刈，又为天狱，主杀罚。其中三星横列者，三将军，东北曰左肩，主左将；西北曰右肩，主右将；东南曰左足，主后将；西南曰右足，主偏将；故轩辕氏占参应七将也。中央三小星曰伐，天之都尉也，主戎狄之国。不欲明；若明与参等，大臣谋乱，兵起，夷狄内战。七将皆明，主天下兵振；芒角张，王道缺；参失色，军散败；参芒角动摇，边候有急；参左足入玉井中，及金、火守，

皆为起兵。

⑦【索隐】用昏建中者杓。《说文》云"杓,斗柄"。音匹遥反,即招摇。

⑧【集解】孟康曰:"《传》曰'斗第七星法太白主,杓,斗之尾也'。尾为阴,又其用昏,昏阴位,在西方,故主西南。" 【正义】杓,东北第七星也。华,华山也。言北斗昏建用斗杓,星指寅也。杓,华山西南之地也。

⑨【集解】徐广曰:"第五星。"孟康曰:"假令杓昏建寅,衡夜半亦建寅。" 【索隐】孟康曰:"假令杓昏建寅,衡夜半亦建寅也。"

⑩【正义】衡,北斗衡也。言北斗夜半建用斗衡指寅。殷,当也。斗衡黄河、济水之间地也。

⑪【集解】孟康曰:"《传》曰'斗第一星法于日,主齐也'。魁,斗之首;首,阳也,又其用在明阳与明德,在东方,故主东北齐分。" 【正义】言北斗旦建用斗魁指寅也。海岱,代郡也。言魁星主海岱之东北地也。随三时所指,有前三建也。

⑫【索隐】姚氏案:宋均曰"言是大帝乘车巡狩,故无所不纪也"。

斗魁戴匡六星①曰文昌宫:②一曰上将,二曰次将,三曰贵相,四曰司命,五曰司中,六曰司禄。③在斗魁中,贵人之牢。④魁下六星,两两相比者,名曰三能。⑤三能色齐,君臣和;不齐,为乖戾。辅星⑥明近,⑦辅臣亲强;斥小,疏弱。⑧

①【集解】晋灼曰:"似匡,故曰戴匡也。"

②【索隐】《文耀钩》曰"文昌宫为天府"。《孝经援神契》云"文者精所聚,昌者扬天纪"。辅拂并居,以成天象,故曰文昌。

③【索隐】《春秋元命包》曰:"上将建威武,次将正左右,贵相理文绪,司禄赏功进士,司命主老幼,司灾主灾咎也。"

④【集解】孟康曰:"《传》曰'天理四星在斗魁中。贵人牢名曰天理'。" 【索隐】在魁中,贵人牢。《乐汁图》云"天理理贵人牢"。宋均曰"以理牢狱"也。【正义】占:明,及其中有星,此贵人下狱也。

⑤【集解】苏林曰:"能音台。" 【索隐】魁下六星,两两相比,曰三台。案:《汉书》东方朔"愿陈泰阶六符"。孟康曰"泰阶,三台也。台星凡六星。六符,六星之符验也"。应劭引《黄帝泰阶六符经》曰"泰阶者,天子之三阶:上阶,上星为男主,下星为女主;中阶,上星为诸侯三公,下星为卿大夫;下阶,上

星为士，下星为庶人。三阶平，则阴阳和，风雨时；不平，则稼穑不成，冬雷夏霜，天行暴令，好兴甲兵。修宫榭，广苑囿，则上阶为之坼也”。

⑥【集解】孟康曰："在北斗第六星旁。"

⑦【正义】大臣之象也。占：欲其小而明；若大而明，则臣夺君政；小而不明，则臣不任职；明大与斗合，国兵暴起；暗而远斗，臣不死则夺；若近臣专赏，排贤用佞，则辅生角；近臣擅国符印，将谋社稷，则辅生翼；不然，则死也。

⑧【集解】苏林曰："斥，远也。"

杓端有两星：一内为矛，招摇；① 一外为盾，天锋。② 有句圜十五星，③ 属杓，④ 曰贱人之牢。⑤ 其牢中星实则囚多，虚则开出。

①【集解】孟康曰："近北斗者招摇，招摇为天矛。"晋灼曰："更河三星，天矛、锋、招摇，一星耳。" 【索隐】案：《诗记历枢》云"更河中招摇为胡兵"。宋均云"招摇星在更河内"。又《乐汁图》云"更河天矛"，宋均以为更河名天矛，则更河是星名也。

②【集解】晋灼曰："外，远北斗也。在招摇南，一名玄戈。" 【正义】《星经》云："梗河星为戟剑之星，若星不见或进退不定，锋镝乱起，将为边境之患也。"

③【索隐】句音钩。圜音员。其形如连环，即贯索星也。

④【正义】属音烛。

⑤【索隐】案：《诗记历枢》云"贱人牢，一曰天狱"。又《乐汁图》云"连营，贱人牢"。宋均以为连营，贯索也。 【正义】贯索九星在七公前，一曰连索，主法律，禁暴强，故为贱人牢也。牢口一星为门，欲其开也。占：星悉见，则狱事繁；不见，则刑务简；动摇，则斧钺用；中虚，则改元；口开，则有赦；人主忧，若闭口，及星入牢中，有自系死者。常夜候之，一星不见，有小喜；二星不见，则赐禄；三星不见，则人主德令且赦。远十七日，近十六日。若有客星出，视其小大：大，有大赦；小，亦如之也。

天一、枪、棓、矛、盾动摇，角大，兵起。①

①【集解】李奇曰："角，芒角。"

东宫苍龙，① 房、心。② 心为明堂，③ 大星天王，前后星子属。④ 不欲直，直则天王失计。房为府，曰天驷。⑤ 其阴，右骖。⑥ 旁有两星曰衿；⑦

北一星曰舝。⑧东北曲十二星曰旗。⑨旗中四星曰天市；⑩中六星曰市楼。市中星众者实；其虚则秏。⑪房南众星曰骑官。

①【索隐】案：《文耀钩》云“东宫苍帝，其精为龙”也。

②【索隐】案：《尔雅》云“大辰，房、心、尾也”。李巡曰“大辰，苍龙宿，体最明也”。

③【索隐】《春秋说题辞》云：“房、心为明堂，天王布政之宫。”《尚书运期授》曰：“房，四表之道。”宋均云：“四星间有三道，日、月、五星所从出入也。”

④【索隐】《鸿范五行传》曰：“心之大星，天王也。前星，太子；后星，庶子。”

⑤【索隐】房为天府，曰天驷。《尔雅》云：“天驷，房。”《诗记历枢》云：“房为天马，主车驾。”宋均云：“房既近心，为明堂，又别为天府及天驷也。”

⑥【正义】房星，君之位，亦主左骖，亦主良马，故为驷。王者恒祠之，是马祖也。

⑦【索隐】房有两星曰衿。一音其炎反。《元命包》云：“钩衿两星，以闲防，神府闿舒，为主钩距，以备非常也。” 【正义】占：明而近房，天下同心，钩、钤、房、心之间有客星出及疏坼者，皆地动之祥也。

⑧【集解】徐广曰：“音辖。” 【正义】《说文》云：“舝，车轴耑键也，两相穿背也。”《星经》云：“键闭一星，在房东北，掌管钥也。”占：不居其所，则津梁不通，宫门不禁；居，则反是也。

⑨【正义】两旗者，左旗九星，在河鼓左也；右旗九星，在河鼓右也。皆天之鼓旗，所以为旌表。占：欲其明大光润，将军吉；不然，为兵忧；及不居其所，则津梁不通；动摇，则兵起也。

⑩【正义】天市二十三星，在房、心东北，主国市聚交易之所，一曰天旗。明则市吏急，商人无利；忽然不明，反是。市中星众则岁实，稀则岁虚。荧惑犯，戮不忠之臣。彗星出，当徙市易都。客星入，兵大起；出之，有贵丧也。

⑪【正义】秏，贫无也。

左角，李；右角，将。①大角者，天王帝廷。②其两旁各有三星，鼎足句之，曰摄提。③摄提者，直斗杓所指，以建时节，故曰“摄提格”。亢为疏庙，④主疾。其南北两大星，曰南门。⑤氐为天根，⑥主疫。⑦

①【索隐】李即理，理，法官也。故《元命包》云“左角理，物以起；右角将，帅而动”。又石氏云“左角为天田，右角为天门”也。

②【索隐】大角，天王帝廷。案：《援神契》云“大角为坐候”。宋均云“坐，帝坐

也”。　【正义】大角一星，在两摄提间，人君之象也。占：其明盛黄润，则天下大同也。

③【集解】晋灼曰：“如鼎之句曲。”　【索隐】案：《元命包》云“摄提之为言提携也。言提斗携角以接于下也”。　【正义】摄提六星，夹大角，大臣之象，恒直斗杓所指，纪八节，察万事者也。占：色温温不明而大者，人君恐；客星入之，圣人受制也。

④【索隐】《元命包》曰“亢四星为庙廷”。又《文耀钩》“为疏庙”，宋均以为疏，外也；庙，或为朝也。　【正义】听政之所也。其占：明大，则辅臣忠，天下宁；不然，则反是也。

⑤【正义】南门二星，在库楼南，天之外门。占：明则氐、羌贡；暗则诸夷叛；客星守之，外兵且至也。

⑥【索隐】《尔雅》云“天根，氐也”。孙炎以为角、亢下系于氐，若木之有根也。　【正义】《星经》云：“氐四星为路寝，听朝所居。其占：明大，则臣下奉度。”《合诚图》云：“氐为宿宫也。”

⑦【索隐】宋均云：“疲，病也。三月榆荚落，故主疾疲也。然此时物虽生，而日宿在奎，行毒气，故有疲也。”　【正义】氐、房、心三宿为火，于辰在卯，宋之分野。

尾为九子，①曰君臣；斥绝，不和。箕为敖客，②曰口舌。③

①【索隐】宋均云：“属后宫场，故得兼子。子必九者，取尾有九星也。”《元命包》云：“尾九星，箕四星，为后宫之场也。”　【正义】尾，箕。尾为析木之津，于辰在寅，燕之分野。尾九星为后宫，亦为九子。星近心第一星为后，次三星妃，次三星嫔，末二星妾。占：均明，大小相承，则后宫叙而多子；不然，则不；金、火守之，后宫兵起；若明暗不常，妃嫡乖乱，妾媵失序。

②【索隐】宋均云：“敖，调弄也。箕以簸扬，调弄象也。箕又受物，有去去来来，客之象也。”　【正义】敖音傲。箕主八风，亦后妃之府也。移徙入河，国人相食；金、火入守，天下乱；月宿其野，为风起。

③【索隐】《诗》云“维南有箕，载翕其舌”。又《诗纬》云“箕为天口，主出气”。是箕有舌，象谗言。《诗》曰“哆兮侈兮，成是南箕”，谓有敖客行谒请之也。

火犯守角，①则有战。房、心，王者恶之也。②

①【索隐】案：韦昭曰“火，荧惑也”。

②【正义】荧惑犯守箕、尾,氐星自生芒角,则有战阵之事。若荧惑守房、心,及房、心自生芒角,则王者恶之也。

南宫朱鸟,①权、衡。②衡,太微,三光之廷。③匡卫十二星,藩臣:④西,将;东,相;南四星,执法;中,端门;门左右,掖门。门内六星,诸侯。⑤其内五星,五帝坐。⑥后聚一十五星,蔚然,⑦曰郎位;⑧傍一大星,将位也。⑨月、五星顺入,轨道,⑩司其出,所守,天子所诛也。⑪其逆入,若不轨道,以所犯命之;中坐,成形,⑫皆群下从谋也。金、火尤甚。⑬廷藩西有隋星五,⑭曰少微,士大夫。⑮权,轩辕。轩辕,黄龙体。⑯前大星,女主象;旁小星,御者后宫属。月、五星守犯者,如衡占。⑰

①【正义】柳八星为朱鸟咮,天之厨宰,主尚食,和滋味。

②【集解】孟康曰:"轩辕为权,太微为衡。" 【索隐】案:《文耀钩》云"南宫赤帝,其精为朱鸟"。孟康曰"轩辕为权,太微为衡"也。 【正义】权四星在轩辕尾西,主烽火,备警急。占以明为安静;不明,则警急;动摇芒角亦如之。衡,太微之庭也。

③【索隐】宋均曰:"太微,天帝南宫也。三光,日、月、五星也。"

④【索隐】十二星,蕃臣。《春秋合诚图》曰:"太微主法式,陈星十二,以备武急也。" 【正义】太微宫垣十星,在翼、轸地,天子之宫庭,五帝之坐,十二诸侯之府也。其外藩,九卿也。南藩中二星间为端门。次东第一星为左执法,廷尉之象;第二星为上相;第三星为次相;第四星为次将;第五星为上将。端门西第一星为右执法,御史大夫之象也;第二星为上将;第三星为次将;第四星为次相;第五星为上相。其东垣北左执法、上相两星间名曰左掖门;上相两星间名曰东华门;上相、次相、上将、次将间名曰太阳门。其西垣右执法、上将间名曰右掖门;上将间名曰西华门;次将、次相间名曰中华门;次相两星间名曰太阴门。各依其名,是其职也。占与紫宫垣同也。

⑤【正义】内五诸侯五星,列在帝庭。其星并欲光明润泽;若枯燥,则各于其处受其灾变,大至诛戮,小至流亡;若动摇,则擅命以干主者。审其分以占之,则无惑也。又云诸侯五星在东井北河,主刺举,戒不虞。又曰理阴阳,察得失。一曰帝师,二曰帝友,三曰三公,四曰博士,五曰太史。此五者,为天子定疑议也。占:明大润泽,大小齐等,则国之福;不然,则上下相猜,忠臣

不用。

⑥【索隐】《诗含神雾》云五精星坐，其东苍帝坐，神名灵威仰，精为青龙之类是也。 【正义】黄帝坐一星，在太微宫中，含枢纽之神。四星夹黄帝坐：苍帝东方灵威仰之神；赤帝南方赤熛怒之神；白帝西方白昭矩之神；黑帝北方叶光纪之神。五帝并设，神灵集谋者也。占：五座明而光，则天子得天地之心；不然，则失位；金、火来守，入太微，若顺入，轨道，司其出之所守，则为天子所诛也；其逆入若不轨道，以所犯名之，中坐成形。

⑦【集解】徐广曰："一云'哀乌'。"

⑧【索隐】徐广云："一云'哀乌'。"案：《汉书》作"哀乌"，则"哀乌""蔚然"皆星之貌状。其星为郎位。 【正义】郎位十五星，在太微中帝坐东北。周之元士，汉之光禄、中散、谏议，此三署郎中，是今之尚书郎。占：欲其大小均耀，光润有常，吉也。

⑨【索隐】案：宋均云为群郎之将帅是也。 【正义】将，子象反。郎将一星，在郎位东北，所以为武备，今之左右中郎将。占：大而明，角，将恣不可当也。

⑩【索隐】韦昭云："谓循轨道不邪逆也。顺入，从西入之也。" 【正义】谓月、五星顺入轨道，入太微庭也。

⑪【索隐】宋均云："司察日、月、五星所守列宿，若请官属不去十日者，于是天子命使诛讨之也。"

⑫【集解】晋灼曰："中坐，犯帝坐也。成形，祸福之形见也。" 【索隐】其逆入，不轨道。宋均云："逆入，从东入；不轨道，不由康衢而入者也。以其所犯命之者，亦谓随所犯之位，天子命诛其人也。" 【正义】命，名也。谓月、五星逆入，不依轨道，司察其所犯太微中帝坐，帝坐必成其刑戮，皆是群下相从而谋上也。

⑬【索隐】案：火主销物而金为兵，故尤急。然则木、水、土为小变也。 【正义】若金、火逆入，不轨道，犯帝坐，尤甚于月及水、土、木也。

⑭【集解】隋音他果反。 【索隐】宋均云"南北为隋"。又他果反，隋为垂下。

⑮【索隐】《春秋合诚图》云"少微，处士位"。又《天官占》云"少微一名处士星"也。 【正义】廷，太微廷；藩，卫也。少微四星，在太微西，南北列：第一星，处士也；第二星，议士也；第三星，博士也；第四星，大夫也。占以明大黄润，则贤士举；不明，反是；月、五星犯守，处士忧，宰相易也。

⑯【集解】孟康曰："形如腾龙。" 【索隐】《援神契》曰"轩辕十二星，后宫所

居”。石氏《星赞》以轩辕龙体,主后妃也。【正义】轩辕十七星,在七星北,黄龙之体,主雷雨之神,后宫之象也。阴阳交感,激为雷电,和为雨,怒为风,乱为雾,凝为霜,散为露,聚为云气,立为虹蜺,离为背璚,分为抱珥。二十四变,皆轩辕主之。其大星,女主也;次北一星,夫人也;次北一星,妃也;其次诸星皆次妃之属。女主南一小星,女御也;左一星,少民,后宗也;右一星,大民,太后宗也。占:欲其小黄而明,吉;大明,则为后宫争竞;移徙,则国人流迸;东西角大张而振,后族败;水、火、金守轩辕,女主恶也。

⑰【索隐】宋均云:“责在后党嬉,诡贼兴,招此祥。”案:亦当天子命诛也。

东井为水事。①其西曲星曰钺。②钺北,北河;南,南河;③两河、天阙间为关梁。④舆鬼,鬼祠事;中白者为质。⑤火守南北河,兵起,谷不登。故德成衡,观成潢,⑥伤成钺,⑦祸成井,⑧诛成质。⑨

①【索隐】《元命包》云:“东井八星,主水衡也。”

②【正义】东井八星,钺一星,舆鬼四星,一星为质,为鹑首,于辰在未,皆秦之分野。一大星,黄道之所经,为天之亭候,主水衡事,法令所取平也。王者用法平,则井星明而端列。钺一星附井之前,主伺奢淫而斩之。占:不欲其明;明与井齐,或摇动,则天子用钺于大臣;月宿井,有风雨之变也。

③【正义】南河三星,北河三星,分夹东井南北,置而为戒。南河南戒,一曰阳门,亦曰越门;北河北戒,一曰阴门,亦为胡门。两戒间,三光之常道也。占以南星不见则南道不通,北亦如之;动摇及火守,中国兵起也。又云动则胡、越为变,或连近臣以结之。

④【索隐】宋均云:“两河六星,知逆邪。言关梁之限,知邪伪也。”【正义】阙丘二星在南河南,天子之双阙,诸侯之两观,亦象魏县书之府。金、火守之,主兵战阙下也。

⑤【集解】晋灼曰:“舆鬼五星,其中白者为质。”【正义】舆鬼四星,主祠事,天目也,主视明察奸谋。东北星主积马,东南星主积兵,西南星主积布帛,西北星主积金玉,随其变占之。中一星为积尸,一名质,主丧死祠祀。占:鬼星明大,谷成;不明,百姓散。质欲其没不明;明则兵起,大臣诛,下人死之。

⑥【集解】晋灼曰:“日、月、五星不轨道也。衡,太微廷也。观,占也。潢,五帝车舍。”

⑦【集解】晋灼曰:“贼伤之占,先成形于钺。”【索隐】案:德成衡,衡则能平

物，故有德公平者，先成形于衡。观成潢，为帝车舍，言王者游观，亦先成形于潢也。伤成钺者，伤，败也，言王者败德，亦先成形于钺，以言有败乱则有钺诛之。然案《文耀钩》则云“德成潢，败成钺”，其意异也。又此下文“祸成井，诛成质”，皆是东井下义。总列于此也。

⑧【集解】晋灼曰：“东井主水事，火入一星居其旁，天子且以火败，故曰祸也。”

⑨【集解】晋灼曰：“荧惑入舆鬼、天质，占曰大臣有诛。”

柳为鸟注，主木草。① 七星，颈，为员官，主急事。② 张，素，为厨，主觞客。③ 翼为羽翮，主远客。④

①【索隐】案：《汉书·天文志》“注”作“喙”。《尔雅》云“鸟喙谓之柳”。孙炎云“喙，朱鸟之口，柳其星聚也”。以注为柳星，故主草木。【正义】喙，丁救反，一作“注”。柳八星，星七星，张六星，为鹑火，于辰在午，皆周之分野。柳为朱鸟咮，天之厨宰，主尚食，和滋味。占以顺明为吉；金、火守之，国兵大起。

②【索隐】七星，颈，为员官，主急事。案：宋均云“颈，朱鸟颈也。员官，喉也。物在喉咙，终不久留，故主急事也”。【正义】七星为颈，一名天都，主衣裳文绣，主急事。以明为吉，暗为凶；金、火守之，国兵大起。

③【索隐】素，嗉也。《尔雅》云“鸟张嗉”。郭璞云“嗉，鸟受食之处也”。【正义】张六星，六为嗉，主天厨食饮赏赉觞客。占以明为吉，暗为凶。金、火守之，国兵大起。

④【正义】翼二十二星，轸四星，长沙一星，辖二星，合轸七星皆为鹑尾，于辰在巳，楚之分野。翼二十二星为天乐府，又主夷狄，亦主远客。占：明大，礼乐兴，四夷服；徙，则天子举兵以罚乱者。

轸为车，主风。① 其旁有一小星，曰长沙，② 星星不欲明；明与四星等，若五星入轸中，兵大起。③ 轸南众星曰天库楼；④ 库有五车。车星角若益众，及不具，无处车马。

①【索隐】宋均云：“轸四星居中，又有二星为左右辖，车之象也。轸与巽同位，为风，车动行疾似之也。”【正义】轸四星，主冢宰辅臣，又主车骑，亦主风。占：明大，则车骑用；太白守之，天下学校散，文儒失业，兵戈大兴；荧惑守之，南方有不用命之国，当发兵伐之；辰星守之，徐、泗有戮之者。

②【正义】长沙一星在轸中,主寿命。占:明,主长寿,子孙昌也。

③【索隐】宋均云:"五星主行使。使动,兵车亦动也。"

④【正义】天库一星,主太白,秦也,在五车中。

西宫①咸池,②曰天五潢。五潢,五帝车舍。③火入,旱;金,兵;水,水。④中有三柱;柱不具,兵起。

①【索隐】《文耀钩》云:"西宫白帝,其精白虎。"

②【正义】咸池三星,在五车中,天潢南,鱼鸟之所托也。金犯守之,兵起;火守之,有灾也。

③【索隐】案:《元命包》云"咸池主五谷,其星五者各有所职。咸池,言谷生于水,含秀含实,主秋垂,故一名'五帝车舍',以车载谷而贩也"。【正义】五车五星,三柱九星,在毕东北,天子五兵车舍也。西北大星曰天库,主太白,秦也。次东北曰天狱,主辰,燕、赵也。次东曰天仓,主岁,卫、鲁也。次东南曰司空,主镇,楚也。次西南曰卿,主荧惑,魏也。占:五车均明,柱皆见,则仓库实;不见,其国绝食,兵见起。五车、三柱有变,各以其国占之。三柱入出一月,米贵三倍,期二年;出三月,贵十倍,期三年;柱出不与天仓相近,军出,米贵,转粟千里;柱倒出,尤甚。火入,天下旱;金入,兵;水入,水也。

④【索隐】谓火、金、水入五潢,则各致此灾也。案:宋均云"不言木、土者,木、土德星,于此不为害故也"。

奎曰封豕,为沟渎。①娄为聚众。②胃为天仓。③其南众星曰廥积。④

①【正义】奎,苦圭反,十六星。娄三星为降娄,于辰在戌,鲁之分野。奎,天之府库,一曰天豕,亦曰封豕,主沟渎。西南大星,所谓天豕目。占以明为吉。星不欲团圆,团圆则兵起。暗则臣干命之咎。亦不欲开阖无常,当有白衣称命于山谷者。五星犯奎,人主爽德,权臣擅命,不可禁者。王者宗祀不洁,则奎动摇。若焰焰有光,则近臣谋上之应,亦庶人饥馑之厄。太白守奎,胡、貊之忧,可以伐之。荧惑星守之,则有水之忧,连以三年。填星、岁星守之,中国之利,外国不利,可以兴师动众,斩断无道。

②【正义】娄三星为苑,牧养牺牲以共祭祀,亦曰聚众。占:动摇,则众兵聚;金、火守之,兵起也。

③【正义】胃三星,昴七星,毕八星,为大梁,于辰在酉,赵之分野。胃主仓廪,

五谷之府也。占：明则天下和平，五谷丰稔；不然，反是也。

④【集解】如淳曰："刍藁积为庤也。" 【正义】刍藁六星，在天苑西，主积藁草者。不见，则牛马暴死；火守，灾起也。

昴曰髦头，①胡星也，为白衣会。毕曰罕车，②为边兵，主弋猎。其大星旁小星为附耳。③附耳摇动，有谗乱臣在侧。昴、毕间为天街。④其阴，阴国；阳，阳国。⑤

①【正义】昴七星为髦头，胡星，亦为狱事。明，天下狱讼平；暗为刑罚滥。六星明与大星等，大水且至，其兵大起；摇动若跳跃者，胡兵大起；一星不见，皆兵之忧也。

②【索隐】《尔雅》云"浊谓之毕"。孙炎以为掩兔之毕或呼为浊，因名星云。

【正义】毕八星，曰罕车，为边兵，主弋猎。其大星曰天高，一曰边将，主四夷之尉也。星明大，天下安，远夷入贡；失色，边乱。毕动，兵起；月宿则多雨。毛苌云"毕所以掩兔也"。

③【正义】附耳一星，属毕大星之下，次天高东南隅，主为人主听得失，伺愆过。星明，则中国微，边寇警；移动，则谗佞行；入毕，国起兵。

④【索隐】《元命包》云："毕为天阶。"《尔雅》云："大梁，昴。"孙炎云："昴、毕之间，日、月、五星出入要道，若津梁也。" 【正义】天街二星，在毕、昴间，主国界也。街南为华夏之国，街北为夷狄之国。土、金守，胡兵入也。

⑤【集解】孟康曰："阴，西南，象坤维，河山已北国；阳，河山已南国。"

参为白虎。①三星直者，是为衡石。②下有三星，兑，曰罚，③为斩艾事。其外四星，左右肩股也。小三星隅置，曰觜觿，为虎首，主葆旅事。④其南有四星，曰天厕。⑤厕下一星，曰天矢。⑥矢黄则吉；青、白、黑，凶。其西有句曲⑦九星，三处罗：一曰天旗，⑧二曰天苑，⑨三曰九游。⑩其东有大星曰狼。⑪狼角变色，多盗贼。下有四星曰弧，⑫直狼。狼比地有大星，⑬曰南极老人。⑭老人见，治安；不见，兵起。常以秋分时候之于南郊。

①【正义】觜三星，参三星，外四星为实沈，于辰在申，魏之分野，为白虎形也。参，色林反，下同。

②【集解】孟康曰："参三星者，白虎宿中，东西直，似称衡。"

③【集解】孟康曰："在参间。上小下大，故曰锐。"晋灼曰："三星少斜列，无锐形。" 【正义】罚，亦作"伐"。《春秋运斗枢》云"参伐事主斩艾"也。

④【集解】如淳曰："关中俗谓桑榆孽生为葆。"晋灼曰："葆，菜也。禾野生曰旅，今之饥民采旅也。" 【索隐】姚氏案："宋均云葆，守也。旅犹军旅也。言佐参伐以斩艾除凶也。" 【正义】觜，子思反。觿，胡规反。葆音保。觜觿为虎首，主收敛葆旅事也。葆旅，野生之可食者。占：金、水来守，国易正，灾起也。

⑤【正义】天厕四星，在屏东，主溷也。占：色黄，吉；青与白，皆凶；不见，则人寝疾。

⑥【正义】天矢一星，在厕南。占与天厕同也。

⑦【正义】句音钩。

⑧【正义】参旗九星，在参西，天旗也，指麾远近以从命者。王者斩伐当理，则天旗曲直顺理；不然，则兵动于外，可以忧之。若明而稀，则边寇动；不然，则不。

⑨【正义】天苑十六星，如环状，在毕南，天子养禽兽所。稀暗，则多死也。

⑩【集解】徐广曰："音流。" 【正义】九游九星，在玉井西南，天子之兵旗，所以导军进退，亦领州列邦。并不欲摇动，摇动则九州分散，人民失业，信命一不通，于中国忧。以金、火守之，乱起也。

⑪【正义】狼一星，参东南。狼为野将，主侵掠。占：非其处，则人相食；色黄白而明，吉；赤、角，兵起；金、木、火守，亦如之。

⑫【正义】弧九星，在狼东南，天之弓也。以伐叛怀远，又主备贼盗之知奸邪者。弧矢向狼动移，多盗；明大变色，亦如之。矢不直狼，又多盗；引满，则天下尽兵也。

⑬【集解】晋灼曰："比地，近地也。"

⑭【正义】老人一星，在弧南，一曰南极，为人主占寿命延长之应。常以秋分之曙见于景，春分之夕见于丁。见，国长命，故谓之寿昌，天下安宁；不见，人主忧也。

附耳入毕中，兵起。

北宫玄武，①虚、危。②危为盖屋；③虚为哭泣之事。④

①【索隐】《文耀钩》云："北宫黑帝，其精玄武。"【正义】南斗六星，牵牛六星，并北宫玄武之宿。

②【索隐】《尔雅》云"玄枵，虚也"。又云"北陆，虚也"。解者以陆为道。孙炎曰"陆，中也；北方之宿中也"。【正义】虚二星，危三星，为玄枵，于辰在子，齐之分野。虚主死丧哭泣事，又为邑居庙堂祭祀祷祝之事；亦天之冢宰，主平理天下，覆藏万物。占：动，则有死丧哭泣之应；火守，则天子将兵；水守，则人饥馑；金守，臣下兵起。危为宗庙祀事，主天市架屋。占：动，则有土功；火守，天下兵；水守，下谋上也。

③【索隐】宋均云："危上一星高，旁两星隋下，似乎盖屋也。"【正义】盖屋二星，在危南，主天子所居宫室之官也。占：金、火守入，国兵起；孛、彗尤甚。危为架屋，盖屋自有星，恐文误也。

④【索隐】虚为哭泣事。姚氏案《荆州占》，以为其宿二星，南星主哭泣。虚中六星，不欲明，明则有大丧也。

其南有众星，曰羽林天军。①军西为垒，②或曰钺。旁有一大星为北落。北落若微亡，军星动角益希，及五星犯北落，③入军，军起。火、金、水尤甚：火，军忧；水，〔水〕患；木、土，军吉。④危东六星，两两相比，曰司空。⑤

①【正义】羽林四十五星，三三而聚，散在垒壁南，天军也。亦天宿卫之兵革出。不见，则天下乱；金、火、水入，军起也。

②【正义】垒壁陈十二星，横列在营室南，天军之垣垒。占：五星入，皆兵起，将军死也。

③【正义】北落师门一星，在羽林西南。天军之门也。长安城北落门，以象此也。主非常，以候兵。占：明，则军安；微弱，则兵起；金、火守，有兵，为虏犯塞；土、木则吉。

④【集解】《汉书音义》曰："木星、土星入北落，则吉也。"

⑤【正义】比音鼻。比，近也。危东两两相比者，是司命等星也。司空唯一星耳，又不在危东，恐"命"字误为"空"也。司命二星，在虚北，主丧送；司禄二星，在司命北，主官司；危二星，在司禄北，主危亡；司非二星，在危北，主愆过：皆置司之职。占：大，为君忧；常则吉也。

营室①为清庙,曰离宫、阁道。②汉中四星,曰天驷。③旁一星,曰王良。④王良策马,⑤车骑满野。旁有八星,绝汉,曰天潢。⑥天潢旁,江星。⑦江星动,人涉水。

①【索隐】《元命包》云:"营室十星,埏陶精类,始立纪纲,包物为室。"又《尔雅》云:"营室谓之定。"郭璞云:"定,正也。天下作宫室,皆以营室中为正也。"

②【索隐】案:《荆州占》云"阁道,王良旗也,有六星"。

③【索隐】案:《元命包》云"汉中四星曰骑,一曰天驷也"。

④【索隐】《春秋合诚图》云:"王良主天马也。"【正义】王良五星,在奎北河中,天子奉御官也。其动策马,则兵骑满野;客星守之,津桥不通;金、火守入,皆兵之忧。

⑤【正义】策一星,在王良前,主天子仆也。占以动摇移在王良前,或居马后,别为策马,策马而兵动也。案:豫章周腾字叔达,南昌人,为侍御史。桓帝当南郊,平明应出,腾仰观,曰:"夫王者象星,今宫中星及策马星悉不动,上明日必不出。"至四更,皇太子卒,遂止也。

⑥【索隐】《元命包》曰:"潢主河渠,所以度神,通四方。"宋均云:"天潢,天津也。津,凑也,故主计度也。"

⑦【正义】天江四星,在尾北,主太阴也。不欲明;明而动,水暴出;其星明大,水不禁也。

杵、臼四星,在危南。①匏瓜,②有青黑星守之,鱼盐贵。

①【正义】杵、臼三星,在丈人星旁,主军粮。占:正下直臼,吉;与臼不相当,军粮绝也。臼星在南,主舂。其占:覆则岁大饥,仰则大熟也。

②【索隐】案:《荆州占》云"匏瓜,一名天鸡,在河鼓东。匏瓜明,岁则大熟也"。【正义】匏音白包反。匏瓜五星,在离珠北,天子果园。占:明大光润,岁熟;不,则包果之实不登;客守,鱼盐贵也。

南斗①为庙,其北建星。②建星者,旗也。牵牛为牺牲。③其北河鼓。④河鼓大星,上将;左右,左右将。⑤婺女,⑥其北织女。⑦织女,天女孙也。⑧

①【正义】南斗六星,在南也。

②【正义】建六星,在斗北,临黄道,天之都关也。斗建之间,七耀之道,亦主旗

辂。占：动摇，则人劳；不然，则不；月晕，蛟龙见，牛马疫；月、五星犯守，大臣相谋为，关梁不通及大水也。

③【正义】牵牛为牺牲，亦为关梁。其北二星，一曰即路，一曰聚火。又上一星，主道路；次二星，主关梁；次三星，主南越。占：明大，关梁通；不明，不通，天下牛疫死；移入汉中，天下乃乱。

④【索隐】《尔雅》云："河鼓谓之牵牛。"孙炎曰："河鼓之旗十二星，在牵牛北，或名河鼓为牵牛也。"

⑤【正义】河鼓三星，在牵牛北，主军鼓。盖天子三将军，中央大星大将军，其南左星左将军，其北右星右将军，所以备关梁而拒难也。占：明大光润，将军吉；动摇差戾，乱兵起；直，将有功；曲，则将失计也。自昔传牵牛织女七月七日相见，此星也。

⑥【索隐】务女。(尔)《〔广〕雅》云"须女谓之务女"是也。一作"婺"。　【正义】须女四星，亦婺女，天少府也。南斗、牵牛、须女皆为星纪，于辰在丑，越之分野，而斗牛为吴之分野也。须女，贱妾之称，妇职之卑者，主布帛裁制嫁娶。占：水守之，万物不成；火守，布帛贵，人多死；土守，有女丧；金守，兵起也。

⑦【正义】织女三星，在河北天纪东，天女也，主果蓏丝帛珍宝。占：王者至孝于神明，则三星俱明；不然，则暗而微，天下女工废；明，则理；大星怒而角，布帛涌贵；不见，则兵起。《晋书·天文志》云："晋太史令陈卓总甘、石、巫咸三家所著星图，大凡二百八十三官，一千四百六十四星，以为定纪。今略其昭昭者，以备天官云。"

⑧【集解】徐广曰："孙，一作'名'。"　【索隐】织女，天孙也。案：《荆州占》云"织女，一名天女，天子女也"。

察日、月之行①以揆岁星顺逆。②曰东方木，主春，日甲乙。义失者，罚出岁星。岁星赢缩，③以其舍命国。④所在国不可伐，可以罚人。其趋舍⑤而前曰赢，退舍曰缩。赢，其国有兵不复；缩，其国有忧，将亡，⑥国倾败。其所在，五星皆从而聚⑦于一舍，其下之国可以义致天下。

①【正义】晋灼云："太岁在四仲，则岁行三宿；太岁在四孟四季，则岁行二宿。二八十六，三四十二，而行二十八宿，十二岁而周天。"

②【索隐】姚氏案:《天官占》云“岁星,一曰应星,一曰经星,一曰纪星”。《物理论》云“岁行一次,谓之岁星,则十二岁而星一周天也”。 【正义】《天官〔占〕》云:“岁星者,东方木之精,苍帝之象也。其色明而内黄,天下安宁。夫岁星欲春不动,动则农废。岁星盈缩,所在之国不可伐,可以罚人;失次,则民多病;见,则喜。其所居国,人主有福,不可以摇动。人主怒,无光,仁道失。岁星顺行,仁德加也。岁星农官,主五谷。”《天文志》云:“春日,甲乙;四时,春也。五常,仁;五事,貌也。人主仁亏,貌失,逆时令,伤木气,则罚见岁星。”

③【索隐】案:《天文志》曰“凡五星早出为赢,赢为客;晚出为缩,缩为主人。五星赢缩,必有天应见杓也”。

④【正义】舍,所止宿也。命,名也。

⑤【索隐】趋音聚,谓促。

⑥【正义】将音子匠反。

⑦【索隐】案:汉高帝元年,五星皆聚于东井是也。据《天文志》,其年岁星在东井,故四星从而聚之也。

以摄提格岁:①岁阴左行在寅,岁星右转居丑。正月,与斗、牵牛晨出东方,名曰监德。②色苍苍有光。其失次,有应见柳。岁早,水;晚,旱。

①【索隐】太岁在寅,岁星正月晨出东方。案:《尔雅》“岁在寅为摄提格”。李巡云“言万物承阳起,故曰摄提格。格,起也”。

②【索隐】岁星正月晨见东方之名。已下出石氏《星经》文,乃云“星在斗牵牛,失次见杓”也。《汉书·天文志》则载甘氏及《太初星历》,所在之宿不同也。

岁星出,东行十二度,百日而止,反逆行;逆行八度,百日,复东行。岁行三十度十六分度之七,率日行十二分度之一,十二岁而周天。出常东方,以晨;入于西方,用昏。

单阏岁:①岁阴在卯,星居子。以二月与婺女、虚、危晨出,曰降入。②大有光。其失次,有应见张。(名曰降入)其岁大水。

①【索隐】在卯也。岁星二月晨出东方。《尔雅》云“卯为单阏”。李巡云:“阳气推万物而起,故曰单阏。单,尽也。阏,止也。”

②【索隐】即岁星二月晨见东方之名。其馀并准此。

执徐岁：①岁阴在辰，星居亥。以三月(居)与营室、东壁晨出，曰青章。青青甚章。其失次，有应见轸。(曰青章)岁早，旱；晚，水。

①【索隐】《尔雅》"辰为执徐"。李巡云："伏蛰之物皆敦舒而出，故曰执徐。执，蛰；徐，舒也。"

大荒骆岁：①岁阴在巳，星居戌。以四月与奎、娄(胃昴)晨出，曰跰踵。②熊熊赤色，有光。其失次，有应见亢。

①【索隐】《尔雅》云"在巳为大荒骆"。姚氏云："言万物皆炽盛而大出，霍然落落，故曰荒骆也。"

②【集解】徐广曰："一曰'路嶂'。"　【索隐】《天文志》作"路嶂"。《字诂》云嶂，今作"踵"也。　【正义】跰，白边反。踵，之勇反。

敦牂岁：①岁阴在午，星居酉。以五月与胃、昴、毕晨出，曰开明。②炎炎有光。③偃兵；唯利公王，不利治兵。其失次，有应见房。岁早，旱；晚，水。

①【索隐】《尔雅》云"在午为敦牂"。孙炎云"敦，盛；牂，壮也。言万物盛壮"。韦昭云"敦音顿"也。

②【集解】徐广曰："一曰'天津'。"　【索隐】《天文志》作"启明"。

③【正义】炎，盐验反。

叶洽岁：①岁阴在未，星居申。以六月与觜觿、②参晨出，曰长列。昭昭有光。利行兵。其失次，有应见箕。

①【索隐】《尔雅》云"在未为叶洽"。李巡云："阳气欲化万物，故曰〔协洽〕。协，和；洽，合也。"

②【正义】觜，子斯反。觿，胡规反。

涒滩岁：①岁阴在申，星居未。以七月与东井、舆鬼晨出，曰大音。昭昭白。其失次，有应见牵牛。

①【索隐】涒滩岁。《尔雅》云"在申为涒滩"。李巡曰："涒滩，物吐秀倾垂之貌也。"涒音他昆反，滩音他丹反。

作鄂岁：①岁阴在酉，星居午。以八月与柳、七星、张晨出，曰(为)长王。作作有芒。国其昌，熟谷。其失次，有应见危。(曰大章)有旱而昌，有女丧，民疾。

①【索隐】《尔雅》"在酉为作鄂"。李巡云"作咢，皆物芒枝起之貌"。咢音愕。今案：下文云"作鄂有芒"，则李巡解亦近得。《天文志》云"作詻"，音五格反，与《史记》及《尔雅》并异也。

阉茂岁：①岁阴在戌，星居巳。以九月与翼、轸晨出，曰天睢。②白色大明。其失次，有应见东壁。岁水，女丧。

①【索隐】《尔雅》云"在戌曰阉茂"。孙炎云"万物皆蔽冒，故曰〔阉茂〕。阉，蔽；茂，冒也"。《天文志》作"掩茂"也。

②【索隐】刘氏音吁唯反也。

大渊献岁：①岁阴在亥，星居辰。以十月与角、亢晨出，曰大章。②苍苍然，星若跃而阴出旦，是谓"正平"。起师旅，其率必武；其国有德，将有四海。其失次，有应见娄。

①【索隐】《尔雅》云"在亥为大渊献"。孙炎云："渊，深也。大献万物于深，谓盖藏之于外耳。"

②【集解】徐广曰："一曰'天皇'。" 【索隐】徐广云一作"天皇"。案：《天文志》亦作"天皇"也。

困敦岁：①岁阴在子，星居卯。以十一月与氐、房、心晨出，曰天泉。玄色甚明。江池其昌，不利起兵。其失次，有应(在)〔见〕昴。

①【索隐】《尔雅》"在子为困敦"。孙炎云："困敦，混沌也。言万物初萌，混沌于黄泉之下也。"

赤奋若岁：①岁阴在丑，星居寅。以十二月与尾、箕晨出，曰天晧。②黫然③黑色甚明。其失次，有应见参。

①【索隐】《尔雅》"在丑为赤奋若"。李巡云："言阳气奋迅。若，顺也。"

②【索隐】音昊。《汉志》作"昊"。

③【索隐】於闲反。

当居不居，居之又左右摇，未当去去之，与他星会，其国凶。所居久，国有德厚。其角动，乍小乍大，若色数变，人主有忧。

其失次舍以下，进而东北，三月生天棓，①长四丈，②末兑。进而东南，三月生彗星，③长二丈，类彗。退而西北，三月生天欃，④长四丈，末兑。退而西南，三月生天枪，⑤长数丈，两头兑。谨视其所见之国，不可举事用兵。其出如浮如沈，其国有土功；如沈如浮，其野亡。色赤而有角，其所居国昌。迎⑥角而战者，不胜。星色赤黄而沈，所居野大穰。⑦色青白而赤灰，所居野有忧。岁星入月，其野有逐相；与太白斗，⑧其野有破军。

①【正义】棓音蒲讲反。岁星之精散而为天枪、天棓、天冲、天猾、国皇、天欃，及登天、荆真，若天猿、天垣、苍彗，皆以广凶灾也。天棓者，一名觉星，本类星而末锐，长四丈，出东北方、西方。其出，则天下兵争也。

②【索隐】案《天文志》，此皆甘氏《星经》文，而志又兼载石氏，此不取。石氏名申夫，甘氏名德。

③【正义】天彗者，一名埽星，本类星，末类彗，小者数寸长，长或竟天，而体无光，假日之光，故夕见则东指，晨见则西指，若日南北，皆随日光而指。光芒所及为灾变，见则兵起；除旧布新，彗所指之处弱也。

④【集解】韦昭曰："欃音'参差'之'参'。"【正义】欃，楚咸反。天欃者，在西南，长四丈，锐。京房云"天欃为兵，赤地千里，枯骨籍籍"。《天文志》云天枪主兵乱也。

⑤【正义】枪，楚行反。天枪者，长数丈，两头锐，出西南方。其见，不过三月，必有破国乱君伏死其辜。《天文志》云"孝文时，天枪夕出西南，占曰为兵丧乱，其六年十一月，匈奴入上郡、云中，汉起兵以卫京师"也。

⑥【集解】徐广曰："一作'御'。"

⑦【正义】穰，人羊反，丰熟也。

⑧【集解】韦昭曰："星相击为斗。"

岁星一曰摄提，曰重华，曰应星，曰纪星。营室为清庙，岁星庙也。

察刚气①以处荧惑。②曰南方火，主夏，日丙、丁。礼失，罚出荧惑，荧惑失行是也。出则有兵，入则兵散。以其舍命国。(荧惑)荧惑为勃乱，残贼、疾、丧、饥、兵。③反道二舍以上，居之，三月有殃，五月受兵，七月半亡地，九月太半亡地。因与俱出入，国绝祀。居之，殃还至，虽大当小；④久而至，当小反大。⑤其南为丈夫〔丧〕，北为女子丧。⑥若角动绕环之，及乍前乍后，左右，殃益大。与他星斗，⑦光相逮，为害；不相逮，不害。五星皆从而聚于一舍，⑧其下国可以礼致天下。

①【集解】徐广曰："刚，一作'罚'。" 【索隐】徐广云刚一作"罚"。案：姚氏引《广雅》"荧惑谓之执法"。《天官占》云"荧惑方伯象，司察妖孽"。则此文"察罚气"为是。

②【索隐】《春秋纬·文耀钩》云："赤帝熛怒之神，为荧惑焉，位在南方，礼失则罚出。"晋灼云："常以十月入太微，受制而出行列宿，司无道，出入无常。"

③【集解】徐广曰："以下云'荧惑为理，外则理兵，内则理政'。" 【正义】《天官占》云："荧惑为执法之星，其行无常，以其舍命国：为残贼，为疾，为丧，为饥，为兵。环绕句己，芒角动摇，乍前乍后，其殃逾甚。荧惑主死丧，大鸿胪之象；主甲兵，大司马之义；伺骄奢乱孽，执法官也。其精为风伯，惑童儿歌谣嬉戏也。"

④【索隐】案：还音旋。旋，疾也。若荧惑反道居其舍，所致殃祸速至，则虽大反小。

⑤【索隐】案：久谓行迟也。如此，祸小反大，言久腊毒也。

⑥【索隐】案：宋均云"荧惑守舆鬼南，为丈夫受其咎；北，则女子受其凶也"。

⑦【正义】凡五星斗，皆为战斗。兵不在外，则为内乱。斗谓光芒相及。

⑧【正义】三星若合，是谓惊立绝行，其国外内有兵与丧，人民饥乏，改立侯王。四星若合，是为大阳，其国兵丧暴起，君子忧，小人流。五星若合，是谓易行，有德者受庆，掩有四方；无德者受殃，乃以死亡也。

法，出东行十六舍而止；逆行二舍；六旬，复东行，自所止数十舍，十月而入西方；伏①行五月，出东方。其出西方曰"反明"，主命者恶之。东行急，一日行一度半。

①【集解】晋灼曰："伏不见。"

其行东、西、南、北疾也。兵各聚其下；用战，顺之胜，逆之败。荧惑从太白，军忧；离之，军却。出太白阴，有分军；行其阳，有偏将战。当其行，太白逮之，破军杀将。① 其入守犯太微、② 轩辕、营室，主命恶之。心为明堂，荧惑庙也。谨候此。

①【索隐】宋均云："太白宿，主军来冲拒也。"

②【集解】孟康曰："犯，七寸已内光芒相及也。"韦昭曰："自下触之曰'犯'，居其宿曰'守'。"

历斗之会以定填星之位。① 曰中央土，主季夏，日戊、己，黄帝，主德，女主象也。岁填一宿，其所居国吉。未当居而居，若已去而复还，还居之，其国得土，不乃得女。若当居而不居，既已居之，又西东去，其国失土，不乃失女，不可举事用兵。其居久，其国福厚；易，福薄。②

①【索隐】历斗之会以定镇星之位。晋灼曰："常以甲辰之元始建斗，岁镇一宿，二十八岁而周天。"《广雅》曰："镇星，一名地侯。"《文耀钩》云："镇，黄帝含枢纽之精，其体旋玑，中宿之分也。"

②【集解】徐广曰："易犹轻速也。"

其一名曰地侯，主岁。岁行十(二)〔三〕度百十二分度之五，日行二十八分度之一，二十八岁周天。其所居，五星皆从而聚于一舍，其下之国，可〔以〕重致天下。① 礼、德、义、杀、刑尽失，而填星乃为之动摇。

①【正义】重音逐陇反。言五星皆从填星，其下之国倚重而致天下，以填主土故也。

赢，为王不宁；其缩，有军不复。填星，其色黄，九芒，音曰黄钟宫。其失次上二三宿曰赢，有主命不成，不乃大水。失次下二三宿曰缩，有后戚，其岁不复，不乃天裂若地动。

斗为文太室，填星庙，天子之星也。

木星与土合，为内乱，饥，① 主勿用战，败；水则变谋而更事；火为旱；金为白衣会若水。金在南曰牝牡，② 年谷熟。金在北，岁偏无。火与水合为焠，③ 与金合为铄，为丧，皆不可举事，用兵大败。土为忧，主孽卿；④ 大饥，战败，为北军，⑤ 军困，举事大败。土与水合，穰而拥阏，⑥

有覆军，⑦其国不可举事。出，亡地；入，得地。金为疾，为内兵，亡地。三星若合，其宿地国外内有兵与丧，改立公王。四星合，兵丧并起，君子忧，小人流。五星合，是为易行，有德，受庆，改立大人，掩有四方，子孙蕃昌；无德，受殃若亡。五星皆大，其事亦大；皆小，事亦小。

①【正义】《星经》云："凡五星，木与土合为内乱，饥；与水合为变谋，更事；与火合为旱；与金合为白衣会也。"

②【索隐】晋灼曰："岁，阳也，太白，阴也，故曰牝牡也。" 【正义】《星经》云："金在南，木在北，名曰牝牡，年谷大熟；金在北，木在南，其年或有或无。"

③【集解】晋灼曰："火入水，故曰焠。" 【索隐】火与水合曰焠。案：谓火与水俱从填星合也。 【正义】焠，匆内反。《星经》云："凡五星，火与水合为焠，用兵举事大败；与金合为铄，为丧，不可举事，用兵从军为忧；离之，军却；与土合为忧，主孽卿；与木合，饥，战败也。"

④【索隐】案：《文耀钩》云"水土合则成炉冶，炉冶成则火兴，火兴则土之子焠，金成消烁，消烁则土无子辅父，无子辅父则益妖孽，故子忧"。

⑤【正义】为北，军北也。凡军败曰北。

⑥【正义】拥，於拱反。阏，乌葛反。

⑦【集解】徐广曰："或云木、火、土三星若合，是谓惊立绝行。"

蚤出者为赢，赢者为客。晚出者为缩，缩者为主人。必有天应见于杓星。同舍为合。相陵为斗，①七寸以内必之矣。②

①【集解】孟康曰："陵，相冒占过也。"韦昭曰："突掩为陵。"

②【索隐】案，韦昭云必有祸也。

五星色白圜，为丧旱；赤圜，则中不平，为兵；青圜，为忧水；黑圜，为疾，多死；黄圜，则吉。赤角犯我城，黄角地之争，白角哭泣之声，青角有兵忧，黑角则水。意，①行穷兵之所终。五星同色，天下偃兵，百姓宁昌。春风秋雨，冬寒夏暑，动摇常以此。

①【集解】徐广曰："一作'志'。"

填星出百二十日而逆西行，西行百二十日反东行。见三百三十日而入，入三十日复出东方。太岁在甲寅，镇星在东壁，故在营室。

察日行以处位①太白。②曰西方，秋，(司兵月行及天矢)③日庚、辛，主杀。杀失者，罚出太白。太白失行，以其舍命国。其出行十八舍二百四十日而入。入东方，伏行十一舍百三十日；其入西方，伏行三舍十六日而出。当出不出，当入不入，是谓失舍，不有破军，必有国君之篡。

①【索隐】案：太白晨出东方曰启明，故察日行以处太白之位也。

②【索隐】《韩诗》云“太白晨出东方为启明，昏见西方为长庚”。又孙炎注《尔雅》，以为晨出东方高三丈，命曰启明；昏见西方高三舍，命曰太白。【正义】晋灼云：“常以正月甲寅与荧惑晨出东方，二百四十日而入，入四十日又出西方，二百四十日而入，入三十五日而复出东方。出以寅、戌，入以丑、未。”《天官占》云：“太白者，西方金之精，白帝之子，上公、大将军之象也。一名殷星，一名大正，一名荧星，一名官星，一名梁星，一名灭星，一名大嚣，一名大衰，一名大爽。径一百里。”《天文志》云：“其日庚辛；四时，秋也；五常，义也；五事，言也。人主义亏言失，逆时令，伤金气，罚见太白：春见东方，以晨；秋见西方，以夕。”

③【正义】太白五芒出，早为月蚀，晚为天矢及彗。其精散为天杵、天柎、伏灵、大败、司奸、天狗、贼星、天残、卒起星，是古历星；若竹彗、墙星、猿星、白蘿，皆以示变(之)也。

其纪上元，①以摄提格之岁，与营室晨出东方，至角而入，与营室夕出西方，至角而入；与角晨出，入毕，与角夕出，入毕；与毕晨出，入箕，与毕夕出，入箕；与箕晨出，入柳，与箕夕出，入柳；与柳晨出，入营室，与柳夕出，入营室。凡出入东西各五，为八岁，二百二十日，②复与营室晨出东方。其大率，岁一周天。其始出东方，行迟，率日半度，一百二十日，必逆行一二舍；上极而反，东行，行日一度半，一百二十日入。其庳，近日，曰明星，柔；高，远日，曰大嚣，③刚。其始出西〔方〕，行疾，率日一度半，百二十日；上极而行迟，日半度，百二十日，旦入，必逆行一二舍而入。其庳，近日，曰大白，柔；高，远日，曰大相，刚。出以辰、戌，入以丑、未。

①【索隐】案：《上元》是古历之名，言用上元纪历法，则摄提岁而太白与营室晨出东方，至角而入；与营室夕出西方，至角而入。凡出入东西各五，为八岁

二百三十日，复与营室晨出东方。大率岁一周天也。【正义】其纪上元，是星古历初起上元之法也。

②【集解】徐广曰："一云'三十二日'。"

③【正义】徐广曰："一作'变'。"

当出不出，未当入而入，天下偃兵，兵在外，入。未当出而出，当入而不入，〔天〕下起兵，有破国。其当期出也，其国昌。其出东为东，入东为北方；出西为西，入西为南方。所居久，其向利；(疾)〔易〕，①其向凶。

①【集解】苏林曰："疾过也。"

出西(逆行)至东，正西国吉。出东至西，正东国吉。其出不经天；经天，天下革政。①

①【索隐】孟康曰："谓出东入西，出西入东也。太白阴星，出东当伏东，出西当伏西，过午为经天。"又晋灼曰："日，阳也，日出则星没。太白昼见午上为经天。"

小以角动，兵起。始出大，后小，兵弱；出小，后大，兵强。出高，用兵深吉，浅凶；庳，浅吉，深凶。日方南金居其南，日方北金居其北，曰赢，①侯王不宁，用兵进吉退凶。日方南金居其北，日方北金居其南，曰缩，侯王有忧，用兵退吉进凶。用兵象太白：太白行疾，疾行；迟，迟行。角，敢战。动摇躁，躁。圜以静，静。顺角所指，吉；反之，皆凶。出则出兵，入则入兵。赤角，有战；白角，有丧；黑圜角，忧，有水事；青圜小角，忧，有木事；黄圜和角，有土事，有年。②其已出三日而复，有微入，入三日乃复盛出，是谓耎，③其下国有军败将北。其已入三日又复微出，出三日而复盛入，其下国有忧；师有粮食兵革，遗人用之；④卒虽众，将为人虏。其出西失行，外国败；其出东失行，中国败。其色大圜黄滜，⑤可为好事；其圜大赤，兵盛不战。

①【正义】郑玄云："方犹向也。谓昼漏半而置土圭表阴阳，审其南北也。影短于土圭谓之日南，是地于日为近南也；长于土圭谓之日北，是地于日为近北也。凡日影于地，千里而差一寸。"《周礼》云："日南则影短多暑，日北则影长多寒。"孟康云："金谓太白也。影，日中之影也。"

②【正义】太白星圆，天下和平；若芒角，有土事。有年谓丰熟也。

③【集解】晋灼曰："耎，退之不进。"【索隐】是谓需。又作"耎"，音奴乱反。

④【正义】遗，唯季反。

⑤【集解】音泽。

太白白，比狼；①赤，比心；黄，比参左肩；苍，比参右肩；黑，比奎大星。②五星皆从太白而聚乎一舍，其下之国可以兵从天下。居实，有得也；居虚，无得也。③行胜色，④色胜位，有位胜无位，有色胜无色，行得尽胜之。⑤出而留桑榆间，⑥疾其下国。⑦上而疾，未尽其日，过参天，⑧疾其对国。⑨上复下，下复上，有反将。其入月，将僇。金、木星合，光，其下战不合，兵虽起而不斗；合相毁，野有破军。出西方，昏而出阴，阴兵强；暮食出，小弱；夜半出，中弱；鸡鸣出，大弱：是谓阴陷于阳。其在东方，乘明而出阳，阳兵之强；鸡鸣出，小弱；夜半出，中弱；昏出，大弱：是谓阳陷于阴。太白伏也，以出兵，兵有殃。其出卯南，南胜北方；出卯北，北胜南方；正在卯，东国利。出酉北，北胜南方；出酉南，南胜北方；正在酉，西国胜。

①【正义】比，卑耳反，下同。比，类也。

②【正义】《晋书·天文志》云："凡五星有色，大小不同，各依其行而应时节。色变有类：凡青，比参左肩；赤，比心大星；黄，比参右肩；白，比狼星；黑，比奎大星。不失本色而应其四时者，吉；色害其行，凶也。"

③【索隐】按：实谓星所合居之宿；虚谓赢缩也。

④【集解】晋灼曰："太白行得度者，胜色也。"【正义】胜音升剩反，下同。

⑤【集解】晋灼曰："行应天度，唯有色得位；行尽胜之，行重而色位轻。"《星经》"得"字作"德"。【正义】《晋书·天文志》云："凡五星所出所直之辰，其国为得位者，岁星以德，荧惑为礼，镇星有福，太白兵强，辰阴阳和。所直之辰，顺其色而角者胜，其色害者败；居实有得，居虚无得也。色胜位，行胜色，行得尽胜之。"

⑥【集解】晋灼曰："行迟而下也。正出，举目平正，出桑榆上者馀二千里。"

⑦【正义】疾，《汉书》作"病"也。

⑧【集解】晋灼曰："三分天过其一，此在戌酉之间。"

⑨【集解】孟康曰："谓出东入西，出西入东。"

其与列星相犯，小战；五星，大战。其相犯，太白出其南，南国败；出其北，北国败。行疾，武；不行，文。色白五芒，出蚤为月蚀，晚为天夭及彗星，将发其国。出东为德，举事左之迎之，吉。出西为刑，举事右之背之，吉。反之皆凶。太白光见景，战胜。昼见而经天，是谓争明，强国弱，小国强，女主昌。

亢为疏庙，太白庙也。太白，大臣也，其号上公。其他名殷星、太正、营星、观星、宫星、明星、大衰、大泽、终星、大相、天浩、序星、月纬。大司马位谨候此。

察日辰之会，①以治辰星之位。②曰北方水，太阴之精，主冬，日壬、癸。刑失者，罚出辰星，③以其宿命国。

①【索隐】案：下文"正四时及星辰之会"是也。 【正义】晋灼云："常以二月春分见奎、娄，五月夏至见东井，八月秋分见角、亢，十一月冬至见牵牛。出以辰、戌，入以丑、未，二旬而入。晨候之东方，夕候之西方也。"

②【索隐】案：皇甫谧曰"辰星，一名毚星，或曰钩星"。《元命包》曰"北方辰星水，生物布其纪，故辰星理四时"。宋均曰"辰星正四时之位，得与北辰同名也"。

③【正义】《天官占》云："辰星，北水之精，黑帝之子，宰相之祥也。一名细极，一名钩星，一名爨星，一名伺祠。径一百里。亦偏将、廷尉象也。"《天文志》云："其日壬、癸。四时，冬也；五常，智也；五事，听也。人主智亏听失，逆时令，伤水气，则罚见辰星也。"

是正四时：仲春春分，夕出郊奎、娄、胃东五舍，为齐；仲夏夏至，夕出郊东井、舆鬼、柳东七舍，为楚；仲秋秋分，夕出郊角、亢、氐、房东四舍，为汉；仲冬冬至，晨出郊东方，与尾、箕、斗、牵牛俱西，为中国。其出入常以辰、戌、丑、未。

其蚤，为月蚀；①晚，为彗星②及天夭。其时宜效不效为失，③追兵在外不战。一时不出，其时不和；四时不出，天下大饥。其当效而出也，色白为旱，黄为五谷熟，赤为兵，黑为水。出东方，大而白，有兵于外，解。常在东方，其赤，中国胜；其西而赤，外国利。无兵于外而赤，兵起。其与太白俱出东方，皆赤而角，外国大败，中国胜；其与太白俱出西方，皆赤而角，外国利。五星分天之中，积于东方，中国利；积于西方，外国用〔兵〕者利。五星皆从辰星而聚于一舍，其所舍之国可以法致天下。辰星不出，太白为客；其出，太白为主。出而与太白不相从，野虽有军，不战。出东方，太白出西方；若出西方，太白出东方，为格，④野虽有兵不战。失其时而出，为当寒反温，当温反寒。当出不出，是谓击卒，兵大起。其入太白中而上出，破军杀将，客军胜；下出，客亡地。辰星来抵太白，太白不去，将死。正旗上出，⑤破军杀将，客胜；下出，客亡地。视旗所指，以命破军。其绕环太白，若与斗，大战，客胜。兔过太白，⑥间可椷剑，⑦小战，客胜。兔居太白前，军罢；出太白左，小战；摩太白，有数万人战，主人吏死；出太白右，去三尺，军急约战。青角，兵忧；黑角，水。赤行穷兵之所终。

①【集解】孟康曰："辰星、月相凌不见者，则所蚀也。"【索隐】案：宋均云"辰星与月同精，月为大臣，先期而出，是躁也。失则当诛，故月蚀见祥"。

②【集解】张晏曰："彗，所以除旧布新。"【索隐】案：宋均云"辰星，阴也，彗亦阴，阴谋未成，故晚出也"。

③【正义】效，见也。言宜见不见，为失罚之也。

④【索隐】谓辰星出西方。辰，水也。太白出东方。太白，金也。水生〔于〕金，母子不相从，故(上)〔主〕有军不战。今母子各出一方，故为格。格谓不和同，故野虽有兵不战然也。

⑤【索隐】正旗出。案：旗盖太白芒角，似旌旗。【正义】旗，星名，有九星。言辰星上则破军杀将，客胜也。

⑥【索隐】兔过太白。案：《广雅》云"辰星谓之兔星"，则辰星之别名兔，或作"毚"也。【正义】《汉书》云"辰星过太白，间可椷剑"，明《广雅》是也。

⑦【集解】苏林曰："椷音函。函，容也。其间可容一剑。"【索隐】椷音函。函，容也。言中间可容一剑。则函字本有咸音，故字从咸。剑，古作"劒"也。

兔七命，曰小正、辰星、天欃、安周星、细爽、能星、钩星。①其色黄而小，出而易处，天下之文变而不善矣。兔五色，青圜忧，白圜丧，赤圜中不平，黑圜吉。赤角犯我城，黄角地之争，白角号泣之声。

①【索隐】谓星凡有七名。命者，名也。小正，一也；辰星，二也；天兔，三也；安周星，四也；细爽，五也；能星，六也；钩星，七也。

其出东方，行四舍四十八日，其数二十日，而反入于东方；其出西方，行四舍四十八日，其数二十日，而反入于西方。其一候之营室、角、毕、箕、柳。出房、心间，地动。

辰星之色：春，青黄；夏，赤白；秋，青白，而岁熟；冬，黄而不明。即变其色，其时不昌。春不见，大风，秋则不实。夏不见，有六十日之旱，月蚀。秋不见，有兵，春则不生。冬不见，阴雨六十日，有流邑，夏则不长。

角、亢、氐，兖州。房、心，豫州。尾、箕，幽州。斗，江、湖。牵牛、婺女，杨州。虚、危，青州。营室至东壁，并州。奎、娄、胃，徐州。昴、毕，冀州。觜觿、参，益州。①东井、舆鬼，雍州。柳、七星、张，三河。翼、轸，荆州。

①【正义】《括地志》云："汉武帝置十三州，改梁州为益州广汉。广汉，今益州咎县是也。分今河内、上党、云中。"然案《星经》，益州，魏地，毕、觜、参之分，今河内、上党、云中是。未详也。

七星为员官，辰星庙，蛮夷星也。

两军相当，日晕；①晕等，力钧；厚长大，有胜；薄短小，无胜。重抱大破无。抱为和，背〔为〕不和，为分离相去。直为自立，立侯王；(指晕)〔破军〕(若曰)杀将。负且戴，有喜。围在中，中胜；在外，外胜。青外赤中，以和相去；赤外青中，以恶相去。气晕先至而后去，居军胜。先至先去，前利后病；后至后去，前病后利；后至先去，前后皆病，居军不胜。见而去，其发疾，虽胜无功。见半日以上，功大。白虹屈短，②上下兑，有者下大流血。日晕制胜，近期三十日，远期六十日。

①【集解】如淳曰："晕读曰运。"

②【集解】李奇曰："屈，或为'尾'也。"韦昭曰："短而直。"

其食，食所不利；复生，生所利；而食益尽，为主位。以其直及日所宿，加以日时，用命其国也。

月行中道，①安宁和平。阴间，多水，阴事。外北三尺，阴星。②北三尺，太阴，大水，兵。阳间，骄恣。阳星，多暴狱。太阳，大旱丧也。③角、天门，十月为四月，十一月为五月，④十二月为六月，水发，近三尺，远五尺。犯四辅，辅臣诛。⑤行南北河，以阴阳言，旱水兵丧。⑥

①【索隐】案：中道，房星之中间也。房有四星，若人之房三间有四表然，故曰房。南为阳间，北为阴间，则中道房星之中间也。故房是日、月、五星之行道，然黄道亦经房、心。若月行得中道，故阴阳和平；若行阴间，多阴事；阳间，则人主骄恣；若历阴星、阳星之南北太阴、太阳之道，即有大水若兵，及大旱若丧也。

②【索隐】案：谓阴间外北三尺曰阴星，又北三尺曰太阴道，则下阳星及太阳亦在阳间之南各三尺也。

③【索隐】太阴，太阳，皆道也。月行近之，故有水旱兵丧也。

④【索隐】角间天门。谓月行入角与天门，若十月犯之，当为来年四月成灾；十一月，则主五月也。

⑤【索隐】案：谓月犯房星也。四辅，房四星也。房以辅心，故曰四辅。

⑥【正义】南河三星，北河三星，若月行北河以阴，则水、兵；南河以阳，则旱、丧也。

月蚀岁星，①其宿地，饥若亡。荧惑也乱，填星也下犯上，太白也强国以战败，辰星也女乱。(食)〔蚀〕大角，②主命者恶之；心，则为内贼乱也；列星，其宿地忧。③

①【正义】孟康云："凡星入月，见月中，为星蚀月；月掩星，星灭，为月蚀星也。"

②【集解】徐广曰："一云'食于大角'。"【正义】大角一星，在两摄提间，人君之象也。

③【索隐】谓月蚀列星二十八宿，当其分地有忧。忧谓兵及丧也。

月食始日，五月者六，六月者五，五月复六，六月者一，而五月者五，凡百一十三月而复始。①故月蚀，常也；日蚀，为不臧也。甲、乙，四海之外，日月不占。②丙、丁，江、淮、海岱也。戊、己，中州、河、济也。庚、辛，华山以西。壬、癸，恒山以北。日蚀，国君；月蚀，将相当之。

①【索隐】始日谓食始起之日也。依此文计，唯有一百二十一月，与元数甚为悬校，既无《太初历术》，不可得而推定。今以《汉志·三统历》法计，则六月者七，五月者一，又六月者一，五月者一，凡一百三十五月而复始耳。或术家各异，或传写错谬，故此不同，无以明知也。

②【集解】晋灼曰："海外远，甲乙日时不以占候。"

国皇星，①大而赤，②状类南极。③所出，其下起兵，兵强；其冲不利。

①【正义】国皇星者，大而赤，类南极老人，去地三丈，如炬火。见则内外有兵丧之难。

②【集解】孟康曰："岁星之精散所为也。五星之精散为六十四变，记不尽。"

③【集解】徐广曰："老人星也。"

昭明星，①大而白，无角，乍上乍下。②所出国，起兵，多变。

①【索隐】案：《春秋合诚图》云"赤帝之精，象如太白，七芒"。《释名》为笔星，气有一枝，末锐似笔，亦曰笔星也。

②【集解】孟康曰："形如三足机，机上有九彗上向，荧惑之精。"

五残星，①出正东东方之野。其星状类辰星，去地可六丈。

①【索隐】孟康云："星表有青气如晕，有毛，填星之精也。"【正义】五残，一名五锋，出正东东方之分野。状类辰星，去地可六七丈。见则五分毁败之征，大臣诛亡之象。

大①贼星，②出正南南方之野。星去地可六丈，大而赤，数动，有光。

①【集解】徐广曰："大，一作'六'。"

②【集解】孟康曰："形如彗，九尺，太白之精。"【正义】大贼星者，一名六贼，出正南，南方之野。星去地可六丈，大而赤，数动有光，出则祸合天下。

司危星,[①]出正西西方之野。星去地可六丈,大而白,类太白。

①【集解】孟康曰:"星大而有尾,两角,荧惑之精也。" 【正义】司危者,出正西西方分野也。大如太白,去地可六丈,见则天子以不义失国而豪杰起。

狱汉星,[①]出正北北方之野。星去地可六丈,大而赤,数动,察之中青。此四野星所出,出非其方,其下有兵,冲不利。

①【集解】孟康曰:"青中赤表,下有二彗纵横,亦填星之精。"《汉书·天文志》狱汉一名咸汉。

四填星,所出四隅,去地可四丈。

地维咸光,亦出四隅,去地可三丈,若月始出。所见,下有乱;乱者亡,有德者昌。

烛星,状如太白,[①]其出也不行。见则灭。所烛者,城邑乱。

①【集解】孟康曰:"星上有三彗上出,亦填星之精。"

如星非星,如云非云,命曰归邪。[①]归邪出,必有归国者。

①【集解】李奇曰:"邪音虵。"孟康曰:"星有两赤彗上向,上有盖状如气,下连星。"

星者,金之散气,〔其〕本曰火。[①]星众,国吉;少则凶。

①【集解】孟康曰:"星,石也。"

汉者,亦金之散气,[①]其本曰水。汉,星多,多水,少则旱,[②]其大经也。

①【索隐】案:水生〔于〕金,散气即水气。《河图括地象》曰"河精为天汉"也。

②【集解】孟康曰:"汉,河汉也。水生于金。多,少,谓汉中星。"

天鼓,有音如雷非雷,音在地而下及地。其所往者,兵发其下。

天狗,状如大奔星,[①]有声,其下止地,类狗。所堕及,望之如火光炎炎[②]冲天。其下圜如数顷田处,上兑者则有黄色,千里破军杀将。

①【集解】孟康曰:"星有尾,旁有短彗,下有如狗形者,亦太白之精。"

②【索隐】艳音也。

格泽星[①]者,如炎火之状。黄白,起地而上。下大,上兑。其见也,不种而获；不有土功，必有大害。

①【索隐】一音鹤铎，又音格宅。格，胡客反。

蚩尤之旗，①类彗而后曲，象旗。见则王者征伐四方。

①【集解】孟康曰："荧惑之精也。"晋灼曰："《吕氏春秋》曰其色黄上白下。"

旬始，出于北斗旁，①状如雄鸡。其怒，青黑，象伏鳖。②

①【集解】徐广曰："蚩尤也。旬，一作'营'。"

②【集解】李奇曰："怒当音帑。"晋灼曰："帑，雌也。或曰怒则色青。"

枉矢，类大流星，蛇行而仓黑，望之如有毛羽然。

长庚，如一匹布著天。①此星见，兵起。

①【正义】著音直略反。

星坠至地，则石也。①河、济之间，时有坠星。

①【正义】《春秋》云"星陨如雨"是也。今吴郡西乡见有落星石，其石天下多有也。

天精而见景星。①景星者，德星也。其状无常，常出于有道之国。

①【集解】孟康曰："精，明也。有赤方气与青方气相连，赤方中有两黄星，青方中一黄星，凡三星合为景星。" 【索隐】韦昭云"精谓清朗"。《汉书》作"姓"，亦作"暒"。郭璞注《三苍》云"暒，雨止无云也"。 【正义】景星状如半月，生于晦朔，助月为明。见则人君有德，明圣之庆也。

凡望云气，①仰而望之，三四百里；平望，在桑榆上，千馀(里)二千里；登高而望之，下属地者三千里。云气有兽居上者，胜。②

①【正义】《春秋元命包》云："阴阳聚为云气也。"《释名》云："云犹云，众盛也。气犹饩然也。有声即无形也。"

②【正义】胜音升剩反。云雨气相敌也。《兵书》云："云或如雄鸡临城，有城必降。"

自华以南，气下黑上赤。嵩高、三河之郊，气正赤。恒山之北，气下黑上青。勃、碣、海、岱之间，气皆黑。江、淮之间，气皆白。

徒气白。土功气黄。车气乍高乍下，往往而聚。骑气卑而布。卒气抟。①前卑而后高者，疾；前方而后高者，兑；后兑而卑者，却。其气平者其行徐。前高而后卑者，不止而反。气相遇者，②卑胜高，兑胜方。气来卑而循车通者，③不过三四日，去之五六里见。气来高七八尺者，不过五六日，去之十馀里见。气来高丈馀二丈者，不过三四十日，去之五六十里见。

①【集解】如淳曰："抟，专也。或曰抟，徒端反。"

②【索隐】遇音偶。《汉书》作"禺"。

③【集解】车通，车辙也。避汉武讳，故曰通。

稍云精白者，其将悍，其士怯。其大根而前绝远者，当战。青白，其前低者，战胜；其前赤而仰者，战不胜。阵云如立垣。杼云类杼。①轴云抟两端兑。杓云②如绳者，居前亘天，其半半天。其蛪③者类阙旗故。钩云句曲。④诸此云见，以五色合占。而泽抟密，⑤其见动人，乃有占；兵必起，合斗其直。

①【索隐】姚氏案：《兵书》云"营上云气如织，勿与战也"。

②【索隐】杓，刘氏音时酌反。《说文》音丁了反。许慎注《淮南》云"杓，引也"。

③【索隐】五结反。亦作"蜺"，音同。

④【正义】句音古侯反。

⑤【正义】崔豹《古今注》云："黄帝与蚩尤战于涿鹿之野，常有五色云气，金枝玉叶，止于帝上，有花葩之象，故因作华盖也。"京房《易(兆)〔飞〕候》云："视四方常有大云，五色具，其下贤人隐也。青云润泽蔽日在西北，为举贤良也。"

王朔所候，决于日旁。日旁云气，人主象。①皆如其形以占。

①【正义】《洛书》云："有云象人，青衣无手，在日西，天子之气。"

故北夷之气如群畜穹闾，①南夷之气类舟船幡旗。大水处，败军场，破国之虚，下有积钱，②金宝之上，皆有气，不可不察。海旁蜃气象楼台；广野气成宫阙然。云气各象其山川人民所聚积。③

①【索隐】邹云一作"弓闾"。《天文志》作"弓"字，音穹。盖谓以毡为闾，崇穹

然。又宋均云"穹，兽名"，亦异说也。

②【集解】徐广曰："古作'泉'字。"

③【正义】《淮南子》云："土地各以类生人，是故山气多勇，泽气多瘖，风气多聋，林气多躄，木气多伛，石气多力，险阻气多寿，谷气多痹，丘气多狂，庙气多仁，陵气多贪，轻土多利足，重土多迟，清水音小，浊水音大，湍水人重，中土多圣人。皆象其气，皆应其类也。"

故候息耗者，入国邑，视封疆田畴之正治，① 城郭室屋门户之润泽，次至车服畜产精华。实息者，吉；虚耗者，凶。

①【集解】如淳曰："蔡邕云麻田曰畴。"

若烟非烟，若云非云，郁郁纷纷，萧索轮囷，是谓卿云。① 卿云(见)，喜气也。若雾② 非雾，衣冠而不濡，见则其域被甲而趋。

①【正义】卿音庆。

②【索隐】音如字，一音蒙，一音亡遘反。《尔雅》云"天气下地不应曰雾"，言蒙昧不明之意也。

(天)〔夫〕雷电、虾虹、辟历、夜明者，阳气之动者也，春夏则发，秋冬则藏，故候者无不司之。

天开县物，① 地动坼绝。② 山崩及徙，川塞谿坺；③ 水澹(泽竭)地长，〔泽竭〕见象。城郭门闾，闺臬(枯槁)槁枯；宫庙邸第，人民所次。谣俗车服，观民饮食。五谷草木，观其所属。仓府厩库，四通之路。六畜禽兽，所产去就；鱼鳖鸟鼠，观其所处。鬼哭若呼，其人逢俉。化言，④ 诚然。

①【集解】孟康曰："谓天裂而见物象，天开示县象。"

②【正义】《赵世家》幽缪王迁五年，"代地动，自乐徐以西，北至平阴，台屋墙垣太半坏，地坼东西百三十步"。

③【集解】徐广曰："土雍曰坺，音服。"骃案：孟康曰"谿，谷也。坺，崩也"。苏林曰"伏，流也"。

④【集解】俉，迎也。伯庄曰："音五故反。" 【索隐】俉音五故反。逢俉谓相逢而惊也。亦作"迕"，音同。"化"当为"讹"，字之误耳。

凡候岁美恶，谨候岁始。岁始或冬至日，产气始萌。腊明日，人众卒岁，一会饮食，发阳气，故曰初岁。正月旦，王者岁首；立春日，四时之(卒)始也。①四始者，候之日。②

①【索隐】谓立春日是去年四时之终卒，今年之始也。

②【正义】谓正月旦岁之始，时之始，日之始，月之始，故云“四始”。言以四时之日候岁吉凶也。

而汉魏鲜①集腊明正月旦决八风。风从南方来，大旱；西南，小旱；西方，有兵；西北，戎菽为，②小雨，③趣兵；④北方，为中岁；东北，为上岁；⑤东方，大水；东南，民有疾疫，岁恶。故八风各与其冲对，课多者为胜。多胜少，久胜亟，疾胜徐。旦至食，为麦；食至日昳，为稷；昳至餔，为黍；餔至下餔，为菽；下餔至日入，为麻。欲终日(有雨)有云，有风，有日。⑥日当其时者，深而多实；无云有风日，当其时，浅而多实；有云风，无日，当其时，深而少实；有日，无云，不风，当其时者稼有败。如食顷，小败；熟五斗米顷，大败。则风复起，有云，其稼复起。各以其时用云色占种(其)所宜。其雨雪若寒，岁恶。

①【集解】孟康曰：“人姓名，作占候者。”

②【集解】孟康曰：“戎菽，胡豆也。为，成也。”【索隐】戎叔为。韦昭云“戎叔，大豆也。为，成也”。又郭璞注《尔雅》亦云“戎叔，胡豆”。孟康同也。

③【集解】徐广曰：“一无此上两字。”

④【索隐】趣音促。谓风从西北来，则戎叔成。而又有小雨，则国兵趣起也。

⑤【集解】韦昭曰：“岁大穰。”

⑥【正义】正月旦，欲其终一日有风有日，则一岁之中五谷丰熟，无灾害也。

是日光明，听都邑人民之声。声宫，则岁善，吉；商，则有兵；徵，旱；羽，水；角，岁恶。

或从正月旦比数雨。①率日食一升，至七升而极；②过之，不占。数至十二日，日直其月，占水旱。③为其环(城)〔域〕千里内占，则(其)为天下候，竟正月。④月所离列宿，⑤日、风、云，占其国。然必察太岁所在。在金，穰；水，毁；木，饥；火，旱。此其大经也。

①【索隐】比音鼻律反。数音疏矩反。谓以次数日以候一岁之雨，以知丰穰也。

②【集解】孟康曰："正月一日雨，民有一升之食；二日雨，民有二升之食；如此至七日。"

③【集解】孟康曰："月一日雨，正月水。"

④【集解】孟康曰："月三十日周天，历二十八宿，然后可占天下。"【正义】案：月列宿，日、风、云有变，占其国，并太岁所在，则知其岁丰稔、水旱、饥馑也。

⑤【索隐】月离于毕。案：韦昭云"离，历也"。

正月上甲，风从东方，宜蚕；风从西方，若旦黄云，恶。

冬至短极，县土炭，①炭动，鹿解角，兰根出，泉水跃，略以知日至，要决晷景。岁星所在，五谷逢昌。其对为冲，岁乃有殃。②

①【集解】孟康曰："先冬至三日，县土炭于衡两端，轻重适均，冬至日阳气至则炭重，夏至日阴气至则土重。"晋灼曰："蔡邕《律历记》'候钟律权土炭，冬至阳气应黄钟通，土炭轻而衡仰，夏至阴气应蕤宾通，土炭重而衡低。进退先后，五日之中'。"

②【正义】言晷景岁星行不失次，则无灾异，五谷逢其昌盛；若晷景岁星行而失舍有所冲，则岁乃有殃祸灾变也。

太史公曰：自初生民以来，世主曷尝不历日月星辰？及至五家、①三代，绍而明之，②内冠带，外夷狄，分中国为十有二州，仰则观象于天，俯则法类于地。天则有日月，地则有阴阳。天有五星，地有五行。天则有列宿，地则有州域。三光者，阴阳之精，气本在地，而圣人统理之。

①【索隐】案：谓五纪，岁、月、日、星辰、历数，各有一家颛学习之，故曰"五家"也。

②【正义】五家，黄帝、高阳、高辛、唐〔尧〕(虞)、(尧)〔虞〕舜也。三代，夏、殷、周也。言生民以来，何曾不历日、月、星辰，及至五帝、三王，亦于绍继而明天数阴阳也。

幽厉以往，尚矣。所见天变，皆国殊窟穴，家占物怪，以合时应，其文图籍禨祥不法。①是以孔子论六经，纪异而说不书。至天道命，不传；传其人，不待告；②告非其人，虽言不著。③

①【正义】禨音机。顾野王云“禨祥，吉凶之先见也”。案：自古以来所见天变，国皆异具，所说不同，及家占物怪，用合时应者书，其文并图籍，凶吉并不可法则。故孔子论六经，记异事而说其所应，不书变见之踪也。

②【正义】待，须也。言天道性命，忽有志事，可传授之则传，其大指微妙，自在天性，不须深告语也。

③【正义】著，作虑反。著，明也。言天道性命，告非其人，虽为言说，不得著明微妙，晓其意也。

昔之传天数者：高辛之前，重、黎；①于唐、虞，羲、和；②有夏，昆吾；③殷商，巫咸；④周室，史佚、苌弘；⑤于宋，子韦；郑则裨灶；⑥在齐，甘公；⑦楚，唐眛；⑧赵，尹皋；魏，石申。⑨

①【正义】《左传》云蔡墨曰“少昊氏之子曰黎，为火正，号祝融”，即火行之官，知天数。

②【正义】羲氏，和氏，掌天地四时之官也。

③【正义】昆吾，陆终之子。虞翻云“昆吾名樊，为己姓，封昆吾”。《世本》云昆吾卫者也。

④【正义】巫咸，殷贤臣也，本吴人，冢在苏州常熟海隅山上。子贤，亦在此也。

⑤【正义】史佚，周武王时太史尹佚也。苌弘，周灵王时大夫也。

⑥【正义】裨灶，郑大夫也。

⑦【集解】徐广曰：“或曰甘公名德也，本是鲁人。”【正义】《七录》云楚人，战国时作《天文星占》八卷。

⑧【正义】莫葛反。

⑨【正义】《七录》云石申，魏人，战国时作《天文》八卷也。

夫天运，三十岁一小变，百年中变，五百载大变；三大变一纪，三纪而大备：此其大数也。为国者必贵三五。①上下各千岁，然后天人之际续备。

①【索隐】三五谓三十岁一小变，五百岁一大变。

太史公推古天变，未有可考于今者。盖略以春秋二百四十二年之间，①日蚀三十六，②彗星三见，③宋襄公时星陨如雨。④天子微，诸侯力政，⑤五伯代兴，⑥更为主命。自是之后，众暴寡，大并小。秦、楚、吴、越，夷狄也，为强伯。⑦田氏篡齐，⑧三家分晋，⑨并为战国。争于攻取，兵革更起，城邑数屠，因以饥馑疾疫焦苦，臣主共忧患，其察禨祥候星气尤急。近世十二诸侯七国相王，⑩言从衡者继踵，而皋、唐、甘、石因时务论其书传，故其占验凌杂米盐。⑪

①【正义】谓从隐公元年至哀公十四年获麟也。隐公十一年，桓公十八年，庄公三十二年，闵公二年，僖公三十三年，文公十八年，宣公十八年，成公十八年，襄公三十一年，昭公三十二年，定公十五年，哀公十四年：凡二百四十二年也。

②【正义】谓隐公三年二月乙巳；桓公三年七月壬辰朔，十七年十月朔；庄公十八年三月朔，二十五年六月辛未朔，二十六年十二月癸亥朔，三十年九月庚午朔；僖公五年九月戊申朔，十二年三月庚午朔，十五年五月朔；文公元年二月癸亥朔，十五年六月辛卯朔；宣公八年七月庚子朔，十年四月丙辰朔，十七年六月癸卯朔；成公十六年六月丙辰朔，十七年七月丁巳朔；襄公十四年二月乙未朔，十五年八月丁巳朔，二十年十月丙辰朔，二十一年九月庚戌朔，十月庚辰朔，二十三年二月癸酉朔，二十四年七月甲子朔，八月癸巳朔，二十七年十二月乙亥朔；昭公七年四月甲辰朔，十五年六月丁巳朔，十七年六月甲戌朔，二十一年七月壬午朔，二十二年十二月癸酉朔，二十四年五月乙未朔，三十年十二月辛亥朔，定公五年三月辛亥朔，十二年十一月丙寅朔，十五年八月庚辰朔：凡蚀三十六也。

③【正义】谓文公十四年七月有星入于北斗，昭公十七年冬有星孛于大辰，哀公十三年有星孛于东方。

④【正义】谓僖公十六年正月戊申朔，陨石于宋五也。

⑤【集解】徐广曰：“一作‘征’。”

⑥【正义】赵岐注《孟子》云齐桓、晋文、秦穆、宋襄、楚庄也。

⑦【正义】秦祖非子初邑于秦，地在西戎。楚子鬻熊始封丹阳，荆蛮。吴太伯居吴，周章因封吴，号句吴。越祖少康之子初封于越，以守禹祀，地称东越。皆戎夷之地，故言夷狄也。后秦穆、楚庄、吴阖闾、越句践皆得封为伯也。

⑧【正义】周安王二十三年，齐康公卒，田和并齐而立为齐侯。

⑨【正义】周安王二十六年，魏武侯、韩文侯、赵敬侯共灭晋静而三分其地。

⑩【正义】王，于放反。谓汉孝景帝三年，吴王濞、楚王戊、赵王遂、济南王辟光、淄川王贤、胶东王雄渠也。

⑪【正义】凌杂，交乱也。米盐，细碎也。言皋、唐、甘、石等因时务论其书传中灾异所记录者，故其占验交乱细碎。其语在《汉书·五行志》中也。

二十八舍主十二州，①斗秉兼之，所从来久矣。②秦之疆也，候在太白，占于狼、弧。③吴、楚之疆，候在荧惑，占于鸟衡。④燕、齐之疆，候在辰星，占于虚、危。⑤宋、郑之疆，候在岁星，占于房、心。⑥晋之疆，亦候在辰星，占于参、罚。⑦

①【正义】二十八舍，谓东方角、亢、氐、房、心、尾、箕；北方斗、牛、女、虚、危、室、壁；西方奎、娄、胃、昴、毕、觜、参；南方井、鬼、柳、星、张、翼、轸。《星经》云："角、亢，郑之分野，兖州；氐、房、心，宋之分野，豫州；尾、箕，燕之分野，幽州；南斗、牵牛，吴、越之分野，扬州；须女、虚，齐之分野，青州；危、室、壁，卫之分野，并州；奎、娄，鲁之分野，徐州；胃、昴，赵之分野，冀州；毕、觜、参，魏之分野，益州；东井、舆鬼，秦之分野，雍州；柳、星、张、周之分野，三河；翼、轸，楚之分野，荆州也。"

②【正义】言北斗所建秉十二辰，兼十二州，二十八宿，自古所用，从来久远矣。

③【正义】太白、狼、弧，皆西方之星，故秦占候也。

④【正义】荧惑、鸟衡，皆南方之星，故吴、楚之占候也。鸟衡，柳星也。一本作"注张"也。

⑤【正义】辰星、虚、危，皆北方之星，故燕、齐占候也。

⑥【正义】岁星、房、心，皆东方之星，故宋、郑占候也。

⑦【正义】辰星、参、罚，皆北方西方之星，故晋占候也。

及秦并吞三晋、燕、代，自河山以南者中国。①中国于四海内则在东南，为阳；②阳则日、岁星、荧惑、填星；③占于街南，毕主之。④其西北则胡、貉、月氏诸衣旃裘引弓之民，为阴；⑤阴则月、太白、辰星；⑥占于街北，昴主之。⑦故中国山川东北流，其维，首在陇、蜀，尾没于勃、碣。⑧是以秦、晋好用兵，⑨复占太白，太白主中国；而胡、貉数侵掠，⑩独占辰星，辰星出入躁疾，常主夷狄：其大经也。此更为客主人。⑪荧惑为孛，外则理兵，内则理政。故曰“虽有明天子，必视荧惑所在”。⑫诸侯更强，时灾异记，无可录者。

①【正义】河，黄河也。山，华山也。从华山及黄河以南为中国也。

②【正义】《尔雅》云“九夷，八狄，七戎，六蛮，谓之四海之内”。中国，从河山东南为阳也。

③【正义】日，人质反。填音镇。日，阳也。岁星属东方，荧惑属南方，填星属中央，皆在南及东，为阳也。

④【正义】天街二星，主毕、昴，主国界也。街南为华夏之国，街北为夷狄之国，则毕星主阳。

⑤【正义】貉音陌。氏音支。从河山西北及秦、晋为阴也。

⑥【正义】月，阴也。太白属西方，辰星属北方，皆在北及西，为阴也。

⑦【正义】天街星北为夷狄之国，则昴星主之，阴也。

⑧【正义】言中国山及川东北流行，若南山首在昆仑葱岭，东北行，连陇山至南山、华山，渡河东北尽碣石山。黄河首起昆仑山；渭水、岷江发源出陇山：皆东北东入渤海也。

⑨【集解】韦昭曰：“秦晋西南维之北为阴，犹与胡、貉引弓之民同，故好用兵。”

⑩【正义】主犹领也，入也。《星经》云“太白在北，月在南，中国败；太白在南，月在北，中国不败也”。是胡貉数侵掠之也。

⑪【正义】更，格行反，下同。《星经》云：“辰星不出，太白为客；辰星出，太白为主人。辰星、太白不相从，虽有军不战。辰星出东方，太白出西方，若辰星出西方，太白出东方，为‘格野’，虽有兵不战；合宿乃战。辰星入太白中五日，及入而上出，破军杀将，客胜；不出，客亡地。视旗所指。”

⑫【索隐】必视荧惑之所在。此据《春秋纬·文耀钩》，故言“故曰”。

秦始皇之时，十五年彗星四见，久者八十日，长或竟天。其后秦遂以兵灭六王，并中国，外攘四夷，死人如乱麻，因以张楚并起，三十年之间①兵相骀藉，②不可胜数。自蚩尤以来，未尝若斯也。

①【正义】谓从秦始皇十六年起兵灭韩，至汉高祖五年灭项羽，则三十六年矣。

②【集解】苏林曰：“骀音台，登蹑也。”

项羽救钜鹿，枉矢西流，山东遂合从诸侯，西坑秦人，诛屠咸阳。

汉之兴，五星聚于东井。平城之围，①月晕参、毕七重。②诸吕作乱，日蚀，昼晦。吴楚七国叛逆，彗星数丈，天狗过梁野；及兵起，遂伏尸流血其下。元光、元狩，蚩尤之旗再见，长则半天。其后京师师四出，③诛夷狄者数十年，而伐胡尤甚。越之亡，荧惑守斗；④朝鲜之拔，星茀⑤于河戍；⑥兵征大宛，星茀招摇：⑦此其荦荦⑧大者。若至委曲小变，不可胜道。由是观之，未有不先形见而应随之者也。

①【索隐】汉高祖之七年。

②【索隐】案：《天文志》"其占者毕、昴间天街也。街北，胡也。街南，中国也。昴为匈奴；参为赵；毕为边兵。是岁高祖自将兵击匈奴，至平城，为冒顿所围，七日乃解"。则天象有若符契。七重，主七日也。

③【正义】元光元年，太中大夫卫青等伐匈奴；元狩二年，冠军侯霍去病等击胡；元鼎五年，卫尉路博德等破南越；及韩说破东越，并破西南夷，开十馀郡；元年，楼船将军杨仆击朝鲜也。

④【正义】南斗为吴、越之分野。

⑤【索隐】音佩，即孛星也。

⑥【索隐】案：《天文志》"武帝元封之中，星孛于河戍，其占曰'南戍为越门，北戍为胡门'。其后汉兵击拔朝鲜，以为乐浪、玄菟郡。朝鲜在海中，越之象，居北方，胡之域也"。其河戍即南河、北河也。

⑦【正义】招摇一星，次北斗杓端，主胡兵也。占：角变，则兵革大行。

⑧【索隐】力角反。荦荦，大事分明也。

夫自汉之为天数者，星则唐都，气则王朔，占岁则魏鲜。故甘、石历五星法，唯独荧惑有反逆行；逆行所守，及他星逆行，日月薄蚀，①皆以为占。

①【集解】孟康曰："日月无光曰薄。京房《易传》曰'日赤黄为薄'。或曰不交而蚀曰薄。"韦昭曰："气往迫之为薄，亏毁为蚀。"

余观史记，考行事，百年之中，五星无出而不反逆行，反逆行，尝盛大而变色；日月薄蚀，行南北有时：此其大度也。故紫宫、①房心、②权衡、③咸池、④虚危⑤列宿部星，⑥此天之五官坐位也，为经，不移徙，大小有差，阔狭有常。⑦水、火、金、木、填星，⑧此五星者，天之五佐，⑨为

(经)纬,见伏有时,⑩所过行嬴缩有度。

①【正义】中宫也。

②【正义】东宫也。

③【正义】南宫也。

④【正义】西宫也。

⑤【正义】北宫也。

⑥【正义】五官列宿部内之星也。

⑦【集解】孟康曰:“阔狭,若三台星相去远近。”

⑧【集解】徐广曰:“木、火、土三星若合,是谓惊位绝行。”

⑨【正义】言水、火、金、木、土五星佐天行德也。

⑩【正义】五星行南北为经,东西为纬也。

日变修德,月变省刑,星变结和。凡天变,过度乃占。国君强大,有德者昌;弱小,饰诈者亡。太上修德,其次修政,其次修救,其次修禳,正下无之。夫常星之变希见,而三光之占亟用。日月晕適,①云风,此天之客气,其发见亦有大运。然其与政事俯仰,最近(大)〔天〕人之符。此五者,天之感动。为天数者,必通三五。②终始古今,深观时变,察其精粗,则天官备矣。

①【集解】徐广曰:“適者,灾变咎征也。”李斐曰:“適,见灾于天。刘向以为日、月蚀及星逆行,非太平之常。自周衰以来,人事多乱,故天文应之遂变耳。”骃案:孟康曰“晕,日旁气也。適,日之将食,先有黑气之变”。

②【索隐】案:三谓三辰,五谓五星。

苍帝行德,天门为之开。①赤帝行德,天牢为之空。②黄帝行德,天夭为之起。③风从西北来,必以庚、辛。一秋中,五至,大赦;三至,小赦。白帝行德,以正月二十日、二十一日,月晕围,常大赦载,谓有太阳也。一曰:④白帝行德,毕、昴为之围。围三暮,德乃成;⑤不三暮,及围不合,德不成。二曰:以辰围,不出其旬。黑帝行德,天关为之动。⑥天行德,天子更立年;⑦不德,风雨破石。三能、三衡者,天廷也。⑧客星出天廷,有奇令。

①【索隐】案：谓王者行春令，布德泽，被天下，应灵威仰之帝，而天门为之开，以发德化也。天门，即左右角间也。　【正义】为，于伪反，下同。苍帝，东方灵威仰之帝也。春，万物开发，东作起，则天发其德化，天门为之开也。

②【索隐】亦谓王者行德，以应火精之帝。谓举大礼，封诸侯之地，则是赤帝行德。夏阳，主舒散，故天牢为之空，则人主当赦宥也。　【正义】赤帝，南方赤熛怒之帝也。夏万物茂盛，功作大兴，则天施德惠，天牢为之空虚也。天牢六星，在北斗魁下，不对中台，主秉禁暴，亦贵人之牢也。

③【正义】黄帝，中央含枢纽之帝。季夏万物盛大，则当大赦，含养群品也。

④【索隐】一曰，二曰，案谓星家之异说，太史公兼记之耳。

⑤【正义】白帝，西方白招矩之帝也。秋万物咸成，则晕围毕、昴三暮，帝德乃成也。

⑥【正义】黑帝，北方叶光纪之帝也。冬万物闭藏，为之动，为之开闭也。天关一星，在五车南，毕西北，为天门，日、月、五星所道，主边事，亦为限隔内外，障绝往来，禁道之作违者。占：芒，角，有兵起；五星守之，主贵人多死也。

⑦【索隐】案：天，谓北极，紫微宫也。言王者当天心，则北辰有光耀，是行德也。北辰光耀，则天子更立年也。

⑧【索隐】上云"南宫朱鸟，权衡，衡，太微，三光之廷"，则三衡者即太微也。其谓之三者，为日、月、五星也。然斗第六第五星亦名衡，又参三星亦名衡，然并不为天廷也。　【正义】《晋书·天文志》云："三台，主开德宣符也，所以和阴阳而理万物也。三衡者，北斗魁四星为璇玑，杓三星为玉衡，人君之象，号令主也。又太微，天子宫庭也。太微为衡，衡主平也，为天庭理，法平辞理也。"案：言三台、三衡者，皆天帝之庭，号令舒散平理也，故言三台、三衡。言若有客星出三台、三衡之廷，必有奇异教令也。

【索隐述赞】在天成象，有同影响。观文察变，其来自往。天官既书，太史攸掌。云物必记，星辰可仰。盈缩匪愆，应验无爽。至哉玄监，云谁欲调！

史记卷二十八

封禅书第六

【正义】此泰山上筑土为坛以祭天,报天之功,故曰封。此泰山下小山上除地,报地之功,故曰禅。言禅者,神之也。《白虎通》云:"或曰封者,金泥银绳,或曰石泥金绳,封之印玺也。"《五经通义》云:"易姓而王,致太平,必封泰山,禅梁父,(荷)〔何〕? 天命以为王,使理群生,告太平于天,报群神之功。"

自古受命帝王,曷尝不封禅? 盖有无其应而用事者矣,未有睹符瑞见而不臻乎泰山者也。虽受命而功不至,至梁父矣而德不洽,洽矣而日有不暇给,是以即事用希。《传》曰:"三年不为礼,礼必废;三年不为乐,乐必坏。"每世之隆,则封禅答焉,及衰而息。厥旷远者千有馀载,近者数百载,故其仪阙然堙灭,其详不可得而记闻云。

《尚书》曰,舜在璇玑玉衡,以齐七政。遂类于上帝,禋于六宗,望山川,遍群神。辑五瑞,择吉月日,见四岳诸牧,还瑞。① 岁二月,东巡狩,至于岱宗。岱宗,泰山也。② 柴,望秩于山川。遂觐东后。东后者,诸侯也。合时月正日,同律度量衡,修五礼,五玉三帛二生一死贽。五月,巡狩至南岳。南岳,衡山也。③ 八月,巡狩至西岳。西岳,华山也。④ 十一月,巡狩至北岳。北岳,恒山也。⑤ 皆如岱宗之礼。中岳,嵩高也。⑥ 五载一巡狩。

①【集解】徐广曰:"还,一作'班'。"

②【正义】《括地志》云:"泰山,一曰岱宗,东岳也,在兖州博城县西北三十里。《周礼》云兖州镇曰岱宗。"

③【正义】《括地志》云:"衡山,一名岣嵝山,在衡州湘潭县西四十里。"

④【正义】《括地志》云："华山在华州华阴县南八里，古文以为敦物。《周礼》云豫州镇曰华山。"

⑤【正义】《括地志》云："恒山在定州恒阳县西北百四十里。《周礼》云并州镇曰恒山。"

⑥【索隐】独不言"至"者，盖以天子所都也。　【正义】《括地志》云："嵩山，亦名曰太室，亦名曰外方也。在洛州阳城县西北二十三里。"

禹遵之。后十四世，至帝孔甲，淫德好神，神渎，二龙去之。① 其后三世，汤伐桀，欲迁夏社，不可，作《夏社》。后八世，至帝太戊，有桑榖生于廷，一暮大拱，惧。伊陟曰：②"妖不胜德。"太戊修德，桑榖死。伊陟赞巫咸，巫咸之兴自此始。③ 后十四世，帝武丁得傅说为相，殷复兴焉，称高宗。有雉④ 登鼎耳雊，武丁惧。祖己曰："修德。"武丁从之，位以永宁。后五世，帝武乙慢神而震死。⑤ 后三世，帝纣淫乱，武王伐之。由此观之，始未尝不肃祇，后稍怠慢也。

①【索隐】如淳按：《国语》"二龙漦于夏庭"是也。

②【集解】徐广曰："陟，古作'敕'。"

③【索隐】案《尚书》，巫咸殷臣名，伊陟赞告巫咸。今此云"巫咸之兴自此始"，则以巫咸为巫觋。然《楚词》亦以巫咸主神。盖太史公以巫咸是殷臣，以巫接神事，太戊使禳桑榖之灾，所以伊陟赞巫咸，故云巫咸之兴自此始也。

④【集解】徐广曰："一作'鸫'，音娇。"

⑤【索隐】谓武乙射天，后猎于河渭而震死也。

《周官》曰，冬日至，祀天于南郊，迎长日之至；夏日至，祭地祇。皆用乐舞，而神乃可得而礼也。天子祭天下名山大川，五岳视三公，四渎视诸侯，诸侯祭其疆内名山大川。四渎者，江、河、淮、济也。天子曰明堂、辟雍，① 诸侯曰泮宫。②

①【集解】韦昭曰："水外四周圜如辟雍，盖以节观者也。"

②【集解】张晏曰："制度半于天子之辟雍。"　【索隐】按：服虔云"天子水匝，为辟雍。诸侯水不匝，至半，为泮宫"。《礼统》又云"半有水，半有宫"是也。

周公既相成王，郊祀后稷以配天，① 宗祀文王于明堂以配上帝。② 自禹兴而修社祀，后稷稼穑，故有稷祠，郊社所从来尚矣。

①【集解】王肃曰："配天，于南郊祀之。"

②【集解】郑玄曰："上帝者，天之别名也。神无二主，故异其处，避后稷也。"

自周克殷后十四世，世益衰，礼乐废，诸侯恣行，而幽王为犬戎所败，①周东徙雒邑。秦襄公攻戎救周，始列为诸侯。②秦襄公既侯，居西垂，③自以为主少皞之神，作西畤，祠白帝，其牲用骝驹④黄牛羝羊各一云。⑤其后十六年，秦文公东猎汧渭之间，卜居之而吉。⑥文公梦黄蛇自天下属地，其口止于鄜衍。⑦文公问史敦，敦曰："此上帝之征，君其祠之。"于是作鄜畤，用三牲郊祭白帝焉。

①【集解】徐广曰："犬，一作'畎'。"

②【正义】秦襄公，周平王元年封也。

③【正义】汉陇西郡西县也。今在秦州上邽县西南九十里也。

④【索隐】赤马黑鬣曰骝也。

⑤【索隐】《诗传》云："羝，牡羊。"

⑥【索隐】按：《地理志》汧水出汧县西北入渭。皇甫谧云"文公徙都汧"者也。【正义】《括地志》云："郿县故城在岐州郿县东北十五里，即此城也。"

⑦【集解】李奇曰："鄜音孚。山阪曰衍。"　【索隐】鄜，地名，后为县，属冯翊。衍者，郑众注《周礼》云"下平曰衍"；又李奇《三辅记》云"三辅谓山阪间为衍"也。

自未作鄜畤也，而雍旁故有吴阳武畤，①雍东有好畤，皆废无祠。或曰："自古以雍州积高，神明之隩，故立畤郊上帝，诸神祠皆聚云。盖黄帝时尝用事，虽晚周亦郊焉。"其语不经见，缙绅者②不道。

①【集解】李奇曰："于旁有吴阳地。"

②【集解】李奇曰："缙，插也，插笏于绅。绅，大带。"　【索隐】姚氏云"缙，当作'搢'"。郑众注《周礼》云"缙读为'荐'，谓荐之于绅带之间"。今按：郑意以缙为荐，则荐亦是进，进而置于绅带之间，故《史记》亦多作"荐"字也。

作鄜畤后九年，文公获若石云，①于陈仓北阪城祠之。②其神或岁不至，或岁数来，来也常以夜，光辉若流星，从东南来集于祠城，则若雄鸡，其声殷云，野鸡夜雊。③以一牢祠，命曰陈宝。④

①【集解】苏林曰："质如石也。"服虔曰："在北，或曰在陈仓北。" 【索隐】苏林云："质如石，似肺。"

②【正义】《三秦记》云："太白山西有陈仓山，山有石鸡，与山鸡不别。赵高烧山，山鸡飞去，而石鸡不去，晨鸣山头，声闻三里。或言是玉鸡。"《括地志》云："陈仓山在今岐州陈仓县南。"又云："宝鸡神祠在汉陈仓县故城中，今陈仓县东。石鸡在陈仓山上。"祠在陈仓城，故言获若石于陈仓北阪城祠之。

③【集解】如淳曰："野鸡，雉也。吕后名雉，故曰野鸡。"瓒曰："殷，声也。云，足句之词。"

④【集解】瓒曰："陈仓县有宝夫人祠，或一岁二岁与叶君合。叶君神来时，天为之殷殷雷鸣，雉为之雊也。在长安正西五百里。"韦昭曰："在陈仓县。宝而祠之，故曰陈宝。" 【索隐】案：《列异传》云"陈仓人得异物以献之，道遇二童子，云：'此名为媦，在地下食死人脑。'媦乃言云：'彼二童子名陈宝，得雄者王，得雌者伯。'乃逐童子，化为雉。秦穆公大猎，果获其雌，为立祠。祭，有光，雷电之声。雄止南阳，有赤光长十馀丈，来入陈仓祠中"。所以代俗谓之宝夫人祠，抑有由也。叶，县名，在南阳。叶君即雄雉之神，故时与宝夫人神合也。

作鄜畤后七十八年，秦德公既立，卜居雍，"后子孙饮马于河"，遂都雍。雍之诸祠自此兴。用三百牢于鄜畤。①作伏祠。②磔狗邑四门，以御蛊灾。③

①【索隐】案《秦本纪》，德公元年以牺三百祠鄜畤。今案："百"当为"白"，秦君西祀少昊时牲尚白。秦，诸侯也，虽奢侈，祭郊本特牲，不可用三百牢以祭天，盖字误耳。

②【索隐】案：服虔云"周时无伏，磔犬以御灾，秦始作之"。《汉旧仪》云"伏者，万鬼行日，故闭不干求也"，故《东观汉记》"和帝初令伏闭昼日"是也。又《历忌释》曰"伏者何？金气伏藏之名。四时代谢，皆以相生。而春木代水，水生木也。夏火代木，木生火也。冬水代金，金生水也。至秋，则以金代火，金畏于火，故至庚日必伏。庚者，金日也"。

③【索隐】案：《左传》云"皿虫为蛊"，枭磔之鬼亦为蛊。故《月令》云"大傩，旁磔"，注云"磔，禳也。厉鬼为蛊，将出害人，旁磔于四方之门"。故此亦磔狗

邑四门也。《风俗通》云"杀犬磔禳也"。

德公立二年卒。其后(六)〔四〕年,秦宣公作密畤于渭南,祭青帝。

其后十四年,秦缪公立,病卧五日不寤;寤,乃言梦见上帝,上帝命缪公平晋乱。史书而记藏之府。而后世皆曰秦缪公上天。

秦缪公即位九年,齐桓公既霸,会诸侯于葵丘,①而欲封禅。管仲曰:②"古者封泰山禅梁父者③七十二家,④而夷吾所记者十有二焉。昔无怀氏⑤封泰山,禅云云;⑥虙羲封泰山,禅云云;神农封泰山,禅云云;炎帝⑦封泰山,禅云云;黄帝封泰山,禅亭亭;⑧颛顼封泰山,禅云云;帝俈封泰山,禅云云;尧封泰山,禅云云;舜封泰山,禅云云;禹封泰山,禅会稽;⑨汤封泰山,禅云云;周成王封泰山,禅社首:⑩皆受命然后得封禅。"桓公曰:"寡人北伐山戎,⑪过孤竹;⑫西伐大夏,涉流沙,束马悬车,上卑耳之山;⑬南伐至召陵,⑭登熊耳山⑮以望江汉。兵车之会三,⑯而乘车之会六,⑰九合诸侯,一匡天下,诸侯莫违我。昔三代受命,亦何以异乎?"于是管仲睹桓公不可穷以辞,因设之以事,曰:"古之封禅,鄗上之黍,北里之禾,⑱所以为盛;江淮之间,一茅三脊,⑲所以为藉也。东海致比目之鱼,⑳西海致比翼之鸟,㉑然后物有不召而自至者十有五焉。今凤皇麒麟不来,嘉谷不生,而蓬蒿藜莠茂,鸱枭数至,而欲封禅,毋乃不可乎?"于是桓公乃止。是岁,秦缪公内晋君夷吾。其后三置晋国之君,㉒平其乱,缪公立三十九年而卒。

①【正义】《括地志》云:"葵丘在曹州考城县东南一里五十步郭内,即桓公所会处也。"

②【索隐】案:今《管子书》其《封禅篇》亡。

③【正义】《括地志》云:"梁父山在兖州泗水县北八十里。"

④【正义】《韩诗外传》云:"孔子升泰山,观易姓而王可得而数者七十馀人,不得而数者万数也。"案:管仲所记自无怀氏以下十二家,其六十家无纪录也。

⑤【集解】服虔曰:"古之王者,在伏羲前,见《庄子》。"

⑥【集解】李奇曰:"云云山在梁父东。" 【索隐】晋灼云:"山在蒙阴县故城东北,下有云云亭也。" 【正义】《括地志》云:"云云山在兖州博城县西南三十

里也。”

⑦【索隐】邓展云“神农后子孙亦称炎帝而登封者”,《律历志》“黄帝与炎帝战于阪泉”,岂黄帝与神农身战乎?皇甫谧云炎帝传位八代也。

⑧【集解】徐广曰:“在钜平。”骃案:服虔曰“亭亭山在牟阴”。【索隐】应劭云“在钜平北十馀里”。服虔云“在牟阴”,非也。【正义】《括地志》云:“亭亭山在兖州博城县西南三十里也。”

⑨【索隐】晋灼云“本名茅山”。《吴越春秋》云“禹巡天下,登茅山,群臣乃大会计,更名茅山为会稽”。亦曰苗山也。【正义】《括地志》云:“会稽山一名衡山,在越州会稽县东南一十二里也。”

⑩【集解】应劭曰:“山名,在博县。”晋灼曰:“在钜平南十三里。”

⑪【索隐】服虔云:“盖今鲜卑是。”

⑫【正义】《括地志》云:“孤竹故城在平州卢龙县南一十里,殷时孤竹国也。”

⑬【集解】韦昭曰:“将上山,缠束其马,悬钩其车也。卑耳即《齐语》所谓‘辟耳’。”【索隐】案:山名,在河东大阳。卑读如字也。《齐语》,即《春秋外传》《国语》之书也。辟音僻。贾逵云“山险也”。

⑭【正义】召音邵。《括地志》云:“召陵故城在豫州郊城县东四十五里也。”

⑮【索隐】登熊耳。案:《荆州记》耒阳、益阳二县东北有熊耳,东西各一峰,状如熊耳,因以为名。齐桓公并登之。或示弘农熊耳,下云“望江汉”,知非也。

⑯【索隐】案《左传》,三,谓鲁庄十三年会北杏,平宋乱;僖四年侵蔡,遂伐楚;六年伐郑,围新城是也。

⑰【索隐】据《左氏传》云,谓庄十四年会于鄄,十五年又会鄄,十六年盟于幽,僖五年会于首止,八年盟于洮,九年会葵丘也。

⑱【集解】应劭曰:“鄗上,山也。鄗音臛。”苏林曰:“鄗上、北里皆地名。”【索隐】韦昭云:“设以不可得之物。”鄗音霍。应劭云:“光武改高邑曰鄗。”姚氏云:“鄗县属常山。”一云鄗上,山名。

⑲【集解】孟康曰:“所谓灵茅也。”

⑳【集解】韦昭曰:“各有一目,不比不行,其名曰鲽。”【索隐】鲽音苔。郭璞云:“如牛脾,身薄,细鳞,紫黑色,只一眼,两片合乃得行,今江东呼为王馀,亦曰版鱼。”

㉑【集解】韦昭曰:“各有一翼,不比不飞,其名曰鹣鹣。”【索隐】案:《山海经》

云“崇吾之山有鸟，状如凫，一翼一目，相得乃飞，名云蛮”。郭璞注《尔雅》亦作“鹣鹣”。

㉒【索隐】三置晋君。案：谓惠公、怀公、文公也。

其后百有馀年，而孔子论述六蓺，传略言易姓而王，封泰山禅乎梁父者七十馀王矣，其俎豆之礼不章，盖难言之。或问禘之说，孔子曰：“不知。知禘之说，其于天下也视其掌。”①诗云纣在位，文王受命，政不及泰山。武王克殷二年，天下未宁而崩。爰周德之洽维成王，成王之封禅则近之矣。及后陪臣执政，季氏旅于泰山，仲尼讥之。②

①【集解】孔安国曰：“为鲁讳也。”包氏曰：“孔子谓或人言知禘之说者，于天下之事如指视以掌中之物，言其易了。”

②【集解】马融曰：“旅，祭名。礼，诸侯祭山川在封内者。陪臣祭泰山，非礼也。”

是时苌弘以方事周灵王，诸侯莫朝周，周力少，苌弘乃明鬼神事，设射《狸首》。《狸首》者，诸侯之不来者。①依物怪欲以致诸侯。诸侯不从，而晋人执杀苌弘。②周人之言方怪者自苌弘。

①【集解】徐广曰：“狸，一名‘不来’。”

②【集解】《皇览》曰：“苌弘冢在河南洛阳东北山上。”

其后百馀年，秦灵公作吴阳上畤，①祭黄帝；②作下畤，祭炎帝。

①【索隐】吴阳，地名，盖在岳之南。又上云“雍旁有故吴阳武畤”，今盖因武畤又作上、下畤以祭黄帝、炎帝。

②【集解】徐广曰：“凡距作密畤二百五十年。”

后四十八年，周太史儋①见秦献公曰：“秦始与周合，合而离，五百岁当复合，②合十七年而霸王出焉。”③栎阳雨金，秦献公自以为得金瑞，故作畦畤栎阳而祀白帝。④

①【索隐】音丁甘反。孟康云即老子也。韦昭案年表，儋在孔子后百馀年，非老聃也。

②【索隐】案：大颜历评诸家，而云周平王封襄公为诸侯，至昭王五十二年西周君献邑，凡五百一十六年为合，亦举全数。

③【索隐】合十七年伯王出。自昭王灭周之后至始皇元年诛嫪毐，正一十七年。孟康云："谓周封秦为别，秦并周为合。此襄公为霸，始皇为王也。"
【正义】王，于放反。秦周俱黄帝之后，至非子末别封，是合也。合而离者，谓非子末年，周封非子为附庸，邑之秦，是离也。五百岁当复合者，谓从非子邑秦后二十九君，至秦孝公二年五百岁，周显王致文武胙于秦孝公，复与之亲，是复合也。十七年霸王出焉者，谓从秦孝公三年至十九年，周显王致伯于秦孝公，是霸出也；至惠王称王，王者出焉。然五百岁者，非子生秦侯已下二十八君，至孝公二年，合四百八十六年，兼非子邑秦之后十四年，则五百岁矣。诸家解皆非也。

④【集解】晋灼曰："《汉注》在陇西西县人先祠山下，形如种韭畦，畦各一土封。" 【索隐】《汉旧仪》云："祭人先于陇西西县人先山，山上皆有土人，山下有畤，埒如菜畦，畤中各有一土封，故云畤。"《三苍》云："畤，埒也。"

其后百二十岁而秦灭周，①周之九鼎入于秦。或曰宋太丘社亡，②而鼎没于泗水彭城下。

①【集解】徐广曰："去太史儋言时百二十年。"

②【集解】《尔雅》曰："右陵太丘。" 【索隐】应劭云："亡，沦入地也。"案：亡，社主亡也。《尔雅》云"右陵太丘"。郭璞云"宋有太丘"。

其后百一十五年而秦并天下。

秦始皇既并天下而帝，或曰："黄帝得土德，黄龙地螾见。①夏得木德，青龙止于郊，草木畅茂。殷得金德，银自山溢。②周得火德，有赤乌之符。③今秦变周，水德之时。昔秦文公出猎，获黑龙，此其水德之瑞。"于是秦更命河曰"德水"，以冬十月为年首，色上黑，度以六为名，④音上大吕，事统上法。⑤

①【集解】应劭曰："螾，丘蚓也。黄帝土德，故地见其神。蚓大五六围，长十馀丈。"韦昭曰："黄者地色，螾亦地物，故以为瑞。" 【索隐】出《吕氏春秋》。音引。

②【集解】苏林曰："流出也。"

③【索隐】《中候》及《吕氏春秋》皆云"有火自天止于王屋，流为赤乌，五至，以

谷俱来”。

④【正义】张晏云：“水，北方，黑。水终数六，故以方六寸为符，六尺为步。”

⑤【集解】服虔曰：“政尚法令也。”瓒曰：“水阴，阴主刑杀，故尚法。”

即帝位三年，东巡郡县，祠驺峄山，①颂秦功业。于是征从齐鲁之儒生博士七十人，至乎泰山下。诸儒生或议曰：“古者封禅为蒲车，②恶伤山之土石草木；埽地而祭，席用菹秸，③言其易遵也。”始皇闻此议各乖异，难施用，由此绌儒生。而遂除车道，上自泰山阳至巅，立石颂秦始皇帝德，明其得封也。从阴道下，禅于梁父。其礼颇采太祝之祀雍上帝所用，而封藏皆秘之，世不得而记也。

①【索隐】驺县之峄山。驺县本邾国，鲁穆公改作“邹”。《从征记》北岩有秦始皇所勒铭。

②【索隐】谓蒲裹车轮，恶伤草木。

③【集解】应劭曰：“秸，禾槁也。去其皮以为席。”如淳曰：“菹读曰租。秸读曰戛。”晋灼曰：“菹，藉也。”【索隐】上音租，下音戛。《周礼》“祭祀供茅菹”。《说文》云：“菹，茅藉也。秸，禾槁去其皮，祭天以此。”

始皇之上泰山，中阪遇暴风雨，休于大树下。诸儒生既绌，不得与用于封事之礼，闻始皇遇风雨，则讥之。

于是始皇遂东游海上，行礼祠名山大川及八神，求仙人羡门之属。八神将自古而有之，或曰太公以来作之。齐所以为齐，以天齐也。①其祀绝莫知起时。八神：一曰天主，②祠天齐。天齐渊③水，居临菑南郊山下者。④二曰地主，祠泰山梁父。盖天好阴，祠之必于高山之下，小山之上，命曰“畤”；⑤地贵阳，祭之必于泽中圜丘云。三曰兵主，祠蚩尤。蚩尤在东平陆监乡，⑥齐之西境也。四曰阴主，祠三山。⑦五曰阳主，祠之罘。⑧六曰月主，祠之莱山。⑨皆在齐北，并勃海。七曰日主，祠成山。成山斗入海，⑩最居齐东北隅，以迎日出云。八曰四时主，祠琅邪。⑪琅邪在齐东方，盖岁之所始。皆各用一牢具祠，而巫祝所损益，珪币杂异焉。

①【集解】苏林曰：“当天中央齐。”

②【索隐】谓主祠天。

③【索隐】顾氏案:解道彪《齐记》云"临菑城南有天齐泉,五泉并出,有异于常,言如天之腹齐也"。

④【索隐】下下者。小颜云:"下下谓最下也。"

⑤【集解】徐广曰:"一云'之下(上)畤命曰畤'。" 【索隐】此之"一云",与《汉书·郊祀志》文同也。

⑥【集解】徐广曰:"属东平郡。" 【索隐】监音阚。韦昭云:"县名,属东平。"《皇览》云:"蚩尤冢在东平郡寿张县阚乡城中。"

⑦【索隐】小颜以为下所谓三神山。顾氏案:《地理志》东莱曲成有参山,即此三山也,非海中三神山也。

⑧【正义】《括地志》云:"之罘山在莱州文登县西北九十里。"

⑨【集解】韦昭曰:"在东莱长广县。"

⑩【集解】韦昭曰:"成山在东莱不夜,斗入海。不夜,古县名。" 【索隐】不夜,县名,属东莱。案:解道彪《齐记》云"不夜城盖古有日夜出见于境,故莱子立城以不夜为名"。斗入海,谓斗绝曲入海也。

⑪【索隐】案:《山海经》云"琅邪台在勃海间"。案:是山如台。《地理志》琅邪县有四时祠也。

自齐威、宣①之时,驺子之徒②论著终始五德之运,③及秦帝而齐人奏之,故始皇采用之。而宋毋忌、④正伯侨、⑤充尚、⑥羡门高⑦最后皆燕人,⑧为方仙道,⑨形解销化,⑩依于鬼神之事。驺衍以阴阳主运⑪显于诸侯,而燕齐海上之方士传其术不能通,然则怪迂阿谀苟合之徒自此兴,不可胜数也。

①【索隐】威王、宣王也。

②【集解】韦昭曰:"名衍。"

③【集解】如淳曰:"今其书有《五德终始》。五德各以所胜为行。秦谓周为火德,灭火者水,故自谓水德。"

④【索隐】案:乐产引《老子戒经》云"月中仙人宋无忌"。《白泽图》云"火之精曰宋无忌"。盖其人火仙也。

⑤【索隐】乐产案:马相如云"正伯侨,古仙人"。顾氏案:裴秀《冀州记》云"缑山仙人庙者,昔有王乔,犍为武阳人,为柏人令,于此得仙,非王子乔也"。

⑥【索隐】无别所见。

⑦【索隐】案：秦始皇求羡门子高是也。

⑧【索隐】案：最后犹言甚后也。服虔说止有四人，是也。小颜云自宋无忌至最后凡五人，刘伯庄亦同此说，非也。

⑨【集解】韦昭曰："皆慕古人名效神仙者。"

⑩【集解】服虔曰："尸解也。"张晏曰："人老而解去，故骨如变化也。今山中有龙骨，世人谓之龙解骨化去也。"

⑪【集解】如淳曰："今其书有《主运》。五行相次转用事，随方面为服。"【索隐】案：《主运》是《邹子书》篇名也。

自威、宣、燕昭使人入海求蓬莱、方丈、瀛州。此三神山者，其傅在勃海中，①去人不远；患且至，则船风引而去。盖尝有至者，诸仙人及不死之药皆在焉。其物禽兽尽白，而黄金银为宫阙。未至，望之如云；及到，三神山反居水下。临之，风辄引去，终莫能至云。世主莫不甘心焉。②及至秦始皇并天下，至海上，则方士言之不可胜数。始皇自以为至海上而恐不及矣，使人乃赍童男女入海求之。船交海中，皆以风为解，③曰未能至，望见之焉。其明年，始皇复游海上，至琅邪，过恒山，从上党归。后三年，游碣石，考入海方士，④从上郡归。后五年，始皇南至湘山，遂登会稽，并海上，冀遇海中三神山之奇药。不得，还至沙丘崩。⑤

①【集解】服虔曰："傅音附。或曰其传书云尔。"瓒曰："世人相传之。"

②【索隐】谓心甘羡也。

③【索隐】顾野王云："皆自解说，遇风不至也。"

④【集解】服虔曰："疑诈，故考之。"瓒曰："考校其虚实也。"

⑤【正义】《括地志》云："沙丘台在邢州平乡东北三十里。"

二世元年，东巡碣石，并海南，历泰山，至会稽，皆礼祠之，而刻勒始皇所立石书旁，以章始皇之功德。①其秋，诸侯畔秦。三年而二世弑死。

①【索隐】小颜云："今诸山皆有始皇所刻石及胡亥重刻，其文具存也。"

始皇封禅之后十二岁，秦亡。诸儒生疾秦焚《诗》《书》，诛僇文学，百姓怨其法，天下畔之，皆讹曰："始皇上泰山，为暴风雨所击，不得封禅。"此岂所谓无其德而用事者邪？①

①【索隐】即《封禅书》序云“盖有无其应而用事者矣”。此当有所本，太史公再引以为说。

昔三代之(君)〔居〕皆在河洛之间，①故嵩高为中岳，而四岳各如其方，四渎咸在山东。至秦称帝，都咸阳，则五岳、四渎皆并在东方。自五帝以至秦，轶兴轶衰，名山大川或在诸侯，或在天子，其礼损益世殊，不可胜记。及秦并天下，令祠官所常奉天地名山大川鬼神可得而序也。

①【正义】《世本》云：“夏禹都阳城，避商均也。又都平阳，或在安邑，或在晋阳。”《帝王世纪》云：“殷汤都亳，在梁，又都偃师，至盘庚徙河北，又徙偃师也。周文、武都酆、鄗，至平王徙都河南。”案：三代之居皆在河洛之间也。

于是自殽以东，①名山五，大川祠二。曰太室。太室，嵩高也。恒山，泰山，会稽，湘山。②水曰济，曰淮。③春以脯酒为岁④祠，因泮冻，⑤秋涸冻，⑥冬塞⑦祷祠。其牲用牛犊各一，牢具珪币各异。

①【索隐】案：殽即崤山。杜预云“崤在弘农渑池县西南”，即今之崤山是也。亦音豪。

②【索隐】相山。《地理志》在长沙。

③【索隐】案：《风俗通》云“济庙在临邑，淮庙在平氏也”。

④【索隐】为，于伪反。

⑤【集解】服虔曰：“解冻。”

⑥【索隐】案：《字林》“涸，竭也，下各反”。小颜云“涸，读与‘冱’同。冱，凝也，下故反。春则解，秋则凝”。

⑦【索隐】先代反，与“赛”同。赛，今报神福也。

自华以西，名山七，名川四。曰华山，①薄山。薄山者，衰山也。②岳山，③岐山，④吴岳，⑤鸿冢，⑥渎山。渎山，蜀之汶山。⑦水曰河，祠临晋；⑧沔，祠汉中；⑨湫渊，祠朝那；⑩江水，祠蜀。⑪亦春秋泮涸祷塞，如东方名山川；而牲牛犊牢具珪币各异。而四大冢⑫鸿、岐、吴、岳，皆有尝禾。⑬

①【正义】《括地志》云：“华山在华州华阴县南八里，古文以为敦物也。注云‘华、岳本一山，当河水过而行，河神巨灵手荡脚蹋，开而为两，今脚迹在东首

阳下，手掌在华山，今呼为仙掌，河流于二山之间也。《开山图》云巨灵胡者，偏得神仙之道，能造山川，出江河也’。”

②【集解】徐广曰："蒲阪县有襄山，或字误也。"【索隐】薄山者，襄山也。应劭云"在潼关北十馀里"。《穆天子传》云"自河首襄山"。郦元〔注〕《水经》云"薄山统目与襄山不殊，在今芮城北，与中条山相连"。是薄、襄一山也。【正义】薄音白落反。衰音色眉反。《括地志》云："薄山亦名衰山，一名寸棘山，一名渠山，一名雷首山，一名独头山，一名首阳山，一名吴山，一名条山，在陕州芮县城北十里。"此山西起雷山，东至吴阪，凡十名，以州县分之，多在蒲州。今史文云"自华以西"，未详也。

③【集解】徐广曰："武功县有大壶山，又有岳山。"

④【索隐】《地理志》在美阳县西北也。

⑤【集解】徐广曰："在汧也。"【索隐】徐广云在汧。

⑥【索隐】黄帝臣大鸿葬雍，鸿冢盖因大鸿葬为名也。

⑦【索隐】《地理志》蜀郡湔氐道，湣山在西。郭璞注云"山在汶阳郡广阳县，一名渎山也"。

⑧【索隐】韦昭云："冯翊县。"《地理志》临晋有河水祠。【正义】即同州冯翊县，本汉临晋县，故大荔，秦获之更名。《括地志》云"大河祠在同州朝邑县南三十里。《山海经》云'冰夷，人面，乘两龙也'。《太公金匮》云'冯脩也'。《龙鱼河图》云'河伯姓吕，名公子，夫人姓冯名夷。河伯，字也。华阴潼乡隄首人水死，化为河伯'。应劭云'夷，冯夷，乃水仙也'。"

⑨【索隐】《水经》云"沔水出武都沮县"，注云"东南注汉。谓汉水"，故祠之汉中。乐产云"汉女，汉神也"。

⑩【集解】苏林曰："湫渊在安定朝那县，方四十里，停不流，冬夏不增减，不生草木。音将蓼反。"【索隐】湫音子小反，又子由反，即龙之所处也。【正义】《括地志》云："朝那湫祠在原州平高县东南二十里。湫谷水源出宁州安定县。"

⑪【索隐】案：《风俗通》云"江出岷山，岷山庙在江都"。《地理志》江都有江水祠。盖汉初祠之于源，后祠之于委也。又《广雅》云"江神谓之奇相"。《江记》云"帝女也，卒为江神"。《华阳国志》云"蜀守李冰于彭门阙立江神祠三所"。《汉旧仪》云"祭四渎用三正牲，沈圭，有车马绀盖也"。【正义】《括地志》云："江渎祠在益州成都县南八里。秦并天下，江水祠蜀。"

⑫【索隐】案：谓四山为大冢也。又《尔雅》云“山顶曰冢”，盖亦因鸿冢而为号也。

⑬【集解】孟康曰：“以新谷祭。”

陈宝节来祠。①其河加有尝醪。此皆在雍州之域，近天子之都，故加车一乘，骍驹四。

①【集解】服虔曰：“陈宝神应节来也。”

霸、产、①长水、②沣、③涝、④泾、渭皆非大川，以近咸阳，尽得比山川祠，而无诸加。⑤

①【正义】《括地志》云：“灞水，古滋水也，亦名蓝谷水，即秦岭水之下流，在雍州蓝田县。浐水即荆溪狗枷之下流也，在雍州万年县。”

②【索隐】案：《百官表》有长水校尉。沈约《宋书》云“营近长水，因以为名”。《水经》云“长水出白鹿原”，今之荆溪水是也。

③【索隐】《十三州记》：“沣水出鄠县南。” 【正义】《括地志》云：“沣水源在雍州长安县西南山沣谷。”

④【集解】徐广曰：“音劳。”骃案：《汉书音义》“水名，在鄠县界”。

⑤【集解】韦昭曰：“无车骍之属。”

汧、洛①二渊，②鸣泽、③蒲山、岳嵋山之属，④为小山川，亦皆岁祷塞泮涸祠，礼不必同。

①【正义】《括地志》云：“汧水源出陇州汧源县西南汧山，东入渭。洛水源出庆州洛源县白于山，南流入渭。”又云：“洛水，商州洛南县西冢岭山，东北流入河。”案：有二洛水，未知祠何者。

②【正义】《地理志》云二川源在庆州华池县西子午岭东，二川合，因名也。

③【索隐】案：服虔云“鸣泽，泽名，在涿郡遒县也”。 【正义】《括地志》云：“鸣泽在幽州范阳县西十五里。”案：遒县在易州涞水县北一里，故遒城是也。泽在遒南。

④【集解】徐广曰：“嵋音先许反。”

而雍有日、月、参、辰、①南北斗、荧惑、太白、岁星、填星、〔辰星〕、二十八宿、风伯、雨师、四海、九臣、十四臣、②诸布、③诸严、诸逑④之属，百有馀庙。西亦有数十祠。⑤于湖⑥有周天子祠。于下邽有天神。沣、滈有昭明、⑦天子辟池。⑧于(社)〔杜〕、亳⑨有三社主之祠、寿星祠;⑩而雍菅庙亦有杜主。⑪杜主,故周之右将军,⑫其在秦中,最小鬼之神者。⑬各以岁时奉祠。

①【索隐】案:《汉旧仪》云“祭参、辰星于池阳谷口,夹道左右为坛也”。

②【集解】晋灼曰:“自此以下星至天渊玉女,凡二十六,小神不说。” 【索隐】九臣,十四臣,并不见其名数所出,故昔贤不论之也。

③【索隐】案:《尔雅》“祭星曰布”,或诸布是祭星之处。

④【索隐】逑亦未详,《汉书》作“遂”。

⑤【索隐】西即陇西之西县,秦之旧都,故有祠焉。

⑥【索隐】《地理志》湖县属京兆,有周天子祠二所。

⑦【索隐】案:乐产引《河图》云“荧惑星散为昭明”。

⑧【索隐】乐产云未闻。顾氏以为璧池即滈池,所谓“华阴平舒道逢使者,持璧以遗滈池君”,故曰璧池。今谓天子辟池,即周天子辟雍之地。故周文王都酆,武王都滈,既立灵台,则亦有辟雍耳。张衡亦以辟池为雍。

⑨【集解】韦昭曰:“亳音薄,汤所都。”瓒曰:“济阴薄县是。” 【索隐】徐广云:“京兆杜县有亳亭,则‘社’字误,合作‘于杜亳’。且据文列于下皆是地邑,则杜是县。”案:秦宁公与亳王战,亳王奔戎,遂灭汤社。皇甫谧亦云“周桓王时自有亳王号汤,非殷也”。而臣瓒以亳为成汤之邑,故云在济阴,非也。案:谓杜、亳二邑有三社主之祠也。

⑩【索隐】寿星,盖南极老人星也,见则天下理安,故祠之以祈福寿。 【正义】角、亢在辰为寿星。三月之时,万物始生建,于春气布养,各尽其性,不罹灾夭,故寿。

⑪【集解】李奇曰:“菅,茅也。”

⑫【索隐】案:《地理志》杜陵,故杜伯国,有杜主祠四。《墨子》云“周宣王杀杜伯不以罪,后宣王田于圃,见杜伯执弓矢射,宣王伏弢而死也”。 【正义】《括地志》云:“杜祠,雍州长安县西南二十五里。”

⑬【索隐】谓其鬼虽小,而有神灵。

唯雍四畤①上帝为尊,其光景动人民唯陈宝。故雍四畤,春以为岁祷,因泮冻,秋涸冻,冬塞祠,五月尝驹,及四仲之月(祠若)月祠,〔若〕陈宝节来一祠。春夏用骍,秋冬用駵。畤驹四匹,木禺龙②栾车③一驷,木禺车马一驷，各如其帝色。黄犊羔各四，珪币各有数，皆生瘗埋，无俎豆之具。④三年一郊。秦以冬十月为岁首，故常以十月上宿郊见，⑤通权火，⑥拜于咸阳之旁，而衣上白，其用如经祠云。⑦西畤、畦畤，祠如其故，上不亲往。

①【索隐】雍有五畤而言四者，顾氏以为兼下文"上帝"为五，非也。案：四畤，据秦旧而言也。　【正义】《括地志》云："鄜畤、吴阳上下畤是。言秦用四畤祠上帝，青、黄、赤、白最尊贵之也。"

②【集解】《汉书音义》曰："禺，寄也，寄生龙形于木也。"　【索隐】禺，一音寓，寄也。寄龙形于木，寓（鸟）马亦然。一音偶，亦谓偶其形于木也。

③【索隐】谓车有铃，铃乃有栾和之节，故取名也。

④【正义】豆以木为之，受四升，高尺二寸，漆其中。大夫以上赤云气画，诸侯加象饰口足，天子以玉饰之也。

⑤【集解】李奇曰："宿犹斋戒也。"

⑥【集解】张晏曰："权火，烽火也，状若井絜皋矣。其法类称，故谓之权。欲令光明远照通祀所也。汉祠五畤于雍，五里一烽火。"如淳曰："权，举也。"　【索隐】权，如字，解如张晏。一音爟，《周礼》有司爟。爟，火官，非也。

⑦【集解】服虔曰："经，常也。"

诸此祠皆太祝常主，以岁时奉祠之。至如他名山川诸鬼及八神之属，上过则祠，去则已。郡县远方神祠者，民各自奉祠，不领于天子之祝官。祝官有秘祝，即有灾祥，辄祝祠移过于下。①

①【正义】谓有灾祥，辄令祝官祠祭，移其咎恶于众官及百姓也。

汉兴，高祖之微时，尝杀大蛇。有物曰："蛇，白帝子也，而杀者赤帝子。"高祖初起，祷丰枌榆社。①徇沛，为沛公，则祠蚩尤，衅鼓旗。遂以十月至灞上，与诸侯平咸阳，立为汉王。因以十月为年首，而色上赤。

①【集解】张晏曰："枌，白榆也。社在丰东北十五里。或曰枌榆，乡名，高祖里社也。"

二年，东击项籍而还入关，问："故秦时上帝祠何帝也？"对曰："四帝，有白、青、黄、赤帝之祠。"高祖曰："吾闻天有五帝，而有四，何也？"莫知其说。于是高祖曰："吾知之矣，乃待我而具五也。"乃立黑帝祠，命曰北畤。有司进祠，上不亲往。悉召故秦祝官，复置太祝、太宰，如其故仪礼。因令县为公社。①下诏曰："吾甚重祠而敬祭。今上帝之祭及山川诸神当祠者，各以其时礼祠之如故。"②

①【集解】李奇曰："犹官社。"

②【集解】徐广曰："《高祖本纪》曰'二年六月，令祠官祀天地四方上帝山川，以时祀也'。"

后四岁，天下已定，诏御史，令丰谨治枌榆社，常以四时春以羊彘祠之。令祝官立蚩尤之祠于长安。长安置祠祝官、女巫。其梁巫，祠天、地、天社、天水、房中、上①之属；晋巫，祠五帝、东君、云中〔君〕、②司命、巫社、巫祠、族人、先炊之属；③秦巫，祠社主、④巫保、族纍⑤之属；荆巫，祠堂下、巫先、⑥司命、⑦施糜⑧之属；九天巫，祠九天：⑨皆以岁时祠宫中。其河巫祠河于临晋，而南山巫祠南山秦中。秦中者，二世皇帝。⑩各有时(月)〔日〕。

①【索隐】案：《礼乐志》有《安世房中歌》，皆谓祭时室中堂上歌先祖功德也。

②【索隐】《广雅》曰："东君，日也。"王逸注《楚祠》"云中，云也"。东君、云中亦见《归藏易》也。

③【正义】先炊，古炊母神也。

④【索隐】社主，即上文三社主也。

⑤【索隐】二神名。纍，力追反。

⑥【集解】应劭曰："先人所在之国，及有灵施化民人，又贵，悉置祠巫祝，博求神灵之意。"文颖曰："巫，掌神之位次者也。范氏世仕于晋，故祠祝有晋巫。范会支庶留秦为刘氏，故有秦巫。刘氏随魏都大梁，故有梁巫。后徙丰，丰属荆，故有荆巫。"【索隐】巫先谓古巫之先有灵者，盖巫咸之类也。

⑦【索隐】案：《周礼》"以樵燎祠司命"。郑众云"司命，文昌四星也"。

⑧【索隐】郑氏云："主施糜粥之神。"

⑨【索隐】案：《孝武本纪》云"立九天庙于甘泉"。《三辅故事》云"胡巫事九天于神明台"。《淮南子》云"中央曰钧天，东方曰苍天，东北旻天，北方玄天，西北幽天，西方皓天，西南朱天，南方炎天，东南阳天"也。【正义】《太玄

经》云一中天，二羡天，三徒天，四罚更天，五晬天，六郭天，七咸天，八治天，九成天也。

⑩【集解】张晏曰："子产云匹夫匹妇强死者，魂魄能依人为厉也。"

其后二岁，或曰周兴而邑邰，立后稷之祠，至今血食天下。① 于是高祖制诏御史："其令郡国县立灵星祠，② 常以岁时祠以牛。"

①【正义】颜师古云："祭有牲牢，故言血食遍于天下。"

②【集解】张晏曰："龙星左角曰天田，则农祥也，晨见而祭。" 【正义】《汉旧仪》云："五年，修复周家旧祠，祀后稷于东南，为民祈农报厥功。夏则龙星见而始雩。龙星左角为天田，右角为天庭。天田为司马，教人种百谷为稷。灵者，神也。辰之神为灵星，故以壬辰日祠灵星于东南，金胜为土相也。"《庙记》云："灵星祠在长安城东十里。"

高祖十年春，有司请令县常以春(三)〔二〕月及(时)腊祠社稷以羊豕，民里社各自财以祠。制曰："可。"

其后十八年，孝文帝即位。即位十三年，下诏曰："令秘祝移过于下，朕甚不取。自今除之。"

始名山大川在诸侯，诸侯祝各自奉祠，天子官不领。及齐、淮南国废，① 令太祝尽以岁时致礼如故。

①【正义】齐有泰山，淮南有天柱山，二山初天子祝官不领，遂废其祀，令诸侯奉祠。今令太祝尽以岁时致礼，如秦故仪。

是岁，制曰："朕即位十三年于今，赖宗庙之灵，社稷之福，方内艾安，民人靡疾。间者比年登，朕之不德，何以飨此？皆上帝诸神之赐也。盖闻古者飨其德必报其功，欲有增诸神祠。有司议增雍五畤路车各一乘，驾被具；① 西畤畦畤禺车各一乘，禺马四匹，驾被具；其河、湫、汉水② 加玉各二；③ 及诸祠，各增广坛场，珪币俎豆以差加之。而祝釐者归福于朕，百姓不与焉。自今祝致敬，毋有所祈。"

①【正义】颜师古云："驾车被马之饰皆具。"

②【正义】河、湫，黄河及湫泉。

③【正义】言二水祭时各加玉璧二枚。

鲁人公孙臣上书曰："始秦得水德，今汉受之，推终始传，则汉当土德，土德之应黄龙见。宜改正朔，易服色，色上黄。"是时丞相张苍好律历，以为汉乃水德之始，故河决金堤，①其符也。②年始冬十月，色外黑内赤，③与德相应。如公孙臣言，非也。罢之。后三岁，黄龙见成纪。④文帝乃召公孙臣，拜为博士，与诸生草改历服色事。其夏，下诏曰："异物之神见于成纪，无害于民，岁以有年。朕祈郊上帝诸神，礼官议，无讳以劳朕。"有司皆曰"古者天子夏亲郊，祀上帝于郊，故曰郊"。于是夏四月，文帝始郊见雍五畤祠，衣皆上赤。

①【集解】《汉书音义》曰："在东郡界。"

②【索隐】谓河决乃水德之符应也。

③【集解】服虔曰："十月阴气在外，故外黑；阳气尚伏在地，故内赤。"

④【集解】徐广曰："在文帝十五年春。"【正义】案：成纪今秦州县也。

其明年，赵人新垣平以望气见上，言"长安东北有神气，成五采，若人冠絻焉。或曰东北神明之舍，西方神明之墓也。①天瑞下，宜立祠上帝，以合符应"。于是作渭阳五帝庙，同宇，②帝一殿，面各五门，各如其帝色。祠所用及仪亦如雍五畤。

①【集解】张晏曰："神明，日也。日出东北，舍谓阳谷；日没于西，墓谓濛谷也。"

②【集解】韦昭曰："宇谓上同下异，《礼》所谓'复庿重屋'也。"瓒曰："一营宇之中立五庙。"【正义】《括地志》云："渭阳五帝庙在雍州咸阳县东三十里。《宫殿疏》云'五帝庙一宇五殿也'。"按：一宇之内而设五帝，各依其方帝别为一殿，而门各如帝色也。

夏四月，文帝亲拜霸渭之会，①以郊见渭阳五帝。五帝庙南临渭，北穿蒲池沟水，②权火举而祠，若光辉然属天焉。于是贵平上大夫，赐累千金。而使博士诸生刺六经中作《王制》，③谋议巡狩封禅事。

①【集解】如淳曰："二水之会。"【正义】渭阳五庙在二水之合北岸。

②【正义】颜师古云"蒲池，为池而种蒲也。蒲字或作'满'，言其水满"，恐颜说

非。按:《括地志》云“渭北咸阳县有蘭池,始皇逢盗蘭池者也”。言穿沟引渭水入蘭池也。疑“蘭”字误作“蒲”,重更错失。

③【索隐】小颜云“刺谓采取之也”。刘向《七录》云文帝所造书有《本制》、《兵制》、《服制》篇。刺音七赐反。

文帝出长门,①若见五人于道北,遂因其直北立五帝坛,②祠以五牢具。

①【集解】徐广曰:“在霸陵。”骃案:如淳曰“亭名”。 【索隐】徐云“在霸陵”也。 【正义】《括地志》云:“久长门故亭在雍州万年县东北苑中,后馆陶公主长门园,武帝以长门名宫,即此。”

②【集解】孟康曰:“直,值也。值其立处以作坛。”

其明年,新垣平使人持玉杯,上书阙下献之。平言上曰:“阙下有宝玉气来者。”已视之,果有献玉杯者,刻曰“人主延寿”。平又言“臣候日再中”。①居顷之,日却复中。于是始更以十七年为元年,令天下大酺。

①【索隐】晋灼云:“《淮南子》云‘鲁阳公与韩构,战酣日暮,援戈麾之,日为却三舍’。岂其然乎?”

平言曰:“周鼎亡在泗水中,今河溢通泗,臣望东北汾阴直有金宝气,意周鼎其出乎?兆见不迎则不至。”于是上使使治庙汾阴南,临河,欲祠出周鼎。①

①【集解】徐广曰:“后三十七年,鼎出汾阴。”

人有上书告新垣平所言气神事皆诈也。下平吏治,诛夷新垣平。自是之后,文帝怠于改正朔服色神明之事,而渭阳、长门五帝使祠官领,以时致礼,不往焉。

明年,匈奴数入边,兴兵守御,后岁少不登。

数年而孝景即位。十六年,祠官各以岁时祠如故,无有所兴,至今天子。①

①【集解】自此后武帝事,褚先生取为《武帝本纪》,注解已在第十二卷,今直载徐义。

今天子初即位，尤敬鬼神之祀。

元年，汉兴已六十馀岁矣，天下艾安，搢绅之属皆望天子封禅改正度也，而上乡儒术，招贤良，赵绾、王臧等以文学为公卿，欲议古立明堂城南，以朝诸侯。草巡狩封禅改历服色事未就。会窦太后治黄老言，不好儒术，使人微伺得赵绾等奸利事，召案绾、臧，绾、臧自杀，诸所兴为皆废。

后六年，窦太后崩。其明年，征文学之士公孙弘等。

明年，今上初至雍，郊见五畤。后常三岁一郊。①是时上求神君，舍之上林中蹏氏观。神君者，长陵女子，以子死，见神于先后宛若。宛若祠之其室，民多往祠。平原君往祠，其后子孙以尊显。及今上即位，则厚礼置祠之内中。闻其言，不见其人云。

①【索隐】案：《汉旧仪》云"元年祭天，二年祭地，三年祭五畤。三岁一遍，皇帝自行也"。

是时李少君亦以祠灶、谷道、却老方见上，上尊之。少君者，故深泽侯①舍人，主方。匿其年及其生长，常自谓七十，能使物，却老。其游以方遍诸侯。无妻子。人闻其能使物及不死，更馈遗之，常馀金钱衣食。人皆以为不治生业而饶给，又不知其何所人，愈信，争事之。少君资好方，善为巧发奇中。尝从武安侯②饮，坐中有九十馀老人，少君乃言与其大父游射处，老人为儿时从其大父，识其处，一坐尽惊。少君见上，上有故铜器，问少君。少君曰："此器齐桓公十年陈于柏寝。"③已而案其刻，果齐桓公器。一宫尽骇，以为少君神，数百岁人也。

①【索隐】案表，深泽侯赵将夕，孙夷侯胡绍封。

②【索隐】案：是田蚡也。

③【索隐】案：《韩子》云"齐景公与晏子游于少海，登柏寝之台而望其国"。

少君言上曰："祠灶则致物，致物而丹沙可化为黄金，黄金成以为饮食器则益寿，益寿而海中蓬莱仙者乃可见，见之以封禅则不死，黄帝是也。臣尝游海上，见安期生，安期生食巨枣，①大如瓜。安期生仙者，通蓬莱中，合则见人，不合则隐。”于是天子始亲祠灶，遣方士入海求蓬莱安期生之属，而事化丹沙诸药齐为黄金矣。

①【索隐】案：包恺云“巨，或作‘臣’”。

居久之，李少君病死。天子以为化去不死，而使黄锤①史宽舒受其方。求蓬莱安期生莫能得，而海上燕齐怪迂之方士多更来言神事矣。

①【集解】徐广曰：“锤音才恚反。锤县、黄县皆在东莱。”

亳人谬忌奏祠太一方，曰：“天神贵者太一，①太一佐曰五帝。古者天子以春秋祭太一东南郊，用太牢，七日，为坛开八通之鬼道。”②于是天子令太祝立其祠长安东南郊，常奉祠如忌方。其后人有上书，言“古者天子三年壹用太牢祠神三一：天一、地一、太一”。天子许之，令太祝领祠之于忌太一坛上，如其方。后人复有上书，言“古者天子常以春解祠，③祠黄帝用一枭破镜；冥羊用羊祠；马行用一青牡马；太一、泽山君地长④用牛；武夷君用干鱼；⑤阴阳使者以一牛”。令祠官领之如其方，而祠于忌太一坛旁。

①【索隐】《乐汁征图》曰：“天宫，紫微。北极，天一、太一。”宋均云：“天一、太一，北极神之别名。”《春秋佐助期》曰：“紫宫，天皇曜魄宝之所理也。”石氏云：“天一、太一各一星，在紫宫门外，立承事天皇大帝。”

②【索隐】开八通鬼道。案：司马彪《续汉书·祭祀志》云“坛有八陛，通道以为门”。又《三辅黄图》云“上帝坛八觚，神道八通，广三十步”。

③【索隐】谓祠祭以解殃咎，求福祥也。

④【集解】徐广曰：“泽，一作‘皋’。” 【索隐】此则人上书言古天子祭太一。太一，天神也。泽山，本纪作“皋山”。皋山君地长，谓祭地于皋山。同用太牢，故云“用牛”。盖是异代之法也。

⑤【索隐】顾氏案：《地理志》云建安有武夷山，溪有仙人葬处，即《汉书》所谓武夷君。是时既用越巫勇之，疑即此神。今案：其祀用干鱼，不飨牲牢，或如顾说也。

其后，天子苑有白鹿，以其皮为币，以发瑞应，造白金①焉。

①【索隐】案：乐产云“谓龙、马、龟”。

其明年，郊雍，①获一角兽，若麃然。有司曰：“陛下肃祗郊祀，上帝报享，锡一角兽，盖麟云。”于是以荐五畤，畤加一牛以燎。锡诸侯白金，风符应合于天也。

①【集解】徐广曰：“武帝立已十九年。”

于是济北王以为天子且封禅，乃上书献太山及其旁邑，天子以他县偿之。常山王有罪，迁，天子封其弟于真定，以续先王祀，①而以常山为郡，然后五岳皆在天子之(邦)〔郡〕。

①【集解】徐广曰：“元鼎四年时。”

其明年，齐人少翁以鬼神方见上。上有所幸王夫人，①夫人卒，少翁以方盖夜致王夫人及灶鬼之貌云，天子自帷中望见焉。于是乃拜少翁为文成将军，赏赐甚多，以客礼礼之。文成言曰：“上即欲与神通，宫室被服非象神，神物不至。”乃作画云气车，及各以胜日②驾车辟恶鬼。又作甘泉宫，中为台室，画天、地、太一诸鬼神，而置祭具以致天神。居岁馀，其方益衰，神不至。乃为帛书以饭牛，详不知，言曰此牛腹中有奇。杀视得书，书言甚怪。天子识其手书，问其人，果是伪书，于是诛文成将军，隐之。

①【集解】徐广曰：“《外戚传》曰赵之王夫人幸，有子，封为齐王。”

②【索隐】案：乐产云“谓画青车以甲乙，画赤车丙丁，画玄车壬癸，画白车庚辛，画黄车戊己。将有水事则乘黄车，故下云‘驾车辟恶鬼’是也”。

其后则又作柏梁、铜柱、①承露仙人掌之属矣。

①【集解】徐广曰：“元鼎二年时。”

文成死明年，天子病鼎湖①甚，巫医无所不致，不愈。游水发根言上郡有巫，病而鬼神下之。上召置祠之甘泉。及病，使人问神君。神君言曰：“天子无忧病。病少愈，强与我会甘泉。”于是病愈，遂起，幸甘泉，病良已。大赦，置寿宫神君。寿宫神君最贵者太一，其佐曰大禁、司命之属，皆从之。非可得见，闻其言，言与人音等。时去时来，来则风肃然。居室帷中。时昼言，然常以夜。天子祓，然后入。因巫为主人，关饮食。所以言，行下。又置寿宫、北宫，张羽旗，设供具，以礼神君。神君所言，上使人受书其言，命之曰“画法”。其所语，世俗之所知也，无绝殊者，而天子心独喜。其事秘，世莫知也。

①【索隐】案：《三辅黄图》“鼎湖，宫名，在蓝田”。韦昭云“地名，近宜春”。案：湖本属京兆，后分属弘农，恐非鼎湖之处也。

其后三年，有司言元宜以天瑞命，不宜以一二数。一元曰“建”，二元以长星曰“光”，三元以郊得一角兽曰“狩”云。

其明年冬，天子郊雍，议曰：“今上帝朕亲郊，而后土无祀，则礼不答也。”有司与太史公、祠官宽舒议：“天地牲角茧栗。今陛下亲祠后土，后土宜于泽中圜丘为五坛，坛一黄犊太牢具，已祠尽瘗，而从祠衣上黄。”于是天子遂东，始立后土①祠汾阴脽丘，如宽舒等议。上亲望拜，如上帝礼。礼毕，天子遂至荥阳而还。过雒阳，下诏曰：“三代邈绝，远矣难存。其以三十里地封周后为周子南君，以奉其先祀焉。”是岁，天子始巡郡县，侵寻于泰山矣。

①【集解】徐广曰：“元鼎四年。”

其春，乐成侯上书言栾大。栾大，胶东宫人，故尝与文成将军同师，已而为胶东王尚方。而乐成侯姊为康王后，①无子。康王死，他姬子立为王。②而康后有淫行，与王不相中，③相危以法。康后闻文成已死，而欲自媚于上，乃遣栾大因乐成侯求见言方。天子既诛文成，后悔其蚤死，惜其方不尽，及见栾大，大说。大为人长美，言多方略，而敢为大言，处之不疑。大言曰：“臣常往来海中，见安期、羡门之属。顾以臣为贱，不信臣。又以为康王诸侯耳，不足与方。臣数言康王，康王又不用臣。臣之师曰：‘黄金可成，而河决可塞，不死之药可得，仙人可致也。’然臣恐效文成，则方士皆奄口，恶敢言方哉！”上曰：“文成食马肝死耳。④子诚能修其方，我何爱乎！”⑤大曰：“臣师非有求人，人者求之。陛下必欲致之，则贵其使者，令有亲属，以客礼待之，勿卑，使各佩其信印，乃可使通言于神人。神人尚肯邪不邪。致尊其使，然后可致也。”于是上使验小方，斗棋，棋自相触击。⑥

①【索隐】康王名寄也。

②【集解】徐广曰：“以元狩二年薨。”

③【索隐】案：《三苍》云“中，得也”。

④【索隐】案：《论衡》云“气热而毒盛，故食走马肝杀人”。《儒林传》云“食肉无食马肝”是也。

⑤【索隐】上语栾大，言子诚能修文成方，我更何所爱惜乎！谓不吝金宝及禄位也。

⑥【索隐】顾氏案：《万毕术》云“取鸡血杂磨针铁杵，和磁石棋头，置局上，即自相抵击也”。

是时上方忧河决，而黄金不就，乃拜大为五利将军。居月馀，得四印，①佩天士将军、地士将军、大通将军印。制诏御史：“昔禹疏九江，决四渎。间者河溢皋陆，堤繇不息。朕临天下二十有八年，②天若遗朕士而大通焉。《乾》称‘蜚龙’，‘鸿渐于般’，朕意庶几与焉。其以二千户封地士将军大为乐通侯。”赐列侯甲第，僮千人。乘舆斥车马帷幄器物以充其家。又以卫长公主妻之，③赍金万斤，更命其邑曰当利公主。④天子亲如五利之第。使者存问供给，相属于道。自大主⑤将相以下，皆置酒其家，献遗之。于是天子又刻玉印曰“天道将军”，使使衣羽衣，夜立白茅上，五利将军亦衣羽衣，夜立白茅上受印，以示不臣也。而佩“天道”者，且为天子道天神也。于是五利常夜祠其家，欲以下神。神未至而百鬼集矣，然颇能使之。其后装治行，东入海，求其师云。大见数月，佩六印，⑥贵震天下，而海上燕齐之间，莫不扼捥而自言有禁方，能神仙矣。

①【索隐】谓五利将军、天士将军、地士将军、大通将军为四也。

②【集解】徐广曰：“元鼎四年也。”

③【索隐】案：卫子夫之子曰卫太子，女曰卫长公主。是卫后长女，故曰长公主，非如帝姊曰长公主之例。

④【索隐】案:《地理志》东莱有当利县。

⑤【集解】徐广曰:"武帝姑。"

⑥【索隐】更加乐通侯及天道将军印,为六印。

其夏六月中,汾阴巫锦为民祠魏脽后土营旁,见地如钩状,掊视得鼎。鼎大异于众鼎,文镂无款识,怪之,言吏。吏告河东太守胜,胜以闻。天子使使验问巫得鼎无奸诈,乃以礼祠,迎鼎至甘泉,从行,上荐之。至中山,①曣温,有黄云盖焉。有麃过,上自射之,因以祭云。②至长安,公卿大夫皆议请尊宝鼎。天子曰:"间者河溢,岁数不登,故巡祭后土,祈为百姓育谷。今岁丰庑未报,鼎曷为出哉?"有司皆曰:"闻昔泰帝③兴神鼎一,一者壹统,天地万物所系终也。黄帝作宝鼎三,象天地人。禹收九牧之金,铸九鼎。皆尝亨鬺④上帝鬼神。遭圣则兴,鼎迁于夏商。周德衰,宋之社亡,鼎乃沦没,伏而不见。《颂》云'自堂徂基,自羊徂牛;鼐鼎及鼒,不吴不骜,胡考之休'。今鼎至甘泉,光润龙变,承休无疆。合兹中山,⑤有黄白云降盖,若兽为符,路弓乘矢,集获坛下,报祠大享。⑥唯受命而帝者心知其意而合德焉。鼎宜见于祖祢,藏于帝廷,以合明应。"制曰:"可。"

①【集解】徐广曰:"《河渠书》曰凿泾水自中山西。"

②【集解】徐广曰:"上言'从行,上荐之',或者祭鼎也。"

③【索隐】案:孔文祥云"泰帝,太昊也"。

④【集解】徐广曰:"亨,煮也。鬺音殇。皆尝以亨牲牢而祭祀。"

⑤【集解】徐广曰:"关中亦复有中山也,非鲁中山。"

⑥【集解】徐广曰:"一云'大报祠享'。"

入海求蓬莱者,言蓬莱不远,而不能至者,殆不见其气。上乃遣望气佐候其气云。

其秋,上幸雍,且郊。或曰"五帝,太一之佐也,宜立太一而上亲郊之"。上疑未定。齐人公孙卿曰:"今年得宝鼎,其冬辛巳朔旦冬至,与黄帝时等。"卿有札书曰:"黄帝得宝鼎宛朐,问于鬼臾区。鬼臾区对曰:

‘(黄)帝得宝鼎神策，是岁己酉朔旦冬至，得天之纪，终而复始。’于是黄帝迎日推策，后率二十岁复朔旦冬至，凡二十推，三百八十年，黄帝仙登于天。”卿因所忠欲奏之。所忠视其书不经，疑其妄书，谢曰：“宝鼎事已决矣，尚何以为！”卿因嬖人奏之。上大说，乃召问卿。对曰：“受此书申公，申公已死。”上曰：“申公何人也？”卿曰：“申公，齐人。与安期生通，受黄帝言，无书，独有此鼎书。曰‘汉兴复当黄帝之时’。曰‘汉之圣者在高祖之孙且曾孙也。宝鼎出而与神通，封禅。封禅七十二王，唯黄帝得上泰山封’。申公曰：‘汉主亦当上封，上封则能仙登天矣。黄帝时万诸侯，而神灵之封居七千。①天下名山八，而三在蛮夷，五在中国。中国华山、首山、太室、泰山、东莱，此五山黄帝之所常游，与神会。黄帝且战且学仙。患百姓非其道者，乃断斩非鬼神者。②百馀岁然后得与神通。黄帝郊雍上帝，宿三月。鬼臾区号大鸿，死葬雍，故鸿冢是也。其后黄帝接万灵明廷。明廷者，甘泉也。所谓寒③门者，谷口也。黄帝采首山铜，铸鼎于荆山下。鼎既成，有龙垂胡顭④下迎黄帝。黄帝上骑，群臣后宫从上者七十馀人，龙乃上去。馀小臣不得上，乃悉持龙顭，龙顭拔，堕，堕黄帝之弓。百姓仰望黄帝既上天，乃抱其弓与胡顭号，故后世因名其处曰鼎湖，其弓曰乌号。’”于是天子曰：“嗟乎！吾诚得如黄帝，吾视去妻子如脱躧耳。”乃拜卿为郎，东使候神于太室。

①【索隐】韦昭云：“黄帝时万国，其以修神灵得封者七千国，或为七十国。”乐产云：“以舜为神明之后，封妫满于陈之类是也。”顾氏案：《国语》仲尼云“山川之守，足以纪纲天下者，其守为神。汪芒氏之君，守封禺之山也”。

②【索隐】谓有非毁鬼神之人，乃断理而诛斩之。

③【集解】徐广曰：“一作‘塞’。”

④【索隐】《说文》曰：“胡，牛垂领也。”《释名》云“胡，在咽下垂”者，即所谓咙胡也。

上遂郊雍，至陇西，西登崆峒，幸甘泉。令祠官宽舒等具太一祠坛，祠坛放薄忌太一坛，坛三垓。①五帝坛环居其下，各如其方，黄帝西南，除八通鬼道。太一，其所用如雍一畤物，而加醴枣脯之属，杀一狸牛以为俎豆牢具。而五帝独有俎豆醴进。其下四方地，为醊食群神从者及北斗云。已祠，胙馀皆燎之。其牛色白，鹿居其中，彘在鹿中，水而洎之。②祭日以牛，祭月以羊彘特。③太一祝宰则衣紫及绣。五帝各如其色，日赤，月白。

①【集解】徐广曰："垓，次也。"

②【集解】徐广曰："洎，一作'酒'。灌水于釜中曰洎，音冀。"

③【索隐】案：乐产云"祭日以太牢，月以少牢。特，不用牝也"。小颜云"牛羊若彘止一牲，故云特也"。

十一月辛巳朔旦冬至，昧爽，天子始郊拜太一。朝朝日，夕夕月，则揖；而见太一如雍郊礼。其赞飨曰：①"天始以宝鼎神策授皇帝，朔而又朔，终而复始，皇帝敬拜见焉。"而衣上黄。其祠列火满坛，坛旁亨炊具。有司云"祠上有光焉"。公卿言"皇帝始郊见太一云阳，有司奉瑄玉嘉牲荐飨。是夜有美光，及昼，黄气上属天"。太史公、祠官宽舒等曰："神灵之休，祐福兆祥，宜因此地光域立太畤坛以明应。令太祝领，秋及腊间祠。三岁天子一郊见。"

①【索隐】案：顾氏云"飨，祀祠也"。《汉旧仪》云"赞飨一人，秩六百石"也。

其秋，为伐南越，告祷太一。以牡荆画幡日月北斗登龙，以象太一三星，为太一锋，①命曰"灵旗"。为兵祷，则太史奉以指所伐国。而五利将军使不敢入海，之泰山祠。上使人随验，实毋所见。五利妄言见其师，其方尽，多不仇。②上乃诛五利。

①【集解】徐广曰："《天官书》曰天极星明者，太一常居也。斗口三星曰天一。"

②【索隐】案：郑德云"相应为仇，谓其言语不相应，无验也"。

其冬，公孙卿候神河南，言见仙人迹缑氏城上，有物如雉，往来城上。天子亲幸缑氏城视迹。问卿："得毋效文成、五利乎？"卿曰："仙者非有求人主，人主者求之。其道非少宽假，神不来。言神事，事如迂诞，积以岁乃可致也。"于是郡国各除道，缮治宫观名山神祠所，以望幸（也）〔矣〕。

其春，既灭南越，上有嬖臣李延年以好音见。上善之，下公卿议，曰："民间祠尚有鼓舞乐，今郊祀而无乐，岂称乎？"公卿曰："古者祠天地皆有乐，而神祇可得而礼。"或曰："太帝使素女鼓五十弦瑟，悲，帝禁不止，故破其瑟为二十五弦。"于是塞南越，祷祠太一、后土，始用乐舞，益召歌儿，作二十五弦①及空侯②琴瑟自此起。

①【集解】徐广曰："瑟。"

②【集解】徐广曰："应劭云武帝令乐人侯调始造此器。"

其来年冬，上议曰："古者先振兵泽旅，①然后封禅。"乃遂北巡朔方，勒兵十馀万，还祭黄帝冢桥山，释兵须如。②上曰："吾闻黄帝不死，今有冢，何也？"或对曰："黄帝已仙上天，群臣葬其衣冠。"既至甘泉，为且用事泰山，先类祠太一。

①【集解】徐广曰："古释字作'泽'。"

②【集解】徐广曰："须，一作'凉'。"

自得宝鼎，上与公卿诸生议封禅。封禅用希旷绝，莫知其仪礼，而群儒采封禅《尚书》、《周官》、《王制》之望祀射牛事。齐人丁公年九十馀，曰："封禅者，合不死之名也。秦皇帝不得上封。陛下必欲上，稍上即无风雨，遂上封矣。"上于是乃令诸儒习射牛，草封禅仪。数年，至且行。天子既闻公孙卿及方士之言，黄帝以上封禅，皆致怪物与神通，欲放黄帝以上接神仙人蓬莱士，高世比德于九皇，而颇采儒术以文之。群儒既已不能辨明封禅事，又牵拘于《诗》《书》古文而不能骋。上为封禅祠器示群儒，群儒或曰"不与古同"，徐偃又曰"太常诸生行礼不如鲁善"，周霸属图封禅事，于是上绌偃、霸，而尽罢诸儒不用。

三月，遂东幸缑氏，礼登中岳太室。从官在山下闻若有言"万岁"云。问上，上不言；问下，下不言。于是以三百户封太室奉祠，命曰崇高邑。东上泰山，泰山之草木叶未生，乃令人上石立之泰山巅。

上遂东巡海上，行礼祠八神。齐人之上疏言神怪奇方者以万数，然无验者。乃益发船，令言海中神山者数千人求蓬莱神人。公孙卿持节常先行候名山，至东莱，言夜见大人，长数丈，就之则不见，见其迹甚大，类禽兽云。群臣有言见一老父牵狗，言“吾欲见巨公”，已忽不见。上即见大迹，未信，及群臣有言老父，则大以为仙人也。宿留海上，予方士传车及间使求仙人以千数。

四月，还至奉高。上念诸儒及方士言封禅人人殊，不经，难施行。天子至梁父，礼祠地主。乙卯，令侍中儒者皮弁荐绅，射牛行事。封泰山下东方，如郊祠太一之礼。封广丈二尺，高九尺，其下则有玉牒书，书秘。礼毕，天子独与侍中奉车子侯上泰山，亦有封。其事皆禁。明日，下阴道。丙辰，禅泰山下址东北肃然山，如祭后土礼。天子皆亲拜见，衣上黄而尽用乐焉。江淮间一茅三脊为神藉。五色土益杂封。纵远方奇兽蜚禽及白雉诸物，颇以加礼。兕牛犀象之属不用。皆至泰山祭后土。封禅祠；其夜若有光，昼有白云起封中。

天子从禅还，坐明堂，群臣更上寿。于是制诏御史：“朕以眇眇之身承至尊，兢兢焉惧不任。维德菲薄，不明于礼乐。修祠太一，若有象景光，屑如有望，震于怪物，欲止不敢，遂登封太山，至于梁父，而后禅肃然。自新，嘉与士大夫更始，赐民百户牛一酒十石，加年八十孤寡布帛二匹。复博、奉高、蛇丘、历城，无出今年租税。其大赦天下，如乙卯赦令。行所过毋有复作。事在二年前，皆勿听治。”又下诏曰：“古者天子五载一巡狩，用事泰山，诸侯有朝宿地。其令诸侯各治邸泰山下。”

天子既已封泰山，无风雨灾，而方士更言蓬莱诸神若将可得，于是上欣然庶几遇之，乃复东至海上望，冀遇蓬莱焉。奉车子侯暴病，一日死。①上乃遂去，并海上，北至碣石，巡自辽西，历北边至九原。五月，反至甘泉。有司言宝鼎出为元鼎，以今年为元封元年。

①【索隐】《新论》云：“武帝出玺印石，财有朕兆，子侯则没印，帝畏恶，故杀之。”《风俗通》亦云然。顾胤按：《武帝集》帝与子侯家语云“道士皆言子侯得仙，不足悲”。此说是也。

其秋，有星茀于东井。后十馀日，有星茀于三能。望气王朔言：“候独见填星①出如瓜，食顷复入焉。”有司皆曰：“陛下建汉家封禅，天其报德星云。"

①【索隐】乐产、包恺并作"旗星"。旗星即德星也。《符瑞图》云"旗星之极,芒艳如旗"。本亦作"旗"也。

其来年冬,郊雍五帝。还,拜祝祠太一。赞飨曰:"德星昭衍,厥维休祥。寿星仍出,渊耀光明。信星昭见,皇帝敬拜太祝之享。"

其春,公孙卿言见神人东莱山,若云"欲见天子"。天子于是幸缑氏城,拜卿为中大夫。遂至东莱,宿留之数日,无所见,见大人迹云。复遣方士求神怪采芝药以千数。是岁旱。于是天子既出无名,乃祷万里沙,过祠泰山。还至瓠子,自临塞决河,留二日,沈祠而去。使二卿将卒塞决河,徙二渠,复禹之故迹焉。

是时既灭两越,越人勇之乃言"越人俗鬼,而其祠皆见鬼,数有效。昔东瓯王敬鬼,寿百六十岁。后世怠慢,故衰耗"。乃令越巫立越祝祠,安台无坛,亦祠天神上帝百鬼,而以鸡卜。上信之,越祠鸡卜始用。

公孙卿曰:"仙人可见,而上往常遽,以故不见。今陛下可为观,如缑城,[①]置脯枣,神人宜可致也。且仙人好楼居。"于是上令长安则作蜚廉桂观,甘泉则作益延寿观,[②]使卿持节设具而候神人。乃作通天茎台,[③]置祠具其下,将招来仙神人之属。于是甘泉更置前殿,始广诸宫室。夏,有芝生殿房内中。[④]天子为塞河,兴通天台,若见有光云,乃下诏:"甘泉房中生芝九茎,赦天下,毋有复作。"

①【集解】徐广曰:"一云'如缑氏城'。"

②【索隐】小颜以为作益寿、延寿二馆。案:《汉武故事》云"作延寿观,高三十丈"。

③【集解】徐广曰:"在甘泉。" 【索隐】案:《汉书》并无"茎"字,疑衍也。

④【集解】徐广曰:"元封二年。"

其明年,伐朝鲜。夏,旱。公孙卿曰:"黄帝时封则天旱,乾封三年。"上乃下诏曰:"天旱,意乾封乎?其令天下尊祠灵星焉。"

其明年,上郊雍,通回中道,巡之。春,至鸣泽,从西河归。

其明年冬，上巡南郡，[①]至江陵而东。登礼灊之天柱山，号曰南岳。浮江，自寻阳出枞阳，过彭蠡，礼其名山川。北至琅邪，并海上。四月中，至奉高修封焉。

①【集解】徐广曰："元封五年。"

初，天子封泰山，泰山东北址古时有明堂处，处险不敞。上欲治明堂奉高旁，未晓其制度。济南人公玊带上黄帝时明堂图。明堂图中有一殿，四面无壁，以茅盖，通水，圜宫垣为复道，上有楼，从西南入，命曰昆仑，天子从之入，以拜祠上帝焉。于是上令奉高作明堂汶上，[①]如带图。及五年修封，则祠太一、五帝于明堂上坐，令高皇帝祠坐对之。祠后土于下房，以二十太牢。天子从昆仑道入，始拜明堂如郊礼。礼毕，燎堂下。而上又上泰山，自有秘祠其巅。而泰山下祠五帝，各如其方，黄帝并赤帝，而有司侍祠焉。山上举火，下悉应之。

①【集解】徐广曰："在元封二年秋。"

其后二岁，十一月甲子朔旦冬至，推历者以本统。天子亲至泰山，以十一月甲子朔旦冬至日祠上帝明堂，毋修封禅。[①]其赞飨曰："天增授皇帝太元神策，周而复始。皇帝敬拜太一。"东至海上，考入海及方士求神者，莫验，然益遣，冀遇之。

①【集解】徐广曰："常五年一修耳，今适二年，故但祠于明堂。"

十一月乙酉，柏梁灾。十二月甲午朔，上亲禅高里，祠后土。临勃海，将以望祀蓬莱之属，冀至殊廷焉。

上还，以柏梁灾故，朝受计甘泉。公孙卿曰："黄帝就青灵台，十二日烧，黄帝乃治明廷。明廷，甘泉也。"方士多言古帝王有都甘泉者。其后天子又朝诸侯甘泉，甘泉作诸侯邸。勇之乃曰："越俗有火灾，复起屋必以大，用胜服之。"于是作建章宫，度为千门万户。前殿度高未央。其东则凤阙，高二十馀丈。其西则唐中，数十里虎圈。其北治大池，渐台高二十馀丈，命曰太液池，中有蓬莱、方丈、瀛洲、壶梁，象海中神山龟鱼之属。其南有玉堂、璧门、大鸟之属。乃立神明台、井幹楼，度五十丈，辇道相属焉。

夏，汉改历，以正月为岁首，而色上黄，官名更印章以五字，为太初元年。是岁，西伐大宛。蝗大起。丁夫人、雒阳虞初等以方祠诅匈奴、大宛焉。

其明年，有司上言雍五畤无牢熟具，芬芳不备。乃令祠官进畤犊牢具，色食所胜，而以木禺马代驹焉。独五月尝驹，行亲郊用驹。及诸名山川用驹者，悉以木禺马代。行过，乃用驹。他礼如故。

其明年，东巡海上，考神仙之属，未有验者。方士有言"黄帝时为五城十二楼，以候神人于执期，命曰迎年"。上许作之如方，命曰明年。上亲礼祠上帝焉。

公王带曰："黄帝时虽封泰山，然风后、封巨、岐伯令黄帝封东泰山，禅凡山，①合符，然后不死焉。"天子既令设祠具，至东泰山，〔东〕泰山卑小，不称其声，乃令祠官礼之，而不封禅焉。其后令带奉祠候神物。夏，遂还泰山，修五年之礼如前，而加以禅祠石闾。石闾者，在泰山下址南方，方士多言此仙人之闾也，故上亲禅焉。

①【集解】徐广曰："一作'丸'。"

其后五年，复至泰山修封。①还过祭恒山。

①【集解】徐广曰："天汉三年。"

今天子所兴祠，太一、后土，三年亲郊祠，建汉家封禅，五年一修封。薄忌太一及三一、冥羊、马行、赤星，五，宽舒之祠官①以岁时致礼。凡六祠，皆太祝领之。至如八神诸神，明年、凡山他名祠，行过则祠，行去则已。方士所兴祠，各自主，其人终则已，祠官不主。他祠皆如其故。今上封禅，其后十二岁而还，遍于五岳、四渎矣。而方士之候祠神人，入海求蓬莱，终无有验。而公孙卿之候神者，犹以大人之迹为解，无有效。

天子益怠厌方士之怪迂语矣，然羁縻不绝，冀遇其真。自此之后，方士言神祠者弥众，然其效可睹矣。

①【索隐】案：《郊祀志》云“祠官宽舒议祠后土为五坛”，故谓之“五宽舒祠官”也。

太史公曰：余从巡祭天地诸神名山川而封禅焉。入寿宫侍祠神语，究观方士祠官之意，于是退而论次自古以来用事于鬼神者，具见其表里。后有君子，得以览焉。若至俎豆珪币之详，献酬之礼，则有司存。

【索隐述赞】《礼》载“升中”，《书》称“肆类”。古今盛典，皇王能事。登封报天，降禅除地。飞英腾实，金泥石记。汉承遗绪，斯道不坠。仙闾、肃然，扬休勒志。

史记卷二十九

河渠书第七

《夏书》曰：禹抑洪水十三年，过家不入门。① 陆行载车，水行载舟，泥行蹈毳，山行即桥。② 以别九州，随山浚川，任土作贡。通九道，陂九泽，③ 度九山。④ 然河灾衍溢，害中国也尤甚。唯是为务。故道河自积石历龙门，⑤ 南到华阴，⑥ 东下砥柱，⑦ 及孟津、⑧ 雒汭，至于大邳。⑨ 于是禹以为河所从来者高，水湍悍，⑩ 难以行平地，数为败，乃厮二渠以引其河。⑪ 北载之高地，过降水，⑫ 至于大陆，⑬ 播为九河，⑭ 同为逆河，入于勃海。⑮ 九川既疏，九泽既洒，诸夏艾安，功施于三代。

①【索隐】抑音忆。抑者，遏也。洪水滔天，故禹遏之，不令害人也。《汉书·沟洫志》作"堙"。堙，抑，皆塞也。

②【集解】徐广曰："桥，近遥反。一作'檋'。檋，直辕车也，音己足反。《尸子》曰'山行乘樏'。音力追反。又曰'行涂以楯，行险以撮，行沙以轨'。又曰'乘风车'。音去乔反。"【索隐】毳字亦作'橇"，同音昌芮反。注以撮，子芮反，又子绝反，与蕝音同。

③【正义】颜师古云："通九州之道，及障遏其泽也。"

④【正义】度，田洛反。《释名》云"山者，产也"。治水以志九州山泽所生物产，言于地所宜，商而度之，以制贡赋也。

⑤【正义】在同州韩城县北五十里，为凿广八十步。

⑥【正义】华阴县也。魏之阴晋，秦惠文王更名宁秦，汉高帝改曰华阴也。

⑦【正义】底柱山俗名三门山，在硖石县东北五十里，在河之中也。

⑧【正义】在洛州河阳县南门外也。

⑨【正义】孔安国云："山再成曰邳。"按：在卫州黎阳县南七里是也。

⑩【集解】韦昭曰："湍，疾；悍，强也。"

⑪【集解】《汉书音义》曰："厮，分也。二渠，其一出贝丘西南二折者也，其一则漯川。"【索隐】厮，《汉书》作"釃"，《史记》旧本亦作"洒"，字从水。按：韦昭云"疏决为釃"，字音疏跬反。厮，即分其流泄其怒是也。又按：二渠，其一即漯川，其二王莽时遂空也。

⑫【正义】降水源出潞州屯留县西南方山东北。

⑬【正义】大陆泽在邢州及赵州界，一名广河泽，一名钜鹿泽也。

⑭【正义】言过降水及大陆水之口，至冀州分为九河。

⑮【集解】瓒曰："《禹贡》云'夹右碣石入于海'，然则河口之入海乃在碣石也。武帝元光二年，河徙东郡，更注勃海。禹之时不注勃海也。"

自是之后，荥阳下引河东南为鸿沟，① 以通宋、郑、陈、蔡、曹、卫，与济、汝、淮、泗会。于楚，西方则通渠汉水、云梦之野，东方则通(鸿)沟江淮之间。于吴，则通渠三江、五湖。② 于齐，则通菑济之间。于蜀，蜀守冰③ 凿离碓，④ 辟沫水之害，⑤ 穿二江成都之中。⑥ 此渠皆可行舟，有馀则用溉浸，百姓飨其利。至于所过，往往引其水益用溉田畴之渠，以万亿计，然莫足数也。

①【索隐】楚汉中分之界，文颖云即今官渡水也。盖为二渠：一南经阳武，为官渡水；一东经大梁城，即鸿沟，今之汴河是也。

②【集解】韦昭曰："五湖，湖名耳，实一湖，今太湖是也，在吴西南。"【索隐】三江，按《地理志》北江从会稽毗陵县北东入海，中江从丹阳芜湖县东北至会稽阳羡县东入海，南江从会稽吴县南东入海，故《禹贡》有北江、中江也。五湖者，郭璞《江赋》云具区、洮滆，彭蠡、青草、洞庭是也。又云太湖周五百里，故曰五湖。

③【集解】汉书曰："冰姓李。"

④【集解】晋灼曰："古'堆'字也。"

⑤【索隐】辟音避。沫音末。按：《说文》云"沫水出蜀西南徼外，与青衣合，东南入江"也。

⑥【正义】《括地志》云："大江一名汶江，一名管桥水，一名清江，亦名水江，西南自温江县界流来。"又云："郫江一名成都江，一名市桥江，亦名中日江，亦曰内江，西北自新繁县界流来。二江并在益州成都县界。任豫《益州记》云

‘二江者，郫江、流江也’。《风俗通》云‘秦昭王使李冰为蜀守，开成都县两江，溉田万顷。神须取女二人以为妇，冰自以女与神为婚，径至祠劝神酒，酒杯澹澹，因厉声责之，因忽不见。良久，有两苍牛斗于江岸，有间，辄还，流汗谓官属曰：“吾斗疲极，不当相助耶？南向腰中正白者，我绶也。”主簿刺杀北面者，江神遂死’。《华阳国志》云‘蜀时濯锦流江中，则鲜明也’。”

西门豹引漳水溉邺，①以富魏之河内。

①【正义】《括地志》云：“漳水一名浊漳水，源出潞州长子县西力黄山。《地理志》云浊漳水在长子鹿谷山，东至邺，入清漳。”按：力黄、鹿谷二山，北鹿也。邺，相州之县也。

而韩闻秦之好兴事，欲罢之，毋令东伐，①乃使水工郑国②间说秦，令凿泾水自中山西邸瓠口为渠，③并北山东注洛④三百馀里，欲以溉田。中作而觉，秦欲杀郑国。郑国曰：“始臣为间，然渠成亦秦之利也。”⑤秦以为然，卒使就渠。渠就，用注填阏之水，溉泽卤之地四万馀顷，⑥收皆亩一钟。于是关中为沃野，无凶年，秦以富强，卒并诸侯，因命曰郑国渠。

①【集解】如淳曰：“欲罢劳之，息秦伐韩之计。”

②【集解】韦昭曰：“郑国能治水，故曰水工。”

③【索隐】小颜云“中音仲，即今九嵕山之东仲山是也。邸，至也”。瓠口即谷口，乃《郊祀志》所谓“寒门谷口”是也。与池阳相近，故曰“田于何所，池阳谷口”也。　【正义】《括地志》云：“中山一名仲山，在雍州云阳县西十五里。又云焦汧薮，亦名瓠，在泾阳北城外也。”邸，至也。至渠首起云阳县西南二十五里，今枯也。

④【集解】徐广曰：“出冯翊怀德县。”

⑤【索隐】《沟洫志》郑国云“臣为韩延数岁之命，为秦建万代之功”是也。

⑥【索隐】溉音古代反。泽，一作“舄”，音昔，又并音尺。本或作“斥”，则如字读之。

汉兴三十九年，孝文时河决酸枣，东溃金堤，①于是东郡大兴卒塞之。

①【正义】《括地志》云："金堤一名千里堤，在白马县东五里。"

其后四十有馀年，今天子元光之中，而河决于瓠子，东南注钜野，①通于淮、泗。于是天子使汲黯、郑当时兴人徒塞之，辄复坏。是时武安侯田蚡为丞相，其奉邑食鄃。②鄃居河北，河决而南则鄃无水灾，邑收多。蚡言于上曰："江河之决皆天事，未易以人力为强塞，塞之未必应天。"而望气用数者亦以为然。于是天子久之不事复塞也。

①【正义】《括地志》云："郓州钜野县东北大泽是。"

②【索隐】音输。韦昭云"清河县也"。 【正义】贝州县也。

是时郑当时为大农，言曰："异时关东漕粟从渭中上，度六月而罢，而漕水道九百馀里，时有难处。引渭穿渠起长安，并南山下，至河三百馀里，径，易漕，度可令三月罢；而渠下民田万馀顷，又可得以溉田：此损漕省卒，而益肥关中之地，得谷。"天子以为然，令齐人水工徐伯表，①悉发卒②数万人穿漕渠，三岁而通。通，以漕，大便利。其后漕稍多，而渠下之民颇得以溉田矣。

①【索隐】旧说，徐伯表水工姓名也。小颜以为表者，巡行穿渠之处而表记之，若今竖标，表不是名也。

②【集解】徐广曰："一云'悉众'。"

其后河东守番係①言："漕从山东西，②岁百馀万石，更砥柱之限，败亡甚多，而亦烦费。穿渠引汾③溉皮氏、汾阴下，④引河溉汾阴、蒲坂下，度可得五千顷。五千顷故尽河壖弃地，⑤民茭牧其中耳，⑥今溉田之，度可得谷二百万石以上。谷从渭上，与关中无异，而砥柱之东可无复漕。"天子以为然，发卒数万人作渠田。数岁，河移徙，渠不利，则田者不能偿种。久之，河东渠田废，予越人，令少府以为稍入。⑦

①【索隐】上音婆，又音潘。按：《诗·小雅》云"番维司徒"。番，氏也，下音系也。

②【索隐】按：谓从山东运漕而西入关也。

③【正义】《括地志》云："汾水源出岚州静乐县北百三十里管涔山北，东南流，入并州，即西南流，入至绛州、蒲州入河也。"

④【正义】《括地志》云:"皮氏故城在绛州龙门县西百三十步。自秦、汉、魏、晋,皮氏县皆治此。汾阴故城俗名殷汤城,在蒲汾阴县北九里,汉汾阴县是也。

⑤【集解】韦昭曰:"壖音而缘反。谓缘河边地也。"【索隐】又音人兖反。

⑥【索隐】茭,干草也。谓人收茭及牧畜于中也。

⑦【集解】如淳曰:"时越人有徙者,以田与之,其租税入少府。"【索隐】其田既薄,越人徙居者习水利,故与之,而稍少其税,入之于少府。

其后人有上书欲通褒斜道①及漕事,下御史大夫张汤。汤问其事,因言:"抵蜀从故道,②故道多阪,回远。今穿褒斜道,少阪,近四百里;而褒水通沔,斜水通渭,皆可以行船漕。漕从南阳③上沔入褒,褒之绝水至斜,间百馀里,以车转,从斜下下渭。如此,汉中之谷可致,山东从沔无限,④便于砥柱之漕。且褒斜材木竹箭之饶,拟于巴蜀。"天子以为然,拜汤子卬为汉中守,发数万人作褒斜道五百馀里。道果便近,而水湍石,⑤不可漕。

①【集解】韦昭曰:"褒中县也。斜,谷名,音邪。"瓒曰:"褒,斜,二水名。"【正义】《括地志》云:"褒谷在梁州褒城县北五十里。斜水源出褒城县西北九十八里衙岭山,与褒水同源而派流,《汉书·沟洫志》云'褒水通沔,斜水通渭,皆以行船'是也。"按:褒城即褒中县也。

②【正义】《括地志》云:"凤州两当县,本汉故道县也,在州西五十里。"

③【正义】南阳县即今邓州也。

④【正义】无限,言多也。山东,谓河南之东,山南之东及江南、淮南,皆经砥柱(主)〔上〕运,今并从沔,便于三门之漕也。

⑤【集解】徐广曰:"湍,一本作'溲'。"

其后庄熊罴言:"临晋①民愿穿洛以溉重泉②以东万馀顷故卤地。诚得水,可令亩十石。"于是为发卒万馀人穿渠,自征③引洛水至商颜山下。④岸善崩,⑤乃凿井,深者四十馀丈。往往为井,井下相通行水。水穨以绝商颜,⑥东至山岭十馀里间。井渠之生自此始。穿渠得龙骨,⑦故名曰龙首渠。作之十馀岁,渠颇通,犹未得其饶。

①【正义】《括地志》云:"同州本临晋城也。一名大荔城,亦曰冯翊城。"

②【正义】洛，漆沮水也。《括地志》云："重泉故城在同州蒲城县东南四十五里，在同州西北亦四十五里。"

③【集解】应劭曰："征在冯翊。"【索隐】音惩，县名也。小颜云即今之澄城也。

④【集解】服虔曰："颜音崖。或曰商颜，山名也。"【索隐】颜音崖，又如字。商颜，山名也。

⑤【集解】如淳曰："洛水岸。"【正义】言商原之崖岸，土性疏，故善崩毁也。

⑥【集解】瓒曰："下流曰穨。"

⑦【正义】《括地志》云："伏龙祠在同州冯翊县西北四十里。故老云汉时自征穿渠引洛，得龙骨，其后立祠，因以伏龙为名。今祠颇有灵验也。"

自河决瓠子后二十馀岁，岁因以数不登，而梁楚之地尤甚。天子既封禅巡祭山川，其明年，旱，干封少雨。天子乃使汲仁、郭昌发卒数万人塞瓠子决。于是天子已用事万里沙，①则还自临决河，沈白马玉璧于河，令群臣从官自将军已下皆负薪寘决河。是时东郡烧草，以故薪柴少，而下淇园之竹②以为楗。③

①【正义】《括地志》云："万里沙在华州郑县东北二十里也。"

②【集解】晋灼曰："卫之苑也。多竹篠。"

③【集解】如淳曰："树竹塞水决之口，稍稍布插接树之，水稍弱，补令密，谓之楗。以草塞其里，乃以土填之；有石，以石为之。音建。"【索隐】楗音其免反。楗者，树于水中，稍下竹及土石也。

天子既临河决，悼功之不成，乃作歌曰："瓠子决兮将奈何？晧晧旰旰兮闾殚为河！①殚为河兮地不得宁，功无已时兮吾山平。②吾山平兮钜野溢，③鱼沸郁兮柏冬日。④延道弛兮离常流，⑤蛟龙骋兮方远游。归旧川兮神哉沛，⑥不封禅兮安知外！为我谓河伯兮何不仁，泛滥不止兮愁吾人？啮桑浮兮淮、泗满，⑦久不反兮水维缓。"一曰："河汤汤兮激潺湲，北渡污兮浚流难。搴长茭兮沈美玉，⑧河伯许兮薪不属。⑨薪不属兮卫人罪，烧萧条兮噫乎何以御水！穨林竹兮楗石灾，⑩宣房塞兮万福来。"于是卒塞瓠子，筑宫其上，名曰宣房宫。而道河北行二渠，复禹旧迹，而梁、楚之地复宁，无水灾。

①【集解】如淳曰："殚，尽也。"骃谓州闾尽为河。

②【集解】徐广曰"东郡东阿有鱼山，或者是乎?"骃按：如淳曰"恐水渐山使平也"。韦昭曰"凿山以填河也"。

③【集解】如淳曰："瓠子决，灌钜野泽使溢也。"

④【集解】徐广曰："柏犹迫也。冬日行天边，若与水相连矣。"骃按：《汉书音义》曰"钜野满溢，则众鱼沸郁而滋长也。迫冬日乃止"。

⑤【集解】徐广曰："延，一作'正'。"骃按：晋灼曰"言河道皆弛坏也"。【索隐】言河之决，由其源道延长弛溢，故使其道皆离常流。故晋灼云"言河道皆弛坏"。

⑥【集解】瓒曰："水还旧道，则群害消除，神祐滂沛。"

⑦【集解】张晏曰："啮桑，地名也。"如淳曰："邑名，为水所浮漂。"

⑧【集解】如淳曰："搴，取也。茭，草也，音郊。一曰茭，竿也。取长竿树之，用著石间，以塞决河。"瓒曰："竹苇絙谓之茭，下所以引致土石者也。"【索隐】搴音己免反。茭音交，竹苇絙也。一作'茇'，音废，邹氏又音绋也。

⑨【集解】如淳曰："旱烧，故薪不足。"

⑩【集解】如淳曰："河决，楗不能禁，故言灾。"韦昭曰："楗，柱也。木立死曰灾。"

自是之后，用事者争言水利。朔方、西河、河西、酒泉皆引河及川谷以溉田；而关中辅渠、灵轵①引堵水；②汝南、九江引淮；东海引钜定；③泰山下引汶水：皆穿渠为溉田，各万馀顷。佗小渠披山通道者，不可胜言。然其著者在宣房。

①【集解】如淳曰："《地理志》盩厔有灵轵渠。"【索隐】按：《沟洫志》兒宽为左内史，奏请穿六辅渠。小颜云"今尚谓之辅渠，亦曰六渠也"。

②【集解】徐广曰："一作'诸川'。"

③【集解】瓒曰："钜定，泽名。"

太史公曰：余南登庐山，观禹疏九江，遂至于会稽太湟，①上姑苏，望五湖；东窥洛汭、大邳，迎河，行淮、泗、济、漯洛渠；西瞻蜀之岷山及离碓；北自龙门至于朔方。曰：甚哉，水之为利害也！余从负薪塞宣房，悲

《瓠子》之诗而作《河渠书》。②

①【集解】徐广曰："一作'湿'。"

②【集解】徐广曰："《沟洫志》行田二百亩，分赋田与一夫二百亩，以田恶，故更岁耕之。"

【索隐述赞】水之利害，自古而然。禹疏沟洫，随山浚川。爰洎后世，非无圣贤。鸿沟既划，龙骨斯穿。填阏攸垦，黎蒸有年。宣房在咏，梁楚获全。

史记卷三十

平准书第八

【集解】《汉书·百官表》曰大司农属官有平准令。 【索隐】大司农属官有平准令丞者，以均天下郡国转贩，贵则卖之，贱则买之，贵贱相权输，归于京都，故命曰“平准”。

汉兴，接秦之弊，丈夫从军旅，老弱转粮饷，作业剧而财匮，自天子不能具钧驷，① 而将相或乘牛车，齐民无藏盖。② 于是为秦钱重难用，③ 更令民铸钱，④ 一黄金一斤，⑤ 约法省禁。而不轨逐利之民，蓄积馀业以稽市物，物踊腾粜，⑥ 米至石万钱，马一匹则百金。⑦

①【索隐】天子驾驷马，其色宜齐同。今言国家贫，天子不能具钧色之驷马。《汉书》作“醇驷”，“醇”与“纯”同，纯一色也。或作“骍”，非也。

②【集解】如淳曰：“齐等无有贵贱，故谓之齐民。若今言‘平民’矣。”晋灼曰：“中国被教之民也。”苏林曰：“无物可盖藏也。”

③【索隐】顾氏按：《古今注》云“秦钱半两，径一寸二分，重十二铢”。

④【集解】《汉书·食货志》曰：“铸榆荚钱。” 【索隐】《食货志》云“铸荚钱”。按：《古今注》云榆荚钱重三铢，《钱谱》云文为“汉兴”也。

⑤【索隐】按：如淳云“时以钱为货，黄金一斤直万钱”，非也。又臣瓒下注云“秦以一溢为一金，汉以一斤为一金”，是其义也。

⑥【集解】李奇曰：“稽，贮滞也。”如淳曰：“稽，考也。考校市物价，贵贱有时。”晋灼曰：“踊，甚也。言计市物贱而豫益稸之也。物贵而出卖，故使物甚腾也。《汉书》‘粜’字作‘跃’。” 【索隐】李奇云“稽，贮滞”。韦昭云“稽，留待也”。稽字当如李韦二释。晋灼及马融训稽为计及考，于义为疏。如淳云“踊腾犹低昂也。低昂者，乍贱乍贵也”。今按：《汉书》“粜”字作“跃”者，谓物踊贵而价起，有如物之腾跃而起也。然粜者出卖之名，故《食货志》云“大

熟则上糶三而舍一”是也。

⑦【集解】瓒曰：“秦以一溢为一金，汉以一斤为一金。”

天下已平，高祖乃令贾人不得衣丝乘车，重租税以困辱之。孝惠、高后时，为天下初定，复弛商贾之律，然市井之子孙亦不得仕宦为吏。量吏禄，度官用，以赋于民。而山川园池市井①租税之入，自天子以至于封君汤沐邑，皆各为私奉养焉，不领于天下之经费。②漕转山东粟，以给中都官，③岁不过数十万石。

①【正义】古人未有市，（及井）若朝聚井汲水，便将货物于井边货卖，故言市井也。

②【索隐】按：经训常。言封君已下皆以汤沐邑为私奉养，故不领入天子之常税，为一年之费也。

③【索隐】按：中都犹都内也，皆天子之仓府。以给中都官者，即今太仓以畜官储是也。

至孝文时，荚钱益多，轻，①乃更铸四铢钱，其文为“半两”，令民纵得自铸钱。故吴，诸侯也，以即山铸钱，②富埒天子，③其后卒以叛逆。邓通，大夫也，以铸钱财过王者。故吴、邓氏钱布天下，而铸钱之禁生焉。

①【集解】如淳曰：“如榆荚也。”

②【索隐】按：即训就。就山铸钱，故下文云“铜山”是也。一解，即山，山名也。

③【集解】徐广曰：“埒者，际畔。言邻接相次也。”骃按：孟康曰“富与天子等而微减也。或曰埒，等也”。

匈奴数侵盗北边，屯戍者多，边粟不足给食当食者。于是募民能输及转粟于边者拜爵，爵得至大庶长。①

①【索隐】按：《汉书·食货志》云文帝用晁错言，“令人入粟边六百石，爵上造；稍增至四千石，为五大夫；万二千石，为大庶长；各以多少为差”。

孝景时，上郡以西旱，亦复修卖爵令，而贱其价以招民；及徒复作，得输粟县官以除罪。益造苑马以广用，①而宫室列观舆马益增修矣。

①【索隐】谓增益苑囿，造厩而养马以广用，则马是军国之用也。

至今上即位数岁，汉兴七十馀年之间，国家无事，非遇水旱之灾，民则人给家足，都鄙廪庾皆满，而府库馀货财。京师之钱累巨万，① 贯朽而不可校。② 太仓之粟陈陈相因，充溢露积于外，至腐败不可食。众庶街巷有马，阡陌之间成群，而乘字牝者傧而不得聚会。③ 守闾阎者食粱肉，为吏者长子孙，④ 居官者以为姓号。⑤ 故人人自爱而重犯法，先行义而后绌耻辱焉。当此之时，网疏而民富，役财骄溢，或至兼并豪党之徒，以武断于乡曲。⑥ 宗室有土公卿大夫以下，争于奢侈，室庐舆服僭于上，无限度。物盛而衰，固其变也。

①【集解】韦昭曰："巨万，今万万。"

②【集解】如淳曰："校，数也。"

③【集解】《汉书音义》曰："皆乘父马，有牝马间其间则相踶啮，故斥不得出会同。"

④【集解】如淳曰："时无事，吏不数转，至于子孙长大而不转职任。"

⑤【集解】如淳曰："仓氏、庾氏是也。" 【索隐】注"仓氏庾氏"，按出《食货志》。

⑥【索隐】谓乡曲豪富无官位，而以威势主断曲直，故曰武断也。

自是之后，严助、朱买臣等招来东瓯，① 事两越，② 江淮之间萧然烦费矣。唐蒙、司马相如开路西南夷，凿山通道千馀里，以广巴蜀，巴蜀之民罢焉。彭吴③ 贾灭朝鲜，④ 置沧海之郡，则燕齐之间靡然发动。及王恢设谋马邑，匈奴绝和亲，侵扰北边，兵连而不解，天下苦其劳，而干戈日滋。行者赍，居者送，中外骚扰而相奉，百姓抏獘⑤ 以巧法，财赂衰耗而不赡。入物者补官，出货者除罪，选举陵迟，廉耻相冒，武力进用，法严令具。兴利之臣自此始也。⑥

①【正义】乌侯反。今台州永宁是也。

②【正义】南越及闽越。南越，今广州南海也。闽越，今建州建安也。

③【索隐】人姓名。

④【索隐】彭吴始开其道而灭之也。

⑤【索隐】按：《三苍》音五官反。邹氏又五乱反。按：抏者，耗也，消耗之名。言百姓贫獘，故行巧抵之法也。

⑥【集解】韦昭曰："桑弘羊、孔仅之属。"

其后汉将岁以数万骑出击胡，及车骑将军卫青取匈奴河南地，①筑朔方。②当是时，汉通西南夷道，作者数万人，千里负担馈粮，率十馀钟致一石，③散币于邛僰④以集之。数岁道不通，蛮夷因以数攻，吏发兵诛之。⑤悉巴蜀租赋不足以更之，⑥乃募豪民田南夷，入粟县官，而内受钱于都内。⑦东至沧海之郡，人徒之费拟于南夷。又兴十万馀人筑卫朔方，转漕⑧甚辽远，自山东咸被其劳，费数十百巨万，府库益虚。乃募民能入奴婢得以终身复，为郎增秩，及入羊为郎，始于此。

①【正义】谓灵、夏三州地，取在元朔二年。

②【正义】今夏州也。《括地志》云："夏州，秦上郡，汉分置朔方郡，魏不改，隋置夏州也。"

③【集解】《汉书音义》曰："钟六石四斗。"

④【索隐】应劭云："临邛属蜀，僰属犍为。"

⑤【索隐】吏发兴诛之。谓发军兴以诛之也。

⑥【集解】韦昭曰："更，续也。或曰更，偿也。"

⑦【集解】服虔曰："入谷于外县，受钱于内府也。"

⑧【索隐】按：《说文》云"漕，水转谷也"。一云车运曰转，水运曰漕也。

其后四年，①而汉遣大将将六将军，军十馀万，击右贤王，获首虏万五千级。明年，大将军将六将军仍再出击胡，得首虏万九千级。捕斩首虏之士受赐黄金二十馀万斤，虏数万人皆得厚赏，衣食仰给县官；而汉军之士马死者十馀万，兵甲之财转漕之费不与焉。于是大农陈藏钱②经耗，赋税既竭，犹不足以奉战士。有司言："天子曰'朕闻五帝之教不相复而治，禹汤之法不同道而王，所由殊路，而建德一也。北边未安，朕甚悼之。日者，大将军攻匈奴，斩首虏万九千级，留蹛无所食。③议令民得买爵及赎禁锢免减罪'。请置赏官，命曰武功爵。④级十七万，凡直三十馀万金。⑤诸买武功爵官首者试补吏，先除；⑥千夫如五大夫；⑦其有罪又减二等；爵得至乐卿：⑧以显军功。"军功多用越等，大者封侯卿大夫，小者郎吏。吏道杂而多端，则官职耗废。

①【集解】徐广曰："元朔五年也。"

②【集解】韦昭曰："陈，久也。"

③【索隐】留墆无所食。墆音迭，谓贮也。韦昭音滞，谓积也。又按：《古今字诂》"墆"今"滞"字，则墆与滞同。按：谓富人贮滞积谷，则贫者无所食也。

④【集解】瓒曰："《茂陵中书》有武功爵：一级曰造士，二级曰闲舆卫，三级曰良士，四级曰元戎士，五级曰官首，六级曰秉铎，七级曰千夫，八级曰乐卿，九级曰执戎，十级曰左庶长，十一级曰军卫。此武帝所制以宠军功。"

⑤【索隐】大颜云"一金，万钱也。计十一级，级十七万，合百八十七万金"。而此云"三十馀万金"，其数必有误者。顾氏按：〔或〕解云初一级十七万，自此已上每级加二万，至十一级，合成三十七万也。

⑥【索隐】官首，武功爵第五也，位稍高，故得试为吏，先除用也。

⑦【索隐】千夫，武功爵第七；五大夫，二十爵第九也。言千夫爵秩比于五大夫二十爵第九，故杨仆以千夫为吏是也。

⑧【集解】徐广曰："爵名也。"骃案：《汉书音义》曰"十爵左庶长以上至十八爵为大庶长也，名乐卿。乐卿者，朝位从九卿，加'乐'者，别正卿。又十九爵为乐公，食公卿禄而无职也"。【索隐】按：此言武功置爵惟得至于乐卿也。臣瓒所引《茂陵书》，盖后人记其爵失次耳。今注称十爵至十八庶长为乐卿，十九至二十为乐公，乃以旧二十爵释武功爵，盖亦臆说，非也。大颜亦以为然。

自公孙弘以《春秋》之义绳臣下取汉相，张汤用峻文决理为廷尉，于是见知之法生，①而废格沮诽②穷治之狱用矣。其明年，淮南、衡山、江都王谋反迹见，而公卿寻端治之，竟其党与，而坐死者数万人，长吏益惨急而法令明察。

①【集解】张晏曰："吏见知不举劾为故纵。"

②【集解】如淳曰："废格天子文法，使不行也。诽谓非上所行，若颜异反唇之比也。"【索隐】格音阁，亦如字。沮音才绪反。诽音非。按：谓废格天子之命而不行，及沮败诽谤之者，皆被穷治，故云废格沮诽之狱用矣。

当是之时，招尊方正贤良文学之士，或至公卿大夫。公孙弘以汉相，布被，食不重味，为天下先。然无益于俗，稍骛于功利矣。

其明年，骠骑仍再出击胡，获首四万。其秋，浑邪王率数万之众来降，于是汉发车二万乘迎之。既至，受赏，赐及有功之士。是岁费凡百馀巨万。

初，先是往十馀岁河决观，[①]梁楚之地固已数困，而缘河之郡堤塞河，辄决坏，费不可胜计。其后番係欲省厎柱之漕，穿汾、河渠以为溉田，作者数万人；郑当时为渭漕渠回远，凿直渠自长安至华阴，作者数万人；朔方亦穿渠，作者数万人：各历二三期，功未就，费亦各巨万十数。

①【集解】徐广曰："观，县名也。属东郡，光武改曰卫，公国。"

天子为伐胡，盛养马，马之来食长安者数万匹，卒牵掌者关中不足，乃调旁近郡。而胡降者皆衣食县官，县官不给，天子乃损膳，解乘舆驷，出御府禁藏以赡之。

其明年，山东被水灾，民多饥乏，于是天子遣使者虚郡国仓廥[①]以振贫民。犹不足，又募豪富人相贷假。尚不能相救，乃徙贫民于关以西，及充朔方以南新秦中，[②]七十馀万口，衣食皆仰给县官。数岁，假予产业，使者分部护之，冠盖相望。其费以亿计，不可胜数。

①【集解】徐广曰："音脍。"

②【集解】服虔曰："地名，在北方千里。"如淳曰："长安已北，朔方已南。"瓒曰："秦逐匈奴以收河南地，徙民以实之，谓之新秦。今以地空，故复徙民以实之。"

于是县官大空，而富商大贾或蹛财役贫，[①]转毂百数，[②]废居[③]居邑，[④]封君皆低首仰给。[⑤]冶铸煮盐，财或累万金，而不佐国家之急，黎民重困。于是天子与公卿议，更钱造币以赡用，而摧浮淫并兼之徒。是时禁苑有白鹿而少府多银锡。自孝文更造四铢钱，至是岁四十馀年，从建元以来，用少，县官往往即多铜山而铸钱，民亦间盗铸钱，不可胜数。钱益多而轻，[⑥]物益少而贵。[⑦]有司言曰："古者皮币，诸侯以聘享。金有三等，黄金为上，白金为中，赤金为下。[⑧]今半两钱法重四铢，[⑨]而奸或盗摩钱里取鋊，[⑩]钱益轻薄而物贵，则远方用币烦费不省。"乃以白鹿皮方尺，缘以藻缋，[⑪]为皮币，直四十万。王侯宗室朝觐聘享，必以皮币荐璧，然后得行。

①【集解】《汉书音义》曰:"蹛,停也。一曰贮也。"【索隐】萧该按:《字林》云"贮,尘也,音伫"。此谓居积停滞尘久也。或作"贮",子贡发贮鬻财是也。

②【集解】李奇曰:"车也。"

③【集解】徐广曰:"废居者,贮畜之名也。有所废,有所畜,言其乘时射利也。"【索隐】刘氏云:"废,出卖;居,停蓄也。"是出卖于居者为废,故徐氏云"有所废,有所畜"是也。

④【集解】骃按:服虔曰"居谷于邑也"。如淳曰"居贱物于邑中,以待贵也"。【索隐】服虔云"居谷于邑中"是也。

⑤【集解】晋灼曰:"低音抵距。"服虔曰:"仰给于商贾。"【索隐】按:服虔云"仰给于商贾",是也。而刘伯庄以为"封君及大商皆低首营私以自给,不佐天子",非也。

⑥【集解】如淳曰:"磨钱取鋊故也。"瓒曰:"铸钱者多,故钱轻。轻亦贱也。"

⑦【集解】如淳曰:"但铸作钱,不作馀物。"

⑧【集解】《汉书音义》曰;"白金,银也。赤金,丹阳铜也。"【索隐】《说文》云:"铜,赤金也。"注云"丹阳铜"者,《神异经》云西方金山有丹阳铜也。

⑨【集解】韦昭曰:"文为半两,实重四铢。"

⑩【集解】徐广曰:"音容。"吕静曰:"冶器法谓之鋊。"

⑪【集解】徐广曰:"藻,一作'紫'也。"

又造银锡为白金。①以为天用莫如龙,②地用莫如马,③人用莫如龟,④故白金三品:其一曰重八两,圜之,其文龙,⑤名曰"白选",⑥直三千;⑦二曰以重差小,方之,⑧其文马,⑨直五百;三曰复小,撱之,⑩其文龟,⑪直三百。令县官销半两钱,更铸三铢钱,文如其重。盗铸诸金钱罪皆死,而吏民之盗铸白金者不可胜数。

①【集解】如淳曰:"杂铸银锡为白金也。"

②【索隐】《易》云行天莫如龙也。

③【索隐】《易》云行地莫如马也。

④【索隐】《礼》曰"诸侯以龟为宝"也。

⑤【索隐】顾氏案:《钱谱》"其文为龙,隐起,肉好皆圜,文又作云霞之象"。

⑥【索隐】名白选。苏林曰:"选音'选择'之'选'。"包恺及刘氏音息恋反。《尚书大传》云:"夏后氏不杀不刑,死罪罚二千馔。"马融云:"馔,六两。"《汉书》

作“撰”，音同。

⑦【索隐】晋灼按：《黄图》直三千二百。

⑧【索隐】谓以八两差为三品，此重六两，下小隋重四两也。云“以重差小”者，谓半两为重，故差小重六两，而其形方也。

⑨【索隐】《钱谱》：“肉好皆方，隐起马形。肉好之下又是连珠文也。”

⑩【索隐】复小隋之。汤果反。《尔雅》注“隋者，狭长也”。谓长而方，去四角也。

⑪【索隐】《钱谱》：“肉圆好方，为隐起龟甲文。”

于是以东郭咸阳、①孔仅为大农丞，领盐铁事；桑弘羊以计算用事，侍中。咸阳，齐之大煮盐，孔仅，南阳大冶，皆致生累千金，故郑当时进言之。弘羊，雒阳贾人子，以心计，年十三侍中。故三人言利事析秋豪矣。②

①【索隐】东郭，姓；咸阳，名也。按：《风俗通》东郭牙，齐大夫，咸阳其后也。

②【索隐】按：言百物毫芒至秋皆美细。今言弘羊等三人言利事纤悉，能分析其秋毫也。

法既益严，吏多废免。兵革数动，民多买复及五大夫，征发之士益鲜。于是除千夫五大夫为吏，不欲者出马；故吏皆(通)适令伐棘上林，①作昆明池。②

①【集解】韦昭曰：“欲令出马，无马者令伐棘。” 【索隐】故吏皆適伐棘。谓故吏先免者，皆適令伐棘上林，不谓无马者。韦说非也。

②【索隐】按：《黄图》云“昆明池周四十里，以习水战”。又荀悦云“昆明子居滇河中，故习水战以伐之也”。

其明年，大将军、骠骑大出击胡，①得首虏八九万级，赏赐五十万金，汉军马死者十馀万匹，转漕车甲之费不与焉。是时财匮，战士颇不得禄矣。

①【集解】徐广曰：“元狩四年也。”

有司言三铢钱轻，易奸诈，乃更请诸郡国铸五铢钱，周郭其下，令不可磨取鋊焉。

大农上盐铁丞孔仅、咸阳言："出海，天地之藏也，皆宜属少府，①陛下不私，以属大农佐赋。愿募民自给费，因官器作煮盐，官与牢盆。②浮食奇民③欲擅筦④山海之货，以致富羡，⑤役利细民。其沮事之议，⑥不可胜听。敢私铸铁器煮盐者，钛左趾，⑦没入其器物。郡不出铁者，置小铁官，⑧便属在所县。"使孔仅、东郭咸阳乘传举行天下盐铁，作官府，除故盐铁家富者为吏。吏道益杂，不选，而多贾人矣。

①【索隐】韦昭云："天子私所给赐经用也。公用属大司农也。"

②【集解】如淳曰："牢，廪食也。古者名廪为牢也。盆者，煮盐之盆也。"【索隐】予牢盆。按：苏林云"牢，价直也。今代人言'雇手牢盆'"。晋灼云苏说是。乐产云"牢乃盆名"，其说异。

③【索隐】奇，包恺音羁。诸侯也，非农工之俦，故言奇也。

④【集解】张晏曰："若人执仓库之管钥。或曰管，固。"【索隐】擅筦。音管。上音善。

⑤【索隐】弋战反。羡，饶也，与"衍"同义。

⑥【索隐】沮，止也。仅等言山海之藏宜属大农，奇人欲擅利，必有沮止之议，此不可听许也。

⑦【集解】《史记音隐》曰："钛音徒计反。"韦昭曰："钛，以铁为之，著左趾以代刖也。"【索隐】按：《三苍》云"钛，踏脚钳也"。《字林》徒计反。张斐《汉晋律序》云"状如跟衣，著(足)〔左〕足下，重六斤，以代膑，至魏武改以代刖也"。

⑧【集解】邓展曰："铸故铁。"

商贾以币之变，多积货逐利。于是公卿言："郡国颇被灾害，贫民无产业者，募徙广饶之地。陛下损膳省用，出禁钱以振元元，宽贷赋，而民不齐出于南亩，①商贾滋众。贫者畜积无有，皆仰县官。异时②算轺车③贾人缗钱④皆有差，请算如故。诸贾人末作贳贷卖买，居邑稽诸物，⑤及商以取利者，虽无市籍，各以其物自占，⑥率缗钱二千而一算。⑦诸作有租及铸，⑧率缗钱四千一算。非吏比者三老、北边骑士，⑨轺车以一算；商贾人轺车二算；⑩船五丈以上一算。匿不自占，占不悉，⑪戍边一岁，没入缗钱。有能告者，以其半畀之。贾人有市籍者，及其家属，皆无得籍名田，以便农。⑫敢犯令，没入田僮。"⑬

①【集解】李奇曰："齐，皆也。"

②【索隐】异时犹昔时也。

③【索隐】《说文》云："轺，小车也。"《傅子》云："汉代贱乘轺，今则贵之。"言算轺车者，有轺车使出税一算二算也。

④【集解】李斐曰："缗，丝也，以贯钱也。一贯千钱，出二十算也。《诗》云'维丝伊缗'。"如淳曰："胡公名钱为缗者，《诗》云'氓之蚩蚩，抱布贸丝'，故谓之缗也。" 【索隐】缗音旻。缗者，丝绳以贯钱者。千钱出二十算也。

⑤【索隐】稽者，停也，留也，即上文所谓"废居居邑"也。

⑥【索隐】按：郭璞云"占，自隐度也"。谓各自隐度其财物多少，为文簿送之官也。若不尽，皆没入于官。音之赡反。

⑦【集解】瓒曰："此缗钱为是储缗钱也，故随其用所施，施于利重者其算亦多。"

⑧【集解】如淳曰："以手力所作而卖之。"

⑨【集解】如淳曰："非吏而得与吏比者，官谓三老、北边骑士也。楼船令边郡选富者为车骑士。"

⑩【集解】如淳曰："商贾有轺车，使出二算，重其赋也。"

⑪【索隐】悉，尽也，具也。若通家财不周悉尽者，罚戍边一岁。

⑫【索隐】谓贾人有市籍，不许以名占田也。

⑬【索隐】若贾人更占田，则没其田及僮仆，皆入之于官也。

天子乃思卜式之言，召拜式为中郎，爵左庶长，赐田十顷，布告天下，使明知之。

初，卜式者，河南人也，以田畜为事。亲死，式有少弟，弟壮，式脱身出分，独取畜羊百馀，田宅财物尽予弟。式入山牧十馀岁，羊致千馀头，买田宅。而其弟尽破其业，式辄复分予弟者数矣。是时汉方数使将击匈奴，卜式上书，愿输家之半县官助边。天子使使问式："欲官乎？"式曰："臣少牧，不习仕宦，不愿也。"使问曰："家岂有冤，欲言事乎？"式曰："臣生与人无分争。式邑人贫者贷之，不善者教顺之，所居人皆从式，式何故见冤于人！无所欲言也。"使者曰："苟如此，子何欲而然？"式曰："天子诛匈奴，愚以为贤者宜死节于边，有财者宜输委，如此而匈奴可灭也。”使者具其言入以闻。天子以语丞相弘。弘曰：“此非人情。不轨之臣，不可以为化而乱法，愿陛下勿许。”于是上久不报式，数岁，乃罢式。式归，复田牧。岁馀，会军数出，浑邪王等降，县官费众，仓府空。其明年，贫民大徙，皆仰给县官，无以尽赡。卜式持钱二十万予河南守，以给徙民。河南上富人助贫人者籍，天子见卜式名，识之，曰“是固前而欲输其家半助边”，乃赐式外繇四百人。①式又尽复予县官。是时富豪皆争匿财，唯式尤欲输之助费。天子于是以式终长者，故尊显以风百姓。

①【集解】《汉书音义》曰：“外繇谓戍边也。一人出三百钱，谓之过更。式岁得十二万钱也。一说，在繇役之外得复除四百人。”

初，式不愿为郎。上曰：“吾有羊上林中，欲令子牧之。”式乃拜为郎，布衣屩而牧羊。①岁馀，羊肥息。上过见其羊，善之。式曰：“非独羊也，治民亦独是也。以时起居；恶者辄斥去，毋令败群。”上以式为奇，拜为缑氏令试之，缑氏便之。迁为成皋令，将漕最。上以为式朴忠，拜为齐王太傅。

①【集解】韦昭曰：“屩，草扉。”

而孔仅之使天下铸作器，三年中拜为大农，列于九卿。①而桑弘羊为大农丞，筦诸会计事，稍稍置均输以通货物矣。②

①【集解】徐广曰：“元鼎二年，时丙寅岁也。”

②【集解】孟康曰：“谓诸当所输于官者，皆令输其土地所饶，平其所在时价，官更于他处卖之，输者既便而官有利。《汉书·百官表》大司农属官有均输令。”

始令吏得入谷补官，郎至六百石。

自造白金五铢钱后五岁，赦吏民之坐盗铸金钱死者数十万人。其不发觉相杀者，不可胜计。赦自出者百馀万人。然不能半自出，天下大抵无虑皆铸金钱矣。①犯者众，吏不能尽诛取，于是遣博士褚大、徐偃等分曹循行郡国，②举兼并之徒守相为(吏)〔利〕者。而御史大夫张汤方隆贵用事，减宣、杜周等为中丞，义纵、尹齐、王温舒等用惨急刻深为九卿，而直指夏兰之属始出矣。

①【索隐】抵音氐。抵,归也。刘氏云"大抵犹大略也"。案:大抵无虑者,谓言大略归于铸钱,更无他事从虑。

②【集解】服虔曰:"分曹职案行。"

而大农颜异诛。①初,异为济南亭长,以廉直稍迁至九卿。上与张汤既造白鹿皮币,问异。异曰:"今王侯朝贺以苍璧,直数千,而其皮荐反四十万,本末不相称。"天子不说。张汤又与异有郤,及有人告异以它议,事下张汤治异。异与客语,客语初令下有不便者,②异不应,微反唇。汤奏当异九卿见令不便,不入言而腹诽,论死。自是之后,有腹诽之法(以此)〔比〕,而公卿大夫多谄谀取容矣。

①【集解】徐广曰:"元狩四年,时壬戌岁也。"

②【集解】李奇曰:"异与客语,道诏令初下,有不便处也。"

天子既下缗钱令而尊卜式,百姓终莫分财佐县官,于是(杨可)告缗钱纵矣。

郡国多奸铸钱,①钱多轻,而公卿请令京师铸钟官赤侧,②一当五,赋官用非赤侧不得行。③白金稍贱,民不宝用,县官以令禁之,无益。岁馀,白金终废不行。

①【索隐】谓多奸巧,杂以铅锡也。

②【集解】如淳曰:"以赤铜为其郭也。今钱见有赤侧者,不知作法云何。"【索隐】钟官掌铸赤侧之钱。韦昭云"侧,边也",故晋灼云"以赤铜为郭。今钱见有赤侧者"。

③【集解】《汉书音义》曰:"俗所谓紫绀钱也"。

是岁也,张汤死①而民不思。②

①【集解】徐广曰:"元鼎三年。"

②【索隐】乐产曰:"诸所废兴,附上困下,皆自汤,故人不思之也。"

其后二岁,赤侧钱贱,民巧法用之,不便,又废。于是悉禁郡国无铸钱,专令上林三官铸。①钱既多,而令天下非三官钱不得行,诸郡国所前铸钱皆废销之，输其铜三官。而民之铸钱益少，计其费不能相当，唯真工大奸乃盗为之。

①【集解】《汉书·百官表》："水衡都尉，武帝元鼎二年初置，掌上林苑，属官有上林均输、钟官、辨铜令。"然则上林三官，其是此三令乎？

卜式相齐，而杨可告缗遍天下，①中家以上大抵皆遇告。杜周治之，狱少反者。②乃分遣御史廷尉正监分曹往，③即治郡国缗钱，得民财物以亿计，奴婢以千万数，田大县数百顷，小县百馀顷，宅亦如之。于是商贾中家以上大率破，民偷甘食好衣，不事畜藏之产业，而县官有盐铁缗钱之故，用益饶矣。

①【集解】瓒曰："商贾居积及伎巧之家，非桑农所生出，谓之缗。《茂陵中书》有缗田奴婢是也。"【索隐】姓杨，名可。如淳云："告缗者，令杨可告占缗之不尽者也。"

②【集解】如淳曰："治匿缗之罪，其狱少有反者。"【索隐】反音番。反谓反使从轻也。案：刘德为京兆尹，每行县，多所平反是也。

③【索隐】如淳曰："曹，辈也。谓分曹辈而出为使也。"

益广关，置左右辅。①

①【集解】徐广曰："元鼎三年，丁卯岁，徙函谷关于新安东界。"

初，大农筦盐铁官布多，①置水衡，欲以主盐铁；及杨可告缗钱，上林财物众，乃令水衡主上林。上林既充满，益广。是时越欲与汉用船战逐，②乃大修昆明池，列观环之。治楼船，高十馀丈，旗帜加其上，甚壮。③于是天子感之，乃作柏梁台，高数十丈。宫室之修，由此日丽。

①【索隐】布谓泉布。

②【集解】韦昭曰："战斗驰逐也。"

③【索隐】盖始穿昆明池，欲与滇王战，今乃更大修之，将与南越吕嘉战逐，故作楼船，于是杨仆有将军之号。又下云"因南方楼船卒二十馀万击南越"也。昆明池有豫章馆。豫章，地名，以言将出军于豫章也。

乃分缗钱诸官，而水衡、少府、大农、太仆各置农官，往往即郡县比没入田①田之。其没入奴婢，分诸苑养狗马禽兽，及与诸官。诸官益杂置多，②徒奴婢众，而下河漕度四百万石，③及官自籴乃足。④

①【索隐】比昔所没入之田也。

②【集解】如淳曰："水衡、少府、太仆、司农皆有农官，是为多。"

③【索隐】乐产云："度犹运也。"

④【索隐】按：谓天子所给廪食者多，故官自籴乃足也。

所忠①言："世家子弟②富人或斗鸡走狗马，弋猎博戏，乱齐民。"③乃征诸犯令，相引数千人，命曰"株送徒"。入财者得补郎，郎选衰矣。④

①【索隐】人姓名。服虔云"掌故官，取书于司马相如者，《封禅书》公孙卿因所忠言宝鼎是也"。唯姚察独以为"所患"，非也。

②【集解】如淳曰："世世有禄秩家。"

③【索隐】晋灼云："中国被教整齐之人也。"

④【集解】应劭曰："株，根本也。送，引也。"如淳曰："株，根蒂也。诸坐博戏事决为徒者，能入钱得补郎也。或曰，先至者为根。"【索隐】李奇云："先至者为魁株。"应劭云："株，根本也。送，当作'选'。选，引也。"应、李二音是。先至之人令之相引，似若得其株本，则枝叶自穷，故曰"株送徒"。又文颖曰："凡斗鸡胜者为株。"《传》云："阳沟之鸡，三岁为株。"今则斗鸡走马者用之。因其斗鸡本胜时名，故云株送徒者也。

是时山东被河灾，及岁不登数年，人或相食，方一二千里。天子怜之，诏曰："江南火耕水耨，①令饥民得流就食江淮间，欲留，留处。"遣使冠盖相属于道，护之，下巴蜀粟以振之。

①【集解】应劭曰："烧草，下水种稻，草与稻并生，高七八寸，因悉芟去，复下水灌之，草死，独稻长，所谓火耕水耨也。"

其明年，天子始巡郡国。东度河，河东守不意行至，不辨，自杀。行西逾陇，陇西守以行往卒，①天子从官不得食，陇西守自杀。于是上北出萧关，从数万骑，猎新秦中，以勒边兵而归。新秦中或千里无亭徼，②于是诛北地太守以下，而令民得畜牧边县，③官假马母，三岁而归，及息什一，以除告缗，用充仞新秦中。④

①【集解】《汉书音义》曰："逾，度也。卒，仓卒也。"

②【集解】如淳曰："徼，亦卒求盗之属也。"晋灼曰："徼，塞也。"瓒曰："既无亭候，又不徼循，无卫边之备也。"

③【集解】《汉书音义》曰："令民得畜牧于边县也。"瓒曰："先是，新秦中千里无民，畏寇不敢畜牧，令设亭徼，故民得畜牧也。"

④【集解】李奇曰："边有官马，今令民能畜官母马者，满三岁归之也。及有蕃息，与当出缗算者，皆复令居新秦中，又充仞之也。谓与民母马，令得为马种；令十母马还官一驹，此为息什一也。"瓒曰："前以边用不足，故设告缗之令，设亭徼，边民无警，皆得田牧。新秦中已充，故除告缗，不复取于民也。"

既得宝鼎，立后土、太一祠，①公卿议封禅事，而天下郡国皆豫治道桥，缮故宫，及当驰道县，县治官储，设供具，而望以待幸。

①【集解】徐广曰："元鼎四年立后土，五年立泰畤。"

其明年，南越反，西羌侵边为桀。于是天子为山东不赡，赦天下〔囚〕，因南方楼船卒二十馀万人击南越，数万人发三河以西骑击西羌，又数万人度河筑令居。①初置张掖、酒泉郡，②而上郡、朔方、西河、河西开田官，斥塞卒③六十万人戍田之。中国缮道馈粮，远者三千，近者千馀里，皆仰给大农。边兵不足，乃发武库工官兵器以赡之。车骑马乏绝，县官钱少，买马难得，乃著令，令封君以下至三百石以上吏，以差出牝马天下亭，亭有畜牸马，岁课息。

①【索隐】令音零，姚氏音连。韦昭云："金城县。"

②【集解】徐广曰："元鼎六年。"

③【集解】如淳曰："塞候斥卒。"

齐相卜式上书曰："臣闻主忧臣辱。南越反，臣愿父子与齐习船者往死之。"天子下诏曰："卜式虽躬耕牧，不以为利，有馀辄助县官之用。今天下不幸有急，而式奋愿父子死之，虽未战，可谓义形于内。赐爵关内侯，金六十斤，田十顷。"布告天下，天下莫应。列侯以百数，①皆莫求从军击羌、越。至酎，少府省金，②而列侯坐酎金失侯者百馀人。③乃拜式为御史大夫。④

①【索隐】刘氏言其多以百而数，故坐酎金失侯者一百六人。

②【集解】如淳曰："省视诸侯金有轻有重也。或曰，至尝酎饮宗庙时，少府视其金多少也。"

③【集解】如淳曰："《汉仪注》王子为侯，侯岁以户口酎黄金于汉庙，皇帝临受献金以助祭。大祀日饮酎，饮酎受金。金少不如斤两，色恶，王削县，侯免国。"

④【集解】徐广曰："元鼎六年。"

式既在位，见郡国多不便县官作盐铁，铁器苦恶，①贾贵，或强令民卖买之。而船有算，商者少，物贵，乃因孔仅言船算事。上由是不悦卜式。

①【集解】瓒曰："谓作铁器，民患苦其不好。"【索隐】器苦恶。苦音(苦)楛(反)，言苦其器恶而买卖也。言器苦窳不好。凡病之器云苦。窳音庾，语见本纪。苦如字读亦通也。

汉连兵三岁，诛羌，灭南越，番禺以西至蜀南者置初郡十七，①且以其故俗治，毋赋税。南阳、汉中以往郡，各以地比给初郡②吏卒奉③食币物，传车马被具。而初郡时时小反，杀吏，汉发南方吏卒往诛之，间岁万馀人，费皆仰给大农。大农以均输调盐铁助赋，故能赡之。然兵所过县，为以訾给毋乏而已，不敢言擅赋法矣。④

①【集解】徐广曰："南越为九郡。"骃案：晋灼曰"元鼎六年，定越地，以为南海、苍梧、郁林、合浦、交趾、九真、日南、珠崖、儋耳郡；定西南夷，以为武都、牂柯、越巂、洮犁、汶山郡；及《地理志》、《西南夷传》所置犍为、零陵、益州郡，凡十七也"。

②【索隐】比音鼻。谓南阳、汉中已往之郡，各以其地比近给初郡。初郡，即西南夷初所置之郡。

③【索隐】扶用反，包氏同。

④【集解】徐广曰："擅，一作'经'。经，常也。惟取用足耳，不暇顾经常法则也。"

其明年，元封元年，卜式贬秩为太子太傅。而桑弘羊为治粟都尉，领大农，尽代仅筦天下盐铁。弘羊以诸官各自市，相与争，物故腾跃，而天下赋输或不偿其僦费，①乃请置大农部丞数十人，分部主郡国，各往往县置均输盐铁官，令远方各以其物贵时商贾所转贩者为赋，而相灌输。置平准于京师，都受天下委输。召工官治车诸器，皆仰给大农。大农之诸官尽笼天下之货物，贵即卖之，贱则买之。如此，富商大贾无所牟大利，②则反本，而万物不得腾踊。故抑天下物，名曰“平准”。天子以为然，许之。于是天子北至朔方，东到太山，巡海上，并北边以归。所过赏赐，用帛百馀万匹，钱金以巨万计，皆取足大农。

①【索隐】不偿其僦。服虔云：“雇载云僦，言所输物不足偿其雇载之费也。僦音子就反。”

②【集解】如淳曰：“牟，取也。”

弘羊又请令吏得入粟补官，及罪人赎罪。令民能入粟甘泉各有差，以复终身，不告缗。他郡各输急处，①而诸农各致粟，山东漕益岁六百万石。一岁之中，太仓、甘泉仓满。边馀谷诸物均输帛五百万匹。民不益赋而天下用饶。于是弘羊赐爵左庶长，黄金再百斤焉。

①【索隐】谓他郡能入粟，输所在急要之处也。

是岁小旱，上令官求雨。卜式言曰：“县官当食租衣税而已，今弘羊令吏坐市列肆，①贩物求利。亨弘羊，天乃雨。”

①【索隐】坐市列。谓吏坐市肆行列之中。

太史公曰：农工商交易之路通，而龟贝金钱刀布之币兴焉。所从来久远，自高辛氏之前尚矣，靡得而记云。故《书》道唐虞之际，《诗》述殷周之世，安宁则长庠序，先本绌末，以礼义防于利；事变多故而亦反是。是以物盛则衰，时极而转，①一质一文，终始之变也。《禹贡》九州，各因其土地所宜，人民所多少而纳职焉。汤武承弊易变，使民不倦，各兢兢所以为治，而稍陵迟衰微。齐桓公用管仲之谋，通轻重之权，②徼山海之业，以朝诸侯，用区区之齐显成霸名。魏用李克，尽地力，为强君。自是之后，天下争于战国，贵诈力而贱仁义，先富有而后推让。故庶人之富者或累巨万，而贫者或不厌糟糠；有国强者或并群小以臣诸侯，而弱国或绝祀而灭世。以至于秦，卒并海内。虞夏之币，金为三品，③或黄，或白，或赤；或钱，或布，④或刀，⑤或龟贝。⑥及至秦，中一国之币为(三)〔二〕等，黄金以溢名，⑦为上币；铜钱识曰半两，重如其文，为下币。而珠玉、龟贝、银锡之属为器饰宝藏，不为币。然各随时而轻重无常。于是外攘夷狄，内兴功业，海内之士力耕不足粮饷，女子纺绩不足衣服。古者尝竭天下之资财以奉其上，犹自以为不足也。无异故云，事势之流，相激使然，曷足怪焉。

①【集解】徐广曰："时，一作'衰'。"

②【集解】《管子》有轻重之法。

③【索隐】即下"或黄，或赤、白"。黄，黄金也；白，白银也；赤，赤铜也：并见《食货志》。

④【集解】如淳曰："布于民间也。"

⑤【集解】如淳曰："名钱为刀者，以其利于民也。"

⑥【索隐】按：钱本名泉，言货之流如泉也，故周有泉府之官。及景王乃铸大钱。布者，言货流布，故《周礼》有二夫之布。《食货志》货布首长八分，足支八分。刀者，钱也。《食货志》有契刀、错刀，形如刀，长二寸，直五千。以其形如刀，故曰刀，以其利于人也。又古者货贝宝龟，《食货志》有十朋五贝，皆用为货，其各有多少，元龟直十贝，故直二千一百六十，已下各有差也。

⑦【集解】孟康曰："二十两为溢。"

【索隐述赞】平准之立，通货天下。既入县官，或振华夏。其名刀布，其文龙马。增算告缗，裒多益寡。弘羊心计，卜式长者。都内充殷，取赡郊野。

史记卷三十一

吴太伯世家第一

【索隐】系家者，记诸侯本系也，言其下及子孙常有国。故孟子曰“陈仲子，齐之系家”。又董仲舒曰“王者封诸侯，非官之也，得以代为家也”。

吴太伯，①太伯弟仲雍，②皆周太王之子，而王季历之兄也。季历贤，而有圣子昌，太王欲立季历以及昌，于是太伯、仲雍二人乃奔荆蛮，文身断发，示不可用，③以避季历。季历果立，是为王季，而昌为文王。太伯之奔荆蛮，自号句吴。④荆蛮义之，从而归之千馀家，立为吴太伯。

①【集解】韦昭曰：“后武王追封为吴伯，故曰吴太伯。” 【索隐】《国语》曰“黄池之会，晋定公使谓吴王夫差曰‘夫命圭有命，固曰吴伯，不曰吴王’”，是吴本伯爵也。范甯解《论语》曰“太者，善大之称；伯者，长也。周太王之元子故曰太伯”。称仲雍、季历，皆以字配名，则伯亦是字，又是爵，但其名史籍先阙耳。 【正义】吴，国号也。太伯居梅里，在常州无锡县东南六十里。至十九世孙寿梦居之，号句吴。寿梦卒，诸樊南徙吴。至二十一代孙光，使子胥筑阖闾城都之，今苏州也。

②【索隐】伯、仲、季是兄弟次第之字。若表德之字，意义与名相符，则《系本》曰“吴孰哉居蕃离”，宋忠曰“孰哉，仲雍字。蕃离，今吴之馀暨也”。解者云雍是孰食，故曰雍字孰哉也。

③【集解】应劭曰：“常在水中，故断其发，文其身，以象龙子，故不见伤害。” 【正义】江熙云：“太伯少弟季历生文王昌，有圣德，太伯知其必有天下，故欲传国于季历。以太王病，托采药于吴越，不反。太王薨而季历立，一让也；季历薨而文王立，二让也；文王薨而武王立，遂有天下，三让也。又释云：太王病，托采药，生不事之以礼，一让也；太王薨而不反，使季历主丧，不葬之以礼，二让也；断发文身，示不可用，使历主祭祀，不祭之以礼，三让也。”

④【集解】宋忠曰："句吴，太伯始所居地名。" 【索隐】荆者，楚之旧号，以州而言之曰荆。蛮者，闽也，南夷之名；蛮亦称越。此言自号句吴，吴名起于太伯，明以前未有吴号。地在楚越之界，故称荆蛮。颜师古注《汉书》，以吴言"句"者，夷语之发声，犹言"於越"耳。此言"号句吴"，当如颜解。而注引宋忠以为地名者，《系本·居篇》曰"孰哉居蕃离，孰姑徙句吴"，宋氏见《史记》有"太伯自号句吴"之文，遂弥缝解彼云是太伯始所居地名。裴氏引之，恐非其义。蕃离既有其地，句吴何总不知真实？吴人不闻别有城邑曾名句吴，则《系本》之文或难依信。《吴地记》曰："泰伯居梅里，在阖闾城北五十里许。"

太伯卒，①无子，弟仲雍立，是为吴仲雍。仲雍卒，②子季简立。季简卒，子叔达立。叔达卒，子周章立。是时周武王克殷，求太伯、仲雍之后，得周章。周章已君吴，因而封之。乃封周章弟虞仲于周之北故夏虚，③是为虞仲，④列为诸侯。

①【集解】《皇览》曰："太伯冢在吴县北梅里聚，去城十里。"

②【索隐】《吴地记》曰："仲雍冢在吴郡常孰县西海虞山上，与言偃冢并列。"

③【集解】徐广曰："在河东大阳县。"

④【索隐】夏都安邑，虞仲都大阳之虞城，在安邑南，故曰夏虚。《左传》曰"太伯、虞仲，太王之昭"，则虞仲是太王之子必也。又《论语》称"虞仲、夷逸隐居放言"，是仲雍称虞仲。今周章之弟亦称虞仲者，盖周章之弟字仲，始封于虞，故曰虞仲。则仲雍本字仲，而为虞之始祖，故后代亦称虞仲，所以祖与孙同号也。

周章卒，子熊遂立。熊遂卒，子柯相立。①柯相卒，子彊鸠夷立。彊鸠夷卒，子馀桥疑吾立。②馀桥疑吾卒，子柯卢立。柯卢卒，子周繇立。③周繇卒，子屈羽立。④屈羽卒，子夷吾立。夷吾卒，子禽处立。禽处卒，子转立。⑤转卒，子颇高立。⑥颇高卒，子句卑立。⑦是时晋献公灭周北虞公，以开晋伐虢也。⑧句卑卒，子去齐立。去齐卒，子寿梦立。⑨寿梦立而吴始益大，称王。

①【正义】柯音歌。相音相匠反。

②【正义】桥音跻骄反。

③【正义】繇音遥，又音由。

④【正义】屈，居勿反。

⑤【索隐】谯周《古史考》云“柯转”。

⑥【索隐】《古史考》作“颇梦”。

⑦【索隐】《古史考》云“毕轸”。

⑧【索隐】《春秋经》僖公五年“冬，晋人执虞公”。《左氏》二年《传》曰“晋荀息请以屈产之乘与垂棘之璧假道伐虢，宫之奇谏，不听。虞公许之，且请先伐之，遂伐虢，灭下阳”。五年《传》曰“晋侯复假道伐虢，宫之奇谏，不听。以其族行，曰‘虞不腊矣’。八月甲午，晋侯围上阳。冬十有二月，灭虢。师还，遂袭虞灭之”也。

⑨【正义】梦，莫公反。

自太伯作吴，五世而武王克殷，封其后为二：其一虞，在中国；其一吴，在夷蛮。十二世而晋灭中国之虞。中国之虞灭二世，而夷蛮之吴兴。①大凡从太伯至寿梦十九世。②

①【正义】中国之虞灭后二世，合七十一年，至寿梦而兴大，称王。

②【索隐】寿梦是仲雍十九代孙也”

王寿梦二年，①楚之亡大夫申公巫臣怨楚将子反而奔晋，自晋使吴，教吴用兵乘车，令其子为吴行人，②吴于是始通于中国。吴伐楚。十六年，楚共王伐吴，至衡山。③

①【索隐】自寿梦已下始有其年，《春秋》唯记卒年。计二年当成七年也。

②【集解】服虔曰：“行人，掌国宾客之礼籍，以待四方之使，宾大客，受小客之币辞。”【索隐】《左传》鲁成二年曰“巫臣使齐，及郑，使介反币，而以夏姬行，遂奔晋”。七年《传》曰“子重、子反杀巫臣之族而分其室，巫臣遗二子书曰‘余必使尔罢于奔命以死’。巫臣使于吴，吴子寿梦悦之，乃通吴于晋，教吴乘车，教之战阵，教之叛楚，寘其子狐庸焉，使为行人。吴始伐楚，伐巢，伐徐。马陵之会，吴入州来，子重、子反于是乎一岁七奔命”是。

③【集解】杜预曰：“吴兴乌程县南也。”【索隐】《春秋经》襄三年“楚公子婴齐帅师伐吴”，《左传》曰“楚子重伐吴，为简之师，克鸠兹，至于衡山”也。

二十五年，王寿梦卒。① 寿梦有子四人，长曰诸樊，② 次曰馀祭，次曰馀眜，③ 次曰季札。④ 季札贤，而寿梦欲立之，季札让不可，于是乃立长子诸樊，摄行事当国。

①【索隐】襄十二年《经》曰"秋九月，吴子乘卒"。《左传》曰寿梦。计从成六年至此，正二十五年。《系本》曰"吴孰姑徙句吴"。宋忠曰"孰姑，寿梦也"。代谓祝梦乘诸也。寿孰音相近。姑之言诸也，《毛诗传》读"姑"为"诸"，知孰姑寿梦是一人，又名乘也。

②【索隐】《春秋经》书"吴子遏"，《左传》称"诸樊"，盖遏是其名，诸樊是其号。《公羊传》"遏"作"谒"。

③【索隐】《左传》曰"阍戕戴吴"。杜预曰"戴吴，馀祭也"。又襄二十八年，齐庆封奔吴，句馀与之朱方。杜预曰"句馀，吴子夷末也"。计馀祭以襄二十九年卒，则二十八年赐庆封邑，不得是夷末。且句馀馀祭或谓是一人，夷末惟《史记》、《公羊》作"馀眜"，《左氏》及《穀梁》并为"馀祭"。夷末、句馀音字各异，不得为一，或杜氏误耳。【正义】祭，侧界反。眜，莫葛反。

④【索隐】《公羊传》曰："谒也，馀祭也，夷末也，与季子同母者四人。季子弱而才，兄弟皆爱之，同欲以为君，兄弟递相为君，而致国乎季子。故谒也死，馀祭也立；馀祭也死，夷末也立；夷末也死，则国宜之季子，季子使而亡焉。僚者长庶也，即之。阖闾曰：'将从先君之命与，则国宜之季子也；如不从君之命，则宜立者我也。僚恶得为君乎？'于是使专诸刺僚。"《史记》寿梦四子，亦约《公羊》文，但以僚为馀眜子为异耳。《左氏》其文不明，服虔用《公羊》，杜预依《史记》及《吴越春秋》。下注徐广引《系本》曰"夷眜及僚，夷眜生光"，检《系本》今无此语。然按《左》狐庸对赵文子，谓"夷末甚德而度，其天所启也，必此君之子孙实终之"。若以僚为末子，不应此言。又光言"我王嗣"，则光是夷眜子，且明是庶子。

王诸樊元年，① 诸樊已除丧，让位季札。季札谢曰："曹宣公之卒也，诸侯与曹人不义曹君，② 将立子臧，子臧去之，以成曹君，③ 君子曰④'能守节矣'。君义嗣，⑤ 谁敢干君！有国，非吾节也。札虽不材，愿附于子臧之义。"吴人固立季札，季札弃其室而耕，乃舍之。⑥ 秋，吴伐楚，楚败我师。四年，晋平公初立。⑦

①【集解】《世本》曰"诸樊徙吴"也。

②【集解】服虔曰:"宣公,曹伯卢也,以鲁成公十三年会晋侯伐秦,卒于师。曹君,公子负刍也。负刍在国,闻宣公卒,杀太子而自立,故曰不义之也。"

③【集解】服虔曰:"子臧,负刍庶兄。" 【索隐】成十三年《左传》曰:"曹宣公卒于师。曹人使公子负刍守,使公子欣时逆丧。秋,负刍杀其太子而自立。"杜预曰:"皆宣公庶子也。负刍,成公也。欣时,子臧也。"十五年《传》曰:"会于戚,讨曹成公也,执而归诸京师。诸侯将见子臧于王而立之。子臧曰:'前志有之,曰圣达节,杜预曰:圣人应天命,不拘常礼也。次守节,杜预曰:谓贤者也。下失节。杜预曰:愚者,妄动也。为君,非吾节也。虽不能圣,敢失守乎?'遂逃奔宋。"

④【索隐】君子者,左丘明所为史评仲尼之词,指仲尼为君子也。

⑤【集解】王肃曰:"义,宜也。嫡子嗣国,得礼之宜。"杜预曰:"诸樊嫡子,故曰义嗣。"

⑥【索隐】"诸樊元年已除丧"至"乃舍之",皆襄十四年《左氏传》文。 【正义】舍音捨。

⑦【索隐】《左传》襄十六年春"葬晋悼公,平公即位"是也。

十三年,王诸樊卒。①有命授弟馀祭,欲传以次,必致国于季札而止,以称先王寿梦之意,且嘉季札之义,兄弟皆欲致国,令以渐至焉。季札封于延陵,②故号曰延陵季子。

①【索隐】《春秋经》襄二十五年:"十有二月,吴子遏伐楚,门于巢,卒。"《左传》曰:"吴子诸樊伐楚,以报舟师之役,门于巢。巢牛臣曰:'吴王勇而轻,若启之,将亲门,我获射之,必殪。是君也死,疆其少安。'从之。吴子门焉,牛臣隐于短墙以射之,卒。"

②【索隐】襄三十一年《左传》赵文子问于屈狐庸曰"延州来季子其果立乎",杜预曰"延州来,季札邑也"。昭二十七年《左传》曰"吴子使延州来季子聘于上国",杜预曰"季子本封延陵,后复封州来,故曰延州来"。成七年《左传》曰"吴入州来",杜预曰"州来,楚邑,淮南下蔡县是"。昭十三年《传》"吴伐州来",二十三年《传》"吴灭州来"。则州来本为楚邑,吴光伐灭,遂以封季子也。《地理志》云会稽毗陵县,季札所居。《太康地理志》曰"故延陵邑,季札所居,栗头有季札祠"。《地理志》沛郡下蔡县云,古州来国,为楚所灭,后

吴取之，至夫差，迁昭侯于此。《公羊传》曰“季子去之延陵，终身不入吴国”，何休曰“不入吴朝廷也”。此云“封于延陵”，谓因而赐之以菜邑。而杜预《春秋释例土地名》则云“延州来，阙”，不知何故而为此言也。

王馀祭三年，齐相庆封有罪，自齐来奔吴。吴予庆封朱方之县，①以为奉邑，以女妻之，富于在齐。

①【集解】《吴地记》曰：“朱方，秦改曰丹徒。”

四年，吴使季札聘于鲁，①请观周乐。②为歌《周南》、《召南》。③曰：“美哉，始基之矣，④犹未也。⑤然勤而不怨。”⑥歌《邶》、《鄘》、《卫》。⑦曰：“美哉，渊乎，忧而不困者也。⑧吾闻卫康叔、武公之德如是，是其《卫风》乎？”⑨歌《王》。⑩曰：“美哉，思而不惧，其周之东乎？”⑪歌《郑》。⑫曰：“其细已甚，民不堪也，是其先亡乎？”⑬歌《齐》。曰：“美哉，泱泱乎大风也哉。⑭表东海者，其太公乎？⑮国未可量也。”⑯歌《豳》。曰：“美哉，荡荡乎，乐而不淫，⑰其周公之东乎？”⑱歌《秦》。曰：“此之谓夏声。夫能夏则大，大之至也，其周之旧乎？”⑲歌《魏》。曰：“美哉，沨沨乎，⑳大而宽，㉑俭而易，行以德辅，此则盟主也。”㉒歌《唐》。曰：“思深哉，其有陶唐氏之遗风乎？不然，何忧之远也？㉓非令德之后，谁能若是！”歌《陈》。曰：“国无主，其能久乎？”㉔自《郐》以下，无讥焉。㉕歌《小雅》。㉖曰：“美哉，思而不贰，㉗怨而不言，㉘其周德之衰乎？㉙犹有先王之遗民也。”㉚歌《大雅》。㉛曰：“广哉，熙熙乎，㉜曲而有直体，㉝其文王之德乎？”歌《颂》。㉞曰：“至矣哉，㉟直而不倨，㊱曲而不诎，㊲近而不逼，㊳远而不携，㊴迁而不淫，㊵复而不厌，㊶哀而不愁，㊷乐而不荒，㊸用而不匮，㊹广而不宣，㊺施而不费，㊻取而不贪，㊼处而不底，㊽行而不流。㊾五声和，八风平，㊿节有度，守有序，(51)盛德之所同也。”(52)见舞《象箾》、《南籥》者，(53)曰：“美哉，犹有感。”(54)见舞《大武》，(55)曰：“美哉，周之盛也其若此乎？”见舞《韶护》者，(56)曰：“圣人之弘也，(57)犹有惭德，圣人之难也！”(58)见舞《大夏》，(59)曰：“美哉，勤而不德！(60)非禹其谁能及之？”见舞《招箾》，(61)曰：“德至矣哉，大矣，(62)如天之无不焘也，(63)如地之无不载也，虽甚盛德，无以加矣。观止矣，若有他乐，吾不敢观。”64

①【集解】在《春秋》鲁襄公二十九年。

②【集解】服虔曰：“周乐，鲁所受四代之乐也。”杜预曰：“鲁以周公故，有天子礼乐。”

③【集解】杜预曰：“此皆各依其本国歌所常用声曲。”

④【集解】王肃曰：“言始造王基也。”

⑤【集解】贾逵曰：“言未有《雅》、《颂》之成功也。”杜预曰：“犹有商纣，未尽善也。”

⑥【集解】杜预曰：“未能安乐，然其音不怨怒。”

⑦【集解】杜预曰：“武王伐纣，分其地为三监。三监叛，周公灭之，并三监之地，更封康叔，故三国尽被康叔之化。”

⑧【集解】贾逵曰：“渊，深也。”杜预曰：“亡国之音哀以思，其民困。卫康叔、武公德化深远，虽遭宣公淫乱，懿公灭亡，民犹秉义，不至于困。”

⑨【集解】贾逵曰：“康叔遭管叔、蔡叔之难，武公罹幽王、褒姒之忧，故曰康叔、武公之德如是。”杜预曰：“康叔，武公，皆卫之令德君也。听声以为别，故有疑言。”

⑩【集解】服虔曰：“王室当在《雅》，衰微而列在《风》，故国人犹尊之，故称《王》，犹《春秋》之王人也。”杜预曰：“《王》，《黍离》也。”

⑪【集解】服虔曰：“平王东迁雒邑。”杜预曰：“宗周殒灭，故忧思；犹有先王之遗风，故不惧也。” 【正义】思音肆。

⑫【集解】贾逵曰：“《郑风》，东郑是。”

⑬【集解】服虔曰：“其风细弱已甚，摄于大国之间，无远虑持久之风，故曰民不堪，将先亡也。”

⑭【集解】服虔曰：“泱泱，舒缓深远，有大和之意。其诗风刺，辞约而义微，体疏而不切，故曰大风。” 【索隐】泱，于良反。泱泱犹汪汪洋洋，美盛貌也。杜预曰“弘大之声”也。

⑮【集解】王肃曰：“言为东海之表式。”

⑯【集解】服虔曰：“国之兴衰，世数长短，未可量也。”杜预曰：“言其或将复兴。”

⑰【集解】贾逵曰：“荡然无忧，自乐而不荒淫也。”

⑱【集解】杜预曰："周公遭管蔡之变，东征，为成王陈后稷先公不敢荒淫，以成王业，故言其周公东乎。"

⑲【集解】杜预曰："秦仲始有车马礼乐，去戎狄之音而有诸夏之声，故谓之夏声。及襄公佐周平王东迁而受其故地，故曰周之旧也。"

⑳【索隐】渢音冯，又音泛。杜预曰："中庸之声。"

㉑【索隐】《左传》作"大而婉"。杜预曰："婉，约也。大而约，则俭节易行。"宽字宜读为"婉"也。

㉒【集解】徐广曰："盟，一作'明'。"骃案：贾逵曰"其志大，直而有曲体，归中和中庸之德，难成而实易行。故曰以德辅此，则盟主也"。杜预曰"惜其国小而无明君"。　【索隐】注引徐广曰"盟，一作'明'"。按：《左传》亦作"明"，此以听声知政，言其明听耳，非盟会也。

㉓【集解】杜预曰："晋本唐国，故有尧之遗风。忧深思远，情发于声也。"

㉔【集解】杜预曰："淫声放荡，无所畏忌，故曰国无主。"

㉕【集解】服虔曰："《郐》以下，及《曹风》也。其国小，无所刺讥。"

㉖【集解】杜预曰："《小雅》，小正，亦乐歌之章。"

㉗【集解】杜预曰："思文武之德，无贰叛之心也。"

㉘【集解】王肃曰："非不能言，畏罪咎也。"

㉙【集解】杜预曰："衰，小也。"

㉚【集解】杜预曰："谓有殷王馀俗，故未大衰。"

㉛【集解】杜预曰："《大雅》，陈文王之德，以正天下。"

㉜【集解】杜预曰："熙熙，和乐声。"

㉝【集解】杜预曰："论其声。"

㉞【集解】杜预曰："颂者，以其成功告于神明。"

㉟【集解】贾逵曰："言道备至也。"

㊱【集解】杜预曰："倨，傲也。"

㊲【集解】杜预曰："诎，挠也。"

㊳【集解】杜预曰："谦，退也。"

㊴【集解】杜预曰："携，贰也。"

㊵【集解】服虔曰："迁，徙也。文王徙酆，武王居鄗。"杜预曰："淫，过荡也。"

㊶【集解】杜预曰："常日新也。"

㊷【集解】杜预曰："知命也。"

㊸【集解】杜预曰："节之以礼也。"

㊹【集解】杜预曰："德弘大。"

㊺【集解】杜预曰："不自显也。"

㊻【集解】杜预曰："因民所利而利之。"

㊼【集解】杜预曰："义然后取。"

㊽【集解】杜预曰："守之以道。"

㊾【集解】杜预曰："制之以义。"

㊿【集解】杜预曰："宫、商、角、徵、羽谓之五声。八方之气谓之八风。"

51【集解】杜预曰："八音克谐，节有度也。无相夺伦，守有序也。"

52【集解】杜预曰："《颂》有殷、鲁，故曰盛德之所同。"

53【集解】贾逵曰："《象》，文王之乐武象也。《箾》，舞曲也。《南籥》，以籥舞也。"【索隐】箾音朔，又素交反。

54【集解】服虔曰："憾，恨也。恨不及己以伐纣而致太平也。"【索隐】感读为"憾"，字省耳，胡暗反。

55【集解】贾逵曰："《大武》，周公所作武王乐也。"

56【集解】贾逵曰："《韶护》，殷成汤乐《大护》也。"

57【集解】贾逵曰："弘，大也。"

58【集解】服虔曰："惭于始伐而无圣佐，故曰圣人之难也。"

59【集解】贾逵曰："夏禹之乐《大夏》也。"

60【集解】服虔曰："禹勤其身以治水土也。"

61【集解】服虔曰："有虞氏之乐《大韶》也。"【索隐】"韶""箫"二字体变耳。

62【集解】服虔曰："至，帝王之道极于《韶》也，尽美尽善也。"

63【集解】贾逵曰："焘，覆也。"

64【集解】服虔曰："周用六代之乐，尧曰《咸池》，黄帝曰《云门》。鲁受四代，下周二等，故不舞其二。季札知之，故曰有他乐吾不敢请。"

去鲁，遂使齐。说晏平仲曰："子速纳邑与政。① 无邑无政，乃免于难。齐国之政将有所归；未得所归，难未息也。"故晏子因陈桓子以纳政与邑，是以免于栾高之难。②

①【集解】服虔曰："入邑与政职于公，不与国家之事。"

②【集解】难在鲁昭公八年。【正义】难，乃惮反。在鲁昭公八年。栾施、高

彊二氏作难，陈桓子和之乃解也。

去齐，使于郑。见子产，如旧交。谓子产曰：“郑之执政侈，难将至矣，政必及子。子为政，慎以礼。①不然，郑国将败。”去郑，适卫。说蘧瑗、史狗、史鳅、公子荆、公叔发、公子朝曰：“卫多君子，未有患也。”

①【集解】服虔曰：“礼，所以经国家，利社稷也。”

自卫如晋，将舍于宿，①闻钟声，②曰：“异哉！吾闻之，辩而不德，必加于戮。③夫子获罪于君以在此，④惧犹不足，而又可以畔乎？⑤夫子之在此，犹燕之巢于幕也。⑥君在殡而可以乐乎？”⑦遂去之。文子闻之，终身不听琴瑟。⑧

①【集解】《左传》曰：“将宿于戚。” 【索隐】注引《左传》曰“将宿于戚”。按：太史公欲自为一家，事虽出《左氏》，文则随义而换。既以“舍”字替“宿”，遂误下“宿”字替于“戚”。戚既是邑名，理应不易。今宜读宿为“戚”。戚，卫邑，孙文子旧所食地。

②【集解】服虔曰：“孙文子鼓钟作乐也。”

③【集解】服虔曰：“辩若斗辩也。夫以辩争，不以德居之，必加于刑戮也。”

④【集解】贾逵曰：“夫子，孙文子也。获罪，出献公，以戚畔也。”

⑤【索隐】《左传》曰“而又何乐”。此“畔”字宜读曰“乐”。乐谓所闻钟声也，畔非其义也。

⑥【集解】王肃曰：“言至危也。”

⑦【集解】贾逵曰：“卫君献公棺在殡未葬。”

⑧【集解】服虔曰：“闻义而改也。琴瑟不听，况于钟鼓乎？”

适晋，说赵文子、①韩宣子、②魏献子③曰：“晋国其萃于三家乎！”④将去，谓叔向曰：“吾子勉之！君侈而多良，大夫皆富，政将在三家。⑤吾子直，⑥必思自免于难。”

①【索隐】名武也。

②【索隐】名起也。 【正义】《世本》云名秦。

③【索隐】名锺舒也。

④【集解】服虔曰：“言晋国之祚将集于三家。”

⑤【集解】杜预曰："富必厚施，故政在三家也。"

⑥【集解】服虔曰："直，不能曲挠以从众。"

季札之初使，北过徐君。徐君好季札剑，口弗敢言。季札心知之，为使上国，未献。还至徐，徐君已死，于是乃解其宝剑，系之徐君冢树而去。①从者曰："徐君已死，尚谁予乎？"季子曰："不然。始吾心已许之，岂以死倍吾心哉！"

①【正义】《括地志》云："徐君庙在泗州徐城县西南一里，即延陵季子挂剑之徐君也。"

七年，楚公子围弑其王夹敖而代立，是为灵王。①十年，楚灵王会诸侯而以伐吴之朱方，以诛齐庆封。吴亦攻楚，取三邑而去。②十一年，楚伐吴，至雩娄。③十二年，楚复来伐，次于乾谿，④楚师败走。

①【索隐】《春秋经》襄二十五年，吴子遏卒；二十九年，阍杀吴子馀祭；昭十五年，吴子夷末卒。是馀祭在位四年，馀眛在位十七年。系家倒错二王之年，此七年正是馀眛之三年。昭元年《经》曰"冬十有一月，楚子麇卒"。《左传》曰"楚公子围将聘于郑，未出竟，闻王有疾而还。入问王疾，缢而杀之，孙卿曰：以冠缨绞之。遂杀其子幕及平夏。葬王于郏，谓之郏敖"也。

②【集解】《左传》曰："吴伐楚，入棘、栎、麻，以报朱方之役。"【索隐】杜预注彼云"皆楚东鄙邑也。谯国酂县东北有棘亭，汝阴新蔡县东北有栎亭"。按：解者以麻即襄城县故麻城是也。

③【集解】服虔曰："雩娄，楚之东邑。"【索隐】昭五年《左传》曰"楚子使沈尹射待命于巢，薳启强待命于雩娄"。今直言至雩娄，略耳。

④【集解】杜预曰："乾谿在谯国城父县南，楚东境。"

十七年，王馀祭卒，①弟馀眛立。王馀眛二年，楚公子弃疾弑其君灵王代立焉。②

①【索隐】《春秋》襄二十九年《经》曰"阍杀吴子馀祭"。《左传》曰"吴人伐越，获俘焉，以为阍，使守舟。吴子馀祭观舟，阍以刀杀之"。《公羊传》曰"近刑人则轻死之道"是也。

②【索隐】据《春秋》，即眛之十五年也。昭十三年《经》曰"夏四月，楚公子比自

晋归于楚，弑其君虔于乾谿，楚公子弃疾杀公子比”。《左传》具载，以词繁不录。公子比，弃疾，皆灵王弟也。比即子干也。灵王，公子围也，即位后易名为虔。弃疾即位后易名熊居，是为平王。《史记》以平王遂有楚国，故曰“弃疾弑君”；《春秋》以子干已为王，故曰“比杀君”，彼此各有意义也。

四年，王馀眛卒，欲授弟季札。季札让，逃去。于是吴人曰：“先王有命，兄卒弟代立，必致季子。季子今逃位，则王馀眛后立。今卒，其子当代。”乃立王馀眛之子僚为王。①

①【集解】《吴越春秋》曰“王僚，夷眛子”，与《史记》同。　【索隐】此文以为馀眛子，《公羊传》以为寿梦庶子也。

王僚二年，①公子光伐楚，②败而亡王舟。光惧，袭楚，复得王舟而还。③

①【索隐】计僚元年当昭十六年。比二年，公子光亡王舟，事在昭十七年《左传》。

②【集解】徐广曰：“《世本》云夷眛生光。”

③【集解】《左传》曰舟名“馀皇”。

五年，楚之亡臣伍子胥来奔，公子光客之。①公子光者，王诸樊之子也。②常以为“吾父兄弟四人，当传至季子。季子即不受国，光父先立。即不传季子，光当立”。阴纳贤士，欲以袭王僚。

①【索隐】《左传》昭二十年曰：“伍员如吴，言伐楚之利于州于。杜预曰：州于，吴子僚也。公子光曰：‘是宗为戮，而欲反其雠，不可从也。’员曰：‘彼将有他志，余姑为之求士，而鄙以待之。’乃见鱄设诸焉，而耕于鄙。”是谓客礼以接待也。

②【索隐】此文以为诸樊子，《系本》以为夷眛子。

八年，吴使公子光伐楚，败楚师，迎楚故太子建母于居巢以归。因北伐，败陈、蔡之师。九年，公子光伐楚，拔居巢、锺离。①初，楚边邑卑梁氏之处女与吴边邑之女争桑，②二女家怒相灭，两国边邑长闻之，怒而相攻，灭吴之边邑。吴王怒，故遂伐楚，取两都而去。③

①【集解】服虔曰："锺离，州来西邑也。"　【索隐】昭二十四年《经》曰："冬，吴灭巢。"《左传》曰："楚子为舟师以略吴疆。沈尹戌曰：'此行也，楚必亡邑。不抚人而劳之，吴不动而速之。'吴人踵楚，边人不备，遂灭巢及锺离乃还也。"《地理志》居巢属庐江，锺离属九江。应劭曰"锺离子之国也"。

②【索隐】《左传》无其事。

③【正义】两都即锺离、居巢。

伍子胥之初奔吴，说吴王僚以伐楚之利。公子光曰："胥之父兄为僇于楚，欲自报其仇耳。未见其利。"于是伍员知光有他志，①乃求勇士专诸，②是之光。光喜，乃客伍子胥。子胥退而耕于野，以待专诸之事。③

①【集解】服虔曰："欲取国。"

②【集解】贾逵曰："吴勇士。"　【索隐】专或作"剸"。《左传》作"鱄设诸"。《刺客传》曰"诸，棠邑人也"。　【正义】《吴越春秋》云："专诸，丰邑人。伍子胥初亡楚如吴时，遇之于途，专诸方与人斗，甚不可当，其妻呼，还。子胥怪而问其状。专诸曰：'夫屈一人之下，必申万人之上。'胥因而相之，雄貌，深目，侈口，熊背，知其勇士。"

③【索隐】依《左传》即上五年"公子光客之"是也。事合记于五年，不应略彼而更具于此也。

十二年冬，楚平王卒。①十三年春，吴欲因楚丧而伐之，②使公子盖馀、烛庸③以兵围楚之六、灊。④使季札于晋，以观诸侯之变。⑤楚发兵绝吴兵后，吴兵不得还。于是吴公子光曰："此时不可失也。"⑥告专诸曰："不索何获！⑦我真王嗣，当立，吾欲求之。季子虽至，不吾废也。"⑧专诸曰："王僚可杀也。母老子弱，⑨而两公子将兵攻楚，楚绝其路。方今吴外困于楚，而内空无骨鲠之臣，是无柰我何。"光曰："我身，子之身也。"⑩四月丙子，⑪光伏甲士于窟室，⑫而谒王僚饮。⑬王僚使兵陈于道，自王宫至光之家，门阶户席，皆王僚之亲也，人夹持铍。⑭公子光详为⑮足疾，入于窟室，⑯使专诸置匕首⑰于炙鱼之中以进食。⑱手匕首刺王僚，铍交于匈，⑲遂弑王僚。公子光竟代立为王，是为吴王阖庐。阖庐乃以专诸子为卿。

①【索隐】昭二十六年《春秋经》书“楚子居卒”是也。按《十二诸侯年表》及《左传》,合在僚十一年。

②【索隐】据表及《左氏传》止合有十二年,事并见昭二十七年《左传》也。

③【集解】贾逵曰:“二公子皆吴王僚之弟。” 【索隐】《春秋》作“掩馀”,《史记》并作“盖馀”,义同而字异。或者谓太史公被腐刑,不欲言“掩”也。贾逵及杜预及《刺客传》皆云“二公子,王僚母弟”。而昭二十三年《左传》曰“光帅右,掩馀帅左”,杜注彼则云“掩馀,吴王寿梦子”。又《系族谱》亦 云“二公子并寿梦子”。若依《公羊》,僚为寿梦子,则与《系族谱》合也。

④【集解】杜预曰:“灊在庐江六县西南。”

⑤【集解】服虔曰:“察强弱。”

⑥【集解】贾逵曰:“时,言可杀王时也。”

⑦【集解】服虔曰:“不索当何时得也。”

⑧【集解】王肃曰:“聘晋还至也。”

⑨【集解】服虔曰:“母老子弱,专诸托其母子于光也。”王肃曰:“专诸言王母老子弱也。” 【索隐】依王肃解,与《史记》同,于理无失。服虔、杜预见《左传》下文云“我,尔身也,以其子为卿”,遂强解“是无若我何”犹言“我无若是何”,语不近情,过为迂回,非也。

⑩【集解】服虔曰:“言我身犹尔身也。”

⑪【索隐】《春秋经》唯言“夏四月”,《左传》亦无“丙子”,当别有按据,不知出何书也。

⑫【集解】杜预曰:“掘地为室也。”

⑬【索隐】谒,请也。本或作“请”也。

⑭【集解】音披。 【索隐】音披。刘逵注《吴都赋》“铍,两刃小刀”。

⑮【索隐】上音阳,下如字。《左传》曰“光伪足疾”,详即伪也。或读此“为”字音“伪”,非也。岂详伪重言邪?

⑯【集解】杜预曰:“恐难作,王党杀己,素避之也。”

⑰【索隐】刘氏曰:“匕首,短剑也。”按:《盐铁论》以为长尺八寸。《通俗文》云“其头类匕,故曰匕首也”。

⑱【集解】服虔曰:“全鱼炙也。”

⑲【集解】贾逵曰："交专诸匈也。"

季子至，曰："苟先君无废祀，民人无废主，社稷有奉，乃吾君也。吾敢谁怨乎？哀死事生，以待天命。[①] 非我生乱，立者从之，先人之道也。"[②] 复命，哭僚墓，[③] 复位而待。[④] 吴公子烛庸、盖馀二人将兵遇围于楚者，闻公子光弑王僚自立，乃以其兵降楚，楚封之于舒。[⑤]

①【集解】服虔曰："待其天命之终也。"

②【集解】杜预曰："吴自诸樊以下，兄弟相传而不立適，是乱由先人起也。季子自知力不能讨光，故云。"

③【集解】服虔曰："复命于僚，哭其墓也。" 【正义】复音伏，下同。

④【集解】杜预曰："复本位，待光命。"

⑤【索隐】《左传》昭二十七年曰"掩馀奔徐，烛庸奔钟吾"。三十年《经》曰"吴灭徐，徐子奔楚"。《左传》曰"吴子使徐人执掩馀，使钟吾人执烛庸。二公子奔楚，楚子大封而定其徙"。无封舒之事，当是"舒""徐"字乱，又且疏略也。

王阖庐元年，举伍子胥为行人而与谋国事。楚诛伯州犁，其孙伯嚭亡奔吴，[①] 吴以为大夫。

①【集解】徐广曰："伯嚭，州犁孙也。《史记》与《吴越春秋》同。嚭音披美反。"

三年，吴王阖庐与子胥、伯嚭将兵伐楚，拔舒，杀吴亡将二公子。光谋欲入郢，将军孙武曰："民劳，未可，待之。"[①] 四年，伐楚，取六与灊。五年，伐越，败之。六年，楚使子常囊瓦伐吴。[②] 迎而击之，大败楚军于豫章，取楚之居巢而还。[③]

①【索隐】《左传》此年有子胥对耳，无孙武事也。

②【正义】《左传》云"楚囊瓦为令尹"，杜预云"子囊之孙子常"。

③【索隐】《左传》定二年，当为七年。

九年，吴王阖庐请伍子胥、孙武曰："始子之言郢未可入，今果如何？"[①] 二子对曰："楚将子常贪，而唐、蔡皆怨之。王必欲大伐，必得唐、蔡乃可。"阖庐从之，悉兴师，与唐、蔡西伐楚，至于汉水。楚亦发兵拒吴，夹水陈。② 吴王阖庐弟夫槩③ 欲战，阖庐弗许。夫槩曰："王已属臣兵，兵以利为上，尚何待焉？"遂以其部五千人袭冒楚，楚兵大败，走。于是吴王遂纵兵追之。比至郢，④ 五战，楚五败。楚昭王亡出郢，奔郧。⑤ 郧公弟欲弑昭王，⑥ 昭王与郧公奔随。⑦ 而吴兵遂入郢。子胥、伯嚭鞭平王之尸⑧ 以报父雠。

①【索隐】言今欲果敢伐楚可否也。

②【正义】音阵。

③【正义】音古代反。

④【索隐】定四年"战于柏举，吴入郢"是也。

⑤【集解】服虔曰："郧，楚县。"

⑥【正义】《左传》云郧公辛之弟怀也。

⑦【集解】服虔曰："随，楚与国也。"

⑧【索隐】《左氏》无此事。

十年春，越闻吴王之在郢，国空，乃伐吴。吴使别兵击越。楚告急秦，秦遣兵救楚击吴，吴师败。阖庐弟夫槩见秦越交败吴，吴王留楚不去，夫槩亡归吴而自立为吴王。阖庐闻之，乃引兵归，攻夫槩。夫槩败奔楚。楚昭王乃得以九月复入郢，而封夫槩于堂谿，为堂谿氏。① 十一年，吴王使太子夫差伐楚，取番。楚恐而去郢徙鄀。②

①【集解】司马彪曰："汝南吴房有堂谿亭。"【索隐】案《地理志》而知。【正义】《括地志》云："豫州吴房县在州西北九十里。应劭云'吴王阖闾弟夫槩奔楚，封之于堂谿氏。本房子国，以封吴，故曰吴房'。"

②【集解】服虔曰："鄀，楚邑。"【索隐】定六年《左传》"四月己丑，吴太子终累败楚舟师"。杜预曰"阖庐子，夫差兄"。此以为夫差，当谓名异而一人耳。《左传》又曰"获潘子臣、小惟子及大夫七人，楚于是乎迁郢于鄀"。此言番，番音潘，楚邑名，子臣即其邑之大夫也。

十五年，孔子相鲁。①

①【索隐】定十年《左传》曰"夏，公会齐侯于祝其，实夹谷，孔丘相。犁弥言于齐侯曰'孔丘知礼而无勇'"是也。杜预以为"相会仪也"，而史迁《孔子系家》云"摄行相事"。案：《左氏》"孔丘以公退，曰'士兵之'，又使兹无还揖

对”，是摄国相也。

十九年夏，吴伐越，越王句践迎击之槜李。① 越使死士挑战，② 三行造吴师，呼，自刭。③ 吴师观之，越因伐吴，败之姑苏，④ 伤吴王阖庐指，军却七里。吴王病伤而死。⑤ 阖庐使立太子夫差，谓曰：“尔而忘句践杀汝父乎？”对曰：⑥“不敢！”三年，乃报越。

①【集解】贾逵曰：“槜李，越地。”杜预曰：“吴郡嘉兴县南有槜李城也。”槜音醉。

②【集解】徐广曰：“死，一作‘亶’，《越世家》亦然，或者以为人名氏乎？”骃案：贾逵曰“死士，死罪人也”。郑众曰“死士，欲以死报恩者也”。杜预曰“敢死之士也”。　【正义】挑音田鸟反。

③【集解】《左传》曰：“使罪人三行，属剑于颈。”　【正义】行，胡郎反。造，干到反。呼，火故反。颈，坚鼎反。

④【集解】《越绝书》曰：“阖庐起姑苏台，三年聚材，五年乃成，高见三百里。”　【索隐】姑苏，台名，在吴县西三十里。《左传》定十四年曰“越子大败之，灵姑浮以戈击阖庐，阖庐伤将指，还，卒于陉，去槜李七里”。杜预以为槜李在嘉兴县南。灵姑浮，越大夫也。

⑤【集解】《越绝书》曰：“阖庐冢在吴县昌门外，名曰虎丘。下池广六十步，水深一丈五尺，桐棺三重，澒池六尺，玉凫之流扁诸之剑三千，方员之口三千，槃郢、鱼肠之剑在焉。卒十馀万人治之，取土临湖。葬之三日，白虎居其上，故号曰虎丘。”　【索隐】澒，胡贡反。以水银为池。

⑥【索隐】此以为阖庐谓夫差，夫差对阖庐。若《左氏传》，则云“对曰”者，夫差对所使之人也。

王夫差元年，① 以大夫伯嚭为太宰。② 习战射，常以报越为志。二年，吴王悉精兵以伐越，败之夫椒，③ 报姑苏也。越王句践乃以甲兵五千人栖于会稽，④ 使大夫种⑤ 因吴太宰嚭而行成，⑥ 请委国为臣妾。吴王将许之，伍子胥谏曰：“昔有过氏⑦ 杀斟灌以伐斟寻，⑧ 灭夏后帝相。⑨ 帝相之妃后缗方娠，⑩ 逃于有仍⑪ 而生少康。⑫ 少康为有仍牧正。⑬ 有过又欲杀少康，少康奔有虞。⑭ 有虞思夏德，于是妻之以二女而邑之于纶,[15]有田一成,有众一旅。[16]后遂收夏众,抚其官职。[17]使人诱之,[18]遂灭有过氏,复禹之绩,祀夏配天,[19]不失旧物。[20]今吴不如有过之强,而句践大于少康。今不因此而灭之,又将宽之,不亦难乎!且句践为人能辛苦,今不灭,后必悔之。"吴王不听,听太宰嚭,卒许越平,与盟而罢兵去。

①【集解】《越绝书》曰:"太伯到夫差二十六代且千岁。"【索隐】《史记》太伯至寿梦十九代,诸樊已下六王,唯二十五代。

②【索隐】案:《左传》定四年伯嚭为太宰,当阖庐九年,非夫差代也。

③【集解】贾逵曰:"夫椒,越地。"杜预曰:"太湖中椒山也。"【索隐】贾逵云越地,盖近得之。然其地阙,不知所在。杜预以为太湖中椒山,非战所。夫椒与椒山不得为一。且夫差以报越为志,又伐越,当至越地,何乃不离吴境,近在太湖中?又案:《越语》云"败五湖也"。

④【集解】贾逵曰:"会稽,山名。"【索隐】鸟所止宿曰栖。越为吴败,依托于山林,故以鸟栖为喻。《左传》作"保",《国语》作"栖"。

⑤【索隐】大夫,官也;种,名也。《吴越春秋》以为种姓文。而刘氏云"姓大夫",非也。

⑥【集解】服虔曰:"行成,求成也。"【正义】《国语》云:"越饰美女八人纳太宰嚭,曰:'子苟然,放越之罪。'"

⑦【集解】贾逵曰:"过,国名也。"【索隐】过音戈。寒浞之子浇所封国也,猗姓国。《晋地道记》曰:"东莱掖县有过乡,北有过城,古过国也。"

⑧【集解】斟灌,斟寻,夏同姓也。夏后相依斟灌而国,故曰杀夏后相也。【索隐】斟灌、斟寻夏同姓,贾氏据《系本》而知也。案:《地理志》北海寿光县,应劭曰"古斟灌亭是也"。平寿县,复云"古北㪷寻,禹后,今㪷城是也"。然"㪷"与"斟"同。

⑨【集解】服虔曰:"夏后相,启之孙。"

⑩【集解】贾逵曰:"缗,有仍之姓也。"杜预曰:"娠,怀身也。"

⑪【集解】贾逵曰:"有仍,国名,后缗之家。"【索隐】未知其国所在。《春秋经》桓五年"天王使仍叔之子来聘",《穀梁经》《传》并作"任叔"。仍任声相近,或是一地,犹甫吕、虢郭之类。案:《地理志》东平有任县,盖古仍国。

⑫【集解】服虔曰:"后缗遗腹子。"

⑬【集解】王肃曰:"牧正,牧官之长也。"

⑭【集解】贾逵曰："有虞，帝舜之后。"杜预曰："梁国虞县。"

⑮【集解】贾逵曰："纶，虞邑。"

⑯【集解】贾逵曰："方十里为成。五百人为旅。"

⑰【集解】服虔曰："因此基业，稍收取夏遗民馀众，抚修夏之故官宪典。"

⑱【索隐】《左传》云："使女艾谍浇，遂灭过、戈。"杜预曰："谍，候也。"

⑲【集解】服虔曰："以鲧配天也。"

⑳【集解】贾逵曰："物，职也。"杜预曰："物，事也。"

七年，吴王夫差闻齐景公死而大臣争宠，新君弱，乃兴师北伐齐。子胥谏曰："越王句践食不重味，衣不重采，吊死问疾，且欲有所用其众。此人不死，必为吴患。今越在腹心疾而王不先，而务齐，不亦谬乎！"吴王不听，遂北伐齐，败齐师于艾陵。①至缯，②召鲁哀公而征百牢。③季康子使子贡以周礼说太宰嚭，乃得止。因留略地于齐鲁之南。九年，为驺伐鲁，④至，与鲁盟乃去。十年，因伐齐而归。十一年，复北伐齐。⑤

①【集解】杜预曰："艾陵，齐地。"【索隐】七年，鲁哀公之六年也。《左传》此年无伐齐事，哀十一年败齐艾陵尔。

②【集解】杜预曰："琅邪缯县。"

③【集解】贾逵曰："周礼，王合诸侯享礼十有二牢，上公九牢，侯伯七牢，子男五牢。"【索隐】事在哀七年。是年当夫差八年，不应上连七年。案：《左传》曰"子服景伯对，不听，乃与之"，非谓季康子使子贡说，得不用百牢。太宰嚭自别召康子，乃使子贡辞之耳。

④【索隐】《左传》"驺"作"邾"，声相近自乱耳。杜预注《左传》亦曰"邾，今鲁国驺县是也"。驺，宜音邾。

⑤【索隐】依《左氏》合作十一年、十二年也。

越王句践率其众以朝吴，厚献遗之，吴王喜。唯子胥惧，曰："是弃吴也。"①谏曰："越在腹心，今得志于齐，犹石田，无所用。②且《盘庚之诰》有颠越勿遗，③商之以兴。"④吴王不听，使子胥于齐，子胥属其子于齐鲍氏，⑤还报吴王。吴王闻之，大怒，赐子胥属镂⑥之剑以死。将死，曰："树吾墓上以梓，⑦令可为器。抉吾眼置之吴东门，⑧以观越之灭吴也。"

①【索隐】《左氏》作“豢吴”。豢，养也。

②【集解】王肃曰：“石田不可耕。”

③【集解】服虔曰：“颠，陨也；越，坠也。颠越无道，则割绝无遗也。” 【索隐】《左传》曰：“其颠越不共，则劓殄无遗育，无俾易种于兹邑，是商所以兴也，今君易之。”此则艾陵战时也。

④【集解】徐广曰：“一本作‘《盘庚之诰》有颠之越之，商之以兴’。《子胥传》‘《诰》曰有颠越商之兴’。”

⑤【集解】服虔曰：“鲍氏，齐大夫。” 【索隐】《左传》直曰“使于齐”，杜预曰“私使人至齐属其子”。案：《左传》又曰“反役，王闻之”，明非子胥自使也。

⑥【集解】服虔曰：“属镂，剑名。赐使自刎。” 【索隐】剑名，见《越绝书》。【正义】属音烛。镂音力于反。

⑦【索隐】《左传》云：“树吾墓檟，檟可材也，吴其亡乎！”梓檟相类，因变文也。

⑧【索隐】抉，乌穴反。此《国语》文，彼以“抉”为“辟”。又云“以手抉之。王愠曰：‘孤不使大夫得有见。’乃盛以鸱夷，投之江也”。 【正义】《吴俗传》云“子胥亡后，越从松江北开渠至横山东北，筑城伐吴。子胥乃与越军梦，令从东南入破吴。越王即移向三江口岸立坛，杀白马祭子胥，杯动酒尽，越乃开渠。子胥作涛，荡罗城东，开入灭吴。至今犹号曰示浦，门曰鳝鲟”。是从东门入灭吴也。

齐鲍氏弑齐悼公。① 吴王闻之，哭于军门外三日，② 乃从海上攻齐。③ 齐人败吴，吴王乃引兵归。

①【索隐】公名阳生。《左传》哀十年曰“吴伐齐南鄙，齐人杀悼公”，不言鲍氏。又鲍牧以哀八年为悼公所杀，今言鲍氏，盖其宗党尔。且此伐在艾陵战之前年，今记于后，亦为颠倒错乱也。

②【集解】服虔曰：“诸侯相临之礼。”

③【集解】徐广曰：“上，一作‘中’。”

十三年，吴召鲁、卫之君会于橐皋。①

①【集解】服虔曰：“橐皋，地名也。”杜预曰：“在淮南逡道县东南。” 【索隐】哀十二年《左传》曰：“公会吴于橐皋。卫侯会吴于郧。”此并言会卫橐皋者，案《左传》“吴征会于卫。初，卫杀吴行人，惧，谋于子羽。子羽曰‘不如止也’。

子木曰'往也'"。以本不欲赴会,故鲁以夏会卫,及秋乃会。太史公以其本名于橐皋,故不言郧。郧,发阳也,广陵县东南有发繇口。橐音他各反。逡遁,上七巡反,下酒尤反。

十四年春,吴王北会诸侯于黄池,① 欲霸中国以全周室。六月(戊)〔丙〕子,越王句践伐吴。乙酉,越五千人与吴战。丙戌,虏吴太子友。丁亥,入吴。吴人告败于王夫差,夫差恶其闻也。②或泄其语,吴王怒,斩七人于幕下。③七月辛丑,吴王与晋定公争长。吴王曰:"于周室我为长。"④晋定公曰:"于姬姓我为伯。"⑤赵鞅怒,将伐吴,乃长晋定公。⑥吴王已盟,与晋别,欲伐宋。太宰嚭曰:"可胜而不能居也。"乃引兵归国。国亡太子,内空,王居外久,士皆罢敝,于是乃使厚币以与越平。

①【集解】杜预曰:"陈留封丘县南有黄亭,近济水。"

②【集解】贾逵曰:"恶其闻诸侯。"

③【集解】服虔曰:"以绝口。"

④【集解】杜预曰:"吴为太伯后,故为长。"

⑤【集解】杜预曰:"为侯伯。"

⑥【集解】徐广曰:"黄池之盟,吴先歃,晋次之,与《外传》同。"骃案:贾逵曰"《外传》曰'吴先歃,晋亚之'。先叙晋,晋有信,又所以外吴"。 【索隐】此依《左传》文。案:《左传》"赵鞅呼司马寅曰:'建鼓整列,二臣死之,长幼必可知也。'是赵鞅怒。司马寅请姑视之,反曰:'肉食者无墨,今吴王有墨,国其胜乎?'杜预曰:墨,气色下也,国为敌所胜。又曰:'太子死乎?且夷德轻,不忍久,请少待之。'乃先晋人",是也。徐、贾所云据《国语》,不与《左传》合,非也。《左氏》鲁襄公代晋、楚为会,先书晋,晋有信耳。《外传》即《国语》也,书有二名也。外吴者,吴夷,贱之,不许同中国,故言外也。

十五年,齐田常杀简公。

十八年,越益强。越王句践率兵(使)〔复〕伐败吴师于笠泽。楚灭陈。

二十年,越王句践复伐吴。①二十一年,遂围吴。二十三年十一月丁卯,越败吴。越王句践欲迁吴王夫差于甬东,②予百家居之。吴王曰:"孤老矣,不能事君王也。吾悔不用子胥之言,自令陷此。"遂自刭死。③越王灭吴，诛太宰嚭，以为不忠，而归。

①【索隐】哀十九年《左传》曰："越人侵楚，以误吴也。"杜预曰："误吴，使不为备也。"无伐吴事。

②【集解】贾逵曰："甬东，越东鄙，甬江东也。"韦昭曰："句章，东海口外州也。"【索隐】《国语》曰甬句东，越地，会稽句章县东海中州也。案：今鄮县是也。

③【集解】《越绝书》曰："夫差冢在犹亭西卑犹位，越王使干戈人一縲土以葬之。近太湖，去县五十七里。"【索隐】《左传》"乃缢，越人以归"也。犹亭，亭名。"卑犹位"三字共为地名，《吴地记》曰"徐枕山，一名卑犹山"是。縲音路禾反，小竹笼，以盛土。

太史公曰：孔子言"太伯可谓至德矣，三以天下让，民无得而称焉"。①余读《春秋》古文，乃知中国之虞与荆蛮句吴兄弟也。延陵季子之仁心，慕义无穷，见微而知清浊。呜呼，又何其闳览博物君子也！②

①【集解】王肃曰："太伯弟季历贤，又生圣子昌，昌必有天下，故太伯以天下三让于王季。其让隐，故无得而称言之者，所以为至德也。"

②【集解】《皇览》曰："延陵季子冢在毗陵县暨阳乡，至今吏民皆祀之。"

【索隐述赞】太伯作吴，高让雄图。周章受国，别封于虞。寿梦初霸，始用兵车。三子递立，延陵不居。光既篡位，是称阖闾。王僚见杀，贼由专诸。夫差轻越，取败姑苏。甬东之耻，空惭伍胥。

史记卷三十二

齐太公世家第二

【正义】《括地志》云:“天齐池在青州临淄县东南十五里。《封禅书》云‘齐之所以为齐者,以天齐也’。”

太公望吕尚者,东海上人。①其先祖尝为四岳,佐禹平水土甚有功。虞夏之际封于吕,②或封于申,③姓姜氏。夏商之时,申、吕或封枝庶子孙,或为庶人,尚其后苗裔也。本姓姜氏,从其封姓,故曰吕尚。

①【集解】《吕氏春秋》曰:“东夷之土。” 【索隐】谯周曰:“姓姜,名牙。炎帝之裔,伯夷之后,掌四岳有功,封之于吕,子孙从其封姓,尚其后也。”按:后文王得之渭滨,云“吾先君太公望子久矣”,故号太公望。盖牙是字,尚是其名,后武王号为师尚父也。

②【集解】徐广曰:“吕在南阳宛县西。”

③【索隐】《地理志》申在南阳宛县,申伯国也。吕亦在宛县之西也。

吕尚盖尝穷困,年老矣,①以渔钓奸周西伯。②西伯将出猎,卜之,曰“所获非龙非彲,③非虎非罴;所获霸王之辅”。于是周西伯猎,果遇太公于渭之阳,与语大说,曰:“自吾先君太公曰‘当有圣人适周,周以兴’。子真是邪?吾太公望子久矣。”故号之曰“太公望”,载与俱归,立为师。

①【索隐】谯周曰:“吕望尝屠牛于朝歌,卖饮于孟津。”

②【正义】奸音干。《括地志》云:“兹泉水源出岐州岐山县西南凡谷。《吕氏春秋》云‘太公钓于兹泉,遇文王’。郦元云‘磻磎中有泉,谓之兹泉。泉水潭积,自成渊渚,即太公钓处,今人谓之凡谷。石壁深高,幽篁邃密,林泽秀阻,人迹罕及。东南隅有石室,盖太公所居也。水次有磻石可钓处,即太公垂钓之所。其投竿跪饵,两膝遗迹犹存,是有磻磎之称也。其水清泠神异,

北流十二里注于渭’。《说苑》云‘吕望年七十钓于渭渚，三日三夜鱼无食者，望即忿，脱其衣冠。上有农人者，古之异人，谓望曰：“子姑复钓，必细其纶，芳其饵，徐徐而投，无令鱼骇。”望如其言，初下得鲋，次得鲤。刺鱼腹得书，书文曰“吕望封于齐”。望知其异’。”

③【集解】徐广曰：“敕知反。”【索隐】徐广音敕知反，饶本亦作“螭”字。

或曰，太公博闻，尝事纣。纣无道，去之。游说诸侯，无所遇，而卒西归周西伯。或曰，吕尚处士，隐海滨。周西伯拘羑里，散宜生、闳夭素知而招吕尚。吕尚亦曰“吾闻西伯贤，又善养老，盍往焉”。三人者为西伯求美女奇物，献之于纣，以赎西伯。西伯得以出，反国。言吕尚所以事周虽异，然要之为文武师。

周西伯昌之脱羑里归，与吕尚阴谋修德以倾商政，其事多兵权与奇计，①故后世之言兵及周之阴权皆宗太公为本谋。周西伯政平，及断虞芮之讼，而诗人称西伯受命曰文王。伐崇、密须、②犬夷，大作丰邑。天下三分，其二归周者，太公之谋计居多。

①【正义】《六韬》云：“武王问太公曰：‘律之音声，可以知三军之消息乎？’太公曰：‘深哉王之问也！夫律管十二，其要有五：宫、商、角、徵、羽，此其正声也，万代不易。五行之神，道之常也，可以知敌。金、木、水、火、土，各以其胜攻之。其法，以天清静无阴云风雨，夜半遣轻骑往，至敌人之垒九百步，偏持律管横耳大呼惊之，有声应管，其来甚微。角管声应，当以白虎；徵管声应，当以玄武；商管声应，当以句陈；五管尽不应，无有商声，当以青龙：此五行之府，佐胜之徵，(阴)〔成〕败之机也。’”

②【索隐】按：《郡国志》在东郡廪丘县北，今曰顾城。密须，姞姓，在河南密县东，故密城是也。与安定姬姓密国别也。

文王崩，武王即位。九年，欲修文王业，东伐以观诸侯集否。师行，师尚父①左杖黄钺，右把白旄以誓，曰：“苍兕苍兕，②总尔众庶，与尔舟楫，后至者斩！”遂至盟津。诸侯不期而会者八百诸侯。诸侯皆曰：“纣可伐也。”武王曰：“未可。”还师，与太公作此《太誓》。

①【集解】刘向《别录》曰：“师之，尚之，父之，故曰师尚父。父亦男子之美

号也。"

②【索隐】亦有本作"苍雉"。按：马融曰"苍兕，主舟楫官名"。又王充曰"苍兕者，水兽，九头"。今誓众，令急济，故言苍兕以惧之。然此文上下并《今文泰誓》也。

居二年，纣杀王子比干，囚箕子。武王将伐纣，卜，龟兆不吉，风雨暴至。群公尽惧，唯太公强之劝武王，武王于是遂行。十一年① 正月甲子，誓于牧野，伐商纣。纣师败绩。纣反走，登鹿台，遂追斩纣。明日，武王立于社，群公奉明水，② 卫康叔封布采席，③ 师尚父牵牲，史佚策祝，以告神讨纣之罪。散鹿台之钱，发钜桥之粟，以振贫民。封比干墓，释箕子囚。迁九鼎，修周政，与天下更始。师尚父谋居多。

①【集解】徐广曰："一作'三年'。"

②【索隐】《周本纪》毛叔郑奉明水也。

③【索隐】《周本纪》卫康叔封布兹。兹是席，故此亦云采席也。

于是武王已平商而王天下，封师尚父于齐营丘。① 东就国，道宿行迟。逆旅之人曰："吾闻时难得而易失。客寝甚安，殆非就国者也。"太公闻之，夜衣而行，犁明至国。② 莱侯来伐，与之争营丘。营丘边莱。莱人，夷也，会纣之乱而周初定，未能集远方，是以与太公争国。

①【正义】《括地志》云："营丘在青州临淄北百步外城中。"

②【索隐】犁音里奚反。犁犹比也。一云犁犹迟也。

大公至国，修政，因其俗，简其礼，通商工之业，便鱼盐之利，而人民多归齐，齐为大国。及周成王少时，管蔡作乱，淮夷① 畔周，乃使召康公② 命太公曰："东至海，西至河，南至穆陵，北至无棣，③ 五侯九伯，实得征之。"④ 齐由此得征伐，为大国。都营丘。

①【正义】孔安国云："淮浦之夷，徐州之戎。"

②【集解】服虔曰召公奭。

③【集解】服虔曰："是皆太公始受封土地疆境所至也。"【索隐】旧说穆陵在会稽，非也。按：今淮南有故穆陵门，是楚之境。无棣在辽西孤竹。服虔以为太公受封境界所至，不然也，盖言其征伐所至之域也。

④【集解】杜预曰："五等诸侯，九州之伯，皆得征讨其罪也。"

盖太公之卒百有馀年，① 子丁公吕伋② 立。丁公卒，子乙公得立。乙公卒，子癸公慈母③ 立。癸公卒，子哀公不辰④ 立。

①【集解】《礼记》曰："太公封于营丘，比及五世，皆反葬于周。"郑玄曰："太公受封，留为太师，死葬于周。五世之后乃葬齐。"《皇览》曰："吕尚冢在临菑县城南，去县十里。"

②【集解】徐广曰："一作'及'。" 【正义】《谥法》述义不克曰丁。

③【索隐】《系本》作"廥公慈母"。谯周亦曰"祭公慈母"也。

④【索隐】《系本》作"不臣"。谯周亦作"不辰"。宋忠曰："哀公荒淫田游，国史作《还诗》以刺之也。"

哀公时，纪侯谮之周，周烹哀公① 而立其弟静，是为胡公。② 胡公徙都薄姑，③ 而当周夷王之时。

①【集解】徐广曰周夷王。

②【正义】《谥法》弥年寿考曰胡。

③【正义】《括地志》云："薄姑城在青州博昌县东北六十里。"

哀公之同母少弟山怨胡公，乃与其党率营丘人袭攻杀胡公而自立，① 是为献公。献公元年，尽逐胡公子，因徙薄姑都，治临菑。

①【索隐】宋忠曰："其党周马繻人将胡公于贝水杀之，而山自立也。"

九年，献公卒，子武公寿立。武公九年，周厉王出奔，居彘。① 十年，王室乱，大臣行政，号曰"共和"。二十四年，周宣王初立。

①【正义】直厉反。《括地志》云："晋州霍邑县也。"郑玄云："霍山在彘，本秦时霍伯国。"

二十六年，武公卒，子厉公无忌立。厉公暴虐，故胡公子复入齐，齐人欲立之，乃与攻杀厉公。胡公子亦战死。齐人乃立厉公子赤为君，是为文公，而诛杀厉公者七十人。

文公十二年卒，子成公脱① 立。成公九年卒，子庄公购立。

①【索隐】《系本》及谯周皆作"说"。

庄公二十四年，犬戎杀幽王，周东徙雒。秦始列为诸侯。五十六年，晋弑其君昭侯。

六十四年，庄公卒，子釐公禄甫立。

釐公九年，鲁隐公初立。十九年，鲁桓公弑其兄隐公而自立为君。

二十五年，北戎伐齐。郑使太子忽来救齐，齐欲妻之。忽曰："郑小齐大，非我敌。"遂辞之。

三十二年，釐公同母弟夷仲年死。其子曰公孙无知，釐公爱之，令其秩服奉养比太子。

三十三年，釐公卒，太子诸儿立，是为襄公。

襄公元年，始为太子时，尝与无知斗，及立，绌无知秩服，无知怨。

四年，鲁桓公与夫人如齐。齐襄公故尝私通鲁夫人。鲁夫人者，襄公女弟也，自釐公时嫁为鲁桓公妇，及桓公来而襄公复通焉。鲁桓公知之，怒夫人，夫人以告齐襄公。齐襄公与鲁君饮，醉之，使力士彭生抱上鲁君车，因拉杀鲁桓公，①桓公下车则死矣。鲁人以为让，②而齐襄公杀彭生以谢鲁。

①【集解】《公羊传》曰："搚干而杀之。"何休曰："搚，折声也。"　【正义】拉音力合反。

②【索隐】让犹责也。

八年，伐纪，纪迁去其邑。①

①【集解】徐广曰："年表云去其都邑。"　【索隐】按：《春秋》庄四年"纪侯大去其国"，《左传》云"违齐难"是也。

十二年，初，襄公使连称、管至父戍葵丘，①瓜时而往，及瓜而代。②往戍一岁，卒瓜时而公弗为发代。或为请代，公弗许。故此二人怒，因公孙无知谋作乱。连称有从妹在公宫，无宠，③使之间襄公，④曰"事成以女为无知夫人"。冬十二月，襄公游姑棼，⑤遂猎沛丘。⑥见彘，从者曰"彭生"。⑦公怒，射之，彘人立而啼。公惧，坠车伤足，失屦。反而鞭主屦者茀⑧三百。茀出宫。而无知、连称、管至父等闻公伤，乃遂率其众袭宫。逢主屦茀，茀曰：“且无入惊宫，惊宫未易入也。”无知弗信，茀示之创，⑨乃信之。待宫外，令茀先入。茀先入，即匿襄公户间。良久，无知等恐，遂入宫。茀反与宫中及公之幸臣攻无知等，不胜，皆死。无知入宫，求公不得。或见人足于户间，发视，乃襄公，遂弑之，而无知自立为齐君。

①【集解】贾逵曰：“连称、管至父皆齐大夫。”杜预曰：“临淄县西有地名葵丘。”【索隐】杜预曰“临淄西有地名葵丘”。又桓三十五年会诸侯于葵丘，当鲁僖公九年，杜预曰“陈留外黄县东有葵丘”。不同者，盖葵丘有两处，杜意以戍葵丘当不远出齐境，故引临淄县西之葵丘。若三十五年会诸侯于葵丘，杜氏又以不合在本国，故引外黄东葵丘为注，所以不同尔。

②【集解】服虔曰：“瓜时，七月。及瓜谓后年瓜时。”

③【集解】服虔曰：“为妾在宫也。”

④【集解】王肃曰：“候公之间隙。”

⑤【集解】贾逵曰：“齐地也。” 【正义】音扶云反。

⑥【集解】杜预曰：“乐安博昌县南有地名贝丘。” 【索隐】《左传》作“贝丘”也。【正义】《左传》云“齐襄公田于贝丘，坠车伤足”，即此也。

⑦【集解】服虔曰：“公见彘，从者乃见彭生，鬼改形为豕也。”

⑧【正义】非佛反，下同。茀，主履者也。

⑨【正义】音疮。

桓公元年春，齐君无知游于雍林。①雍林人尝有怨无知，及其往游，雍林人袭杀无知，告齐大夫曰：“无知弑襄公自立，臣谨行诛。唯大夫更立公子之当立者，唯命是听。”

①【集解】贾逵曰：“渠丘大夫也。” 【索隐】亦有本作“雍廪”。贾逵曰“渠丘大夫”。《左传》云“雍廪杀无知”，杜预曰“雍廪，齐大夫”。此云“游雍林，雍林人尝有怨无知，遂袭杀之”，盖以雍林为邑名，其地有人杀无知。贾言“渠丘大夫”者，渠丘邑名，雍林为渠丘大夫也。

初，襄公之醉杀鲁桓公，通其夫人，杀诛数不当，淫于妇人，数欺大臣，群弟恐祸及，故次弟纠奔鲁。其母鲁女也。管仲、召忽傅之。次弟小白奔莒，鲍叔傅之。小白母，卫女也，有宠于釐公。小白自少好善大夫高傒。① 及雍林人杀无知，议立君，高、国先阴召小白于莒。鲁闻无知死，亦发兵送公子纠，而使管仲别将兵遮莒道，射中小白带钩。小白详死，管仲使人驰报鲁。鲁送纠者行益迟，六日至齐，则小白已入，高傒立之，是为桓公。

①【集解】贾逵曰："齐正卿高敬仲也。"【正义】傒音奚。

桓公之中钩，详死以误管仲，已而载温车中驰行，亦有高、国内应，故得先入立，发兵距鲁。秋，与鲁战于乾时，① 鲁兵败走，齐兵掩绝鲁归道。齐遗鲁书曰："子纠兄弟，弗忍诛，请鲁自杀之。召忽、管仲雠也，请得而甘心醢之。不然，将围鲁。"鲁人患之，遂杀子纠于笙渎。② 召忽自杀，管仲请囚。桓公之立，发兵攻鲁，心欲杀管仲。鲍叔牙曰："臣幸得从君，君竟以立。君之尊，臣无以增君。君将治齐，即高傒与叔牙足也。君且欲霸王，非管夷吾不可。夷吾所居国国重，不可失也。"于是桓公从之。乃详为召管仲欲甘心，实欲用之。管仲知之，故请往。鲍叔牙迎受管仲，及堂阜而脱桎梏，③ 斋祓而见桓公。桓公厚礼以为大夫，任政。

①【集解】杜预曰："乾时，齐地也。时水在乐安界，岐流，旱则涸竭，故曰乾时。"

②【集解】贾逵曰："鲁地句渎也。"【索隐】贾逵云"鲁地句渎"。又按：邹诞生本作"莘渎"，莘笙声相近。笙如字，渎音豆。《论语》作'沟渎'，盖后代声转而字异，故诸文不同也。

③【集解】贾逵曰："堂阜，鲁北境。"杜预曰："堂阜，齐地。东莞蒙阴县西北有夷吾亭，或曰鲍叔解夷吾缚于此，因以为名也。"

桓公既得管仲，与鲍叔、隰朋、① 高傒修齐国政，连五家之兵，② 设轻重鱼盐之利，③ 以赡贫穷，禄贤能，齐人皆说。

①【集解】徐广曰："或作'崩'也。"

②【集解】《国语》曰："管子制国，五家为轨，十轨为里，四里为连，十连为乡，以为军令。"

③【索隐】按：《管子》有理人《轻重》之法七篇。轻重谓钱也。又有捕鱼、煮盐法也。

二年，伐灭郯，①郯子奔莒。初，桓公亡时，过郯，郯无礼，故伐之。

①【集解】徐广曰："一作'谭'。" 【索隐】据《春秋》，鲁庄十年"齐师灭谭"是也。杜预曰"谭国在济南平陵县西南"。然此郯乃东海郯县，盖亦不当作"谭"字也。

五年，伐鲁，鲁将师败。鲁庄公请献遂邑以平，①桓公许，与鲁会柯而盟。②鲁将盟，曹沫以匕首劫桓公于坛上，③曰："反鲁之侵地！"桓公许之。已而曹沫去匕首，北面就臣位。桓公后悔，欲无与鲁地而杀曹沫。管仲曰："夫劫许之而倍信杀之，④愈一小快耳，而弃信于诸侯，失天下之援，不可。"于是遂与曹沫三败所亡地于鲁。诸侯闻之，皆信齐而欲附焉。七年，诸侯会桓公于甄，⑤而桓公于是始霸焉。

①【集解】杜预曰："遂在济北蛇丘县东北。"

②【集解】杜预曰："此柯今济北东阿，齐之阿邑，犹祝柯今为祝阿。"

③【集解】何休曰："土基三尺，阶三等，曰坛。会必有坛者，为升降揖让，称先君以相接也。"

④【集解】徐广曰："一云已许之而背信杀劫也。"

⑤【集解】杜预曰："甄，卫地，今东郡甄城也。"

十四年，陈厉公子完，①号敬仲，来奔齐。齐桓公欲以为卿，让；于是以为工正。②田成子常之祖也。

①【正义】音桓。

②【集解】贾逵曰："掌百工。"

二十三年，山戎伐燕，①燕告急于齐。齐桓公救燕，遂伐山戎，至于孤竹而还。燕庄公遂送桓公入齐境。桓公曰："非天子，诸侯相送不出境，吾不可以无礼于燕。"于是分沟割燕君所至与燕，命燕君复修召公之政，纳贡于周，如成康之时。诸侯闻之，皆从齐。

①【集解】服虔曰："山戎，北狄，盖今鲜卑也。"何休曰："山戎者，戎中之别名也。"

二十七年，鲁湣公母曰哀姜，桓公女弟也。哀姜淫于鲁公子庆父，庆父弑湣公，哀姜欲立庆父，鲁人更立釐公。① 桓公召哀姜，杀之。

①【集解】徐广曰："《史记》'僖'字皆作'釐'。"

二十八年，卫文公有狄乱，告急于齐。齐率诸侯城楚丘① 而立卫君。

①【集解】贾逵曰："卫地也。" 【索隐】杜预曰："不言城卫，卫未迁。"楚丘在济阴城武县南，即今之卫南县。

二十九年，桓公与夫人蔡姬戏船中。蔡姬习水，荡公，① 公惧，止之，不止，出船，怒，归蔡姬，弗绝。蔡亦怒，嫁其女。桓公闻而怒，兴师往伐。

①【集解】贾逵曰："荡，摇也。"

三十年春，齐桓公率诸侯伐蔡，蔡溃。① 遂伐楚。楚成王兴师问曰："何故涉吾地？"管仲对曰："昔召康公命我先君太公曰：'五侯九伯，若实征之，以夹辅周室。'② 赐我先君履，③ 东至海，西至河，南至穆陵，北至无棣。楚贡包茅不入，王祭不具，④ 是以来责。昭王南征不复，是以来问。"⑤ 楚王曰："贡之不入，有之，寡人罪也，敢不共乎！昭王之出不复，君其问之水滨。"⑥ 齐师进次于陉。⑦ 夏，楚王使屈完将兵扞齐，齐师退次召陵。⑧ 桓公矜屈完以其众。屈完曰："君以道则可；若不，则楚方城以为城，⑨ 江、汉以为沟，君安能进乎？"乃与屈完盟而去。过陈，陈袁涛涂诈齐，令出东方，觉。秋，齐伐陈。⑩ 是岁，晋杀太子申生。

①【集解】服虔曰："民逃其上曰溃也。"

②【集解】《左传》曰："周公、太公股肱周室，夹辅成王也。"

③【集解】杜预曰："所践履之界。"

④【集解】贾逵曰："包茅，菁茅包匦之也，以供祭祀。"杜预曰："《尚书》'包匦菁茅'，茅之为异未审。"

⑤【集解】服虔曰："周昭王南巡狩，涉汉未济，船解而溺昭王，王室讳之，不以赴，诸侯不知其故，故桓公以为辞责问楚也。" 【索隐】宋衷云："昭王南伐楚，辛由靡为右，涉汉中流而陨，由靡逐王，遂卒不复，周乃侯其后于西翟。"

⑥【集解】杜预曰："昭王时汉非楚境，故不受罪。"

⑦【集解】杜预曰:"陉,楚地,颍川召陵县南有陉亭。"《左传》曰:"凡师一宿为舍,再宿为信,过信为次。"

⑧【集解】杜预曰:"召陵,颍川县。"

⑨【集解】服虔曰:"方城山在汉南。"韦昭曰:"方城,楚北之厄塞。"杜预曰"方城山在南阳叶县南"是也。 【索隐】按:《地理志》叶县南有长城,号曰方城,则杜预、韦昭说为得,而服氏云在汉南,未知有何凭据。

⑩【集解】《左传》曰:"讨不忠也。"

三十五年夏,会诸侯于葵丘。①周襄王使宰孔赐桓公文武胙、彤弓矢、大路,②命无拜。桓公欲许之,管仲曰"不可",乃下拜受赐。③秋,复会诸侯于葵丘,益有骄色。周使宰孔会。诸侯颇有叛者。④晋侯病,后,遇宰孔。宰孔曰:"齐侯骄矣,弟无行。"从之。是岁,晋献公卒,里克杀奚齐、卓子,⑤秦穆公以夫人入公子夷吾为晋君。桓公于是讨晋乱,至高梁,⑥使隰朋立晋君,还。

①【集解】杜预曰:"陈留外黄县东有葵丘也。"

②【集解】贾逵曰:"大路,诸侯朝服之车,谓之金路。"

③【集解】韦昭曰:"下堂拜赐也。"

④【集解】《公羊传》曰:"葵丘之会,桓公震而矜之,叛者九国。"

⑤【集解】徐广曰:"《史记》'卓'多作'悼'。" 【正义】卓,丑角反。

⑥【集解】服虔曰:"晋地也。"杜预曰:"在平阳县西南。"

是时周室微,唯齐、楚、秦、晋为强。晋初与会,①献公死,国内乱。秦穆公辟远,不与中国会盟。楚成王初收荆蛮有之,夷狄自置。唯独齐为中国会盟,而桓公能宣其德,故诸侯宾会。于是桓公称曰:"寡人南伐至召陵,望熊山;北伐山戎、离枝、孤竹;②西伐大夏,涉流沙;③束马悬车登太行,至卑耳山④而还。诸侯莫违寡人。寡人兵车之会三,⑤乘车之会六,⑥九合诸侯,一匡天下。⑦昔三代受命,有何以异于此乎?吾欲封泰山,禅梁父。"管仲固谏,不听;乃说桓公以远方珍怪物至乃得封,桓公乃止。

①【正义】与音预,下同。

②【集解】《地理志》曰令支县有孤竹城，疑离枝即令支也，令离声相近。应劭曰："令音铃。"铃离声亦相近。《管子》亦作"离"字。【索隐】离枝音零支，又音令祇，又如字。离枝，孤竹，皆古国名。秦以离枝为县，故《地理志》辽西令支县有孤竹城。《尔雅》曰"孤竹、北户、西王母、日下谓之四荒"也。

③【正义】大夏，并州晋阳是也。

④【正义】卑音壁。刘伯庄及韦昭并如字。

⑤【正义】《左传》云鲁庄十三年，会北杏以平宋乱；僖四年，侵蔡，遂伐楚；六年，伐郑，围新城也。

⑥【正义】《左传》云鲁庄十四年，会于鄄；十五年，又会鄄；十六年，同盟于幽；僖五年，会首止；八年，盟于洮；九年，会葵丘是也。

⑦【正义】匡，正也。一匡天下，谓定襄王为太子之位也。

三十八年，周襄王弟带与戎、翟合谋伐周，齐使管仲平戎于周。周欲以上卿礼管仲，管仲顿首曰："臣陪臣，安敢！"三让，乃受下卿礼以见。三十九年，周襄王弟带来奔齐。齐使仲孙请王，为带谢。襄王怒，弗听。

四十一年，秦穆公虏晋惠公，复归之。是岁，管仲、隰朋皆卒。①管仲病，桓公问曰："群臣谁可相者？"管仲曰："知臣莫如君。"公曰："易牙如何？"②对曰："杀子以适君，非人情，不可。"公曰："开方如何？"对曰："倍亲以适君，非人情，难近。"③公曰："竖刀如何？"④对曰："自宫以适君，非人情，难亲。"管仲死，而桓公不用管仲言，卒近用三子，三子专权。

①【正义】《括地志》云："管仲冢在青州临淄县南二十一里牛山上，与桓公冢连。隰朋墓在青州临淄县东北七里也。"

②【正义】即雍巫也。贾逵云："雍巫，雍人名巫，易牙也。"

③【集解】管仲曰："卫公子开方去其千乘之太子而臣事君也。"

④【正义】刀，鸟条反。颜师古云："竖刀、易牙皆齐桓公臣。管仲有病，桓公往问之，曰：'将何以教寡人？'管仲曰：'愿君远易牙、竖刀。'公曰：'易牙烹其子以快寡人，尚可疑邪？'对曰：'人之情非不爱其子也，其子之忍，又将何爱于君！'公曰：'竖刀自宫以近寡人，犹尚疑邪？'对曰：'人之情非不爱其身也，其身之忍，又将何有于君！'公曰：'诺。'管仲遂尽逐之，而公食不甘心不怡者三年。公曰：'仲父不已过乎？'于是皆即召反。明年，公有病，易牙、竖

刀相与作乱，塞宫门，筑高墙，不通人。有一妇人逾垣入至公所。公曰：'我欲食。'妇人曰：'吾无所得。'公曰：'我欲饮。'妇人曰：'吾无所得。'公曰：'何故？'曰：'易牙、竖刀相与作乱，塞宫门，筑高墙，不通人，故无所得。'公慨然叹，涕出，曰：'嗟乎，圣人所见岂不远哉！若死者有知，我将何面目见仲父乎？'蒙衣袂而死乎寿宫。虫流于户，盖以杨门之扇，二月不葬也。"

四十二年，戎伐周，周告急于齐，齐令诸侯各发卒戍周。是岁，晋公子重耳来，桓公妻之。

四十三年。初，齐桓公之夫人三：曰王姬、徐姬、①蔡姬，皆无子。桓公好内，②多内宠，如夫人者六人，长卫姬，生无诡；③少卫姬，生惠公元；郑姬，生孝公昭；葛嬴，生昭公潘；密姬，生懿公商人；宋华子，④生公子雍。桓公与管仲属孝公于宋襄公，以为太子。雍巫⑤有宠于卫共姬，因宦者竖刀以厚献于桓公，亦有宠，桓公许之立无诡。⑥管仲卒，五公子皆求立。冬十月乙亥，齐桓公卒。易牙入，与竖刀因内宠杀群吏，⑦而立公子无诡为君。太子昭奔宋。

①【索隐】按：《系本》徐，嬴姓。礼，妇人称国及姓，今此言"徐姬"者，然姬是众妾之总称，故《汉禄秩令》云"姬妾数百"。妇人亦总称姬，姬亦未必尽是姓也。

②【集解】服虔曰："内，妇官也。"

③【索隐】《左传》作"无亏"也。

④【集解】贾逵曰："宋华氏之女，子姓。"

⑤【集解】贾逵曰："雍巫，雍人，名巫，易牙字。"【索隐】贾逵以雍巫为易牙，未知何据。按：《管子》有棠巫，恐与雍巫是一人也。

⑥【集解】杜预曰："易牙既有宠于公，为长卫姬请立。"

⑦【集解】服虔曰："内宠如夫人者六人。群吏，诸大夫也。"杜预曰："内宠，内官之有权宠者。"

桓公病，五公子各树党争立。及桓公卒，遂相攻，以故宫中空，莫敢棺。①桓公尸在床上六十七日，尸虫出于户。十二月乙亥，无诡立，乃棺赴。辛巳夜，敛殡。②

①【正义】音古患反。

②【集解】徐广曰："敛，一作'临'也。"

桓公十有馀子，要其后立者五人：无诡立三月死，无谥；次孝公；次昭公；次懿公；次惠公。孝公元年三月，宋襄公率诸侯兵送齐太子昭而伐齐。齐人恐，杀其君无诡。齐人将立太子昭，四公子之徒攻太子，太子走宋，宋遂与齐人四公子战。五月，宋败齐四公子师而立太子昭，是为齐孝公。宋以桓公与管仲属之太子，故来征之。以乱故，八月乃葬齐桓公。①

①【集解】《皇览》曰："桓公冢在临菑城南七里所菑水南。"【正义】《括地志》云："齐桓公墓在临菑县南二十一里牛山上，亦名鼎足山，一名牛首堈，一所二坟。晋永嘉末，人发之，初得版，次得水银池，有气不得入，经数日，乃牵犬入中，得金蚕数十薄，珠襦、玉匣、缯采、军器不可胜数。又以人殉葬，骸骨狼藉也。"

六年春，齐伐宋，以其不同盟于齐也。①夏，宋襄公卒。七年，晋文公立。

①【集解】服虔曰："鲁僖公十九年，诸侯盟于齐，以无忘桓公之德。宋襄公欲行霸道，不与盟，故伐之。"

十年，孝公卒，孝公弟潘因卫公子开方杀孝公子而立潘，是为昭公。昭公，桓公子也，其母曰葛嬴。

昭公元年，晋文公败楚于城濮，①而会诸侯践土，朝周，天子使晋称伯。②六年，翟侵齐。晋文公卒。秦兵败于殽。十二年，秦穆公卒。

①【正义】贾逵云："卫地也。"

②【正义】音霸。

十九年五月，昭公卒，子舍立为齐君。舍之母无宠于昭公，国人莫畏。昭公之弟商人以桓公死争立而不得，阴交贤士，附爱百姓，百姓说。及昭公卒，子舍立，孤弱，即与众十月即墓上弑齐君舍，而商人自立，是为懿公。懿公，桓公子也，其母曰密姬。

懿公四年春，初，懿公为公子时，与丙戎[①]之父猎，争获不胜，及即位，断丙戎父足，[②]而使丙戎仆。[③]庸职之妻好，[④]公内之宫，使庸职骖乘。五月，懿公游于申池，[⑤]二人浴，戏。职曰："断足子！"戎曰："夺妻者！"二人俱病此言，乃怨。谋与公游竹中，二人弑懿公车上，弃竹中而亡去。

①【索隐】《左传》"丙"作"邴"，邴歜也。

②【正义】《左传》云"乃掘而刖之"，杜预云"断其尸足也"。

③【集解】贾逵曰："仆，御也。"

④【索隐】《左传》作"阎职"，此言"庸职"。不同者，《传》所云"阎"，姓；"职"，名也。此言"庸职"，庸非姓，盖谓受顾织之妻，史意不同，字则异耳。【正义】《国语》及《左传》作"阎职"。

⑤【集解】杜预曰："齐南城西门名申门。齐城无池，唯此门左右有池，疑此是也。"左思《齐都赋》注曰："申池，海滨齐薮也。"

懿公之立，骄，民不附。齐人废其子而迎公子元于卫，立之，是为惠公。惠公，桓公子也。其母卫女，曰少卫姬，避齐乱，故在卫。

惠公二年，长翟来，[①]王子城父攻杀之，[②]埋之于北门。晋赵穿弑其君灵公。

①【集解】《穀梁传》曰："身横九亩，断其首而载之，眉见于轼。"

②【集解】贾逵曰："王子城父，齐大夫。"

十年，惠公卒，子顷公无野立。[①]初，崔杼有宠于惠公，惠公卒，高、国畏其逼也，逐之，崔杼奔卫。

①【正义】顷音倾。

顷公元年，楚庄王强，伐陈；二年，围郑，郑伯降，已复国郑伯。

六年春，晋使郤克于齐，齐使夫人帷中而观之。郤克上，夫人笑之。郤克曰："不是报，不复涉河！"归，请伐齐，晋侯弗许。齐使至晋，郤克执齐使者四人河内，杀之。八年，晋伐齐，齐以公子强质晋，晋兵去。十年春，齐伐鲁、卫。鲁、卫大夫如晋请师，皆因郤克。[①]晋使郤克以车八百乘[②]为中军将，士燮将上军，栾书将下军，以救鲁、卫，伐齐。六月壬申，与齐侯兵合靡笄下。③癸酉，陈于鞍。④逢丑父⑤为齐顷公右。顷公曰："驰之，破晋军会食。"射伤郤克，流血至履。克欲还入壁，其御曰："我始入，再伤，不敢言疾，恐惧士卒，愿子忍之。"遂复战。战，齐急，丑父恐齐侯得，乃易处，顷公为右，车絓于木而止。⑥晋小将韩厥伏齐侯车前，曰"寡君使臣救鲁、卫"，戏之。丑父使顷公下取饮，⑦因得亡，脱去，入其军。晋郤克欲杀丑父。丑父曰："代君死而见僇，后人臣无忠其君者矣。"克舍之，丑父遂得亡归齐。于是晋军追齐至马陵。⑧齐侯请以宝器谢，⑨不听；必得笑克者萧桐叔子，⑩令齐东亩。⑪对曰："叔子，齐君母。齐君母亦犹晋君母，子安置之？且子以义伐而以暴为后，其可乎？"于是乃许，令反鲁、卫之侵地。⑫

①【索隐】成二年《左传》鲁臧宣叔、卫孙桓子如晋，皆主于郤克是。

②【集解】贾逵曰："八百乘，六万人。"

③【集解】徐广曰："靡，一作'摩'。"贾逵曰："靡笄，山名也。"【索隐】靡，如字。靡笄，山名，在济南，与代地磨笄山不同。

④【集解】服虔曰："鞍，齐地名也。"

⑤【集解】贾逵曰："齐大夫。"

⑥【正义】絓，胡卦反。止也，有所碍也。

⑦【正义】《左传》云"及华泉，骖絓于木而止。丑父使公下，如华泉取饮。郑周父御佐车，宛茷为右，载齐侯获免"也。

⑧【集解】徐广曰："一作'陉'。"骃案：贾逵曰"马陉，齐地也"。

⑨【集解】《左传》曰："赂以纪甗、玉磬也。"

⑩【集解】杜预曰："桐叔，萧君之字，齐侯外祖父。子，女也。难斥言其母，故远言之。"贾逵曰："萧，附庸，子姓。"

⑪【集解】服虔曰："欲令齐陇亩东行。"【索隐】垄亩东行，则晋车马东向齐行易也。

⑫【正义】《左传》云晋师及齐国，使齐人归我汶阳之田也。

十一年，晋初置六卿，赏鞍之功。齐顷公朝晋，欲尊王晋景公，①晋景公不敢受，乃归。归而顷公弛苑囿，薄赋敛，振孤问疾，虚积聚以救民，民亦大说。厚礼诸侯。竟顷公卒，百姓附，诸侯不犯。

①【索隐】王劭按：张衡曰“礼，诸侯朝天子执玉，既授而反之。若诸侯自相朝，则不授玉”。齐顷公战败朝晋而授玉，是欲尊晋侯为王，太史公探其旨而言。今按：此文不云“授玉”，王氏之说复何所依，聊记异耳。

十七年，顷公卒，①子灵公环立。

①【集解】《皇览》曰：“顷公冢近吕尚冢。”

灵公九年，晋栾书弑其君厉公。十年，晋悼公伐齐，齐令公子光质晋。十九年，立子光为太子，高厚傅之，令会诸侯盟于锺离。①二十七年，晋使中行献子伐齐。②齐师败，灵公走入临菑。晏婴止灵公，灵公弗从。曰：“君亦无勇矣！”晋兵遂围临菑，临菑城守不敢出，晋焚郭中而去。

①【正义】《括地志》云：“锺离故城在沂州承县界。”

②【索隐】荀偃祖林父代为中行，后改姓为中行氏。献子名偃。

二十八年，初，灵公取鲁女，生子光，以为太子。仲姬，戎姬。戎姬嬖，仲姬生子牙，属之戎姬。戎姬请以为太子，公许之。仲姬曰：“不可。光之立，列于诸侯矣，①今无故废之，君必悔之。”公曰：“在我耳。”遂东太子光，②使高厚傅牙为太子。灵公疾，崔杼迎故太子光而立之，是为庄公。庄公杀戎姬。五月壬辰，灵公卒，庄公即位，执太子牙于句窦之丘，杀之。八月，崔杼杀高厚。晋闻齐乱，伐齐，至高唐。③

①【集解】服虔曰：“数从诸侯征伐盟会。”

②【集解】贾逵曰：“徙之东垂也。”

③【集解】杜预曰：“高唐在祝阿县西北。”

庄公三年，晋大夫栾盈①奔齐，庄公厚客待之。晏婴、田文子谏，公弗听。四年，齐庄公使栾盈间入晋曲沃②为内应，以兵随之，上太行，入孟门。③栾盈败，齐兵还，取朝歌。④

①【集解】徐广曰：“《史记》多作‘逞’。”

②【集解】贾逵曰：“栾盈之邑。”

③【集解】贾逵曰：“孟门、太行皆晋山隘也。”【索隐】孟门山在朝歌东北。太

行山在河内温县西。

④【集解】贾逵曰:"晋邑。"

六年,初,棠公妻好,[1]棠公死,崔杼取之。庄公通之,数如崔氏,以崔杼之冠赐人。侍者曰:"不可。"崔杼怒,因其伐晋,欲与晋合谋袭齐而不得间。庄公尝笞宦者贾举,贾举复侍,为崔杼间公[2]以报怨。五月,莒子朝齐,齐以甲戌飨之。崔杼称病不视事。乙亥,公问崔杼病,遂从崔杼妻。崔杼妻入室,与崔杼自闭户不出,公拥柱而歌。[3]宦者贾举遮公从官而入,闭门,崔杼之徒持兵从中起。公登台而请解,不许;请盟,不许;请自杀于庙,不许。皆曰:"君之臣杼疾病,不能听命。[4]近于公宫。[5]陪臣争趣有淫者,[6]不知二命。"[7]公逾墙,射中公股,公反坠,遂弑之。晏婴立崔杼门外,[8]曰:"君为社稷死则死之,为社稷亡则亡之。[9]若为己死己亡,非其私暱,谁敢任之!"[10]门开而入,枕公尸而哭,三踊而出。人谓崔杼:"必杀之。"崔杼曰:"民之望也,舍之得民。"[11]

①【集解】贾逵曰:"棠公,齐棠邑大夫。"

②【集解】服虔曰:"伺公间隙。" 【正义】间音闲,又如字。

③【集解】服虔曰:"公以为姜氏不知己在外,故歌以命之也。一曰公自知见欺,恐不得出,故歌以自悔。"

④【集解】服虔曰:"言不能亲听公命。"

⑤【集解】服虔曰:"崔杼之宫近公宫,淫者或诈称公。"

⑥【集解】徐广曰:"争,一作'扞'。" 【索隐】《左传》作"扞趣"。此为"争趣"者,是太史公变《左氏》之文。言陪臣但争趣投有淫者耳,更不知他命也。

⑦【集解】杜预曰:"言得淫人,受崔子命讨之,不知他命也。"

⑧【集解】贾逵曰:"闻难而来。"

⑨【集解】服虔曰:"谓以公义为社稷死亡也。如是者,臣亦随之死亡。"

⑩【集解】服虔曰:"言君自以己之私欲取死亡之祸,则私近之臣所当任也。"杜预曰:"私暱,所亲爱也。非所亲爱,无为当其祸也。"

⑪【集解】服虔曰:"置之,所以得人心。"

丁丑,崔杼立庄公异母弟杵臼,[1]是为景公。景公母,鲁叔孙宣伯女也。景公立,以崔杼为右相,庆封为左相。二相恐乱起,乃与国人盟曰:"不与崔庆者死!"晏子仰天曰:"婴所不获,唯忠于君利社稷者是从!"不肯盟。庆封欲杀晏子,崔杼曰:"忠臣也,舍之。"齐太史书曰"崔杼弑庄公",崔杼杀之。其弟复书,崔杼复杀之。少弟复书,崔杼乃舍之。

①【集解】徐广曰:"《史记》多作'箸臼'。"

景公元年,初,崔杼生子成及彊,其母死,取东郭女,生明。东郭女使其前夫子无咎与其弟偃①相崔氏。成有罪,②二相急治之,立明为太子。成请老于崔(杼),崔杼许之,二相弗听,曰:"崔,宗邑,不可。"③成、彊怒,告庆封。④庆封与崔杼有郤,欲其败也。成、彊杀无咎、偃于崔杼家,家皆奔亡。崔杼怒,无人,使一宦者御,见庆封。庆封曰:"请为子诛之。"使崔杼仇卢蒲嫳⑤攻崔氏,杀成、彊,尽灭崔氏,崔杼妇自杀。崔杼毋归,⑥亦自杀。庆封为相国,专权。

①【正义】杜预云:"东郭偃,东郭姜之弟也。"

②【正义】《左传》云成有疾而废之。杜预云有恶疾也。

③【集解】杜预曰:"济南东朝阳县西北有崔氏城也。"

④【正义】《左传》云成彊告庆封曰:"夫子身亦子所知也,唯无咎与偃是从,父兄莫能进矣。恐害夫子,敢以告。"庆封曰:"苟利夫子,必去之,难吾助汝。"乃杀东郭偃、棠无咎于崔氏朝也。其妻及崔杼皆缢死,崔明奔鲁。

⑤【集解】贾逵曰:"嫳,齐大夫庆封之属。"

⑥【索隐】毋音无也。

三年十月,庆封出猎。初,庆封已杀崔杼,益骄,嗜酒好猎,不听政令。庆舍用政,①已有内郤。田文子谓桓子曰:"乱将作。"田、鲍、高、栾氏相与谋庆氏。庆舍发甲围庆封宫,四家徒共击破之。庆封还,不得入,奔鲁。齐人让鲁,封奔吴。吴与之朱方,聚其族而居之,富于在齐。其秋,齐人徙葬庄公,僇崔杼尸于市以说众。

①【集解】服虔曰:"舍,庆封之子也。生传其职政与子。"

九年,景公使晏婴之晋,与叔向私语曰:"齐政卒归田氏。田氏虽无大德，以公权私，有德于民，民爱之。”十二年，景公如晋，见平公，欲与伐燕。十八年，公复如晋，见昭公。二十六年，猎鲁郊，因入鲁，与晏婴俱问鲁礼。三十一年，鲁昭公辟季氏难，奔齐。齐欲以千社封之，①子家止昭公，昭公乃请齐伐鲁，取郓②以居昭公。

①【集解】贾逵曰："二十五家为一社。千社，二万五千家也。"

②【正义】郓，郓城也。

三十二年，彗星见。景公坐柏寝，叹曰："堂堂！谁有此乎？"①群臣皆泣，晏子笑，公怒。晏子曰："臣笑群臣谀甚。"景公曰："彗星出东北，当齐分野，寡人以为忧。"晏子曰："君高台深池，赋敛如弗得，刑罚恐弗胜，茀星②将出，彗星③何惧乎？"公曰："可禳否？"晏子曰："使神可祝而来，④亦可禳而去也。百姓苦怨以万数，而君令一人禳之，安能胜众口乎？"是时景公好治宫室，聚狗马，奢侈，厚赋重刑，故晏子以此谏之。

①【集解】服虔曰："景公自恐德薄不能久享齐国，故曰'谁有此'也。"

②【正义】茀音佩。谓客星侵近边侧欲相害。

③【正义】彗，息岁反。若帚形，见，其境有乱也。

④【正义】祝音章受反。

四十二年，吴王阖闾伐楚，入郢。

四十七年，鲁阳虎攻其君，不胜，奔齐，请齐伐鲁。鲍子谏景公，乃囚阳虎。阳虎得亡，奔晋。

四十八年，与鲁定公好会夹谷。①犁钼②曰："孔丘知礼而怯，请令莱人为乐，③因执鲁君，可得志。"景公害孔丘相鲁，惧其霸，故从犁钼之计。方会，进莱乐，孔子历阶上，使有司执莱人斩之，以礼让景公。景公惭，乃归鲁侵地以谢，而罢去。是岁，晏婴卒。

①【集解】服虔曰："东海祝其县是也。"

②【索隐】且，即馀反。即犁弥也。

③【集解】杜预曰："莱人，齐所灭莱夷。"

五十五年，范、中行反其君于晋，晋攻之急，来请粟。田乞欲为乱，树党于逆臣，说景公曰："范、中行数有德于齐，不可不救。"乃使乞救而输之粟。

五十八年夏，景公夫人燕姬適子死。景公宠妾芮姬生子荼，①荼少，其母贱，无行，诸大夫恐其为嗣，乃言愿择诸子长贤者为太子。景公老，恶言嗣事，又爱荼母，欲立之，惮发之口，乃谓诸大夫曰："为乐耳，国何患无君乎？"秋，景公病，命国惠子、高昭子②立少子荼为太子，逐群公子，迁之莱。③景公卒，④太子荼立，是为晏孺子。冬，未葬，而群公子畏诛，皆出亡。荼诸异母兄公子寿、⑤驹、黔⑥奔卫⑦，公子驵、⑧阳生奔鲁。⑨莱人歌之曰："景公死乎弗与埋，三军事乎弗与谋，⑩师乎师乎，胡党之乎？"⑪

①【索隐】《左传》曰"鬻姒之子荼嬖"，则荼母姓姒。此作"芮姬"，不同也。谯周依《左氏》作"鬻姒"，邹诞生本作"芮姁"。姁音五句反。

②【集解】杜预曰："惠子，国夏也。昭子，高张也。"

③【集解】服虔曰："莱，齐东鄙邑。"

④【集解】《皇览》曰："景公冢与桓公冢同处。

⑤【索隐】一作"嘉"。

⑥【正义】三公子。

⑦【集解】徐广曰："一云'寿、黔奔卫'。"【索隐】三人奔卫。

⑧【索隐】《左传》作"鉏"。

⑨【索隐】二人奔鲁，凡五公子也。

⑩【集解】服虔曰："莱人见五公子远迁鄙邑，不得与景公葬埋之事及国三军之谋，故愍而歌。"杜预曰："称谥，盖葬后而为此歌，哀群公子失所也。"

⑪【集解】服虔曰："师，众也。党，所也。言公子徒众何所适也。"

晏孺子元年春，田乞伪事高、国者，每朝，乞骖乘，言曰："子得君，大夫皆自危，欲谋作乱。"又谓诸大夫曰："高昭子可畏，及未发，先之。"大夫从之。六月，田乞、鲍牧乃与大夫以兵入公宫，攻高昭子。昭子闻之，与国惠子救公。公师败，田乞之徒追之，国惠子奔莒，遂反杀高昭子。晏圉奔鲁。①八月，齐秉意兹。②田乞败二相，乃使人之鲁召公子阳生。阳生至齐，私匿田乞家。十月戊子，田乞请诸大夫曰："常之母有鱼菽之祭，③幸来会饮。"会饮，田乞盛阳生橐中，置坐中央，发橐出阳生，曰："此乃齐君矣！"大夫皆伏谒。将与大夫盟而立之，鲍牧醉，乞诬大夫曰："吾与鲍牧谋共立阳生。"鲍牧怒曰："子忘景公之命乎？"诸大夫相视欲悔，阳生前，顿首曰："可则立之，否则已。"鲍牧恐祸起，乃复曰："皆景公子也，何为不可！"乃与盟，立阳生，是为悼公。悼公入宫，使人迁晏孺子于骀，④杀之幕下，而逐孺子母芮子。芮子故贱而孺子少，故无权，国人轻之。

①【集解】贾逵曰："围，晏婴之子。"

②【集解】徐广曰："《左传》八月，齐邴意兹奔鲁。"

③【集解】何休曰："齐俗，妇人首祭事。言鱼豆者，示薄陋无所有也。"

④【集解】贾逵曰："齐邑。"

悼公元年，齐伐鲁，取讙、阐。①初，阳生亡在鲁，季康子以其妹妻之。及归即位，使迎之。季姬与季鲂侯通，②言其情，鲁弗敢与，故齐伐鲁，竟迎季姬。季姬嬖，齐复归鲁侵地。

①【集解】杜预曰："阐在东平刚县北。"【索隐】二邑名。讙在今博城县西南。杜预曰："阐在东平刚县北。"

②【集解】杜预曰："鲂侯，康子叔父也。"

鲍子与悼公有郤，不善。四年，吴、鲁伐齐南方。鲍子弑悼公，赴于吴。吴王夫差哭于军门外三日，将从海入讨齐。齐人败之，吴师乃去。晋赵鞅伐齐，至赖而去。①齐人共立悼公子壬，是为简公。②

①【集解】服虔曰："赖，齐邑。"

②【集解】徐广曰："年表云简公壬者，景公之子也。"

简公四年春，初，简公与父阳生俱在鲁也，监止有宠焉。①及即位，使为政。田成子惮之，骤顾于朝。②御鞅③言简公曰："田、监不可并也，君其择焉。"④弗听。子我夕，⑤田逆杀人，逢之，⑥遂捕以入。⑦田氏方睦，⑧使囚病而遗守囚者酒，⑨醉而杀守者，得亡。子我盟诸田于陈宗。⑩初，田豹欲为子我臣，⑪使公孙言豹，⑫豹有丧而止。后卒以为臣,⑬幸于子我。子我谓曰:“吾尽逐田氏而立女,可乎?”对曰:“我远田氏矣。⑭且其违者不过数人,⑮何尽逐焉!”遂告田氏。子行曰:“彼得君,弗先,必祸子。”⑯子行舍于公宫。⑰

①【集解】贾逵曰:“阚止,子我也。” 【索隐】监,《左传》作“阚”,音苦滥反。阚在东平须昌县东南也。

②【集解】杜预曰:“心不安,故数顾也。”

③【集解】贾逵曰:“鞅,齐大夫也。” 【索隐】鞅,名也,为仆御之官,故曰御鞅,亦田氏之族。按:《系本》陈桓子无宇产子亹,亹产子献,献产鞅也。

④【集解】杜预曰:“择用一人也。”

⑤【集解】服虔曰:“夕省事。”

⑥【集解】服虔曰:“子我将往夕省事于君,而逢逆之杀人也。”杜预曰:“逆,子行。陈氏宗。”

⑦【集解】杜预曰:“执逆入至于朝也。”

⑧【集解】服虔曰:“陈常方欲谋有齐国,故和其宗族。”

⑨【集解】服虔曰:“使陈逆诈病而遗也。”

⑩【集解】服虔曰:“子我见陈逆得生出,而恐为陈氏所怨,故与盟而请和也。陈宗,宗长之家。”

⑪【集解】贾逵曰:“豹,陈氏族也。”

⑫【集解】贾逵曰:“公孙,齐大夫也。”杜预曰:“言,介达之意。”

⑬【集解】杜预曰:“终丧也。”

⑭【集解】服虔曰:“言我与陈氏宗疏远也。”

⑮【集解】服虔曰:“违者,不从子我者。”

⑯【集解】服虔曰:“彼谓阚止也。子谓陈常也。”

⑰【集解】服虔曰:“止于公宫,为陈氏作内间也。”

夏五月壬申,成子兄弟四乘如公。①子我在幄,②出迎之,遂入,闭门。③宦者御之,④子行杀宦者。⑤公与妇人饮酒于檀台,⑥成子迁诸寝。⑦公执戈将击之,⑧太史子馀⑨曰:“非不利也,将除害也。”⑩成子出舍于库,⑪闻公犹怒,将出,⑫曰:“何所无君!”子行拔剑曰:“需,事之贼也。⑬谁非田宗?⑭所不杀子者有如田宗。”⑮乃止。子我归,属徒⑯攻闱与大门,⑰皆弗胜,乃出。田氏追之。丰丘人执子我以告,⑱杀之郭关。⑲成子将杀大陆子方,⑳田逆请而免之。以公命取车于道,㉑出雍门。㉒田豹与之车,弗受,曰:“逆为余请,豹与余车,余有私焉。事子我而有私于其雠,何以见鲁、卫之士?”㉓

①【集解】服虔曰:“成子兄弟八人,二人共一乘,故曰四乘。”【索隐】服虔曰:“成子兄弟八人,二人共乘一车,故四乘。”按《系本》,陈僖子乞产成子常、简子齿、宣子其夷、穆子安、廪丘子(尚)医兹、芒子盈、惠子得,凡七人。杜预又取昭子庄以充八人之数。按《系本》,昭子是桓子之子,成子之叔父,又不名庄,强相证会,言四乘有八人耳。今按:《田完系家》云田常兄弟四人如公宫,与此事同。今此唯称四乘,不云人数,知四乘谓兄弟四人乘车而入,非二人共车也。然其昆弟三人不见者,盖时或不在,不同入公宫,不可强以四乘为八人,添叔父为兄弟之数。服、杜殊失也。

②【集解】杜预曰:“幄,帐也,听政之处也。”

③【集解】服虔曰:“成子兄弟见子我出,遂突入,反闭门,子我不得复入。”

④【集解】服虔曰:“阉竖以兵御陈氏。”

⑤【集解】服虔曰:“舍于公宫,故得杀之。”

⑥【集解】服虔曰:“当陈氏入时,饮酒于此台。”

⑦【集解】服虔曰:“欲徙公令居寝也。”

⑧【集解】杜预曰:“疑其作乱也。”

⑨【集解】服虔曰:“齐大夫。”

⑩【集解】杜预曰:“言将为公除害也。”

⑪【集解】杜预曰:“以公怒故也。”

⑫【集解】服虔曰:“出奔也。”

⑬【集解】杜预曰:“言需疑则害事。”

⑭【集解】杜预曰:“言陈氏宗族众多。”

⑮【集解】杜预曰:“言子若欲出,我必杀子,明如陈宗。”

⑯【集解】服虔曰:“会徒众。”

⑰【集解】宫中之门曰闱。大门,公门也。

⑱【集解】贾逵曰:“丰丘,陈氏邑也。”

⑲【集解】服虔曰:“齐关名。”

⑳【集解】服虔曰："子方，子我党，大夫东郭贾也。"

㉑【集解】杜预曰："子方取道中行人车。"

㉒【集解】杜预曰："齐城门。"

㉓【集解】服虔曰："子方将欲奔鲁、卫也。"《左传》曰："东郭贾奔卫。"

庚辰，田常执简公于俆州。[1]公曰："余蚤从御鞅言，不及此。"甲午，田常弑简公于俆州。田常乃立简公弟骜，[2]是为平公。平公即位，田常相之，专齐之政，割齐安平以东为田氏封邑。[3]

①【集解】《春秋》作"舒州"。贾逵曰："陈氏邑也。" 【索隐】俆音舒，其字从人。《左氏》作"舒"，舒，陈氏邑。《说文》作"郐"，郐在薛县。

②【索隐】《系本》及谯周皆作"敬"，盖误也。

③【集解】徐广曰："年表云平公之时，齐自是称田氏。" 【索隐】安平，齐邑。按：《地理志》涿郡有安平县也。

平公八年，越灭吴。二十五年卒，子宣公积立。

宣公五十一年卒，子康公贷立。田会反廪丘。[1]

①【索隐】田会，齐大夫。廪，邑名，东郡有廪丘县也。

康公二年，韩、魏、赵始列为诸侯。十九年，田常曾孙田和始为诸侯，迁康公海滨。

二十六年，康公卒，吕氏遂绝其祀。田氏卒有齐国，为齐威王，强于天下。

太史公曰：吾适齐，自泰山属之琅邪，北被于海，膏壤二千里，其民阔达多匿知，其天性也。以太公之圣，建国本，桓公之盛，修善政，以为诸侯会盟，称伯，不亦宜乎？洋洋哉，固大国之风也！

【索隐述赞】太公佐周，实秉阴谋。既表东海，乃居营丘。小白致霸，九合诸侯。及溺内宠，衅锺虫流。庄公失德，崔杼作仇。陈氏专政，厚货轻收。悼、简遘祸，田、阚非俦。沨沨馀烈，一变何由？

史记卷三十三

鲁周公世家第三

周公旦者，周武王弟也。① 自文王在时，旦为子孝，② 笃仁，异于群子。及武王即位，旦常辅翼武王，用事居多。武王九年，东伐至盟津，周公辅行。十一年，伐纣，至牧野，③ 周公佐武王，作《牧誓》。破殷，入商宫。已杀纣，周公把大钺，召公把小钺，以夹武王，衅社，告纣之罪于天，及殷民。释箕子之囚。封纣子武庚禄父，使管叔、蔡叔傅之，以续殷祀。遍封功臣同姓戚者。封周公旦于少昊之虚曲阜，④ 是为鲁公。周公不就封，留佐武王。

①【集解】谯周曰："以太王所居周地为其采邑，故谓周公。"【索隐】周，地名，在岐山之阳，本太王所居，后以为周公之采邑，故曰周公。即今之扶风雍东北故周城是也。谥曰周文公，见《国语》。

②【索隐】邹诞本"孝"作"敬"也。

③【正义】卫州即牧野之地，东北去朝歌七十三里。

④【正义】《括地志》云："兖州曲阜县外城即鲁公伯禽所筑也。"

武王克殷二年，天下未集，武王有疾，不豫，群臣惧，太公、召公乃缪卜。① 周公曰："未可以戚我先王。"② 周公于是乃自以为质，设三坛，周公北面立，戴璧秉圭，③ 告于太王、王季、文王。④ 史策祝曰：⑤"惟尔元孙王发，勤劳阻疾。⑥ 若尔三王是有负子之责于天，以旦代王发之身。⑦ 旦巧能，多材多蓺，能事鬼神。⑧ 乃王发不如旦多材多蓺，不能事鬼神。乃命于帝庭，敷佑四方，⑨ 用能定汝子孙于下地，四方之民罔不敬畏。⑩ 无坠天之降葆命，我先王亦永有所依归。⑪ 今我其即命于元龟，⑫ 尔之许我，我以其璧与圭归，以俟尔命。⑬ 尔不许我，我乃屏璧与圭。"⑭ 周公已令史策告太王、王季、文王，欲代武王发，于是乃即三王而卜。卜人皆曰吉，发书视之，信吉。⑮周公喜，开籥，乃见书遇吉。⑯周公入贺武王曰："王其无害。旦新受命三王，维长终是图。⑰兹道能念予一人。"⑱周公藏其策金縢匮中，⑲诫守者勿敢言。明日，武王有瘳。

①【集解】徐广曰："古书'穆'字多作'缪'。"

②【集解】孔安国曰："戚，近也。未可以死近先王也。"郑玄曰："二公欲就文王庙卜。戚，忧也。未可忧怖我先王也。"

③【集解】孔安国曰："璧以礼神，圭以为贽。"

④【集解】孔安国曰："告谓祝辞。"

⑤【集解】孔安国曰："史为策书祝(祠)〔词〕也。"郑玄曰："策，周公所作，谓简书也。祝者读此简书，以告三王。"

⑥【集解】徐广曰："阻，一作'淹'。"

⑦【集解】孔安国曰："大子之责，谓疾不可救也。不可救于天，则当以旦代之。死生有命，不可请代，圣人叙臣子之心以垂世教。"【索隐】《尚书》"负"为"丕"，今此为"负"者，谓三王负于上天之责，故我当代之。郑玄亦曰"丕"读曰"负"。

⑧【集解】孔安国曰："言可以代武王之意。"

⑨【集解】马融曰："武王受命于天帝之庭，布其道以佑助四方。"

⑩【集解】孔安国曰："言武王用受命帝庭之故，能定先人子孙于天下，四方之民无不敬畏也。"

⑪【集解】孔安国曰："言不救，则坠天宝命也；救之，则先王长有所依归矣。"郑玄曰："降，下也。宝犹神也。有所依归，为宗庙之主也。"【正义】坠，直类反。

⑫【集解】孔安国曰："就受三王之命于元龟，卜知吉凶者也。"马融曰："元龟，大龟也。"

⑬【集解】孔安国曰："许谓疾瘳。待命，当以事神也。"马融曰："待汝命。武王当愈，我当死也。"

⑭【集解】孔安国曰："不许，不愈也。屏，藏。言不得事神。"

⑮【集解】孔安国曰："占兆书也。"

⑯【集解】王肃曰："籥，藏占兆书管也。"

⑰【集解】孔安国曰："我新受三王命，武王维长终是谋周之道。"

⑱【集解】马融曰："一人，天子也。"郑玄曰："兹，此也。"

⑲【集解】孔安国曰："藏之于匮，缄之以金，不欲人开也。"

其后武王既崩，成王少，在强葆之中。①周公恐天下闻武王崩而畔，周公乃践阼代成王摄行政当国。管叔及其群弟流言于国曰："周公将不利于成王。"②周公乃告太公望、召公奭曰："我之所以弗辟③而摄行政者，恐天下畔周，无以告我先王太王、王季、文王。三王之忧劳天下久矣，于今而后成。武王蚤终，成王少，将以成周，我所以为之若此。"于是卒相成王，而使其子伯禽代就封于鲁。周公戒伯禽曰："我文王之子，武王之弟，成王之叔父，我于天下亦不贱矣。然我一沐三捉髮，一饭三吐哺，起以待士，犹恐失天下之贤人。子之鲁，慎无以国骄人。"

①【索隐】强葆即"襁褓"，古字少，假借用之。　【正义】强阔八寸，长八尺，用约小儿于背而负行。葆，小儿被也。

②【集解】孔安国曰："放言于国，以诬周公，以惑成王也。"

③【正义】音避。

管、蔡、武庚等果率淮夷而反。周公乃奉成王命，兴师东伐，作《大诰》。遂诛管叔，杀武庚，放蔡叔。收殷馀民，以封康叔于卫，封微子于宋，以奉殷祀。宁淮夷东土，二年而毕定。诸侯咸服宗周。

天降祉福，唐叔得禾，异母同颖，①献之成王，成王命唐叔以馈周公于东土，作《馈禾》。周公既受命禾，嘉天子命，②作《嘉禾》。东土以集，周公归报成王，乃为诗贻王，命之曰《鸱鸮》。③王亦未敢训周公。④

①【集解】徐广曰："一作'穗'。颖即穗也。"　【索隐】《尚书》曰"异亩"，此"母"义并通。邹诞本同。

②【集解】徐广曰："嘉，一作'鲁'，今《书序》作'旅'也。"　【索隐】徐广云一作"鲁"，"鲁"字误也。今《书序》作"旅"。《史记》嘉天子命，于文亦得，何须作"嘉旅"？

③【集解】《毛诗序》曰："成王未知周公之志，公乃为诗以遗王，名之曰《鸱鸮》。"《毛传》曰："鸱鸮，鸋鴂也。"

④【集解】徐广曰："训，一作'诮'。"【索隐】按：《尚书》作"诮"。诮，让也。此作"训"，字误耳，义无所通。徐氏合定其本，何须云一作"诮"也！

成王七年二月乙未，王朝步自周，至丰，[①]使太保召公先之雒相土。[②]其三月，周公往营成周雒邑，[③]卜居焉，曰吉，遂国之。

①【集解】马融曰："周，镐京也。丰，文王庙所在。朝者，举事上朝，将即土中易都，大事，故告文王、武王庙。"郑玄曰："步，行也，堂下谓之步。丰、镐异邑，而言步者，告武王庙即行，出庙入庙，不以为远，为父恭也。"【索隐】丰，文王所作邑。后武王都镐，于丰立文王庙。按：丰在鄠县东，临丰水，东去镐二十五里也。

②【集解】郑玄曰："相，视也。"

③【集解】《公羊传》曰："成周者何？东周也。"何休曰："名为成周者，周道始成，王所都也。"

成王长，能听政。于是周公乃还政于成王，成王临朝。周公之代成王治，南面倍依以朝诸侯。[①]及七年后，还政成王，北面就臣位，匔匔如畏然。[②]

①【集解】《礼记》曰："周公朝诸侯于明堂之位，天子负斧依，南向而立。"郑玄曰："周公摄王位，以明堂之礼仪朝诸侯也。不于宗庙，避王也。天子，周公也。负之言倍也。斧依，为斧文屏风于户牖之间，周公于前立也。"

②【集解】徐广曰："匔匔，谨敬貌也。见《三苍》，音穷穷。一本作'夔夔'也。"

初，成王少时，病，周公乃自揃其蚤沈之河，以祝于神曰："王少未有识，奸神命者乃旦也。"亦藏其策于府。成王病有瘳。及成王用事，人或谮周公，周公奔楚。[①]成王发府，见周公祷书，乃泣，反周公。

①【索隐】经典无文，其事或别有所出。而谯周云"秦既燔书，时人欲言金縢之事，失其本末，乃云'成王少时病，周公祷河欲代王死，藏祝策于府。成王用事，人谗周公，周公奔楚。成王发府见策，乃迎周公'"，又与《蒙恬传》同，事或然也。

周公归，恐成王壮，治有所淫佚，乃作《多士》，作《毋逸》。《毋逸》称："为人父母，为业至长久，子孙骄奢忘之，以亡其家，为人子可不慎乎！故昔在殷王中宗，严恭敬畏天命，自度[①]治民，震惧不敢荒宁，[②]故中宗飨国七十五年。其在高宗，[③]久劳于外，为与小人，[④]作其即位，乃有亮暗，三年不言，[⑤]言乃欢，[⑥]不敢荒宁，密靖殷国，[⑦]至于小大无怨，[⑧]故高宗飨国五十五年。[⑨]其在祖甲，[⑩]不义惟王，久为小人[⑪]于外，知小人之依，能保施小民，不侮鳏寡，[⑫]故祖甲飨国三十三年。”[⑬]《多士》称曰：“自汤至于帝乙，无不率祀明德，帝无不配天者。[⑭]在今后嗣王纣，诞淫厥佚，不顾天及民之从也。[⑮]其民皆可诛。”(周多士)“文王日中昃不暇食，飨国五十年。”作此以诫成王。

①【集解】孔安国曰：“用法度也。”

②【集解】马融曰：“知民之劳苦，不敢荒废自安也。”

③【正义】武丁也。

④【集解】孔安国曰：“父小乙使之久居人间，劳是稼穑，与小人出入同事也。”马融曰：“武丁为太子时，其父小乙使行役，有所劳役于外，与小人从事，知小人艰难劳苦也。”郑玄曰：“为父小乙将师役于外也。”

⑤【集解】孔安国曰：“武丁起其即王位，则小乙死，乃有信嘿，三年不言，言孝行著也。”郑玄曰：“楣谓之梁，暗谓庐也。”

⑥【集解】郑玄曰：“欢，喜悦也。言乃喜悦，则臣民望其言久矣。”

⑦【集解】马融曰：“密，安也。”

⑧【集解】孔安国曰：“小大之政，民无怨者，言无非也。”

⑨【集解】《尚书》云五十九年。

⑩【集解】孔安国、王肃曰：“祖甲，汤孙太甲也。”马融、郑玄曰：“祖甲，武丁子帝甲也。” 【索隐】孔安国以为汤孙太甲，马融、郑玄以为武丁子帝甲。按：《纪年》太甲唯得十二年，此云祖甲享国三十三年，知祖甲是帝甲明矣。

⑪【集解】孔安国曰：“为王不义，久为小人之行，伊尹放之桐宫。”马融曰：“祖甲有兄祖庚，而祖甲贤，武丁欲立之，祖甲以王废长立少不义，逃亡民间，故曰‘不义惟王，久为小人’也。武丁死，祖庚立。祖庚死，祖甲立。”

⑫【集解】孔安国曰：“小人之所依，依仁政也，故能安顺于众民，不敢侮慢茕独也。”

⑬【集解】王肃曰：“先中宗后祖甲，先盛德后有过也。”

⑭【集解】孔安国曰：“无敢失天道者，故无不配天也。”

⑮【集解】徐广曰："一作'敬之'也。"骃案：马融曰"纣大淫乐其逸，无所能顾念于天施显道于民而敬之也"。

成王在丰，天下已安，周之官政未次序，于是周公作《周官》，官别其宜。作《立政》，①以便百姓。百姓说。

①【集解】孔安国曰："周公既致政成王，恐其怠忽，故以君臣立政为戒也。"

周公在丰，病，将没，曰："必葬我成周，①以明吾不敢离成王。"周公既卒，成王亦让，葬周公于毕，②从文王，以明予小子不敢臣周公也。

①【集解】徐广曰："《卫世家》云管叔欲袭成周，然则或说《尚书》者不以成周为洛阳乎？《诸侯年表叙》曰'齐、晋、楚、秦，其在成周，微之甚也'。"

②【正义】《括地志》云："周公墓在雍州咸阳北十三里毕原上。"

周公卒后，秋未获，暴风雷（雨），禾尽偃，大木尽拔。周国大恐。成王与大夫朝服以开金縢书，①王乃得周公所自以为功代武王之说。②二公及王乃问史百执事，③史百执事曰："信有，昔周公命我勿敢言。"成王执书以泣，④曰："自今后其无缪卜乎！⑤昔周公勤劳王家，惟予幼人弗及知。今天动威以彰周公之德，惟朕小子其迎，我国家礼亦宜之。"⑥王出郊，天乃雨，反风，禾尽起。⑦二公命国人，凡大木所偃，尽起而筑之。⑧岁则大孰。于是成王乃命鲁得郊⑨祭文王。⑩鲁有天子礼乐者，以褒周公之德也。

①【索隐】据《尚书》，武王崩后有此雷风之异。今此言周公卒后更有暴风之变，始开金縢之书，当不然也。盖由史迁不见《古文尚书》，故说乖误。

②【集解】徐广曰："一作'简'。"骃案：孔安国曰："所藏请命策书本也。"

③【集解】孔安国曰："二公倡王启之，故先见书也。史百执事皆从周公请命者。"郑玄曰："问者，问审然否也。"

④【集解】郑玄曰："泣者，伤周公忠孝如是而无知之者。"

⑤【集解】孔安国曰："本欲敬卜吉凶，今天意可知，故止。"

⑥【集解】王肃曰："亦宜褒有德也。"【正义】孔安国云："周公以成王未寤，故留东未还。成王改过自新，遣使者逆之，亦国家礼有德之宜也。"王、孔二说非也。按：言成王以开金縢之书，知天风雷以彰周公之德，故成王亦设郊天

之礼以迎，我国家先祖配食之礼亦当宜之，故成王出郊，天乃雨反风也。

⑦【集解】孔安国曰："郊，以玉币谢天也。天即反风起禾，明郊之是也。"马融曰："反风，风还反也。"

⑧【集解】徐广曰："筑，拾也。"骃案：马融曰"禾为木所偃者，起其木，拾其下禾，乃无所失亡也"。

⑨【集解】《礼记》曰："鲁君祀帝于郊，配以后稷，天子之礼。"

⑩【集解】《礼记》曰："诸侯不得祖天子。"郑玄曰："鲁以周公之故，立文王之庙也。"

周公卒，子伯禽固已前受封，是为鲁公。①鲁公伯禽之初受封之鲁，三年而后报政周公。周公曰："何迟也？"伯禽曰："变其俗，革其礼，丧三年然后除之，故迟。"太公亦封于齐，五月而报政周公。周公曰："何疾也？"曰："吾简其君臣礼，从其俗为也。"及后闻伯禽报政迟，乃叹曰："呜呼，鲁后世其北面事齐矣！夫政不简不易，民不有近；平易近民，民必归之。"②

①【索隐】周公元子就封于鲁，次子留相王室，代为周公。其馀食小国者六人，凡、蒋、邢、茅、胙、祭也。

②【集解】徐广曰："一本云'政不简不行，不行不乐，不乐则不平易；平易近民，民必归之'。又一本云'夫民不简不易；有近乎简易，民必归之'。"【索隐】言为政简易者，民必附近之。近谓亲近也。

伯禽即位之后，有管、蔡等反也，淮夷、徐戎亦并兴反。①于是伯禽率师伐之于肸，作《肸誓》，②曰："陈尔甲胄，无敢不善。无敢伤牿。③马牛其风，臣妾逋逃，④勿敢越逐，敬⑤复之。⑥无敢寇攘，逾墙垣。⑦鲁人三郊三隧，⑧峙尔刍茭、糗粮、桢干，⑨无敢不逮。我甲戌筑而征徐戎，⑩无敢不及，有大刑。"⑪作此《肸誓》，遂平徐戎，定鲁。

①【集解】孔安国曰："淮浦之夷，徐州之戎，并起为寇。"

②【集解】徐广曰："肸，一作'鲜'，一作'狝'。"骃案：《尚书》作"粊"。孔安国曰"鲁东郊之地名也"。【索隐】《尚书》作"费誓"。徐广云一作"鲜"，一作"狝"。按：《尚书大传》见作"鲜誓"，《鲜誓》即《肸誓》，古今字异，义亦变也。

鲜，狝也。言于肸地誓众，因行狝田之礼，以取鲜兽而祭，故字或作“鲜”，或作“狝”。孔安国云“费，鲁东郊地名”，即鲁卿季氏之费邑地也。

③【正义】古毒反。牿，牛马牢也。令臣无伤其牢，恐牛马逸。

④【集解】郑玄曰：“风，走逸。臣妾，厮役之属也。”

⑤【集解】徐广曰：“一作‘振’。”

⑥【集解】孔安国曰：“勿敢弃越垒伍而求逐也。众人有得佚马牛，逃臣妾，皆敬还。”

⑦【集解】郑玄曰：“寇，劫取也。因其失亡曰‘攘’。”

⑧【集解】王肃曰：“邑外曰郊，郊外曰隧。不言四者，东郊留守，故言三也。”

⑨【集解】孔安国曰：“皆当储峙汝粮，使足食；多积刍茭，供军牛马。”马融曰：“桢、干皆筑具，桢在前，干在两旁。”【正义】糗，去九反。桢音贞。

⑩【集解】孔安国曰：“甲戌日当筑攻敌垒距堙之属。”

⑪【集解】马融曰：“大刑，死刑。”

鲁公伯禽卒，① 子考公酋立。② 考公四年卒，立弟熙，③ 是谓炀公。炀公筑茅阙门。④ 六年卒，子幽公宰立。⑤ 幽公十四年，幽公弟溃杀幽公而自立，是为魏公。⑥ 魏公五十年卒，子厉公擢立。⑦ 厉公三十七年卒，鲁人立其弟具，是为献公。献公三十二年卒，⑧ 子真公濞立。⑨

①【集解】徐广曰：“皇甫谧云伯禽以成王元年封，四十六年，康王十六年卒。”

②【索隐】《系本》作“就”，邹诞本作“遒”。

③【索隐】一作“怡”。考公弟。

④【集解】徐广曰：“一作‘第’，又作‘夷’。《世本》曰‘炀公徙鲁’，宋忠曰‘今鲁国’。”

⑤【索隐】《系本》名圉。

⑥【集解】徐广曰：“《世本》作‘微公’。”【索隐】《系本》“溃”作“弗”，音沸。“魏”作“微”。且古书多用魏字作微，则太史公意亦不殊也。

⑦【索隐】《系本》作“翟”，音持角反。

⑧【集解】徐广曰：“刘歆云五十年。皇甫谧云三十六年。”

⑨【索隐】真音慎，本亦多作“慎公”。按：卫亦有真侯，可通也。濞，《系本》作“挚”，或作“鼻”，音匹位反。邹诞本作“慎公嚊”。

真公十四年，周厉王无道，出奔彘，共和行政。二十九年，周宣王即位。

三十年，真公卒，弟敖立，是为武公。

武公九年春，武公与长子括，少子戏，①西朝周宣王。宣王爱戏，欲立戏为鲁太子。周之樊仲山父谏宣王曰："废长立少，不顺；不顺，必犯王命；犯王命，必诛之：故出令不可不顺也。令之不行，政之不立；②行而不顺，民将弃上。③夫下事上，少事长，所以为顺。今天子建诸侯，立其少，是教民逆也。④若鲁从之，诸侯效之，王命将有所壅；⑤若弗从而诛之，是自诛王命也。⑥诛之亦失，不诛亦失，⑦王其图之。"宣王弗听，卒立戏为鲁太子。夏，武公归而卒，⑧戏立，是为懿公。

①【正义】许义反，又音许宜反，后同。

②【集解】韦昭曰："令不行则政不立。"

③【集解】韦昭曰："使长事少，故民将弃上。"

④【集解】唐固曰："言不教之顺而教之逆。"

⑤【集解】韦昭曰："言先王立长之命将壅塞不行也。"

⑥【集解】韦昭曰："先王之命立长，今鲁亦立长，若诛之，是自诛王命。"

⑦【集解】韦昭曰："诛之，诛王命；不诛，则王命废。"

⑧【集解】徐广曰："刘歆云立二年。"

懿公九年，懿公兄括之子伯御①与鲁人攻弑懿公，而立伯御为君。伯御即位十一年，周宣王伐鲁，杀其君伯御，而问鲁公子能道顺诸侯者，②以为鲁后。樊穆仲曰：③"鲁懿公弟称，④肃恭明神，敬事耆老；赋事行刑，必问于遗训而咨于固实；⑤不干所问，不犯所(知)〔咨〕。"宣王曰："然，能训治其民矣。"乃立称于夷宫，⑥是为孝公。自是后，诸侯多畔王命。

①【正义】御，我嫁反，下同。

②【集解】徐广曰："顺，一作'训'。"【正义】道音导。顺音训。

③【集解】韦昭曰："穆仲，仲山父之谥也。犹鲁叔孙穆子谓之穆叔也。"

④【正义】尺证反。

⑤【集解】徐广曰："固，一作'故'。"韦昭曰："故实，故事之是者。"

⑥【集解】韦昭曰："夷宫者，宣王祖父夷王之庙。古者爵命必于祖庙。"

孝公二十五年，诸侯畔周，犬戎杀幽王。秦始列为诸侯。

二十七年，孝公卒，子弗湟立，①是为惠公。

①【集解】徐广曰："表云弗生也。" 【索隐】《系本》作"弗皇"。年表作'弗生"。

惠公三十年，晋人弒其君昭侯。四十五年，晋人又弒其君孝侯。

四十六年，惠公卒，长庶子息①摄当国，行君事，是为隐公。初，惠公適夫人无子，②公贱妾声子生子息。息长，为娶于宋。宋女至而好，惠公夺而自妻之。③生子允。④登宋女为夫人，以允为太子。及惠公卒，为允少故，鲁人共令息摄政，不言即位。

①【索隐】隐公也。《系本》隐公名息姑。

②【正义】適音的。

③【索隐】《左传》宋武公生仲子，仲子手中有"为鲁夫人"文，故归鲁，生桓公。今此云惠公夺息妇而自妻。又《经》《传》不言惠公无道，《左传》文见分明，不知太史公何据而为此说。谯周亦深不信然。

④【集解】徐广曰："一作'轨'。" 【索隐】《系本》亦作"轨"也。

隐公五年，观渔于棠。①八年，与郑易天子之太山之邑祊及许田，君子讥之。②

①【集解】贾逵曰："棠，鲁地。陈渔而观之。"杜预曰："高平方与县北有武棠亭，鲁侯观渔台也。"

②【集解】《穀梁传》曰："祊者，郑伯之所受命于天子而祭泰山之邑也。许田乃鲁之朝宿之邑。天子在上，诸侯不得以地相与。

十一年冬，公子挥谄谓隐公曰："百姓便君，君其遂立。吾请为君杀子允，君以我为相。"①隐公曰："有先君命。吾为允少，故摄代。今允长矣，吾方营菟裘之地而老焉，②以授子允政。"挥惧子允闻而反诛之，乃反谮隐公于子允曰："隐公欲遂立，去子，子其图之。请为子杀隐公。"子允许诺。十一月，隐公祭锺巫，③齐于社圃，④馆于蔿氏。⑤挥使人弑隐公于蔿氏，而立子允为君，是为桓公。

①【集解】《左传》曰："羽父请杀桓公，将以求太宰也。"

②【集解】服虔曰："菟裘，鲁邑也。营菟裘以作宫室，欲居之以终老也。"杜预曰："菟裘在泰山梁父县南。"

③【集解】贾逵曰："锺巫，祭名也。"

④【集解】杜预曰："社圃，园名。"

⑤【集解】服虔曰："馆，舍也。蔿氏，鲁大夫。"

桓公元年，郑以璧易天子之许田。①二年，以宋之赂鼎入于太庙，君子讥之。②

①【集解】麋信曰："郑以祊不足当许田，故复加璧。"

②【集解】《穀梁传》曰："桓公内杀其君，外成人之乱，受赂而退，以事其祖，非礼也。"《公羊传》曰："周公庙曰太庙。"

三年，使挥迎妇于齐为夫人。六年，夫人生子，与桓公同日，故名曰同。同长，为太子。

十六年，会于曹，伐郑，入厉公。

十八年春，公将有行，①遂与夫人如齐。申繻谏止，②公不听，遂如齐。齐襄公通桓公夫人。公怒夫人，夫人以告齐侯。夏四月丙子，齐襄公飨公，③公醉，使公子彭生抱鲁桓公，因命彭生摺其胁，公死于车。鲁人告于齐曰："寡君畏君之威，不敢宁居，来修好礼。礼成而不反，无所归咎，请得彭生以除丑于诸侯。"齐人杀彭生以说鲁。立太子同，是为庄公。庄公母夫人因留齐，不敢归鲁。

①【集解】杜预曰："始议行事也。"

②【集解】贾逵曰："申繻，鲁大夫。"

③【集解】服虔曰："为公设享讌之礼。"

庄公五年冬，伐卫，内卫惠公。

八年，齐公子纠来奔。九年，鲁欲内子纠于齐，后桓公，桓公发兵击鲁，鲁急，杀子纠。召忽死。齐告鲁生致管仲。鲁人施伯曰：①"齐欲得管仲，非杀之也，将用之，用之则为鲁患。不如杀，以其尸②与之。"庄公不听，遂囚管仲与齐。齐人相管仲。

①【正义】《世本》云："施伯，鲁惠公孙。"

②【索隐】本亦作"死"字也。

十三年，鲁庄公与曹沫会齐桓公于柯，曹沫劫齐桓公，求鲁侵地，已盟而释桓公。桓公欲背约，管仲谏，卒归鲁侵地。十五年，齐桓公始霸。二十三年，庄公如齐观社。①

①【集解】韦昭曰："齐因祀社，搜军实以示军容，公往观之。"

三十二年，初，庄公筑台临党氏，①见孟女，②说而爱之，许立为夫人，割臂以盟。③孟女生子斑。斑长，说梁氏女，④往观。圉人荦自墙外与梁氏女戏。⑤斑怒，鞭荦。庄公闻之，曰："荦有力焉，遂杀之，是未可鞭而置也。"斑未得杀。会庄公有疾。庄公有三弟，长曰庆父，次曰叔牙，次曰季友。庄公取齐女为夫人曰哀姜。哀姜无子。哀姜娣⑥曰叔姜，生子开。庄公无適嗣，爱孟女，欲立其子斑。庄公病，而问嗣于弟叔牙。叔牙曰："一继一及，鲁之常也。⑦庆父在，可为嗣，君何忧？"庄公患叔牙欲立庆父，退而问季友。季友曰："请以死立斑也。"庄公曰："曩者叔牙欲立庆父，柰何？"季友以庄公命命牙待于鍼巫氏，⑧使鍼季劫饮叔牙以鸩，⑨曰："饮此则有后奉祀；不然，死且无后。"牙遂饮鸩而死，鲁立其子为叔孙氏。⑩八月癸亥，庄公卒，季友竟立子斑为君，如庄公命。侍丧，舍于党氏。⑪

①【集解】贾逵曰："党氏，鲁大夫，任姓。"

②【集解】贾逵曰："党氏之女。"【索隐】即《左传》云孟任。党氏二女。孟，长也；任，字也，非姓耳。

③【集解】服虔曰："割其臂以与公盟。"

④【集解】杜预曰："梁氏，鲁大夫也。"

⑤【集解】服虔曰："圉人，掌养马者，荦其名也。"【正义】荦，力角反。

⑥【正义】田戾反。

⑦【集解】何休曰："父死子继，兄死弟及。"

⑧【集解】杜预曰："铖巫氏，鲁大夫也。"

⑨【集解】服虔曰："鸩鸟，一曰运日鸟。"

⑩【集解】杜预曰："不以罪诛，故得立后，世继其禄也。"

⑪【正义】未至公宫，止于舅氏。

先时庆父与哀姜私通，欲立哀姜娣子开。及庄公卒而季友立斑，十月己未，庆父使圉人荦杀鲁公子斑于党氏。季友奔陈。① 庆父竟立庄公子开，是为湣公。②

①【集解】服虔曰："季友内知庆父之情，力不能诛，故避其难出奔。"

②【索隐】《系本》名启，今此作"开"，避汉景帝讳耳。《春秋》作"闵公"也。

湣公二年，庆父与哀姜通益甚。哀姜与庆父谋杀湣公而立庆父。庆父使卜齮袭杀湣公于武闱。① 季友闻之，自陈与湣公弟申如邾，请鲁求内之。鲁人欲诛庆父。庆父恐，奔莒。于是季友奉子申入，立之，是为釐公。② 釐公亦庄公少子。哀姜恐，奔邾。季友以赂如莒求庆父，庆父归，使人杀庆父，庆父请奔，弗听，乃使大夫奚斯行哭而往。庆父闻奚斯音，乃自杀。齐桓公闻哀姜与庆父乱以危鲁，乃召之邾而杀之，以其尸归，戮之鲁。鲁釐公请而葬之。

①【集解】贾逵曰："卜齮，鲁大夫也。宫中之门谓之闱。"【正义】齮，鱼绮反。闱音韦。

②【索隐】湣公弟名申，成季相之，鲁国以理，于是鲁人为僖公作《鲁颂》。

季友母陈女，故亡在陈，陈故佐送季友及子申。季友之将生也，父鲁桓公使人卜之，曰："男也，其名曰'友'，间于两社，为公室辅。① 季友亡，则鲁不昌。"及生，有文在掌曰"友"，遂以名之，号为成季。其后为季氏，庆父后为孟氏也。

①【集解】贾逵曰："两社，周社、亳社也。两社之间，朝廷执政之臣所在。"

釐公元年，以汶阳鄪封季友。① 季友为相。

①【集解】贾逵曰:“汶阳,鄪,鲁二邑。”杜预曰:“汶阳,汶水北地也。汶水出泰山莱芜县。”【索隐】“鄪”或作“费”,同音秘。按:费在汶水之北,则“汶阳”非邑。贾言二邑,非也。《地理志》东海费县,班固云“鲁季氏邑”。盖《尚书》《费誓》即其地。

九年,晋里克杀其君奚齐、卓子。①齐桓公率釐公讨晋乱,至高梁②而还,立晋惠公。十七年,齐桓公卒。二十四年,晋文公即位。

①【集解】徐广曰:“卓,一作‘悼’。”

②【索隐】晋地,在平阳县西北。

三十三年,釐公卒,子兴立,是为文公。

文公元年,楚太子商臣弑其父成王,代立。三年,文公朝晋襄公。

十一年十月甲午,鲁败翟于咸,①获长翟乔如,富父终甥舂其喉,以戈杀之,②埋其首于子驹之门,③以命宣伯。④

①【集解】服虔曰:“鲁地也。”

②【集解】服虔曰:“富父终甥,鲁大夫也。舂犹衝。”

③【集解】贾逵曰:“子驹,鲁郭门名。”

④【集解】服虔曰:“宣伯,叔孙得臣子乔如也。得臣获乔如以名其子,使后世旌识其功。”

初,宋武公之世,鄋瞒伐宋,①司徒皇父帅师御之,以败翟于长丘,②获长翟缘斯。③晋之灭路,④获乔如弟棼如。齐惠公二年,鄋瞒伐齐,齐王子城父获其弟荣如,埋其首于北门。⑤卫人获其季弟简如。⑥鄋瞒由是遂亡。⑦

①【集解】服虔曰:“武公,周平王时,在春秋前二十五年。鄋瞒,长翟国名。”【正义】鄋作“廋”音,所刘反。瞒,莫寒反。

②【集解】杜预曰:“宋地名。”

③【集解】贾逵曰:“乔如之祖。”

④【集解】在鲁宣公十五年。

⑤【集解】按年表,齐惠公二年,鲁宣公之二年。

⑥【集解】服虔曰:“获与乔如同时。”

⑦【集解】杜预曰:“长翟之种绝。”

十五年,季文子使于晋。

十八年二月,文公卒。文公有二妃:长妃齐女为哀姜,①生子恶及视;次妃敬嬴,嬖爱,生子俀。②俀私事襄仲,③襄仲欲立之,叔仲曰不可。④襄仲请齐惠公,惠公新立,欲亲鲁,许之。冬十月,襄仲杀子恶及视而立俀,是为宣公。哀姜归齐,哭而过市,曰:“天乎!襄仲为不道,杀適⑤立庶!”市人皆哭,鲁人谓之“哀姜”。鲁由此公室卑,三桓强。⑥

①【索隐】此“哀”非谥,盖以哭而过市,国人哀之,谓之“哀姜”,故生称“哀”,与上桓夫人别也。

②【集解】徐广曰:“一作‘倭’。” 【索隐】倭音人唯反,一作“俀”,音同。

③【集解】服虔曰:“襄仲,公子遂。”

④【集解】服虔曰:“叔仲惠伯。”

⑤【正义】音的。

⑥【集解】服虔曰:“三桓,鲁桓公之族仲孙、叔孙、季孙。”

宣公俀十二年,楚庄王强,围郑。郑伯降,复国之。

十八年,宣公卒,子成公黑肱立,①是为成公。季文子曰:“使我杀適立庶失大援者,襄仲。”②襄仲立宣公,公孙归父有宠。③宣公欲去三桓,与晋谋伐三桓。会宣公卒,季文子怨之,归父奔齐。

①【集解】徐广曰:“肱,一作‘股’。”

②【集解】服虔曰:“援,助也。仲杀適立庶,国政无常,邻国非之,是失大援助也。”杜预曰:“襄仲立宣公,南通于楚既不固,又不能坚事齐、晋,故云失大援。”

③【集解】服虔曰:“归父,襄仲之子。”

成公二年春,齐伐取我隆。①夏,公与晋郤克败齐顷公于鞍,齐复归我侵地。四年,成公如晋,晋景公不敬鲁。鲁欲背晋合于楚,或谏,乃不。十年,成公如晋。晋景公卒,因留成公送葬,鲁讳之。②十五年,始与吴王寿梦会锺离。③

①【集解】《左传》作“龙”。杜预曰:“鲁邑,在泰山博县西南。”

②【索隐】《经》不书其葬,唯言“公如晋”,是讳之。

③【正义】《括地志》云:“锺离国故城在濠州锺离县东五里。”

十六年,宣伯告晋,欲诛季文子。① 文子有义,晋人弗许。

①【集解】服虔曰:“宣伯,叔孙乔如。”

十八年,成公卒,子午立,是为襄公。是时襄公三岁也。

襄公元年,晋立悼公。往年冬,晋栾书弑其君厉公。四年,襄公朝晋。

五年,季文子卒。家无衣帛之妾,厩无食粟之马,府无金玉,以相三君。① 君子曰:“季文子廉忠矣。”

①【索隐】宣公,成公,襄公。

九年,与晋伐郑。晋悼公冠襄公于卫,① 季武子从,相行礼。

①【集解】《左传》曰:“冠于成公之庙,假钟磬焉,礼也。”

十一年,三桓氏分为三军,①

①【集解】韦昭曰:“周礼,天子六军,诸侯大国三军。鲁,伯禽之封,旧有三军。其后削弱,二军而已。季武子欲专公室,故益中军,以为三军,三家各征其一。” 【索隐】征谓起徒役也。武子为三军,故一卿主一军之征赋也。

十二年,朝晋。十六年,晋平公即位。二十一年,朝晋平公。

二十二年,孔丘生。①

①【正义】生在周灵王二十一年,鲁襄二十二年,晋平七年,吴诸樊十年。

二十五年,齐崔杼弑其君庄公,立其弟景公。

二十九年,吴延陵季子使鲁,问周乐,尽知其意,鲁人敬焉。

三十一年六月,襄公卒。其九月,太子卒。① 鲁人立齐归之子裯为君,② 是为昭公。

①【集解】《左传》曰:“毁也。” 【索隐】《左传》云胡女敬归之子子野立,三

月卒。

②【集解】徐广曰："裯，一作'袑'。"服虔曰："胡，归姓之国也。齐，谥也。"【索隐】《系本》作"稠"。又徐广云一作"袑"，音绍也。

昭公年十九，犹有童心。①穆叔不欲立，②曰："太子死，有母弟可立，不即立长。③年钧择贤，义钧则卜之。④今裯非適嗣，且又居丧意不在戚而有喜色，若果立，必为季氏忧。"季武子弗听，卒立之。比及葬，三易衰。⑤君子曰："是不终也。"

①【集解】服虔曰："言无成人之志，而有童子之心。"

②【索隐】鲁大夫叔孙豹也，宣伯乔如之弟。

③【集解】服虔曰："无母弟，则立庶子之长。"

④【集解】杜预曰："先人事，后卜筮。义钧谓贤等。"

⑤【集解】杜预曰："言其嬉戏无度。"

昭公三年，朝晋至河，晋平公谢还之，鲁耻焉。四年，楚灵王会诸侯于申，昭公称病不往。七年，季武子卒。八年，楚灵王就章华台，召昭公。昭公往贺，①赐昭公宝器；已而悔，复诈取之。②十二年，朝晋至河，晋平公谢还之。十三年，楚公子弃疾弑其君灵王，代立。十五年，朝晋，晋留之葬晋昭公，鲁耻之。二十年，齐景公与晏子狩竟，因入鲁问礼。③二十一年，朝晋至河，晋谢还之。

①【集解】《春秋》云："七年三月，公如楚。"

②【集解】《左传》曰："好以大屈。"服虔曰："大屈，宝金，可以为剑。一曰大屈，弓名。《鲁连书》曰'楚子享鲁侯于章华，与之大曲之弓，既而悔之'。大屈，殆所谓大曲之弓。"

③【索隐】《齐系家》亦然。《左传》无其事。

二十五年春，鸜鹆来巢。①师己曰："文成之世童谣曰②'鸜鹆来巢，公在乾侯。鸜鹆入处，公在外野'。"

①【集解】《周礼》曰："鸜鹆不逾济。"《公羊传》曰："非中国之禽也，宜穴而巢。"《穀梁传》曰："来者，来中国也。"

②【集解】贾逵曰:"师己,鲁大夫也。文成,鲁文公、成公。"

季氏与郈氏①斗鸡,②季氏芥鸡羽,③郈氏金距。④季平子怒而侵郈氏,⑤郈昭伯亦怒平子。⑥臧昭伯之弟会⑦伪谗臧氏,匿季氏,臧昭伯囚季氏人。季平子怒,囚臧氏老。⑧臧、郈氏以难告昭公。昭公九月戊戌伐季氏,遂入。平子登台请曰:"君以谗不察臣罪,诛之,请迁沂上。"弗许。⑨请囚于鄪,弗许。⑩请以五乘亡,弗许。⑪子家驹⑫曰:"君其许之。政自季氏久矣,为徒者众,众将合谋。"弗听。郈氏曰:"必杀之。"叔孙氏之臣戾⑬谓其众曰:"无季氏与有,孰利?"皆曰:"无季氏是无叔孙氏。"戾曰:"然,救季氏!"遂败公师。孟懿子⑭闻叔孙氏胜,亦杀郈昭伯。郈昭伯为公使,故孟氏得之。三家共伐公,公遂奔。己亥,公至于齐。齐景公曰:"请致千社待君。"子家曰:"弃周公之业而臣于齐,可乎?"乃止。子家曰:"齐景公无信,不如早之晋。"弗从。叔孙见公还,见平子,平子顿首。初欲迎昭公,孟孙、季孙后悔,乃止。

①【集解】徐广曰:"郈,一本作'厚'。《世本》亦然。"

②【集解】杜预曰:"季平子、郈昭伯二家相近,故斗鸡。"

③【集解】服虔曰:"捣芥子播其鸡羽,可以坌郈氏鸡目。"杜预曰:"或云以胶沙播之为介鸡。"

④【集解】服虔曰:"以金錔距。"

⑤【集解】服虔曰:"怒其不下己也,侵郈氏之宫地以自益。"

⑥【索隐】按《系本》,昭伯名恶,鲁孝公之后,称厚氏也。

⑦【集解】贾逵曰:"昭伯,臧孙赐也。" 【索隐】《系本》臧会,臧顷伯也,宣叔许之孙,与昭伯赐为从父昆弟也。

⑧【集解】服虔曰:"老,臧氏家之大臣。"

⑨【集解】杜预曰:"鲁城南自有沂水,平子欲出城待罪也。大沂水出盖县,南入泗水。"

⑩【集解】服虔曰:"鄪,季氏邑。"

⑪【集解】服虔曰:"言五乘,自省约以出。"

⑫【索隐】鲁大夫仲孙氏之族,名驹,谥懿伯也。

⑬【集解】《左传》曰鬷戾。

⑭【集解】贾逵曰："懿子，仲孙何忌。"

二十六年春，齐伐鲁，取郓[①]而居昭公焉。夏，齐景公将内公，令无受鲁赂。申丰、汝贾[②]许齐臣高龁、子将[③]粟五千庾。[④]子将言于齐侯曰："群臣不能事鲁君，有异焉。[⑤]宋元公为鲁如晋，求内之，道卒。[⑥]叔孙昭子[⑦]求内其君，无病而死。不知天弃鲁乎？抑鲁君有罪于鬼神也？愿君且待。"齐景公从之。

①【集解】贾逵曰："鲁邑。"

②【集解】贾逵曰："申丰、汝贾，鲁大夫。"

③【索隐】一本"子将"上有"货"字。子将即梁丘据也。龁音纥，子将家臣也。《左传》"子将"作"子犹"。

④【集解】贾逵曰："十六斗为庾。五千庾，八万斗。"

⑤【集解】服虔曰："异犹怪也。"

⑥【集解】《春秋》曰："宋公佐卒于曲棘。"

⑦【索隐】名婼，即穆叔子。

二十八年，昭公如晋，求入。季平子私于晋六卿，六卿受季氏赂，谏晋君，晋君乃止，居昭公乾侯。[①]二十九年，昭公如郓。齐景公使人赐昭公书，自谓"主君"。[②]昭公耻之，怒而去乾侯。三十一年，晋欲内昭公，召季平子。平子布衣跣行，[③]因六卿谢罪。六卿为言曰："晋欲内昭公，众不从。"晋人止。三十二年，昭公卒于乾侯。鲁人共立昭公弟宋为君，是为定公。

①【集解】杜预曰："乾侯在魏郡斥丘县，晋竟内邑。"

②【集解】服虔曰："大夫称'主'。比公于大夫，故称'主君'。"

③【集解】王肃曰："示忧戚。"

定公立，赵简子问史墨[①]曰："季氏亡乎？"史墨对曰："不亡。季友有大功于鲁，受鄪为上卿，至于文子、武子，世增其业。鲁文公卒，东门遂[②]杀適立庶，鲁君于是失国政。政在季氏，于今四君矣。民不知君，何以得国！是以为君慎器与名，不可以假人。"[③]

①【集解】服虔曰："史墨，晋史蔡墨。"

②【集解】服虔曰："东门遂，襄仲也。居东门，故称东门遂。"【索隐】《系本》作"述"，邹诞本作"秫"。又《系本》遂产子家归父及昭子子婴也。

③【集解】杜预曰："器，车服；名，爵号。"

定公五年，季平子卒。阳虎私怒，囚季桓子，与盟，乃舍之。七年，齐伐我，取郓，以为鲁阳虎邑以从政。八年，阳虎欲尽杀三桓适，而更立其所善庶子以代之；载季桓子将杀之，桓子诈而得脱。三桓共攻阳虎，阳虎居阳关。①九年，鲁伐阳虎，阳虎奔齐，已而奔晋赵氏。②

①【集解】服虔曰："阳关，鲁邑。"

②【正义】《左传》云仲尼曰："赵氏其世有乱乎？"杜预云："受乱人故。"

十年，定公与齐景公会于夹谷，孔子行相事。齐欲袭鲁君，孔子以礼历阶，诛齐淫乐，齐侯惧，乃止，归鲁侵地而谢过。十二年，使仲由毁三桓城，①收其甲兵。孟氏不肯堕城，②伐之，不克而止。季桓子受齐女乐，孔子去。③

①【集解】服虔曰："仲由，子路。"

②【集解】杜预曰："堕，毁。"

③【集解】孔安国曰："桓子使定公受齐女乐，君臣相与观之，废朝礼三日。"

十五年，定公卒，子将立，是为哀公。①

①【索隐】《系本》"将"作"蒋"也。

哀公五年，齐景公卒。六年，齐田乞弑其君孺子。

七年，吴王夫差强，伐齐，至缯，征百牢于鲁。季康子使子贡说吴王及太宰嚭，以礼诎之。吴王曰："我文身，不足责礼。"乃止。

八年，吴为邹伐鲁，至城下，盟而去。齐伐我，取三邑。十年，伐齐南边。十一年，齐伐鲁。季氏用冉有有功，思孔子，孔子自卫归鲁。

十四年，齐田常弑其君简公于徐州。孔子请伐之，哀公不听。十五年，使子服景伯、子贡为介，适齐，齐归我侵地。田常初相，欲亲诸侯。

十六年，孔子卒。

二十二年，越王句践灭吴王夫差。

二十七年春，季康子卒。夏，哀公患三桓，将欲因诸侯以劫之，三桓亦患公作难，故君臣多间。① 公游于陵阪，② 遇孟武伯于街，③ 曰："请问余及死乎？"④ 对曰："不知也。"公欲以越伐三桓。八月，哀公如陉氏。⑤ 三桓攻公，公奔于卫，去如邹，遂如越。国人迎哀公复归，卒于有山氏。⑥ 子宁立，是为悼公。

①【集解】贾逵曰："间，隙也。"

②【集解】服虔曰："陵阪，地名。"

③【索隐】有本作"卫"者，非也。《左传》"于孟氏之衢"。

④【集解】杜预曰："问己可得以寿死不？"

⑤【集解】杜预曰："陉氏即有山氏。"

⑥【集解】徐广曰："皇甫谧云哀公元甲辰，终庚午。"

悼公之时，三桓胜，鲁如小侯，卑于三桓之家。

十三年，三晋灭智伯，分其地有之。

三十七年，悼公卒，① 子嘉立，是为元公。元公二十一年卒，② 子显立，是为穆公。③ 穆公三十三年卒，④ 子奋立，是为共公。共公二十二年卒，⑤ 子屯立，是为康公。⑥ 康公九年卒，⑦ 子匽立，是为景公。⑧ 景公二十九年卒，⑨ 子叔立，是为平公。⑩ 是时六国皆称王。

①【集解】徐广曰："一本云悼公即位三十年，乃于秦惠王卒，楚怀王死年合。又自悼公以下尽与刘歆《历谱》合，而反违年表，未详何故。皇甫谧云悼公四十年，元辛未，终庚戌。"

②【集解】徐广曰："皇甫谧云元辛亥，终辛未。"

③【索隐】《系本》"显"作"不衍"。

④【集解】徐广曰："皇甫谧云元壬申，终甲辰。"

⑤【集解】徐广曰："皇甫谧云元乙巳，终丙寅。"

⑥【索隐】屯音竹伦反。

⑦【集解】徐广曰："皇甫谧云元丁卯，终乙亥。"

⑧【索隐】匽音偃。

⑨【集解】徐广曰："皇甫谧云元丙子，终甲辰。"

⑩【索隐】《系本》"叔"作"旅"。

平公十二年，秦惠王卒。二十(二)年，平公卒，① 子贾立，是为文公。② 文公(七)〔元〕年，楚怀王死于秦。二十三年，文公卒，③ 子雠立，是为顷公。

①【集解】徐广曰："皇甫谧云元乙巳，终甲子。"

②【索隐】《系本》作"湣公"。邹诞本亦同，仍云"系家或作'文公'"。

③【集解】徐广曰："皇甫谧云元乙丑，终丁亥。"

顷公二年，秦拔楚之郢，① 楚顷王东徙于陈。十九年，楚伐我，取徐州。② 二十四年，楚考烈王伐灭鲁。顷公亡，迁于下邑，③ 为家人，鲁绝祀。顷公卒于柯。④

①【集解】徐广曰："年表云文公十八年，秦拔郢，楚走陈。"

②【集解】徐广曰："徐州在鲁东，今薛县。"【索隐】按：《说文》"郐，邾之下邑，在鲁东"。又《郡国志》曰"鲁国薛县，六国时曰徐州"。又《纪年》云"梁惠王三十一年，下邳迁于薛，故名曰徐州"。则"徐"与"郐"并音舒也。

③【集解】徐广曰："下，一作'卞'。"【索隐】下邑谓国外之小邑。或有本作"卞邑"，然鲁有卞邑，所以惑也。

④【集解】徐广曰："皇甫谧云元戊子，终辛亥。"【索隐】按：《春秋》"齐伐鲁柯而盟"，杜预云"柯，齐邑，今济北东阿也"。

鲁起周公至顷公，凡三十四世。

太史公曰：余闻孔子称曰"甚矣鲁道之衰也！洙泗之间龂龂如也"。① 观庆父及叔牙闵公之际，何其乱也？隐桓之事；襄仲杀適立庶；三家北面为臣，亲攻昭公，昭公以奔。至其揖让之礼则从矣，而行事何其戾也？

①【集解】徐广曰："《汉书·地理志》云'鲁滨洙泗之间，其民涉渡，幼者扶老者而代其任。俗既薄，长者不自安，与幼者相让，故曰龂龂如也'。龂，鱼斤反，东州语也。盖幼者患苦长者，长者忿愧自守，故龂龂争辞，所以为道衰

也。”【索隐】断音鱼斤反，读如《论语》“訚訚如也”。言鲁道虽微，而洙泗之间尚訚訚如也。郑诞生亦音银。又作“断断”，如《尚书》读，则断断是专一之义。徐广又引《地理志》音五艰反，云龂龂是斗争之貌。故繁钦《遂行赋》云“涉洙泗而饮马兮，耻少长之龂龂”是也。今按：下文云“至于揖让之礼则从矣”，鲁尚有揖让之风，如《论语》音訚为得之也。

【索隐述赞】武王既没，成王幼孤。周公摄政，负扆据图。及还臣列，北面匔如。元子封鲁，少昊之墟。夹辅王室，系职不渝。降及孝公，穆仲致誉。隐能让国，《春秋》之初。丘明执简，褒贬备书。

史记卷三十四

燕召公世家第四

召公奭与周同姓，姓姬氏。①周武王之灭纣，封召公于北燕。②

①【集解】谯周曰："周之支族，食邑于召，谓之召公。"【索隐】召者，畿内菜地。奭始食于召，故曰召公。或说者以为文王受命，取岐周故墟周、召地分爵二公，故诗有周、召二《南》，言皆在岐山之阳，故言南也。后武王封之北燕，在今幽州蓟县故城是也。亦以元子就封，而次子留周室代为召公。至宣王时，召穆公虎其后也。

②【集解】《世本》曰："居北燕。"宋忠曰："有南燕，故云北燕。"

其在成王时，召公为三公：自陕以西，召公主之；自陕以东，周公主之。①成王既幼，周公摄政，当国践祚，召公疑之，作《君奭》。②《君奭》不说周公。③周公乃称"汤时有伊尹，假于皇天；④在太戊时，则有若伊陟、臣扈，假于上帝，巫咸治王家；⑤在祖乙时，则有若巫贤；⑥在武丁时，则有若甘般：⑦率维兹有陈，保乂有殷"。⑧于是召公乃说。

①【集解】何休曰："陕者，盖今弘农陕县是也。"

②【集解】孔安国曰："尊之曰君，陈古以告之，故以名篇。"

③【集解】马融曰："召公以周公既摄政致太平，功配文、武，不宜复列在臣位，故不说，以为周公苟贪宠也。"

④【集解】孔安国曰："伊挚佐汤，功至大天，谓致太平也。"郑玄曰："皇天，北极天帝也。"

⑤【集解】孔安国曰："伊陟、臣扈率伊尹之职，使其君不陨祖业，故至天之功不陨。巫咸治王家，言其不及二臣。"马融曰："道至于上帝，谓奉天时也。"郑玄曰："上帝，太微中其所统也。"

⑥【集解】孔安国曰："时贤臣有如此巫贤也。贤，咸子；巫，氏也。"

⑦【集解】孔安国曰："高宗即位，甘般佐之。后有傅说。"

⑧【集解】徐广曰："一无此九字。"骃案：王肃曰"循此数臣，有陈列之功，安治有殷也"。

召公之治西方，甚得兆民和。召公巡行乡邑，有棠树，①决狱政事其下，自侯伯至庶人各得其所，无失职者。召公卒，而民人思召公之政，怀棠树不敢伐，哥咏之，作《甘棠》之诗。

①【正义】今之棠梨树也。《括地志》云："召伯庙在洛州寿安县西北五里。召伯听讼甘棠之下，周人思之，不伐其树，后人怀其德，因立庙，有棠在九曲城东阜上。"

自召公已下九世至惠侯。①燕惠侯当周厉王奔彘，共和之时。

①【索隐】并国史先失也。又自惠侯已下皆无名，亦不言属，惟昭王父子有名，盖在战国时旁见他说耳。燕四十二代有二惠侯，二釐侯，二宣侯，三桓侯，二文侯，盖国史微失本谥，故重耳。

惠侯卒，子釐侯立。①是岁，周宣王初即位。釐侯二十一年，郑桓公初封于郑。三十六年，釐侯卒，子顷侯立。

①【正义】釐音僖。

顷侯二十年，周幽王淫乱，为犬戎所弑。秦始列为诸侯。

二十四年，顷侯卒，子哀侯立。哀侯二年卒，子郑侯立。①郑侯三十六年卒，子缪侯立。

①【索隐】按：《谥法》无郑，郑或是名。

缪侯七年，而鲁隐公元年也。十八年卒，子宣侯立。①宣侯十三年卒，子桓侯立。②桓侯七年卒，③子庄公立。

①【索隐】谯周曰："《系本》谓燕自宣侯已上皆父子相传无及，故系家桓侯已下并不言属，以其难明故也。"按：今《系本》无燕代系，宋忠依《太史公书》。以补其阙，寻徐广作音尚引《系本》，盖近代始散佚耳。

②【集解】徐广曰："《古史考》曰世家自宣侯已下不说其属，以其难明故也。"

③【集解】《世本》曰："桓侯徙临易。"宋忠曰："今河间易县是也。"

庄公十二年，齐桓公始霸。十六年，与宋、卫共伐周惠王，惠王出奔温，立惠王弟穨为周王。[①]十七年，郑执燕仲父而内惠王于周。二十七年，山戎来侵我，齐桓公救燕，遂北伐山戎而还。燕君送齐桓公出境，桓公因割燕所至地予燕，[②]使燕共贡天子，如成周时职；使燕复修召公之法。三十三年卒，子襄公立。

①【集解】谯周曰："按《春秋传》，燕与子穨逐周惠王者，乃南燕姞姓也。世家以为北燕，失之。"【索隐】谯周云据《左氏》燕与卫伐周惠王乃是南燕姞姓，而系家以为北燕伯，故著《史考》云"此燕是姞姓"。今检《左氏》庄十九年"卫师、燕师伐周"，二十年《传》云"执燕仲父"，三十年"齐伐山戎"，《传》曰"谋山戎，以其病燕故也"。据《传》文及此记，元是北燕不疑。杜君妄说仲父是南燕伯，为伐周故。且燕、卫俱是姬姓，故有伐周纳王之事；若是姞燕与卫伐周，则郑何以独伐燕而不伐卫乎？

②【正义】予音与。《括地志》云："燕留故城在沧州长芦县东北十七里，即齐桓公分沟割燕君所至地与燕，因筑此城，故名燕留。"

襄公二十六年，晋文公为践土之会，称伯。三十一年，秦师败于殽。三十七年，秦穆公卒。四十年，襄公卒，桓公立。

桓公十六年卒，[①]宣公立。宣公十五年卒，昭公立。昭公十三年卒，武公立。是岁晋灭三郤大夫。

①【索隐】谯周云系家襄伯生宣伯，无桓公。今检《史记》，并有"桓公立十六年"，又宋忠据此史补系家亦有桓公，是允南所见本异，则是燕有三桓公也。

武公十九年卒，文公立。文公六年卒，懿公立。懿公元年，齐崔杼弑其君庄公。四年卒，子惠公立。

惠公元年，齐高止来奔。六年，惠公多宠姬，公欲去诸大夫而立宠姬宋，大夫共诛姬宋，[①]惠公惧，奔齐。四年，齐高偃如晋，请共伐燕，入其君。晋平公许，与齐伐燕，入惠公。惠公至燕而死。[②]燕立悼公。

①【索隐】宋，其名也，或作"宗"。刘氏云"其父兄为执政，故诸大夫共灭之"。

②【索隐】《春秋》昭三年"北燕伯款奔齐"，至六年，又云"齐伐北燕"，一与此文合。《左传》无纳款之文，而云"将纳简公，晏子曰'燕君不入矣'，齐遂受赂而还"。事与此乖，而又以款为简公。简公去惠公已五代，则与《春秋经》《传》不相协，未可强言也。

悼公七年卒，共公立。共公五年卒，平公立。晋公室卑，六卿始强大。平公十八年，吴王阖闾破楚入郢。十七年卒，简公立。简公十二年卒，献公立。[①]晋赵鞅围范、中行于朝歌。献公十二年，齐田常弑其君简公。十四年，孔子卒。二十八年，献公卒，孝公立。

①【索隐】王劭按《纪年》，简公后次孝公无献公。然《纪年》之书多是伪谬，聊记异耳。

孝公十二年，韩、魏、赵灭知伯，分其地，[①]三晋强。

①【索隐】按《纪年》，智伯灭在成公二年也。

十五年，孝公卒，成公立。成公十六年卒，[①]湣公立。湣公三十一年卒，釐公立。[②]是岁，三晋列为诸侯。[③]

①【索隐】按《纪年》，成公名载。

②【索隐】年表作"釐侯庄"。徐广云一无"庄"字。按：燕失年纪及其君名，表言"庄"者，衍字也。

③【索隐】按《纪年》作"文公二十四年卒，简公立，十三年而三晋命邑为诸侯"，与此不同。

釐公三十年，伐败齐于林营。[①]釐公卒，[②]桓公立。桓公十一年卒，文公立。[③]是岁，秦献公卒。秦益强。

①【索隐】林营，地名。一云林，地名，于林地立营，故曰林营也。

②【索隐】《纪年》作"简公四十五年卒"，妄也。按：上简公生献公，则此当是釐，但《纪年》又误耳。

③【索隐】《系本》已上文公为闵公，则"湣"与"闵"同，而上懿公之父谥文公。

文公十九年，齐威王卒。二十八年，苏秦始来见，说文公。文公予车马金帛以至赵，赵肃侯用之。因约六国，为从长。[①]秦惠王以其女为燕太子妇。

①【正义】从，足从反。长，丁丈反。

二十九年，文公卒，太子立，是为易王。

易王初立，齐宣王因燕丧伐我，取十城；苏秦说齐，使复归燕十城。十年，燕君为王。① 苏秦与燕文公夫人私通，惧诛，乃说王使齐为反间，欲以乱齐。② 易王立十二年卒，子燕哙立。

①【索隐】君即易王也。言君初以十年即称王也。上言易王者，易，谥也，后追书谥耳。

②【集解】《孙子兵法》曰："反间者，因敌间而用之者也。凡军之所欲击，城之所欲攻，人之所欲杀，必先知其守将、左右谒者、门者、舍人之姓名，令吾间必索敌间之来间我者，因而利导舍之，故反间可得用也。" 【正义】使音所吏反。间音纪苋反。

燕哙既立，齐人杀苏秦。苏秦之在燕，与其相子之为婚，而苏代与子之交。及苏秦死，而齐宣王复用苏代。燕哙三年，与楚、三晋攻秦，不胜而还。子之相燕，贵重，主断。苏代为齐使于燕，① 燕王问曰："齐王奚如?"对曰："必不霸。"燕王曰："何也?"对曰："不信其臣。"苏代欲以激燕王以尊子之也。于是燕王大信子之。子之因遗苏代百金，② 而听其所使。

①【索隐】按：《战国策》曰"子之用苏代侍质子于齐，齐使代报燕"是也。

②【正义】瓒云："秦以一溢为一金。"孟康云："二十四两曰溢。"

鹿毛寿① 谓燕王："不如以国让相子之。人之谓尧贤者，以其让天下于许由，许由不受，有让天下之名而实不失天下。今王以国让于子之，子之必不敢受，是王与尧同行也。"燕王因属国于子之，子之大重。② 或曰："禹荐益，已③ 而以启人为吏。④ 及老，而以启人为不足任乎天下，传之于益。已而启与交党攻益，夺之。天下谓禹名传天下于益，已而实令启自取之。今王言属国于子之，而吏无非太子人者，⑤ 是名属子之而实太子用事也。"王因收印自三百石吏已上而效之子之。⑥ 子之南面行王事，而哙老不听政，顾为臣，⑦国事皆决于子之。

①【集解】徐广曰："一作'厝毛'。"又曰："甘陵县本名厝。" 【索隐】《春秋后语》亦作"厝毛寿"，又《韩子》作"潘寿"。

②【索隐】大重谓尊贵也。

③【索隐】按：以"已"配"益"，则"益已"是伯益，而《经》《传》无其文，未知所由。或曰已，语终辞。

④【索隐】人犹臣也。谓以启臣为益吏。

⑤【索隐】此"人"亦训臣也。

⑥【索隐】郑玄云："效，呈也。以印呈与子之。"

⑦【索隐】顾犹反也。言哙反为子之臣也。有本作"愿"者，非。

三年，国大乱，百姓恫恐。①将军市被②与太子平谋，将攻子之。诸将谓齐湣王曰："因而赴之，破燕必矣。"齐王因令人谓燕太子平曰："寡人闻太子之义，将废私而立公，饬君臣之义，③明父子之位。寡人之国小，不足以为先后。④虽然，则唯太子所以令之。"太子因要党聚众，将军市被围公宫，攻子之，不克。将军市被及百姓反攻太子平，将军市被死，以徇。因搆难数月，死者数万，众人恫恐，百姓离志。孟轲谓齐王曰："今伐燕，此文、武之时，不可失也。"⑤王因令章子⑥将五都之兵，⑦以因北地之众以伐燕。⑧士卒不战，城门不闭，燕君哙死，齐大胜。燕子之亡⑨二年，而燕人共立太子平，是为燕昭王。⑩

①【索隐】恫音通，痛也。恐，惧也。

②【正义】人姓名。

③【正义】饬音敕。

④【正义】先后并去声。

⑤【索隐】谓如武王成文王之业伐纣之时，然此语与《孟子》不同也。

⑥【集解】章子，齐人，见《孟子》。 【索隐】按：《孟子》云"章子，齐人"。

⑦【索隐】五都即齐也。按：临淄是五都之一也。

⑧【索隐】北地即齐之北边也。

⑨【集解】徐广曰："年表云君哙及太子相子之皆死。"骃案：《汲冢纪年》曰"齐人禽子之而醢其身也"。

⑩【集解】徐广曰："哙立七年而死，其九年燕人共立太子平。"【索隐】按：上文太子平谋攻子之，而年表又云君哙及太子相子之皆死，《纪年》又云子之杀公子平，今此文云"立太子平，是为燕昭王"，则年表、《纪年》为谬也。而《赵系家》云武灵王闻燕乱，召公子职于韩，立以为燕王，使乐池送之，裴骃亦以此系家无赵送公子职之事，当是遥立职而送之，事竟不就，则昭王名平，非职明矣。进退参详，是年表既误，而《纪年》因之而妄说耳。

燕昭王于破燕之后即位，卑身厚币以招贤者。谓郭隗曰："齐因孤之国乱而袭破燕，孤极知燕小力少，不足以报。然诚得贤士以共国，以雪先王之耻，孤之愿也。先生视可者，得身事之。"郭隗曰："王必欲致士，先从隗始。况贤于隗者，岂远千里哉！"于是昭王为隗改筑宫而师事之。乐毅自魏往，邹衍自齐往，剧辛自赵往，士争趋燕。燕王吊死问孤，与百姓同甘苦。

二十八年，燕国殷富，士卒乐轶轻战，于是遂以乐毅为上将军，与秦、楚、三晋合谋以伐齐。齐兵败，湣王出亡于外。燕兵独追北，入至临淄，尽取齐宝，烧其宫室宗庙。齐城之不下者，独唯聊、莒、即墨，①其馀皆属燕，六岁。

①【索隐】按：馀篇及《战国策》并无"聊"字。

昭王三十三年卒，子惠王立。

惠王为太子时，与乐毅有隙；及即位，疑毅，使骑劫代将。乐毅亡走赵。齐田单以即墨击败燕军，骑劫死，燕兵引归，齐悉复得其故城。湣王死于莒，乃立其子为襄王。

惠王七年卒。①韩、魏、楚共伐燕。燕武成王立。

①【索隐】按：《赵系家》惠文王二十八年，燕相成安君公孙操弑其王，乐资以为即惠王也。徐广按年表，是年燕武成王元年，武成即惠王子，则惠王为成安君弑明矣。此不言者，燕远，讳不告，或太史公之说疏也。

武成王七年，齐田单伐我，拔中阳。十三年，秦败赵于长平四十馀万。十四年，武成王卒，子孝王立。

孝王元年，秦围邯郸者解去。三年卒，子今王喜立。①

①【索隐】今王犹今上也，有作"令"者，非也，按《谥法》无令也。

今王喜四年，秦昭王卒。燕王命相栗腹约欢赵，以五百金为赵王酒。还报燕王曰："赵王壮者皆死长平，其孤未壮，可伐也。"王召昌国君乐间问之。对曰："赵四战之国，①其民习兵，不可伐。"王曰："吾以五而伐一。"②对曰："不可。"燕王怒，群臣皆以为可。卒起二军，车二千乘，栗腹将而攻鄗，③卿秦攻代。④唯独大夫将渠⑤谓燕王曰："与人通关约交，以五百金饮人之王，使者报而反攻之，不祥，兵无成功。"燕王不听，自将偏军随之。将渠引燕王绶止之曰："王必无自往，往无成功。"王蹴之以足。将渠泣曰："臣非以自为，为王也！"燕军至宋子，⑥赵使廉颇将，击破栗腹于鄗。〔乐乘〕破卿秦(乐乘)于代。乐间奔赵。廉颇逐之五百馀里，围其国。燕人请和，赵人不许，必令将渠处和。燕相将渠以处和。⑦赵听将渠，解燕围。

①【正义】赵东邻燕，西接秦境，南错韩、魏，北连胡、貊，故言"四战"。

②【索隐】谓以五人而伐一人。

③【集解】徐广曰："在常山，今曰高邑。" 【索隐】邹氏音火各反，一音昊。

④【索隐】《战国策》曰"廉颇以二十万遇栗腹于鄗，乐乘以五万遇爰秦于代，燕人大败"，不同也。 【正义】今代州也。《战国策》云"廉颇以二十万遇栗腹于鄗，乐乘以五万遇庆秦于代，燕人大败"，与此不同也。

⑤【索隐】人名姓也。一云上"卿秦"及此"将渠"者：卿，将，皆官也；秦，渠，名也。国史变文而书，遂失姓也。《战国策》云"爰秦"，爰是姓也，卿是其官耳。

⑥【集解】徐广曰："属钜鹿。"

⑦【集解】以将渠为相。 【索隐】谓欲令将渠处之使和也。

六年，秦灭东(西)周，置三川郡。七年，秦拔赵榆次三十七城，秦置大原郡。九年，秦王政初即位。十年，赵使廉颇将攻繁阳，①拔之。赵孝成王卒，悼襄王立。使乐乘代廉颇，廉颇不听，攻乐乘，乐乘走，廉颇奔大梁。十二年，赵使李牧攻燕，拔武遂、②方城。③剧辛故居赵，与庞煖善，④已而亡走燕。燕见赵数困于秦，而廉颇去，令庞煖将也，欲因赵獘攻之。问剧辛，辛曰："庞煖易与耳。"燕使剧辛将击赵，赵使庞煖击之，取燕军二万，杀剧辛。秦拔魏二十城，置东郡。十九年，秦拔赵之邺⑤九城。赵悼襄王卒。二十三年，太子丹质于秦，亡归燕。二十五年，秦虏灭韩王安，置颍川郡。二十七年，秦虏赵王迁，灭赵。赵公子嘉自立为代王。

①【集解】徐广曰："属魏郡。"

②【集解】徐广曰："属河间。"

③【集解】徐广曰："属涿，有督亢亭。"

④【索隐】煖音况远反。

⑤【正义】即相州邺县也。

燕见秦且灭六国，秦兵临易水，①祸且至燕。太子丹阴养壮士二十人，使荆轲献督亢地图于秦，②因袭刺秦王。秦王觉，杀轲，使将军王翦击燕。二十九年，秦攻拔我蓟，燕王亡，徙居辽东，斩丹以献秦。三十年，秦灭魏。

①【集解】徐广曰："出涿郡故安也。"

②【索隐】徐广曰："涿有督亢亭。"《地理志》属广阳。然督亢之田在燕东，甚良沃，欲献秦，故画其图而献焉。

三十三年，秦拔辽东，虏燕王喜，卒灭燕。是岁，秦将王贲①亦虏代王嘉。

①【正义】贲音奔，王翦子。

太史公曰：召公奭可谓仁矣！甘棠且思之，况其人乎？燕(北)〔外〕迫蛮貉，内措齐、晋，①崎岖强国之间，最为弱小，几灭者数矣。然社稷血食者八九百岁，于姬姓独后亡，岂非召公之烈邪！

①【索隐】措，交杂也。又作"错"，刘氏云争陌反。

【索隐述赞】召伯作相，分陕而治。人惠其德，甘棠是思。庄送霸主，惠罗宠姬。文公从赵，苏秦骋辞。易王初立，齐宣我欺。燕哙无道，禅位子之。昭王待士，思报临菑。督亢不就，卒见芟夷。

史记卷三十五

管蔡世家第五

管叔鲜、①蔡叔度者，周文王子而武王弟也。武王同母兄弟十人。母曰太姒，②文王正妃也。其长子曰伯邑考，次曰武王发，次曰管叔鲜，次曰周公旦，次曰蔡叔度，次曰曹叔振铎，次曰成叔武，③次曰霍叔处，④次曰康叔封，⑤次曰冉季载。⑥冉季载最少。同母昆弟十人，⑦唯发、旦贤，左右辅文王，⑧故文王舍伯邑考而以发为太子。及文王崩而发立，是为武王。伯邑考既已前卒矣。

①【正义】音仙。《括地志》云："郑州管城县，今州外城即管国城也，是叔鲜所封国也。"

②【正义】《国语》云："杞、缯二国，姒姓，夏禹之后，太姒之家。太姒，文王之妃，武王之母。"《列女传》云："太姒者，武王之母，禹后姒氏之女也。在郃之阳，在渭之涘。仁而明道，文王嘉之，亲迎于渭，造舟为梁。及入，太姒思媚太姜、太任，旦夕勤劳，以进妇道。太姒号曰文母。文王理外，文母治内。太姒生十男，教诲自少及长，未尝见邪僻之事，言常以正道持之也。"

③【正义】《括地志》云："在濮州雷泽县东南九十一里，汉郕阳县。古郕伯，姬姓之国，其后迁于成之阳。"

④【正义】处，昌汝反。《括地志》云："晋州霍邑县本汉彘县也。郑玄注《周礼》云霍山在彘，本春秋时霍伯国地。"

⑤【索隐】孔安国曰："康，畿内国名，地阙。叔，字也。封，叔名。"

⑥【索隐】冉，国也。载，名也。季，字也。冉，或作"郍"。按：《国语》曰冉由郑姬。贾逵曰"文王子聃季之国"也。庄十八年"楚武王克权，迁于郍处"。杜预云"郍处，楚地。南郡编县有郍口城"。聃与郍皆音奴甘反。【正义】冉音奴甘反。或作"郍"，音同。冉，国名也。季载，人名也。伯邑考最长，所

以加“伯”。诸中子咸言“叔”，以载最少，故言季载。

⑦【集解】徐广曰：“文王之子为侯者十有六国。”

⑧【正义】左右并去声。

武王已克殷纣，平天下，封功臣昆弟。于是封叔鲜于管，①封叔度于蔡：②二人相纣子武庚禄父，治殷遗民。封叔旦于鲁而相周，为周公。封叔振铎于曹，封叔武于成，③封叔处于霍。④康叔封、冉季载皆少，未得封。

①【集解】杜预曰：“管在荥阳京县东北。”

②【集解】《世本》曰：“居上蔡。”

③【索隐】按：《春秋》隐五年“卫师入郕”。杜预曰“‘东平刚父县有郕乡”。《后汉·郡国志》以为成本国。又《地理志》廪丘县南有成故城。应劭云“武王封弟季载于成”，是古之成邑，应仲远误云季载封耳。

④【索隐】《春秋》闵元年晋灭霍。《地理志》河东彘县，霍太山在东北，是霍叔之所封。

武王既崩，成王少，周公旦专王室。管叔、蔡叔疑周公之为不利于成王，乃挟武庚以作乱。周公旦承成王命伐诛武庚，杀管叔，而放蔡叔，迁之，与车十乘，徒七十人从。而分殷馀民为二：其一封微子启于宋，以续殷祀；其一封康叔为卫君，是为卫康叔。封季载于冉。冉季、康叔皆有驯行，①于是周公举康叔为周司寇，冉季为周司空，②以佐成王治，皆有令名于天下。

①【索隐】如字，音巡。驯，善也。

②【索隐】事见定四年《左传》。

蔡叔度既迁而死。其子曰胡，胡乃改行，率德驯善。周公闻之，而举胡以为鲁卿士，①鲁国治。于是周公言于成王，复封胡于蔡，②以奉蔡叔之祀，是为蔡仲。馀五叔皆就国，③无为天子吏者。

①【索隐】按：《尚书》云蔡仲克庸祗德，周公以为卿士，叔卒，乃命诸王，封之蔡，元无仕鲁之文。又伯禽居鲁乃是七年致政之后，此言乃说居摄政之初，

未知史迁何凭而有斯言也。

②【集解】宋忠曰："胡徙居新蔡。"

③【索隐】管叔、蔡叔、成叔、曹叔、霍叔。

蔡仲卒，子蔡伯荒立。蔡伯荒卒，子宫侯立。宫侯卒，子厉侯立。厉侯卒，子武侯立。武侯之时，周厉王失国，奔彘，共和行政，诸侯多叛周。

武侯卒，子夷侯立。夷侯十一年，周宣王即位。二十八年，夷侯卒，子釐侯所事立。

釐侯三十九年，周幽王为犬戎所杀，周室卑而东徙。秦始得列为诸侯。①

①【正义】周幽王为犬戎所杀，平王东徙洛邑，秦襄公以兵救，因送平王至洛，故平王封襄公。

四十八年，釐侯卒，子共侯兴立。共侯二年卒，子戴侯立。戴侯十年卒，子宣侯措父立。

宣侯二十八年，鲁隐公初立。三十五年，宣侯卒，子桓侯封人立。桓侯三年，鲁弑其君隐公。二十年，桓侯卒，弟哀侯献舞立。

哀侯十一年，初，哀侯娶陈，息侯亦娶陈。①息夫人将归，过蔡，蔡侯不敬。息侯怒，请楚文王："来伐我，我求救于蔡，蔡必来，楚因击之，可以有功。"楚文王从之，虏蔡哀侯以归。哀侯留九岁，死于楚。凡立二十年卒。蔡人立其子肸，是为缪侯。

①【集解】杜预曰："息国，汝南新息县。"

缪侯以其女弟为齐桓公夫人。十八年，齐桓公与蔡女戏船中，夫人荡舟，桓公止之，不止，公怒，归蔡女而不绝也。蔡侯怒，嫁其弟。①齐桓公怒，伐蔡；蔡溃，遂虏缪侯，南至楚邵陵。已而诸侯为蔡谢齐，齐侯归蔡侯。二十九年，缪侯卒，子庄侯甲午立。

①【索隐】弟，女弟，即荡舟之姬。

庄侯三年，齐桓公卒。十四年，晋文公败楚于城濮。二十年，楚太子商臣弑其父成王代立。二十五年，秦穆公卒。三十三年，楚庄王即位。三十四年，庄侯卒，子文侯申立。

文侯十四年，楚庄王伐陈，杀夏徵舒。十五年，楚围郑，郑降楚，楚复醳之。①二十年，文侯卒，子景侯固立。

①【正义】醳音释。

景侯元年，楚庄王卒。四十九年，景侯为太子般娶妇于楚，而景侯通焉。太子弑景侯而自立，是为灵侯。

灵侯二年，楚公子围弑其王郏敖而自立，为灵王。①九年，陈司徒招②弑其君哀公。楚使公子弃疾灭陈而有之。十二年，楚灵王以灵侯弑其父，诱蔡灵侯于申，③伏甲，饮之醉而杀之，刑其士卒七十人。令公子弃疾围蔡。十一月，灭蔡，使弃疾为蔡公。④

①【正义】郏，纪洽反。敖，五高反。

②【索隐】或作"昭"，或作"韶"，并时遥反。

③【正义】故申城在邓州。

④【正义】蔡之大夫也。

楚灭蔡三岁，楚公子弃疾弑其君灵王代立，为平王。平王乃求蔡景侯少子庐，立之，是为平侯。①是年，楚亦复立陈。楚平王初立，欲亲诸侯，故复立陈、蔡后。②

①【集解】宋忠曰："平侯徙下蔡。"【索隐】今《系本》无者，近脱耳。

②【集解】《世本》曰："平侯者，灵侯般之孙，太子友之子。"

平侯九年卒，灵侯般之孙东国攻平侯子而自立，是为悼侯。悼侯父曰隐太子友。隐太子友者，灵侯之太子，平侯立而杀隐太子，故平侯卒而隐太子之子东国攻平侯子而代立，是为悼侯。悼侯三年卒，弟昭侯申立。

昭侯十年，朝楚昭王，持美裘二，献其一于昭王而自衣其一。楚相子常欲之，不与。子常谗蔡侯，留之楚三年。蔡侯知之，乃献其裘于子常;子常受之,乃言归蔡侯。蔡侯归而之晋,请与晋伐楚。

十三年春,与卫灵公会邵陵。蔡侯私于周苌弘以求长于卫;① 卫使史鳝言康叔之功德,乃长卫。夏,为晋灭沈,② 楚怒,攻蔡。蔡昭侯使其子为质于吴,③ 以共伐楚。冬,与吴王阖闾遂破楚入郢。蔡怨子常,子常恐,奔郑。十四年,吴去而楚昭王复国。十六年,楚令尹为其民泣以谋蔡,蔡昭侯惧。二十六年,孔子如蔡。楚昭王伐蔡,蔡恐,告急于吴。吴为蔡远,约迁以自近,易以相救;昭侯私许,不与大夫计。吴人来救蔡,因迁蔡于州来。④ 二十八年,昭侯将朝于吴,大夫恐其复迁,乃令贼利杀昭侯;⑤ 已而诛贼利以解过,而立昭侯子朔,是为成侯。⑥

①【集解】服虔曰:"载书使蔡在卫上。"

②【集解】杜预曰:"汝南平舆县北有郊亭。"

③【正义】质音致。

④【索隐】州来在淮南下蔡县。

⑤【索隐】案:利,贼名也。

⑥【集解】徐广曰:"或作'景'。"

成侯四年,宋灭曹。十年,齐田常弑其君简公。十三年,楚灭陈。十九年,成侯卒,子声侯产立。声侯十五年卒,子元侯立。元侯六年卒,子侯齐立。

侯齐四年,楚惠王灭蔡,蔡侯齐亡,蔡遂绝祀。后陈灭三十三年。①

①【索隐】鲁哀十七年楚灭陈,其楚灭蔡绝其祀,又在灭陈之后三十三年,即在春秋后二十三年。

伯邑考,其后不知所封。武王发,其后为周,有本纪言。管叔鲜作乱诛死,无后。周公旦,其后为鲁,有世家言。蔡叔度,其后为蔡,有世家言。曹叔振铎,其后为曹,有世家言。成叔武,其后世无所见。霍叔处,其后晋献公时灭霍。康叔封,其后为卫,有世家言。冉季载,其后世无所见。

太史公曰：管蔡作乱，无足载者。然周武王崩，成王少，天下既疑，赖同母之弟成叔、冉季之属十人为辅拂，是以诸侯卒宗周，故附之世家言。

曹叔振铎者，①周武王弟也。武王已克殷纣，封叔振铎于曹。②

①【索隐】按：上文“叔振铎，其后为曹，有系家言”，则曹亦合题系家，今附《管蔡》之末而不出题者，盖以曹微小而少事迹，因附《管蔡》之末，不别题篇尔。且又管叔虽无后，仍是蔡、曹之兄，故题管、蔡而略曹也。

②【集解】宋忠曰济阴定陶县。

叔振铎卒，子太伯脾立。太伯卒，子仲君平立。仲君平卒，子宫伯侯立。宫伯侯卒，子孝伯云立。孝伯云卒，子夷伯喜立。

夷伯二十三年，周厉王奔于彘。

三十年卒，弟幽伯彊立。幽伯九年，弟苏杀幽伯代立，是为戴伯。戴伯元年，周宣王已立三岁。三十年，戴伯卒，子惠伯兕立。①

①【集解】孙检曰：“兕音徐子反。曹惠伯或名雉，或名弟，或复名弟兕也。”【索隐】按：年表作“惠公伯雉”，注引孙检，未详何代，或云齐人，亦恐其人不注《史记》。今以王俭《七志》、阮孝绪《七录》并无，又不知是裴骃所录否？

惠伯二十五年，周幽王为犬戎所杀，因东徙，益卑，诸侯畔之。秦始列为诸侯。

三十六年，惠伯卒，子石甫立，其弟武杀之代立，是为缪公。缪公三年卒，子桓公终生立。①

①【集解】孙检云：“一作‘终湦’。湦音生。”

桓公三十五年，鲁隐公立。四十五年，鲁弑其君隐公。四十六年，宋华父督弑其君殇公，及孔父。五十五年，桓公卒，子庄公夕姑①立。

①【索隐】上音亦。即射姑也，同音亦。

庄公二十三年，齐桓公始霸。

三十一年，庄公卒，子釐公夷立。釐公九年卒，子昭公班立。昭公六年，齐桓公败蔡，遂至楚召陵。九年，昭公卒，子共公襄立。

共公十六年，初，晋公子重耳其亡过曹，曹君无礼，欲观其骈胁。①釐负羁②谏，不听，私善于重耳。二十一年，晋文公重耳伐曹，虏共公以归，令军毋入釐负羁之宗族间。或说晋文公曰："昔齐桓公会诸侯，复异姓；今君囚曹君，灭同姓，何以令于诸侯？"晋乃复归共公。

①【集解】韦昭曰："骈者，并干也。"【正义】骈，白边反。胁，许业反。

②【正义】釐音僖，曹大夫。

二十五年，晋文公卒。三十五年，共公卒，子文公寿立。文公二十三年卒，子宣公彊立。①宣公十七年卒，弟成公负刍立。

①【索隐】按《左传》，宣公名庐。

成公三年，晋厉公伐曹，虏成公以归，已复释之。①五年，晋栾书、中行偃使程滑弑其君厉公。二十三年，成公卒，子武公胜立。武公二十六年，楚公子弃疾弑其君灵王代立。二十七年，武公卒，子平公(顷)〔须〕立。平公四年卒，子悼公午立。是岁，宋、卫、陈、郑皆火。

①【索隐】按：《左传》成十五年，晋厉公执负刍，归于京师。晋立宣公弟子臧，子臧曰"圣达节，次守节，下失节。为君非吾节也"。遂逃奔宋。曹人请于晋。晋人谓子臧"反国，吾归而君"。子臧反，晋于是归负刍。

悼公八年，宋景公立。九年，悼公朝于宋，宋囚之；曹立其弟野，是为声公。悼公死于宋，归葬。

声公五年，平公弟通弑声公代立，是为隐公。①隐公四年，声公弟露弑隐公代立，是为靖公。靖公四年卒，子伯阳立。

①【索隐】按：谯周云《春秋》无其事。今检《系本》及《春秋》，悼伯卒，弟露立，谥靖公，实无声公、隐公，盖是彼文自疏也。

伯阳三年，国人有梦众君子立于社宫，①谋欲亡曹；曹叔振铎止之，请待公孙彊，许之。旦，求之曹，无此人。梦者戒其子曰："我亡，尔闻公孙彊为政，必去曹，无离曹祸。"②及伯阳即位，好田弋之事。六年，曹野人公孙彊亦好田弋，获白雁而献之，且言田弋之说，因访政事。伯阳大说之，有宠，使为司城以听政。梦者之子乃亡去。

①【集解】贾逵曰："社宫，社也。"郑众曰："社宫，中有室屋者。"

②【索隐】离即罹。罹，被也。

公孙彊言霸说于曹伯。十四年，曹伯从之，乃背晋干宋。① 宋景公伐之，晋人不救。十五年，宋灭曹，执曹伯阳及公孙彊以归而杀之。曹遂绝其祀。

①【集解】贾逵曰："以小加大。"【索隐】干谓犯也。言曹因弃晋而犯宋，遂致灭也。裴氏引贾逵注云"以小加大"者，加，陵也，小即曹也，大谓晋及宋也。

太史公曰：① 余寻曹共公之不用僖负羁，乃乘轩者三百人，② 知唯德之不建。及振铎之梦，岂不欲引曹之祀者哉？如公孙彊不修厥政，叔铎之祀忽诸。③

①【索隐】检诸本或无此论。

②【正义】《晋世家》云："晋师入曹，数之，以其不用僖负羁言，而美女乘轩三百人也。"

③【正义】至如公孙彊不修霸道之政，而伯阳之子立，叔铎犹尚飨祭祀，岂合忽绝之哉。

【索隐述赞】武王之弟，管、蔡及霍。周公居相，流言是作。《狼跋》致艰，《鸱鸮》讨恶。胡能改行，克复其爵。献舞执楚，遇息礼薄。穆侯虏齐，荡舟乖谑。曹共轻晋，负羁先觉。伯阳梦社，祚倾振铎。

史记卷三十六

陈杞世家第六

陈胡公满者，虞帝舜之后也。昔舜为庶人时，尧妻之二女，居于妫汭，其后因为氏姓，姓妫氏。舜已崩，传禹天下，而舜子商均为封国。① 夏后之时，或失或续。② 至于周武王克殷纣，乃复求舜后，③ 得妫满，封之于陈，④ 以奉帝舜祀，是为胡公。

①【索隐】按：商均所封虞，即今之梁国虞城是也。

②【索隐】按：夏代犹封虞思、虞遂是也。

③【索隐】遏父为周陶正。遏父，遂之后。陶正，官名。生满。

④【索隐】《左传》曰："武王以元女太姬配虞胡公而封之陈，以备三恪。"

胡公卒，子申公犀侯立。申公卒，弟相公皋羊立。相公卒，立申公子突，是为孝公。孝公卒，子慎公圉戎立。慎公当周厉王时。慎公卒，子幽公宁立。

幽公十二年，周厉王奔于彘。

二十三年，幽公卒，子釐公孝立。釐公六年，周宣王即位。三十六年，釐公卒，子武公灵立。武公十五年卒，子夷公说立。是岁，周幽王即位。夷公三年卒，弟平公燮立。① 平公七年，周幽王为犬戎所杀，周东徙。秦始列为诸侯。

①【正义】燮，先牒反。

二十三年，平公卒，子文公圉立。

文公元年，取蔡女，生子佗。① 十年，文公卒，长子桓公鲍立。

①【正义】徒何反。

桓公二十三年，鲁隐公初立。二十六年，卫杀其君州吁。三十三年，鲁弑其君隐公。

三十八年正月甲戌己丑，桓公鲍卒。①桓公弟佗，其母蔡女，故蔡人为佗杀五父及桓公太子免而立佗，②是为厉公。桓公病而乱作，国人分散，故再赴。③

①【索隐】陈乱，故再赴其日。 【正义】甲戌、己丑凡十六日。

②【集解】谯周曰："《春秋传》谓佗即五父，世家与传违。" 【索隐】谯周曰"《春秋传》谓他即五父，与此违"者，此以他为厉公，太子免弟跃为利公，而《左传》以厉公名跃。他立未逾年，无谥，故"蔡人杀陈他"。又庄二十二年《传》云"陈厉公，蔡出也，故蔡人杀五父而立之"。则他与五父俱为蔡人所杀，其事不异，是一人明矣。《史记》既以他为厉公，遂以跃为利公。寻厉利声相近，遂误以他为厉公，五父为别人，是太史公错耳。班固又以厉公跃为桓公弟，又误。

③【集解】徐广曰："班氏云厉公跃者，桓公之弟也。"

厉公二年，生子敬仲完。周太史过陈，陈厉公使以《周易》筮之，卦得《观》之《否》：①"是为观国之光，利用宾于王。②此其代陈有国乎？不在此，其在异国？③非此其身，在其子孙。④若在异国，必姜姓。⑤姜姓，太岳之后。⑥物莫能两大，陈衰，此其昌乎？"⑦

①【集解】贾逵曰："《坤》下《巽》上《观》，《坤》下《乾》上《否》，《观》爻在六四，变而之《否》。"

②【集解】杜预曰："此《周易·观卦》六四爻辞也。《易》之为书，六爻皆有变象，又有互体，圣人随其义而论之。"

③【正义】六四变，内卦为中国，外卦为异国。

④【正义】内卦为身，外卦为子孙。变在外，故知在子孙也。

⑤【正义】六四变，此爻是辛未，《观》上体《巽》，未为羊，《巽》为女，女乘羊，故为姜。姜，齐姓，故知在齐。

⑥【集解】杜预曰："姜姓之先为尧四岳。"

⑦【正义】周敬王四十一年，楚惠王杀陈湣公。齐简公，周敬王三十九年被田常杀之。

厉公取蔡女，蔡女与蔡人乱，厉公数如蔡淫。七年，厉公所杀桓公太子免之三弟，长曰跃，中曰林，少曰杵臼，共令蔡人诱厉公以好女，与蔡人共杀厉公①而立跃，是为利公。利公者，桓公子也。利公立五月卒，立中弟林，是为庄公。庄公七年卒，少弟杵臼立，是为宣公。

①【集解】《公羊传》曰："淫于蔡，蔡人杀之。"

宣公三年，楚武王卒，楚始强。十七年，周惠王娶陈女为后。

二十一年，宣公后有嬖姬生子款，欲立之，乃杀其太子御寇。御寇素爱厉公子完，完惧祸及己，乃奔齐。齐桓公欲使陈完为卿，完曰："羁旅之臣，①幸得免负檐，君之惠也，不敢当高位。"桓公使为工正。②齐懿仲欲妻陈敬仲，卜之，占曰："是谓凤皇于飞，和鸣锵锵。③有妫之后，将育于姜。④五世其昌，并于正卿。⑤八世之后，莫之与京。"⑥

①【集解】贾逵曰："羁，寄；旅，客也。"

②【正义】《周礼》云冬官为考工，主作器械。

③【集解】杜预曰："雄曰凤，雌曰皇。雄雌俱飞，相和而鸣，锵锵然也。犹敬仲夫妻有声誉。"

④【集解】杜预曰："妫，陈姓。姜，齐姓。"

⑤【集解】服虔曰："言完后五世与卿并列。"

⑥【集解】贾逵曰："京，大也。"【正义】按：陈敬仲八代孙，田常之子襄子盘也。而杜以常为八代者，以桓子无宇生武子开，与釐子乞皆相继事齐，故以常为八代。

三十七年，齐桓公伐蔡，蔡败；南侵楚，至召陵，还过陈。陈大夫辕涛涂恶其过陈，诈齐令出东道。东道恶，桓公怒，执陈辕涛涂。是岁，晋献公杀其太子申生。

四十五年，宣公卒，子款立，是为穆公。穆公五年，齐桓公卒。十六年，晋文公败楚师于城濮。是岁，穆公卒，子共公朔立。共公六年，楚太子商臣弑其父成王代立，是为穆王。十一年，秦穆公卒。十八年，共公卒，子灵公平国立。

灵公元年，①楚庄王即位。六年，楚伐陈。十年，陈及楚平。

①【正义】《谥法》云“乱而不损曰灵”。

十四年，灵公与其大夫孔宁、仪行父皆通于夏姬，①衷其衣以戏于朝。②泄冶谏曰：“君臣淫乱，民何效焉？”灵公以告二子，二子请杀泄冶，公弗禁，遂杀泄冶。③十五年，灵公与二子饮于夏氏。公戏二子曰：“徵舒似汝。”二子曰：“亦似公。”④徵舒怒。灵公罢酒出，徵舒伏弩厩门射杀灵公。⑤孔宁、仪行父皆奔楚，灵公太子午奔晋。徵舒自立为陈侯。徵舒，故陈大夫也。夏姬，御叔之妻，舒之母也。

①【正义】《列女传》云：“陈女夏姬者，陈大夫夏徵舒之母，御叔之妻也，三为王后，七为夫人，公侯争之，莫不迷惑失意。”杜预云：“夏姬，郑穆公女，陈大夫御叔之妻。”《左传》云：“杀御叔，弑灵侯，戮夏南，出孔、仪，丧陈国。”

②【集解】《左传》曰：“衷其衵服。”《穀梁传》曰：“或衣其衣，或中其襦。”

③【集解】《春秋》曰：“陈杀其大夫泄冶。”

④【集解】杜预曰：“灵公即位十五年，徵舒已为卿，年大，无嫌是公子也。盖以夏姬淫放，故谓其子多似以为戏也。”

⑤【集解】《左传》曰：“公出自其厩。”

成公元年冬，楚庄王为夏徵舒杀灵公，率诸侯伐陈。谓陈曰：“无惊，吾诛徵舒而已。”已诛徵舒，因县陈而有之，群臣毕贺。申叔时使于齐来还，独不贺。①庄王问其故，对曰：“鄙语有之，牵牛径人田，田主夺之牛。径则有罪矣，夺之牛，不亦甚乎？今王以徵舒为贼弑君，故征兵诸侯，以义伐之，已而取之，以利其地，则后何以令于天下！是以不贺。”庄王曰：“善。”乃迎陈灵公太子午于晋而立之，复君陈如故，是为成公。孔子读史记至楚复陈，曰：“贤哉楚庄王！轻千乘之国而重一言。”②

①【集解】贾逵曰：“叔时，楚大夫。”

②【索隐】谓申叔时之语。　【正义】《家语》云：“孔子读史记至楚复陈，喟然曰：‘贤哉楚庄王！轻千乘之国而重一言之信。非申叔时之忠，弗能建其义；非楚庄王之贤，不能受其训也。’”

(二十)八年，楚庄王卒。二十九年，陈倍楚盟。三十年，楚共王伐陈。

是岁，成公卒，子哀公弱立。楚以陈丧，罢兵去。

哀公三年，楚围陈，复释之。二十八年，楚公子围弑其君郏敖自立，为灵王。

三十四年，初，哀公娶郑，长姬生悼太子师，少姬生偃。①二嬖妾，长妾生留，少妾生胜。留有宠哀公，哀公属之其弟司徒招。哀公病，三月，招杀悼太子，立留为太子。哀公怒，欲诛招，招发兵围守哀公，哀公自经杀。②招卒立留为陈君。四月，陈使使赴楚。楚灵王闻陈乱，乃杀陈使者，③使公子弃疾发兵伐陈，陈君留奔郑。九月，楚围陈。十一月，灭陈。使弃疾为陈公。

①【索隐】按：昭八年《经》云"陈侯之弟招杀陈世子偃师"。《左传》"陈哀公元妃郑姬生悼太子偃师"。今此云两姬，又分偃师为二人，亦恐此非。

②【集解】徐广曰："三十五年时。"

③【索隐】即司徒招也。一作"苕"也。

招之杀悼太子也，太子之子名吴，出奔晋。晋平公问太史赵曰："陈遂亡乎？"对曰："陈，颛顼之族。①陈氏得政于齐，乃卒亡。②自幕至于瞽瞍，无违命。③舜重之以明德。至于遂，④世世守之。及胡公，周赐之姓，⑤使祀虞帝。且盛德之后，必百世祀。虞之世未也，其在齐乎？"

①【集解】服虔曰："陈祖虞舜，舜出颛顼，故为颛顼之族。"

②【集解】贾逵曰："物莫能两盛。"

③【集解】贾逵曰："幕，舜后虞思也。至于瞽瞍，无闻违天命以废绝者。"郑众曰："幕，舜之先也。"骃案《国语》，贾义为长。　【索隐】按：贾逵以幕为虞思，非也。《左传》言自幕至瞽瞍，知幕在瞽瞍之前，必非虞思明矣。

④【集解】杜预曰："遂，舜后。盖殷之兴，存舜之后而封遂，言舜德乃至于遂也。"　【索隐】重音持用反。按：杜预以为舜有明德，乃至遂有国，义亦然也。且文云"自幕至瞽瞍，无违命，舜重之以明德"，是言舜有明德为天子也。乃云殷封遂，代守之，亦舜德也。按：《系本》云"陈，舜后"。宋忠云"虞思之后，箕伯、直柄中衰，殷汤封遂于陈以祀舜"。

⑤【集解】杜预曰："胡公满，遂之后也。事周武王，赐姓曰妫，封之陈。"

楚灵王灭陈五岁，楚公子弃疾弑灵王代立，是为平王。平王初立，欲得和诸侯，乃求故陈悼太子师之子吴，立为陈侯，是为惠公。惠公立，探续哀公卒时年而为元，空籍五岁矣。①

①【索隐】惠公探取哀公死楚，陈灭之后年为元年，故今空籍五岁矣。一云籍，借也，谓借失国之后年为五年。

十年，陈火。十五年，吴王僚使公子光伐陈，取胡、沈而去。①二十八年，吴王阖闾与子胥败楚入郢。是年，惠公卒，子怀公柳立。

①【索隐】《系本》云"胡，归姓；沈，姬姓"。沈国在汝南平舆，胡亦在汝南。

怀公元年，吴破楚，在郢，召陈侯。陈侯欲往，大夫曰："吴新得意；楚王虽亡，与陈有故，不可倍。"怀公乃以疾谢吴。四年，吴复召怀公。怀公恐，如吴。吴怒其前不往，留之，因卒吴。陈乃立怀公之子越，是为湣公。①

①【索隐】按《左传》，湣公名周，是史官记不同。

湣公六年，孔子适陈。吴王夫差伐陈，取三邑而去。十三年，吴复来伐陈，陈告急楚，楚昭王来救，军于城父，吴师去。是年，楚昭王卒于城父。时孔子在陈。①十五年，宋灭曹。十六年，吴王夫差伐齐，败之艾陵，使人召陈侯。陈侯恐，如吴。楚伐陈。二十一年，齐田常弑其君简公。二十三年，楚之白公胜杀令尹子西、子綦，袭惠王。叶公攻败白公，白公自杀。

①【索隐】按：孔子以鲁定公十四年适陈，当陈湣公之六年，上文说是。此十三年，孔子仍在陈，凡经八年，何其久也？

二十四年，楚惠王复国，以兵北伐，杀陈湣公，遂灭陈而有之。是岁，孔子卒。

杞东楼公者，夏后禹之后苗裔也。①殷时或封或绝。周武王克殷纣，求禹之后，得东楼公，封之于杞，②以奉夏后氏祀。

①【索隐】杞，国名也，东楼公号谥也。不名者，史先失耳。宋忠曰"杞，今陈留

雍丘县”。故《地理志》云雍丘县,故杞国,周武王封禹后为东楼公是也。盖周封杞而居雍丘,至春秋时杞已迁东国,故《左氏》隐四年《传》云“莒人伐杞,取牟娄”。牟娄,曹东邑也。僖十四年《传》云“杞迁缘陵”。《地理志》北海有营陵,淳于公之县。臣瓒云“即春秋缘陵,淳于公所都之邑”。又州,国名,杞后改国曰州而称淳于公,故《春秋》桓五年《经》云“州公如曹”,《传》曰“淳于公如曹”是也。然杞后代又称子者,以微小又僻居东夷,故襄二十九年《经》称“杞子来盟”,《传》曰“书曰子,贱之”是也。

②【集解】宋忠曰:“杞,今陈留雍丘县也。”

东楼公生西楼公,西楼公生题公,题公生谋①娶公。②谋娶公当周厉王时。谋娶公生武公。武公立四十七年卒,子靖公立。靖公二十三年卒,子共公立。共公八年卒,子德公立。③德公十八年卒,弟桓公姑容立。④桓公十七年卒,子孝公匄⑤立。孝公十七年卒,弟文公益姑立。文公十四年卒,弟平公鬱⑥立。平公十八年卒,子悼公成立。悼公十二年卒,子隐公乞立。七月,隐公弟遂弑隐公自立,是为釐公。釐公十九年卒,子湣公维立。湣公十五年,楚惠王灭陈。十六年,湣公弟阏路弑湣公代立,是为哀公。⑦哀公立十年卒,湣公子敕立,⑧是为出公。出公十二年卒,子简公春立。立一年,楚惠王之四十四年,灭杞。杞后陈亡三十四年。

①【集解】徐广曰:“谋,一作‘谟’。”【索隐】注一作“谍”,音牒。

②【索隐】娶音子臾反。

③【集解】徐广曰:“《世本》曰惠公。”【索隐】《系本》及谯周并作“惠公”,又云惠公生成公及桓公,是此系家脱成公一代,故云“弟桓公姑容立”,非也。且成公又见《春秋经》《传》,故《左传》庄二十五年云杞成公娶鲁女,有婚姻之好。至僖二十二年卒,始赴而书,《左传》云成公也,未同盟,故不书名。是杞有成公,必当如谯周所说。

④【集解】徐广曰:“《世本》曰惠公立十八年,生成公及桓公;成公立十八年;桓公立十七年。”

⑤【索隐】音盖。匄,名。

⑥【索隐】一作“郁釐”,谯周云名郁来,盖“鬱”“郁”“釐”“来”并声相近,遂不

同耳。

⑦【索隐】阏音遏。哀公杀兄湣公而立，谥哀。谯周云谥懿也。

⑧【集解】徐广曰："敕，一作'遬'。"

杞小微，其事不足称述。

舜之后，周武王封之陈，至楚惠王灭之，有世家言。禹之后，周武王封之杞，楚惠王灭之，有世家言。契之后为殷，殷有本纪言。殷破，周封其后于宋，齐湣王灭之，有世家言。后稷之后为周，秦昭王灭之，有本纪言。皋陶之后，或封英、六，①楚穆王灭之，无谱。伯夷之后，至周武王复封于齐，曰太公望，陈氏灭之，有世家言。伯翳之后，至周平王时封为秦，项羽灭之，有本纪言。②垂、益、夔、龙，其后不知所封，不见也。右十一人者，皆唐虞之际名有功德臣也；其五人之后皆至帝王，③馀乃为显诸侯。滕、薛、驺，夏、殷、周之间封也，小，不足齿列，弗论也。④

①【索隐】蓼、六，本或作英、六，皆通。然蓼、六皆咎繇之后也。据《系本》，二国皆偃姓，故《春秋》文五年《左传》云楚人灭六，臧文仲闻六与蓼灭，曰"皋陶、庭坚不祀忽诸"。杜预曰"蓼与六皆咎繇后"。《地理志》云六，故国，皋陶后，偃姓，为楚所灭。又僖十七年"齐人徐人伐英氏"。杜预又曰"英、六皆皋陶后，国名"。是有英、蓼，实未能详。或者英后改号曰蓼也。

②【索隐】秦祖伯翳，解者以翳益，则一人，今言十一人，叙伯翳而又别言垂、益，则是二人也。且按《舜本纪》叙十人，无翳而有彭祖，彭祖亦坟典不载，未知太史公意如何，恐多是误。然据《秦本纪》叙翳之功，云"佐舜驯调鸟兽"，与《舜典》"命益作虞，若予上下草木鸟兽"文同，则为一人必矣，今未详其所由也。

③【索隐】舜、禹身为帝王，其稷、契及翳则后代皆为帝王也。

④【索隐】滕不知本封，盖轩辕氏子有滕姓，是其祖也。后周封文王子错叔绣于滕，故宋忠云"今沛国公丘是滕国也"。薛，奚仲之后，任姓，盖夏、殷所封，故《春秋》有滕侯、薛侯。邾，曹姓之国，陆终氏之子会人之后。邾国，今鲁国驺县是也。然三国微小，春秋时亦预会盟，盖史缺无可叙列也。

周武王时，侯伯尚千馀人。及幽、厉之后，诸侯力攻相并。江、黄、①胡、沈之属，不可胜数，故弗采著于传(上)〔云〕。

①【索隐】按《系本》，江、黄二国并嬴姓。又《地理志》江国在汝南安阳县。

太史公曰：舜之德可谓至矣！禅位于夏，而后世血食者历三代。及楚灭陈，而田常得政于齐，卒为建国，百世不绝，苗裔兹兹，有土者不乏焉。至禹，于周则杞，微甚，不足数也。楚惠王灭杞，其后越王句践兴。

【索隐述赞】盛德之祀，必及百世。舜、禹馀烈，陈、杞是继。妫满受封，东楼纂系。阏路篡逆，夏姬淫嬖。二国衰微，或兴或替。前并后虏，皆亡楚惠。句践勃兴，田和吞噬。蝉联血食，岂其苗裔？

史记卷三十七

卫康叔世家第七

卫康叔①名封，周武王同母少弟也。其次尚有冉季，冉季最少。

①【索隐】康，畿内国名。宋忠曰："康叔从康徙封卫，卫即殷墟定昌之地。畿内之康，不知所在。"

武王已克殷纣，复以殷馀民封纣子武庚禄父，比诸侯，以奉其先祀勿绝。为武庚未集，①恐其有贼心，武王乃令其弟管叔、蔡叔傅相武庚禄父，以和其民。武王既崩，成王少。周公旦代成王治，当国。管叔、蔡叔疑周公，乃与武庚禄父作乱，欲攻成周。②周公旦以成王命兴师伐殷，杀武庚禄父、管叔，放蔡叔，以武庚殷馀民封康叔为卫君，居河、淇间故商墟。③

①【索隐】集犹和也。

②【索隐】成周，洛阳。其时周公相成王，营洛邑，犹居西周镐京。管、蔡欲构难，先攻成周，于是周公东居洛邑，伐管、蔡。

③【索隐】宋忠曰："今定昌也。"

周公旦惧康叔齿少，乃申告康叔曰："必求殷之贤人君子长者，问其先殷所以兴，所以亡，而务爱民。"告以纣所以亡者以淫于酒，酒之失，妇人是用，故纣之乱自此始。为《梓材》，①示君子可法则。故谓之《康诰》、《酒诰》、《梓材》以命之。康叔之国，既以此命，能和集其民，民大说。

①【正义】若梓人为材，君子观为法则也。梓，匠人也。

成王长，用事，举康叔为周司寇，赐卫宝祭器，①以章有德。

①【集解】《左传》曰："分康叔以大路、大旂、少帛、綪茷、旃旌、大吕。"贾逵曰：

“大路，全路也。少帛，杂帛也。绮茷，大赤也。通帛为旃，析羽为旌。大吕，锺名。”郑众曰：“绮茷，旆名也。”

康叔卒，子康伯代立。①康伯卒，子考伯立。考伯卒，子嗣伯立。嗣伯卒，子疌②伯立。③疌伯卒，子靖伯立。靖伯卒，子贞伯立。④贞伯卒，子顷侯立。

①【索隐】《系本》康伯名髡。宋忠曰：“即王孙牟也，事周康王为大夫。”按：《左传》所称王孙牟父是也。牟髡声相近，故不同耳。谯周《古史考》无康伯，而云子牟伯立，盖以不宜父子俱谥康，故因其名云牟伯也。

②【集解】《史记音隐》曰：“音捷。”

③【索隐】《系本》作“挚伯”。

④【索隐】《系本》作“箕伯”。

顷侯厚赂周夷王，夷王命卫为侯。①顷侯立十二年卒，子釐侯立。

①【索隐】按：《康诰》称命尔侯于东土，又云“孟侯，朕其弟，小子封”，则康叔初封已为侯也。比子康伯即称伯者，谓方伯之伯耳，非至子即降爵为伯也。故孔安国曰“孟，长也。五侯之长，谓方伯”。方伯，州牧也，故五代孙祖恒为方伯耳。至顷侯德衰，不监诸侯，乃从本爵而称侯，非是至子即削爵，及顷侯赂夷王而称侯也。

釐侯十三年，周厉王出奔于彘，共和行政焉。二十八年，周宣王立。

四十二年，釐侯卒，太子共伯馀立为君。共伯弟和有宠于釐侯，多予之赂；和以其赂赂士，以袭攻共伯于墓上，共伯入釐侯羡①自杀。卫人因葬之釐侯旁，谥曰共伯，而立和为卫侯，是为武公。②

①【索隐】音延。延，墓道。又音以战反。恭伯名馀也。

②【索隐】和杀恭伯代立，此说盖非也。按：季札美康叔、武公之德。又《国语》称武公年九十五矣，犹箴诫于国，恭恪于朝，倚几有诵，至于没身，谓之睿圣。又《诗》著卫世子恭伯蚤卒，不云被杀。若武公杀兄而立，岂可以为训而形之于国史乎？盖太史公采杂说而为此记耳。

武公即位，修康叔之政，百姓和集。四十二年，犬戎杀周幽王，武公将兵往佐周平戎，甚有功，周平王命武公为公。五十五年，卒，子庄公扬立。

庄公五年，取齐女为夫人，好而无子。又取陈女为夫人，生子，蚤死。陈女女弟亦幸于庄公，而生子完。①完母死，庄公令夫人齐女子之，②立为太子。庄公有宠妾，生子州吁。十八年，州吁长，好兵，庄公使将。石碏谏庄公曰：③"庶子好兵，使将，乱自此起。"不听。二十三年，庄公卒，太子完立，是为桓公。

①【索隐】女弟，戴妫也。子桓公完为州吁所杀，戴妫归陈，《诗·燕燕于飞》之篇是。

②【索隐】子之，谓养之为子也。齐女即庄姜也。《诗·硕人篇》美之是也。

③【集解】贾逵曰："石碏，卫上卿。"

桓公二年，弟州吁骄奢，桓公绌之，州吁出奔。十三年，郑伯弟段攻其兄，不胜，亡，而州吁求与之友。十六年，州吁收聚卫亡人以袭杀桓公，州吁自立为卫君。为郑伯弟段欲伐郑，请宋、陈、蔡与俱，三国皆许州吁。州吁新立，好兵，弑桓公，卫人皆不爱。石碏乃因桓公母家于陈，详为善州吁。至郑郊，石碏与陈侯共谋，使右宰醜进食，因杀州吁于濮，①而迎桓公弟晋于邢而立之，②是为宣公。

①【集解】服虔曰："右宰醜，卫大夫。濮，陈地。"【索隐】贾逵曰："濮，陈地。"按：濮水首受河，又受汴，汴亦受河，东北至离狐分为二，俱东北至钜野入济。则濮在曹卫之间，贾言陈地，非也。若据《地理志》陈留封丘县濮水受泲，当言陈留水也。

②【集解】贾逵曰："鄭，周公之胤，姬姓国。"

宣公七年，鲁弑其君隐公。九年，宋督弑其君殇公，及孔父。十年，晋曲沃庄伯弑其君哀侯。

十八年，初，宣公爱夫人夷姜，夷姜生子伋，以为太子，而令右公子傅之。右公子为太子取齐女，未入室，而宣公见所欲为太子妇者好，说而自取之，更为太子取他女。宣公得齐女，生子寿、子朔，令左公子傅之。①太子伋母死，宣公正夫人与朔共谗恶太子伋。宣公自以其夺太子妻也，心恶太子，欲废之。及闻其恶，大怒，乃使太子伋于齐而令盗遮界上杀之，[②]与太子白旄，而告界盗见持白旄者杀之。且行，子朔之兄寿，太子异母弟也，知朔之恶太子而君欲杀之，乃谓太子曰："界盗见太子白旄，即杀太子，太子可毋行。"太子曰："逆父命求生，不可。"遂行。寿见太子不止，乃盗其白旄而先驰至界。界盗见其验，即杀之。寿已死，而太子伋又至，谓盗曰："所当杀乃我也。"盗并杀太子伋，以报宣公。宣公乃以子朔为太子。十九年，宣公卒，太子朔立，是为惠公。

①【集解】杜预曰："左右媵之子，因以为号。"

②【正义】《左传》云卫宣公使太子伋之齐，"使盗待诸莘，将杀之"。杜预云"莘，卫地"。

左右公子不平朔之立也，惠公四年，左右公子怨惠公之谗杀前太子伋而代立，乃作乱，攻惠公，立太子伋之弟黔牟为君，惠公奔齐。

卫君黔牟立八年，齐襄公率诸侯奉王命共伐卫，纳卫惠公，诛左右公子。卫君黔牟奔于周，惠公复立。惠公立三年出亡，亡八年复入，与前通年凡十三年矣。

二十五年，惠公怨周之容舍黔牟，与燕伐周。周惠王奔温，卫、燕立惠王弟穨为王。二十九年，郑复纳惠王。三十一年，惠公卒，子懿公赤立。

懿公即位，好鹤，[①]淫乐奢侈。九年，翟伐卫，卫懿公欲发兵，兵或畔。大臣言曰："君好鹤，鹤可令击翟。"翟于是遂入，杀懿公。

①【正义】《括地志》云："故鹤城在滑州匡城县西南十五里。《左传》云'卫懿公好鹤，〔鹤〕有乘轩者。狄伐卫，公欲战，国人受甲者皆曰"使鹤，鹤实有禄位，余焉能战"！'俗传懿公养鹤于此城，因名也。"

懿公之立也，百姓大臣皆不服。自懿公父惠公朔之谗杀太子伋代立至于懿公，常欲败之，卒灭惠公之后而更立黔牟之弟昭伯顽之子申为君，是为戴公。

戴公申元年卒。齐桓公以卫数乱，乃率诸侯伐翟，为卫筑楚丘，[①]立戴公弟燬为卫君，[②]是为文公。文公以乱故奔齐，齐人入之。

①【正义】《括地志》云："城武县有楚丘亭。"

②【集解】《贾谊书》曰："卫侯朝于周，周行人问其名，答曰卫侯辟疆，周行人还之，曰启疆辟疆，天子之号，诸侯弗得用。卫侯更其名曰燬，然后受之。"【正义】燬音毁。

初，翟杀懿公也，卫人怜之，思复立宣公前死太子伋之后，伋子又死，而代伋死者子寿又无子。太子伋同母弟二人：其一曰黔牟，黔牟尝代惠公为君，八年复去；其二曰昭伯。昭伯、黔牟皆已前死，故立昭伯子申为戴公。戴公卒，复立其弟燬为文公。

文公初立，轻赋平罪，①身自劳，与百姓同苦，以收卫民。

①【索隐】轻赋税，平断刑也。平，或作"卒"。卒谓士卒也。罪字连下读，盖亦一家之义耳。

十六年，晋公子重耳过，无礼。十七年，齐桓公卒。二十五年，文公卒，子成公郑立。

成公三年，晋欲假道于卫救宋，成公不许。晋更从南河度，①救宋。征师于卫，卫大夫欲许，成公不肯。大夫元咺攻成公，成公出奔。②晋文公重耳伐卫，分其地予宋，讨前过无礼及不救宋患也。卫成公遂出奔陈。③二岁，如周求入，与晋文公会。晋使人鸩卫成公，成公私于周主鸩，令薄，得不死。④已而周为请晋文公，卒入之卫，而诛元咺，卫君瑕出奔。⑤七年，晋文公卒。十二年，成公朝晋襄公。十四年，秦穆公卒。二十六年，齐邴歜弑其君懿公。⑥三十五年，成公卒，⑦子穆公遬立。⑧

①【集解】服虔曰："南河，济南之东南流河也。"杜预曰："从汲郡南度，出卫南。"

②【索隐】奔楚 【正义】咺，况远反。

③【索隐】按：《左传》"卫侯闻楚师败，惧，出奔楚，遂适陈"是。

④【索隐】按：私谓赂之也。

⑤【索隐】是元咺所立者，成公入而杀之，故僖三十年《经》云"卫杀其大夫元咺及公子瑕"。此言"奔"，非也。

⑥【索隐】邴歜与《左氏》同，而《齐系家》作“邴戎”者，盖邴歜掌御戎车，故号邴戎。邴音丙。歜亦作“鄍”。

⑦【集解】《世本》曰：“成公徙濮阳。”宋忠曰：“濮阳，帝丘，地名。”

⑧【正义】遬音速。

穆公二年，楚庄王伐陈，杀夏徵舒。三年，楚庄王围郑，郑降，复释之。十一年，孙良夫救鲁伐齐，复得侵地。穆公卒，子定公臧立。定公十二年卒，子献公衎立。

献公十三年，公令师曹教宫妾鼓琴，①妾不善，曹笞之。妾以幸恶曹于公，公亦笞曹三百。十八年，献公戒孙文子、甯惠子食，皆往。日旰不召，②而去射鸿于囿。二子从之，③公不释射服与之言。④二子怒，如宿。⑤孙文子子数侍公饮，⑥使师曹歌《巧言》之卒章。⑦师曹又怒公之尝笞三百，乃歌之，欲以怒孙文子，报卫献公。文子语蘧伯玉，伯玉曰：“臣不知也。”⑧遂攻出献公。献公奔齐，齐置卫献公于聚邑。孙文子、甯惠子共立定公弟秋⑨为卫君，是为殇公。

①【集解】贾逵曰：“师曹，乐人。”

②【集解】服虔曰：“孙文子，林父也。甯惠子，甯殖也。敕戒二子，欲共晏食，皆服朝衣待命。旰，晏也。”

③【集解】服虔曰：“从公于囿。”

④【集解】《左传》曰：“不释皮冠。”

⑤【集解】服虔曰：“孙文子邑也。” 【索隐】《左传》作“戚”，此亦音戚也。

⑥【集解】《左传》曰文子子即孙蒯也。

⑦【集解】杜预曰：“《巧言》，《诗·小雅》也。其卒章曰：‘彼何人斯？居河之麋。无拳无勇，职为乱阶。’公欲以譬文子居河上而为乱。”

⑧【集解】贾逵曰：“伯玉，卫大夫。”

⑨【集解】徐广曰：“班氏云献公弟焱。” 【索隐】《左传》作“剽”，《古今人表》作“焱”，盖音相乱，字易改耳。音方遥反，又匹妙反。

殇公秋立，封孙文子林父于宿。十二年，甯喜与孙林父争宠相恶，殇公使甯喜攻孙林父。林父奔晋，复求入故卫献公。献公在齐，齐景公闻之，与卫献公如晋求入。晋为伐卫，诱与盟。卫殇公会晋平公，平公执殇公与甯喜而复入卫献公。献公亡在外十二年而入。

献公后元年，诛甯喜。

三年，吴延陵季子使过卫，见蘧伯玉、史鳅，曰："卫多君子，其国无故。"过宿，孙林父为击磬，曰："不乐，音大悲，使卫乱乃此矣。"是年，献公卒，子襄公恶立。

襄公六年，楚灵王会诸侯，襄公称病不往。

九年，襄公卒。初，襄公有贱妾，幸之，有身，梦有人谓曰："我康叔也，令若子必有卫，名而子曰'元'。"妾怪之，问孔成子。①成子曰："康叔者，卫祖也。"及生子，男也，以告襄公。襄公曰："天所置也。"名之曰元。襄公夫人无子，于是乃立元为嗣，是为灵公。

①【集解】服虔曰："卫卿孔烝鉏。"

灵公五年，朝晋昭公。六年，楚公子弃疾弑灵王自立，为平王。十一年，火。

三十八年，孔子来，禄之如鲁。后有隙，孔子去。后复来。

三十九年，太子蒯聩与灵公夫人南子有恶，①欲杀南子。蒯聩与其徒戏阳遬谋，朝，使杀夫人。②戏阳后悔，不果。蒯聩数目之，夫人觉之，惧，呼曰：③"太子欲杀我！"灵公怒，太子蒯聩奔宋，已而之晋赵氏。

①【集解】贾逵曰："南子，宋女。"

②【集解】贾逵曰："戏阳遬，太子家臣。"【正义】戏音羲。

③【正义】呼，火故反。

四十二年春，灵公游于郊，令子郢仆。①郢，灵公少子也，字子南。灵公怨太子出奔，谓郢曰："我将立若为后。"郢对曰："郢不足以辱社稷，君更图之。"②夏，灵公卒，夫人命子郢为太子，曰："此灵公命也。"郢曰："亡人太子蒯聩之子辄在也，不敢当。"于是卫乃以辄为君，是为出公。

①【集解】贾逵曰："仆，御也。"

②【集解】服虔曰："郢自谓己无德，不足立，以污辱社稷。"

六月乙酉，赵简子欲入蒯聩，乃令阳虎诈命卫十馀人衰绖归，①简子送蒯聩。卫人闻之，发兵击蒯聩。蒯聩不得入，入宿而保，卫人亦罢兵。

①【集解】服虔曰："衰绖，为若从卫来迎太子也。"

出公辄四年，齐田乞弑其君孺子。八年，齐鲍子弑其君悼公。

孔子自陈入卫。九年，孔文子问兵于仲尼，仲尼不对。其后鲁迎仲尼，仲尼反鲁。

十二年，初，孔圉文子取太子蒯聩之姊，生悝。孔氏之竖浑良夫美好，孔文子卒，良夫通于悝母。太子在宿，悝母使良夫于太子。太子与良夫言曰："苟能入我国，报子以乘轩，免子三死，毋所与。"①与之盟，许以悝母为妻。闰月，良夫与太子入，舍孔氏之外圃。②昏，二人蒙衣而乘，③宦者罗御，如孔氏。孔氏之老栾甯问之，④称姻妾以告。⑤遂入，适伯姬氏。⑥既食，悝母杖戈而先，⑦太子与五人介，舆猳从之。⑧伯姬劫悝于厕，强盟之，遂劫以登台。⑨栾甯将饮酒，炙未熟，闻乱，使告仲由。⑩召护驾乘车，⑪行爵食炙，⑫奉出公辄奔鲁。⑬

①【集解】杜预曰："轩，大夫车也。三死，死罪三。"【正义】杜预云：三罪，紫衣、袒裘、带剑也。紫衣，君服也。热，故偏袒，不敬也。卫侯求令名者与之食焉，太子请使良夫，良夫紫衣狐裘，不释剑而食，太子使牵退，数之罪而杀之。

②【集解】服虔曰："圃，园。"

③【集解】服虔曰："二人谓良夫、太子。蒙衣，为妇人之服，以巾蒙其头而共乘也。"

④【集解】服虔曰："家臣称老。问其姓名。"

⑤【集解】贾逵曰："婚姻家妾也。"

⑥【集解】服虔曰："入孔氏家，适伯姬所居。"

⑦【集解】服虔曰："先至孔悝所。"

⑧【集解】贾逵曰："介，被甲也。舆猳豚，欲以盟故也。"

⑨【集解】服虔曰："于卫台上召卫群臣。"

⑩【集解】服虔曰："季路为孔氏邑宰，故告之。"

⑪【集解】服虔曰："召护，卫大夫。驾乘车，不驾兵车也，言无距父之意。"

⑫【集解】服虔曰："栾甯使召季路，乃行爵食炙。"

⑬【集解】服虔曰："召护奉卫侯。"

仲由将入，遇子羔将出，①曰："门已闭矣。"子路曰："吾姑至矣。"②子羔曰："不及，莫践其难。"③子路曰："食焉不辟其难。"④子羔遂出。子路入，及门，公孙敢阖门，曰："毋入为也！"⑤子路曰："是公孙也？求利而逃其难。由不然，利其禄，必救其患。"有使者出，子路乃得入。曰："太子焉用孔悝？虽杀之，必或继之。"⑥且曰："太子无勇。若燔台，必舍孔叔。"太子闻之，惧，下石乞、盂黡敌子路，⑦以戈击之，割缨。子路曰："君子死，冠不免。"⑧结缨而死。⑨孔子闻卫乱，曰："嗟乎！柴也其来乎？由也其死矣。"孔悝竟立太子蒯聩，是为庄公。

①【集解】贾逵曰："子羔，卫大夫高柴，孔子弟子也。将出，奔。"

②【集解】杜预曰："且欲至门。"

③【集解】贾逵曰："言家臣忧不及国，不得践履其难。"郑众曰："是时辄已出，不及事，不当践其难。子羔言不及，以为季路欲死国也。"

④【集解】服虔曰："言食悝之禄，欲救悝之难，此明其不死国也。"

⑤【集解】服虔曰："公孙敢，卫大夫。言辄已出，无为复入。"

⑥【集解】王肃曰："必有继续其后攻太子。"

⑦【集解】服虔曰："二子，蒯聩之臣。敌，当也。" 【正义】燔音烦。舍音捨。黡音乙减反。

⑧【集解】服虔曰："不使冠在地。"

⑨【正义】缨，冠緌也。

庄公蒯聩者，出公父也，居外，怨大夫莫迎立。元年即位，欲尽诛大臣，曰："寡人居外久矣，子亦尝闻之乎？"群臣欲作乱，乃止。

二年，鲁孔丘卒。

三年，庄公上城，见戎州。①曰："戎虏何为是？"戎州病之。十月，戎州告赵简子，简子围卫。十一月，庄公出奔，②卫人立公子斑师为卫君。③齐伐卫，虏斑师，更立公子起为卫君。④

①【集解】贾逵曰："戎州，戎人之邑。" 【索隐】《左传》曰"戎州人攻之"是也。隐二年"公会戎于潜"，杜预云"陈留济阳县东南有戎城"。济阳与卫相近，故庄公登台望见戎州。又七年云"戎伐凡伯于楚丘"，是戎近卫。

②【索隐】按：《左传》，庄公本由晋赵氏纳之，立而背晋，晋伐卫，卫人出庄公，立公子般师。晋师退，庄公复入，般师出奔。初，公登城见戎州己氏之妻发美，髡之以为夫人髢。又欲翦戎州，兼逐石圃，故石圃攻庄公。庄公惧，逾北墙折股，入己氏，己氏杀之。今系家不言庄公复入及死己氏，直云出奔，亦其疏也。又《左传》云卫复立般师，齐伐卫，立公子起，执般师。明年，卫石圃逐其君起，起奔齐，出公辄复归。是《左氏》详而系家略也。

③【集解】《左传》曰："斑师，襄公之孙。"

④【集解】服虔曰："起，灵公子。"

卫君起元年，卫石曼尃逐其君起，①起奔齐。卫出公辄自齐复归立。初，出公立十二年亡，亡在外四年复入。出公后元年，赏从亡者。立二十一年卒，②出公季父黔攻出公子而自立，是为悼公。

①【索隐】《左传》作"石圃"，此作"塼"，音圃，又音徒和反。塼，或作"尃"。诸本或无"曼"字。

②【索隐】按：出公初立十二年，亡在外四年，复入九年卒，是立二十一年。自即位至卒，凡经二十五年而卒于越。

悼公五年卒，①子敬公弗立。②敬公十九年卒，子昭公纠立。③是时三晋强，卫如小侯，属之。④

①【索隐】按：《纪年》云"四年卒于越"。《系本》名虔。

②【集解】《世本》云敬公费也。 【索隐】《系本》"弗"作"费"。

③【索隐】《系本》云敬公生桡公舟，非也。

④【正义】属赵也。

昭公六年，公子亹①弑之代立，是为怀公。怀公十一年，公子穨弑怀公而代立，是为慎公。慎公父，公子適；②適父，敬公也。慎公四十二年卒，子声公训立。③声公十一年卒，子成侯遬④立。

①【正义】音尾。

②【索隐】音的。按:《系本》"適"作"虔"。虔,悼公也。

③【索隐】训亦作"驯",同休运反。《系本》作"圣公驰"。

④【索隐】音速。《系本》作"不逝"。按:上穆公已名遬,不可成侯更名,则《系本》是。

成侯十一年,公孙鞅入秦。① 十六年,卫更贬号曰侯。

①【索隐】按:《秦本纪》云孝公元年鞅入秦,又按年表,成侯与秦孝公同年,然则"十一年"当为"元年",字误耳。

二十九年,成侯卒,子平侯立。平侯八年卒,子嗣君立。①

①【索隐】按:乐资据《纪年》,以嗣君即孝襄侯。

嗣君五年,更贬号曰君,独有濮阳。

四十二年卒,子怀君立。怀君三十一年,朝魏,魏囚杀怀君。魏更立嗣君弟,是为元君。元君为魏婿,故魏立之。① 元君十四年,秦拔魏东地,② 秦初置东郡,更徙卫野王县,③ 而并濮阳为东郡。二十五年,元君卒,子君角立。④

①【集解】徐广曰:"班氏云元君者,怀君之弟。"

②【索隐】魏都大梁,濮阳、黎阳并是魏之东地,故立郡名东郡也。

③【索隐】按年表,元君十一年秦置东郡,十三年卫徙野王,与此不同也。

④【集解】年表云元君十一年秦置东郡,十二年徙野王,二十三年卒。

君角九年,秦并天下,立为始皇帝。二十一年,二世废君角为庶人,卫绝祀。

太史公曰:余读世家言,至于宣公之太子以妇见诛,弟寿争死以相让,此与晋太子申生不敢明骊姬之过同,俱恶伤父之志。然卒死亡,何其悲也!或父子相杀,兄弟相灭,亦独何哉?

【索隐述赞】司寇受封,《梓材》有作。成锡厥器,夷加其爵。暨武能修,从文始约。《诗》美归燕,《传》矜石碏。皮冠射鸿,乘轩使鹤。宣纵淫嬖,衅生伋、朔。蒯聩得罪,出公行恶。卫祚日衰,失于君角。

史记卷三十八

宋微子世家第八

微子开者,①殷帝乙之首子而帝纣之庶兄也。②纣既立,不明,淫乱于政,微子数谏,纣不听。及祖伊以周西伯昌之修德,灭阢国,③惧祸至,以告纣。纣曰:"我生不有命在天乎?是何能为!"于是微子度纣终不可谏,欲死之,及去,未能自决,乃问于太师、少师④曰:"殷不有治政,不治四方。⑤我祖遂陈于上,⑥纣沈湎于酒,妇人是用,乱败汤德于下。⑦殷既小大好草窃奸宄,⑧卿士师师非度,⑨皆有罪辜,乃无维获,⑩小民乃并兴,相为敌雠。⑪今殷其典丧!若涉水无津涯。⑫殷遂丧,越至于今。"⑬曰:"太师,少师,⑭我其发出往?⑮吾家保于丧?⑯今女无故告⑰予,颠跻,如之何其?"⑱太师若曰:"王子,天笃下菑亡殷国,⑲乃毋畏畏,不用老长。⑳今殷民乃陋淫神祇之祀。㉑今诚得治国,国治身死不恨。为死,终不得治,不如去。"遂亡。

①【集解】孔安国曰:"微,畿内国名。子,爵也。为纣卿士。"【索隐】按:《尚书·微子之命篇》云命微子启代殷后,今此名开者,避汉景帝讳也。

②【索隐】按:《尚书》亦以为殷王元子而是纣之兄。按:《吕氏春秋》云生微子时母犹为妾,及为妃而生纣。故微子为纣同母庶兄。

③【集解】徐广曰:"阢音耆。"【索隐】阢音耆,耆即黎也。邹诞本云"巹音黎"。孔安国云"黎在上党东北,即今之黎亭是也"。

④【集解】孔安国曰:"太师,三公,箕子也。少师,孤卿,比干也。"

⑤【集解】孔安国曰:"言殷不有治政四方之事,将必亡也。"

⑥【集解】马融曰:"我祖,汤也。"孔安国曰:"言汤遂其功,陈力于上世也。"

⑦【集解】马融曰:"下,下世也。"

⑧【集解】孔安国曰："草野盗窃，又为奸宄于外内。"

⑨【集解】马融曰："非但小人学为奸宄，卿士已下转相师效，为非法度。"

⑩【集解】郑玄曰："获，得也。群臣皆有是罪，其爵禄又无常得之者。言屡相攻夺。"

⑪【集解】孔安国曰："卿士既乱，而小民各起，共为敌雠。言不和同。"

⑫【集解】徐广曰："一作'陟水无舟航'，言危也。"骃谓典，国典也。【索隐】《尚书》"典"作"沦"，篆字变易，其义亦殊。徐广曰"典，国典也"。丧音息浪反。

⑬【集解】马融曰："越，于也。于是至矣，于今到矣。"

⑭【集解】马融曰："重呼告之。"

⑮【集解】郑玄曰："发，起也。纣祸败如此，我其起作出往也。"【索隐】往，《尚书》作"狂"，盖亦《今文尚书》意异耳。

⑯【集解】徐广曰："一云'于是家保'。"骃案：马融曰"卿大夫称家"。

⑰【集解】王肃曰："无意告我也，是微子求教诲也。"

⑱【集解】马融曰："跻犹坠也。恐颠坠于非义，当如之何也。"郑玄曰："其，语助也。齐鲁之间声如'姬'。《记》曰'何居'。"

⑲【集解】孔安国曰："微子，帝乙子，故曰'王子'。天生纣为乱，是下菑也。"郑玄曰："少师不答，志在必死。"【正义】菑音灾。

⑳【集解】孔安国曰："上不畏天菑，下不畏贤人，违戾耇老之长，不用其教。"

㉑【集解】徐广曰："一云'今殷民侵神牺'，又一云'陋淫侵神祇'。"骃案：马融曰"天曰神，地曰祇'。【索隐】陋淫，《尚书》作"攘窃"。刘氏云"陋淫犹轻秽也"。

箕子者，①纣亲戚也。②纣始为象箸，③箕子叹曰："彼为象箸，必为玉桮；为桮，则必思远方珍怪之物而御之矣。舆马宫室之渐自此始，不可振也。"纣为淫泆，箕子谏，不听。人或曰："可以去矣。"箕子曰："为人臣谏不听而去，是彰君之恶而自说于民，吾不忍为也。"乃被发详狂而为奴。遂隐而鼓琴以自悲，故传之曰《箕子操》。④

①【集解】马融曰："箕，国名也。子，爵也。"

②【索隐】箕，国；子，爵也。司马彪曰"箕子名胥馀"。马融、王肃以箕子为纣

之诸父。服虔、杜预以为纣之庶兄。杜预云“梁国蒙县有箕子冢”。

③【索隐】箸音持略反。按：下云“为象箸必为玉杯”，杯箸事相近，《周礼》六尊有牺、象、著、壶、泰、山。著尊者，著地无足是也。刘氏音直虑反，则杯箸亦食用之物，亦并通。

④【集解】《风俗通义》曰：“其道闭塞忧愁而作者，命其曲曰操。操者，言遇菑遭害，困厄穷迫，虽怨恨失意，犹守礼义，不惧不慑，乐道而不改其操也。”

王子比干者，亦纣之亲戚也。见箕子谏不听而为奴，则曰：“君有过而不以死争，则百姓何辜！”乃直言谏纣。纣怒曰：“吾闻圣人之心有七窍，信有诸乎？”乃遂杀王子比干，刳视其心。

微子曰：“父子有骨肉，而臣主以义属。故父有过，子三谏不听，则随而号之；人臣三谏不听，则其义可以去矣。”于是太师、少师乃劝微子去，遂行。①

①【集解】时比干已死，而云少师者似误。

周武王伐纣克殷，微子乃持其祭器造于军门，肉袒面缚，①左牵羊，右把茅，膝行而前以告。于是武王乃释微子，复其位如故。

①【索隐】肉袒者，袒而露肉也。面缚者，缚手于背而面向前也。刘氏云“面即背也”，义亦稍迂。

武王封纣子武庚禄父以续殷祀，使管叔、蔡叔傅相之。

武王既克殷，访问箕子。

武王曰：“於乎！维天阴定下民，相和其居，①我不知其常伦所序。”②

①【集解】孔安国曰：“天不言而默定下民，助合其居，使有常生之资也。”

②【集解】孔安国曰：“言我不知天所以定民之常道理次序，问何由。”

箕子对曰：“在昔鲧陻鸿水，汨陈其五行，①帝乃震怒，不从鸿范九等，常伦所斁。②鲧则殛死，禹乃嗣兴。③天乃锡禹鸿范九等，常伦所序。④

①【集解】孔安国曰："陻，塞；汩，乱也。治水失道，是乱陈五行。"

②【集解】徐广曰："一作'释'。"骃案：郑玄曰"帝，天也。天以鲧如是，乃震动其威怒，不与天道大法九类，言王所问所由败也"。

③【集解】郑玄曰："《春秋传》曰'舜之诛也殛鲧，其举也兴禹'。"

④【集解】孔安国曰："天与禹，洛出书也。神龟负文而出，列于背，有数至于九，禹遂因而第之，以成九类。"

"初一曰五行；二曰五事；三曰八政；四曰五纪；五曰皇极；六曰三德；七曰稽疑；八曰庶征；九曰向用五福，畏用六极。①

①【集解】马融曰："言天所以畏惧人用六极。"

"五行：一曰水，二曰火，三曰木，四曰金，五曰土。①水曰润下，火曰炎上，②木曰曲直，③金曰从革，④土曰稼穑。⑤润下作咸，⑥炎上作苦，⑦曲直作酸，⑧从革作辛，⑨稼穑作甘。⑩

①【集解】郑玄曰："此数本诸阴阳所生之次也。"

②【集解】孔安国曰："言其自然之常性也。"

③【集解】孔安国曰："木可揉使曲直也。"

④【集解】马融曰："金之性从人而更，可销铄。"

⑤【集解】王肃曰："种之曰稼，敛之曰穑。"

⑥【集解】孔安国曰："水卤所生。"

⑦【集解】孔安国曰："焦气之味。"

⑧【集解】孔安国曰："木实之性。"

⑨【集解】孔安国曰："金气之味。"

⑩【集解】孔安国曰："甘味生于百谷。五行以下，箕子所陈。"

"五事：一曰貌，二曰言，三曰视，四曰听，五曰思。貌曰恭，言曰从，①视曰明，听曰聪，思曰睿。②恭作肃，从作治，③明作智，聪作谋，④睿作圣。⑤

①【集解】马融曰："发言当使可从。"

②【集解】马融曰："睿，通也。"

③【集解】马融曰："出令而从，所以为治也。"

④【集解】孔安国曰："所谋必成审也。"马融曰："上聪则下进其谋。"

⑤【集解】孔安国曰："于事无不通，谓之圣。"

"八政：一曰食，二曰货，三曰祀，四曰司空，① 五曰司徒，② 六曰司寇，③ 七曰宾，④ 八曰师。⑤

①【集解】马融曰："司空，掌营城郭，主空土以居民。"

②【集解】孔安国曰："主徒众，教以礼义。"

③【集解】马融曰："主诛寇害。"

④【集解】郑玄曰："掌诸侯朝觐之官。"

⑤【集解】郑玄曰："掌军旅之官。"

"五纪：一曰岁，二曰月，三曰日，四曰星辰，① 五曰历数。②

①【集解】马融曰："星，二十八宿。辰，日月之所会也。"郑玄曰："星，五星也。"

②【集解】孔安国曰："历数，节气之度。以为历数，敬授民时。"

"皇极：皇建其有极，① 敛时五福，用傅锡其庶民，② 维时其庶民于女极，③ 锡女保极。④ 凡厥庶民，毋有淫朋，人毋有比德，维皇作极。⑤ 凡厥庶民，有猷有为有守，女则念之。⑥ 不协于极，不离于咎，皇则受之。⑦ 而安而色，曰予所好德，女则锡之福。⑧ 时人斯其维皇之极。⑨ 毋侮鳏寡而畏高明。⑩ 人之有能有为，使羞其行，而国其昌。⑪ 凡厥正人，既富方穀。⑫ 女不能使有好于而家，时人斯其辜。⑬ 于其毋好，女虽锡之福，其作女用咎。⑭ 毋偏毋颇，遵王之义。⑮ 毋有作好，遵王之道。⑯ 毋有作恶，遵王之路。毋偏毋党，王道荡荡。⑰ 毋党毋偏，王道平平。⑱ 毋反毋侧，王道正直。⑲ 会其有极，⑳ 归其有极。㉑ 曰王极之傅言，㉒ 是夷是训，于帝其顺。㉓ 凡厥庶民，极之傅言，㉔ 是顺是行，㉕ 以近天子之光。㉖ 曰天子作民父母，以为天下王。㉗

①【集解】孔安国曰："太中之道，大立其有中，谓行九畴之义。"

②【集解】马融曰："当敛是五福之道，用布与众民。"

③【集解】马融曰："以其能敛是五福，故众民于汝取中正以归心也。"

④【集解】郑玄曰："又赐女以守中之道。"

⑤【集解】孔安国曰："民有善则无淫过朋党之恶，比周之德，惟天下皆大为中正也。"

⑥【集解】马融曰:“凡其众民有谋有为,有所执守,当思念其行有所趣舍也。”

⑦【集解】孔安国曰:“凡民之行虽不合于中,而不罹于咎恶,皆可进用大法受之。”

⑧【集解】孔安国曰:“女当安女颜色,以谦下人。人曰我所好者德也,女则与之爵禄。”

⑨【集解】孔安国曰:“不合于中之人,女与之福,则是人此其惟大之中,言可勉进也。”

⑩【集解】马融曰:“高明显宠者,不枉法畏之。”

⑪【集解】王肃曰:“使进其行,任之以政,则国为之昌。”

⑫【集解】孔安国曰:“正直之人,既当爵禄富之,又当以善道接之。”

⑬【集解】孔安国曰:“不能使正人有好于国家,则是人斯其诈取罪而去也。”

⑭【集解】郑玄曰:“无好于女家之人,虽锡之以爵禄,其动作为女用恶。谓为天子结怨于民。”

⑮【集解】孔安国曰:“偏,不平;颇,不正。言当循先王正义以治民。”

⑯【集解】马融曰:“好,私好也。”

⑰【集解】孔安国曰:“言开辟也。”郑玄曰:“党,朋党。”

⑱【集解】孔安国曰:“言辨治也。”

⑲【集解】马融曰:“反,反道也。侧,倾侧也。”

⑳【集解】郑玄曰:“谓君也当会聚有中之人以为臣也。”

㉑【集解】郑玄曰:“谓臣也当就有中之君而事之。”

㉒【集解】马融曰:“王者当尽极行之,使臣下布陈其言。”

㉓【集解】马融曰:“是大中而常行之,用是教训天下,于天为顺也。”

㉔【集解】马融曰:“亦尽极敷陈其言于上也。”

㉕【集解】王肃曰:“民纳言于上而得中者,则顺而行之。”

㉖【集解】王肃曰:“近犹益也。顺行民言,所以益天子之光。”

㉗【集解】王肃曰:“政教务中,民善是用,所以为民父母,而为天下所归往。”

“三德:一曰正直,①二曰刚克,三曰柔克。②平康正直,③强不友刚克,④内友柔克,⑤沈渐刚克,⑥高明柔克。⑦维辟作福,维辟作威,维辟玉食。⑧臣无有作福作威玉食。臣有作福作威玉食,其害于而家,凶于而国,人用侧颇辟,民用僭忒。⑨

①【集解】郑玄曰："中平之人。"

②【集解】郑玄曰："克，能也。刚而能柔，柔而能刚，宽猛相济，以成治立功。"

③【集解】孔安国曰："世平安，用正直治之。"

④【集解】孔安国曰："友，顺也。世强御不顺，以刚能治之。"

⑤【集解】孔安国曰："世和顺，以柔能治之也。"【索隐】内，当为"燮"。燮，和也。

⑥【集解】马融曰："沈，阴也。潜，伏也。阴伏之谋，谓贼臣乱子非一朝一夕之渐，君亲无将，将而诛。"【索隐】《尚书》作"沈潜"，此作"渐"字，其义当依马注。

⑦【集解】马融曰："高明君子，亦以德怀也。"

⑧【集解】马融曰："辟，君也。玉食，美食。不言王者，关诸侯也。"郑玄曰："作福，专爵赏也。作威，专刑罚也。玉食，备珍美也。"

⑨【集解】孔安国曰："在位不端平，则下民僭差。"

"稽疑：择建立卜筮人。①乃命卜筮，曰雨，曰济，曰涕，②曰雾，③曰克，曰贞，曰悔，凡七。卜五，占之用二，衍贡。④立时人为卜筮，⑤三人占则从二人之言。⑥女则有大疑，谋及女心，谋及卿士，谋及庶人，谋及卜筮。⑦女则从，龟从，筮从，卿士从，庶民从，是之谓大同，⑧而身其康强，而子孙其逢吉。⑨女则从，龟从，筮从，卿士逆，庶民逆，吉。卿士从，龟从，筮从，女则逆，庶民逆，吉。庶民从，龟从，筮从，女则逆，卿士逆，吉。⑩女则从，龟从，筮逆，卿士逆，庶民逆，作内吉，作外凶。⑪龟筮共违于人，用静吉，用作凶。⑫

①【集解】孔安国曰："龟曰卜，蓍曰筮。考正疑事，当选择知卜筮人而建立之。"

②【集解】《尚书》作"圛"。【索隐】涕音亦，《尚书作》"圛"。孔安国云"气骆驿亦连续"。今此文作"涕"，是涕泣亦相连之状也。

③【集解】徐广曰："一曰'涛'，曰'被'。"【索隐】雾音蒙，然"蒙"与"雾"亦通。徐广所见本"涕"作"涛"，"蒙"作"被"，义通而字变。

④【集解】郑玄曰："卜五占之用，谓雨、济、圛、雾、克也。二衍贡，谓贞、悔也。将立卜筮人，乃先命名兆卦而分别之。兆卦之名凡七，龟用五，《易》用二。

审此道者，乃立之也。雨者，兆之体，气如雨然也。济者，如雨止之云气在上者也。圛者，色泽而光明也。雾者，气不释，郁冥冥也。克者，如祲气之色相犯也。内卦曰贞，贞，正也。外卦曰悔，悔之言晦也，晦犹终也。卦象多变，故言'衍贷'也。"

⑤【集解】郑玄曰："立是能分别兆卦之名者，以为卜筮人。"

⑥【集解】郑玄曰："从其多者。蓍龟之道幽微难明，慎之深。"

⑦【集解】孔安国曰："先尽谋虑，然后卜筮以决之。"

⑧【集解】孔安国曰："大同于吉。"

⑨【集解】孔安国曰："动不违众，故后世遇吉也。"

⑩【集解】郑玄曰："此三者皆从多，故为吉。"

⑪【集解】郑玄曰："此逆者多，以故举事于境内则吉，境外则凶。"

⑫【集解】孔安国曰："安以守常则吉，动则凶。"郑玄曰："龟筮皆与人谋相违，人虽三从，犹不可以举事。"

"庶征：曰雨，曰阳，曰奥，曰寒，曰风，曰时。①五者来备，各以其序，庶草繁庑。②一极备，凶。一极亡，凶。③曰休征：④曰肃，时雨若；⑤曰治，时旸若；⑥曰知，时奥若；⑦曰谋，时寒若；⑧曰圣，时风若。⑨曰咎征：⑩曰狂，常雨若；⑪曰僭，常旸若；⑫曰舒，常奥若；⑬曰急，常寒若；⑭曰雾，常风若。⑮王眚维岁，⑯卿士维月，⑰师尹维日。⑱岁月日时毋易，⑲百谷用成，治用明，⑳畯民用章，家用平康。㉑日月岁时既易，百谷用不成，治用昏不明，畯民用微，家用不宁。庶民维星，㉒星有好风，星有好雨。㉓日月之行，有冬有夏。㉔月之从星，则以风雨。㉕

①【集解】孔安国曰："雨以润物，阳以干物，暖以长物，寒以成物，风以动物。五者各以时，所以为众验。"

②【集解】孔安国曰："言五者备至，各以次序，则众草木繁庑滋丰也。"

③【集解】孔安国曰："一者备极过甚则凶，一者极无不至亦凶，谓其不时失叙之谓也。"

④【集解】孔安国曰："叙美行之验。"

⑤【集解】孔安国曰："君行敬，则时雨顺之。"

⑥【集解】孔安国曰："君政治，则时旸顺之。"

⑦【集解】孔安国曰:“君昭哲,则时暖顺之。”

⑧【集解】孔安国曰:“君能谋,则时寒顺之。”

⑨【集解】孔安国曰:“君能通理,则时风顺之。”

⑩【集解】孔安国曰:“叙恶行之验也。”

⑪【集解】孔安国曰:“君行狂妄,则常雨顺之。”

⑫【集解】孔安国曰:“君行僭差,则常旸顺之。”

⑬【集解】孔安国曰:“君臣逸豫,则常暖顺之。” 【索隐】舒,依字读。按:下有“曰急”也。

⑭【集解】孔安国曰:“君行急,则常寒顺之。”

⑮【集解】孔安国曰:“君行雾暗,则常风顺之。”

⑯【集解】马融曰:“言王者所省职,如岁兼四时也。”

⑰【集解】孔安国曰:“卿士各有所掌,如月之有别。”

⑱【集解】孔安国曰:“众正官之吏分治其职,如日之有岁月也。”

⑲【集解】孔安国曰:“各顺常。”

⑳【集解】孔安国曰:“岁月无易,则百谷成;君臣无易,则正治明。”

㉑【集解】孔安国曰:“贤臣显用,国家平宁。”

㉒【集解】孔安国曰:“星,民象,故众民惟若星也。”

㉓【集解】马融曰:“箕星好风,毕星好雨。”

㉔【集解】孔安国曰:“日月之行,冬夏各有常度。”

㉕【集解】孔安国曰:“月经于箕则多风,离于毕则多雨。政教失常,以从民欲,亦所以乱。”

“五福:一曰寿,二曰富,三曰康宁,①四曰攸好德,②五曰考终命。③六极:一曰凶短折,④二曰疾,三曰忧,四曰贫,五曰恶,⑤六曰弱。”⑥

①【集解】郑玄曰:“康宁,平安。”

②【集解】孔安国曰:“所好者德,福之道。”

③【集解】孔安国曰:“各成其短长之命以自终,不横夭。”

④【集解】郑玄曰:“未龀曰凶,未冠曰短,未婚曰折。” 【索隐】未龀,未毁齿也。音楚恡反。

⑤【集解】孔安国曰:“恶,丑陋也。”

⑥【集解】郑玄曰:“愚懦不壮毅曰弱。”

于是武王乃封箕子于朝鲜①而不臣也。

①【索隐】潮仙二音。地因水为名也。

其后箕子朝周，过故殷虚，感宫室毁坏，生禾黍，箕子伤之，欲哭则不可，欲泣为其近妇人，①乃作《麦秀之诗》以歌咏之。其诗曰："麦秀渐渐兮，禾黍油油。②彼狡僮兮，不与我好兮！"所谓狡童者，纣也。殷民闻之，皆为流涕。③

①【索隐】妇人之性多涕泣。

②【索隐】渐渐，麦芒之状，音子廉反，又依字读。油油者，禾黍之苗光悦貌。

③【集解】杜预曰："梁国蒙县有箕子冢。"

武王崩，成王少，周公旦代行政当国。管、蔡疑之，乃与武庚作乱，欲袭成王、周公。①周公既承成王命诛武庚，杀管叔，放蔡叔，乃命微子开代殷后，奉其先祀，作《微子之命》以申之，国于宋。②微子故能仁贤，乃代武庚，故殷之馀民甚戴爱之。

①【集解】徐广曰："一云'欲袭成周'。"

②【集解】《世本》曰："宋更曰睢阳。"

微子开卒，立其弟衍，是为微仲。①微仲卒，子宋公稽立。②宋公稽卒，子丁公申立。丁公申卒，子湣公共立。湣公共卒，弟炀公熙立。炀公即位，湣公子鲋祀弑炀公而自立，③曰"我当立"，是为厉公。厉公卒，子釐公举立。

①【集解】《礼记》曰："微子舍其孙腯而立衍也。"郑玄曰："微子適子死，立其弟衍，殷礼也。" 【索隐】按：《家语》微子弟仲思名衍，一名泄，嗣微子为宋公。虽迁爵易位，而班级不过其故，故以旧官为称。故二微虽为宋公，犹称微，至于稽乃称宋公也。

②【索隐】谯周云："未谥，故名之。"

③【集解】徐广曰："鲋，一作'鲂'。" 【索隐】徐云一本作"鲂"，谯周亦作"鲂祀"，据《左氏》，即湣公庶子也。弑炀公，欲立太子弗父何，何让不受。

釐公十七年，周厉王出奔彘。

二十八年，釐公卒，子惠公覸立。① 惠公四年，周宣王即位。三十年，惠公卒，子哀公立。哀公元年卒，子戴公立。

①【集解】吕忱曰："覸音古莧反。"

戴公二十九年，周幽王为犬戎所杀，秦始列为诸侯。

三十四年，戴公卒，子武公司空立。武公生女为鲁惠公夫人，生鲁桓公。十八年，武公卒，子宣公力立。

宣公有太子与夷。十九年，宣公病，让其弟和，曰："父死子继，兄死弟及，天下通义也。我其立和。"和亦三让而受之。宣公卒，弟和立，是为穆公。

穆公九年，病，召大司马孔父谓曰："先君宣公舍太子与夷而立我，我不敢忘。我死，必立与夷也。"孔父曰："群臣皆愿立公子冯。"穆公曰："毋立冯，吾不可以负宣公。"于是穆公使冯出居于郑。八月庚辰，穆公卒，兄宣公子与夷立，是为殇公。君子闻之，曰："宋宣公可谓知人矣，立其弟以成义，然卒其子复享之。"

殇公元年，卫公子州吁弑其君完自立，欲得诸侯，使告于宋曰："冯在郑，必为乱，可与我伐之。"宋许之，与伐郑，至东门而还。二年，郑伐宋，以报东门之役。其后诸侯数来侵伐。

九年，大司马孔父嘉妻好，出，道遇太宰华督，① 督说，目而观之。② 督利孔父妻，乃使人宣言国中曰："殇公即位十年耳，而十一战，③ 民苦不堪，皆孔父为之，我且杀孔父以宁民。"是岁，鲁弑其君隐公。十年，华督攻杀孔父，取其妻。殇公怒，遂弑殇公，而迎穆公子冯于郑而立之，是为庄公。

①【集解】服虔曰："戴公之孙。"

②【集解】服虔曰："目者，极视精不转也。"

③【集解】贾逵曰："一战，伐郑，围其东门；二战，取其禾；三战，取邾田；四战，邾郑伐宋，入其郛；五战，伐郑，围长葛；六战，郑以王命伐宋；七战，鲁败宋

师于菅；八战，宋、卫入郑；九战，伐戴；十战，郑入宋；十一战，郑伯以虢师大败宋。”

庄公元年，华督为相。九年，执郑之祭仲，要以立突为郑君。祭仲许，竟立突。十九年，庄公卒，子湣公捷立。

湣公七年，齐桓公即位。九年，宋水，鲁使臧文仲往吊水。① 湣公自罪曰：“寡人以不能事鬼神，政不修，故水。”臧文仲善此言。此言乃公子子鱼教湣公也。

①【集解】贾逵曰：“问凶曰吊。”

十年夏，宋伐鲁，战于乘丘，① 鲁生虏宋南宫万。② 宋人请万，万归宋。十一年秋，湣公与南宫万猎，因博争行，湣公怒，辱之，曰：“始吾敬若；今若，鲁虏也。”万有力，病此言，遂以局杀湣公于蒙泽。③ 大夫仇牧闻之，以兵造公门。万搏牧，牧齿著门阖死。④ 因杀太宰华督，乃更立公子游为君。诸公子奔萧，公子御说奔亳。⑤ 万弟南宫牛将兵围亳。冬，萧及宋之诸公子共击杀南宫牛，弑宋新君游而立湣公弟御说，是为桓公。宋万奔陈。宋人请以赂陈。陈人使妇人饮之醇酒，⑥ 以革裹之，归宋。⑦ 宋人醢万也。⑧

①【集解】徐广曰：“乘，一作‘媵’。”骃案：杜预曰“乘丘，鲁地。”

②【集解】贾逵曰：“南宫，氏；万，名。宋卿。”

③【集解】贾逵曰：“蒙泽，宋泽名也。”杜预曰：“宋地，梁国有蒙县。”

④【集解】何休曰：“阖，门扇。”

⑤【集解】服虔曰：“萧，亳，宋邑也。”杜预曰：“今沛国有萧县，蒙县西北有亳城也。”

⑥【集解】服虔曰：“宋万多力，勇不可执，故先使妇人诱而饮之酒，醉而缚之。”

⑦【集解】《左传》曰：“以犀革裹之。”

⑧【集解】服虔曰：“醢，肉酱。”

桓公二年，诸侯伐宋，至郊而去。三年，齐桓公始霸。二十三年，迎卫公子燬于齐，立之，是为卫文公。文公女弟为桓公夫人。秦穆公即位。三十年，桓公病，太子兹甫让其庶兄目夷为嗣。桓公义太子意，竟不听。三十一年春，桓公卒，太子兹甫立，是为襄公。以其庶兄目夷为相。未葬，而齐桓公会诸侯于葵丘，襄公往会。

襄公七年，宋地贯星如雨，与雨偕下；①六鹢退蜚，②风疾也。③

①【集解】《左传》曰："陨石于宋五，陨星也。"【索隐】按：僖十六年《左传》"贯石于宋五，贯星也。六鹢退飞，过宋都"。是当宋襄公之时。访内史叔兴曰"吉凶焉在"？对曰"君将得诸侯而不终"也。然庄七年《传》又云"恒星不见，夜中星贯如雨，与雨偕也"。且与雨偕下，自在别年，不与贯石退鹢之事同。此史以贯石为贯星，遂连恒星不见之时与雨偕为文，故与《左传》小不同也。

②【集解】《公羊传》曰："视之则六，察之则鹢，徐察之则退飞。"

③【集解】贾逵曰："风起于远，至宋都高而疾，故鹢逢风却退。"

八年，齐桓公卒，宋欲为盟会。十二年春，宋襄公为鹿上之盟，①以求诸侯于楚，楚人许之。公子目夷谏曰："小国争盟，祸也。"不听。秋，诸侯会宋公盟于盂。②目夷曰："祸其在此乎？君欲已甚，何以堪之！"于是楚执宋襄公以伐宋。冬，会于亳，以释宋公。子鱼曰："祸犹未也。"十三年夏，宋伐郑。子鱼曰："祸在此矣。"秋，楚伐宋以救郑。襄公将战，子鱼谏曰："天之弃商久矣，不可。"冬，十一月，襄公与楚成王战于泓。③楚人未济，目夷曰："彼众我寡，及其未济击之。"公不听。已济未陈，又曰："可击。"公曰："待其已陈。"陈成，宋人击之。宋师大败，襄公伤股。国人皆怨公。公曰："君子不困人于厄，不鼓不成列。"④子鱼曰："兵以胜为功，何常言与！⑤必如公言，即奴事之耳，又何战为？"

①【集解】杜预曰："鹿上，宋地。汝阴有原鹿县。"【索隐】按：汝阴原鹿其地在楚，僖二十一年"宋人、楚人、齐人盟于鹿上"是也。然襄公始求诸侯于楚，楚才许之，计未合至汝阴鹿上。今济阴乘氏县北有鹿城，盖此地也。

②【集解】杜预曰："盂，宋地。"

③【集解】《穀梁传》曰："战于泓水之上。"

④【集解】何休曰："军法，以鼓战，以金止，不鼓不战也。不成列，未成陈。"

⑤【集解】徐广曰："一云'尚何言与'。"

楚成王已救郑，郑享之；去而取郑二姬以归。① 叔瞻曰："成王无礼，② 其不没乎？为礼卒于无别，有以知其不遂霸也。"

①【索隐】谓郑夫人芈氏、姜氏之女。既是郑女，故云"二姬"。

②【正义】谓取郑二姬也。

是年，晋公子重耳过宋，襄公以伤于楚，欲得晋援，厚礼重耳以马二十乘。①

①【集解】服虔曰："八十匹。"

十四年夏，襄公病伤于泓而竟卒，① 子成公王臣立。

①【索隐】按：《春秋》战于泓在僖二十三年，重耳过宋及襄公卒在二十四年。今此文以重耳过与伤泓共岁，故云"是年"。又重耳过与宋襄公卒共是一岁，则不合更云"十四年"。是进退俱不合于《左氏》，盖太史公之疏耳。

成公元年，晋文公即位。三年，倍楚盟亲晋，以有德于文公也。四年，楚成王伐宋，宋告急于晋。五年，晋文公救宋，楚兵去。九年，晋文公卒。十一年，楚太子商臣弑其父成王代立。十六年，秦穆公卒。

十七年，成公卒。① 成公弟御杀太子及大司马公孙固② 而自立为君。宋人共杀君御而立成公少子杵臼，③ 是为昭公。

①【正义】年表云公孙固杀成公。

②【正义】《世本》云："宋庄公孙名固，为大司马。"

③【正义】年表云宋昭元年。杵臼，襄公之子。徐广曰："一云成公少子。"

昭公四年，宋败长翟缘斯于长丘。① 七年，楚庄王即位。

①【集解】《鲁世家》云宋武公之世，获缘斯于长丘。今云此时，未详。　【索隐】徐广曰"《鲁系家》云宋武公之代，获缘斯于长丘，今云此时未详"者，《春秋》文公十一年，鲁败翟于咸，获长狄缘斯于长丘，《齐系家》惠公二年，长翟来，王子城父攻杀之，此并取《左传》之说，载于诸国系家，今考其年岁亦颇相协。而《鲁系家》云武公，此云昭公，盖此"昭"当为"武"，然前代虽已有武公，此杵臼当亦谥武也。若将不然，岂下五系公子特为君，又合谥昭乎？

九年，昭公无道，国人不附。昭公弟鲍革① 贤而下士。先，襄公夫人欲通于公子鲍，不可，② 乃助之施于国，③ 因大夫华元为右师。④ 昭公出猎，夫人王姬使卫伯攻杀昭公杵臼。弟鲍革立，是为文公。

①【集解】徐广曰："一无'革'字。"

②【集解】服虔曰："襄公夫人，周襄王之姊王姬也。不可，鲍不肯也。"

③【正义】施，贰是反。襄夫人助公子鲍布施恩惠于国人也。

④【正义】公子鲍因华元请，得为右师。华元，戴公五代孙，华督之曾孙也。

文公元年，晋率诸侯伐宋，责以弑君。闻文公定立，乃去。二年，昭公子因文公母弟须与武、缪、戴、庄、桓之族为乱，文公尽诛之，出武、缪之族。①

①【集解】贾逵曰："出，逐也。"

四年春，(郑)〔楚〕命(楚)〔郑〕伐宋。宋使华元将，郑败宋，囚华元。华元之将战，杀羊以食士，其御羊羹不及，① 故怨，驰入郑军，故宋师败，得囚华元。宋以兵车百乘文马四百匹② 赎华元。未尽入，华元亡归宋。

①【集解】《左传》曰御羊斟也。

②【集解】贾逵曰："文，狸文也。"王肃曰："文马，画马也。"　【正义】按：文马者，装饰其马。四百匹，用牵车百乘，遗郑赎华元也。又云文马赤鬣缟身，目如黄金。

十四年，楚庄王围郑。郑伯降楚，楚复释之。

十六年，楚使过宋，宋有前仇，执楚使。九月，楚庄王围宋。十七年，楚以围宋五月不解，宋城中急，无食，华元乃夜私见楚将子反。子反告庄王。王问："城中何如？"曰："析骨而炊，① 易子而食。"庄王曰："诚哉言！我军亦有二日粮。"以信故，遂罢兵去。

①【集解】何休曰："析破人骨也。"

二十二年，文公卒，子共公瑕立。始厚葬。君子讥华元不臣矣。

共公(元)〔十〕年，华元善楚将子重，又善晋将栾书，两盟晋楚。十三年，共公卒。华元为右师，鱼石为左师。司马唐山攻杀太子肥，欲杀华元，华元奔晋，鱼石止之，至河乃还，① 诛唐山。乃立共公少子成，是为平公。②

①【集解】《皇览》曰："华元冢在陈留小黄县城北。"

②【集解】《左传》曰鱼石奔楚。

平公三年，楚共王拔宋之彭城，以封宋左师鱼石。四年，诸侯共诛鱼石，而归彭城于宋。三十五年，楚公子围弑其君自立，为灵王。四十四年，平公卒，子元公佐立。

元公三年，楚公子弃疾弑灵王，自立为平王。八年，宋火。十年，元公毋信，诈杀诸公子，大夫华、向氏作乱。楚平王太子建来奔，见诸华氏相攻乱，建去如郑。十五年，元公为鲁昭公避季氏居外，为之求入鲁，行道卒，子景公头曼①立。

①【索隐】音万。

景公十六年，鲁阳虎来奔，已复去。二十五年，孔子过宋，宋司马桓魋恶之，欲杀孔子，孔子微服去。三十年，曹倍宋，又倍晋，宋伐曹，晋不救，遂灭曹有之。①三十六年，齐田常弑简公。

①【正义】宋景公灭曹在鲁哀公八年，周敬王三十三年也。

三十七年，楚惠王灭陈。荧惑守心。心，宋之分野也。景公忧之。司星子韦曰："可移于相。"景公曰："相，吾之股肱。"曰："可移于民。"景公曰："君者待民。"曰："可移于岁。"景公曰："岁饥民困，吾谁为君！"子韦曰："天高听卑。君有君人之言三，荧惑宜有动。"于是候之，果徙三度。

六十四年，景公卒。宋公子特①攻杀太子而自立，是为昭公。②昭公者，元公之曾庶孙也。昭公父公孙纠，纠父公子褍秦，③褍秦即元公少子也。景公杀昭公父纠，④故昭公怨杀太子而自立。

①【索隐】昭公也。《左传》作"德"。

②【索隐】按《左传》，景公无子，取元公庶曾孙公孙周之子德及启畜于公宫。及景公卒，先立启，后立德，是为昭公。与此全乖，未知太史公据何而为此说。

③【集解】徐广曰："褍音端。"

④【索隐】《左传》名周。

昭公四十七年卒，子悼公购由立。①悼公八年卒，②子休公田立。休公田二十三年卒，子辟公辟兵立。③辟公三年卒，子剔成立。④剔成四十一年，剔成弟偃攻袭剔成，剔成败奔齐，偃自立为宋君。

①【集解】年表云四十九年。【索隐】购音古候反。

②【索隐】按《纪年》为十八年。

③【集解】徐广曰："一云'辟公兵'。"【索隐】按：《纪年》作"桓侯璧兵"，则璧兵谥桓也。又《庄子》云"桓侯行，未出城门，其前驱呼辟，蒙人止之，后为狂也"。司马彪云"呼辟，使人避道。蒙人以桓侯名辟，而前驱呼'辟'，故为狂也"。

④【集解】年表云剔成君也。【索隐】王劭按：《纪年》云宋易城盱废其君辟而自立也。

君偃十一年，自立为王。①东败齐，取五城；南败楚，取地三百里；西败魏军，乃与齐、魏为敌国。盛血以韦囊，县而射之，命曰"射天"。淫于酒、妇人。群臣谏者辄射之。于是诸侯皆曰"桀宋"。②"宋其复为纣所为，不可不诛"。告齐伐宋。王偃立四十七年，齐湣王与魏、楚伐宋，杀王偃，遂灭宋而三分其地。③

①【索隐】《战国策》、《吕氏春秋》皆以偃谥曰康王也。

②【索隐】《晋太康地记》言其似桀也。

③【集解】年表云偃立四十三年。

太史公曰：孔子称"微子去之，箕子为之奴，比干谏而死，殷有三仁焉。①《春秋》讥宋之乱自宣公废太子而立弟，②国以不宁者十世。③襄公之时，修行仁义，欲为盟主。其大夫正考父美之，故追道契、汤、高宗，殷所以兴，作《商颂》。④襄公既败于泓，而君子或以为多，⑤伤中国阙礼义，褒之也，⑥宋襄之有礼让也。

①【集解】何晏曰："仁者爱人。三人行异而同称仁者，何也？以其俱在忧乱宁

民也。”夏侯玄曰:“微子,仁之穷也;箕子、比干,智之穷也。故或尽材而止,或尽心而留,皆其极也。致极,斯君子之事矣。是以三仁不同,而其归一揆也。”

②【集解】《公羊传》曰:“君子大居正。宋之祸宣公为之也。”

③【索隐】按:《春秋公羊》有此说,《左氏》则无讥焉。

④【集解】《韩诗·商颂章句》亦美襄公。 【索隐】按:裴骃引《韩诗·商颂章句》亦美襄公,非也。今按:《毛诗·商颂序》云正考父于周之太师“得《商颂》十二篇,以《那》为首”。《国语》亦同此说。今五篇存,皆是商家祭祀乐章,非考父追作也。又考父佐戴、武、宣,则在襄公前且百许岁,安得述而美之?斯谬说耳。

⑤【集解】《公羊传》曰:“君子大其不鼓不成列,临大事而不忘大礼,有君而无臣,以为虽文王之战亦不过此也。”

⑥【索隐】襄公临大事不忘大礼,而君子或以为多,且伤中国之乱,阙礼义之举,遂不嘉宋襄之盛德,故太史公褒而述之,故云褒之也。

【索隐述赞】殷有三仁,微、箕纣亲。一囚一去,不顾其身。《颂》美有客,《书》称作宾。卒传冢嗣,或叙彝伦。微仲之后,世载忠勤。穆亦能让,实为知人。伤泓之役,有君无臣。偃号“桀宋”,天之弃殷。

史记卷三十九

晋世家第九

晋唐叔虞者,①周武王子而成王弟。初,武王与叔虞母会时,②梦天谓武王曰:"余命女生子,名虞,余与之唐。"及生子,文在其手曰"虞",故遂因命之曰虞。

①【索隐】按:太叔以梦及手文而名曰虞,至成王诛唐之后,因戏削桐而封之。叔,字也,故曰唐叔虞。而唐有晋水,至子燮改其国号曰晋侯。然晋初对于唐,故称晋唐叔虞也。且唐本尧后,封在夏墟,而都于鄂。鄂,今在大夏是也。及成王灭唐之后,乃分徙之于许、郢之间,故《春秋》有唐成公是也,即今之唐州也。

②【集解】《左传》曰:"邑姜方娠太叔。"服虔曰:"邑姜,武王后,齐太公女也。"

武王崩,成王立,唐有乱,①周公诛灭唐。成王与叔虞戏,削桐叶为珪以与叔虞,曰:"以此封若。"史佚因请择日立叔虞。成王曰:"吾与之戏耳。"史佚曰:"天子无戏言。言则史书之,礼成之,乐歌之。"于是遂封叔虞于唐。唐在河、汾之东,方百里,故曰唐叔虞。②姓姬氏,字子于。

①【正义】《括地志》云:"故唐城在绛州翼城县西二十里,即尧裔子所封。《春秋》云夏孔甲时,有尧苗裔刘累者,以豢龙事孔甲,夏后嘉之,赐氏御龙,以更豕韦之后。龙一雌死,潜醢之以食夏后;既而使求之,惧而迁于鲁县。夏后(召盂)〔盖〕别封刘累之孙于大夏之墟为侯。至周成王时,唐人作乱,成王灭之,而封大叔,更迁唐人子孙于杜,谓之杜伯,即范匄所云'在周为唐杜氏'。按:鲁县汝州鲁山县是。今随州枣阳县东南一百五十里上唐乡故城即〔是〕。后子孙徙于唐。"

②【集解】《世本》曰:"居鄂。"宋忠曰:"鄂地今在大夏。"【正义】《括地志》云:"故鄂城在慈州昌宁县东二里。"按:与绛州夏县相近。禹都安邑,故城在县

东北十五里，故云“在大夏”也。然封于河、汾二水之东，方百里，正合在晋州平阳县，不合在鄂，未详也。

唐叔子燮，是为晋侯。① 晋侯子宁族，② 是为武侯。武侯之子服人，是为成侯。成侯子福，③ 是为厉侯。厉侯之子宜臼，是为靖侯。靖侯已来，年纪可推。自唐叔至靖侯五世，无其年数。

①【正义】燮，先牒反。《括地志》云：“故唐城在并州晋阳县北二里。《城记》云尧筑也。〔徐才〕《宗国都城记》云‘唐叔虞之子燮父徙居晋水傍。今并理故唐城。唐者，即燮父所徙之处，其城南半入州城，中削为坊，城墙北半见在’。《毛诗谱》云‘叔虞子燮父以尧墟南有晋水，改曰晋侯’。”

②【索隐】《系本》作“曼期”，谯周作“曼旗”也。

③【索隐】《系本》作“辐”字。

靖侯十七年，周厉王迷惑暴虐，国人作乱，厉王出奔于彘，大臣行政，故曰“共和”。①

①【正义】厉王奔彘，周、召和其百姓行政，号曰“共和”。

十八年，靖侯卒，子釐侯司徒立。釐侯十四年，周宣王初立。十八年，釐侯卒，子献侯籍① 立。献侯十一年卒，子穆侯费王② 立。

①【索隐】《系本》及谯周皆作“苏”。

②【索隐】邹诞本作“弗生”，或作“溃王”，并音秘。

穆侯四年，取齐女姜氏为夫人。七年，伐条。生太子仇。① 十年，伐千亩，有功。② 生少子，名曰成师。③ 晋人师服曰：④“异哉，君之命子也！太子曰仇，仇者雠也。少子曰成师，成师大号，成之者也。名，自命也；物，自定也。今適庶名反逆，此后晋其能毋乱乎？”

①【集解】杜预曰：“条，晋地。”

②【集解】杜预曰：“西河介休县南有地名千亩。”

③【集解】杜预曰：“意取能成其众也。”

④【集解】贾逵曰：“晋大夫。”

二十七年，穆侯卒，弟殇叔自立，太子仇出奔。殇叔三年，周宣王崩。四年，穆侯太子仇率其徒袭殇叔而立，是为文侯。

文侯十年，周幽王无道，犬戎杀幽王，周东徙。而秦襄公始列为诸侯。

三十五年，文侯仇卒，子昭侯伯立。

昭侯元年，封文侯弟成师于曲沃。①曲沃邑大于翼。翼，晋君都邑也。②成师封曲沃，号为桓叔。靖侯庶孙栾宾③相桓叔。桓叔是时年五十八矣，好德，晋国之众皆附焉。君子曰："晋之乱其在曲沃矣。末大于本而得民心，不乱何待！"

①【索隐】河东之县名，汉武帝改曰闻喜也。

②【索隐】翼本晋都也，自孝侯已下一号翼侯，平阳绛邑县东翼城是也。

③【正义】《世本》云栾叔宾父也。

七年，晋大臣潘父弑其君昭侯而迎曲沃桓叔。桓叔欲入晋，晋人发兵攻桓叔。桓叔败，还归曲沃。晋人共立昭侯子平为君，是为孝侯。诛潘父。

孝侯八年，曲沃桓叔卒，子鱓①代桓叔，是为曲沃庄伯。孝侯十五年，曲沃庄伯弑其君晋孝侯于翼。晋人攻曲沃庄伯，庄伯复入曲沃。晋人复立孝侯子郄②为君，是为鄂侯。

①【索隐】音时战反。又音善，又音阤。

②【索隐】《系本》作"郄"，而他本亦有作"都"。 【正义】音丘戟反。

鄂侯二年，鲁隐公初立。

鄂侯六年卒。曲沃庄伯闻晋鄂侯卒，乃兴兵伐晋。周平王使虢公将兵伐曲沃庄伯，庄伯走保曲沃。晋人共立鄂侯子光，是为哀侯。

哀侯二年，曲沃庄伯卒，子称代庄伯立，①是为曲沃武公。哀侯六年，鲁弑其君隐公。哀侯八年，晋侵陉廷。②陉廷与曲沃武公谋，九年，伐晋于汾旁，③虏哀侯。晋人乃立哀侯子小子为君，是为小子侯。④

①【正义】称，尺证反。

②【集解】贾逵曰："翼南鄙邑名。"

③【正义】白郎反。汾水之旁。

④【集解】《礼记》曰："天子未除丧曰余小子，生名之，死亦名之。"郑玄曰："晋有小子侯，是取之天子也。"

小子元年，曲沃武公使韩万杀所虏晋哀侯。① 曲沃益强，晋无如之何。

①【集解】贾逵曰："韩万，曲沃桓叔之子，庄伯弟。"

晋小子之四年，曲沃武公诱召晋小子杀之。周桓王使虢仲① 伐曲沃武公，武公入于曲沃，乃立晋哀侯弟缗为晋侯。

①【正义】马融云："周武王克商，封文王异母弟虢仲于夏阳。"

晋侯缗四年，宋执郑祭仲而立突为郑君。晋侯十九年，齐人管至父弑其君襄公。

晋侯二十八年，齐桓公始霸。曲沃武公伐晋侯缗，灭之，尽以其宝器赂献于周釐王。釐王命曲沃武公为晋君，列为诸侯，于是尽并晋地而有之。

曲沃武公已即位三十七年矣，更号曰晋武公。晋武公始都晋国，前即位曲沃，通年三十八年。

武公称者，先晋穆侯曾孙也，① 曲沃桓叔孙也。桓叔者，始封曲沃。武公，庄伯子也。自桓叔初封曲沃以至武公灭晋也，凡六十七岁，而卒代晋为诸侯。武公代晋二岁，卒。与曲沃通年，即位凡三十九年而卒。子献公诡诸立。

①【索隐】晋有两穆侯，言先，以别后也。

献公元年，周惠王弟穨攻惠王，惠王出奔，居郑之栎邑。①

①【索隐】栎，郑邑，今河南阳翟是也。故郑之十邑有栎有华也。

五年，伐骊戎，得骊姬、① 骊姬弟，俱爱幸之。

①【集解】韦昭曰："西戎之别在骊山也。"

八年，士蔿说公①曰："故晋之群公子多，不诛，乱且起。"乃使尽杀诸公子，而城聚都之，②命曰绛，始都绛。③九年，晋群公子既亡奔虢，虢以其故再伐晋，弗克。十年，晋欲伐虢，士蔿曰："且待其乱。"

①【集解】贾逵曰："士蔿，晋大夫。"

②【集解】贾逵曰："聚，晋邑。"

③【索隐】《春秋》庄二十六年《传》"士蔿城绛"是也。杜预曰"今平阳绛邑县"。应劭曰"绛水出西南"也。

十二年，骊姬生奚齐。献公有意废太子，乃曰："曲沃吾先祖宗庙所在，而蒲边秦，屈边翟，①不使诸子居之，我惧焉。"于是使太子申生居曲沃，公子重耳居蒲，公子夷吾居屈。献公与骊姬子奚齐居绛。晋国以此知太子不立也。太子申生，其母齐桓公女也，曰齐姜，早死。申生同母女弟为秦穆公夫人。重耳母，翟之狐氏女也。夷吾母，重耳母女弟也。献公子八人，而太子申生、重耳、夷吾皆有贤行。及得骊姬，乃远此三子。

①【集解】韦昭曰："蒲，今蒲阪；屈，北屈：皆在河东。"杜预曰："蒲，今平阳蒲子县是也。"

十六年，晋献公作二军。①公将上军，太子申生将下军，赵夙御戎，毕万为右，伐灭霍，灭魏，灭耿。②还，为太子城曲沃，赐赵夙耿，赐毕万魏，以为大夫。士蔿曰："太子不得立矣。分之都城，③而位以卿，④先为之极，⑤又安得立！不如逃之，无使罪至。为吴太伯，不亦可乎，⑥犹有令名。"⑦太子不从。卜偃曰："毕万之后必大。⑧万，盈数也；魏，大名也。⑨以是始赏，天开之矣。⑩天子曰兆民，诸侯曰万民，今命之大，以从盈数，其必有众。"⑪初，毕万卜仕于晋国，遇《屯》之《比》。⑫辛廖占之曰："吉。⑬屯固比入，吉孰大焉。⑭其后必蕃昌。"

①【集解】《左传》曰王使虢公命曲沃伯以一军，为晋侯。今始为二军。

②【集解】服虔曰："三国皆姬姓，魏在晋之蒲阪河东也。"杜预曰："平阳皮氏县东南有耿乡，永安县东北有霍太山也。"【索隐】按：永安县西南汾水西有霍城，古霍国；有霍水，出霍太山。《地理志》河东河北县，古魏国。《地记》

亦以为然。服虔云在蒲阪,非也。《地记》又曰皮氏县汾水南耿城,是故耿国也。

③【集解】服虔曰:"邑有先君之主曰都。"

④【集解】贾逵曰:"谓将下军也。"

⑤【集解】服虔曰:"言其禄位极尽于此也。"

⑥【集解】王肃曰:"太伯知天命在王季,奔吴不反。"

⑦【集解】王肃曰:"虽去犹可有令名,何与其坐而及祸也。"

⑧【集解】贾逵曰:"卜偃,晋掌卜大夫郭偃。"

⑨【集解】服虔曰:"数从一至万为满。魏喻巍,巍,高大也。"

⑩【集解】服虔曰:"以魏赏毕万,是为天开其福。"

⑪【集解】杜预曰:"以魏从万,有众多之象。"

⑫【集解】贾逵曰:"《震》下《坎》上《屯》,《坤》下《坎》上《比》。《屯》初九变之《比》。"

⑬【集解】贾逵曰:"辛廖,晋大夫。"

⑭【集解】杜预曰:"屯,险难也,所以为坚固。比,亲密,所以得入。"

十七年,晋侯使太子申生伐东山。①里克谏献公曰:②"太子奉冢祀社稷之粢盛,以朝夕视君膳者也,③故曰冢子。君行则守,有守则从,④从曰抚军,⑤守曰监国,古之制也。夫率师,专行谋也;⑥誓军旅,⑦君与国政之所图也:⑧非太子之事也。师在制命而已,⑨禀命则不威,专命则不孝,故君之嗣適不可以帅师。君失其官,⑩率师不威,将安用之?"⑪公曰:"寡人有子,未知其太子谁立。"里克不对而退,见太子。太子曰:"吾其废乎?"里克曰:"太子勉之!教以军旅,⑫不共是惧,何故废乎?且子惧不孝,毋惧不得立。⑬修己而不责人,则免于难。"太子帅师,公衣之偏衣,⑭佩之金玦。⑮里克谢病,不从太子。太子遂伐东山。

①【集解】贾逵曰:"东山,赤狄别种。"

②【集解】贾逵曰:"里克,晋卿里季也。"

③【集解】服虔曰:"厨膳饮食。"

④【集解】服虔曰:"有代太子守则从之。"

⑤【集解】服虔曰:"助君抚循军士。"

⑥【集解】杜预曰："率师者必专谋军事。"

⑦【集解】杜预曰："宣号令。"

⑧【集解】贾逵曰："国政，正卿也。"

⑨【集解】杜预曰："命，将军所制。"

⑩【集解】杜预曰："太子统师，是失其官也。"

⑪【集解】杜预曰："专命则不孝，是为师必不威也。"

⑫【集解】贾逵曰："将下军。"

⑬【集解】服虔曰："不得立己也。"

⑭【集解】服虔曰："偏裻之衣，偏异色，驳不纯，裻在中，左右异，故曰偏衣。"杜预曰："偏衣左右异色，其半似公服。"韦昭曰："偏，半也。分身之半以授太子。" 【正义】上"衣"去声，下"衣"如字。

⑮【集解】服虔曰："以金为玦也。"韦昭曰："金玦，兵要也。" 【正义】玦音决。

十九年，献公曰："始吾先君庄伯、武公之诛晋乱，而虢常助晋伐我，①又匿晋亡公子，果为乱。弗诛，后遗子孙忧。"乃使荀息以屈产之乘②假道于虞。虞假道，遂伐虢，③取其下阳以归。④

①【正义】言虢助晋伐曲沃也。

②【集解】何休曰："屈产，出名马之地。乘，备驷也。"

③【集解】贾逵曰："虞在晋南，虢在虞南。"

④【集解】服虔曰："下阳，虢邑也，在大阳东北三十里。《穀梁传》曰下阳，虞、虢之塞邑。"

献公私谓骊姬曰："吾欲废太子，以奚齐代之。"骊姬泣曰："太子之立，诸侯皆已知之，而数将兵，百姓附之，奈何以贱妾之故废適立庶？君必行之，妾自杀也。"骊姬详誉太子，而阴令人谮恶太子，而欲立其子。

二十一年，骊姬谓太子曰："君梦见齐姜，太子速祭曲沃，①归厘于君。"太子于是祭其母齐姜于曲沃，上其荐胙于献公。献公时出猎，置胙于宫中。骊姬使人置毒药胙中。居二日，②献公从猎来还，宰人上胙献公，献公欲飨之。骊姬从旁止之，曰："胙所从来远，宜试之。"祭地，地坟；③与犬，犬死；与小臣，小臣死。④骊姬泣曰："太子何忍也！其父而欲弑代之，况他人乎？且君老矣，旦暮之人，曾不能待而欲弑之！"谓献公曰:“太子所以然者,不过以妾及奚齐之故。妾愿子母辟之他国,若早自杀,毋徒使母子为太子所鱼肉也。始君欲废之,妾犹恨之;至于今,妾殊自失于此。”⑤太子闻之,奔新城。⑥献公怒,乃诛其傅杜原款。或谓太子曰:“为此药者乃骊姬也,太子何不自辞明之?”太子曰:“吾君老矣,非骊姬,寝不安,食不甘。即辞之,君且怒之。不可。”或谓太子曰:“可奔他国。”太子曰:“被此恶名以出,人谁内我?我自杀耳。”十二月戊申,申生自杀于新城。⑦

①【集解】服虔曰:“齐姜庙所在。”

②【索隐】《左传》云“六日”,不同。

③【集解】韦昭曰:“将饮先祭,示有先也。坟,起也。”

④【集解】韦昭曰:“小臣,官名,掌阴事,今阉士也。”

⑤【索隐】太子之行如此,妾前见君欲废而恨之,今乃自以恨为失也。

⑥【集解】韦昭曰:“新城,曲沃也,新为太子城。”

⑦【索隐】《国语》云:“申生乃雉经于新城庙。”韦昭云:“曲沃也,新为太子城,故曰新城。”

此时重耳、夷吾来朝。人或告骊姬曰:“二公子怨骊姬谮杀太子。”骊姬恐,因谮二公子:“申生之药胙,二公子知之。”二子闻之,恐,重耳走蒲,夷吾走屈,保其城,自备守。初,献公使士蔿为①二公子筑蒲、屈城,弗就。夷吾以告公,公怒士蔿。士蔿谢曰:“边城少寇,安用之?”退而歌曰:“狐裘蒙茸,一国三公,吾谁适从!”②卒就城。及申生死,二子亦归保其城。

①【正义】蔿,为诡反。为,於伪反。

②【集解】服虔曰:“蒙茸以言乱貌。三公言君与二公子。将敌,故不知所从。”

二十二年,献公怒二子不辞而去,果有谋矣,乃使兵伐蒲。蒲人之宦者勃鞮①命重耳促自杀。重耳逾垣,宦者追斩其衣袪。②重耳遂奔翟。使人伐屈,屈城守,不可下。

①【正义】勃,白没反。鞮,都提反。韦昭云:“伯楚,寺人披之字也,于文公时为勃鞮也。”

②【集解】服虔曰："祛，袂也。"

是岁也，晋复假道于虞以伐虢。虞之大夫宫之奇谏虞君曰："晋不可假道也，是且灭虞。"虞君曰："晋我同姓，不宜伐我。"宫之奇曰："太伯、虞仲，太王之子也，太伯亡去，是以不嗣。虢仲、虢叔，王季之子也，为文王卿士，其记勋在王室，藏于盟府。①将虢是灭，何爱于虞？且虞之亲能亲于桓、庄之族乎？桓、庄之族何罪，尽灭之。虞之与虢，唇之与齿，唇亡则齿寒。"虞公不听，遂许晋。宫之奇以其族去虞。其冬，晋灭虢，虢公醜奔周。②还，袭灭虞，虏虞公及其大夫井伯百里奚③以媵秦穆姬，④而修虞祀。⑤荀息牵曩所遗虞屈产之乘马奉之献公，献公笑曰："马则吾马，齿亦老矣！"⑥

①【集解】杜预曰："盟府，司盟之官也。"

②【集解】《皇览》曰："虢公冢在河内温县郭东，济水南大冢是也。其城南有虢公台。"

③【正义】《南雍州记》云："百里奚宋井伯，宛人也。"

④【集解】杜预曰："穆姬，献公女。送女曰媵，以屈辱之。"

⑤【集解】服虔曰："虞所祭祀，命祀也。"

⑥【集解】《公羊传》曰："盖戏之也。"何休曰："以马齿戏喻荀息之年老也。"

二十三年，献公遂发贾华等伐屈，①屈溃。②夷吾将奔翟。冀芮曰："不可，③重耳已在矣，今往，晋必移兵伐翟，翟畏晋，祸且及。不如走梁，梁近于秦，秦强，吾君百岁后可以求入焉。"遂奔梁。二十五年，晋伐翟，翟以重耳故，亦击晋于啮桑，④晋兵解而去。

①【集解】贾逵曰："贾华，晋右行大夫。"

②【正义】民逃其上曰溃。

③【集解】韦昭曰："冀芮，晋大夫。"

④【集解】《左传》作"采桑"，服虔曰"翟地"。　【索隐】裴氏云《左传》作"采桑"。按：今平阳曲南七十里河水有采桑津，是晋境。服虔云翟地，亦颇相近。然字作"啮桑"，啮桑卫地，恐非也。

当此时，晋强，西有河西，与秦接境，北边翟，东至河内。①

①【索隐】河内，河曲也。内音汭。

骊姬弟生悼子。①

①【索隐】《左传》作“卓子”，音耻角反。弟，女弟也。

二十六年夏，齐桓公大会诸侯于葵丘。①晋献公病，行后，未至，逢周之宰孔。宰孔曰：“齐桓公益骄，不务德而务远略，诸侯弗平。君弟毋会，②毋如晋何。”献公亦病，复还归。病甚，乃谓荀息曰：“吾以奚齐为后，年少，诸大臣不服，恐乱起，子能立之乎？”荀息曰：“能。”献公曰：“何以为验？”对曰：“使死者复生，③生者不惭，④为之验。”于是遂属奚齐于荀息。荀息为相，主国政。秋九月，献公卒。里克、邳郑欲内重耳，以三公子之徒作乱，⑤谓荀息曰：“三怨将起，秦、晋辅之，子将何如？”荀息曰：“吾不可负先君言。”十月，里克杀奚齐于丧次，献公未葬也。荀息将死之，或曰不如立奚齐弟悼子而傅之，荀息立悼子而葬献公。十一月，里克弑悼子于朝，⑥荀息死之。君子曰：“《诗》所谓‘白珪之玷，犹可磨也，斯言之玷，不可为也’，⑦其荀息之谓乎！不负其言。”初，献公将伐骊戎，卜曰“齿牙为祸”。⑧及破骊戎，获骊姬，爱之，竟以乱晋。

①【正义】在曹州考城县东南一里。

②【索隐】弟，但也。

③【索隐】谓荀息受公命而立奚齐，虽复身死，不背生时之命，是死者复生也。

④【索隐】言生者见荀息不背君命而死，不为之羞惭也。

⑤【集解】贾逵曰：“邳郑，晋大夫。三公子，申生、重耳、夷吾也。”

⑥【集解】《列女传》曰：“鞭杀骊姬于市。”

⑦【集解】杜预曰：“《诗·大雅》，言此言之玷难治甚于白珪。”

⑧【集解】韦昭曰：“齿牙，谓兆端左右衅坼有似齿牙，中有纵画，以象谗言之为害也。”

里克等已杀奚齐、悼子，使人迎公子重耳于翟，①欲立之。重耳谢曰：“负父之命②出奔，父死不得修人子之礼侍丧，重耳何敢入！大夫其更立他子。”还报里克，里克使迎夷吾于梁。夷吾欲往，吕省、③郤芮④曰：“内犹有公子可立者而外求，难信。计非之秦，辅强国之威以入，恐危。”乃使郤芮厚赂秦，约曰：“即得入，请以晋河西之地与秦。”及遗里克书曰：“诚得立，请遂封子于汾阳之邑。”⑤秦缪公乃发兵送夷吾于晋。齐桓公闻晋内乱，亦率诸侯如晋。秦兵与夷吾亦至晋，齐乃使隰朋会秦俱入夷吾，立为晋君，是为惠公。齐桓公至晋之高梁而还归。

①【正义】《国语》云：“里克及邳郑使屠岸夷告公子重耳于翟曰：‘国乱民扰，得国在乱，治民在扰，子盍入乎？’”

②【正义】负音佩。

③【正义】省音眚。杜预曰：“姓瑕吕，名饴甥，字子金。”

④【正义】郄成子，即冀芮。

⑤【集解】贾逵曰：“汾，水名。汾阳，晋地也。” 【索隐】按：《国语》“命里克汾阳之田百万，命邳郑以负蔡之田七十万”。今此不言，亦其疏略也。

惠公夷吾元年，使邳郑谢秦曰：“始夷吾以河西地许君，今幸得入立。大臣曰：‘地者先君之地，君亡在外，何以得擅许秦者？’寡人争之弗能得，故谢秦。”亦不与里克汾阳邑，而夺之权。四月，周襄王使周公忌父①会齐、秦大夫共礼晋惠公。惠公以重耳在外，畏里克为变，赐里克死。谓曰：“微里子寡人不得立。虽然，子亦杀二君一大夫，②为子君者不亦难乎？”里克对曰：“不有所废，君何以兴？欲诛之，其无辞乎？乃言为此！臣闻命矣。”遂伏剑而死。于是邳郑使谢秦未还，故不及难。

①【集解】贾逵曰：“周卿士。”

②【集解】服虔曰：“奚齐、悼子、荀息也。”

晋君改葬恭太子申生。①秋，狐突之下国，②遇申生，申生与载而告之③曰：“夷吾无礼，余得请于帝，④将以晋与秦，秦将祀余。”狐突对曰：“臣闻神不食非其宗，君其祀毋乃绝乎？君其图之。”申生曰：“诺，吾将复请帝。后十日，⑤新城西偏将有巫者见我焉。”⑥许之，遂不见。⑦及期而往，复见，申生告之曰：“帝许罚有罪矣，弊于韩。”⑧儿乃谣曰：“恭太子更葬矣，⑨后十四年，晋亦不昌，昌乃在兄。”

①【集解】韦昭曰：“献公时申生葬不如礼，故改葬之。”

②【集解】服虔曰："晋所灭国以为下邑。一曰曲沃有宗庙，故谓之国；在绛下，故曰下国也。"

③【集解】杜预曰："忽如梦而相见。狐突本为申生御，故复使登车。"

④【集解】服虔曰："帝，天帝。请罚有罪。"

⑤【集解】《左传》曰："七日。"

⑥【集解】杜预曰："将因巫以见。"

⑦【集解】杜预曰："狐突许其言，申生之象亦没。"

⑧【集解】贾逵曰："弊，败也。韩，晋韩原。"

⑨【索隐】更，作也。更丧谓改丧。言后十四年晋不昌。

邳郑使秦，闻里克诛，乃说秦缪公曰："吕省、①郤称、冀芮实为不从。②若重赂与谋，出晋君，入重耳，事必就。"秦缪公许之，使人与归报晋，厚赂三子。三子曰："币厚言甘，此必邳郑卖我于秦。"遂杀邳郑及里克、邳郑之党七舆大夫。③邳郑子豹奔秦，言伐晋，缪公弗听。

①【索隐】《左传》作"吕甥"。

②【集解】杜预曰："三子，晋大夫。不从，不与秦赂也。"【索隐】吕省、郄称、冀芮三子，晋大夫。

③【集解】韦昭曰："七舆，申生下军之众大夫也。"杜预曰："侯伯七命，副车七乘。"

惠公之立，倍秦地及里克，诛七舆大夫，国人不附。二年，周使召公过①礼晋惠公，惠公礼倨，②召公讥之。

①【集解】韦昭曰："召武公，为王卿士。"

②【索隐】谓受玉惰也。事见僖十一年。

四年，晋饥，乞籴于秦。缪公问百里奚，①百里奚曰："天灾流行，国家代有，救灾恤邻，国之道也。与之。"邳郑子豹曰："伐之。"缪公曰："其君是恶，其民何罪！"卒与粟，自雍属绛。

①【集解】服虔曰："秦大夫。"

五年，秦饥，请籴于晋。晋君谋之，庆郑曰：①"以秦得立，已而倍其地约。晋饥而秦贷我，今秦饥请籴，与之何疑？而谋之！"虢射曰：②"往年天以晋赐秦，秦弗知取而贷我。今天以秦赐晋，晋其可以逆天乎？遂伐之。”惠公用虢射谋，不与秦粟，而发兵且伐秦。秦大怒，亦发兵伐晋。

①【集解】杜预曰：“庆郑，晋大夫。”

②【集解】服虔曰：“虢射，惠公舅。”

六年春，秦缪公将兵伐晋。晋惠公谓庆郑曰：“秦师深矣，①奈何？”郑曰：“秦内君，君倍其赂；晋饥秦输粟，秦饥而晋倍之，乃欲因其饥伐之：其深不亦宜乎！”晋卜御右，庆郑皆吉。公曰：“郑不孙。”②乃更令步阳御戎，家仆徒为右，③进兵。九月壬戌，秦缪公、晋惠公合战韩原。④惠公马鸷不行，⑤秦兵至，公窘，召庆郑为御。郑曰：“不用卜，败不亦当乎！”遂去。更令梁繇靡御，⑥虢射为右，辂秦缪公。⑦缪公壮士冒败晋军，晋军败，遂失秦缪公，反获晋公以归。秦将以祀上帝。晋君姊为缪公夫人，衰绖涕泣。公曰：“得晋侯将以为乐，今乃如此。且吾闻箕子见唐叔之初封，曰‘其后必当大矣’，晋庸可灭乎！”乃与晋侯盟王城⑧而许之归。晋侯亦使吕省等报国人曰：“孤虽得归，毋面目见社稷，卜日立子圉。”晋人闻之，皆哭。秦缪公问吕省：“晋国和乎？”对曰：“不和。小人惧失君亡亲，⑨不惮立子圉，曰‘必报仇，宁事戎、狄’。⑩其君子则爱君而知罪，以待秦命，曰‘必报德’。有此二故，不和。”于是秦缪公更舍晋惠公，馈之七牢。⑪十一月，归晋侯。晋侯至国，诛庆郑，修政教。谋曰：“重耳在外，诸侯多利内之。”欲使人杀重耳于狄。重耳闻之，如齐。

①【集解】韦昭曰：“深，入境。一曰深犹重。”

②【集解】服虔曰：“孙，顺。”

③【集解】服虔曰：“二子，晋大夫也。”

④【索隐】在冯翊夏阳北二十里，今之韩城县是。

⑤【索隐】鸷音竹二反。谓马重而陷之于泥。

⑥【正义】韦昭云：“梁由靡，大夫也。”

⑦【集解】服虔曰：“辂，迎也。”【索隐】辂音五稼反。邹诞音五额反。

⑧【集解】杜预曰：“冯翊临晋县东有王城。”

⑨【正义】君，惠公也。亲，父母也。言惧失君国乱，恐亡父母，不惮立子圉也。

⑩【正义】小人言立子圉为君之后，必报秦。终不事秦，宁事戎、狄耳。

⑪【正义】馈音匮。一牛一羊一豕为一牢。

八年，使太子圉质秦。①初，惠公亡在梁，梁伯以其女妻之，生一男一女。梁伯卜之，男为人臣，女为人妾，故名男为圉，女为妾。②

①【正义】质音致。

②【集解】服虔曰："圉人掌养马臣之贱者。不聘曰妾。"

十年，秦灭梁。梁伯好土功，治城沟，①民力罢，怨；②其众数相惊，曰"秦寇至"，民恐惑，秦竟灭之。

①【集解】贾逵曰："沟，堑也。"

②【正义】罢音皮。

十三年，晋惠公病，内有数子。太子圉曰："吾母家在梁，梁今秦灭之，我外轻于秦而内无援于国。君即不起，病大夫轻，更立他公子。"乃谋与其妻俱亡归。秦女曰："子一国太子，辱在此。秦使婢子侍，①以固子之心。子亡矣，我不从子，亦不敢言。"子圉遂亡归晋。十四年九月，惠公卒，太子圉立，是为怀公。

①【集解】服虔曰："《曲礼》曰'世妇以下自称婢子'。婢子，妇人之卑称。"

子圉之亡，秦怨之，乃求公子重耳，欲内之。子圉之立，畏秦之伐也，乃令国中诸从重耳亡者与期，期尽不到者尽灭其家。狐突之子毛及偃从重耳在秦，弗肯召。怀公怒，囚狐突。突曰："臣子事重耳有年数矣，今召之，是教之反君也，何以教之？"怀公卒杀狐突。秦缪公乃发兵送内重耳，使人告栾、郤之党①为内应，杀怀公于高梁，入重耳。重耳立，是为文公。

①【正义】栾枝、郤縠之属也。

晋文公重耳，晋献公之子也。自少好士，年十七，有贤士五人：曰赵衰；狐偃咎犯，文公舅也；贾佗；先轸；魏武子。自献公为太子时，重耳固已成人矣。献公即位，重耳年二十一。献公十三年，以骊姬故，重耳备蒲城守秦。献公二十一年，献公杀太子申生，骊姬谗之，恐，不辞献公而守蒲城。献公二十二年，献公使宦者履鞮[①]趣杀重耳。重耳逾垣，宦者逐斩其衣袪。重耳遂奔狄。狄，其母国也。是时重耳年四十三。从此五士，其馀不名者数十人，至狄。

①【索隐】即《左传》之勃鞮，亦曰寺人披也。

狄伐咎如，[①]得二女：以长女妻重耳，生伯鯈、[②]叔刘；以少女妻赵衰，生盾。[③]居狄五岁而晋献公卒，里克已杀奚齐、悼子，乃使人迎，欲立重耳。重耳畏杀，因固谢，不敢入。已而晋更迎其弟夷吾立之，是为惠公。惠公七年，畏重耳，乃使宦者履鞮与壮士欲杀重耳。重耳闻之，乃谋赵衰等曰："始吾奔狄，非以为可用与，[④]以近易通，故且休足。休足久矣，固愿徙之大国。夫齐桓公好善，志在霸王，收恤诸侯。今闻管仲、隰朋死，此亦欲得贤佐，盍往乎？"于是遂行。重耳谓其妻曰："待我二十五年不来，乃嫁。"其妻笑曰："犁二十五年，[⑤]吾冢上柏大矣。[⑥]虽然，妾待子。"重耳居狄凡十二年而去。

①【集解】贾逵曰："赤狄之别，隗姓。"【索隐】赤狄之别种也，隗姓也。咎音高。邹诞本作"囷如"，又云或作"囚"。

②【正义】直留反。

③【索隐】《左传》云伐廧咎如，获其二女，以叔隗妻赵衰，生盾；公子取季隗，生伯儵、叔刘。则叔隗长而季隗少，乃不同也。

④【索隐】与音余。诸本或为"兴"。兴，起也。非翟可用兴起，故奔之也。

⑤【索隐】犁犹比也。

⑥【正义】杜预云："言将死入木也，不复成嫁也。"

过卫，卫文公不礼。去，过五鹿，[①]饥而从野人乞食，野人盛土器中进之。重耳怒。赵衰曰："土者，有土也，君其拜受之。"

①【集解】贾逵曰："卫地。"杜预曰："今卫县西北有地名五鹿，阳平元城县东亦有五鹿。"

至齐，齐桓公厚礼，而以宗女妻之，有马二十乘，重耳安之。重耳至齐二岁而桓公卒，会竖刀等为内乱，齐孝公之立，诸侯兵数至。留齐凡五岁。重耳爱齐女，毋去心。赵衰、咎犯乃于桑下谋行。齐女侍者在桑上闻之，以告其主。其主乃杀侍者，① 劝重耳趣行。重耳曰："人生安乐，孰知其他！必死于此，② 不能去。"齐女曰："子一国公子，穷而来此，数士者以子为命。子不疾反国，报劳臣，而怀女德，窃为子羞之。且不求，何时得功？"乃与赵衰等谋，醉重耳，载以行。行远而觉，重耳大怒，引戈欲杀咎犯。咎犯曰："杀臣成子，偃之愿也。"重耳曰："事不成，我食舅氏之肉。"咎犯曰："事不成，犯肉腥臊，何足食！"乃止，遂行。

①【集解】服虔曰："惧孝公怒，故杀之以灭口。"

②【集解】徐广曰："一云'人生一世，必死于此'。"

过曹，曹共公不礼，欲观重耳骈胁。曹大夫釐负羁曰："晋公子贤，又同姓，穷来过我，奈何不礼！"共公不从其谋。负羁乃私遗重耳食，置璧其下。重耳受其食，还其璧。

去，过宋。宋襄公新困兵于楚，伤于泓，闻重耳贤，乃以国礼礼于重耳。① 宋司马公孙固善于咎犯，曰："宋小国新困，不足以求入，更之大国。"乃去。

①【索隐】以国君之礼礼之也。

过郑，郑文公弗礼。郑叔瞻谏其君曰："晋公子贤，而其从者皆国相，且又同姓。郑之出自厉王，而晋之出自武王。"郑君曰："诸侯亡公子过此者众，安可尽礼！"叔瞻曰："君不礼，不如杀之，且后为国患。"郑君不听。

重耳去之楚，楚成王以適诸侯礼待之，① 重耳谢不敢当。赵衰曰："子亡在外十馀年，小国轻子，况大国乎？今楚大国而固遇子，子其毋让，此天开子也。"遂以客礼见之。成王厚遇重耳，重耳甚卑。成王曰："子即反国，何以报寡人？"重耳曰："羽毛齿角玉帛，君王所馀，未知所以报。"王曰："虽然，何以报不穀？"重耳曰："即不得已，与君王以兵车会平原广泽，请辟王三舍。"② 楚将子玉怒曰："王遇晋公子至厚，今重耳言不孙，请杀之。"成王曰："晋公子贤而困于外久，从者皆国器，此天所置，庸可杀乎？且言何以易之！"③ 居楚数月，而晋太子圉亡秦，秦怨之；闻重耳在楚，乃召之。成王曰："楚远，更数国乃至晋。秦晋接境，秦君贤，子其勉行！”厚送重耳。

①【索隐】適音敌。

②【集解】贾逵曰：“《司马法》‘从遁不过三舍’。三舍，九十里也。”

③【索隐】子玉请杀重耳，楚成王不许，言人出言不可轻易之。

重耳至秦，缪公以宗女五人妻重耳，故子圉妻与往。重耳不欲受，司空季子①曰：“其国且伐，况其故妻乎！且受以结秦亲而求入，子乃拘小礼，忘大丑乎！”遂受。缪公大欢，与重耳饮。赵衰歌《黍苗》诗。②缪公曰：“知子欲急反国矣。”赵衰与重耳下，再拜曰：“孤臣之仰君，如百谷之望时雨。”是时晋惠公十四年秋。惠公以九月卒，子圉立。十一月，葬惠公。十二月，晋国大夫栾、郤等闻重耳在秦，皆阴来劝重耳、赵衰等反国，为内应甚众。于是秦缪公乃发兵与重耳归晋。晋闻秦兵来，亦发兵拒之。然皆阴知公子重耳入也。唯惠公之故贵臣吕、郤之属③不欲立重耳。重耳出亡凡十九岁而得入，时年六十二矣，晋人多附焉。

①【集解】服虔曰：“胥臣臼季也。”

②【集解】韦昭曰：“《诗》云‘芃芃黍苗，阴雨膏之’。”

③【正义】吕甥、郤芮也。

文公元年春，秦送重耳至河。咎犯曰：“臣从君周旋天下，过亦多矣。臣犹知之，况于君乎？请从此去矣。”重耳曰：“若反国，所不与子犯共者，河伯视之！”①乃投璧河中，以与子犯盟。是时介子推从，在船中，乃笑曰：“天实开公子，而子犯以为己功而要市于君，固足羞也。吾不忍与同位。”乃自隐渡河。秦兵围令狐，晋军于庐柳。②二月辛丑，咎犯与秦晋大夫盟于郇。③壬寅，重耳入于晋师。丙午，入于曲沃。丁未，朝于武宫，④即位为晋君，是为文公。群臣皆往。怀公圉奔高梁。戊申，使人杀怀公。

①【索隐】视犹见也。

②【集解】韦昭曰：“庐柳，晋地也。”

③【集解】杜预曰：“解县西北有郇城。”【索隐】音荀，即文王之子所封。又音环。

④【集解】贾逵曰："文公之祖武公庙也。"

怀公故大臣吕省、郤芮本不附文公，文公立，恐诛，乃欲与其徒谋烧公宫，杀文公。文公不知。始尝欲杀文公宦者履鞮知其谋，欲以告文公，解前罪，求见文公。文公不见，使人让曰："蒲城之事，女斩予袪。其后我从狄君猎，女为惠公来求杀我。惠公与女期三日至，而女一日至，何速也？女其念之。"宦者曰："臣刀锯之馀，不敢以二心事君倍主，故得罪于君。君已反国，其毋蒲、翟乎？且管仲射钩，桓公以霸。今刑馀之人以事告而君不见，祸又且及矣。"于是见之，遂以吕、郤等告文公。文公欲召吕、郤，吕、郤等党多，文公恐初入国，国人卖己，乃为微行，会秦缪公于王城，①国人莫知。三月己丑，吕、郤等果反，焚公宫，不得文公。文公之卫徒与战，吕、郤等引兵欲奔，秦缪公诱吕、郤等，杀之河上，晋国复而文公得归。夏，迎夫人于秦，秦所与文公妻者卒为夫人。秦送三千人为卫，以备晋乱。

①【索隐】杜预云："冯翊临晋县东有故王城，今名武乡城。"

文公修政，施惠百姓。赏从亡者及功臣，大者封邑，小者尊爵。未尽行赏，周襄王以弟带难出居郑地，来告急晋。晋初定，欲发兵，恐他乱起，是以赏从亡未至隐者介子推。推亦不言禄，禄亦不及。推曰："献公子九人，唯君在矣。惠、怀无亲，外内弃之；天未绝晋，必将有主，主晋祀者，非君而谁？天实开之，二三子以为己力，不亦诬乎？窃人之财，犹曰是盗，况贪天之功以为己力乎？下冒其罪，上赏其奸，上下相蒙，①难与处矣！"其母曰："盍亦求之，以死谁怼？"推曰："尤而效之，罪有甚焉。且出怨言，不食其禄。"母曰："亦使知之，若何？"对曰："言，身之文也；身欲隐，安用文之？文之，是求显也。"其母曰："能如此乎？与女偕隐。"至死不复见。

①【集解】服虔曰："蒙，欺也。"

介子推从者怜之，乃悬书宫门曰："龙欲上天，五蛇为辅。①龙已升云，四蛇各入其宇，一蛇独怨，终不见处所。"文公出，见其书，曰："此介子推也。吾方忧王室，未图其功。”使人召之，则亡。遂求所在，闻其入绵上山中，②于是文公环绵上山中而封之，以为介推田，③号曰介山，“以记吾过，且旌善人”。④

①【索隐】龙喻重耳。五蛇即五臣，狐偃、赵衰、魏武子、司空季子及子推也。旧云五臣有先轸、颠颉，今恐二人非其数。

②【集解】贾逵曰：“绵上，晋地。”杜预曰：“西河介休县南有地名绵上。”

③【集解】徐广曰：“一作‘国’。”

④【集解】贾逵曰：“旌，表也。”

从亡贱臣壶叔曰：“君三行赏，赏不及臣，敢请罪。”文公报曰：“夫导我以仁义，防我以德惠，此受上赏。辅我以行，卒以成立，此受次赏。矢石之难，汗马之劳，此复受次赏。若以力事我而无补吾缺者，此〔复〕受次赏。三赏之后，故且及子。”晋人闻之，皆说。

二年春，秦军河上，①将入王。赵衰曰：“求霸莫如入王尊周。周晋同姓，晋不先入王，后秦入之，毋以令于天下。方今尊王，晋之资也。”三月甲辰，晋乃发兵至阳樊，②围温，入襄王于周。四月，杀王弟带。周襄王赐晋河内阳樊之地。

①【索隐】晋地也。

②【集解】服虔曰：“阳樊，周地。阳，邑名也，樊仲山之所居，故曰阳樊。”

四年，楚成王及诸侯围宋，宋公孙固如晋告急。先轸曰：“报施定霸，于今在矣。”①狐偃曰：“楚新得曹而初婚于卫，若伐曹、卫，楚必救之，则宋免矣。”于是晋作三军。②赵衰举郤縠将中军，郤臻佐之；使狐偃将上军，狐毛佐之，命赵衰为卿；栾枝将下军，③先轸佐之；荀林父御戎，魏犨为右：④往伐。冬十二月，晋兵先下山东，而以原封赵衰。⑤

①【集解】杜预曰：“报宋赠马之施。”

②【集解】王肃曰：“始复成国之礼，半周军也。”

③【集解】贾逵曰：“栾枝，栾宾之孙。”

④【正义】犨，昌由反，又音受。

⑤【集解】杜预曰："河内沁水县西北有原城。"

五年春，晋文公欲伐曹，假道于卫，卫人弗许。还自河南度，侵曹，伐卫。正月，取五鹿。二月，晋侯、齐侯盟于敛盂。①卫侯请盟晋，晋人不许。卫侯欲与楚，国人不欲，故出其君以说晋。卫侯居襄牛，②公子买守卫。楚救卫，不卒。③晋侯围曹。三月丙午，晋师入曹，数之以其不用釐负羁言，而用美女乘轩者三百人也。令军毋入僖负羁宗家以报德。楚围宋，宋复告急晋。文公欲救则攻楚，为楚尝有德，不欲伐也；欲释宋，宋又尝有德于晋：患之。④先轸曰："执曹伯，分曹、卫地以与宋，楚急曹、卫，其势宜释宋。"⑤于是文公从之，而楚成王乃引兵归。

①【集解】杜预曰："卫地也。"

②【集解】服虔曰："卫地也。"

③【集解】徐广曰："一作'胜'。"

④【索隐】晋若攻楚，则伤楚子送其入秦之德；又欲释宋不救，乃亏宋公赠马之惠。进退有难，是以患之。

⑤【索隐】楚初得曹，又新婚于卫，今晋执曹伯而分曹、卫之地与宋，则楚急曹、卫，其势宜释宋。

楚将子玉曰："王遇晋至厚，今知楚急曹、卫而故伐之，是轻王。"王曰："晋侯亡在外十九年，困日久矣，果得反国，险厄尽知之，能用其民，天之所开，不可当。"子玉请曰："非敢必有功，愿以间执谗慝之口也。"①楚王怒，少与之兵。于是子玉使宛春告晋：②"请复卫侯而封曹，臣亦释宋。"咎犯曰："子玉无礼矣，君取一，臣取二，勿许。"③先轸曰："定人之谓礼。楚一言定三国，子一言而亡之，我则毋礼。不许楚，是弃宋也。不如私许曹、卫以诱之，执宛春以怒楚，④既战而后图之。"⑤晋侯乃囚宛春于卫，且私许复曹、卫。曹、卫告绝于楚。楚得臣怒，⑥击晋师，晋师退。军吏曰："为何退？"文公曰："昔在楚，约退三舍，可倍乎！"楚师欲去，得臣不肯。四月戊辰，宋公、⑦齐将、⑧秦将⑨与晋侯次城濮。⑩己巳，与楚兵合战，楚兵败，得臣收馀兵去。甲午，晋师还至衡雍，⑪作王宫于践土。⑫

①【集解】服虔曰:"子玉非敢求有大功,但欲执苏贾谗慝之口,谓子玉过三百乘不能入也。"杜预曰:"执犹塞也。"

②【集解】贾逵曰:"宛春,楚大夫。"

③【集解】韦昭曰:"君,文公也。臣,子玉也。一谓释宋围,二谓复曹、卫。"

④【集解】韦昭曰:"怒楚,令必战。"

⑤【集解】杜预曰:"须胜负决乃定计。"

⑥【集解】得臣即子玉。

⑦【索隐】成公王臣。

⑧【索隐】国归父。

⑨【索隐】小子慭也。

⑩【集解】贾逵曰:"卫地也。"

⑪【集解】杜预曰:"衡雍,郑地,今荥阳卷县也。"

⑫【集解】服虔曰:"既败楚师,襄王自往临践土,赐命晋侯,晋侯闻而为之作宫。"【索隐】杜预云践土,郑地。然据此文,晋师还至衡雍,衡雍在河南也。故刘氏云践土在河南。下文践土在河北,今元城县西有践土驿,义或然也。

初,郑助楚,楚败,惧,使人请盟晋侯。晋侯与郑伯盟。

五月丁未,献楚俘于周,①驷介百乘,徒兵千。②天子使王子虎命晋侯为伯,③赐大辂,彤弓矢百,玈弓矢千,④秬鬯一卣,珪瓒,⑤虎贲三百人。⑥晋侯三辞,然后稽首受之。⑦周作《晋文侯命》:"王若曰:父义和,⑧丕显文、武,能慎明德,⑨昭登于上,布闻在下,⑩维时上帝集厥命于文、武。⑪恤朕身,继予一人永其在位。"⑫于是晋文公称伯。癸亥,王子虎盟诸侯于王庭。⑬

①【正义】俘音孚,囚也。

②【集解】服虔曰:"驷介,驷马被甲也。徒兵,步卒也。"

③【集解】贾逵曰:"王子虎,周大夫。"

④【集解】贾逵曰:"大辂,金辂。彤弓,赤;玈弓,黑也。诸侯赐弓矢,然后征伐。"【正义】彤,徒冬反。玈音庐。

⑤【集解】贾逵曰:"秬,黑黍;鬯,香酒也。所以降神。卣,器名。诸侯赐珪瓒,然后为鬯。"

⑥【集解】贾逵曰:"天子卒曰虎贲。"

⑦【集解】贾逵曰:“稽首,首至地。”

⑧【集解】孔安国曰:“同姓,故称曰父。”马融曰:“王顺曰,父能以义和我诸侯。” 【索隐】按:《尚书·文侯之命》是平王命晋文侯仇之语,今此文乃襄王命文公重耳之事,代数悬隔,勋策全乖。太史公虽复弥缝《左氏》,而系家颇亦时有疏谬。裴氏《集解》亦引孔、马之注,而都不言时代乖角,何习迷而同醉也?然计平王至襄王为七代,仇至重耳为十一代而十三侯。又平王元年至鲁僖二十八年,当襄二十年,为一百三十馀岁矣,学者颇合讨论之。而刘伯庄以为盖天子命晋同此一辞,尤非也。

⑨【索隐】孔安国曰:“文王、武王能详慎显用明德。”

⑩【集解】马融曰:“昭,明也。上谓天,下谓人。”

⑪【集解】孔安国曰:“惟以是故集成其王命,德流子孙。”

⑫【集解】孔安国曰:“当忧念我身,则我一人长安王位。”

⑬【集解】服虔曰:“王庭,践土也。” 【索隐】服氏知王庭是践土者,据二十八年五月“公会晋侯,盟于践土”,又此上文“四月甲午,作王宫于践土”。王庭即王宫也。

晋焚楚军,火数日不息,文公叹。左右曰:“胜楚而君犹忧,何?”文公曰:“吾闻能战胜安者唯圣人,是以惧。且子玉犹在,庸可喜乎!”子玉之败而归,楚成王怒其不用其言,贪与晋战,让责子玉,子玉自杀。晋文公曰:“我击其外,楚诛其内,内外相应。”于是乃喜。

六月,晋人复入卫侯。壬午,晋侯度河北归国。行赏,狐偃为首。或曰:“城濮之事,先轸之谋。”文公曰:“城濮之事,偃说我毋失信。先轸曰‘军事胜为右’,吾用之以胜。然此一时之说,偃言万世之功,奈何以一时之利而加万世功乎?是以先之。”

冬,晋侯会诸侯于温,欲率之朝周。力未能,恐其有畔者,乃使人言周襄王狩于河阳。壬申,遂率诸侯朝王于践土。①孔子读史记至文公,曰“诸侯无召王”、“王狩河阳”者,《春秋》讳之也。

①【索隐】按:《左氏传》“五月,盟于践土;冬,会诸侯于温,天王狩于河阳;壬申,公朝于王所”。此文亦说冬朝于王,当合于河阳温地,不合取五月践土之文。

丁丑，诸侯围许。曹伯臣或说晋侯曰："齐桓公合诸侯而国异姓，今君为会而灭同姓。曹，叔振铎之后；晋，唐叔之后。合诸侯而灭兄弟，非礼。"晋侯说，复曹伯。

于是晋始作三行。①荀林父将中行，先縠将右行，②先蔑将左行。③

①【集解】服虔曰："辟天子六军，故谓之三行。"

②【索隐】《左传》屠击将右行，与此异。

③【集解】杜预曰："三行无佐，疑大夫帅也。" 【索隐】据《左传》，荀林父并是卿，而云"大夫帅"者，非也。不置佐者，当避天子也。或新置三行，官未备耳。

七年，晋文公、秦缪公共围郑，以其无礼于文公亡过时，及城濮时郑助楚也。围郑，欲得叔瞻。叔瞻闻之，自杀。郑持叔瞻告晋。晋曰："必得郑君而甘心焉。"郑恐，乃间令使①谓秦缪公曰："亡郑厚晋，于晋得矣，而秦未为利。君何不解郑，得为东道交？"②秦伯说，罢兵。晋亦罢兵。

①【索隐】使谓烛之武。

②【索隐】交犹好也。诸本及《左传》皆作"主"。

九年冬，晋文公卒，子襄公欢立。是岁郑伯亦卒。

郑人或卖其国于秦，①秦缪公发兵往袭郑。十二月，秦兵过我郊。襄公元年春，秦师过周，无礼，王孙满讥之。兵至滑，郑贾人弦高将市于周，遇之，以十二牛劳秦师。秦师惊而还，灭滑而去。

①【正义】《左传》云秦、晋伐郑，烛之武说秦，师罢。令杞子、逢孙、杨孙三大夫戍郑。杞子自郑使告于秦曰："郑人使我掌其北门之管，若潜师以来，国可得也。"

晋先轸曰："秦伯不用蹇叔，反其众心，此可击。"栾枝曰："未报先君施于秦，击之，不可。"先轸曰："秦侮吾孤，伐吾同姓，何德之报？"遂击之。襄公墨衰绖。①四月，败秦师于殽，虏秦三将孟明视、西乞秫、白乙丙以归。遂墨以葬文公。②文公夫人秦女，谓襄公曰："秦欲得其三将戮之。”公许，遣之。先轸闻之，谓襄公曰：“患生矣。”轸乃追秦将。秦将渡河，已在船中，顿首谢，卒不反。

①【集解】贾逵曰：“墨，变凶。”杜预曰：“以凶服从戎，故墨之。”

②【集解】服虔曰：“非礼也。”杜预曰：“记礼所由变也。”

后三年，秦果使孟明伐晋，报殽之败，取晋汪以归。① 四年，秦缪公大兴兵伐我，度河，取王官，② 封殽尸而去。晋恐，不敢出，遂城守。五年，晋伐秦，取新城，③ 报王官役也。

①【索隐】按：《左传》文二年，秦孟明视伐晋，报殽之役，无取晋汪之事。又其年冬，晋先且居等伐秦，取汪、彭衙而还。则汪是秦邑，止可晋伐秦取之，岂得秦伐晋而取汪也？或者晋先取之秦，今伐晋而收汪，是汪从晋来，故云取晋汪而归也。彭衙在郃阳北，汪不知所在。

②【正义】《括地志》云：“王官故城在同州澄城县西北六十里。”《左传》文公三年，秦伐晋，取王官，即此。先言度河，史文颠倒耳。

③【集解】服虔曰：“秦邑，新所作城也。”

六年，赵衰成子、栾贞子、咎季子犯、霍伯皆卒。① 赵盾代赵衰执政。

①【集解】贾逵曰：“栾贞子，栾枝也。霍伯，先且居也。”

七年八月，襄公卒。太子夷皋少。晋人以难故，① 欲立长君。赵盾曰：“立襄公弟雍。好善而长，先君爱之；且近于秦，秦故好也。立善则固，事长则顺，奉爱则孝，结旧好则安。”贾季曰：“不如其弟乐。辰嬴嬖于二君，② 立其子，民必安之。”赵盾曰：“辰嬴贱，班在九人下，③ 其子何震之有！④ 且为二君嬖，淫也。为先君子，⑤ 不能求大而出在小国，僻也。母淫子僻，无威；⑥ 陈小而远，无援：将何可乎！”使士会如秦迎公子雍。贾季亦使人召公子乐于陈。赵盾废贾季，以其杀阳处父。⑦ 十月，葬襄公。十一月，贾季奔翟。是岁，秦缪公亦卒。

①【集解】服虔曰：“晋国数有患难。”

②【集解】服虔曰：“辰嬴，怀嬴也。二君，怀公、文公。”

③【集解】服虔曰：“班，次也。”

④【集解】贾逵曰："震，威也。"

⑤【正义】乐，文公子也。

⑥【正义】僻，匹亦反。言乐僻隐在陈，而远无援也。

⑦【集解】案：《左传》，此时贾他为太师，阳处父为太傅。

灵公元年四月，秦康公曰："昔文公之入也无卫，故有吕、郤之患。"乃多与公子雍卫。太子母缪嬴日夜抱太子以号泣于朝，曰："先君何罪？其嗣亦何罪？舍適而外求君，将安置此？"① 出朝，则抱以适赵盾所，顿首曰："先君奉此子而属之子，曰'此子材，吾受其赐；不材，吾怨子'。② 今君卒，言犹在耳，③ 而弃之，若何？"赵盾与诸大夫皆患缪嬴，且畏诛，乃背所迎而立太子夷皋，是为灵公。发兵以距秦送公子雍者。赵盾为将，往击秦，败之令狐。先蔑、随会亡奔秦。秋，齐、宋、卫、郑、曹、许君皆会赵盾，盟于扈，④ 以灵公初立故也。

①【集解】服虔曰："此，太子。"

②【集解】王肃曰："怨其教导不至也。"

③【集解】杜预曰："在宣子之耳。"

④【集解】杜预曰："郑地。荥阳卷县西北有扈亭。"

四年，伐秦，取少梁。秦亦取晋之郩。① 六年，秦康公伐晋，取羁马。晋侯怒，使赵盾、赵穿、郤缺击秦，大战河曲，赵穿最有功。七年，晋六卿患随会之在秦，常为晋乱，乃详令魏寿馀反晋降秦。秦使随会之魏，因执会以归晋。

①【集解】徐广曰："年表云北徵也。"【索隐】徐云年表曰徵。然按《左传》，文十年春，晋人伐秦，取少梁。夏，秦伯伐晋，取北徵，北徵即年表之徵。今云郩者，字误也。徵音惩，亦冯翊之县名。

八年，周顷王崩，公卿争权，故不赴。① 晋使赵盾以车八百乘平周乱而立匡王。② 是年，楚庄王初即位。十二年，齐人弑其君懿公。

①【索隐】按：《春秋》鲁文十二年"顷王崩，周公阅与王孙苏争政，故不赴"是也。

②【索隐】文十四年《传》又云"晋赵盾以诸侯之师八百乘纳捷菑于邾，不克，乃

还”。而“周公阅与王孙苏讼于晋，赵宣子平王室而复之”。则以车八百乘，自是宣子纳邾捷菑，不关王室之事，但文相连耳，多恐是误也。

十四年，灵公壮，侈，厚敛以雕墙。①从台上弹人，观其避丸也。宰夫胹熊蹯不熟，②灵公怒，杀宰夫，使妇人持其尸出弃之，过朝。赵盾、随会前数谏，不听；已又见死人手，二人前谏。随会先谏，不听。灵公患之，使鉏麑刺赵盾。③盾闺门开，居处节，鉏麑退，叹曰：“杀忠臣，弃君命，罪一也。”遂触树而死。④

①【集解】贾逵曰：“雕，画也。”

②【集解】服虔曰：“蹯，熊掌，其肉难熟。” 【正义】胹音而。蹯音樊。

③【集解】贾逵曰：“鉏麑，晋力士。” 【正义】鉏音锄。麑音迷。

④【集解】杜预曰：“赵盾庭树也。”

初，盾常田首山，①见桑下有饿人。饿人，示眯明也。②盾与之食，食其半。问其故，曰：“宦三年，③未知母之存不，愿遗母。”盾义之，益与之饭肉。已而为晋宰夫，赵盾弗复知也。九月，晋灵公饮赵盾酒，伏甲将攻盾。公宰示眯明知之，恐盾醉不能起，而进曰：“君赐臣，觞三行④可以罢。”欲以去赵盾，令先，毋及难。盾既去，灵公伏士未会，先纵⑤啮狗名敖。⑥明为盾搏杀狗。盾曰：“弃人用狗，虽猛何为。”然不知明之为阴德也。已而灵公纵伏士出逐赵盾，示眯明反击灵公之伏士，伏士不能进，而竟脱盾。盾问其故，曰：“我桑下饿人。”问其名，弗告。⑦明亦因亡去。

①【集解】徐广曰：“蒲阪县有雷首山。”

②【索隐】邹诞云示眯为祁弥也，即《左传》之提弥明也。提音市移反，刘氏亦音祁为时移反，则祁提二字同音也。而此《史记》作“示”者，示即《周礼》古本“地神曰祇”，皆作“示”字。邹为“祁”者，盖由祇提音相近，字遂变为“祁”也。眯音米移反。以“眯”为“弥”，亦音相近耳。又《左氏》桑下饿人是灵辄也。其示眯明，是嗾獒者也，其人斗而死。今合二人为一人，非也。

③【集解】服虔曰：“宦，宦学事也。”

④【索隐】如字。

⑤【索隐】纵，足用反。又本作“嗾”，又作“蹴”，同素后反。

⑥【集解】何休曰："犬四尺曰獒。"

⑦【集解】服虔曰："不望报。"

盾遂奔，未出晋境。乙丑，盾昆弟将军赵穿袭杀灵公于桃园①而迎赵盾。赵盾素贵，得民和；灵公少，侈，民不附，故为弑易。②盾复位。晋太史董狐书曰"赵盾弑其君"，以视于朝。盾曰："弑者赵穿，我无罪。"太史曰："子为正卿，而亡不出境，反不诛国乱，非子而谁？"孔子闻之，曰："董狐，古之良史也，书法不隐。③宣子，良大夫也，为法受恶。④惜也，出疆乃免。"⑤

①【集解】虞翻曰："园名也。"

②【索隐】以豉反。

③【集解】杜预曰："不隐盾之罪。"

④【集解】服虔曰："闻义则服。"杜预曰："善其为法受屈也。"【正义】为，于伪反。

⑤【集解】杜预曰："越境则君臣之义绝，可以不讨贼也。"

赵盾使赵穿迎襄公弟黑臀于周而立之，是为成公。

成公者，文公少子，其母周女也。壬申，朝于武宫。

成公元年，赐赵氏为公族。①伐郑，郑倍晋故也。三年，郑伯初立，附晋而弃楚。楚怒，伐郑，晋往救之。

①【集解】服虔曰："公族大夫也。"

六年，伐秦，虏秦将赤。①

①【索隐】赤即斥，谓斥候之人也。按：宣八年《左传》"晋伐秦，获秦谍，杀诸绛市"。盖彼谍即此赤也。晋成公六年为鲁宣八年，正同，故知然。

七年，成公与楚庄王争强，会诸侯于扈。陈畏楚，不会。晋使中行桓子①伐陈，因救郑，与楚战，败楚师。是年，成公卒，子景公据立。

①【索隐】荀林父也。

景公元年春，陈大夫夏徵舒弑其君灵公。二年，楚庄王伐陈，诛徵舒。

三年，楚庄王围郑，郑告急晋。晋使荀林父将中军，随会将上军，赵朔将下军，郤克、栾书、先縠、韩厥、巩朔佐之。六月，至河。闻楚已服郑，郑伯肉袒与盟而去，荀林父欲还。先縠曰："凡来救郑，不至不可，将率离心。"卒度河。楚已服郑，欲饮马于河为名而去。楚与晋军大战。郑新附楚，畏之，反助楚攻晋。晋军败，走河，争度，船中人指甚众。楚虏我将智罃。归而林父曰："臣为督将，军败当诛，请死。"景公欲许之。随会曰："昔文公之与楚战城濮，成王归杀子玉，而文公乃喜。今楚已败我师，又诛其将，是助楚杀仇也。"乃止。

四年，先縠以首计而败晋军河上，恐诛，乃奔翟，与翟谋伐晋。晋觉，乃族縠。縠，先轸子也。

五年，伐郑，为助楚故也。是时楚庄王强，以挫晋兵河上也。

六年，楚伐宋，宋来告急晋，晋欲救之，伯宗谋曰：①"楚，天方开之，不可当。"乃使解扬绐为救宋。②郑人执与楚，楚厚赐，使反其言，令宋急下。解扬绐许之，卒致晋君言。楚欲杀之，或谏，乃归解扬。

①【集解】贾逵曰："伯宗，晋大夫。"

②【集解】服虔曰："解扬，晋大夫。"

七年，晋使随会灭赤狄。

八年，使郤克于齐。齐顷公母从楼上观而笑之。所以然者，郤克偻，而鲁使蹇，卫使眇，故齐亦令人如之以导客。郤克怒，归至河上，曰："不报齐者，河伯视之！"至国，请君，欲伐齐。景公问知其故，曰："子之怨，安足以烦国！"弗听。魏文子请老休，辟郤克，克执政。

九年，楚庄王卒。晋伐齐，齐使太子彊为质于晋，晋兵罢。

十一年春，齐伐鲁，取隆。①鲁告急卫，卫与鲁皆因郤克告急于晋。晋乃使郤克、栾书、韩厥以兵车八百乘与鲁、卫共伐齐。夏，与顷公战于鞍，伤困顷公。顷公乃与其右易位，下取饮，以得脱去。齐师败走，晋追北至齐。顷公献宝器以求平，不听。郤克曰："必得萧桐侄子②为质。"齐使曰："萧桐侄子，顷公母；顷公母犹晋君母，奈何必得之？不义，请复战。”晋乃许与平而去。

①【索隐】刘氏云“隆即龙也，鲁北有龙山”。又此年当鲁成二年，《经》书“齐侯伐我北鄙”，《传》曰“围龙”。又邹诞及别本作“俱”字，俱当作“郓”。文十二年“季孙行父帅师城诸及郓”，注曰“俱即郓也，字变耳”。《地理志》云在东莞县东也。

②【索隐】《左传》作“叔子”。

楚申公巫臣盗夏姬以奔晋，晋以巫臣为邢大夫。①

①【集解】贾逵曰：“邢，晋邑。”

十二年冬，齐顷公如晋，欲上尊晋景公为王，景公让不敢。晋始作六(卿)〔军〕，①韩厥、巩朔、赵穿、荀骓、②赵括、赵旃皆为卿。智罃自楚归。

①【集解】贾逵曰：“初作六军，僭王也。”

②【索隐】音佳。谥文子。

十三年，鲁成公朝晋，晋弗敬，鲁怒去，倍晋。晋伐郑，取氾。

十四年，梁山崩。①问伯宗，伯宗以为不足怪也。②

①【集解】《公羊传》曰：“梁山，河上山。”杜预曰：“在冯翊夏阳县北也。”

②【集解】徐广曰：“年表云伯宗隐其人，用其言。”

十六年，楚将子反怨巫臣，灭其族。巫臣怒，遗子反书曰：“必令子罢于奔命！”乃请使吴，令其子为吴行人，教吴乘车用兵。吴晋始通，约伐楚。

十七年，诛赵同、赵括，族灭之。韩厥曰：“赵衰、赵盾之功岂可忘乎？奈何绝祀！”乃复令赵庶子武为赵后，复与之邑。

十九年夏，景公病，立其太子寿曼为君，是为厉公。后月馀，景公卒。

厉公元年，初立，欲和诸侯，与秦桓公夹河而盟。归而秦倍盟，与翟谋伐晋。三年，使吕相让秦，①因与诸侯伐秦。至泾，败秦于麻隧，虏其将成差。

①【集解】贾逵曰："吕相，晋大夫。"

五年，三郤谗伯宗，杀之。① 伯宗以好直谏得此祸，国人以是不附厉公。

①【集解】贾逵曰："三郤，郤锜、郤犨、郤至也。"

六年春，郑倍晋与楚盟，晋怒。栾书曰："不可以当吾世而失诸侯。"乃发兵。厉公自将，五月度河。闻楚兵来救，范文子请公欲还。郤至曰："发兵诛逆，见强辟之，无以令诸侯。"遂与战。癸巳，射中楚共王目，楚兵败于鄢陵。① 子反收馀兵，拊循欲复战，晋患之。共王召子反，其侍者竖阳穀进酒，子反醉，不能见。王怒，让子反，子反死。王遂引兵归。晋由此威诸侯，欲以令天下求霸。

①【集解】徐广曰："鄢，一作'焉'。"服虔曰："鄢陵，郑之东南地也。"【索隐】鄢音偃，又於连反。

厉公多外嬖姬，归，欲尽去群大夫而立诸姬兄弟。宠姬兄曰胥童，尝与郤至有怨，及栾书又怨郤至不用其计而遂败楚，① 乃使人间谢楚。楚来诈厉公曰："鄢陵之战，实至召楚，欲作乱，内子周立之。会与国不具，是以事不成。"厉公告栾书。栾书曰："其殆有矣！愿公试使人之周② 微考之。"果使郤至于周。栾书又使公子周见郤至，郤至不知见卖也。厉公验之，信然，遂怨郤至，欲杀之。八年，厉公猎，与姬饮，郤至杀豕奉进，宦者夺之。③ 郤至射杀宦者。公怒，曰："季子欺予！"④ 将诛三郤，未发也。郤锜欲攻公，曰："我虽死，公亦病矣。"郤至曰："信不反君，智不害民，勇不作乱。失此三者，谁与我？我死耳！"十二月壬午，公令胥童以兵八百人袭攻杀三郤。胥童因以劫栾书、中行偃于朝，曰："不杀二子，患必及公。"公曰："一旦杀三卿，寡人不忍益也。"对曰："人将忍君。"⑤ 公弗听，谢栾书等以诛郤氏罪："大夫复位。"二子顿首曰："幸甚幸甚！"公使胥童为卿。闰月乙卯，厉公游匠骊氏，⑥ 栾书、中行偃以其党袭捕厉公，囚之，杀胥童，而使人迎公子周⑦ 于周而立之，是为悼公。

①【集解】《左传》曰："栾书欲待楚师退而击之，郤至云'楚有六间，不可失

也’。”

②【集解】虞翻曰：“周京师。”

③【索隐】宦者孟张也。

④【集解】杜预曰：“公反以为郤至夺豕也。”

⑤【集解】杜预曰：“人，谓书、偃。”

⑥【集解】贾逵曰：“匠骊氏，晋外嬖大夫在翼者。”

⑦【集解】徐广曰：“一作‘纠’。”

悼公元年正月庚申，栾书、中行偃弑厉公，葬之①以一乘车。②厉公囚六日死，死十日庚午，智罃迎公子周来，至绛，刑鸡与大夫盟而立之，是为悼公。辛巳，朝武宫。二月乙酉，即位。

①【集解】《左传》曰：“葬之于翼东门之外也。”

②【集解】杜预曰：“言不以君礼葬也。诸侯葬车七乘。”

悼公周者，其大父捷，晋襄公少子也，不得立，号为桓叔，桓叔最爱。桓叔生惠伯谈，谈生悼公周。周之立，年十四矣。悼公曰：“大父、父皆不得立而辟难于周，客死焉。寡人自以疏远，毋几为君。①今大夫不忘文、襄之意而惠立桓叔之后，赖宗庙大夫之灵，得奉晋祀，岂敢不战战乎？大夫其亦佐寡人！”于是逐不臣者七人，修旧功，施德惠，收文公入时功臣后。秋，伐郑。郑师败，遂至陈。

①【索隐】几音冀，谓望也。

三年，晋会诸侯。①悼公问群臣可用者，祁傒举解狐。解狐，傒之仇。复问，举其子祁午。君子曰：“祁傒可谓不党矣！外举不隐仇，内举不隐子。”方会诸侯，悼公弟杨干乱行，②魏绛戮其仆。③悼公怒，或谏公，公卒贤绛，任之政，使和戎，戎大亲附。十一年，悼公曰：“自吾用魏绛，九合诸侯，④和戎、翟，魏子之力也。”赐之乐，三让乃受之。冬，秦取我栎。⑤

①【索隐】于鸡泽也。

②【集解】贾逵曰：“行，陈也。”

③【集解】贾逵曰:“仆,御也。”

④【集解】服虔曰:“九合:一谓会于戚,二会城棣救陈,三会于鄬,四会于邢丘,五同盟于戏,六会于柤,七戍郑虎牢,八同盟于亳城北,九会于萧鱼。”

⑤【索隐】音历。《释例》云在河北,地阙。

十四年,晋使六卿率诸侯伐秦,度泾,大败秦军,至棫林而去。

十五年,悼公问治国于师旷。师旷曰:“惟仁义为本。”冬,悼公卒,子平公彪立。

平公元年,伐齐,齐灵公与战靡下,①齐师败走。晏婴曰:“君亦毋勇,何不止战?”遂去。晋追,遂围临菑,尽烧屠其郭中。东至胶,南至沂,齐皆城守,晋乃引兵归。

①【集解】徐广曰:“靡,一作‘历’。”【索隐】刘氏靡音眉绮反,即靡笄也。

六年,鲁襄公朝晋。晋栾逞有罪,奔齐。八年,齐庄公微遣栾逞于曲沃,以兵随之。齐兵上太行,栾逞从曲沃中反,袭入绛。绛不戒,平公欲自杀,范献子止公,以其徒击逞,逞败走曲沃。曲沃攻逞,逞死,遂灭栾氏宗。逞者,栾书孙也。①其入绛,与魏氏谋。齐庄公闻逞败,乃还,取晋之朝歌去,以报临菑之役也。

①【集解】《左传》“逞”作“盈”。

十年,齐崔杼弑其君庄公。晋因齐乱,伐败齐于高唐去,报太行之役也。

十四年,吴延陵季子来使,与赵文子、韩宣子、魏献子语,曰:“晋国之政,卒归此三家矣。”

十九年,齐使晏婴如晋,与叔向语。叔向曰:“晋,季世也。公厚赋为台池而不恤政,政在私门,其可久乎!”晏子然之。

二十二年,伐燕。二十六年,平公卒,子昭公夷立。

昭公六年卒。六卿强,①公室卑。子顷公去疾立。

①【索隐】韩、赵、魏、范、中行及智氏为六卿。后韩、赵、魏为三卿,而分晋政,

故曰三晋。

顷公六年，周景王崩，王子争立。晋六卿平王室乱，立敬王。

九年，鲁季氏逐其君昭公，昭公居乾侯。十一年，卫、宋使使请晋纳鲁君。季平子私赂范献子，献子受之，乃谓晋君曰："季氏无罪。"不果入鲁君。

十二年，晋之宗家祁傒孙，叔向子，相恶于君。六卿欲弱公室，乃遂以法尽灭其族，而分其邑为十县，各令其子为大夫。晋益弱，六卿皆大。

十四年，顷公卒，子定公午立。

定公十一年，鲁阳虎奔晋，赵鞅简子舍之。十二年，孔子相鲁。

十五年，赵鞅使邯郸大夫午，不信，欲杀午，午与中行寅、①范吉射②亲攻赵鞅，鞅走保晋阳。定公围晋阳。荀栎、韩不信、魏侈与范、中行为仇，乃移兵伐范、中行。范、中行反，晋君击之，败范、中行。范、中行走朝歌，保之。韩、魏为赵鞅谢晋君，乃赦赵鞅，复位。二十二年，晋败范、中行氏，二子奔齐。

①【索隐】寅，荀偃之孙也。

②【索隐】音亦。范献子，士鞅之子。

三十年，定公与吴王夫差会黄池，争长，赵鞅时从，卒长吴。①

①【集解】徐广曰："《吴世家》说黄池之盟云'赵鞅怒，将战，吴乃长晋定公'。《左氏传》云'乃先晋人'，《外传》云'吴公先歃，晋公次之'。"

三十一年，齐田常弑其君简公，而立简公弟骜为平公。三十三年，孔子卒。

三十七年，定公卒，子出公凿立。

出公十七年，①知伯与赵、韩、魏共分范、中行地以为邑。出公怒，告齐、鲁，欲以伐四卿。②四卿恐，遂反攻出公。出公奔齐，道死。故知伯乃立昭公曾孙骄为晋君，是为哀公。③

①【集解】徐广曰:“年表云出公立十八年。或云二十年。”

②【索隐】时赵、魏、韩共灭范氏及中行氏,而分其地,犹有智氏与三晋,故曰“四卿”也。

③【索隐】按:《赵系家》云骄是为懿公。又年表云出公十八年,次哀公忌二年,次懿公骄十七年。《纪年》又云出公二十三年奔楚,乃立昭公之孙,是为敬公。《系本》亦云昭公生桓子雍,雍生忌,忌生懿公骄。然《晋》、《赵系家》及年表各各不同,何况《纪年》之说也!

哀公大父雍,晋昭公少子也,号为戴子。①戴子生忌。忌善知伯,蚤死,故知伯欲尽并晋,未敢,乃立忌子骄为君。当是时,晋国政皆决知伯,晋哀公不得有所制。知伯遂有范、中行地,最强。

①【集解】徐广曰:“《世本》作‘相子雍’,注云戴子。”

哀公四年,赵襄子、韩康子、魏桓子共杀知伯,尽并其地。①

①【索隐】如《纪年》之说,此乃出公二十二年事。

十八年,哀公卒,子幽公柳立。

幽公之时,晋畏,反朝韩、赵、魏之君。①独有绛、曲沃,馀皆入三晋。

①【索隐】畏,惧也。为衰弱故,反朝韩、赵、魏也。宋忠引此注《系本》,而“畏”字为“衰”。

十五年,魏文侯初立。①十八年,幽公淫妇人,夜窃出邑中,盗杀幽公。②魏文侯以兵诛晋乱,立幽公子止,是为烈公。③

①【索隐】按《纪年》,魏文侯初立在敬公十八年。

②【索隐】《纪年》云夫人秦嬴贼公于高寝之上。

③【索隐】《系本》云幽公生烈公止。又年表云魏诛幽公,立其弟止。

烈公十九年,周威烈王赐赵、韩、魏皆命为诸侯。

二十七年,烈公卒,子孝公颀立。①孝公九年,魏武侯初立,袭邯郸,不胜而去。十七年,孝公卒,②子静公俱酒立。③是岁,齐威王元年也。

①【索隐】《系本》云孝公倾。《纪年》以孝公为桓公,故《韩子》有“晋桓侯”。

②【索隐】《纪年》云桓公二十年赵成侯、韩共侯迁桓公于屯留。已后更无晋事。

③【索隐】《系本》云静公俱。

静公二年，魏武侯、韩哀侯、赵敬侯灭晋后而三分其地。① 静公迁为家人，晋绝不祀。

①【索隐】按：《纪年》魏武侯以桓公十九年卒，韩哀侯、赵敬侯并以桓公十五年卒。又《赵系家》烈侯十六年与韩分晋，封晋君端氏，其后十年，肃侯迁晋君于屯留。不同也。

太史公曰：晋文公，古所谓明君也，亡居外十九年，至困约，及即位而行赏，尚忘介子推，况骄主乎？灵公既弑，其后成、景致严，至厉大刻，大夫惧诛，祸作。悼公以后日衰，六卿专权。故君道之御其臣下，固不易哉！

【索隐述赞】天命叔虞，卒封于唐。桐珪既削，河、汾是荒。文侯虽嗣，曲沃日强。未知本末，祚倾桓庄。献公昏惑，太子罹殃。重耳致霸，朝周河阳。灵既丧德，厉亦无防。四卿侵侮，晋祚遽亡。

史记卷四十

楚世家第十

楚之先祖出自帝颛顼高阳。高阳者，黄帝之孙，昌意之子也。高阳生称，①称生卷章，卷章生重黎。②重黎为帝喾高辛居火正，③甚有功，能光融天下，帝喾命曰祝融。④共工氏作乱，帝喾使重黎诛之而不尽。帝乃以庚寅日诛重黎，而以其弟吴回为重黎后，复居火正，为祝融。

①【正义】尺证反。

②【集解】徐广曰："《世本》云老童生重黎及吴回。"谯周曰："老童即卷章。"【索隐】卷章名老童，故《系本》云"老童生重黎"。重氏、黎氏二官代司天地，重为木正，黎为火正。案：《左氏传》少昊氏之子曰重，颛顼氏之子曰黎。今以重黎为一人，仍是颛项之子孙者，刘氏云"少昊氏之后曰重，颛项氏之后曰重黎，对彼重则单称黎，若自言当家则称重黎。故楚及司马氏皆重黎之后，非关少昊之重"。愚谓此解为当。

③【索隐】此重黎为火正，彼少昊氏之后重自为木正，知此重黎即彼之黎也。

④【集解】虞翻曰："祝，大；融，明也。"韦昭曰："祝，始也。"

吴回生陆终。陆终生子六人，坼剖而产焉。①其长一曰昆吾；②二曰参胡；③三曰彭祖；④四曰会人；⑤五曰曹姓；⑥六曰季连，芈姓，楚其后也。⑦昆吾氏，夏之时尝为侯伯，桀之时汤灭之。彭祖氏，殷之时尝为侯伯，殷之末世灭彭祖氏。季连生附沮，⑧附沮生穴熊。其后中微，或在中国，或在蛮夷，弗能纪其世。

①【集解】干宝曰："先儒学士多疑此事。谯允南通才达学，精核数理者也，作《古史考》，以为作者妄记，废而不论。余亦尤其生之异也。然按六子之世，子孙有国，升降六代，数千年间，迭至霸王，天将兴之，必有尤物乎？若夫前

志所传，修己背坼而生禹，简狄胸剖而生契，历代久远，莫足相证。近魏黄初五年，汝南屈雍妻王氏生男儿从右胳下水腹上出，而平和自若，数月创合，母子无恙，斯盖近事之信也。以今况古，固知注记者之不妄也。天地云为，阴阳变化，安可守之一端，概以常理乎？《诗》云‘不坼不副，无灾无害’。原诗人之旨，明古之妇人尝有坼副而产者矣。又有因产而遇灾害者，故美其无害也。”【索隐】《系本》云：“陆终娶鬼方氏妹，曰女嬇。”

②【集解】虞翻曰：“昆吾名樊，为己姓，封昆吾。”《世本》曰：“昆吾者，卫是也。”【索隐】长曰昆吾。《系本》云：“其一曰樊，是为昆吾。”又曰：“昆吾者，卫是。”宋忠曰：“昆吾，国名，己姓所出。”《左传》曰：“卫侯梦见披发登昆吾之观。”按：今濮阳城中有昆吾台。【正义】《括地志》云：“濮阳县，古昆吾国也。昆吾故城在县西三十里，台在县西百步，即昆吾墟也。”

③【集解】《世本》曰：“参胡者，韩是也。”【索隐】《系本》云：“二曰惠连，是为参胡。参胡者，韩是。”宋忠曰：“参胡，国名，斟姓，无后。”

④【集解】虞翻曰：“名翦，为彭姓，封于大彭。”《世本》曰：“彭祖者，彭城是也。”【索隐】系本云：“三曰篯铿，是为彭祖。彭祖者，彭城是。”虞翻云：“名翦，为彭姓，封于大彭。”【正义】《括地志》云：“彭城，古彭祖国也。《外传》云殷末灭彭祖国也。虞翻云名翦。《神仙传》云彭祖讳铿，帝颛顼之玄孙，至殷末年已七百六十七岁而不衰老，遂往流沙之西，非寿终也。”

⑤【集解】《世本》曰：“会人者，郑是也。”【索隐】《系本》云：“四曰求言，是为郐人。郐人者，郑是。”宋忠曰：“求言，名也。妘姓所出，郐国也。”【正义】《括地志》云：“故郐城在郑州新郑县东北二十二里。《毛诗谱》云‘昔高辛之土，祝融之墟，历唐至周，重黎之后妘姓处其地，是为郐国，为郑武公所灭也’。”

⑥【集解】《世本》曰：“曹姓者，邾是也。”【索隐】《系本》云：“五曰安，是为曹姓。曹姓，邾是。”宋忠曰：“安，名也。曹姓者，诸曹所出。”【正义】《括地志》云：“故邾国在黄州黄冈县东南百二十一里，《史记》云邾子，曹姓也。”

⑦【索隐】《系本》云：“六曰季连，是为芈姓。季连者，楚是。”宋忠曰：“季连，名也。芈姓所出，楚之先。”芈音弥是反。芈，羊声也。

⑧【集解】孙检曰：“一作‘祖’。”【索隐】沮音才叙反。

周文王之时，季连之苗裔曰鬻熊。鬻熊子事文王，蚤卒。其子曰熊丽。熊丽生熊狂，熊狂生熊绎。

熊绎当周成王之时，举文、武勤劳之后嗣，而封熊绎于楚蛮，封以子男之田，姓芈氏，居丹阳。①楚子熊绎与鲁公伯禽、卫康叔子牟、晋侯燮、齐太公子吕伋俱事成王。

①【集解】徐广曰："在南郡枝江县。" 【正义】颍容(云)《传例》云："楚居丹阳，今枝江县故城是也。"《括地志》云："归州巴东县东南四里归故城，楚子熊绎之始国也。又熊绎墓在归州秭归县。《舆地志》云秭归县东有丹阳城，周回八里，熊绎始封也。"

熊绎生熊艾，熊艾生熊䵣，①熊䵣生熊胜。熊胜以弟熊杨②为后。熊杨生熊渠。

①【索隐】一作"黮"，音土感反。䵣音但，与"亶"同字，亦作"亶"。

②【索隐】邹诞本作"熊钖"。一作"炀"。

熊渠生子三人。当周夷王之时，王室微，诸侯或不朝，相伐。熊渠甚得江汉间民和，乃兴兵伐庸、①杨粤，②至于鄂。③熊渠曰："我蛮夷也，不与中国之号谥。"乃立其长子康为句亶王，④中子红为鄂王，⑤少子执疵为越章王，⑥皆在江上楚蛮之地。及周厉王之时，暴虐，熊渠畏其伐楚，亦去其王。

①【集解】杜预曰："庸，今上庸县。" 【正义】《括地志》云："房州竹山县，本汉上庸县，古之庸国。昔周武王伐纣，庸蛮在焉。"

②【索隐】有本作"杨雩"，音吁，地名也。今音越。谯周亦作"杨越"。

③【正义】五各反。刘伯庄云："地名，在楚之西，后徙楚，今东鄂州是也。"《括地志》云："邓州向城县南二十里西鄂故城是楚西鄂。"

④【集解】张莹曰："今江陵也。" 【索隐】《系本》"康"作"庸"，"亶"作"袒"。《地理志》云江陵，南郡之县也。楚文王自丹阳徙都之。

⑤【集解】《九州记》曰："鄂，今武昌。" 【索隐】有本作"艺经"二字，音挚红，从下文熊挚红读也。《古史考》及邹氏、刘氏等音无艺经，恐非也。 【正义】《括地志》云："武昌县，鄂王旧都。今鄂王神即熊渠子之神也。"

⑥【索隐】《系本》无执字，越作"就"。

后为熊毋康,①毋康蚤死。熊渠卒,子熊挚红立。②挚红卒,其弟弑而代立,曰熊延。③熊延生熊勇。

①【集解】徐广曰:"即渠之长子。"

②【索隐】如此史意即上鄂王红也。谯周以为"熊渠卒,子熊翔立;卒,长子挚有疾,少子熊延立"。此云"挚红卒,其弟杀而自立,曰熊延"。欲会此代系,则翔亦毋康之弟,元嗣熊渠者。毋康既蚤亡,挚红立而被延杀,故《史考》言"挚有疾",而此言"弑"也。 【正义】即上鄂王红也。

③【正义】谯周言"挚有疾",此言"弑",未详。宋均注《乐纬》云:"熊渠嫡嗣曰熊挚,有恶疾,不得为后,别居于夔,为楚附庸,后王命曰夔子也。"

熊勇六年,而周人作乱,攻厉王,厉王出奔彘。熊勇十年,卒,弟熊严为后。

熊严十年,卒。有子四人,长子伯霜,中子仲雪,次子叔堪,①少子季徇。②熊严卒,长子伯霜代立,是为熊霜。

①【索隐】一作"湛"。

②【索隐】旬俊反。

熊霜元年,周宣王初立。熊霜六年,卒,三弟争立。仲雪死;叔堪亡,避难于濮;①而少弟季徇立,是为熊徇。熊徇十六年,郑桓公初封于郑。二十二年,熊徇卒,子熊咢②立。熊咢九年,卒,子熊仪立,是为若敖。

①【集解】杜预曰:建宁郡南有濮夷。" 【正义】按:"建宁,晋郡,在蜀南,与蛮相近。刘伯庄云:"濮在楚西南。"孔安国云:"庸、濮在汉之南。"按:成公元年"楚地千里",孔说是也。

②【索隐】噩音鄂,亦作"咢"。

若敖二十年,周幽王为犬戎所弑,周东徙,而秦襄公始列为诸侯。

二十七年,若敖卒,子熊坎①立,是为霄敖。霄敖六年,卒,子熊眴立,②是为蚡冒。③蚡冒十三年,晋始乱,以曲沃之故。蚡冒十七年,卒。蚡冒弟熊通弑蚡冒子而代立,是为楚武王。

①【索隐】苦感反。一作“菌”，又作“钦”。

②【集解】徐广曰：“眴音舜。” 【索隐】徐音舜。按：《玉篇》在口部，顾氏云“楚之先，即蚡冒也”。刘音舜，其近代本即有字从目者。刘舜音，非。

③【索隐】古本“蚡”作“羒”，音愤。冒音亡北反，或亡报反。

武王十七年，晋之曲沃庄伯弑主国晋孝侯。十九年，郑伯弟段作乱。二十一年，郑侵天子之田。二十三年，卫弑其君桓公。二十九年，鲁弑其君隐公。三十一年，宋太宰华督弑其君殇公。

三十五年，楚伐随。[①]随曰：“我无罪。”楚曰：“我蛮夷也。今诸侯皆为叛相侵，或相杀。我有敝甲，欲以观中国之政，请王室尊吾号。”随人为之周，请尊楚，王室不听，还报楚。三十七年，楚熊通怒曰：“吾先鬻熊，文王之师也，蚤终。成王举我先公，乃以子男田令居楚，蛮夷皆率服，而王不加位，我自尊耳。”乃自立，为武王，与随人盟而去。于是始开濮地而有之。

①【集解】贾逵曰：“随，姬姓也。”杜预曰：“随国今义阳随县。” 【正义】《括地志》云：“随州外城古随国地。”《世本》云：“楚武王墓在豫州新息。随，姬姓也。武王卒师中而兵罢。”《括地志》云“上蔡县东北五十里”是也。

五十一年，周召随侯，数以立楚为王。楚怒，以随背己，伐随。武王卒师中而兵罢。[①]子文王熊赀立，始都郢。[②]

①【集解】《皇览》曰：“楚武王冢在汝南郡鲖阳县葛陂乡城东北，民谓之楚王岑。汉永平中，葛陵城北祝里社下于土中得铜鼎，而名曰‘楚武王’，由是知楚武王之冢。民传言，秦、项、赤眉之时欲发之，辄颓坏填压，不得发也。” 【正义】有本注“葛陂乡”作“葛陵乡”者，误也。《地理志》云新蔡县西北六十里有葛陂乡，即费长房投竹成龙之陂，因为乡名也。

②【正义】《括地志》云：“纪南故城在荆州江陵县北五十里。杜预云国都于郢，今南郡江陵县北纪南城是也。”《括地志》云：“又至平王，更城郢，在江陵县东北六里，故郢城是也。”

文王二年，伐申过邓，[①]邓人曰“楚王易取”，邓侯不许也。[②]六年，伐蔡，[③]虏蔡哀侯以归，已而释之。楚强，陵江汉间小国，小国皆畏之。十一年,齐桓公始霸,楚亦始大。

①【正义】《括地志》云:"故申城在邓州南阳县北三十里。《晋太康地志》云周宣王舅所封。故邓城在襄州安养县北二十里。春秋之邓国,庄十六年楚文王灭之。"

②【集解】服虔云:"邓,曼姓。"

③【正义】豫州上蔡县在州北七十里,古蔡国也。县外城,蔡国城也。

十二年,伐邓,灭之。十三年,卒,子熊艱立,[①]是为庄敖。[②]庄敖五年,欲杀其弟熊恽,[③]恽奔随,与随袭弑庄敖代立,是为成王。

①【集解】《史记音隐》云:"艱,古'艰'字。"

②【索隐】上音侧狀反。

③【索隐】恽音纡粉反。《左传》作"頵",纡贫反。

成王恽元年,初即位,布德施惠,结旧好于诸侯。使人献天子,天子赐胙,曰:"镇尔南方夷越之乱,无侵中国。"于是楚地千里。

十六年,齐桓公以兵侵楚,至陉山。[①]楚成王使将军屈完[②]以兵御之,与桓公盟。桓公数以周之赋不入王室,楚许之,乃去。

①【正义】杜预云:"陉,楚地。颍川召陵县南有陉亭。"《括地志》云:"陉山在郑州西南一百一十里,即此山也。"

②【正义】屈,曲勿反。完音桓,楚族也。

十八年,成王以兵北伐许,[①]许君肉袒谢,乃释之。二十二年,伐黄。[②]二十六年,灭英。[③]

①【集解】《地理志》曰颍川许昌县,故许国也。

②【索隐】汝南弋阳县,故黄国。 【正义】《括地志》云:"黄国故城,汉弋阳县也。秦时黄都,嬴姓,在光州定城县四十里也。"

③【集解】徐广曰:"年表及他本皆作'英',一本作'黄'。" 【正义】英国在淮南,盖蓼国也,不知改名时也。

三十三年,宋襄公欲为盟会,召楚。楚王怒曰:"召我,我将好往袭辱之。"遂行,至盂,[①]遂执辱宋公,已而归之。三十四年,郑文公南朝楚。楚成王北伐宋，败之泓，射伤宋襄公，襄公遂病创死。

①【正义】音于，宋地也。

三十五年，晋公子重耳过楚，成王以诸侯客礼飨，而厚送之于秦。

三十九年，鲁僖公来请兵以伐齐，楚使申侯将兵伐齐，取穀，①置齐桓公子雍焉。齐桓公七子皆奔楚，楚尽以为上大夫。灭夔，夔不祀祝融、鬻熊故也。②

①【集解】杜预曰："济北穀城县。"【正义】《括地志》云："穀在济州东阿县东二十六里。"

②【集解】服虔曰："夔，楚熊渠之孙，熊挚之后。夔在巫山之阳，秭归乡是也。"【索隐】谯周作"灭归"，归即夔之地名归乡也。

夏，伐宋，宋告急于晋，晋救宋，成王罢归。将军子玉请战，成王曰："重耳亡居外久，卒得反国，天之所开，不可当。"子玉固请，乃与之少师而去。晋果败子玉于城濮。成王怒，诛子玉。

四十六年，初，成王将以商臣为太子，语令尹子上。子上曰："君之齿未也，①而又多内宠，绌乃乱也。楚国之举常在少者。②且商臣蜂目而豺声，忍人也，③不可立也。"王不听，立之。后又欲立子职④而绌太子商臣。商臣闻而未审也，告其傅潘崇曰："何以得其实？"崇曰："飨王之宠姬⑤江芈⑥而勿敬也。"商臣从之。江芈怒曰："宜乎王之欲杀若而立职也。"商臣告潘崇曰："信矣。"崇曰："能事之乎？"⑦曰："不能。""能亡去乎？"曰："不能。""能行大事乎？"⑧曰："能。"冬十月，商臣以宫卫兵围成王。成王请食熊蹯而死，⑨不听。丁未，成王自绞杀。商臣代立，是为穆王。

①【集解】杜预曰："齿，年也。言尚少。"

②【集解】贾逵曰："举，立也。"

③【集解】服虔曰："言忍为不义。"

④【集解】贾逵曰："职，商臣庶弟也。"

⑤【集解】姬，当作"妹"。

⑥【正义】芈，亡尔反。

⑦【集解】服虔曰："若立职，子能事之？"

⑧【集解】服虔曰："谓弑君。"

⑨【集解】杜预曰："熊掌难熟，冀久将有外救之也。"

穆王立，以其太子宫予潘崇，使为太师，掌国事。穆王三年，灭江。①四年，灭六、蓼。六、蓼，皋陶之后。②八年，伐陈。十二年，卒。子庄王侣立。

①【集解】杜预曰："江国在汝南安阳县。"

②【集解】杜预曰："六国，今庐江六县。蓼国，今安丰蓼县。"

庄王即位三年，不出号令，日夜为乐，令国中曰："有敢谏者死无赦！"伍举入谏。庄王左抱郑姬，右抱越女，坐钟鼓之间。伍举曰："愿有进。"隐①曰："有鸟在于阜，三年不蜚不鸣，是何鸟也？"庄王曰："三年不蜚，蜚将冲天；三年不鸣，鸣将惊人。举退矣，吾知之矣。"居数月，淫益甚。大夫苏从乃入谏。王曰："若不闻令乎？"对曰："杀身以明君，臣之愿也。"于是乃罢淫乐，听政，所诛者数百人，所进者数百人，任伍举、苏从以政，国人大说。是岁灭庸。②六年，伐宋，获五百乘。

①【集解】隐谓隐藏其意。

②【正义】今房州竹山县是也。

八年，伐陆浑戎，①遂至洛，观兵于周郊。②周定王使王孙满劳楚王。③楚王问鼎小大轻重，④对曰："在德不在鼎。"庄王曰："子无阻九鼎！楚国折钩之喙，⑤足以为九鼎。"王孙满曰："呜呼！君王其忘之乎？昔虞夏之盛，远方皆至，贡金九牧，⑥铸鼎象物，⑦百物而为之备，使民知神奸。⑧桀有乱德，鼎迁于殷，载祀六百。⑨殷纣暴虐，鼎迁于周。德之休明，虽小必重；⑩其奸回昏乱，虽大必轻。⑪昔成王定鼎于郏鄏，⑫卜世三十，卜年七百，天所命也。周德虽衰，天命未改。鼎之轻重，未可问也。"楚王乃归。

①【集解】服虔曰："陆浑戎在洛西南。"【正义】允姓之戎徙居陆浑。

②【集解】服虔曰："观兵，陈兵示周也。"

③【集解】服虔曰："以郊劳礼迎之也。"

④【集解】杜预曰："示欲逼周取天下。"

⑤【正义】喙，许卫反。凡戟有钩。喙，钩口之尖也。言楚国戟之钩口尖有折者，足以为鼎，言鼎之易得也。

⑥【集解】服虔曰："使九州之牧贡金。"

⑦【集解】贾逵曰："象所图物著之于鼎。"

⑧【集解】杜预曰："图鬼神百物之形，使民逆备之也。"

⑨【集解】贾逵曰："载，辞也。祀，年也。商曰祀。"王肃曰："载祀者，犹言年也。"

⑩【集解】杜预曰："不可迁。"

⑪【集解】杜预曰："言可移。"

⑫【集解】杜预曰："郏鄏今河南也，河南县西有郏鄏陌。武王迁之，成王定之。"【索隐】按《周书》，郏，雒北山名，音甲。鄏谓田厚鄏，故以名焉。

九年，相若敖氏。①人或谗之王，恐诛，反攻王，王击灭若敖氏之族。十三年，灭舒。②

①【集解】《左传》曰子越椒。

②【集解】杜预曰："庐江六县东有舒城也。"

十六年，伐陈，杀夏徵舒。徵舒弑其君，故诛之也。已破陈，即县之。群臣皆贺，申叔时使齐来，不贺。王问，对曰："鄙语曰，牵牛径人田，田主取其牛。径者则不直矣，取之牛不亦甚乎？且王以陈之乱而率诸侯伐之，以义伐之而贪其县，亦何以复令于天下！"庄王乃复国陈后。

十七年春，楚庄王围郑，三月克之。入自皇门，①郑伯肉袒牵羊以逆，②曰："孤不天，不能事君，君用怀怒，以及敝邑，孤之罪也。敢不惟命是听！宾之南海，若以臣妾赐诸侯，亦惟命是听。若君不忘厉、宣、桓、武，③不绝其社稷，使改事君，孤之愿也，非所敢望也。敢布腹心。"楚群臣曰："王勿许。"庄王曰："其君能下人，必能信用其民，庸可绝乎！"庄王自手旗，左右麾军，引兵去三十里而舍，遂许之平。④潘尫入盟，子良出质。⑤夏六月，晋救郑，与楚战，大败晋师河上，遂至衡雍而归。

①【集解】贾逵曰："郑城门。"何休曰："郭门也。"

②【集解】贾逵曰:“肉袒牵羊,示服为臣隶也。”

③【集解】杜预曰:“周厉王、宣王,郑之所自出也。郑桓公、武公,始封之贤君也。”

④【集解】杜预曰:“退一舍而礼郑。”

⑤【集解】潘尪,楚大夫。子良,郑伯弟。

二十年,围宋,以杀楚使也。① 围宋五月,城中食尽,易子而食,析骨而炊。宋华元出告以情。庄王曰:“君子哉!”遂罢兵去。

①【索隐】《左传》宣十四年“楚子使申舟聘于齐,曰:‘无假道于宋。’华元曰:‘过我而不假道,鄙我也,鄙我,亡也;杀其使者必伐我,伐我亦亡也:亡一也。’乃杀之。楚子闻之,投袂而起。九月,围宋”是也。

二十三年,庄王卒,子共王审立。

共王十六年,晋伐郑。郑告急,共王救郑。与晋兵战鄢陵,晋败楚,射中共王目。共王召将军子反。子反嗜酒,从者竖阳穀进酒,醉。王怒,射杀子反,遂罢兵归。

三十一年,共王卒,子康王招立。康王立十五年卒,子员① 立,是为郏敖。

①【索隐】音云。《左传》作“麇”。

康王宠弟公子围、① 子比、子晳、弃疾。郏敖三年,以其季父康王弟公子围为令尹,主兵事。四年,围使郑,道闻王疾而还。十二月己酉,围入问王疾,绞而弑之,② 遂杀其子莫及平夏。使使赴于郑。伍举问曰:“谁为后?”③ 对曰:“寡大夫围。”伍举更曰:“共王之子围为长。”④ 子比奔晋,而围立,是为灵王。

①【集解】徐广曰:“《史记》多作‘回’。”

②【集解】荀卿曰:“以冠缨绞之。”《左传》曰:“葬王于郏,谓之郏敖。”

③【集解】服虔曰:“问来赴者。”

④【集解】杜预曰:“伍举更赴辞,使从礼告终称嗣,不以篡弑赴诸侯。”

灵王三年六月，楚使使告晋，欲会诸侯。诸侯皆会楚于申。伍举曰："昔夏启有钧台之飨，① 商汤有景亳之命，周武王有盟津之誓，成王有岐阳之蒐，② 康王有 丰宫之朝，③ 穆王有涂山之会，齐桓有召陵之师，晋文有践土之盟，君其何用？"灵王曰："用桓公。"④ 时郑子产在焉。于是晋、宋、鲁、卫不往。灵王已盟，有骄色。伍举曰："桀为有仍之会，有缗叛之。⑤ 纣为黎山之会，东夷叛之。⑥ 幽王为太室之盟，戎、翟叛之。⑦ 君其慎终！"

①【集解】杜预曰："河南阳翟县南有钧台坡。"

②【集解】贾逵曰："岐山之阳。"

③【集解】服虔曰："丰宫，成王庙所在也。"杜预曰："丰在始平鄠县东，有灵台，康王于是朝诸侯。"

④【集解】杜预曰："用会召陵之礼也。"

⑤【集解】贾逵曰："仍，缗，国名也。"

⑥【集解】服虔曰："黎，东夷国名也，子姓。"

⑦【集解】杜预曰："太室，中岳也。"

七月，楚以诸侯兵伐吴，围朱方。八月，克之，囚庆封，灭其族。以封徇，曰："无效齐庆封弑其君而弱其孤，以盟诸大夫！"① 封反曰："莫如楚共王庶子围弑其君兄之子员而代之立！"② 于是灵王使(弃)疾杀之。

①【集解】杜预曰："齐崔杼弑其君，庆封其党，故以弑君之罪责之也。"

②【集解】《穀梁传》曰："军人粲然皆笑。"

七年，就章华台，① 下令内亡人实之。

①【集解】杜预曰："南郡华容县有台，在城内。"

八年，使公子弃疾将兵灭陈。十年，召蔡侯，醉而杀之。使弃疾定蔡，因为陈蔡公。

十一年，伐徐以恐吴。① 灵王次于乾溪以待之。王曰："齐、晋、鲁、卫，其封皆受宝器，我独不。今吾使使周求鼎以为分，其予我乎？"② 析父对曰："其予君王哉！③ 昔我先王熊绎辟在荆山，荜露蓝蒌④ 以处草莽，跋涉山林⑤ 以事天子，唯是桃弧棘矢以共王事。⑥ 齐，王舅也；⑦ 晋及鲁、卫,王母弟也:楚是以无分而彼皆有。周今与四国服事君王,将惟命是从,岂敢爱鼎?"灵王曰:"昔我皇祖伯父昆吾旧许是宅,⑧今郑人贪其田,不我予,今我求之,其予我乎?"对曰:"周不爱鼎,郑安敢爱田?"灵王曰:"昔诸侯远我而畏晋,今吾大城陈、蔡、不羹,⑨赋皆千乘,诸侯畏我乎?"对曰:"畏哉!"灵王喜曰:"析父善言古事焉。"⑩

①【集解】《左传》曰使荡侯等围徐。

②【集解】服虔曰:"有功德,受分器。"

③【集解】贾逵曰:"析父,楚大夫。" 【索隐】据《左氏》此是右尹子革之词,史盖误也。

④【集解】徐广曰:"荜,一作'暴'。"骃案:服虔曰"荜露,柴车素木辂也。蓝蒌,言衣敝坏,其蒌蓝蓝然也"。

⑤【集解】服虔曰:"草行曰跋,水行曰涉。"

⑥【集解】服虔曰:"桃弧棘矢所以御其灾,言楚地山林无所出也。"

⑦【集解】服虔曰:"齐吕伋,成王之舅。"

⑧【集解】服虔曰:"陆终氏六子,长曰昆吾,少曰季连。季连,楚之祖,故谓昆吾为伯父也。昆吾曾居许地,故曰旧许是宅。"

⑨【集解】韦昭曰:"二国,楚别都也。颍川定陵有东不羹,襄城有西不羹。" 【正义】《括地志》云:"不羹故城在许州襄城县东三十里。《地理志》云此乃西不羹者也。"

⑩【正义】《左传》昭十二年,析父谓子革曰:"吾子楚国之望也,今与王言如响,国其若之何?"杜预曰:"讥其顺王心如响应声也。"按:此对王言是子革之辞,太史公云析父,误也。析父时为王仆,见子革对,故叹也。

十二年春,楚灵王乐乾溪,不能去也。国人苦役。初,灵王会兵于申,僇越大夫常寿过,①杀蔡大夫观起。②起子从亡在吴,③乃劝吴王伐楚,为间越大夫常寿过而作乱,为吴间。使矫公子弃疾命召公子比于晋,至蔡,与吴、越兵欲袭蔡。令公子比见弃疾,与盟于邓。④遂入杀灵王太子禄,立子比为王,公子子皙为令尹,弃疾为司马。先除王宫,观从从师于乾溪,令楚众曰:"国有王矣。先归,复爵邑田室。后者迁之。"楚众皆溃,去灵王而归。

①【索隐】僇，辱也。

②【索隐】观音官。观，姓；起，名。

③【索隐】从音才松反。

④【集解】杜预曰：“颍川邵陵县西有邓城。” 【正义】《括地志》云：“故邓城在豫州郾城县东三十五里。”按：在古召陵县西十里也。

灵王闻太子禄之死也，自投车下，而曰：“人之爱子亦如是乎？”侍者曰：“甚是。”王曰：“余杀人之子多矣，能无及此乎？”右尹曰：①“请待于郊以听国人。”②王曰：“众怒不可犯。”曰：“且入大县而乞师于诸侯。”王曰：“皆叛矣。”又曰：“且奔诸侯以听大国之虑。”王曰：“大福不再，祇取辱耳。”于是王乘舟将欲入鄢。③右尹度王不用其计，惧俱死，亦去王亡。

①【集解】《左传》曰右尹子革。

②【集解】服虔曰：“听国人欲为谁。”

③【集解】服虔曰：“鄢，楚别都也。”杜预曰：“襄阳宜城县。” 【正义】音偃。《括地志》云：“故鄢城在襄州安养县北三里，在襄州北五里，南去荆州二百五十里。”按：王自夏口从汉水上入鄢也。《左传》云“王沿夏将欲入鄢”是也。《括地志》云：“鄢水源出襄州义清县西界托仗山。《水经》云蛮水即鄢水是也。”

灵王于是独傍偟山中，野人莫敢入王。王行遇其故铜人，①谓曰：“为我求食，我已不食三日矣。”铜人曰：“新王下法，有敢饷王从王者，罪及三族，且又无所得食。”王因枕其股而卧。铜人又以土自代，逃去。王觉而弗见，遂饥弗能起。芋尹申无宇之子申亥曰：“吾父再犯王命，②王弗诛，恩孰大焉！”乃求王，遇王饥于釐泽，奉之以归。夏五月癸丑，王死申亥家，③申亥以二女从死，并葬之。

①【集解】韦昭曰：“今之中涓也。”

②【集解】服虔曰：“断王旌，执人于章华之宫。”

③【正义】《左传》云“夏五月癸亥，王缢于芋尹申亥”是也。

是时楚国虽已立比为王，畏灵王复来，又不闻灵王死，故观从谓初王比曰：“不杀弃疾，虽得国犹受祸。”王曰：“余不忍。”从曰：“人将忍王。"王不听，乃去。弃疾归。国人每夜惊，曰："灵王入矣！"乙卯夜，弃疾使船人从江上走呼曰："灵王至矣！"国人愈惊。又使曼成然告初王比及令尹子晳曰："王至矣！国人将杀君，司马将至矣！①君蚤自图，无取辱焉。众怒如水火，不可救也。"初王及子晳遂自杀。丙辰，弃疾即位为王，改名熊居，是为平王。

①【集解】杜预曰："司马谓弃疾。"

平王以诈弑两王而自立，恐国人及诸侯叛之，乃施惠百姓。复陈蔡之地而立其后如故，归郑之侵地。存恤国中，修政教。吴以楚乱故，获五率以归。①平王谓观从："恣尔所欲。"欲为卜尹，王许之。②

①【集解】服虔曰："五率，荡侯、潘子、司马督、嚣尹午、陵尹喜。"

②【集解】贾逵曰："卜尹，卜师，大夫官。"

初，共王有宠子五人，无適立，乃望祭群神，请神决之，使主社稷，而阴与巴姬①埋璧于室内，②召五公子斋而入。康王跨之，③灵王肘加之，子比、子晳皆远之。平王幼，抱其上而拜，压纽。故康王以长立，至其子失之；围为灵王，及身而弑；子比为王十馀日，子晳不得立，又俱诛。四子皆绝无后。唯独弃疾后立，为平王，竟续楚祀，如其神符。

①【集解】贾逵曰："共王妾。"

②【正义】《左传》云："埋璧于太室之庭。"杜预曰："太室，祖庙也。"

③【集解】服虔曰："两足各跨璧一边。"杜预曰："过其上。"

初，子比自晋归，韩宣子问叔向曰："子比其济乎？"对曰："不就。"宣子曰："同恶相求，如市贾焉，①何为不就？"对曰："无与同好，谁与同恶？"②取国有五难：有宠无人，一也；③有人无主，二也；④有主无谋，三也；⑤有谋而无民，四也；⑥有民而无德，五也。⑦子比在晋十三年矣，晋、楚之从不闻通者，可谓无人矣；⑧族尽亲叛，可谓无主矣；⑨无衅而动，可谓无谋矣；⑩为羁终世，可谓无民矣；⑪亡无爱征，可谓无德矣。⑫王虐而不忌，⑬子比涉五难以弑君，谁能济之！有楚国者，其弃疾乎？君陈、蔡，方城外属焉。⑭苛慝不作，盗贼伏隐，私欲不违，⑮民无怨心。先神命之，国民信之。芈姓有乱，必季实立，楚之常也。子比之官，则右尹也；数其贵宠，则庶子也；以神所命，则又远之；民无怀焉，将何以立？”宣子曰：“齐桓、晋文不亦是乎？”⑯对曰：“齐桓，卫姬之子也，有宠于釐公。有鲍叔牙、宾须无、隰朋以为辅，有莒、卫以为外主，⑰有高、国以为内主。⑱从善如流，⑲施惠不倦。有国，不亦宜乎？昔我文公，狐季姬之子也，有宠于献公。好学不倦。生十七年，有士五人，有先大夫子馀、子犯以为腹心，⑳有魏犨、贾佗以为股肱，有齐、宋、秦、楚以为外主，㉑有栾、郤、狐、先以为内主。㉒亡十九年，守志弥笃。惠、怀弃民，㉓民从而与之。㉔故文公有国，不亦宜乎？子比无施于民，无援于外，去晋，晋不送；归楚，楚不迎。何以有国！”子比果不终焉，卒立者弃疾，㉕如叔向言也。

①【集解】服虔曰：“谓国人共恶灵王者，如市贾之人求利也。”

②【集解】服虔曰：“言无党于内，当与谁共同好恶。”

③【集解】杜预曰：“宠须贤人而固。”

④【集解】杜预曰：“虽有贤人，当须内主为应。”

⑤【集解】杜预曰：“谋，策谋也。”

⑥【集解】杜预曰：“民，众也。”

⑦【集解】杜预曰：“四者既备，当以德成之。”

⑧【集解】杜预曰：“晋、楚之士从子比游，皆非达人。”

⑨【集解】杜预曰：“无亲族在楚。”

⑩【集解】服虔曰：“言灵王尚在，而妄动取国，故谓无谋。”

⑪【集解】杜预曰：“终身羁客在于晋，是无民。”

⑫【集解】杜预曰：“楚人无爱念者。”

⑬【集解】杜预曰：“灵王暴虐，无所畏忌，将自亡。”

⑭【正义】方城山在许州叶县西十八里也。

⑮【集解】服虔曰：“不以私欲违民心。”

⑯【集解】服虔曰：“皆庶子而出奔。”

⑰【集解】贾逵曰：“齐桓出奔莒，自莒先入，卫人助之。”

⑱【集解】服虔曰：“国子，高子，皆齐之正卿。”

⑲【集解】服虔曰：“言其疾。”

⑳【集解】贾逵曰：“子馀，赵衰。”

㉑【集解】贾逵曰："齐以女妻之，宋赠之马，楚享以九献，秦送内之。"

㉒【集解】贾逵曰："四姓，晋大夫。" 【正义】杜预云："谓栾枝、郤縠、狐突、先轸也。"

㉓【集解】服虔曰："皆弃民不恤。"

㉔【正义】以惠、怀弃民，故民相从而归心于文公。

㉕【正义】《左传》云："获神，一也；有民，二也；令德，三也；宠贵，四也；居常，五也。有五利以去五难，谁能害之！"杜预云："获神，当璧拜也；有民，民信也；令德，无苛慝也；宠贵，妃子也；居常，弃疾季也。"

平王二年，使费无忌①如秦为太子建取妇。②妇好，来，未至，无忌先归，说平王曰："秦女好，可自娶，为太子更求。"平王听之，卒自娶秦女，生熊珍。更为太子娶。是时伍奢为太子太傅，无忌为少傅。无忌无宠于太子，常谗恶太子建。建时年十五矣，其母蔡女也，无宠于王，王稍益疏外建也。

①【集解】服虔曰："楚大夫。" 【索隐】《左传》作"无极"，极忌声相近。

②【正义】《左传》云："楚子之在蔡也，郹阳之女奔之，生太子建。"杜预云："郹，蔡邑也。"郹，古觅反。

六年，使太子建居城父，守边。①无忌又日夜谗太子建于王曰："自无忌入秦女，太子怨，亦不能无望于王，王少自备焉。且太子居城父，擅兵，外交诸侯，且欲入矣。"平王召其傅伍奢责之。伍奢知无忌谗，乃曰："王奈何以小臣疏骨肉？"无忌曰："今不制，后悔也。"于是王遂囚伍奢。(而召其二子而告以免父死)乃令司马奋扬召太子建，欲诛之。太子闻之，亡奔宋。

①【集解】服虔曰："城父，楚北境邑。"杜预曰："襄城城父县。" 【正义】父音甫。《括地志》云："城父故城在许州叶县东北四十五里，即杜预云襄城城父县也。又许州襄城县东四十里亦有父城故城一所，服虔云'城父，楚北境'，乃是父城之名，非建所守。杜预云(言)成父，又误也。《传》及郦元《水经注》云'楚大城城父，使太子建居之'，即《十三州志》云太子建所居城父，谓今亳州城父县也。"按：今亳州见有城父县，是建所守者也。《地理志》云颍川有父城县，沛郡有城父县，此二名别耳。

无忌曰："伍奢有二子，不杀者为楚国患。盍以免其父召之，必至。"于是王使使谓奢："能致二子则生，不能将死。"奢曰："尚至，胥不至。"王曰："何也？"奢曰："尚之为人，廉，死节，慈孝而仁，闻召而免父，必至，不顾其死。胥之为人，智而好谋，勇而矜功，知来必死，必不来。然为楚国忧者必此子。"于是王使人召之，曰："来，吾免尔父。"伍尚谓伍胥曰："闻父免而莫奔，不孝也；父戮莫报，无谋也；度能任事，知也。子其行矣，我其归死。"伍尚遂归。伍胥弯弓属矢，出见使者，曰："父有罪，何以召其子为？"将射，使者还走，遂出奔吴。伍奢闻之，曰："胥亡，楚国危哉。"楚人遂杀伍奢及尚。

十年，楚太子建母在居巢，① 开吴。吴使公子光伐楚，遂败陈、蔡，取太子建母而去。楚恐，城郢。② 初，吴之边邑卑梁③ 与楚边邑钟离小童争桑，两家交怒相攻，灭卑梁人。卑梁大夫怒，发邑兵攻钟离，楚王闻之怒，发国兵灭卑梁。吴王闻之大怒，亦发兵，使公子光因建母家攻楚，遂灭钟离、居巢。楚乃恐而城郢。④

①【正义】庐州巢县是也。

②【正义】在江陵县东北六里，已解于前。按：《传》城郢在昭公二十三年，下重言城郢。杜预云"楚用子囊遗言以筑郢城矣，今畏吴，复修以自固也。"

③【正义】卑梁邑近钟离也。

④【索隐】去年已城郢，今又重言。据《左氏》昭二十三年城郢，二十四年无重城郢之文，是《史记》误也。

十三年，平王卒。将军子常曰："太子珍少，且其母乃前太子建所当娶也。"欲立令尹子西。子西，平王之庶弟也，有义。子西曰："国有常法，更立则乱，言之则致诛。"乃立太子珍，是为昭王。

昭王元年，楚众不说费无忌，以其谗亡太子建，杀伍奢子父与郤宛。宛之宗姓伯氏子嚭及子胥皆奔吴，吴兵数侵楚，楚人怨无忌甚。楚令尹子常① 诛无忌以说众，众乃喜。

①【正义】名瓦。《左传》云囊瓦伐吴。

四年,吴三公子① 奔楚,楚封之以扞吴。五年,吴伐取楚之六、潜。② 七年,楚使子常伐吴,吴大败楚于豫章。③

①【索隐】昭三十年,二公子奔楚,公子掩馀奔徐,公子烛庸奔锺离。此言三公子,非也。

②【正义】故六城在寿州安丰县南百三十二里,偃姓,皋陶之后所封也。潜城,楚之潜邑,在霍山县东二百步。

③【正义】今洪州也。

十年冬,吴王阖闾、伍子胥、伯嚭与唐、蔡俱伐楚,楚大败,吴兵遂入郢,辱平王之墓,以伍子胥故也。吴兵之来,楚使子常以兵迎之,夹汉水阵。吴伐败子常,子常亡奔郑。楚兵走,吴乘胜逐之,五战及郢。己卯,昭王出奔。庚辰,吴人入郢。①

①【集解】《春秋》云十一月庚辰。

昭王亡也至云梦。云梦不知其王也,射伤王。王走郧。① 郧公之弟怀曰:"平王杀吾父,② 今我杀其子,不亦可乎?"郧公止之,然恐其弑昭王,乃与王出奔随。③ 吴王闻昭王往,即进击随,谓随人曰:"周之子孙封于江汉之间者,楚尽灭之。"欲杀昭王。王从臣子綦乃深匿王,自以为王,谓随人曰:"以我予吴。"随人卜予吴,不吉,乃谢吴王曰:"昭王亡,不在随。"吴请入自索之,随不听,吴亦罢去。

①【正义】走音奏。郧音云。《括地志》云:"安州安陆县城,本春秋时郧国城也。"

②【集解】服虔曰:"父曼成然。" 【正义】成然立平王,贪求无厌,平王杀之。

③【正义】《括地志》云:"随州城外古随国城。随,姬姓也。"又云:"楚昭王城在随州县北七里。《左传》云吴师入郢,王奔随,随人处之公宫之北,即此城是也。"

昭王之出郢也,使申鲍胥① 请救于秦。秦以车五百乘救楚,楚亦收馀散兵,与秦击吴。十一年六月,败吴于稷。② 会吴王弟夫概见吴王兵伤败,乃亡归,自立为王。阖闾闻之,引兵去楚,归击夫概。夫概败,奔楚,楚封之堂谿,③ 号为堂谿氏。

①【集解】服虔曰:“楚大夫王孙包胥。”

②【集解】贾逵曰:“楚地也。”

③【正义】(地理)《〔括地〕志》云:“堂溪故城在豫州郾城县西八十有五里也。”

楚昭王灭唐。[①]九月,归入郢。十二年,吴复伐楚,取番。[②]楚恐,去郢,北徙都鄀。[③]

①【集解】杜预曰:“义阳安昌县东南上唐乡。”【正义】《括地志》云:“上唐乡故城在随州枣阳县东南百五十里,古之唐国也。《世本》云唐,姬姓之国。”

②【正义】片寒反,又音婆。《括地志》云:“饶州鄱阳县,春秋时为楚东境,秦为番县,属九江郡,汉为鄱阳县也。”

③【正义】音若。《括地志》云:“楚昭王故城在襄州乐乡县东北三十二里,在故都城东五里,即楚国故昭王徙都鄀城也。”

十六年,孔子相鲁。二十年,楚灭顿,[①]灭胡。[②]二十一年,吴王阖闾伐越。越王勾践射伤吴王,遂死。吴由此怨越而不西伐楚。

①【集解】《地理志》曰:“汝南南顿县,故顿子国。”【正义】《括地志》云:“陈州南顿县,故顿子国。应劭云古顿子国,姬姓也,逼于陈,后南徙,故曰南顿也。”

②【集解】杜预曰:“汝南县西北胡城。”【正义】《括地志》云:“故胡城在豫州郾城县界。”

二十七年春,吴伐陈,楚昭王救之,军城父。十月,昭王病于军中,有赤云如鸟,夹日而蜚。[①]昭王问周太史,太史曰:“是害于楚王,然可移于将相。”将相闻是言,乃请自以身祷于神。昭王曰:“将相,孤之股肱也,今移祸,庸去是身乎!”弗听。卜而河为祟,大夫请祷河。昭王曰:“自吾先王受封,望不过江、汉,[②]而河非所获罪也。”止不许。孔子在陈,闻是言,曰:“楚昭王通大道矣。其不失国,宜哉!”

①【集解】杜预曰:“云在楚上,惟楚见之。”

②【集解】服虔曰:“谓所受王命,祀其国中山川为望。”【正义】按:江,荆州南大江也,汉,江也,二水楚境内也。河,黄河,非楚境也。

昭王病甚,乃召诸公子大夫曰:“孤不佞,再辱楚国之师,今乃得以天寿终，孤之幸也。”让其弟公子申为王，不可。又让次弟公子结，亦不可。乃又让次弟公子闾，五让，乃后许为王。将战，庚寅，昭王卒于军中。子闾曰：“王病甚，舍其子让群臣，臣所以许王，以广王意也。今君王卒，臣岂敢忘君王之意乎！”乃与子西、子綦谋，伏师闭①涂，迎越女之子章立之，②是为惠王。然后罢兵归，葬昭王。

①【集解】徐广曰：“一作‘壁’。”

②【集解】服虔曰：“闭涂，不通外使也。越女，昭王之妾。”【索隐】闭涂即攒涂也，故下云惠王后即罢兵归葬。服虔说非。【正义】《左传》云“谋潜师闭涂”。按：潜师，密发往迎也；闭涂，防断外寇也。为昭王薨于军，嗣子未定，恐有邻国及诸公子之变，故伏师闭涂，迎越女之子章立为惠王也。

惠王二年，子西召故平王太子建之子胜于吴，以为巢大夫，号曰白公。①白公好兵而下士，欲报仇。六年，白公请兵令尹子西伐郑。初，白公父建亡在郑，郑杀之，白公亡走吴，子西复召之，故以此怨郑，欲伐之。子西许而未为发兵。八年，晋伐郑，郑告急楚，楚使子西救郑，受赂而去。白公胜怒，乃遂与勇力死士石乞等袭杀令尹子西、子綦于朝，因劫惠王，置之高府，②欲弑之。惠王从者屈固负王亡走昭王夫人宫。③白公自立为王。月馀，会叶公来救楚，楚惠王之徒与共攻白公，杀之。惠王乃复位。是岁也，④灭陈而县之。

①【集解】徐广曰：“《伍子胥传》曰使胜守楚之边邑鄢。”骃案：服虔曰“白，邑名。楚邑大夫皆称公”。杜预曰“汝阴褒信县西南有白亭”。【正义】巢，今庐州居巢县也。《括地志》云：“白亭在豫州褒信东南三十二里。褒信本汉鄍县之地，后汉分鄍置褒信县，在今褒信县东七十七里。”

②【集解】贾逵曰：“高府，府名也。”杜预曰：“楚别府。”

③【集解】服虔曰：“昭王夫人，惠王母，越女也。”

④【集解】徐广曰：“惠王之十年。”

十三年，吴王夫差强，陵齐、晋，来伐楚。十六年，越灭吴。①四十二年，楚灭蔡。②四十四年，楚灭杞。③与秦平。是时越已灭吴而不能正江、淮北；④楚东侵，广地至泗上。

①【正义】表云越灭吴在元王四年。

②【正义】周定王二十二年。

③【正义】周定王二十四年。

④【正义】正,长也。江、淮北谓广陵县,徐、泗等州是也。

五十七年,惠王卒,子简王中立。①

①【正义】中音仲。

简王元年,北伐灭莒。① 八年,魏文侯、韩武子、赵桓子始列为诸侯。

①【正义】《括地志》云:"密州莒县,故国也。"言"北伐"者,莒在徐、泗之北。

二十四年,简王卒,子声王当立。① 声王六年,盗杀声王,子悼王熊疑立。悼王二年,三晋来伐楚,至乘丘而还。② 四年,楚伐周。郑杀子阳。九年,伐韩,取负黍。十一年,三晋伐楚,败我大梁、榆关。③ 楚厚赂秦,与之平。二十一年,悼王卒,子肃王臧立。

①【正义】《谥法》云"不生其国曰声"也。

②【集解】徐广曰:"年表三年归榆关于郑。" 【正义】年表云:三晋公子伐我,至乘丘,误也,已解在年表中。(地理志)《〔括地志〕》云"乘丘故城在兖州瑕丘县西北三十五里"是也。

③【索隐】此榆关当在大梁之西也。

肃王四年,蜀伐楚,取兹方。① 于是楚为扞关以距之。② 十年,魏取我鲁阳。③ 十一年,肃王卒,无子,立其弟熊良夫,是为宣王。

①【索隐】地名,今阙。 【正义】《古今地名》云:"荆州松滋县古鸠兹地,即楚兹方是也。"

②【集解】李熊说公孙述曰:"东守巴郡,距扞关之口。" 【索隐】按:《郡国志》巴郡鱼复县有扞关。

③【集解】《地理志》云南阳有鲁阳县。 【正义】《括地志》云:"汝州鲁山本汉鲁阳县也。古鲁县以古鲁山为名也。"

宣王六年,周天子贺秦献公。秦始复强,而三晋益大,魏惠王、齐威王尤强。三十年,秦封卫鞅于商,南侵楚。是年,宣王卒,子威王熊商立。

威王六年，周显王致文武胙于秦惠王。

七年，齐孟尝君父田婴欺楚，楚威王伐齐，败之于徐州，①而令齐必逐田婴。田婴恐，张丑伪谓楚王曰："王所以战胜于徐州者，田盼子不用也。②盼子者，有功于国，而百姓为之用。婴子弗善而用申纪。申纪者，大臣不附，百姓不为用，故王胜之也。今王逐婴子，婴子逐，盼子必用矣。复搏其士卒以与王遇，③必不便于王矣。"楚王因弗逐也。

①【集解】徐广曰："时楚已灭越而伐齐也。齐说越，令攻楚，故云齐欺楚。"

②【索隐】盼子，婴之同族。

③【索隐】搏音膊，亦有作"附"读。《战国策》作"整"。

十一年，威王卒，子怀王熊槐立。魏闻楚丧，伐楚，取我陉山。①

①【正义】《括地志》云："陉山在郑州新郑县西南三十里。"

怀王元年，张仪始相秦惠王。四年，秦惠王初称王。

六年，楚使柱国昭阳将兵而攻魏，破之于襄陵，①得八邑。②又移兵而攻齐，齐王患之。③陈轸适为秦使齐，齐王曰："为之奈何？"陈轸曰："王勿忧，请令罢之。"即往见昭阳军中，曰："愿闻楚国之法，破军杀将者何以贵之？"昭阳曰："其官为上柱国，封上爵执珪。"陈轸曰："其有贵于此者乎？"昭阳曰："令尹。"陈轸曰："今君已为令尹矣，此国冠之上。④臣请得譬之。人有遗其舍人一卮酒者，舍人相谓曰：'数人饮此，不足以遍，请遂画地为蛇，蛇先成者独饮之。'一人曰：'吾蛇先成。'举酒而起，曰：'吾能为之足。'及其为之足，而后成人夺之酒而饮之，曰：'蛇固无足，今为之足，是非蛇也。'今君相楚而攻魏，破军杀将，功莫大焉，冠之上不可以加矣。今又移兵而攻齐，攻齐胜之，官爵不加于此；攻之不胜，身死爵夺，有毁于楚：此为蛇为足之说也。不若引兵而去以德齐，此持满之术也。"昭阳曰："善。"引兵而去。

①【索隐】县名，在河东。

②【索隐】古本作“八邑”，今亦作“八城”。

③【集解】徐广曰：“怀王六年，昭阳移和而攻齐。军门曰和。”

④【索隐】冠音官。令尹乃尹中最尊，故以国为言，犹如卿子冠军然。

燕、韩君初称王。秦使张仪与楚、齐、魏相会，盟啮桑。①

①【正义】徐广曰：“在梁与彭城之间也。”

十一年，苏秦约从山东六国共攻秦，楚怀王为从长。至函谷关，秦出兵击六国，六国兵皆引而归，齐独后。十二年，齐滑王伐败赵、魏军，秦亦伐败韩，与齐争长。

十六年，秦欲伐齐，而楚与齐从亲，秦惠王患之，乃宣言张仪免相，使张仪南见楚王，谓楚王曰：“敝邑之王所甚说者无先大王，虽仪之所甚愿为门阑之厮者亦无先大王。敝邑之王所甚憎者无先齐王，虽仪之所甚憎者亦无先齐王。而大王和之，①是以敝邑之王不得事王，而令仪亦不得为门阑之厮也。王为仪闭关而绝齐，今使使者从仪西取故秦所分楚商於之地方六百里，②如是则齐弱矣。是北弱齐，西德于秦，私商於以为富，此一计而三利俱至也。”怀王大悦，乃置相玺于张仪，日与置酒，宣言“吾复得吾商於之地”。群臣皆贺，而陈轸独吊。怀王曰：“何故？”陈轸对曰：“秦之所为重王者，以王之有齐也。今地未可得而齐交先绝，是楚孤也。夫秦又何重孤国哉，必轻楚矣。且先出地而后绝齐，则秦计不为。先绝齐而后责地，则必见欺于张仪。见欺于张仪，则王必怨之。怨之，是西起秦患，北绝齐交。西起秦患，北绝齐交，则两国之兵必至。③臣故吊。”楚王弗听，因使一将军西受封地。

①【索隐】和谓楚与齐相和亲。

②【集解】商於之地在今顺阳郡南乡、丹水二县，有商城在於中，故谓之商於。【索隐】商於在今慎阳。案：《地理志》丹水及商属弘农，今言顺阳者，是魏晋始分置顺阳郡，商城、丹水俱隶之。

③【索隐】两国，韩、魏也。

张仪至秦，详醉坠车，称病不出三月，地不可得。楚王曰：“仪以吾绝齐为尚薄邪？”乃使勇士宋遗北辱齐王。齐王大怒，折楚符而合于秦。

秦齐交合，张仪乃起朝，谓楚将军曰："子何不受地？从某至某，广袤六里。"楚将军曰："臣之所以见命者六百里，不闻六里。"即以归报怀王。怀王大怒，兴师将伐秦。陈轸又曰；"伐秦非计也。不如因赂之一名都，与之伐齐，是我亡于秦，①取偿于齐也，吾国尚可全。今王已绝于齐而责欺于秦，是吾合秦齐之交而来天下之兵也，国必大伤矣。"楚王不听，遂绝和于秦，发兵西攻秦。秦亦发兵击之。

①【索隐】谓失商於之地。

十七年春，与秦战丹阳，①秦大败我军，斩甲士八万，虏我大将军屈匄、裨将军逢侯丑等七十馀人，遂取汉中之郡。楚怀王大怒，乃悉国兵复袭秦，战于蓝田，②大败楚军。韩、魏闻楚之困，乃南袭楚，至于邓。楚闻，乃引兵归。

①【索隐】此丹阳在汉中。

②【正义】蓝田在雍州东南八十里，从蓝田关入蓝田县。

十八年，秦使使约复与楚亲，分汉中之半以和楚。楚王曰："愿得张仪，不愿得地。"张仪闻之，请之楚。秦王曰："楚且甘心于子，奈何？"张仪曰："臣善其左右靳尚，靳尚又能得事于楚王幸姬郑袖，袖所言无不从者。且仪以前使负楚以商於之约，今秦楚大战，有恶，臣非面自谢楚不解。且大王在，楚不宜敢取仪。诚杀仪以便国，臣之愿也。"仪遂使楚。

至，怀王不见，因而囚张仪，欲杀之。仪私于靳尚，靳尚为请怀王曰："拘张仪，秦王必怒。天下见楚无秦，必轻王矣。"又谓夫人郑袖曰："秦王甚爱张仪，而王欲杀之，今将以上庸之地六县赂楚，以美人聘楚王，以宫中善歌者为之媵。楚王重地，秦女必贵，而夫人必斥矣。夫人不若言而出之。"郑袖卒言张仪于王而出之。仪出，怀王因善遇仪，仪因说楚王以叛从约而与秦合亲，约婚姻。张仪已去，屈原使从齐来，谏王曰："何不诛张仪？"怀王悔，使人追仪，弗及。是岁，秦惠王卒。

二十(六)年，齐湣王欲为从长，①恶楚之与秦合，乃使使遗楚王书曰："寡人患楚之不察于尊名也。今秦惠王死，武王立，张仪走魏，樗里疾、公孙衍用，而楚事秦。夫樗里疾善乎韩，而公孙衍善乎魏；楚必事秦，韩、魏恐，必因二人求合于秦，则燕、赵亦宜事秦。四国争事秦，则楚为郡县矣。王何不与寡人并力收韩、魏、燕、赵，与为从而尊周室，以案兵息民，令于天下？莫敢不乐听，则王名成矣。王率诸侯并伐，破秦必矣。王取武关、蜀、汉之地，② 私吴、越之富而擅江海之利，韩、魏割上党，西薄函谷，则楚之强百万也。且王欺于张仪，亡地汉中，兵锉蓝田，天下莫不代王怀怒。今乃欲先事秦！愿大王孰计之。”

①【索隐】按：下文始言二十四年，又更有二十六年，则此错。云二十六年，衍字也，当是二十年事。又徐广推校二十年取武遂，二十三年归武遂，则此必二十年、二十一年事乎？

②【正义】武关在商州东一百八十里商洛县界。蜀，巴蜀；汉中，郡也。

楚王业已欲和于秦，见齐王书，犹豫不决，下其议群臣。群臣或言和秦，或曰听齐。昭雎① 曰：“王虽东取地于越，不足以刷耻；必且取地于秦，而后足以刷耻于诸侯。王不如深善齐、韩以重樗里疾，如是则王得韩、齐之重以求地矣。秦破韩宜阳，② 而韩犹复事秦者，以先王墓在平阳，③ 而秦之武遂去之七十里，④ 以故尤畏秦。不然，秦攻三川，⑤ 赵攻上党，楚攻河外，韩必亡。楚之救韩，不能使韩不亡，然存韩者楚也。韩已得武遂于秦，以河山为塞，⑥ 所报德莫如楚厚，臣以为其事王必疾。齐之所信于韩者，以韩公子眛为齐相也。⑦ 韩已得武遂于秦，王甚善之，使之以齐、韩重樗里疾，疾得齐、韩之重，其主弗敢弃疾也。今又益之以楚之重，樗里子必言秦，复与楚之侵地矣。”于是怀王许之，竟不合秦，而合齐以善韩。⑧

①【索隐】七余反。

②【索隐】弘农之县，在渑池西南。

③【索隐】非尧都也。

④【索隐】亦非河间之县，则韩之平阳，秦之武遂，并当在宜阳左右。

⑤【正义】三川，洛州也。

⑥【正义】河，蒲州西黄河也。山，韩西境也。

⑦【正义】眛，莫葛反，后同。

⑧【集解】徐广曰：“怀王之二十二年，秦拔宜阳，取武遂，二十三年，秦复归韩

武遂，然则已非二十年事矣。”

二十四年，倍齐而合秦。秦昭王初立，乃厚赂于楚。楚往迎妇。二十五年，怀王入与秦昭王盟，约于黄棘。秦复与楚上庸。二十六年，齐、韩、魏为楚负其从亲而合于秦，三国共伐楚。楚使太子入质于秦而请救。秦乃遣客卿通将兵救楚，三国引兵去。

二十七年，秦大夫有私与楚太子斗，楚太子杀之而亡归。二十八年，秦乃与齐、韩、魏共攻楚，杀楚将唐眛，取我重丘而去。二十九年，秦复攻楚，大破楚，楚军死者二万，杀我将军景缺。怀王恐，乃使太子为质于齐以求平。三十年，秦复伐楚，取八城。秦昭王遗楚王书曰：“始寡人与王约为弟兄，盟于黄棘，太子为质，至欢也。太子陵杀寡人之重臣，不谢而亡去，寡人诚不胜怒，使兵侵君王之边。今闻君王乃令太子质于齐以求平。寡人与楚接境壤界，故为婚姻，①所从相亲久矣。而今秦楚不欢，则无以令诸侯。寡人愿与君王会武关，面相约，结盟而去，寡人之愿也。敢以闻下执事。”楚怀王见秦王书，患之。欲往，恐见欺；无往，恐秦怒。昭睢曰：“王毋行，而发兵自守耳。秦虎狼，不可信，有并诸侯之心。”怀王子子兰劝王行，曰：“奈何绝秦之欢心！”于是往会秦昭王。昭王诈令一将军伏兵武关，号为秦王。楚王至，则闭武关，遂与西至咸阳，②朝章台，如蕃臣，不与亢礼。楚怀王大怒，悔不用昭子言。秦因留楚王，要以割巫、黔中之郡。楚王欲盟，秦欲先得地。楚王怒曰：“秦诈我而又强要我以地！”不复许秦。秦因留之。

①【正义】婿之父为姻，妇之父为婚，妇之父母婿之父母相谓为婚姻，两婿相谓为娅。

②【索隐】右扶风渭城县，故咸阳城也，在水北山南，故曰咸阳。咸，皆也。

楚大臣患之，乃相与谋曰：“吾王在秦不得还，要以割地，而太子为质于齐，齐、秦合谋，则楚无国矣。”乃欲立怀王子在国者。昭睢曰：“王与太子俱困于诸侯，而今又倍王命而立其庶子，不宜。”乃诈赴于齐，齐湣王谓其相曰：“不若留太子以求楚之淮北。”相曰：“不可，郢中立王，是吾抱空质而行不义于天下也。”或曰：“不然。郢中立王，因与其新王市曰'予我下东国，吾为王杀太子，不然，将与三国共立之'，然则东国必可得矣。"齐王卒用其相计而归楚太子。太子横至，立为王，是为顷襄王。乃告于秦曰："赖社稷神灵，国有王矣。"

顷襄王横元年，秦要怀王不可得地，楚立王以应秦，秦昭王怒，发兵出武关攻楚，大败楚军，斩首五万，取析十五城而去。①二年，楚怀王亡逃归，秦觉之，遮楚道，怀王恐，乃从间道走赵以求归。赵主父②在代，其子惠王初立，行王事，恐，不敢入楚王。楚王欲走魏，秦追至，遂与秦使复之秦。怀王遂发病。顷襄王三年，怀王卒于秦，秦归其丧于楚。楚人皆怜之，如悲亲戚。诸侯由是不直秦。秦楚绝。

①【集解】徐广曰："年表云取十六城，既取析，又并取左右十五城也。"骃按：《地理志》弘农有析县。　【正义】《括地志》云："邓州内乡县城本楚析邑，一名丑，汉置析县，因析水为名也。"

②【索隐】主字亦或作"王"。

六年，秦使白起伐韩于伊阙，①大胜，斩首二十四万。秦乃遗楚王书曰："楚倍秦，秦且率诸侯伐楚，争一旦之命。愿王之饬士卒，得一乐战。"楚顷襄王患之，乃谋复与秦平。七年，楚迎妇于秦，秦楚复平。

①【正义】《括地志》云："伊阙山在洛州南十九里也。"

十一年，齐秦各自称为帝；月馀，复归帝为王。

十四年，楚顷襄王与秦昭王好会于宛，结和亲。十五年，楚王与秦、三晋、燕共伐齐，取淮北。十六年，与秦昭王好会于鄢。其秋，复与秦王会穰。

十八年，楚人有好以弱弓微缴加归雁之上者，顷襄王闻，召而问之。对曰："小臣之好射鶀雁，①罗鸗，②小矢之发也，何足为大王道也。且称楚之大，因大王之贤，所弋非直此也。昔者三王以弋道德，五霸以弋战国。故秦、魏、燕、赵者，鶀雁也；齐、鲁、韩、卫者，青首也；③驺、费、④郯、邳者，罗鸗也。外其馀则不足射者。见鸟六双，⑤以王何取？王何不以圣人为弓，以勇士为缴，时张而射之？此六双者，可得而囊载也。其乐非特朝昔之乐也,⑥其获非特凫雁之实也。王朝张弓而射魏之大梁之南,加其右臂而径属之于韩,则中国之路绝而上蔡之郡坏矣。还⑦射⑧圉之东,⑨解魏左肘⑩而外击定陶,则魏之东外弃而大宋、方与二郡者举矣。⑪且魏断二臂,颠越矣;膺击郯国,大梁可得而有也。王绡缴兰台,⑫饮马西河,定魏大梁,此一发之乐也。若王之于弋诚好而不厌,则出宝弓,碆新缴,⑬射噣鸟于东海,还盖长城以为防,⑭朝射东莒,⑮夕发浿丘,⑯夜加即墨,顾据午道,⑰则长城之东收而太山之北举矣。⑱西结境于赵⑲而北达于燕,⑳三国布䎉,㉑则从不待约而可成也。北游目于燕之辽东而南登望于越之会稽,此再发之乐也。若夫泗上十二诸侯,左萦而右拂之,可一旦而尽也。今秦破韩以为长忧,得列城而不敢守也;伐魏而无功,击赵而顾病,㉒则秦魏之勇力屈矣,楚之故地汉中、析、郦可得而复有也。王出宝弓,碆新缴,涉鄳塞,㉓而待秦之倦也,山东、河内㉔可得而一也。劳民休众,南面称王矣。故曰秦为大鸟,负海内而处,东面而立,左臂据赵之西南,右臂傅楚鄢郢,膺击韩魏,㉕垂头中国,㉖处既形便,势有地利,奋翼鼓䎉,方三千里,则秦未可得独招而夜射也。"欲以激怒襄王,故对以此言。襄王因召与语,遂言曰:"夫先王为秦所欺而客死于外,怨莫大焉。今以匹夫有怨,尚有报万乘,白公、子胥是也。今楚之地方五千里,带甲百万,犹足以踊跃中野也,而坐受困,臣窃为大王弗取也。"于是顷襄王遣使于诸侯,复为从,欲以伐秦。秦闻之,发兵来伐楚。

①【索隐】鵱音其,小雁也。

②【集解】徐广曰:"吕静曰鵱,野鸟也。音龙。" 【索隐】吕静音聋,邹亦音卢动反,刘音龙。鵱,小鸟。

③【索隐】亦小凫,有青首者。

④【索隐】邹秘二音。

⑤【索隐】以喻下文秦赵等十二国,故云"六双"。

⑥【索隐】昔犹夕也。

⑦【索隐】音患,谓绕也。

⑧【索隐】音石。

⑨【正义】围音语。城在汴州雍丘县东。

⑩【索隐】解音纪买反。

⑪【正义】言王朝张弓射魏大梁、汴州之南，即加大梁之右臂；连韩、郑，则河北中国之路向东南断绝，则韩上蔡之郡自破坏矣。复绕射雍丘围城之东，便解散魏左肘宋州，而外击曹定陶，及魏东之外解弃，则宋、方与两郡并举。

⑫【集解】徐广曰："绪，萦也，音争。兰，一作'简'。" 【正义】郑玄云："绪，屈也，江沔之间谓之萦，收绳索绪也。"按：缴，丝绳，系弋射鸟也。若膺击郑，围大梁已了，乃收弋缴于兰台。兰台，桓山之别名也。

⑬【集解】徐广曰："以石傅弋缴曰碆。碆音波。" 【索隐】碆作"磻"，音播。傅音附。

⑭【集解】徐广曰："噣，一作'独'。还音宦。盖，一作'益'。益县在乐安，盖县在泰山。济北卢县有长城，东至海也。" 【索隐】噣音昼，谓大鸟之有钩喙者，以比齐也。还音患，谓绕也。盖者，覆也。言射者环绕盖覆，使无飞走之路，因以长城为防也。徐以盖为益县，非也。长城当在济南。 【正义】《太山郡记》云："太山西北有长城，缘河径太山千馀里，至琅邪台入海。"《齐记》云："齐宣王乘山岭之上筑长城，东至海，西至济州千馀里，以备楚。"《括地志》云："长城西北起济州平阴县，缘河历太山北冈上，经济州淄川，即西南兖州博城县北，东至密州琅邪台入海。《蓟代记》云齐有长城巨防，足以为塞也。"

⑮【正义】《括地志》云："密州莒县，故莒子国。《地理志》云周武王封少昊之后嬴姓于莒，始都计斤，春秋时徙居莒也。"

⑯【集解】徐广曰："在清河。" 【正义】《括地志》云："浿丘，丘名也，在青州临淄县西北二十五里也。"

⑰【索隐】顾，反也。午道当在齐西界。一从一横为午道，亦未详其处。 【正义】刘伯庄云"齐西界"。按：盖在博州之西境也。

⑱【正义】言从济州长城东至海，太山之北，黄河之南，尽举收于楚。

⑲【正义】言得齐地约结于赵，为境界，定从约也。

⑳【索隐】北，一作"杜"。杜者，宽大之名。言齐晋既伏，收燕不难也。 【正义】北达，言四通无所滞碍。言燕无山河之限也。

㉑【集解】徐广曰："音翅。一作'属'。" 【索隐】亦作"翅"，同式豉反。三国，齐、赵、燕也。

㉒【索隐】顾犹反也。

㉓【集解】徐广曰："或以为'冥'，今江夏。一作'黾'。"【正义】《括地志》云："故鄍城在陕州河北县东十里，虞邑也。杜预云河东大阳有鄍城是也。"徐言江夏，亦误也。

㉔【正义】谓华山之东，怀州河内之郡。

㉕【索隐】谓韩、魏当秦之前，故云"膺击"。俗本作"鹰"，非。

㉖【索隐】垂头犹申颈也。言欲吞山东。

楚欲与齐韩连和伐秦，因欲图周。周王赧使武公①谓楚相昭子曰："三国以兵割周郊地以便输，而南器以尊楚，臣以为不然。夫弑共主，臣世君，②大国不亲；以众胁寡，小国不附。大国不亲，小国不附，不可以致名实。名实不得，不足以伤民。夫有图周之声，非所以为号也。"昭子曰："乃图周则无之。虽然，周何故不可图也？"对曰："军不五不攻，城不十不围。夫一周为二十晋，③公之所知也。韩尝以二十万之众辱于晋之城下，锐士死，中士伤，而晋不拔。公之无百韩以图周，此天下之所知也。夫怨结于两周以塞驺鲁之心，④交绝于齐，⑤声失天下，其为事危矣。夫危两周以厚三川，⑥方城之外必为韩弱矣。⑦何以知其然也？西周之地，绝长补短，不过百里。名为天下共主，裂其地不足以肥国，得其众不足以劲兵。虽无攻之，名为弑君。然而好事之君，喜攻之臣，发号用兵，未尝不以周为终始。是何也？见祭器在焉，欲器之至而忘弑君之乱。今韩以器之在楚，臣恐天下以器仇楚也。臣请譬之。夫虎肉臊，其兵利身，⑧人犹攻之也。若使泽中之麋蒙虎之皮，人之攻之必万于虎矣。⑨裂楚之地，足以肥国；诎楚之名，足以尊主。今子将以欲诛残天下之共主，居三代之传器，⑩吞三翮六翼，⑪以高世主，非贪而何？《周书》曰'欲起无先'，故器南则兵至矣。"于是楚计辍不行。

①【集解】徐广曰："定王之曾孙，而西周惠公之子。"

②【索隐】共主，世君，俱是周自谓也。共主，言周为天下共所宗主也；世君，言周室代代君于天下。

③【正义】言周王之国，其地虽小，诸侯尊之，故敌二十晋也。

④【索隐】驺鲁有礼义之国，今楚欲结怨两周而夺九鼎，是塞邹鲁之心。

⑤【正义】楚本与齐韩和伐秦，因欲图周；齐不与图周，故齐交绝于楚。

⑥【正义】三川，两周之地，韩多有之，言厚韩也。

⑦【正义】方城之外，许州叶县东北也。言楚取两周，则韩强，必弱楚方城之外也。

⑧【索隐】谓虎以爪牙为兵，而自利于防身也。

⑨【索隐】攻易而利大也。　【正义】野泽之麋蒙衣虎皮，人之攻取必万倍于虎也。譬楚伐周收祭器，其犹麋蒙虎皮矣。

⑩【索隐】谓九鼎也。

⑪【索隐】翮，亦作“鬲”，同音历。三翮六翼，亦谓九鼎也。空足曰翮。六翼即六耳，翼近耳旁，事具《小尔雅》。

十九年，秦伐楚，楚军败，割上庸、汉北地予秦。①二十年，秦将白起拔我西陵。②二十一年，秦将白起遂拔我郢，烧先王墓夷陵。③楚襄王兵散，遂不复战，东北保于陈城。二十二年，秦复拔我巫、黔中郡。

①【正义】谓割房、金、均三州及汉水之北与秦。

②【集解】徐广曰：“属江夏。”　【正义】《括地志》云：“西陵故城在黄州黄山西二里。”

③【集解】徐广曰：“年表云拔郢，烧夷陵。”　【索隐】夷陵，陵名，后为县，属南郡。　【正义】《括地志》云：“峡州夷陵县是也。在荆州西。应劭云夷山在西北。”

二十三年，襄王乃收东地兵，得十馀万，复西取秦所拔我江旁十五邑以为郡，距秦。二十七年，使三万人助三晋伐燕。复与秦平，而入太子为质于秦。楚使左徒侍太子于秦。

三十六年，顷襄王病，太子亡归。秋，顷襄王卒，太子熊元①代立，是为考烈王。考烈王以左徒为令尹，封以吴，号春申君。

①【索隐】《系本》作“完”。

考烈王元年，纳州于秦以平。①是时楚益弱。

①【集解】徐广曰：“南郡有州陵县。”

六年，秦围邯郸，赵告急楚，楚遣将军景阳救赵。七年，至新中。①

秦兵去。②十二年，秦昭王卒，楚王使春申君吊祠于秦。十六年，秦庄襄王卒，秦王赵政立。二十二年，与诸侯共伐秦，不利而去。楚东徙都寿春，③命曰郢。

①【索隐】按：赵地无名新中者，"中"字误。钜鹿有新市，"中"当为"市"。【正义】新中，相州安阳县也。七国时魏宁新中邑，秦庄襄王拔之，更名安阳也。

②【集解】徐广曰："年表云六年春申君救赵，十年徙于钜阳。"

③【正义】寿春在南寿州，寿春县是也。

二十五年，考烈王卒，子幽王悍立。李园杀春申君。幽王三年，秦、魏伐楚。秦相吕不韦卒。九年，秦灭韩。十年，幽王卒，同母弟犹代立，是为哀王。哀王立二月馀，哀王庶兄负刍之徒袭杀哀王而立负刍为王。是岁，秦虏赵王迁。

王负刍元年，燕太子丹使荆轲刺秦王。二年，秦使将军伐楚，大破楚军，亡十馀城。三年，秦灭魏。四年，秦将王翦破我军于蕲，①而杀将军项燕。

①【索隐】机祈二音。

五年，秦将王翦、蒙武遂破楚国，虏楚王负刍，灭楚名为(楚)郡云。①

①【集解】孙检曰："秦虏楚王负刍，灭去楚名，以楚地为三郡。"【索隐】裴注频引孙检，不知其人本末，盖齐人也。

太史公曰：楚灵王方会诸侯于申，诛齐庆封，作章华台，求周九鼎之时，志小天下；及饿死于申亥之家，为天下笑。操行之不得，悲夫！势之于人也，可不慎与？弃疾以乱立，嬖淫秦女，甚乎哉，几①再亡国！

①【索隐】音祈。

【索隐述赞】鬻熊之嗣，周封于楚。僻在荆蛮，荜路蓝缕。及通而霸，僭号曰武。文既伐申，成亦赦许。子圉篡嫡，商臣杀父。天祸未悔，凭奸自怙。昭困奔亡，怀迫囚虏。顷襄、考烈，祚衰南土。

史记卷四十一

越王句践世家第十一

越王句践，其先禹之苗裔，①而夏后帝少康之庶子也。封于会稽，以奉守禹之祀。文身断发，披草莱而邑焉。后二十馀世，至于允常。②允常之时，与吴王阖庐战而相怨伐。允常卒，子句践立，是为越王。

①【正义】《吴越春秋》云："禹周行天下，还归大越，登茅山以朝四方群臣，封有功，爵有德，崩而葬焉。至少康，恐禹迹宗庙祭祀之绝，乃封其庶子于越，号曰无馀。"贺循《会稽记》云："少康，其少子号曰於越，越国之称始此。"《越绝记》云："无馀都，会稽山南故越城是也。"

②【正义】《舆地志》云："越侯传国三十馀叶，历殷至周敬王时，有越侯夫谭，子曰允常，拓土始大，称王，《春秋》贬为子，号为於越。"杜注云："於，语发声也。"

元年，吴王阖庐闻允常死，乃兴师伐越。越王句践使死士挑战，三行，至吴陈，呼而自刭。吴师观之，越因袭击吴师，吴师败于槜李，①射伤吴王阖庐。阖庐且死，告其子夫差曰："必毋忘越。"

①【集解】杜预曰："吴郡嘉兴县南有槜李城。"【索隐】事在《左传》鲁定公十四年。

三年，句践闻吴王夫差日夜勒兵，且以报越，越欲先吴未发往伐之。范蠡谏曰："不可。臣闻兵者凶器也，战者逆德也，争者事之末也。阴谋逆德，好用凶器，试身于所末，上帝禁之，行者不利。"越王曰："吾已决之矣。"遂兴师。吴王闻之，悉发精兵击越，败之夫椒。①越王乃以馀兵五千人保栖于会稽。②吴王追而围之。

①【集解】杜预曰："夫椒在吴郡吴县，太湖中椒山是也。"【索隐】夫音符。椒

音焦，本又作“湫”，音酒小反。贾逵云地名。《国语》云败之五湖，则杜预云在椒山为非。事具哀公元年。

②【集解】杜预曰：“上会稽山也。”【索隐】邹诞云“保山曰栖，犹鸟栖于木以避害也，故《六韬》曰‘军处山之高者则曰栖’。”

越王谓范蠡曰：①“以不听子故至于此，为之奈何？”蠡对曰：“持满者与天，②定倾者与人，③节事者以地。④卑辞厚礼以遗之，不许，而身与之市。”⑤句践曰：“诺。”乃令大夫种行成于吴，⑥膝行顿首曰：“君王亡臣句践使倍臣种敢告下执事：句践请为臣，妻为妾。”吴王将许之。子胥言于吴王曰：“天以越赐吴，勿许也。”种还，以报句践。句践欲杀妻子，燔宝器，触战以死。种止句践曰：“夫吴太宰嚭贪，可诱以利，请间行⑦言之。”于是句践乃以美女宝器令种间献吴太宰嚭。⑧嚭受，乃见大夫种于吴王。种顿首言曰：“愿大王赦句践之罪，尽入其宝器。不幸不赦，句践将尽杀其妻子，燔其宝器，悉五千人触战，必有当也。”⑨嚭因说吴王曰：“越以服为臣，若将赦之，此国之利也。”吴王将许之。子胥进谏曰：“今不灭越，后必悔之。句践贤君，种、蠡良臣，若反国，将为乱。”吴王弗听，卒赦越，罢兵而归。

①【正义】《会稽典录》云：“范蠡字少伯，越之上将军也。本是楚宛三户人，佯狂倜傥负俗。文种为宛令，遣吏谒奉。吏还曰：‘范蠡本国狂人，生有此病。’种笑曰：‘吾闻士有贤俊之姿，必有佯狂之讥，内怀独见之明，外有不知之毁，此固非二三子之所知也。’驾车而往，蠡避之。后知种之必来谒，谓兄嫂曰：‘今日有客，愿假衣冠。’有顷种至，抵掌而谈，旁人观者耸听之矣。”

②【集解】韦昭曰：“与天，法天也。天道盈而不溢。”【索隐】与天，天与也。言持满不溢，与天同道，故天与之。

③【集解】虞翻曰：“人道尚谦卑以自牧。”【索隐】人主有定倾之功，故人与之也。

④【集解】韦昭曰：“时不至，不可强生；事不究，不可强成。”【索隐】《国语》“以”作“与”，此作“以”，亦与义也。言地能财成万物，人主宜节用以法地，故地与之。韦昭等解恐非。

⑤【集解】韦昭曰：“市，利也。谓委管籥属国家，以身随之。”【正义】卑作言

辞，厚遗珍宝。不许平，越王身往事之，如市贾货易以利。此是定倾危之计。

⑥【索隐】大夫，官；种，名也。一曰大夫姓，犹司马、司徒之比，盖非也。成者，平也，求和于吴也。　【正义】《吴越春秋》云："大夫种姓文名种，字子禽。荆平王时为宛令，之三户之里，范蠡从犬窦蹲而吠之，从吏恐文种惭，令人引衣而鄣之。文种曰：'无鄣也。吾闻犬之所吠者人，今吾到此，有圣人之气，行而求之，来至于此。且人身而犬吠者，谓我是人也。'乃下车拜，蠡不为礼。"

⑦【索隐】间音纪闲反。间行犹微行。

⑧【索隐】《国语》云："越饰美女二人，使大夫种遗太宰嚭。"

⑨【索隐】言悉五千人触战，或有能当吴兵者，故《国语》作"耦"，耦亦相当对之名。又下云"无乃伤君王之所爱乎"，是有当则相伤也。

句践之困会稽也，喟然叹曰："吾终于此乎？"种曰："汤系夏台，文王囚羑里，晋重耳奔翟，齐小白奔莒，其卒王霸。由是观之，何遽不为福乎？"

吴既赦越，越王句践反国，乃苦身焦思，置胆于坐，坐卧即仰胆，饮食亦尝胆也。曰："女忘会稽之耻邪？"身自耕作，夫人自织，食不加肉，衣不重采，折节下贤人，厚遇宾客，振贫吊死，①与百姓同其劳。欲使范蠡治国政，蠡对曰："兵甲之事，种不如蠡；填②抚国家，亲附百姓，蠡不如种。"于是举国政属大夫种，而使范蠡与大夫柘稽③行成，为质于吴。二岁而吴归蠡。

①【集解】徐广曰："吊，一作'葬'。"

②【索隐】镇音。

③【索隐】越大夫也。《国语》作"诸稽郢"。

句践自会稽归七年，拊循其士民，欲用以报吴。大夫逢同①谏曰："国新流亡，今乃复殷给，缮饰备利，吴必惧，惧则难必至。且鸷鸟之击也，必匿其形。今夫吴兵加齐、晋，怨深于楚、越，名高天下，实害周室，德少而功多，必淫自矜。为越计，莫若结齐，亲楚，附晋，以厚吴。吴之志广，必轻战。是我连其权，三国伐之，越承其弊，可克也。"句践曰：

"善。"

①【索隐】逢，姓；同，名。故楚有逢伯。

居二年，吴王将伐齐。子胥谏曰："未可。臣闻句践食不重味，与百姓同苦乐。此人不死，必为国患。吴有越，腹心之疾，齐与吴，疥瘙①也。愿王释齐先越。"吴王弗听，遂伐齐，败之艾陵，②虏齐高、国③以归。让子胥。子胥曰："王毋喜！"王怒，子胥欲自杀，王闻而止之。越大夫种曰："臣观吴王政骄矣，请试尝之贷粟，以卜其事。"请贷，吴王欲与，子胥谏勿与，王遂与之，越乃私喜。子胥言曰："王不听谏，后三年吴其墟乎！"太宰嚭闻之，乃数与子胥争越议，因谗子胥曰："伍员貌忠而实忍人，其父兄不顾，安能顾王？王前欲伐齐，员强谏，已而有功，用是反怨王。王不备伍员，员必为乱。"与逢同共谋，谗之王。王始不从，乃使子胥于齐，闻其托子于鲍氏，王乃大怒，曰："伍员果欺寡人！"役反，使人赐子胥属镂剑以自杀。子胥大笑曰："我令而父霸，④我又立若，⑤若初欲分吴国半予我，我不受，已，今若反以谗诛我。嗟乎，嗟乎，一人固不能独立！"报使者曰："必取吾眼置吴东门，以观越兵入也！"⑥于是吴任嚭政。

①【索隐】疥瘙音介趍。

②【索隐】在鲁哀十一年。

③【索隐】国惠子、高昭子。

④【索隐】而，汝也。父，阖庐也。

⑤【索隐】若亦汝也。

⑥【索隐】《国语》云吴王愠曰"孤不使大夫得见"，乃盛以鸱夷，投之于江也。

居三年，句践召范蠡曰："吴已杀子胥，导谀者众，可乎？"对曰："未可。"

至明年春，吴王北会诸侯于黄池，①吴国精兵从王，惟独老弱与太子留守。②句践复问范蠡，蠡曰"可矣"。乃发习流二千人，③教士四万人，④君子六千人，⑤诸御千人，⑥伐吴。吴师败，遂杀吴太子。吴告急于王，王方会诸侯于黄池，惧天下闻之，乃秘之。吴王已盟黄池，乃使人厚礼以请成越。越自度亦未能灭吴,乃与吴平。

①【索隐】在哀十三年。

②【索隐】据《左氏传》,太子名友。

③【索隐】《虞书》云“流宥五刑”。按:流放之罪人,使之习战,任为卒伍,故有二千人。【正义】谓先惯习流利战阵死者二千人也。

④【索隐】谓常所教练之兵也。故孔子曰“以不教民战,是谓弃之”是也。

⑤【集解】韦昭曰:“君子,王所亲近有志行者,犹吴所谓‘贤良’,齐所谓‘士’也。”虞翻曰:“言君养之如子。”【索隐】君子谓君所子养有恩惠者。又按:《左氏》“楚沈尹戌帅都君子以济师”,杜预曰“都君子谓都邑之士有复除者”。《国语》“王以私卒君子六千人”。

⑥【索隐】诸御谓诸理事之官在军有职掌者。

其后四年,越复伐吴。吴士民罢弊,轻锐尽死于齐、晋。而越大破吴,因而留围之三年,吴师败,越遂复栖吴王于姑苏之山。吴王使公孙雄①肉袒膝行而前,请成越王曰:“孤臣夫差敢布腹心,异日尝得罪于会稽,夫差不敢逆命,得与君王成以归。今君王举玉趾而诛孤臣,孤臣惟命是听,意者亦欲如会稽之赦孤臣之罪乎?”句践不忍,欲许之。范蠡曰:“会稽之事,天以越赐吴,吴不取。今天以吴赐越,越其可逆天乎?且夫君王蚤朝晏罢,非为吴邪?谋之二十二年,一旦而弃之,可乎?且夫天与弗取,反受其咎。‘伐柯者其则不远’,君忘会稽之厄乎?”句践曰:“吾欲听子言,吾不忍其使者。”范蠡乃鼓进兵,曰:“王已属政于执事,②使者去,不者且得罪。”③吴使者泣而去。句践怜之,乃使人谓吴王曰:“吾置王甬东,君百家。”④吴王谢曰:“吾老矣,不能事君王!”遂自杀。乃蔽其面,⑤曰:“吾无面以见子胥也!”越王乃葬吴王而诛太宰嚭。

①【集解】虞翻曰:“吴大夫。”

②【集解】虞翻曰:“执事,蠡自谓也。”

③【集解】虞翻曰:“我为子得罪。”【索隐】虞翻注盖依《国语》之文,今望此文,谓使者宜速去,不且得罪于越,义亦通。

④【集解】杜预曰:“甬东,会稽句章县东海中洲也。”【索隐】《国语》云“与之夫妇三百”是也。

⑤【正义】今之面衣是其遗象也。《越绝》云:"吴王曰'闻命矣!以三寸帛幎吾两目。使死者有知,吾渐见伍子胥、公孙圣;以为无知,吾耻生者'。越王则解绶以幎其目,遂伏剑而死。"幎音觅。顾野王云大巾覆也。

句践已平吴,乃以兵北渡淮,与齐、晋诸侯会于徐州,致贡于周。周元王使人赐句践胙,命为伯。句践已去,渡淮南,以淮上地与楚,①归吴所侵宋地于宋,与鲁泗东方百里。当是时,越兵横行于江、淮东,诸侯毕贺,号称霸王。②

①【集解】《楚世家》曰:"越灭吴而不能正江、淮北。楚东侵广地至泗上。"

②【索隐】越在蛮夷,少康之后,地远国小,春秋之初未通上国,国史既微,略无世系,故《纪年》称为"於粤子"。据此文,句践平吴之后,周元王始命为伯,后遂僭而称王也。

范蠡遂去,自齐遗大夫种书曰:"蜚鸟尽,良弓藏;狡兔死,走狗烹。①越王为人长颈鸟喙,可与共患难,不可与共乐。子何不去?"种见书,称病不朝。人或谗种且作乱,越王乃赐种剑曰:"子教寡人伐吴七术,②寡人用其三而败吴,其四在子,子为我从先王试之。"种遂自杀。

①【集解】徐广曰:"狡,一作'郊'。"

②【正义】《越绝》云:"九术:一曰尊天事鬼;二曰重财币以遗其君;三曰贵籴粟稿以空其邦;四曰遗之好美以荧其志;五曰遗之巧匠,使起宫室高台,以尽其财,以疲其力;六曰贵其谀臣,使之易伐;七曰强其谏臣,使之自杀;八曰邦家富而备器利;九曰坚甲利兵以承其弊。"

句践卒,①子王鼫与立。②王鼫与卒,子王不寿立。王不寿卒,③子王翁立。王翁卒,④子王翳立。王翳卒,子王之侯立。⑤王之侯卒,子王无彊立。⑥

①【索隐】《纪年》云:"晋出公十年十一月,於粤子句践卒,是为菼执。"

②【索隐】鼫音石。与音馀。按:《纪年》云"於粤子句践卒,是菼执。次鹿郢立,六年卒"。乐资云"越语谓鹿郢为鼫与也"。

③【索隐】《纪年》云:"不寿立十年见杀,是为盲姑。次朱句立。"

④【索隐】《纪年》於粤子朱句三十四年灭滕,三十五年灭郯,三十七年朱句卒。

⑤【索隐】《纪年》云："翳三十三年迁于吴，三十六年七月太子诸咎弑其君翳，十月粤杀诸咎。粤滑，吴人立子错枝为君。明年，大夫寺区定粤乱，立无余之。十二年，寺区弟忠弑其君莽安，次无颛立。无颛八年薨，是为菼蠋卯。"故庄子云"越人三弑其君，子搜患之，逃乎丹穴不肯出，越人薰之以艾，乘以王舆"。乐资云"号白无颛"。盖无颛后乃次无彊也，则王之侯即无余之也。

⑥【索隐】盖无颛之弟也。音其良反。

王无彊时，越兴师北伐齐，西伐楚，与中国争强。当楚威王之时，越北伐齐，齐威王使人说越王曰："越不伐楚，大不王，小不伯。图越之所为不伐楚者，为不得晋也。韩、魏固不攻楚。韩之攻楚，覆其军，杀其将，则叶、阳翟危；①魏亦覆其军，杀其将，则陈、上蔡不安。②故二晋之事越也，③不至于覆军杀将，马汗之力不效。④所重于得晋者何也？"⑤越王曰："所求于晋者，不至顿刃接兵，而况于攻城围邑乎？⑥愿魏以聚大梁之下，愿齐之试兵南阳⑦莒地，以聚常、郯之境，⑧则方城之外不南，⑨淮、泗之间不东，商、於、析、郦、⑩宗胡之地，⑪夏路以左，⑫不足以备秦，江南、泗上不足以待越矣。⑬则齐、秦、韩、魏得志于楚也，是二晋不战而分地，不耕而获之。不此之为，而顿刃于河山之间以为齐秦用，所待者如此其失计，奈何其以此王也！"齐使者曰："幸也越之不亡也！吾不贵其用智之如目，见豪毛而不见其睫也。今王知晋之失计，而不自知越之过，是目论也。⑭王所待于晋者，非有马汗之力也，又非可与合军连和也，将待之以分楚众也。今楚众已分，何待于晋？"越王曰："奈何？"曰："楚三大夫张九军，北围曲沃、於中，⑮以至无假之关者⑯三千七百里，⑰景翠之军北聚鲁、齐、南阳，分有大此者乎？⑱且王之所求者，斗晋楚也；晋楚不斗，越兵不起，是知二五而不知十也。此时不攻楚，臣以是知越大不王，小不伯。复雠、庞、⑲长沙，⑳楚之粟也；竟泽陵，楚之材也。越窥兵通无假之关，㉑此四邑者不上贡事于郢矣。㉒臣闻之，图王不王，其敝可以伯。然而不伯者，王道失也。故愿大王之转攻楚也。"

①【正义】叶，式涉反，今许州叶县。阳翟，河南阳翟县也。二邑此时属韩，与

楚犬牙交境,韩若伐楚,恐二邑为楚所危。

②【正义】陈,今陈州也。上蔡,今豫州上蔡县也。二邑此时属魏,与楚犬牙交境,魏若伐楚,恐二国为楚所危也。

③【正义】言韩,魏与楚邻,今令越合于二晋而伐楚。

④【集解】徐广曰:"效犹见也。"

⑤【正义】从"不至"已下此是齐使者重难越王。

⑥【正义】顿刃,筑营垒也。接兵,战也。越王言韩魏之事越,犹不至顿刃接兵,而况更有攻城围邑,韩、魏始服乎?言畏秦、齐而故事越也。

⑦【索隐】此南阳在齐之南界,莒之西。

⑧【索隐】常,邑名,盖田文所封邑。郯,故郯国。二邑皆齐之南地。

⑨【正义】方城山在许州叶县西南十八里。外谓许州、豫州等。言魏兵在大梁之下,楚方城之兵不得南伐越也。

⑩【索隐】四邑并属南阳,楚之西南也。 【正义】郦音掷。《括地志》云:"商洛县则古商国城也。《荆州图副》云'邓州内乡县东七里於村,即於中地也'。"《括地志》又云:"邓州内乡县楚邑也。故郦县在邓州新城县西北三十里。"按:商、於、析、郦在商、邓二州界,县邑也。

⑪【集解】徐广曰:"胡国,今之汝阴。" 【索隐】宗胡,邑名。胡姓之宗,因以名邑。杜预云"汝阴县北有故胡城"是。

⑫【集解】徐广曰:"盖谓江夏之夏。" 【索隐】徐氏以为江夏,非也。刘氏云"楚适诸夏,路出方城,人向北行,以西为左,故云夏路以左",其意为得也。【正义】《括地志》云:"故长城在邓州内乡县东七十五里,南入穰县,北连翼望山,无土之处累石为固。楚襄王控霸南土,争强中国,多筑列城于北方,以适华夏,号为方城。"按:此说刘氏为得,云邑徒众少,不足备秦峣、武二关之道也。

⑬【正义】江南,洪、饶等州,春秋时为楚东境也。泗上,徐州,春秋时楚北境也。二境并与越邻,言不足当伐越。

⑭【索隐】言越王知晋之失,不自觉越之过,犹人眼能见豪毛而自不见其睫,故谓之"目论"也。

⑮【集解】徐广曰:"一作'北面曲沃'。" 【正义】《括地志》云:"曲沃故城在陕县西三十二里。於中在邓州内乡县东七里。"尔时曲沃属魏,於中属秦,二地相近,故楚围之。

⑯【集解】徐广曰："无，一作'西'。"

⑰【正义】按：无假之关当在江南长沙之西北也。言从曲沃、於中西至汉中、巴、巫、黔中千馀里，皆备秦、晋也。

⑱【正义】鲁，衮州也。齐，密州莒县邑南至泗上也。南阳，邓州也，时属韩也。言楚又备此三国也，分散有大此者乎？

⑲【集解】徐广曰："一作'宠'。"

⑳【索隐】刘氏云"复者发语之声"，非也。言发语声者，文势然也，则是脱"况"字耳。雠当作"犨"，犨，邑名，字讹耳。则犨、庞、长沙是三邑也。下云"竟泽陵"，当为"竟陵泽"。言竟陵之山泽出材木，故楚有七泽，盖其一也。合上文为四邑也。　【正义】复，扶富反。

㉑【集解】徐广曰："无，一作'西'。"

㉒【正义】言今越北欲斗晋楚，南复雠敌楚之四邑，庞、长沙、竟陵泽也。庞、长沙出粟之地，竟陵泽出材木之地，此邑近长沙潭、衡之境，越若窥兵西通无假之关，则四邑不得北上贡于楚之郢都矣。战国时永、郴、衡、潭、岳、鄂、江、洪、饶并是东南境，属楚也。袁、吉、虔、抚、歙、宣并越西境，属越也。

于是越遂释齐而伐楚。楚威王兴兵而伐之，大败越，杀王无彊，尽取故吴地至浙江，北破齐于徐州。①而越以此散，诸族子争立，或为王，或为君，滨于江南海上，②服朝于楚。

①【集解】徐广曰："周显王之四十六年。"　【索隐】按：《纪年》粤子无颛薨后十年，楚伐徐州，无楚败越杀无彊之语，是无彊为无颛之后，《纪年》不得录也。

②【正义】今台州临海县是也。

后七世，至闽君摇，佐诸侯平秦。汉高帝复以摇为越王，以奉越后。东越，闽君，皆其后也。

范蠡①事越王句践，既苦身勠力，与句践深谋二十馀年，竟灭吴，报会稽之耻，北渡兵于淮以临齐、晋，号令中国，以尊周室，句践以霸，而范蠡称上将军。还反国，范蠡以为大名之下，难以久居，且句践为人可与同患，难与处安，为书辞句践曰："臣闻主忧臣劳，主辱臣死。昔者君王辱于会稽，所以不死，为此事也。今既以雪耻，臣请从会稽之诛。"句践曰："孤将与子分国而有之。不然，将加诛于子。"范蠡曰："君行令，臣行意。"乃装其轻宝珠玉，自与其私徒属乘舟浮海以行，终不反。于是句践表会稽山以为范蠡奉邑。②

①【集解】《太史公素王妙论》曰："蠡本南阳人。"《列仙传》云："蠡，徐人。"【正义】《吴越春秋》云："蠡字少伯，乃楚宛三户人也。"《越绝》云："在越为范蠡，在齐为鸱夷子皮，在陶为朱公。"又云："居楚曰范伯。谓大夫种曰：'三王则三皇之苗裔也，五伯乃五帝之末世也。天运历纪，千岁一至，黄帝之元，执辰破巳，霸王之气，见于地户。伍子胥以是挟弓矢干吴王。'于是要大夫种入吴。此时冯同相与共戒之：'伍子胥在，自馀不能关其词。'蠡曰：'吴越之邦同风共俗，地户之位非吴则越。彼为彼，我为我。'乃入越，越王常与言，尽日方去。"

②【索隐】《国语》云"乃环会稽三百里以为范蠡之地"。奉音扶用反。

范蠡浮海出齐，变姓名，自谓鸱夷子皮，①耕于海畔，苦身戮力，父子治产。居无几何，致产数十万。齐人闻其贤，以为相。范蠡喟然叹曰："居家则致千金，居官则至卿相，此布衣之极也。久受尊名，不祥。"乃归相印，尽散其财，以分与知友乡党，而怀其重宝，间行以去，止于陶，②以为此天下之中，交易有无之路通，为生可以致富矣。于是自谓陶朱公。复约要父子耕畜，废居，候时转物，逐什一之利。居无何，则致赀累巨万。③天下称陶朱公。

①【索隐】范蠡自谓也。盖以吴王杀子胥而盛以鸱夷，今蠡自以有罪，故为号也。韦昭曰"鸱夷，革囊也"。或曰生牛皮也。

②【集解】徐广曰："今之济阴定陶。" 【正义】《括地志》云："陶山在济州平阴县东三十五里。"止此山之阳也，今山南五里犹有朱公冢。

③【集解】徐广曰："万万也。"

朱公居陶，生少子。少子及壮，而朱公中男杀人，囚于楚。朱公曰："杀人而死，职也。然吾闻千金之子不死于市。"告其少子往视之。乃装黄金千溢，置褐器中，载以一牛车。且遣其少子，朱公长男固请欲行，朱公不听。长男曰："家有长子曰家督，今弟有罪，大人不遣，乃遣少弟，是吾不肖。”欲自杀。其母为言曰：“今遣少子，未必能生中子也，而先空亡长男，奈何？”朱公不得已而遣长子，为一封书遗故所善庄生。① 曰：“至则进千金于庄生所，听其所为，慎无与争事。”长男既行，亦自私赍数百金。

①【索隐】据其时代，非庄周也。然验其行事，非子休而谁能信任于楚王乎？【正义】年表云周元王四年越灭吴，范蠡遂去齐，归定陶，后遣庄生金。庄周与魏惠王、(周元王)〔齐宣王〕同时，从周元王四年至齐宣王元年一百三十年，此庄生非庄子。

至楚，庄生家负郭，披藜藋到门，居甚贫。然长男发书进千金，如其父言。庄生曰：“可疾去矣，慎毋留！即弟出，勿问所以然。”长男既去，不过庄生而私留，以其私赍献遗楚国贵人用事者。

庄生虽居穷阎，然以廉直闻于国，自楚王以下皆师尊之。及朱公进金，非有意受也，欲以成事后复归之以为信耳。故金至，谓其妇曰：“此朱公之金。有如病不宿诫，后复归，勿动。”而朱公长男不知其意，以为殊无短长也。

庄生闲时入见楚王，言“某星宿某，此则害于楚”。楚王素信庄生，曰：“今为奈何？”庄生曰：“独以德为可以除之。”楚王曰：“生休矣，寡人将行之。”王乃使使者封三钱之府。① 楚贵人惊告朱公长男曰：“王且赦。”曰：“何以也？”曰：“每王且赦，常封三钱之府。昨暮王使使封之。”② 朱公长男以为赦，弟固当出也，重千金虚弃庄生，无所为也，乃复见庄生。庄生惊曰：“若不去邪？”长男曰：“固未也。初为事弟，弟今议自赦，故辞生去。”庄生知其意欲复得其金，曰：“若自入室取金。”长男即自入室取金持去，独自欢幸。

①【集解】《国语》曰：“周景王时将铸大钱。”贾逵说云：“虞、夏、商、周金币三等，或赤，或白，或黄。黄为上币，铜铁为下币。”韦昭曰：“钱者，金币之名，所以贸买物，通财用也。”单穆公云：“古者有母权子，子权母而行，然则三品之来，古而然矣。”骃谓楚之三钱，贾韦之说近之。

②【集解】或曰“王且赦，常封三钱之府”者，钱币至重，虑人或逆知有赦，盗窃

之，所以封钱府，备盗窃也。汉灵帝时，河内张成能候风角，知将有赦，教子杀人，捕得七日赦出，此其类也。

庄生羞为儿子所卖，乃入见楚王曰："臣前言某星事，王言欲以修德报之。今臣出，道路皆言陶之富人朱公之子杀人囚楚，其家多持金钱赂王左右，故王非能恤楚国而赦，乃以朱公子故也。"楚王大怒曰："寡人虽不德耳，奈何以朱公之子故而施惠乎！"令论杀朱公子，明日遂下赦令。朱公长男竟持其弟丧归。

至，其母及邑人尽哀之，唯朱公独笑，曰："吾固知必杀其弟也！彼非不爱其弟，顾有所不能忍者也。是少与我俱，见苦，为生难，故重弃财。至如少弟者，生而见我富，乘坚驱良逐狡兔，①岂知财所从来，故轻弃之，非所惜吝。前日吾所为欲遣少子，固为其能弃财故也。而长者不能，故卒以杀其弟，事之理也，无足悲者。吾日夜固以望其丧之来也。"

①【集解】徐广曰："狡，一作'郊'。"

故范蠡三徙，成名于天下，非苟去而已，所止必成名。卒老死于陶，故世传曰陶朱公。①

①【集解】张华曰："陶朱公冢在南郡华容县西，树碑云是越之范蠡也。"【正义】盛弘之《荆州记》云："荆州华容县西有陶朱公冢，树碑云是越范蠡。范蠡本宛三户人，与文种俱入越，吴亡后，自适齐而终。陶朱公登仙，未闻葬此所由。"《括地志》云陶朱公冢也。又云："济州平阴县东三十里陶山南五里有陶公冢。并止于陶山之阳。"按：葬处有二，未详其处。

太史公曰：禹之功大矣，渐九川，①定九州，至于今诸夏艾安。及苗裔句践，苦身焦思，终灭强吴，北观兵中国，以尊周室，号称霸王。②句践可不谓贤哉！盖有禹之遗烈焉。范蠡三迁皆有荣名，名垂后世。臣主若此，欲毋显得乎！

①【集解】徐广曰："渐者亦引进通导之意也，字或宜然。"

②【集解】徐广曰："一作'主'。"

【索隐述赞】越祖少康，至于允常。其子始霸，与吴争强。槜李之役，阖闾见伤。会稽之耻，句践欲当。种诱以利，蠡悉其良。折节下士，致胆思尝。卒复仇寇，遂殄大邦。后不量力，灭于无强。

史记卷四十二

郑世家第十二

郑桓公友者，周厉王少子而宣王庶弟也。①宣王立二十二年，友初封于郑。②封三十三岁，百姓皆便爱之。幽王以为司徒。③和集周民，周民皆说，河雒之间，人便思之。为司徒一岁，幽王以褒后故，王室治多邪，诸侯或畔之。于是桓公问太史伯④曰："王室多故，予安逃死乎？"太史伯对曰："独雒之东土，河济之南可居。"公曰："何以？"对曰："地近虢、郐，⑤虢、郐之君贪而好利，⑥百姓不附。今公为司徒，民皆爱公，公诚请居之，虢、郐之君见公方用事，轻分公地。公诚居之，虢、郐之民皆公之民也。"公曰："吾欲南之江上，何如？"对曰："昔祝融为高辛氏火正，其功大矣，而其于周未有兴者，楚其后也。周衰，楚必兴。兴，非郑之利也。"公曰："吾欲居西方，何如？"⑦对曰："其民贪而好利，难久居。"公曰："周衰，何国兴者？"对曰："齐、秦、晋、楚乎？夫齐，姜姓，伯夷之后也，伯夷佐尧典礼。秦，嬴姓，伯翳之后也，伯翳佐舜怀柔百物。及楚之先，皆尝有功于天下。而周武王克纣后，成王封叔虞于唐，⑧其地阻险，以此有德与周衰并，亦必兴矣。"桓公曰："善。"于是卒言王，东徙其民雒东，而虢、郐果献十邑，⑨竟国之。⑩

①【集解】徐广曰："年表云母弟。"

②【索隐】郑，县名，属京兆。秦武公十一年"初县杜、郑"是也。又《系本》云"桓公居棫林，徙拾"。宋忠云"棫林与拾皆旧地名"，是封桓公乃名为郑耳。至秦之县郑，盖是郑武公东徙新郑之后，其旧郑乃是故都，故秦始县之。

③【集解】韦昭曰："幽王八年为司徒。"　【索隐】韦昭据《国语》以幽王八年为司徒也。

④【集解】虞翻曰："周太史。"

⑤【集解】徐广曰："虢在成皋，郐在密县。"骃案：虞翻曰"虢，姬姓，东虢也。郐，妘姓"。【正义】《括地志》云："洛州汜水县，古东虢叔之国，东虢君也。"又云："故郐城在郑州新郑县东北三十二里。"

⑥【索隐】《郑语》云"虢叔恃势，郐仲恃险，皆有骄侈，又加之以贪冒"是也。虢叔，文王弟。郐，妘姓之国也。

⑦【索隐】《国语》曰："公曰'谢西之九州何如'。"韦昭云"谢，申伯之国。谢西有九州。二千五百家为州"。其说盖异此。

⑧【集解】徐广曰："《晋世家》曰唐叔虞，姓姬氏，字子于。"【索隐】唐者，古国，尧之后，其君曰叔虞。何以知然者？据此系家下文云"唐人之季代曰唐叔虞。当武王邑姜方动大叔，梦天命而子曰虞，与之唐。及生有文在手曰'虞'，遂以名之。及成王灭唐而国太叔，故因以称唐叔虞"。杜预亦曰"取唐君之名"是也。

⑨【集解】虞翻曰："十邑谓虢、郐、鄢、蔽、补、丹、依、畴、历、莘也。"【索隐】《国语》云："太史伯曰'若克二邑，鄢、蔽、补、丹、依、畴、历、莘君之土也'。"虞翻注皆依《国语》为说。

⑩【集解】韦昭曰："后武公竟取十邑地而居之，今河南新郑也。"

二岁，犬戎杀幽王于骊山下，并杀桓公。郑人共立其子掘突，①是为武公。②

①【正义】上求勿反，下户骨反。

②【索隐】谯周云"名突滑"，皆非也。盖古史失其名，太史公循旧失而妄记之耳。何以知其然者？按下文其孙昭公名忽，厉公名突，岂有孙与祖同名乎？当是旧史杂记昭厉忽突之名，遂误以掘突为武公之字耳。

武公十年，娶申侯女①为夫人，曰武姜。生太子寤生，生之难，及生，夫人弗爱。后生少子叔段，段生易，夫人爱之。②二十七年，武公疾。夫人请公，欲立段为太子，公弗听。是岁，武公卒，寤生立，是为庄公。

①【正义】《括地志》云："故申城在邓州南阳县北三十里。《左传》云郑武公取于申也。"

②【集解】徐广曰："年表云十四年生寤生，十七年生太叔段。"

庄公元年，封弟段于京，①号太叔。祭仲曰："京大于国，非所以封庶也。"庄公曰："武姜欲之，我弗敢夺也。"段至京，缮治甲兵，与其母武姜谋袭郑。二十二年，段果袭郑，武姜为内应。庄公发兵伐段，段走。伐京，京人畔段，段出走鄢。②鄢溃，段出奔共。③于是庄公迁其母武姜于城颍，④誓言曰："不至黄泉，⑤毋相见也。"居岁馀，已悔思母。颍谷之考叔⑥有献于公，公赐食。考叔曰："臣有母，请君食赐臣母。"庄公曰："我甚思母，恶负盟，奈何？"考叔曰："穿地至黄泉，则相见矣。"于是遂从之，见母。

①【集解】贾逵曰："京，郑都邑。"杜预曰："今荥阳京县。"

②【正义】鄔音乌古反。今新郑县南鄔头有村，多万家。旧作"鄢"，音偃。杜预云："鄢，今鄢陵也。"

③【集解】贾逵曰："共，国名也。"杜预曰："今汲郡共县也。"【正义】按：今卫州共城县是也。

④【集解】贾逵曰："郑地。"【正义】疑许州临颍县是也。

⑤【集解】服虔曰："天玄地黄，泉在地中，故言黄泉。"

⑥【集解】贾逵曰："颍谷，郑地。"【正义】《括地志》云："颍水源出洛州嵩高县东南三十里阳乾山，今俗名颍山泉。源出山之东谷。其侧有古人居处，俗名为颍墟，故老云是颍考叔故居，即郦元注《水经》所谓颍谷也。"

二十四年，宋缪公卒，公子冯奔郑。郑侵周地，取禾。①二十五年，卫州吁弑其君桓公自立，与宋伐郑，以冯故也。二十七年，始朝周桓王。桓王怒其取禾，弗礼也。②二十九年，庄公怒周弗礼，与鲁易祊、许田。③三十三年，宋杀孔父。三十七年，庄公不朝周，周桓王率陈、蔡、虢、卫伐郑。庄公与祭仲、④高渠弥⑤发兵自救，王师大败。祝聸⑥射中王臂。祝聸请从之，郑伯止之，曰："犯长且难之，况敢陵天子乎？"乃止。夜令祭仲问王疾。

①【索隐】隐二年《左传》"郑武公、庄公为平王卿士。王贰于虢，及王崩，周人将畀虢公政。夏四月，郑祭足帅师取温之麦，秋又取成周之禾"是。

②【索隐】杜预曰："桓王即位，周郑交恶，至是始朝，故言始也。"《左传》又曰："周桓公言于王曰'我周之东迁，晋郑焉依。善郑以劝来者，犹惧不蔇，况不

礼焉，郑不来矣'。"

③【索隐】许田，近许之田，鲁朝宿之邑。枋者，郑所受助祭太山之汤沐邑。郑以天子不能巡守，故以祊易许田，各从其近。

④【索隐】《左传》称祭仲足，盖祭是邑，其人名仲字仲足，故《传》云祭封人仲足是也。此繻葛之战在鲁桓公五年。

⑤【索隐】一作"弥"，一作"眯"，并名卑反。

⑥【索隐】《左传》作"祝聃"。

三十八年，北戎伐齐，齐使求救，郑遣太子忽将兵救齐。齐釐公欲妻之，忽谢曰："我小国，非齐敌也。"时祭仲与俱，劝使取之，曰："君多内宠，①太子无大援将不立，三公子皆君也。"所谓三公子者，太子忽，其弟突，次弟子亹也。②

①【集解】服虔曰："言庶子有宠者多。"

②【索隐】此文则数太子忽及突、子亹为三，而杜预云不数太子，以子突、子亹、子仪为三，盖得之。

四十三年，郑庄公卒。初，祭仲甚有宠于庄公，庄公使为卿；公使娶邓女，生太子忽，故祭仲立之，是为昭公。

庄公又娶宋雍氏女，①生厉公突。雍氏有宠于宋。②宋庄公闻祭仲之立忽，乃使人诱召祭仲而执之，曰："不立突，将死。"亦执突以求赂焉。祭仲许宋，与宋盟。以突归，立之。昭公忽闻祭仲以宋要立其弟突，九月(辛)〔丁〕亥，忽出奔卫。己亥，突至郑，立，是为厉公。

①【集解】贾逵曰："雍氏，黄帝之孙，姞姓之后，为宋大夫。"

②【集解】服虔曰："为宋正卿，故曰有宠。"

厉公四年，祭仲专国政。厉公患之，阴使其婿雍纠欲杀祭仲。①纠妻，祭仲女也，知之，谓其母曰："父与夫孰亲？"母曰："父一而已，人尽夫也。"②女乃告祭仲，祭仲反杀雍纠，戮之于市。厉公无奈祭仲何，怒纠曰："谋及妇人，死固宜哉！"夏，厉公出居边邑栎。③祭仲迎昭公忽，六月乙亥，复入郑，即位。

①【集解】贾逵曰："雍纠，郑大夫。"

②【集解】杜预曰："妇人在室则天父，出则天夫。女以为疑，故母以所生为本解之。"

③【集解】宋忠曰："今颍川阳翟县。"【索隐】按：栎音历，即郑初得十邑之历也。

秋，郑厉公突因栎人杀其大夫单伯，①遂居之。诸侯闻厉公出奔，伐郑，弗克而去。宋颇予厉公兵，自守于栎，郑以故亦不伐栎。

①【集解】杜预曰："郑守栎大夫也。"【索隐】依《左传》作"檀伯"。檀伯，郑守栎大夫，事在桓十五年。此文误为"单伯"者，盖亦有所因也。按鲁庄公十四年，厉公自栎侵郑，事与周单伯会齐师伐宋相连，故误耳。

昭公二年，自昭公为太子时，父庄公欲以高渠弥为卿，太子忽恶之，庄公弗听，卒用渠弥为卿。及昭公即位，惧其杀己，冬十月辛卯，渠弥与昭公出猎，射杀昭公于野。祭仲与渠弥不敢入厉公，乃更立昭公弟子亹为君，是为子亹也，无谥号。

子亹元年七月，齐襄公会诸侯于首止，①郑子亹往会，高渠弥相，从，祭仲称疾不行。所以然者，子亹自齐襄公为公子之时，尝会斗，相仇，及会诸侯，祭仲请子亹无行。子亹曰："齐强，而厉公居栎，即不往，是率诸侯伐我，内厉公。我不如往，往何遽必辱，且又何至是！"卒行。于是祭仲恐齐并杀之，故称疾。子亹至，不谢齐侯，齐侯怒，遂伏甲而杀子亹。高渠弥亡归，②归与祭仲谋，召子亹弟公子婴于陈而立之，是为郑子。③是岁，齐襄公使彭生醉拉杀鲁桓公。

①【集解】服虔曰："首止，近郑之地。"杜预曰："首止，卫地。陈留襄邑县东南有首乡。"

②【索隐】《左氏》云轘高渠弥。

③【索隐】《左传》以郑子名子仪，此云婴，盖别有所见。

郑子八年，齐人管至父等作乱，弑其君襄公。十二年，宋人长万弑其君湣公。郑祭仲死。

十四年，故郑亡厉公突在栎者使人诱劫郑大夫甫假，①要以求入。假曰："舍我，我为君杀郑子而入君。"厉公与盟，乃舍之。六月甲子，假杀郑子及其二子而迎厉公突，突自栎复入即位。初，内蛇与外蛇斗于郑南门中，内蛇死。居六年，厉公果复入。入而让其伯父原②曰：“我亡国外居，伯父无意入我，亦甚矣。”原曰：“事君无二心，人臣之职也。原知罪矣。”遂自杀。厉公于是谓甫假曰：“子之事君有二心矣。”遂诛之。假曰：“重德不报，诚然哉！”

①【索隐】《左传》作“傅瑕”。此本多假借，亦依字读。

②【索隐】《左传》谓之原繁。

厉公突后元年，齐桓公始霸。

五年，燕、卫与周惠王弟穨伐王，①王出奔温，立弟穨为王。六年，惠王告急郑，厉公发兵击周王子穨，弗胜，于是与周惠王归，王居于栎。七年春，郑厉公与虢叔袭杀王子穨而入惠王于周。

①【索隐】惠王，庄王孙，僖王子。子穨，庄王之妾王姚所生。事在庄十九年。

秋，厉公卒，子文公踕①立。厉公初立四岁，亡居栎，居栎十七岁，复入，立七岁，与亡凡二十八年。

①【索隐】音在接反。《系本》云文公徙郑。宋忠云即新郑。

文公十七年，齐桓公以兵破蔡，遂伐楚，至召陵。

二十四年，文公之贱妾曰燕姞，①梦天与之兰，②曰：“余为伯儵。余，尔祖也。③以是为而子，④兰有国香。”以梦告文公，文公幸之，而予之草兰为符。遂生子，名曰兰。

①【集解】贾逵曰：“姞，南燕姓。”

②【集解】贾逵曰：“香草也。”

③【集解】贾逵曰：“伯儵，南燕祖。”

④【集解】王肃曰：“以是兰也为汝子之名。”

三十六年，晋公子重耳过，文公弗礼。文公弟叔詹曰：“重耳贤，且又同姓，穷而过君，不可无礼。”文公曰：“诸侯亡公子过者多矣，安能尽礼之！”詹曰：“君如弗礼，遂杀之；弗杀，使即反国，为郑忧矣。”文公弗听。

三十七年春，晋公子重耳反国，立，是为文公。秋，郑人滑，滑听命，已而反与卫，于是郑伐滑。① 周襄王使伯犕② 请滑。郑文公怨惠王之亡在栎，而文公父厉公入之，而惠王不赐厉公爵禄，③ 又怨襄王之与卫滑，故不听襄王请而囚伯犕。王怒，与翟人伐郑，弗克。冬，翟攻伐襄王，襄王出奔郑，郑文公居王于氾。三十八年，晋文公入襄王成周。

①【索隐】僖二十四年《左传》"郑公子士泄、堵俞弥帅师伐滑"。

②【索隐】音服。《左传》"王使伯服、游孙伯如郑请滑"。杜预云"二子周大夫"。知伯犕即伯服也。

③【索隐】此言爵禄，与《左氏》说异。《左传》云"郑伯享王，王以后之鞶鉴与之。虢公请器，王予之爵"。则爵酒器，是太史公与丘明说别也。

四十一年，助楚击晋。自晋文公之过无礼，故背晋助楚。四十三年，晋文公与秦穆公共围郑，讨其助楚攻晋者，及文公过时之无礼也。初，郑文公有三夫人，宠子五人，皆以罪蚤死。公怒，溉① 逐群公子。子兰奔晋，从晋文公围郑。时兰事晋文公甚谨，爱幸之，乃私于晋，以求入郑为太子。晋于是欲得叔詹为僇。郑文公恐，不敢谓叔詹言。詹闻，言于郑君曰："臣谓君，君不听臣，晋卒为患。然晋所以围郑，以詹，詹死而赦郑国，詹之愿也。"乃自杀。郑人以詹尸与晋。晋文公曰："必欲一见郑君，辱之而去。"郑人患之，乃使人私于秦曰："破郑益晋，非秦之利也。"秦兵罢。晋文公欲入兰为太子，以告郑。郑大夫石癸曰："吾闻姞姓乃后稷之元妃，② 其后当有兴者。子兰母，其后也。且夫人子尽已死，馀庶子无如兰贤。今围急，晋以为请，利孰大焉！"遂许晋，与盟，而卒立子兰为太子，晋兵乃罢去。

①【集解】徐广曰："一作'瑕'。"【索隐】音蔇。《左传》作"瑕"。

②【集解】杜预曰："姞姓之女，为后稷妃。"

四十五年，文公卒，子兰立，是为缪公。

缪公元年春，秦缪公使三将将兵欲袭郑，至滑，逢郑贾人弦高诈以十二牛劳军，故秦兵不至而还，晋败之于崤。初，往年郑文公之卒也，郑司城缯贺以郑情卖之，秦兵故来。三年，郑发兵从晋伐秦，取秦兵于汪。

往年①楚太子商臣杀其父成王代立。二十一年，与宋华元伐郑。华元杀羊食士，不与其御羊斟，怒以驰郑，郑囚华元。宋赎华元，元亦亡去。晋使赵穿以兵伐郑。

①【集解】徐广曰："缪公之二年。"

二十二年，郑缪公卒，子夷立，是为灵公。

灵公元年春，楚献黿于灵公。子家、子公将朝灵公，①子公之食指动，②谓子家曰："佗日指动，必食异物。"及入，见灵公进黿羹，子公笑曰："果然！"灵公问其笑故，具告灵公。灵公召之，独弗予羹。子公怒，染其指，③尝之而出。公怒，欲杀子公。子公与子家谋先。夏，弑灵公。郑人欲立灵公弟去疾，去疾让曰："必以贤，则去疾不肖；必以顺，则公子坚长。"坚者，灵公庶弟，④去疾之兄也。于是乃立子坚，是为襄公。

①【集解】贾逵曰："二子郑卿也。"

②【集解】服虔曰："第二指。"

③【集解】《左传》曰："染指于鼎。"

④【集解】徐广曰："年表云灵公庶兄。"

襄公立，将尽去缪氏。缪氏者，杀灵公，子公之族家也。去疾曰："必去缪氏，我将去之。"乃止。皆以为大夫。

襄公元年，楚怒郑受宋赂纵华元，伐郑。郑背楚，与晋亲。五年，楚复伐郑，晋来救之。六年，子家卒，国人复逐其族，以其弑灵公也。

七年，郑与晋盟鄢陵。八年，楚庄王以郑与晋盟，来伐，围郑三月，郑以城降楚。楚王入自皇门，郑襄公肉袒掔羊以迎，曰："孤不能事边邑，使君王怀怒以及獘邑，孤之罪也。敢不惟命是听。君王迁之江南，及以赐诸侯，亦惟命是听。若君王不忘厉、宣王，桓、武公，哀不忍绝其社稷，锡不毛之地，①使复得改事君王，孤之愿也，然非所敢望也。敢布腹心，惟命是听。"庄王为却三十里而后舍。楚群臣曰："自郢至此，士大夫亦久劳矣。今得国舍之，何如？"庄王曰："所为伐，伐不服也。今已服,尚何求乎?"卒去。晋闻楚之伐郑,发兵救郑。其来持两端,故迟,比至河,楚兵已去。晋将率或欲渡,或欲还,卒渡河。庄王闻,还击晋。郑反助楚,大破晋军于河上。十年,晋来伐郑,以其反晋而亲楚也。

①【集解】何休曰:"墝埆不生五谷曰不毛。谦不敢求肥饶。"

十一年,楚庄王伐宋,宋告急于晋。晋景公欲发兵救宋,伯宗谏晋君曰:"天方开楚,未可伐也。"乃求壮士得霍人解扬,字子虎,诓楚,令宋毋降。过郑,郑与楚亲,乃执解扬而献楚。楚王厚赐与约,使反其言,令宋趣降,三要乃许。于是楚登解扬楼车,①令呼宋。遂负楚约而致其晋君命曰:"晋方悉国兵以救宋,宋虽急,慎毋降楚,晋兵今至矣!"楚庄王大怒,将杀之。解扬曰:"君能制命为义,臣能承命为信。受吾君命以出,有死无陨。"②庄王曰:"若之许我,已而背之,其信安在?"解扬曰:"所以许王,欲以成吾君命也。"将死,顾谓楚军曰:"为人臣无忘尽忠得死者!"楚王诸弟皆谏王赦之,于是赦解扬使归。晋爵之为上卿。

①【集解】服虔曰:"楼车所以窥望敌军,兵法所谓'云梯'也。"杜预曰:"楼车,车上望橹也。"

②【集解】服虔曰:"陨,坠也。"

十八年,襄公卒,子悼公湝①立。

①【索隐】刘音秘。邹本一作"沸",一作"弗"。《左传》作"费",音扶味反。

悼公元年,鄦公①恶郑于楚,悼公使弟睔②于楚自讼。讼不直,楚囚睔。于是郑悼公来与晋平,遂亲。睔私于楚子反,子反言归睔于郑。

①【集解】徐广曰:"鄦音许。许公,灵公也。"

②【索隐】公逊反。

二年,楚伐郑,晋兵来救。是岁,悼公卒,立其弟睔,是为成公。

成公三年,楚共王曰"郑成公孤有德焉",使人来与盟。成公私与盟。秋,成公朝晋,晋曰"郑私平于楚",执之。使栾书伐郑。四年春,郑患晋围，公子如乃立成公庶兄繻①为君。其四月，晋闻郑立君，乃归成公。郑人闻成公归，亦杀君繻。迎成公。晋兵去。

①【索隐】音须。邹氏云："一作'繐'，音训。"

十年，背晋盟，盟于楚。晋厉公怒，发兵伐郑。楚共王救郑。晋楚战鄢陵，楚兵败，晋射伤楚共王目，俱罢而去。十三年，晋悼公伐郑，兵于洧上。①郑城守，晋亦去。

①【集解】服虔曰："洧，水名。" 【正义】《括地志》云："洧水在郑州新郑县北三里，古新郑城南。《韩诗外传》云'郑俗，二月桃花水出时，会于溱、洧水上，以自祓除'。"按：在古城城南，与溱水合。

十四年，成公卒，子恽①立。是为釐公。

①【索隐】纡粉反。《左传》作"髡顽"。

釐公五年，郑相子驷朝釐公，釐公不礼。子驷怒，使厨人药杀釐公，①赴诸侯曰"釐公暴病卒"。立釐公子嘉，嘉时年五岁，是为简公。

①【集解】徐广曰："年表云子驷使贼夜弑僖公。"

简公元年，诸公子谋欲诛相子驷，子驷觉之，反尽诛诸公子。二年，晋伐郑，郑与盟，晋去。冬，又与楚盟。子驷畏诛，故两亲晋、楚。三年，相子驷欲自立为君，公子子孔使尉止杀相子驷而代之。子孔又欲自立。子产曰："子驷为不可，诛之，今又效之，是乱无时息也。"于是子孔从之而相郑简公。

四年，晋怒郑与楚盟，伐郑，郑与盟。楚共王救郑，败晋兵。简公欲与晋平，楚又囚郑使者。

十二年，简公怒相子孔专国权，诛之，而以子产为卿。十九年，简公如晋请卫君还，而封子产以六邑。①子产让，受其三邑。二十二年，吴使延陵季子于郑，见子产如旧交，谓子产曰："郑之执政者侈，难将至，政将及子。子为政，必以礼；不然，郑将败。"子产厚遇季子。二十三年，诸公子争宠相杀，又欲杀子产。公子或谏曰："子产仁人，郑所以存者子产也，勿杀！”乃止。

①【集解】服虔曰：“四井为邑。”

二十五年，郑使子产于晋，问平公疾。平公曰：“卜而曰实沈、台骀为祟，史官莫知，敢问？”对曰：“高辛氏有二子，长曰阏伯，季曰实沈，居旷林，①不相能也，日操干戈以相征伐。后帝弗臧，②迁阏伯于商丘，主辰，③商人是因，故辰为商星。④迁实沈于大夏，主参，⑤唐人是因，服事夏、商，⑥其季世曰唐叔虞。⑦当武王邑姜方娠大叔，梦帝谓己：⑧‘余命而子曰虞，⑨乃与之唐，属之参而蕃育其子孙。’及生有文在其掌曰‘虞’，遂以命之。及成王灭唐而国大叔焉。故参为晋星。⑩由是观之，则实沈，参神也。昔金天氏有裔子曰昧，为玄冥师，⑪生允格、台骀。⑫台骀能业其官，⑬宣汾、洮，⑭障大泽，⑮以处太原。⑯帝用嘉之，国之汾川。⑰沈、姒、蓐、黄实守其祀。⑱今晋主汾川而灭之。⑲由是观之，则台骀，汾、洮神也。然是二者不害君身。山川之神，则水旱之菑禜之；⑳日月星辰之神，则雪霜风雨不时禜之；若君疾，饮食哀乐女色所生也。”平公及叔向曰：“善，博物君子也！”厚为之礼于子产。

①【集解】贾逵曰：“旷，大也。”

②【集解】贾逵曰：“后帝，尧也。臧，善也。”

③【集解】贾逵曰：“商丘在漳南。”杜预曰：“商丘，宋地。”服虔曰：“辰，大火，主祀也。”

④【集解】服虔曰：“商人，契之先，汤之始祖相土封阏伯之故地，因其故国而代之。”

⑤【集解】服虔曰：“大夏在汾浍之间，主祀参星。”杜预曰：“大夏，今晋阳县。”

⑥【集解】贾逵曰：“唐人谓陶唐氏之胤刘累事夏孔甲，封于大夏，因实沈之国，子孙服事夏、商也。”【正义】《括地志》云：“故唐城在绛州翼城县西二十里。徐才《宗国都城记》云‘唐国，帝尧之裔子所封。《春秋》云“夏孔甲时有尧苗胄刘累者，以豢龙事孔甲，夏后嘉之，赐曰御龙氏，以更豕韦之后。龙一雌死，潜醢之以食夏后。既而使求之，惧而迁于鲁县”。夏后盖别封刘累之后于夏之墟，为唐侯。至周成王时，唐人作乱，成王灭之而封太叔，迁唐人子孙于杜，谓之杜伯，范氏所云在周为唐杜氏也’。《地记》云‘唐氏在大

夏之墟，属河东安县。今在绛城西北一百里有唐城者，以为唐旧国'。"然则叔虞之封即此地也。

⑦【集解】杜预曰："唐人之季世，其君曰叔虞。"

⑧【集解】贾逵曰："帝，天也。已，武王也。"

⑨【集解】杜预曰："取唐君之名。"

⑩【集解】贾逵曰："晋主祀参，参为晋星。"

⑪【集解】服虔曰："金天，少皞也。玄冥，水官也。师，长也。昧为水官之长。"

⑫【集解】服虔曰："允格，台骀，兄弟也。"

⑬【集解】服虔曰："修昧之职。"

⑭【集解】贾逵曰："宣犹通也。汾、洮，二水名。"

⑮【集解】服虔曰："陂障其水也。"

⑯【集解】服虔曰："太原，汾水名。"杜预曰："太原，晋阳也，台骀之所居者。"

⑰【集解】服虔曰："帝颛顼也。"

⑱【集解】贾逵曰："四国台骀之后也。"

⑲【集解】贾逵曰："灭四国。"

⑳【集解】服虔曰："禜为营，攒用币也。若有水旱，则禜祭山川之神以祈福也。"

二十七年夏，郑简公朝晋。冬，畏楚灵王之强，又朝楚，子产从。二十八年，郑君病，使 子产会诸侯，与楚灵王盟于申，诛齐庆封。

三十六年，简公卒，子定公宁立。秋，定公朝晋昭公。

定公元年，楚公子弃疾弑其君灵王而自立，为平王。欲行德诸侯，归灵王所侵郑地于郑。

四年，晋昭公卒，其六卿强，公室卑。子产谓韩宣子曰："为政必以德，毋忘所以立。"

六年，郑火，公欲禳之。子产曰："不如修德。"

八年，楚太子建来奔。十年，太子建与晋谋袭郑。郑杀建，建子胜奔吴。

十一年，定公如晋。晋与郑谋，诛周乱臣，入敬王于周。①

①【索隐】王避弟子朝之乱出居狄泉，在昭二十三年；至二十六年，晋、郑入之。

《经》曰“天王入于成周”是也。

十三年，定公卒，子献公虿立。献公十三年卒，子声公胜立。当是时，晋六卿强，侵夺郑，郑遂弱。

声公五年，郑相子产卒，①郑人皆哭泣，悲之如亡亲戚。子产者，郑成公少子也。为人仁爱人，事君忠厚。孔子尝过郑，与子产如兄弟云。及闻子产死，孔子为泣曰：“古之遗爱也！”②

①【正义】《括地志》云：“子产墓在新郑县西南三十五里。郦元注《水经》云‘子产墓在溟水上，累石为方坟，坟东北向郑城，杜预云言不忘本也’。”

②【集解】贾逵曰：“爱，惠也。”杜预曰：“子产见爱，有古人遗风也。”

八年，晋范、中行氏反晋，告急于郑，郑救之。晋伐郑，败郑军于铁。①

①【集解】杜预曰：“戚城南铁丘。” 【正义】《括地志》云：“铁丘在滑州卫南县东南十五里。”

十四年，宋景公灭曹。二十年，齐田常弑其君简公，而常相于齐。二十二年，楚惠王灭陈。孔子卒。

三十六年，晋知伯伐郑，取九邑。

三十七年，声公卒，子哀公易立。①哀公八年，郑人弑哀公而立声公弟丑，是为共公。共公三年，三晋灭知伯。三十一年，共公卒，子幽公已立。幽公元年，韩武子伐郑，杀幽公。郑人立幽公弟骀，是为繻公。②

①【集解】年表云三十八年。

②【集解】年表云郑立幽公子骀繻。或作“缘”。

繻公十五年，韩景侯伐郑，取雍丘。郑城京。

十六年，郑伐韩，败韩兵于负黍。①二十年，韩、赵、魏列为诸侯。二十三年，郑围韩之阳翟。

①【集解】徐广曰：“在阳城。” 【正义】《括地志》云：“负黍亭在洛州阳城县西南三十五里，故周邑也。”

二十五年，郑君杀其相子阳。二十七年，子阳之党共弑繻公骀而立幽公弟乙为君，是为郑君。①

①【集解】徐广云："一本云'立幽公弟乙阳为君，是为康公'。《六国年表》云立幽公子骀，又以郑君阳为郑康公乙。班固云'郑康公乙为韩所灭'。"

郑君乙立二年，郑负黍反，复归韩。十一年，韩伐郑，取阳城。

二十一年，韩哀侯灭郑，并其国。

太史公曰：语有之，"以权利合者，权利尽而交疏"，甫瑕是也。甫瑕虽以劫杀郑子内厉公，厉公终背而杀之，此与晋之里克何异？守节如荀息，身死而不能存奚齐。变所从来，亦多故矣！

【索隐述赞】厉王之子，得封于郑。代职司徒，《缁衣》在咏。虢、郐献邑，祭祝专命。庄既犯王，厉亦奔命。居栎克入，梦兰毓庆。伯服生囚，叔瞻尸聘。釐、简之后，公室不竞。负黍虽还，韩哀日盛。

史记卷四十三

赵世家第十三

赵氏之先，与秦共祖。至中衍，①为帝大戊御。其后世蜚廉有子二人，而命其一子曰恶来，事纣，为周所杀，其后为秦。恶来弟曰季胜，其后为赵。

①【正义】中音仲。

季胜生孟增。孟增幸于周成王，是为宅皋狼。①皋狼生衡父，衡父生造父。造父幸于周缪王。造父取骥之乘匹，②与桃林③盗骊、骅骝、绿耳，献之缪王。缪王使造父御，西巡狩，见西王母，④乐之忘归。而徐偃王反，⑤缪王日驰千里马，攻徐偃王，⑥大破之。乃赐造父以赵城，⑦由此为赵氏。

①【集解】徐广曰："或云皋狼地名，在西河。"【索隐】按：如此说，是名孟增号宅皋狼。而徐广云"或曰皋狼地名，在西河"。按《地理志》，皋狼是西河郡之县名，盖孟增幸于周成王，成王居之于皋狼，故云皋狼。

②【索隐】言造父取八骏，品其色，齐其力，使驯调也。并四曰乘，并两曰匹。【正义】乘，食证反。并四曰乘，两曰匹。取八骏品其力，使均驯。

③【正义】《括地志》云："桃林在陕州桃林县，西至潼关，皆为桃林塞地。《山海经》云夸父之山，北有林焉，名曰桃林，广阔三百里，中多马，造父于此得骅骝、騄耳之乘献周穆王也。"

④【索隐】《穆天子传》曰"穆王与西王母觞于瑶池之上，作歌"，是乐而忘归也。谯周不信此事，而云"余常闻之，代俗以东西阴阳所出入，宗其神，谓之王父母。或曰地名，在西域，有何见乎"。

⑤【正义】《括地志》云："大徐城在泗州徐城县北三十里，古之徐国也。《博物

志》云'徐君宫人娠，生卵，以为不祥，弃于水滨。孤独母有犬名鹄仓，衔所弃卵以归，覆暖之，遂成小儿，生偃王。故宫人闻之，更收养之。及长，袭为徐君。后鹄仓临死生角而九尾，实黄龙也。鹄仓或名后仓也'。"

⑥【索隐】谯周曰："徐偃王与楚文王同时，去周穆王远矣。且王者行有周卫，岂闻乱而独长驱日行千里乎？"并言此事非实也。

⑦【正义】晋州赵城县即造父邑也。

自造父已下六世至奄父，曰公仲，周宣王时伐戎，为御。及千亩战，①奄父脱宣王。奄父生叔带。叔带之时，周幽王无道，去周如晋，事晋文侯，始建赵氏于晋国。

①【正义】《括地志》云："千亩原在晋州岳阳县北九十里也。"

自叔带以下，赵宗益兴，五世而(生)〔至〕赵夙。

赵夙，晋献公之十六年伐霍、魏、耿，而赵夙为将伐霍。霍公求奔齐。①晋大旱，卜之，曰"霍太山为祟"。使赵夙召霍君于齐，复之，以奉霍太山之祀，晋复穰。晋献公赐赵夙耿。②

①【集解】徐广曰："求，一作'来'。"

②【索隐】杜预曰："耿，今河东皮氏县耿乡是。"

夙生共孟，当鲁闵公之元年也。共孟生赵衰，字子馀。①

①【索隐】《系本》云公明生共孟及赵夙，夙生成季衰，衰生宣孟盾。《左传》云衰，赵夙弟。而此系家云共孟生衰，谯周亦以此为误耳。

赵衰卜事晋献公及诸公子，莫吉；卜事公子重耳，吉，即事重耳。重耳以骊姬之乱亡奔翟，赵衰从。翟伐廧咎如，得二女，翟以其少女妻重耳，长女妻赵衰而生盾。初，重耳在晋时，赵衰妻亦生赵同、赵括、赵婴齐。赵衰从重耳出亡，凡十九年，得反国。重耳为晋文公，赵衰为原大夫，居原，任国政。①文公所以反国及霸，多赵衰计策。语在晋事中。

①【索隐】《系本》云："成季徙原。"宋忠云："今雁门原平县也。"　【正义】《括地志》云："原平故城，汉原平县也，在代州崞县南三十五里。"崞音郭。按：宋忠

说非也。《括地志》云:"故原城在怀州济原县西北二里。《左传》云襄王以原赐晋文公,原不服,文公伐原以示信,原降,以赵衰为原大夫,即此也。原本周畿内邑也。"

赵衰既反晋,晋之妻固要迎翟妻,而以其子盾为適嗣,晋妻三子皆下事之。晋襄公之六年,而赵衰卒,谥为成季。

赵盾代成季任国政二年而晋襄公卒,太子夷皋年少。盾为国多难,欲立襄公弟雍。雍时在秦,使使迎之。太子母①日夜啼泣,顿首谓赵盾曰:"先君何罪,释其適子而更求君?"赵盾患之,恐其宗与大夫袭诛之,乃遂立太子,是为灵公,发兵距所迎襄公弟于秦者。灵公既立,赵盾益专国政。

①【索隐】穆嬴也。

灵公立十四年,益骄。赵盾骤谏,灵公弗听。及食熊蹯,胹不熟,杀宰人,持其尸出,赵盾见之。灵公由此惧,欲杀盾。盾素仁爱人,尝所食桑下饿人反扞救盾,盾以得亡。未出境,而赵穿弑灵公而立襄公弟黑臀,是为成公。赵盾复反,任国政。君子讥盾"为正卿,亡不出境,反不讨贼",故太史书曰"赵盾弑其君"。晋景公①时而赵盾卒,谥为宣孟,子朔嗣。

①【索隐】成公之子,名据。

赵朔,晋景公之三年,朔为晋将下军救郑,与楚庄王战河上。朔娶晋成公姊为夫人。

晋景公之三年,大夫屠岸贾欲诛赵氏。①初,赵盾在时,梦见叔带持要而哭,甚悲;已而笑,拊手且歌。盾卜之,兆绝而后好。赵史援占之,曰:"此梦甚恶,非君之身,乃君之子,然亦君之咎。至孙,赵将世益衰。"屠岸贾者,始有宠于灵公,及至于景公而贾为司寇,将作难,乃治灵公之贼以致赵盾,遍告诸将曰:"盾虽不知,犹为贼首。以臣弑君,子孙在朝,何以惩罪?请诛之。"韩厥曰:"灵公遇贼,赵盾在外,吾先君以为无罪,故不诛。今诸君将诛其后，是非先君之意而今妄诛。妄诛谓之乱。臣有大事而君不闻，是无君也。”屠岸贾不听。韩厥告赵朔趣亡。朔不肯，曰：“子必不绝赵祀，朔死不恨。”韩厥许诺，称疾不出。贾不请而擅与诸将攻赵氏于下宫，杀赵朔、赵同、赵括、赵婴齐，皆灭其族。

①【集解】徐广曰：“按年表，救郑及诛灭，皆景公三年。”

赵朔妻成公姊，有遗腹，走公宫匿。赵朔客曰公孙杵臼，杵臼谓朔友人程婴曰：“胡不死？”程婴曰：“朔之妇有遗腹，若幸而男，吾奉之；即女也，吾徐死耳。”居无何，而朔妇免身，生男。屠岸贾闻之，索于宫中。夫人置儿绔中，祝曰：“赵宗灭乎，若号；即不灭，若无声。”及索，儿竟无声。已脱，程婴谓公孙杵臼曰：“今一索不得，后必且复索之，柰何？”公孙杵臼曰：“立孤与死孰难？”程婴曰：“死易，立孤难耳。”公孙杵臼曰：“赵氏先君遇子厚，子强为其难者，吾为其易者，请先死。”乃二人谋取他人婴儿负之，衣以文葆，①匿山中。程婴出，谬谓诸将军曰：“婴不肖，不能立赵孤。谁能与我千金，吾告赵氏孤处。”诸将皆喜，许之，发师随程婴攻公孙杵臼。杵臼谬曰：“小人哉程婴！昔下宫之难不能死，与我谋匿赵氏孤儿，今又卖我。纵不能立，而忍卖之乎！”抱儿呼曰：“天乎天乎！赵氏孤儿何罪？请活之，独杀杵臼可也。”诸将不许，遂杀杵臼与孤儿。诸将以为赵氏孤儿良已死，皆喜。然赵氏真孤乃反在，程婴卒与俱匿山中。

①【集解】徐广曰：“小儿被曰葆。”

居十五年，晋景公疾，卜之，大业之后不遂者为祟。景公问韩厥，厥知赵孤在，乃曰：“大业之后在晋绝祀者，其赵氏乎？夫自中衍者皆嬴姓也。中衍人面鸟噣，降佐殷帝大戊，及周天子，皆有明德。下及幽厉无道，而叔带去周适晋，事先君文侯，至于成公，世有立功，未尝绝祀。今吾君独灭赵宗，国人哀之，故见龟策。唯君图之。”景公问：“赵尚有后子孙乎？”韩厥具以实告。于是景公乃与韩厥谋立赵孤儿，召而匿之宫中。诸将入问疾，景公因韩厥之众以胁诸将而见赵孤。赵孤名曰武。诸将不得已，乃曰："昔下宫之难，屠岸贾为之，矫以君命，并命群臣。非然，孰敢作难！微君之疾，群臣固且请立赵后。今君有命，群臣之愿也。"于是召赵武、程婴遍拜诸将，遂反与程婴、赵武攻屠岸贾，灭其族。复与赵武田邑如故。①

①【集解】徐广曰："推次，晋复与赵武田邑，是景公之十七年也。而乃是《春秋》成公八年《经》书'晋杀其大夫赵同、赵括'，《左传》于此说立赵武事者，注云'终说之耳，非此年也'。"

及赵武冠，为成人，程婴乃辞诸大夫，谓赵武曰："昔下宫之难，皆能死。我非不能死，我思立赵氏之后。今赵武既立，为成人，复故位，我将下报赵宣孟与公孙杵臼。"赵武啼泣顿首固请，曰："武愿苦筋骨以报子至死，而子忍去我死乎！"程婴曰："不可。彼以我为能成事，故先我死；今我不报，是以我事为不成。"遂自杀。赵武服齐衰三年，为之祭邑，春秋祠之，世世勿绝。①

①【集解】《新序》曰："程婴、公孙杵臼可谓信友厚士矣。婴之自杀下报，亦过矣。"【正义】今河东赵氏祠先人，犹别舒一座祭二士矣。

赵氏复位十一年，而晋厉公杀其大夫三郤。栾书畏及，乃遂弑其君厉公，更立襄公曾孙周，①是为悼公。晋由此大夫稍强。

①【集解】徐广曰："年表云襄公孙也。"【索隐】《晋系家》襄公少子，名周。

赵武续赵宗二十七年，晋平公立。平公十二年，而赵武为正卿。十三年，吴延陵季子使于晋，曰："晋国之政卒归于赵武子、韩宣子、魏献子之后矣。"赵武死，谥为文子。

文子生景叔。①景叔之时，齐景公使晏婴于晋，②晏婴与晋叔向语。婴曰："齐之政后卒归田氏。"叔向亦曰："晋国之政将归六卿。六卿侈矣，而吾君不能恤也。"

①【索隐】《系本》云："景叔名成。"

②【集解】徐广曰："平公之十九年。"

赵景叔卒，生赵鞅，是为简子。

赵简子在位，晋顷公之九年，简子将合诸侯戍于周。其明年，入周敬王于周，辟弟子朝之故也。

晋顷公之十二年，六卿以法诛公族祁氏、羊舌氏，分其邑为十县，六卿各令其族为之大夫。晋公室由此益弱。

后十三年，鲁贼臣阳虎来奔，赵简子受赂，厚遇之。

赵简子疾，五日不知人，大夫皆惧。医扁鹊视之，出，董安于问。①扁鹊曰："血脉治也，而何怪！在昔秦缪公尝如此，七日而寤。寤之日，告公孙支与子舆②曰：'我之帝所甚乐。吾所以久者，适有学也。帝告我："晋国将大乱，五世不安；其后将霸，未老而死；霸者之子且令而国男女无别。"'公孙支书而藏之，秦谶于是出矣。献公之乱，文公之霸，而襄公败秦师于殽而归纵淫，此子之所闻。今主君之疾与之同，不出三日疾必间，间必有言也。"

①【集解】韦昭曰："安于，简子家臣。"

②【索隐】二子，秦大夫公孙支、子桑也。

居二日半，简子寤。语大夫曰："我之帝所甚乐，与百神游于钧天，广乐九奏万舞，不类三代之乐，其声动人心。有一熊欲来援我，帝命我射之，中熊，熊死。又有一罴来，我又射之，中罴，罴死。帝甚喜，赐我二笥，皆有副。吾见儿在帝侧，帝属我一翟犬，曰：'及而子之壮也，以赐之。'帝告我：'晋国且世衰，七世而亡，①嬴姓将大败周人于范魁之西，②而亦不能有也。今余思虞舜之勋，适余将以其胄女孟姚配而七世之孙。'"③董安于受言而书藏之。以扁鹊言告简子，简子赐扁鹊田四万亩。

①【正义】谓晋定公、出公、哀公、幽公、烈公、孝公、静公为七世。静公二年，为三晋所灭。据此及年表，简子疾在定公十一年。

②【索隐】范魁，地名，不知所在，盖赵地。　【正义】嬴，赵姓也。周人谓卫也。晋亡之后，赵成侯三年伐卫，取都鄙七十三是也。贾逵云"小阜曰魁"也。

③【索隐】即娃嬴，吴广之女。姚，姓；孟，字也。七代孙，武灵王也。

他日，简子出，有人当道，辟之不去，从者怒，将刃之。当道者曰："吾欲有谒于主君。"从者以闻。简子召之，曰："嘻，吾有所见子晰也。"①当道者曰："屏左右，愿有谒。"简子屏人。当道者曰："主君之疾，臣在帝侧。"简子曰："然，有之。子之见我，我何为？"当道者曰："帝令主君射熊与罴，皆死。"简子曰："是，且何也？"当道者曰："晋国且有大难，主君首之。帝令主君灭二卿，夫熊与罴皆其祖也。"②简子曰："帝赐我二笥皆有副，何也？"③当道者曰："主君之子将克二国于翟，皆子姓也。"④简子曰："吾见儿在帝侧，帝属我一翟犬，曰'及而子之长以赐之'。夫儿何谓以赐翟犬？"当道者曰："儿，主君之子也。翟犬者，代之先也。主君之子且必有代。及主君之后嗣，且有革政而胡服，⑤并二国于翟。"⑥简子问其姓而延之以官。当道者曰："臣野人，致帝命耳。"遂不见。简子书藏之府。

①【索隐】简子见当道者，乃寤曰："嘻，是吾前梦所见，知其名曰子晰者。"

②【正义】范氏、中行氏之祖也。

③【正义】副谓皆子姓也。

④【正义】谓代及智氏也。

⑤【正义】今时服也，废除裘裳也。

⑥【正义】武灵王略中山地至宁葭，西略胡地至楼烦、榆中是也。

异日，姑布子卿①见简子，简子遍召诸子相之。子卿曰："无为将军者。"简子曰："赵氏其灭乎？"子卿曰："吾尝见一子于路，殆君之子也。"简子召子毋卹。毋卹至，则子卿起曰："此真将军矣！"简子曰："此其母贱，翟婢也，奚道贵哉？"子卿曰："天所授，虽贱必贵。"自是之后，简子尽召诸子与语，毋卹最贤。简子乃告诸子曰："吾藏宝符于常山上，先得者赏。"诸子驰之常山上，求，无所得。毋卹还，曰："已得符矣。"简子曰："奏之。"毋卹曰："从常山上临代，代可取也。"②简子于是知毋卹果贤，乃废太子伯鲁，而以毋卹为太子。

①【集解】司马彪曰："姑布，姓；子卿，字。"

②【正义】《地道记》云："恒山在上曲阳县西北百四十里。北行四百五十里得恒山岌，号飞狐口，北则代郡也。"

后二年，晋定公之十四年，范、中行作乱。明年春，简子谓邯郸大夫午曰："归我卫士五百家，吾将置之晋阳。"①午许诺，归而其父兄不听，②倍言。赵鞅捕午，囚之晋阳。乃告邯郸人曰："我私有诛午也，诸君欲谁立？"③遂杀午。赵稷、涉宾以邯郸反。④晋君使籍秦⑤围邯郸。荀寅、范吉射⑥与午善，⑦不肯助秦而谋作乱，董安于知之。十月，范、中行氏⑧伐赵鞅，鞅奔晋阳，晋人围之。范吉射、荀寅仇人魏襄等谋逐荀寅，以梁婴父代之；⑨逐吉射，以范皋绎代之。⑩荀栎⑪言于晋侯曰："君命大臣，始乱者死。今三臣始乱⑫而独逐鞅，用刑不均，请皆逐之。"十一月，荀栎、韩不佞、⑬魏哆⑭奉公命以伐范、中行氏，不克。范、中行氏反伐公，公击之，范、中行败走。丁未，二子⑮奔朝歌。韩、魏以赵氏为请。⑯十二月辛未，赵鞅入绛，盟于公宫。其明年，知伯文子谓赵鞅曰："范、中行虽信为乱，安于发之，是安于与谋也。晋国有法，始乱者死。夫二子已伏罪而安于独在。"赵鞅患之。安于曰："臣死，赵氏定，晋国宁，吾死晚矣。"遂自杀。赵氏以告知伯，然后赵氏宁。

①【集解】服虔曰："往年赵鞅围卫，卫人恐惧，故贡五百家，鞅置之邯郸，又欲更徙于晋阳。"

②【集解】服虔曰："午之诸父兄及邯郸中长老。"

③【集解】杜预曰："午，赵鞅同族，别封邯郸，故使邯郸人更立午宗亲也。"

④【集解】服虔曰："稷，午子。"

⑤【集解】《左传》曰籍秦此时为上军司马。 【索隐】据《系本》，晋大夫籍游之孙，籍谈之子。

⑥【索隐】范氏，晋大夫隰叔之子，士芀之后。芀生成伯缺，缺生武子会，会生文叔燮，燮生宣叔匄，匄生献子鞅，鞅生吉射。

⑦【集解】《左传》曰："午，荀寅之甥。荀寅，范吉射之姻。"

⑧【索隐】《系本》云："晋大夫逝遨生桓伯林父，林父生宣伯庚宿，庚宿生献伯偃，偃生穆伯吴，吴生寅。本姓荀，自荀偃将中军，晋改中军曰中行，因氏焉。

元与智伯同祖逝遨，故智氏亦称荀。”【正义】按：会食邑于范，因为范氏。又中行寅本姓荀，自荀偃将中军为中行，因号中行氏。元与智氏同承袭逝遨，姓荀氏。

⑨【集解】贾逵曰：“梁婴父，晋大夫也。”

⑩【集解】服虔曰：“范氏之侧室子。”

⑪【集解】服虔曰：“荀栎，智文子。”【索隐】《系本》云：“逝遨生庄子首，首生武子䓨，䓨生庄子朔，朔生悼子盈，盈生文子栎，栎生宣子申，申生智伯瑶。”

⑫【集解】贾逵曰：“范、中行、赵也。”

⑬【索隐】韩简子。

⑭【索隐】魏简子。《系本》名取。

⑮【索隐】范吉射、荀寅也。

⑯【集解】服虔曰：“以其罪轻于荀、范也。”【正义】按：赵鞅被范、中行伐，乃奔晋阳，以其罪轻，故韩、魏为请晋君而得入绛。

孔子闻赵简子不请晋君而执邯郸午，保晋阳，故书《春秋》曰“赵鞅以晋阳畔”。

赵简子有臣曰周舍，好直谏。周舍死，简子每听朝，常不悦，大夫请罪。简子曰：“大夫无罪。吾闻千羊之皮不如一狐之腋。诸大夫朝，徒闻唯唯，不闻周舍之鄂鄂，是以忧也。”① 简子由此能附赵邑而怀晋人。

①【集解】《韩诗外传》曰：“周舍立于门下三日三夜，简子使问之曰：‘子欲见寡人何事？’对曰：‘愿为鄂鄂之臣，墨笔操牍，从君之过，而日有所记，月有所成，岁有所效也。’”

晋定公十八年，赵简子围范、中行于朝歌，中行文子① 奔邯郸。明年，卫灵公卒。简子与阳虎送卫太子蒯聩于卫，卫不内，居戚。②

①【索隐】荀寅也。

②【正义】《括地志》云：“故戚城在相州澶水县东三十里。杜预云‘戚，卫邑，在顿丘〔卫〕县西有戚城’是也。”

晋定公二十一年，简子拔邯郸，中行文子奔柏人。简子又围柏人，中行文子、范昭子① 遂奔齐。赵竟有邯郸、柏人。范、中行馀邑入于晋。

赵名晋卿，实专晋权，奉邑侔于诸侯。

①【索隐】范吉射也。

晋定公三十年，定公与吴王夫差争长于黄池，赵简子从晋定公，卒长吴。定公三十七年卒，而简子除三年之丧，期而已。是岁，越王句践灭吴。

晋出公十一年，知伯伐郑。赵简子疾，使太子毋卹将而围郑。知伯醉，以酒灌击毋卹。毋卹群臣请死之。毋卹曰："君所以置毋卹，为能忍询。"然亦愠知伯。知伯归，因谓简子，使废毋卹，简子不听。毋卹由此怨知伯。

晋出公十七年，简子卒，① 太子毋卹代立，是为襄子。

①【集解】张华曰："赵简子冢在临水界，二冢并，上气成楼阁。"

赵襄子元年，越围吴。① 襄子降丧食，使楚隆问吴王。②

①【正义】年表及(赵)《〔越〕世家》、(云)《左传》越灭吴在简子三十五年，已在襄子元年前十五年矣，何得更有越围吴之事？从此以下至"问吴王"是三十年事，文(说)〔脱〕误在此耳。

②【正义】《左传》云哀公二十年，简子死，襄子嗣立，以越围吴故，降父之祭馔，而使楚隆慰问王，为哀公十三年，简子在黄池之役，与吴王质言曰"好恶同之"，故减祭馔及问吴王也。而《赵世家》及《六国年表》云此年晋定公卒，简子除三年之丧，服期而已。按：简子死及使吴年月皆误，与《左传》文不同。

襄子姊前为代王夫人。简子既葬，未除服，北登夏屋，① 请代王。使厨人操铜枓② 以食代王及从者，行斟，阴令宰人各③ 以枓击杀代王及从官，遂兴兵平代地。其姊闻之，泣而呼天，摩笄自杀。代人怜之，所死地名之为摩笄之山。④ 遂以代封伯鲁子周为代成君。伯鲁者，襄子兄，故太子。太子蚤死，故封其子。

①【集解】徐广曰："山在广武。" 【正义】《括地志》云："夏屋山一名贾屋山，今名贾母山，在代州雁门县东北三十五里。夏屋与句注山相接，盖北方之险，亦天下之阻路，所以分别内外也。"

②【正义】音斗。其形方，有柄，取斟水器。《说文》云勺也。

③【集解】徐广曰："一作'雒'。"

④【正义】笄，今簪也。《括地志》云："摩笄山一名磨笄山，亦名为〔鸣鸡〕山，在蔚州飞狐县东北百五十里。《魏土地记》云'代郡东南二十五里有马头山。赵襄子既杀代王，使人迎其妇。代王夫人曰："以弟慢夫，非仁也；以夫怨弟，非义也。"磨笄自刺而死。使者遂亦自杀'。"

襄子立四年，知伯与赵、韩、魏尽分其范、中行故地。晋出公怒，告齐、鲁，欲以伐四卿。四卿恐，遂共攻出公。出公奔齐，道死。知伯乃立昭公曾孙骄，是为晋懿公。① 知伯益骄。请地韩、魏，韩、魏与之。请地赵，赵不与，以其围郑之辱。知伯怒，遂率韩、魏攻赵。赵襄子惧，乃奔保晋阳。

①【索隐】或作"哀公"。其大父名雍，即昭公少子，号戴子也。

原过从，后，至于王泽，① 见三人，自带以上可见，自带以下不可见。与原过竹二节，莫通。曰："为我以是遗赵毋恤。"原过既至，以告襄子。襄子齐三日，亲自剖竹，有朱书曰："赵毋恤，余霍泰山② 山阳侯天使也。三月丙戌，余将使女反灭知氏。女亦立我百邑，余将赐女林胡之地。至于后世，且有伉王，赤黑，龙面而鸟噣，鬓麋髭頿，大膺大胸，修下而冯，左衽界乘，③ 奄有河宗，④ 至于休溷诸貉，⑤ 南伐晋别，⑥ 北灭黑姑。"⑦ 襄子再拜，受三神之令。

①【正义】《括地志》云："王泽在绛州正平县南七里也。"

②【集解】徐广曰："在河东永安县。"

③【集解】徐广曰："修，或作'随'。界，一作'介'。"

④【正义】《穆天子传》云："河宗之子孙(则)〔鄘〕柏絮。"按：盖在龙门河之上流，岚、胜二州之地也。

⑤【正义】音陌。自河宗、休溷诸貉，乃戎狄之地也。

⑥【正义】越南伐晋之别邑，谓韩、魏之邑也。

⑦【正义】亦戎国。

三国攻晋阳，岁馀，引汾水灌其城，城不浸者三版。① 城中悬釜而炊，易子而食。群臣皆有外心，礼益慢，唯高共②不敢失礼。襄子惧，乃夜使相张孟同③私于韩、魏。韩、魏与合谋，以三月丙戌，三国反灭知氏，共分其地。于是襄子行赏，高共为上。张孟同曰："晋阳之难，唯共无功。"襄子曰："方晋阳急，群臣皆懈，惟共不敢失人臣礼，是以先之。"于是赵北有代，南并知氏，强于韩、魏。遂祠三神于百邑，使原过主霍泰山祠祀。④

①【正义】何休云："八尺曰版。"

②【集解】徐广曰："一作'赫'。"

③【索隐】按：《战国策》作"张孟谈"。谈者，史迁之父名，迁例改为"同"。

④【正义】《括地志》云："三神祠今名原过祠，今在霍山侧也。"

其后娶空同氏，①生五子。襄子为伯鲁之不立也，不肯立子，且必欲传位与伯鲁子代成君。成君先死，乃取代成君子浣立为太子。②襄子立三十三年卒，浣立，是为献侯。

①【正义】《括地志》云："崆峒山在肃州福禄县东南六十里，古西戎地。又原州平高县西百里亦有崆峒山，即黄帝问广成子道处。"俱是西戎地，未知孰是。

②【索隐】代成君名周，伯鲁之子。《系本》云代成君子起即襄子之子，不云伯鲁，非也。

献侯少即位，治中牟。①

①【集解】《地理志》曰河南中牟县，赵献侯自耿徙此。瓒曰："中牟在春秋之时是郑之疆内也，及三卿分晋，则在魏之邦土也。赵界自漳水以北，不及此。《春秋传》曰'卫侯如晋过中牟'，按中牟非卫适晋之次也。《汲郡古文》曰'齐师伐赵东鄙，围中牟'，此中牟不在赵之东也。按中牟当漯水之北。"【索隐】此赵中牟在河北，非郑之中牟。【正义】按：五鹿在魏州元城县东十二里，邺即相州荡阴县西五十八里，有牟山，盖中牟邑在此山侧也。

襄子弟桓子①逐献侯，自立于代，一年卒。国人曰桓子立非襄子意，乃共杀其子而复迎立献侯。

①【索隐】《系本》云襄子子桓子，与此不同。

十年，中山武公初立。①十三年，城平邑。②十五年，献侯卒，子烈侯籍立。

①【集解】徐广曰："西周桓公之子。桓公者，孝王弟而定王子。"【索隐】按：中山，古鲜虞国，姬姓也。《系本》云中山武公居顾，桓公徙灵寿，为赵武灵王所灭，不言谁之子孙。徐广云西周桓公之子，亦无所据，盖未能得其实耳。

②【集解】《地理志》曰代郡有平邑县。

烈侯元年，魏文侯伐中山，使太子击守之。六年，魏、韩、赵皆相立为诸侯，追尊献子为献侯。

烈侯好音，谓相国公仲连曰："寡人有爱，可以贵之乎？"公仲曰："富之可，贵之则否。"烈侯曰："然。夫郑歌者枪、石二人，①吾赐之田，人万亩。"公仲曰："诺。"不与。居一月，烈侯从代来，问歌者田。公仲曰："求，未有可者。"有顷，烈侯复问。公仲终不与，乃称疾不朝。番吾君②自代来，谓公仲曰："君实好善，而未知所持。今公仲相赵，于今四年，亦有进士乎？"公仲曰："未也。"番吾君曰："牛畜、荀欣、徐越皆可。"公仲乃进三人。及朝，烈侯复问："歌者田何如？"公仲曰："方使择其善者。"牛畜侍烈侯以仁义，约以王道，烈侯逌然。③明日，荀欣侍以选练举贤，任官使能。明日，徐越侍以节财俭用，察度功德。所与无不充，君说。烈侯使使谓相国曰："歌者之田且止。"官牛畜为师，荀欣为中尉，徐越为内史，④赐相国衣二袭。⑤

①【索隐】枪，七羊反。枪与石二人名。

②【集解】徐广曰："番音盘。常山有番吾县。"【正义】《括地志》云："番吾故城在恒州房山县东二十里。"番蒲古今音异耳。

③【正义】逌音由，古字与"攸"同。言牛畜以仁义约以王道，故止歌者田。攸攸，气行貌，宽缓也。

④【正义】《汉书·百官公卿表》云："（少府）内史，周官，秦因之，掌治京师。"

⑤【集解】单复具为一袭。

九年，烈侯卒，弟武公立。①武公十三年卒，赵复立烈侯太子章，是为敬侯。是岁，魏文侯卒。

①【索隐】谯周云："《系本》及说《赵语》者并无其事，盖别有所据。"

敬侯元年，武公子朝作乱，不克，出奔魏。赵始都邯郸。

二年，败齐于灵丘。① 三年，救魏于廪丘，大败齐人。四年，魏败我兔台。筑刚平② 以侵卫。五年，齐、魏为卫攻赵，取我刚平。六年，借兵于楚伐魏，取棘蒲。③ 八年，拔魏黄城。④ 九年，伐齐。齐伐燕，赵救燕。十年，与中山战于房子。⑤

①【集解】《地理志》曰代郡有灵丘县。

②【正义】兔台、刚平并在河北。

③【正义】今赵州平棘县，古棘蒲邑。

④【集解】杜预曰："陈留外黄县东有黄城。" 【正义】《括地志》云："故黄城在魏州冠氏县南十里，因黄沟为名。"按：陈留外黄城非随所别也。

⑤【正义】赵州房子县是。

十一年，魏、韩、赵共灭晋，分其地。伐中山，又战于中人。① 十二年，敬侯卒，子成侯种立。

①【集解】徐广曰："中山唐县有中人亭。" 【正义】《括地志》云："中山故城一名中人亭，在定州唐县东北四十一里，春秋时鲜虞国之中人邑也。"

成侯元年，公子胜与成侯争立，为乱。二年六月，雨雪。三年，太戊午① 为相。伐卫，取乡邑七十三。魏败我蔺。② 四年，与秦战高安，③ 败之。五年，伐齐于鄄。④ 魏败我怀。攻郑，败之，以与韩，韩与我长子。⑤ 六年，中山筑长城。伐魏，败涿泽，⑥ 围魏惠王。七年，侵齐，至长城。⑦ 与韩攻周。八年，与韩分周以为两。⑧ 九年，与齐战阿下。⑨ 十年，攻卫，取甄。十一年，秦攻魏，赵救之石阿。⑩ 十二年，秦攻魏少梁，⑪ 赵救之。十三年，秦献公使庶长国伐魏少梁，虏其太子、痤。魏败我浍，取皮牢。⑫ 成侯与韩昭侯遇上党。十四年，与韩攻秦。十五年，助魏攻齐。

①【集解】徐广曰："戊，一作'成'。"

②【正义】《地理志》云属西河郡也。

③【正义】盖在河东。

④【正义】濮州鄄城县是也。

⑤【集解】《地理志》曰上党有长子县。

⑥【正义】涿音浊。徐广云长杜有浊泽，非也。《括地志》云："浊水源出蒲州解县东北平地。"尔时魏都安邑，韩、赵伐魏，岂河南至长杜也？解县浊水近于魏都，当是也。

⑦【正义】齐长城西头在济州平阴县。《太山记》云："太山西北有长城，缘河经太山千馀里，琅邪入海。"《括地志》云："所侵处在密州南三十里。"

⑧【集解】徐广曰："显王二年。《周纪》无此。"【正义】《括地志》云："《史记》周显二年，西周惠公封少子子班于巩，为东周。其子武公为秦所灭。郭缘生《述征记》云巩县本周巩伯邑。"

⑨【集解】徐广曰："战，一作'会'也。"【正义】阿，东阿也，今济州东阿县也。

⑩【正义】盖在石、隰等州界也。

⑪【正义】少梁故城在同州韩城县南二十二里，古少梁国也。

⑫【集解】徐广曰："魏年表曰取赵皮牢。"【正义】《括地志》云："浍水县在绛州翼城县东南二十五里。"按：皮牢当在浍之侧。

十六年，与韩、魏分晋，封晋君以端氏。①

①【集解】徐广曰："在平阳。"【正义】端氏，泽州县也。

十七年，成侯与魏惠王遇葛孽。①十九年，与齐、宋会平陆，②与燕会阿。③二十年，魏献荣椽，因以为檀台。④二十一年，魏围我邯郸。二十二年，魏惠王拔我邯郸，齐亦败魏于桂陵。⑤二十四年，魏归我邯郸，与魏盟漳水上。秦攻我蔺。二十五年，成侯卒。公子緤与太子肃侯⑥争立，緤败，亡奔韩。

①【集解】徐广曰："在马丘。年表曰十八年赵孟如齐。"

②【正义】兖州县也。平陆城(与)即古厥国。

③【正义】《括地志》云："故葛城一名依城，又名西阿城，在瀛州高阳县西北五十里。以徐、(兖)〔滱〕二水并过其西，又俎经其北。曲曰阿，以齐有东阿，故曰西阿城。《地理志》云瀛州属河间，赵分也。"按：燕会赵即此地。

④【集解】徐广曰："襄国县有檀台。"【索隐】刘氏云"荣椽盖地名，其中有一高处，可以为台"，非也。按：荣椽是良材，可为椽，斫饰有光荣，所以魏献之，故赵因用之以为檀台。【正义】郑玄云："荣，屋翼也。"《说文》云："椽，

榱也。屋梠之两头起者为荣也。"《括地志》云:"檀台在洺州临洺县北二里。"

⑤【正义】《括地志》云:"故桂城在曹州乘氏县东北二十一里,故老云此即桂陵也。"

⑥【索隐】《系本》云名语。

肃侯元年,夺晋君端氏,徙处屯留。①二年,与魏惠王遇于阴晋。②三年,公子范袭邯郸,不胜而死。四年,朝天子。六年,攻齐,拔高唐。七年,公子刻攻魏首垣。③十一年,秦孝公使商君伐魏,虏其将公子卬。赵伐魏。十二年,秦孝公卒,商君死。十五年,起寿陵。④魏惠王卒。

①【正义】《括地志》云:"屯留故城在潞州长子县东北三十里,本汉屯留县城也。"

②【正义】《地理志》云华阴县,魏之阴晋,秦惠文王更名宁秦,高帝更名华阴。今属华州。

③【正义】盖在河北也。

④【正义】徐广云:"在常山。"

十六年,肃侯游大陵,①出于鹿门,②大戊午扣马③曰:"耕事方急,一日不作,百日不食。"肃侯下车谢。

①【集解】徐广曰:"太原有大陵县,亦曰陆。" 【正义】《括地志》云:"大陵城在并州文水县北十三里,汉大陵县城。"

②【正义】并州盂县西有白鹿泓,源出白鹿山南渚,盖鹿门在北山水之侧也。

③【集解】吕忱曰:"扣,牵马。"

十七年,围魏黄,不克。①筑长城。②

①【集解】《地理志》曰山阳有黄县。 【正义】黄城在魏州,前拔之,却为魏,今赵围之矣。

②【正义】刘伯庄云"盖从云中以北至代"。按:赵长城从蔚州北西至岚州北,尽赵界。又疑此长城在(潭)〔漳〕水之北,赵南界。

十八年,齐、魏伐我,我决河水灌之,兵去。二十二年,张仪相秦。赵疵与秦战,败,秦杀疵河西,取我蔺、离石。二十三年,韩举①与齐、魏战，死于桑丘。②

①【集解】徐广曰："韩将。"

②【集解】《地理志》云泰山有桑丘县。　【正义】《括地志》云："桑丘城在易州遂城县界。"或云在泰山，非也。此时齐伐燕桑丘，三晋皆来救之，不得在泰山(有)〔之〕桑丘县，此说甚误也。

二十四年，肃侯卒。秦、楚、燕、齐、魏出锐师各万人来会葬。子武灵王立。①

①【索隐】名雍。

武灵王元年，①阳文君赵豹相。梁襄王与太子嗣，韩宣王与太子仓来朝信宫。②武灵王少，未能听政，博闻师三人，左右司过三人。及听政，先问先王贵臣肥义，加其秩；国三老年八十，月致其礼。

①【集解】徐广曰："年表云魏败我赵护。"

②【正义】在洺州临洺县也。

三年，城鄗。四年，与韩会于区鼠。①五年，娶韩女为夫人。

①【正义】盖在河北。

八年，韩击秦，不胜而去。五国相王，赵独否，曰："无其实，敢处其名乎！"令国人谓己曰"君"。

九年，与韩、魏共击秦，秦败我，斩首八万级。齐败我观泽。①十年，秦取我中都及西阳。②齐破燕。燕相子之为君，君反为臣。十一年，王召公子职于韩，立以为燕王，③使乐池送之。④十三年，秦拔我蔺，虏将军赵庄。⑤楚、魏王来，过邯郸。十四年，赵何攻魏。

①【正义】《括地志》云："观泽故城在魏州顿丘县东十八里也。"

②【集解】徐广曰："年表云'秦取中都、西阳、安邑。十一年，秦败我将军英'。太原有中都县，西河有中阳县。"

③【集解】徐广曰："《纪年》亦云尔。"

④【集解】按《燕世家》，子之死后，燕人共立太子平，是为燕昭王，无赵送公子职为燕王之事，当是赵闻燕乱，遥立职为燕王，虽使乐池送之，竟不能就。

【索隐】《燕系家》无其事，盖是疏也。今此云“使乐池送之”，必是凭旧史为说。且《纪年》之书，其说又同，则裴骃之解得其旨矣。

⑤【正义】本一作“茈”，音疋婢反。

十六年，秦惠王卒。王游大陵。他日，王梦见处女鼓琴而歌诗曰：“美人荧荧兮，颜若苕之荣。①命乎命乎，曾无我嬴！”②异日，王饮酒乐，数言所梦，想见其状。吴广闻之，因夫人而内其女娃嬴。③孟姚也。④孟姚甚有宠于王，是为惠后。

①【集解】綦毋邃曰：“陵苕之草其华紫。”【正义】苕音条。《毛诗疏》云：“苕，饶也。幽州谓之翘饶。蔓似豋豆而细，叶似蒺藜而青，其华细绿色，可生食，味如小豆藿也。”又《本草经》云：“陵苕生下湿水中，七八月生，华紫，草可以染帛，煮沐头，发即黑也。”

②【集解】綦毋邃曰：“言有命禄，生遇其时，人莫知己贵盛盈满也。”【正义】按：命，名也。嬴，姓嬴也。言世众名其美好，曾无我好嬴也。重言“名乎”者，以谈说众也。

③【集解】《方言》曰：“娃，美也。吴有馆娃之宫。”

④【集解】徐广曰：“《古史考》云内其女曰娃。”【索隐】孟姚，吴广女也。广，舜之后，故上文云“余思虞舜之勋，故命其胄女孟姚以配而七代之孙”是已。然舜后封虞，在河东大阳山西上虞城是，亦曰吴城。虞吴音相近，故舜后亦姓吴，非独太伯、虞仲之裔。

十七年，王出九门，①为野台，②以望齐、中山之境。

①【集解】徐广曰：“在常山。”【正义】本战国时赵邑。《战国策》云：“本有宫室而居，赵武灵王改为九门。”

②【集解】徐广曰：“野，一作‘望’。”【正义】《括地志》云：“野台一名义台，在定州新乐县西南六十三里。”

十八年，秦武王与孟说举龙文赤鼎，绝膑①而死。赵王使代相赵固迎公子稷于燕，送归，立为秦王，是为昭王。

①【集解】徐广曰：“一作‘绝瞑’。音亡丁反。”

十九年春正月，大朝信宫。召肥义与议天下，五日而毕。王北略中山之地，至于房子，①遂之代，北至无穷，西至河，登黄华之上。②召楼缓谋曰："我先王因世之变，以长南藩之地，属阻漳、滏之险，立长城，又取蔺、郭狼，败林人③于荏，而功未遂。今中山在我腹心，北有燕，④东有胡，⑤西有林胡、楼烦、秦、韩之边，⑥而无强兵之救，是亡社稷，奈何？夫有高世之名，必有遗俗之累。吾欲胡服。"楼缓曰："善。"群臣皆不欲。

①【正义】赵州县也。

②【正义】黄华盖西河侧之山名也。

③【正义】即林胡也。

④【正义】《地理志》云赵分晋，北有信都、中山，又得涿郡之高阳、鄚州乡；东有清河、河间，又得渤海郡东平舒等七县。在河以北，故言"北有燕"。

⑤【正义】赵东有瀛州之东北。营州之境即东胡、乌丸之地。服虔云："东胡，乌丸之先，后为鲜卑也。"

⑥【正义】林胡、楼烦即岚、胜之北也。岚、胜以南石州、离石、蔺等，七国时赵边邑也。秦隔河也。晋、洺、潞、泽等州皆七国时韩地，为并赵西境也。

于是肥义侍，王曰："简、襄主之烈，计胡、翟之利。为人臣者，宠有孝弟长幼顺明之节，通有补民益主之业，①此两者臣之分也。今吾欲继襄主之迹，开于胡、翟之乡，而卒世不见也。②为敌弱，③用力少而功多，可以毋尽百姓之劳，而序往古之勋。④夫有高世之功者，负遗俗之累；⑤有独智之虑者，任骜民之怨。⑥今吾将胡服骑射以教百姓，而世必议寡人，奈何?"肥义曰："臣闻疑事无功，疑行无名。王既定负遗俗之虑，殆无顾天下之议矣。夫论至德者不和于俗，成大功者不谋于众。昔者舜舞有苗，禹袒裸国，非以养欲而乐志也，务以论德而约功也。愚者暗成事，智者睹未形，则王何疑焉。"王曰："吾不疑胡服也，吾恐天下笑我也。狂夫之乐，智者哀焉；愚者所笑，贤者察焉。世有顺我者，胡服之功未可知也。虽驱世以笑我，胡地中山吾必有之。"于是遂胡服矣。

①【正义】宠，贵宠也。通，达理也。凡为人臣，有孝弟长幼顺明之节制者，得贵宠也；有补民益主之功业者，为达理也。

②【正义】卒,子律反,尽也。言尽世间不见补民益主之忠臣也。

③【正义】我为胡服,敌人必困弱也。

④【正义】厚,重也。往古谓赵简子、襄子也。

⑤【正义】负,留也。言古周公、孔子留衣冠礼义之俗,今变为胡服,是负留风俗之谴累也。

⑥【正义】言世有独计智之思虑者,必任隐逸敖慢之民怨望也。

使王緤告公子成曰:"寡人胡服,将以朝也,亦欲叔服之。家听于亲而国听于君,古今之公行也。子不反亲,臣不逆君,兄弟之通义也。①今寡人作教易服而叔不服,吾恐天下议之也。制国有常,利民为本;从政有经,令行为上。明德先论于贱,而行政先信于贵。今胡服之意,非以养欲而乐志也;事有所止而功有所出,②事成功立,然后善也。今寡人恐叔之逆从政之经,以辅叔之议。且寡人闻之,事利国者行无邪,因贵戚者名不累,故愿慕公叔之义,以成胡服之功。使緤谒之叔,③请服焉。"公子成再拜稽首曰:"臣固闻王之胡服也。臣不佞,寝疾,未能趋走以滋进也。王命之,臣敢对,因竭其愚忠。曰:臣闻中国者,盖聪明徇智之所居也,④万物财用之所聚也,贤圣之所教也,仁义之所施也,《诗》《书》礼乐之所用也,异敏技能之所试也,远方之所观赴也,蛮夷之所义行也。今王舍此而袭远方之服,变古之教,易古之道,逆人之心,而佛学者,离中国,故臣愿王图之也。"使者以报。王曰:"吾固闻叔之疾也,我将自往请之。"

①【集解】徐广曰:"兄弟,一作'元夷'。元,始也;夷,平也。"

②【正义】郑玄云:"止,至也。为人君止于仁,为人臣止于敬,为人子止于孝,为人父止于慈,与国人交止于信。"按:出犹成也。

③【索隐】为句。

④【集解】徐广曰:"《五帝本纪》云幼而徇齐。"

王遂往之公子成家,因自请之,曰:"夫服者,所以便用也;礼者,所以便事也。圣人观乡而顺宜,因事而制礼,所以利其民而厚其国也。夫剪发文身,错臂左衽,①瓯越之民也。②黑齿雕题,③却冠秫绌,④大吴之国也。故礼服莫同，其便一也。乡异而用变，事异而礼易。是以圣人果可以利其国，不一其用；果可以便其事，不同其礼。儒者一师而俗异，中国同礼而教离，况于山谷之便乎？故去就之变，智者不能一；远近之服，贤圣不能同。穷乡多异，曲学多辩。不知而不疑，异于己而不非者，公焉而众求尽善也。今叔之所言者俗也，吾所言者所以制俗也。吾国东有河、薄洛之水，⑤与齐、中山同之，⑥无舟楫之用。自常山以至代、上党，⑦东有燕、东胡之境，而西有楼烦、秦、韩之边，今无骑射之备。故寡人无舟楫之用，夹水居之民，将何以守河、薄洛之水；变服骑射，以备燕、三胡、⑧秦、韩之边。且昔者简主不塞晋阳以及上党，而襄主并戎取代以攘诸胡，此愚智所明也。先时中山负齐之强兵，侵暴吾地，系累⑨吾民，引水围鄗，微社稷之神灵，则鄗几于不守也。先王丑之，而怨未能报也。今骑射之备，近可以便上党之形，而远可以报中山之怨。而叔顺中国之俗以逆简、襄之意，恶变服之名以忘鄗事之丑，非寡人之所望也。”公子成再拜稽首曰：“臣愚，不达于王之义，敢道世俗之闻，臣之罪也。今王将继简、襄之意以顺先王之志，臣敢不听命乎！”再拜稽首。乃赐胡服。明日，服而朝。于是始出胡服令也。

①【索隐】错臂亦文身，谓以丹青错画其臂。孔衍作“右臂左衽”，谓右袒其臂也。

②【索隐】刘氏云：“今珠崖、儋耳谓之瓯人，是有瓯越。”【正义】按：属南越，故言瓯越也。《舆地志》云“交阯，周时为骆越，秦时曰西瓯，文身断发避龙”。则西瓯骆又在番吾之西。南越及瓯骆皆芈姓也。《世本》云“越，芈姓也，与楚同祖”是也。

③【集解】刘逵曰：“以草染齿，用白作黑。”郑玄曰：“雕文谓刻其肌，以青丹涅之。”

④【集解】徐广曰：“《战国策》作‘秫缝’，绌亦缝紩之别名也。秫者，綦针也。古字多假借，故作‘秫绌’耳。此盖言其女功针缕之粗拙也。又一本作‘鲑冠黎緤’也。”

⑤【集解】徐广曰：“安平经县西有漳水，津名薄洛津。”【正义】按：安平县属定州也。

⑥【正义】尔时齐与中山相亲，中山、赵共薄洛水，故言“与齐、中山同之”，须有舟楫之备。

⑦【集解】徐广曰：“一云‘自常山以下，代、上党以东’。”

⑧【索隐】林胡，楼烦，东胡，是三胡也。

⑨【正义】上音计，下力追反。

赵文、赵造、周袑、①赵俊皆谏止王毋胡服，如故法便。王曰：“先王不同俗，何古之法？帝王不相袭，何礼之循？虙戏、神农教而不诛，黄帝、尧、舜诛而不怒。及至三王，随时制法，因事制礼。法度制令各顺其宜，衣服器械各便其用。故礼也不必一道，而便国不必古。圣人之兴也不相袭而王，夏、殷之衰也不易礼而灭。然则反古未可非，而循礼未足多也。且服奇者志淫，则是邹、鲁无奇行也；②俗辟者民易，则是吴、越无秀士也。③且圣人利身谓之服，便事谓之礼。夫进退之节，衣服之制者，所以齐常民也，非所以论贤者也。故齐民与俗流，贤者与变俱。故谚曰‘以书御者不尽马之情，以古制今者不达事之变’。循法之功，不足以高世；法古之学，不足以制今。子不及也。”遂胡服招骑射。

①【集解】徐广曰：“《战国策》作‘绍’。袑音绍。”

②【索隐】按：邹、鲁好长缨，是奇服，非其志皆淫僻也，而有孔门颜、冉之属，岂是无奇行哉！

③【索隐】言方俗僻处山谷，而人皆改易不通大化，则是吴、越无秀士，何得有延州来及大夫种之属哉！

二十年，王略中山地，至宁葭；①西略胡地，至榆中。②林胡王献马。归，使楼缓之秦，仇液之韩，王贲之楚，富丁之魏，赵爵之齐。代相赵固主胡，致其兵。

①【索隐】一作“蔓葭”，县名，在中山。

②【正义】胜州北河北岸也。

二十一年，攻中山。赵袑为右军，许钧为左军，公子章为中军，王并将之。牛翦将车骑，赵希并将胡、代。赵与之陉，①合军曲阳，②攻取丹丘、[3]华阳、[4]鸱之塞。[5]王军取鄗、石邑、[6]封龙、[7]东垣。中山献四邑和，王许之，罢兵。二十三年，攻中山。二十五年，惠后卒。[8]使周袑胡服傅王子何。二十六年，复攻中山，攘地北至燕、代，西至云中、九原。

①【集解】徐广曰："一作'陆'，又作'陉'。或宜言'赵与之陉'。陉者山绝之名。常山有井陉，中山有苦陉，上党有阏与。"【正义】与音与。陉音荆。陉，陉山也，在并州陉县东南十八里。然赵希并将代、赵之兵，与诸军向井陉之侧，共出定州上曲阳县，合军攻取丹丘、华阳、鸱上之关。

②【集解】徐广曰："上曲阳在常山，下曲阳在钜鹿。"【正义】《括地志》云："上曲阳故城在定州曲阳县西五里。"按：合军曲阳，即上曲阳也，以在常山郡也。

③【正义】盖邢州丹丘县也。

④【集解】徐广曰："华，一作'爽'。"【正义】《括地志》云："北岳有五别名，一曰兰台府，二曰列女宫，三曰华阳台，四曰紫台，五曰太一宫。"按：北岳恒山在定州恒阳县北百四十里。

⑤【集解】徐广曰："鸱，一作'鸿'。"【正义】上昌之反，下先代反。徐广曰"鸱，一作'鸿'"，鸿上故关今名汝城，在定州唐县东北六十里，本晋鸿上关城也。又有鸿上水，源出唐县北葛洪山，接北岳恒山，与鸿上塞皆在定州。然一本作"鸣"字，误也。

⑥【集解】徐广曰："在常山。"【正义】《括地志》云："石邑故城在恒州鹿泉县南三十五里，六国时旧邑。"

⑦【正义】《括地志》云："封龙山一名飞龙山，在恒州鹿泉县南四十五里。邑因山为名。"

⑧【索隐】按：谓武灵王之前后，太子章之母，惠文王之嫡母也。惠后卒后，吴娃始当正室，至孝成二年称"惠文后卒"是也。而下文又云"孟姚卒后，何宠衰，欲并立"，亦误也。

二十七年五月戊申，大朝于东宫，传国，立王子何以为王。王庙见礼毕，出临朝。大夫悉为臣，肥义为相国，并傅王。是为惠文王。惠文王，惠后吴娃子也。武灵王自号为主父。

主父欲令子主治国，而身胡服将士大夫西北略胡地，而欲从云中、九原直南袭秦，于是诈自为使者入秦。秦昭王不知，已而怪其状甚伟，非人臣之度，使人逐之，而主父驰已脱关矣。审问之，乃主父也。秦人大惊。主父所以入秦者，欲自略地形，因观秦王之为人也。

惠文王①二年，主父行新地，遂出代，西遇楼烦王于西河而致其兵。

①【集解】徐广曰："元年，以公子胜为相，封平原。"

三年，灭中山，迁其王于肤施。①起灵寿，②北地方从，代道大通。还归，行赏，大赦，置酒酺五日，封长子章为代安阳君。③章素侈，心不服其弟所立。主父又使田不礼相章也。

①【集解】徐广曰："在上郡。" 【正义】今延州肤施县也。

②【集解】徐广曰："在常山。"

③【正义】《括地志》云："东安阳故城在朔州定襄县界。《地志》云东安阳县属代郡。"

李兑谓肥义曰："公子章强壮而志骄，党众而欲大，殆有私乎？田不礼之为人也，忍杀而骄。二人相得，必有谋阴贼起，一出身徼幸。夫小人有欲，轻虑浅谋，徒见其利而不顾其害，同类相推，俱入祸门。以吾观之，必不久矣。子任重而势大，乱之所始，祸之所集也，子必先患。仁者爱万物而智者备祸于未形，不仁不智，何以为国？子奚不称疾毋出，传政于公子成？毋为怨府，毋为祸梯。"肥义曰："不可。昔者主父以王属义也，曰：'毋变而度，毋异而虑，坚守一心，以殁而世。'义再拜受命而籍之。①今畏不礼之难而忘吾籍，变孰大焉。进受严命，退而不全，负孰甚焉。变负之臣，不容于刑。谚曰'死者复生，生者不愧'。②吾言已在前矣，吾欲全吾言，安得全吾身！且夫贞臣也难至而节见，忠臣也累至而行明。子则有赐而忠我矣，虽然，吾有语在前者也，终不敢失。"李兑曰："诺，子勉之矣！吾见子已今年耳。"涕泣而出。李兑数见公子成，以备田不礼之事。

①【索隐】籍，录也。谓当时即记录，书之于籍。

②【正义】肥义报李兑云：必尽〔力〕傅何为王，不可惧章及田不礼而生异心。

使死者复更变生，并见在生者(并见)傅王无变，令我不愧之，若荀息也。

异日肥义谓信期①曰："公子与田不礼甚可忧也。其于义也声善而实恶，此为人也不子不臣。吾闻之也，奸臣在朝，国之残也；谗臣在中，主之蠹也。此人贪而欲大，内得主而外为暴。矫令为慢，以擅一旦之命，不难为也，祸且逮国。今吾忧之，夜而忘寐，饥而忘食。盗贼出入不可不备。自今以来，若有召王者必见吾面，我将先以身当之，无故而王乃入。"信期曰："善哉，吾得闻此也！"

①【索隐】即下文高信也。 【正义】上音申也。

四年，朝群臣，安阳君亦来朝。主父令王听朝，而自从旁观窥群臣宗室之礼。见其长子章傫然也，反北面为臣，诎于其弟，心怜之，于是乃欲分赵而王章于代，计未决而辍。

主父及王游沙丘，异宫，①公子章即以其徒与田不礼作乱，诈以主父令召王。肥义先入，杀之。高信即与王战。公子成与李兑自国至，乃起四邑之兵入距难，杀公子章及田不礼，灭其党贼而定王室。公子成为相，号安平君，李兑为司寇。公子章之败，往走主父，主父开之，②成、兑因围主父宫。公子章死，公子成、李兑谋曰："以章故围主父，即解兵，吾属夷矣。"乃遂围主父。令宫中人"后出者夷"，宫中人悉出。主父欲出不得，又不得食，探爵鷇而食之，③三月馀而饿死沙丘宫。④主父定死，乃发丧赴诸侯。

①【正义】在邢州平乡县东北二十里(矣)也。

②【索隐】开谓开门而纳之。俗本亦作"闻"字者，非也。谯周及孔衍皆作"闭之"，闭谓藏之也。 【正义】谓不责其反叛之罪，容其入宫藏也。

③【集解】綦毋邃曰："鷇，爵子也。" 【索隐】按：曹大家云"鷇，雀子也。生受哺者谓之鷇"。

④【集解】应劭曰："武灵王葬代郡灵丘县。" 【正义】《括地志》云："赵武灵王墓在蔚州灵丘县东三十里。"应说是也

是时王少，成、兑专政，畏诛，故围主父。主父初以长子章为太子，

后得吴娃，爱之，为不出者数岁，生子何，乃废太子章而立何为王。吴娃死，爱弛，怜故太子，欲两王之，犹豫未决，故乱起，以至父子俱死，为天下笑，岂不痛乎！①

①【集解】徐广曰："或无此十四字。"

（主父死惠文王立立）五年，与燕鄚、易。① 八年，城南行唐。② 九年，赵梁将，与齐合军攻韩，至鲁关下。③ 及十年，秦自置为西帝。十一年，董叔与魏氏伐宋，得河阳于魏。秦取梗阳。④ 十二年，赵梁将攻齐。十三年，韩徐为将，攻齐。公主死。⑤ 十四年，相国乐毅将赵、秦、韩、魏、燕攻齐，⑥ 取灵丘。⑦ 与秦会中阳。⑧ 十五年，燕昭王来见。赵与韩、魏、秦共击齐，齐王败走，燕独深入，取临菑。

①【集解】徐广曰："皆属涿郡。鄚音莫。"

②【集解】徐广曰："在常山。"【正义】行，寒庚反。《括地志》云："行唐县属冀州。"为南行唐筑城。

③【正义】刘伯庄云："盖在南阳鲁阳关。"按：汝州鲁山县，古毂阳县。

④【集解】杜预曰："太原晋阳县南梗阳城也。"【索隐】《地理志》云太原榆次有梗阳乡。与杜预所据小别也。【正义】《括地志》云："梗阳故城在并州清源县南百二十步，分晋阳县置，本汉榆次县地，春秋晋大夫祁氏邑也。"

⑤【索隐】盖吴娃女，惠文王之姊。

⑥【索隐】按年表及韩魏等系家，五国攻齐在明年，然此下文十五年重击齐，是此文为得，盖此年同伐齐耳。

⑦【正义】蔚（丘）〔州〕县也。

⑧【正义】《括地志》云："中阳故县在汾州隰城县南十里，汉中阳县也。"

十六年，秦复与赵数击齐，齐人患之。苏厉为齐遗赵王书曰：

臣闻古之贤君，其德行非布于海内也，教顺非洽于民人也，祭祀时享非数常于鬼神也。甘露降，时雨至，年谷丰孰，民不疾疫，众人善之，然而贤主图之。

今足下之贤行功力，非数加于秦也；怨毒积怒，非素深于齐也。秦赵与国，以强征兵于韩，秦诚爱赵乎？其实憎齐乎？物之甚者，贤主察之。秦非爱赵而憎齐也，欲亡韩而吞二周，故以齐啖天下。恐事之不合，故出兵以劫魏、赵。恐天下畏己也，故出质以为信。恐天下亟反也，故征兵于韩以威之。声以德与国，①实而伐空韩，臣以秦计为必出于此。夫物固有势异而患同者，楚久伐而中山亡，今齐久伐而韩必亡。破齐，王与六国分其利也。亡韩，秦独擅之。收二周，西取祭器，秦独私之。赋田计功，王之获利孰与秦多？

①【索隐】与国，赵也。秦赵今为与国，秦征兵于韩，帅之共赵伐齐，以威声和赵，是以德与国也。

说士之计曰："韩亡三川，①魏亡晋国，②市朝未变而祸已及矣。"燕尽齐之北地，去沙丘、钜鹿敛三百里，③韩之上党去邯郸百里，燕、秦谋王之河山，间三百里而通矣。秦之上郡④近挺关，至于榆中者千五百里，秦以三郡攻王之上党，⑤羊肠之西，⑥句注之南，⑦非王有已。逾句注，斩常山而守之，三百里而通于燕，代马胡犬不东下，⑧昆山之玉不出，此三宝者亦非王有已。王久伐齐，从强秦攻韩，其祸必至于此。愿王孰虑之。

①【正义】河南之地，两川之间。

②【正义】河北之地，安邑、河内。

③【正义】沙丘，邢州也。钜鹿，冀州也。齐北界，贝州也。敛，减也。言破齐灭韩之后，燕之南界，秦之东界，相去减三百里，赵国在中间也。

④【正义】鄜、延等州也。

⑤【正义】秦上党郡今泽、潞、仪、沁等四州之地，兼相州之半，韩总有之。至七国时，赵得仪、沁二州之地，韩犹有潞州及泽州之半，半属赵、魏。沁州在羊肠坂之西，仪、并、代三州在句注山之南。秦以三郡攻赵之泽、潞，则句注之南赵无地。然秦始皇置上党郡，此言之者，太史公却引前书也。他皆仿此。

⑥【正义】太行山坂道名，南属怀州，北属泽州。

⑦【正义】句注山在代州西北也。

⑧【正义】言秦逾句注山，斩常山而守之，西北代马胡犬不东入赵，沙州昆山之玉亦不出至赵矣。郭璞云："胡地野犬似狐而小。"

且齐之所以伐者，以事王也；①天下属行，②以谋王也。燕秦之约成而兵出有日矣。五国三分王之地，③齐倍五国之约而殉王之患，④西兵以禁强秦，秦废帝请服，⑤反高平、根柔于魏，⑥反巠分、⑦先俞于赵。⑧齐之事王，宜为上佼，⑨而今乃抵罪，⑩臣恐天下后事王者之不敢自必也。愿王孰计之也。

①【正义】以赵王为事也，而秦必伐之也。

②【正义】上音烛，下胡郎反。言秦欲令齐称帝，与约五国共灭赵，三分赵地。

③【正义】谓秦、齐、韩、魏、燕三分赵之地也。

④【正义】齐王以身从赵王之患也。

⑤【正义】言秦齐相约，欲更重称帝，故言“废帝”也。

⑥【集解】徐广曰：“《纪年》云魏哀王四年改阳曰河雍，向曰高平。根柔，一作‘槐柔’，一作‘平柔’。”【正义】返，还也。《括地志》云：“高平故城在怀州河阳县西四十里。《纪年》云魏哀王改向曰高平也。”根柔未详。两邑，魏地也。

⑦【集解】徐广曰：“一作‘王公’。巠音胡鼎反。”【正义】巠音邢。分字误，当作“山”字耳。《括地志》云：“句注山一名西陉山，在代州雁门县西北四十里。”

⑧【集解】徐广曰：“《尔雅》曰西俞，雁门是。”【正义】俞音戍。《郭注》云：“西隃即雁门山也。”按：西先声相近，盖陉山、西隃二山之地并在代州雁门县，皆赵地也。

⑨【索隐】佼犹行也。

⑩【正义】谓共秦伐齐也。

今王毋与天下攻齐，天下必以王为义。齐抱社稷而厚事王，天下必尽重王义。王以天下善秦，秦暴，王以天下禁之，是一世之名宠制于王也。

于是赵乃辍，谢秦不击齐。

王与燕王遇。廉颇将，攻齐昔阳，①取之。②

①【正义】《括地志》云：“昔阳故城一名阳城，在并州乐平县东。《春秋释地名》云‘昔阳，肥国所都也。乐平城沾县东〔有〕昔阳城。肥国，白狄别种也。乐

平县城，汉沾县城也’。”

②【集解】杜预曰：“乐平沾县有昔阳城。”

十七年，乐毅将赵师攻魏伯阳。①而秦怨赵不与己击齐，伐赵，拔我两城。十八年，秦拔我石城。②王再之卫东阳，决河水，③伐魏氏。大潦，漳水出。魏冉来相赵。十九年，秦(败)〔取〕我二城。赵与魏伯阳。赵奢将，攻齐麦丘，取之。

①【正义】《括地志》云：“伯阳故城一名邯会城，在相州邺县西五十五里，七国时魏邑，汉邯会城。”

②【集解】《地理志》云右北平有石城县。 【正义】《括地志》云：“石城在相州林虑县西南九十里。”疑相州石城是。

③【正义】《括地志》云：“东阳故城在贝州历亭县界。”按：东阳先属卫，今属赵。河历贝州南，东北流，过河南岸即魏地也。故言王再之卫东阳伐魏氏也。

二十年，廉颇将，攻齐。王与秦昭王遇西河外。①

①【集解】徐广曰：“年表云与秦会渑池。”

二十一年，赵徙漳水武平西。①二十二年，大疫。置公子丹为太子。

①【正义】《括地志》云：“武平亭今名渭城，在瀛州文安县北七十二里。”按：二十七年又徙漳水武平南。

二十三年，楼昌将，攻魏几，①不能取。十二月，廉颇将，攻几，取之。二十四年，廉颇将，攻魏房子，②拔之，因城而还。又攻安阳，取之。二十五年，燕周③将，攻昌城、④高唐，取之。与魏共击秦。秦将白起破我华阳，⑤得一将军。二十六年，取东胡欧代地。⑥

①【正义】音祈。《传》云伐齐几，几拔之。又《战国策》云秦败阏与，及攻魏几。按：几邑或属齐，或属魏，当在相潞之间也。

②【集解】徐广曰：“属常山。”

③【索隐】赵人，为赵将。

④【集解】徐广曰：“属齐郡。” 【正义】《括地志》云：“故昌城在淄州淄川县东北四十里也。”

⑤【正义】《括地志》云："故华阳城在郑州管城县南四十里。司马彪云华阳亭在今洛州密县。"是时魏、韩、赵聚兵于华阳，西攻秦。

⑥【正义】今营州也。【索隐】东胡叛赵，驱略代地人众以叛，故取之也。

二十七年，徙漳水武平南。封赵豹为平阳君。①河水出，大潦。

①【集解】《战国策》曰赵豹，平阳君，惠文王母弟。

二十八年，蔺相如伐齐，至平邑。①罢城北九门大城。②燕将成安君公孙操弑其王。③二十九年，秦、韩相攻，而围阏与。④赵使赵奢将，击秦，大破秦军阏与下，赐号为马服君。⑤

①【正义】《括地志》云："平邑故城在魏州昌乐县东北四十里也。"

②【正义】恒州九门县城。

③【集解】徐广曰："年表云是燕武成王元年。"【索隐】按：乐资云其王即惠王。

④【正义】上於连反，下音预。《括地志》云："阏与，聚落，今名乌苏城，在潞州铜鞮县西北二十里。又仪州和顺县城，亦云韩阏与邑。二所未详。又有阏与山在洺州武安县西五十里，盖是也。"

⑤【正义】因马服山为号也，虞喜《志林》云"马，兵之首也。号曰马服者，言能服马也"。《括地志》云："马服山，邯郸县西北十里也。"

三十三年，惠文王卒，太子丹立，是为孝成王。

孝成王元年，①秦伐我，拔三城。赵王新立，太后用事，秦急攻之。赵氏求救于齐，齐曰："必以长安君②为质，兵乃出。"太后不肯，大臣强谏。太后明谓左右曰："复言长安君为质者，老妇必唾其面。"左师触龙言愿见太后，太后盛气而胥之。入，③徐趋而坐，自谢曰："老臣病足，曾不能疾走，不得见久矣。窃自恕，而恐太后体之有所苦也，故愿望见太后。"太后曰："老妇恃辇而行耳。"④曰："食得毋衰乎？"曰："恃粥耳。"曰："老臣间者殊不欲食，乃强步，日三四里，少益嗜食，和于身也。"太后曰："老妇不能。"太后不和之色少解。左师公曰："老臣贱息舒祺最少，不肖，而臣衰，窃怜爱之，愿得补黑衣之缺以卫王宫，昧死以闻。"太后曰:“敬诺。年几何矣?”对曰:“十五岁矣。虽少,愿及未填沟壑而托之。”太后曰:“丈夫亦爱怜少子乎?”对曰:“甚于妇人。”太后笑曰:“妇人异甚。”对曰:“老臣窃以为媪之爱燕后贤于长安君。”太后曰:“君过矣,不若长安君之甚。”左师公曰:“父母爱子,则为之计深远。媪之送燕后也,持其踵,为之泣,念其远也,亦哀之矣。已行,非不思也,祭祀则祝之曰‘必勿使反’,岂非计长久,为子孙相继为王也哉?”太后曰:“然。”左师公曰:“今三世以前,至于赵主之子孙为侯者,其继有在者乎?”曰:“无有。”曰:“微独赵,诸侯有在者乎?”曰:“老妇不闻也。”曰:“此其近者祸及其身,远者及其子孙。岂人主之子侯则不善哉?位尊而无功,奉厚而无劳,而挟重器多也。今媪尊长安君之位,而封之以膏腴之地,多与之重器,而不及今令有功于国,一旦山陵崩,长安君何以自托于赵?老臣以媪为长安君之计短也,故以为爱之不若燕后。”太后曰:“诺,恣君之所使之。”于是为长安君约车百乘,质于齐,齐兵乃出。

①【集解】徐广曰:“平原君相也。”

②【索隐】孔衍云:“惠文后之少子也。赵亦有长安,今其地阙。” 【正义】长安君者,以长安善,故名也。

③【集解】胥犹须也。《穀梁传》曰:“胥其出也。”

④【索隐】按:束晳云“赵惠文王子何者,吴广之甥,娃嬴之子也”。如系家计之,则武灵王十六年梦吴娃而纳之,至二十七年王薨,及惠文王三十二年卒,孝成王元年遣长安君质于齐,若娃年二十入王宫,至此亦年六十左侧,亦可称老。而束广微言太后才三十有奇者,误也。

子义闻之,①曰:“人主之子,骨肉之亲也,犹不能持无功之尊,无劳之奉,而守金玉之重也,而况于予乎?”

①【索隐】子义,赵之贤人。

齐安平君①田单将赵师而攻燕中阳,②拔之。又攻韩注人,③拔之。二年,惠文后卒。田单为相。

①【正义】《括地志》云:“安平城在青州临淄县东十九里,古纪之酅邑也。”

②【集解】徐广曰："一作'人'。"【正义】燕无中阳。《括地志》云："中山故城一名中人亭，在定州唐县东北四十一里，尔时属燕国也。"

③【正义】邑名也。《括地志》云"注城在汝州梁县西十五里"，盖是其地也。

四年，王梦衣偏裻之衣，① 乘飞龙上天，不至而坠，见金玉之积如山。明日，王召筮史敢占之，曰："梦衣偏裻之衣者，残也。乘飞龙上天不至而坠者，有气而无实也。见金玉之积如山者，忧也。"

①【正义】杜预云："偏，左右异色。裻在中，左右异，故曰偏。"按：裻，衣背缝也。

后三日，韩氏上党守冯亭使者至，曰："韩不能守上党，入之于秦。其吏民皆安为赵，不欲为秦。有城市邑十七，愿再拜入之赵，财王所以赐吏民。"王大喜，召平阳君豹告之曰："冯亭入城市邑十七，受之何如？"对曰："圣人甚祸无故之利。"王曰："人怀吾德，何谓无故乎？"对曰："夫秦蚕食韩氏地，中绝不令相通，固自以为坐而受上党之地也。韩氏所以不入于秦者，欲嫁其祸于赵也。秦服其劳而赵受其利，虽强大不能得之于小弱，小弱顾能得之于强大乎？岂可谓非无故之利哉！且夫秦以牛田之① 水通粮② 蚕食，上乘倍战者，③ 裂上国之地，④ 其政行，不可与为难，必勿受也。"王曰："今发百万之军而攻，逾年历岁未得一城也。今以城市邑十七币吾国，⑤ 此大利也。"

①【集解】徐广曰："一无此字。"【正义】秦蚕食韩氏，国中断不通。夫牛耕田种谷，至秋则收之，成熟之义也。言秦伐韩上党，胜有日矣，若牛田之必冀收获矣。

②【正义】秦从渭水漕粮东入河、洛，军击韩上党也。

③【正义】乘，承证反。蚕食桑叶，渐进必尽也。《司马法》云："百亩为夫，夫三为屋，屋三为井，井十为通，通十为成。成出革车一乘，七十二人也。"上乘，天下第一也。倍战，力攻也。韩国四战之地，军士惯习，倍于馀国。

④【正义】上国，秦地也。言韩上党之地以列为秦国之地，其政已行，赵不可与秦作难，必莫受冯亭十七邑也。

⑤【正义】冯亭将十七邑入赵，若币帛之见遗，此大利也。

赵豹出，王召平原君与赵禹而告之。对曰："发百万之军而攻，逾岁未得一城，今坐受城市邑十七，此大利，不可失也。"王曰："善。"乃令赵胜受地，告冯亭曰："敝国使者臣胜，敝国君使胜致命，以万户都三封太守，①千户都三封县令，皆世世为侯，吏民皆益爵三级，吏民能相安，皆赐之六金。"冯亭垂涕不见使者，曰："吾不处三不义也：为主守地，不能死固，不义一矣；入之秦，不听主令，不义二矣；卖主地而食之，不义三矣。"赵遂发兵取上党。②廉颇将军军长平。③

①【正义】尔时未合言太守，至汉景帝始加太守，此言"太"，衍字也。

②【集解】《汉书·冯奉世传》曰："赵封亭为华陵君，与赵将括距秦，战死于长平，宗族由是分散，或在赵。在赵者，为官师将，官师将子为代相。及秦灭六国，而冯亭之后冯无择、冯去疾、冯劫皆为秦将相焉。汉兴，冯唐即代相之子也。"《上党记》云："冯亭冢在壶关城西五里。"

③【正义】《括地志》云："长平故城在泽州高平县西二十一里，即白起败括于长平处。"

七(年)〔月〕，廉颇免而赵括代将。秦人围赵括，赵括以军降，卒四十馀万皆坑之。王悔不听赵豹之计，故有长平之祸焉。

王还，不听秦，秦围邯郸。①武垣令②傅豹、王容、苏射率燕众反燕地。③赵以灵丘④封楚相春申君。

①【集解】徐广曰："在九年。"

②【集解】徐广曰："河间有武垣县，本属涿郡。"【正义】《括地志》云："武垣故城今瀛州城是也。"

③【正义】武垣此时属赵，与燕接境，故云率燕众反燕地也。

④【正义】《括地志》云："灵丘，蔚州理县也。"

八年，平原君如楚请救。还，楚来救，及魏公子无忌亦来救，①秦围邯郸乃解。

①【正义】《魏公子传》云"赵王以鄗为公子汤沐邑"。年表云"九年公子无忌救邯郸"。围在九年，其文错误。

十年，燕攻昌壮，①五月拔之。赵将乐乘、庆舍攻秦信梁军，破之。②太子死。③而秦攻西周，拔之。徒父祺④出。⑤十一年，城元氏，⑥县上原。武阳君郑安平死，⑦收其地。十二年，邯郸廥烧。⑧十四年，平原君赵胜死。⑨

①【集解】徐广曰："一作'社'。" 【正义】壮字误，当作"城"。《括地志》云："昌城故城在冀州信都县西北五里。"此时属赵，故攻之也。

②【集解】徐广曰："年表云新中军也。" 【索隐】信梁，秦将也。 【正义】信梁盖王龁号也。《秦本纪》云"昭襄王五十年王龁从唐拔宁新中，宁新中更名安阳"，今相州理县也。年表云"韩、魏、楚救赵新中军，秦兵罢"是也。

③【集解】徐广曰："是年周赧王卒，或者'太子'云'天子'乎？" 【索隐】赵之太子也，史失名。

④【索隐】赵大夫，名祺。

⑤【正义】赵见秦拔西周，故令徒父祺将兵出境也。

⑥【集解】《地理志》常山有元氏县。 【正义】元氏，赵州县也。

⑦【集解】徐广曰："故秦将降赵也。"

⑧【集解】徐广曰："廥，廏之名，音脍也。" 【索隐】廥，积刍稿之处，为火所烧也。

⑨【索隐】按年表在十五年也。

十五年，以尉文封相国廉颇为信平君。①燕王令丞相栗腹约欢，以五百金为赵王酒，还归，报燕王曰："赵氏壮者皆死长平，其孤未壮，可伐也。"王召昌国君乐间而问之。对曰："赵，四战之国也，其民习兵，伐之不可。"王曰："吾以众伐寡，二而伐一，可乎？"对曰："不可。"王曰："吾即以五而伐一，可乎？"对曰："不可。"燕王大怒。群臣皆以为可。燕卒起二军，车二千乘，栗腹将而攻鄗，卿秦将而攻代。②廉颇为赵将，破杀栗腹，虏卿秦、乐间。③

①【索隐】尉文盖地名。或曰，尉，官；文，名。谓以尉文所食之地以封廉颇也。古文质略，文省耳。 【正义】尉文盖蔚州地也。信平，廉颇号也，言笃信而平和也。

②【索隐】二人皆燕将姓名。

③【正义】三人皆燕将(姓)也。

十六年,廉颇围燕。以乐乘为武襄君。① 十七年,假相大将武襄君攻燕,围其国。十八年,延陵钧② 率师从相国信平君助魏攻燕。秦拔我榆次三十七城。③ 十九年,赵与燕易土:④ 以龙兑、⑤ 汾门、⑥ 临乐⑦ 与燕;燕以葛、武阳、⑧ 平舒⑨ 与赵。

①【正义】襄,举也,上也。言乐乘功最高也。

②【集解】徐广曰:“代郡有延陵县。”

③【集解】徐广曰:“在太原。”

④【索隐】音亦。谓与燕换易县也。

⑤【正义】《括地志》云:“北新城故城在易州遂城县西南二十里。按:遂城县西南二十五里有龙山,邢子励《赵记》云‘龙山有四麓,各有一穴,大如车轮,春风出东,秋风出西,夏风出南,冬风出北,不相夺伦’。按盖谓龙兑也。”

⑥【集解】徐广曰:“在北新城。” 【正义】《括地志》云:“易州永乐县有徐水,出广昌岭,三源奇发,同泻一涧,流至北平县东南,历石门中,俗谓之龙门,水经其间,奔激南出,触石成井。”盖汾字误也,遂城及永乐、〔固〕安、新城县地也。

⑦【集解】徐广曰:“方城有临乡。” 【正义】《括地志》云:“临乡故城在幽州固安南十七里也。”

⑧【集解】徐广曰:“葛城在高阳。” 【正义】《括地志》云:“故葛城又名西河城,在瀛州高阳县西北五十里。”

⑨【集解】徐广曰:“平舒在代郡。” 【正义】《括地志》云:“平舒故城在蔚州灵丘县北九十三里也。”

二十年,秦王政初立。秦拔我晋阳。

二十一年,孝成王卒。廉颇将,攻繁阳,① 取之。使乐乘代之,廉颇攻乐乘,乐乘走,廉颇亡入魏。子偃立,是为悼襄王。

①【集解】徐广曰:“在顿丘。” 【正义】《括地志》云:“繁阳故城在相州内黄县东北二十七里。应劭云‘繁水之北,故曰繁阳也’。”

悼襄王元年,大备① 魏。欲通平邑、中牟之道,不成。②

①【集解】徐广曰:“一作‘修’。” 【正义】谓行大备之礼也。

②【正义】平邑在魏州昌乐县东北三十里。相州汤阴县西五十八里有牟山。按:(中)牟山之侧,时二邑皆属魏,欲渡黄河作道相通,遂不成也。

二年,李牧将,攻燕,拔武遂、方城。①秦召春平君,因而留之。泄钧②为之谓文信侯曰:“春平君者,赵王甚爱之而郎中妒之,故相与谋曰‘春平君入秦,秦必留之’,故相与谋而内之秦也。今君留之,是绝赵而郎中之计中也。君不如遣春平君而留平都。③春平君者言行信于王,王必厚割赵而赎平都。”文信侯曰:“善。”因遣之。④城韩皋。

①【集解】徐广曰:“武遂属安平。” 【正义】《括地志》云:“易州遂城,战国时武遂城也。方城故在幽州固安县南十七里。”时二邑属燕,赵使李牧拔之也。

②【正义】人姓名也。

③【正义】(舆地理志)〔《括地志》〕云:“平都县在今新兴郡,与阳周县相近也。”

④【集解】徐广曰:“年表云太子从质秦归。” 【正义】按:太子即春平君也。

三年,庞煖将,攻燕,禽其将剧辛。四年,庞煖将赵、楚、魏、燕之锐师,攻秦蕞,①不拔;移攻齐,取饶安。②五年,傅抵③将,居平邑;庆舍将东阳④河外师,守河梁。⑤六年,封长安君以饶。⑥魏与赵邺。

①【集解】徐广曰:“在新丰。”

②【集解】徐广曰:“在渤海。又云饶属北海,安属平原。” 【正义】饶安,沧州县也,七国时属齐,战国时属赵。

③【正义】上音付,下音邸。赵将姓名。

④【正义】属贝州,在河北岸也。

⑤【正义】河外,河南岸魏州地也。河梁,桥也。

⑥【正义】即饶阳也。瀛州饶阳县东二十里饶阳故城,汉县也,明长安君是号也。

九年,赵攻燕,取貍、阳城。①兵未罢,秦攻邺,拔之。②悼襄王卒,子幽缪王迁立。

①【正义】按:燕无貍阳,疑“貍”字误,当作“渔阳”,故城在檀州密云县南十八里,燕渔阳郡城也。按赵东界至瀛州,则檀州在北,赵攻燕取渔阳城也。

②【集解】徐广曰："今饶阳在河间。又年表曰拔阏与、鄴九城。"

幽缪王迁元年，①城柏人。二年，秦攻武城，②扈辄率师救之，军败，死焉。

①【集解】徐广曰："又云'湣王'。《世本》云孝成王丹生悼襄王偃，偃生今王迁。年表及《史考》赵迁皆无谥。" 【索隐】徐广云王迁无谥，今惟此独称幽缪王者，盖秦灭赵之后，人臣窃追谥之，太史公或别有所见而记之也。

②【集解】徐广曰："年表云秦拔我平阳。"

三年，秦攻赤丽、宜安，①李牧率师与战肥下，②却之。封牧为武安君。四年，秦攻番吾，③李牧与之战，却之。

①【正义】《括地志》云："宜安故城在恒州稾城县西南二十里也。"

②【正义】《括地志》云："肥累故城在恒州稾城县西七里，春秋时肥子国，白狄别种也。"

③【正义】上音婆，又音盘，又作"蒲"。《括地志》云"蒲吾城在恒州房山县东二十里也。"

五年，代地大动，自乐徐以西，①北至平阴，②台屋墙垣太半坏，地坼东西百三十步。③六年，大饥，民讹言曰："赵为号，秦为笑。以为不信，视地之生毛。"

①【集解】徐广曰："徐，一作'除'。"

②【正义】乐徐在晋州，平阴在汾也。

③【正义】其坼沟见在，亦在晋、汾二州之界也。

七年，秦人攻赵，赵大将李牧、将军司马尚将，击之。李牧诛，司马尚免，赵忽及齐将颜聚代之。赵忽军破，颜聚亡去。以王迁降。①

①【集解】《淮南子》云："赵王迁流于房陵，思故乡，作为山水之讴，闻之者莫不流涕。" 【正义】《括地志》云："赵王迁墓在房州房陵县西九里也。"

八年十月，邯郸为秦。

太史公曰：吾闻冯王孙曰："赵王迁，其母倡也，①嬖于悼襄王。悼襄王废適子嘉而立迁。迁素无行，信谗，故诛其良将李牧，用郭开。”岂不缪哉！秦既虏迁，赵之亡大夫共立嘉为王，王代六岁，秦进兵破嘉，遂灭赵以为郡。

①【集解】徐广曰：“《列女传》曰邯郸之倡。”

【索隐述赞】赵氏之系，与秦同祖。周穆平徐，乃封造父。带始事晋，夙初有土。岸贾矫诛，韩厥立武。宝符临代，卒居伯鲁。简梦翟犬，灵歌处女。胡服虽强，建立非所。颇、牧不用，王迁囚虏。

史记卷四十四

魏世家第十四

魏之先，毕公高之后也。毕公高与周同姓。①武王之伐纣，而高封于毕，②于是为毕姓。其后绝封，为庶人，或在中国，或在夷狄。其苗裔曰毕万，事晋献公。

①【索隐】《左传》富辰说文王之子十六国有毕、原、丰、郇，言毕公是文王之子。此云与周同姓，似不用《左氏》之说。马融亦云毕、毛，文王庶子。

②【集解】杜预曰："毕在长安县西北。" 【正义】《括地志》云："毕原在雍州万年县西南二十八里。"

献公之十六年，赵夙为御，毕万为右，以伐霍、耿、魏，灭之。以耿封赵夙，以魏封毕万，①为大夫。卜偃曰：②"毕万之后必大矣。万，满数也；魏，大名也。以是始赏，天开之矣。天子曰兆民，诸侯曰万民。今命之大，以从满数，其必有众。"初，毕万卜事晋，遇《屯》之《比》。辛廖占之，曰："吉。屯固比入，吉孰大焉，其必蕃昌。"

①【正义】魏城在陕州芮城县北五里。郑玄《诗谱》云："魏，姬姓之国，武王伐纣而封焉。"

②【索隐】晋掌卜大夫郭偃也。

毕万封十一年，晋献公卒，四子争更立，晋乱。而毕万之世弥大，从其国名为魏氏。生武子。①魏武子以魏诸子事晋公子重耳。晋献公之二十一年，武子从重耳出亡。十九年反，重耳立为晋文公，而令魏武子袭魏氏之后封，列为大夫，治于魏。生悼子。

①【索隐】《左传》武子名犨。《系本》云"毕万生芒季，芒季生武仲州"。州与犨

声相近,字异耳,代亦不同。

魏悼子徙治霍。①生魏绛。②

①【索隐】《系本》云"武仲生庄子绛",无悼子。又《系本·居篇》曰"魏武子居魏,悼子徙霍"。宋忠曰"霍,今河东彘县也"。则是有悼子,《系本》卿大夫代自脱耳。然魏,今河北魏县是也。 【正义】晋州霍邑县,汉彘县也,后汉改曰永安,隋改曰霍邑,本春秋时霍伯国也。

②【索隐】谥昭子。《系本》云"庄子",文错也。《居篇》又曰"昭子徙安邑",亦与此文同也。

魏绛事晋悼公。悼公三年,会诸侯。悼公弟杨干乱行,魏绛僇辱杨干。①悼公怒曰:"合诸侯以为荣,今辱吾弟!"将诛魏绛。或说悼公,悼公止。卒任魏绛政,使和戎、翟,戎、翟亲附。悼公之十一年,曰:"自吾用魏绛,八年之中,九合诸侯,戎、翟和,子之力也。"赐之乐,三让,然后受之。徙治安邑。②魏绛卒,谥为昭子。③生魏嬴。嬴生魏献子。④

①【索隐】《左传》曰僇杨干之仆。

②【正义】安邑在绛州夏县安邑故城是。

③【集解】徐广曰:"《世本》曰庄子。"

④【索隐】《系本》云"献子名荼,荼,庄子之子"。无魏嬴。

献子事晋昭公。昭公卒而六卿强,公室卑。

晋顷公之十二年,韩宣子老,魏献子为国政。晋宗室祁氏、羊舌氏相恶,六卿诛之,尽取其邑为十县,六卿各令其子为之大夫。献子与赵简子、①中行文子、②范献子③并为晋卿。

①【索隐】赵鞅。

②【索隐】荀寅。

③【索隐】范吉射。

其后十四岁而孔子相鲁。后四岁,赵简子以晋阳之乱也,而与韩、魏共攻范、中行氏。魏献子生魏侈。①魏侈与赵鞅共攻范、中行氏。

①【索隐】侈,他本亦作"哆",盖"哆"字误,而代数错也。按《系本》"献子生简子取,取生襄子多",而《左传》云"魏曼多"是也。则侈是襄子,中间少简子

一代。

魏侈之孙曰魏桓子，① 与韩康子、② 赵襄子③ 共伐灭知伯，④ 分其地。

①【索隐】《系本》云："襄子生桓子驹。"

②【索隐】名虔。

③【索隐】名无恤。

④【索隐】智伯，智瑶也，本姓荀，亦曰荀瑶。　【正义】知音智。《括地志》云："故智城在蒲州虞乡县西北四十里。《古今地名》云解县有智城，盖谓此也。"

桓子之孙曰文侯都。① 魏文侯元年，秦灵公之元年也。与韩武子、② 赵桓子、周威王同时。

①【集解】徐广曰："《世本》曰斯也。"　【索隐】《系本》云"桓子生文侯斯"，其传云"孺子㾄是魏驹之子"，与此系代亦不同也。

②【索隐】《系本》"武子名启章，康子子"。

六年，城少梁。十三年，使子击围繁、庞，出其民。十六年，伐秦，筑临晋元里。

十七年，伐中山，使子击守之，赵仓唐傅之。子击逢文侯之师田子方于朝歌，引车避，下谒。田子方不为礼。子击因问曰："富贵者骄人乎？且贫贱者骄人乎？"子方曰："亦贫贱者骄人耳。夫诸侯而骄人则失其国，大夫而骄人则失其家。贫贱者，行不合，言不用，则去之楚、越，若脱蹝然，奈何其同之哉！"子击不怿而去。西攻秦，至郑而还，筑雒阴、合阳。①

①【正义】雒，漆沮水也，城在水南。郃阳，郃水之北。《括地志》云："郃阳故城在同州河西县南三里。雒阴在同州西也。"

二十二年，魏、赵、韩列为诸侯。

二十四年，秦伐我，至阳狐。①

①【正义】《括地志》云："阳狐郭在魏州元城县东北三十里也。"

二十五年，子击生子罃。①

①【索隐】乙耕反。击，武侯也。罃，惠王也。

文侯受子夏经艺，客段干木，过其闾，未尝不轼也。①秦尝欲伐魏，或曰："魏君贤人是礼，国人称仁，上下和合，未可图也。"文侯由此得誉于诸侯。

①【正义】过，光卧反。文侯轼干木闾也。皇甫谧《高士传》云："木，晋人也，守道不仕。魏文侯欲见，造其门，干木逾墙避之。文侯以客礼待之，出过其闾而轼。其仆曰：'君何轼？'曰：'段干木贤者也，不趣势利，怀君子之道，隐处穷巷，声驰千里，吾安得勿轼！干木先乎德，寡人先乎势；干木富乎义，寡人富乎财。势不若德贵，财不若义高。'又请为相，不肯。后卑己固请见，与语，文侯立倦不敢息。"《淮南子》云："段干木，晋之大驵，而为文侯师。"《吕氏春秋》云："魏文侯见段干木，立倦而不敢息。及见翟璜，踞于堂而与之言。翟璜不悦。文侯曰：'段干木，官之则不肯，禄之则不受。今汝欲官则相至，欲禄则上卿至，既受吾赏，又责吾礼，无乃难乎？'"

任西门豹守邺，而河内①称治。

①【索隐】按：大河在邺东，故名邺为河内。　【正义】古帝王之都多在河东、河北，故呼河北为河内，河南为河外。又云河从龙门南至华阴，东至卫州，折东北入海，曲绕冀州，故言河内云也。

魏文侯谓李克曰："先生尝教寡人曰'家贫则思良妻，国乱则思良相'。今所置非成则璜，①二子何如？"李克对曰："臣闻之，卑不谋尊，疏不谋戚。臣在阙门之外，不敢当命。"文侯曰："先生临事勿让。"李克曰："君不察故也。居视其所亲，富视其所与，达视其所举，穷视其所不为，贫视其所不取，五者足以定之矣，何待克哉！"文侯曰："先生就舍，寡人之相定矣。"李克趋而出，过翟璜之家。翟璜曰："今者闻君召先生而卜相，果谁为之？"李克曰："魏成子为相矣。"翟璜忿然作色曰："以耳目之所睹记，臣何负于魏成子？西河之守，臣之所进也。君内以邺为忧，臣进西门豹。君谋欲伐中山，臣进乐羊。中山以拔，无使守之，臣进先生。

君之子无傅，臣进屈侯鲋。臣何以负于魏成子！”李克曰：“且子之言克于子之君者，岂将比周以求大官哉？君问而置相‘非成则璜，二子何如’？克对曰：‘君不察故也。居视其所亲，富视其所与，达视其所举，穷视其所不为，贫视其所不取，五者足以定之矣，何待克哉！’是以知魏成子之为相也。且子安得与魏成子比乎？魏成子以食禄千钟，什九在外，什一在内，是以东得卜子夏、田子方、段干木。此三人者，君皆师之。子之所进五人者，君皆臣之。子恶得与魏成子比也？”翟璜逡巡再拜曰：“璜，鄙人也，失对，愿卒为弟子。”

①【集解】徐广曰：“文侯弟名成。”

二十六年，虢山崩，壅河。①

①【集解】徐广曰在陕。骃案：《地理志》曰弘农陕县故虢国。北虢在大阳，东虢在荥阳。　【正义】《括地志》云：“虢山在陕州陕县西二里，临黄河。今临河有冈阜，似是穨山之馀也。”

三十二年，伐郑。城酸枣。败秦于注。①三十五年，齐伐取我襄陵。②三十六年，秦侵我阴晋。③

①【集解】司马彪曰：“河南梁县有注城也。”　【正义】《括地志》云：“注城在汝州梁县西十五里。注，或作‘铸’也。”

②【集解】徐广曰：“今在南平阳县也。”

③【集解】徐广曰：“今之华阴。”　【索隐】按：年表作“齐侵阴晋”。《秦本纪》云“惠王六年，魏纳阴晋，更名曰宁秦”。徐氏云“今之华阴也”。

三十八年，伐秦，败我武下，得其将识。①是岁，文侯卒，②子击立，是为武侯。

①【索隐】识，将名也。武下，魏地。　【正义】《括地志》云：“故武城一名武平城，在华州郑县东十三里。”

②【索隐】三十八年卒。《纪年》云五十年卒。

魏武侯元年，赵敬侯初立，①公子朔为乱，不胜，奔魏，与魏袭邯郸，魏败而去。

①【索隐】按:《纪年》魏武侯之元年当赵烈侯之十四年,不同也。又《系本》敬侯名章。

二年,城安邑、王垣。①

①【集解】徐广曰:"垣县有王屋山也。" 【索隐】按:《纪年》十四年城洛阳及安邑、王垣。徐广云"垣县有王屋山,故曰王垣"。 【正义】《括地志》云:"故城汉垣县,本魏王垣也,在绛州垣县西北二十里也。"

七年,伐齐,至桑丘。①九年,翟败我于浍。②使吴起伐齐,至灵丘。③齐威王初立。④

①【正义】年表云"齐伐燕,取桑丘",故魏救燕伐齐,至桑丘也。《括地志》云:"桑丘故城俗名敬城,在易州遂城县界也。"

②【索隐】古外反。于浍,于浍水之侧。 【正义】《括地志》云:"浍高山又云浍山,在绛州翼城县东北二十五里,浍水出此山也。"

③【正义】灵丘,蔚州县也。时属齐,故三晋伐之也。

④【索隐】按《纪年》,齐幽公之十八年而威王立。

十一年,与韩、赵三分晋地,灭其后。

十三年,秦献公县栎阳。十五年,败赵北蔺。①

①【正义】在石州,赵之西北。属赵,故云赵北蔺也。

十六年,伐楚,取鲁阳。①武侯卒,②子罃立,是为惠王。

①【正义】今汝州鲁山县也。

②【索隐】按《纪年》,武侯二十六年卒。

惠王元年,初,武侯卒也,子罃与公中缓①争为太子。公孙颀②自宋入赵,自赵入韩,谓韩懿侯③曰:"魏罃与公中缓争为太子,④君亦闻之乎?今魏罃得王错,⑤挟上党,固半国也。因而除之,⑥破魏必矣,不可失也。"懿侯说,乃与赵成侯⑦合军并兵以伐魏,战于浊泽,⑧魏氏大败,魏君围。赵谓韩曰:"除魏君,立公中缓,割地而退,我且利。"韩曰:"不可。杀魏君,人必曰暴;割地而退,人必曰贪。不如两分之。魏分为两,不强于宋、卫，则我终无魏之患矣。”赵不听。韩不说，以其少卒夜去。惠王之所以身不死，国不分者，二家谋不和也。若从一家之谋，则魏必分矣。故曰“君终无適子，其国可破也”。⑨

①【正义】中音仲。

②【索隐】音祈。

③【索隐】哀侯之子。

④【索隐】按：《纪年》“武侯元年封公子缓。赵侯种、韩懿侯伐我，取蔡，而惠王伐赵，围浊阳。七年，公子缓如邯郸以作难”，是说此事矣。

⑤【集解】徐广曰：“《汲冢纪年》惠王二年，魏大夫王错出奔韩也。”

⑥【集解】徐广曰：“除，一作‘倍’。” 【正义】按：除，除魏罃及王错也。

⑦【索隐】《系本》云：“成侯名种。”

⑧【集解】徐广曰：“长社有浊泽。”

⑨【索隐】此盖古人之言及俗说，故云“故曰”。

二年，魏败韩于马陵，败赵于怀。三年，齐败我观。① 五年，与韩会宅阳。② 城武堵。为秦所败。③ 六年，伐取宋仪台。④ 九年，伐败韩于浍。与秦战少梁，虏我将公孙痤，⑤ 取庞。秦献公卒，子孝公立。

①【集解】徐广曰：“《齐世家》云献观以和齐。年表曰伐魏取观。今之卫县也。”【索隐】《田完系家》云：“败魏于浊津而围惠王，惠王请献观以和解。” 【正义】观音馆。魏州观城县，古之观国。《国语注》：“观国，夏启子太康第五弟之所封也，夏衰，灭之矣。”

②【正义】《括地志》云：“宅阳故城一名北宅，在郑州荥阳县东南十七里也。”

③【集解】徐广曰：“《秦年表》曰败韩、魏洛阴。”

④【集解】徐广曰：“一作‘义台’。” 【索隐】按：年表作“义台”，然义台见《庄子》，司马彪亦曰台名，郭象云义台，灵台。

⑤【集解】徐广曰：“年表云虏我太子也。”

十年，伐取赵皮牢。彗星见。十二年，星昼坠，有声。

十四年，与赵会鄗。十五年，鲁、卫、宋、郑君来朝。① 十六年，与秦孝公会(社)〔杜〕平。侵宋黄池，宋复取之。

①【索隐】按：《纪年》鲁恭侯、宋桓侯、卫成侯、郑釐侯来朝，皆在十四年，是也。

郑釐侯者，韩昭侯也。韩哀侯灭郑而徙都之，改号曰郑。

十七年，与秦战元里，秦取我少梁。围赵邯郸。十八年，拔邯郸。赵请救于齐，齐使田忌、孙膑救赵，败魏桂陵。

十九年，诸侯围我襄陵。筑长城，塞固阳。①

①【正义】塞，先代反。《括地志》云："棝阳县，汉旧县也，在银州银城县界。"按：魏筑长城，自郑滨洛，北达银州，至胜州固阳县为塞也。固阳有连山，东至黄河，西南至夏、会等州。棝音固矣。

二十年，归赵邯郸，与盟漳水上。①二十一年，与秦会彤。赵成侯卒。②二十八年，齐威王卒。中山君相魏。③

①【正义】邯郸，洺州县也。漳，水名。漳水源出洺州武安县三门山也。

②【集解】徐广曰："年表云二十七年，丹封名会。丹，魏大臣也。"

③【索隐】按：魏文侯灭中山，其弟守之，后寻复国，至是始令相魏。其中山后又为赵所灭。

三十年，魏伐赵，①赵告急齐。齐宣王用孙子计，救赵击魏。魏遂大兴师，使庞涓将，而令太子申为上将军。过外黄，外黄徐子②谓太子曰："臣有百战百胜之术。"太子曰："可得闻乎？"客曰："固愿效之。"曰："太子自将攻齐，大胜并莒，③则富不过有魏，贵不益为王。若战不胜齐，则万世无魏矣。此臣之百战百胜之术也。"太子曰："诺，请必从公之言而还矣。"客曰："太子虽欲还，不得矣。彼劝太子战攻，欲啜汁者众。④太子虽欲还，恐不得矣。"太子因欲还，其御曰："将出而还，与北同。"太子果与齐人战，败于马陵。⑤齐虏魏太子申，杀将军涓，军遂大破。

①【正义】《孙膑传》云"魏与赵攻韩，韩告急齐"，此文误耳。魏伐赵，赵请救齐，齐使孙膑救赵，败魏桂陵，乃在十八年也。

②【集解】刘向《别录》曰："徐子，外黄人也。"外黄时属宋。　【正义】《括地志》云："故围城有南北二城，在汴州雍丘县界，本属外黄，即太子申见徐子之地也。"

③【正义】莒，密州县也，在齐东南。言从西破齐，并至莒地，则齐土尽矣。

④【正义】啜,穿悦反。汁,之入反。冀功勋者众也。

⑤【集解】徐广曰:“在元城。” 【索隐】徐广曰:“在元城。”按:《纪年》二十八年,与齐田肦战于马陵;上二年,魏败韩马陵;十八年,赵又败魏桂陵。桂陵与马陵异处。 【正义】虞喜《志林》云:“马陵在濮州鄄城县东北六十里,有陵,涧谷深峻,可以置伏。”按:庞涓败即此也。徐说马陵在魏州元城县东南一里,庞涓败非此地也。《田完世家》云“宣王二年,魏伐赵,赵与韩亲,共击魏,赵不利,战于南梁。韩氏请于齐,齐使田忌、田婴将,孙子为师,救韩、赵,以击魏,大破之马陵”。按:南梁在汝州。又此传云“太子为上将军,过外黄”。又《孙膑传》云“魏与赵攻韩,韩告急齐,齐使田忌将而往,直走大梁。魏将庞涓闻之,去韩而归齐,军已过而西矣”。按:孙子减灶退军,三日行至马陵,遂杀庞涓,虏魏太子申,大破魏军,当如虞喜之说,从汴州外黄退至濮州东北六十里是也。然赵、韩共击魏,战困于南梁,韩急,请救于齐,齐师走大梁,败魏马陵,岂合更渡河北,至魏州元城哉?徐说定非也。

三十一年,秦、赵、齐共伐我,① 秦将商君诈我将军公子卬而袭夺其军,破之。秦用商君,东地至河,而齐、赵数破我,安邑近秦,于是徙治大梁。② 以公子赫为太子。

①【索隐】按:《纪年》“二十九年五月,齐田肦伐我东鄙。九月,秦卫鞅伐我西鄙。十月,邯郸伐我北鄙。王攻卫鞅,我师败绩”是也。然言二十九年,不同。

②【集解】徐广曰:“今浚仪。”骃案:《汲冢纪年》曰“梁惠成王九年四月甲寅,徙都大梁”也。 【索隐】《纪年》以为惠王九年,盖误也。 【正义】《陈留风俗传》云“魏之都也,毕万十叶徙大梁”。按:今汴州浚仪也。

三十三年,秦孝公卒,商君亡秦归魏,魏怒,不入。三十五年,与齐宣王会平阿南。①

①【集解】《地理志》沛郡有平阿县也。

惠王数被于军旅,卑礼厚币以招贤者。邹衍、淳于髡、孟轲皆至梁。梁惠王曰:“寡人不佞,兵三折于外,太子虏,上将死,国以空虚,以羞先君宗庙社稷,寡人甚丑之。叟不远千里,① 辱幸至弊邑之廷,将何以利吾国?”孟轲曰:“君不可以言利若是。夫君欲利则大夫欲利,大夫欲利则庶人欲利，上下争利，国则危矣。为人君，仁义而已矣，何以利为！”

①【集解】刘熙曰：“叟，长老之称，依皓首之言。”

三十六年，复与齐王会甄。是岁，惠王卒，①子襄王立。②

①【索隐】按《纪年》，惠成王三十六年改元称一年，未卒也。

②【索隐】《系本》襄王名嗣。

襄王元年，与诸侯会徐州，①相王也。追尊父惠王为王。②

①【集解】徐广曰：“今薛县。”

②【集解】徐广曰：“二年，伐赵。”

五年，秦败我龙贾军四万五千于雕阴，①围我焦、曲沃。②予秦河西之地。③

①【集解】徐广曰：“在上郡。” 【正义】《括地志》云：“雕阴故县在鄜州洛交县北三十里，雕阴故城是也。”

②【正义】《括地志》云：“故焦城在陕县东北百步古虢城中东北隅，周同姓也。曲沃有城，在陕县西南三十二里。按：今有曲沃店也。”

③【正义】自华州北至同州，并魏河北之地，尽入秦也。

六年，与秦会应。①秦取我汾阴、皮氏、焦。②魏伐楚，败之陉山。③七年，魏尽入上郡于秦。④秦降我蒲阳。⑤八年，秦归我焦、曲沃。

①【集解】徐广曰：“颍川父城有应乡也。” 【正义】应，乙陵反。《括地志》云：“故应城，故应乡也，在汝州鲁山县东三十里。”

②【正义】《括地志》云：“汾阴故城在蒲州汾阴县北九里。皮氏故城在绛州龙门县西一百八十步也。”

③【集解】徐广曰：“在密县。” 【正义】《括地志》云：“陉山在郑州新郑县西南三十里。”

④【正义】《括地志》云：“上郡故城在绥州上县东南五十里，秦魏之上郡地也。”按：丹、鄜、延、绥等州，北至固阳，并上郡地。魏筑长城界秦，自华州郑县已北，滨洛至庆州洛源县白于山，即东北至胜州固阳县，东至河西上郡之地，尽入于秦。

⑤【正义】在隰州，隰川县蒲邑故城是也。

十二年，楚败我襄陵。诸侯执政与秦相张仪会啮桑。① 十三年，张仪相魏。魏有女子化为丈夫。秦取我曲沃、平周。②

①【集解】徐广曰："在梁与彭城之间。"

②【正义】绛州桐乡县，晋曲沃邑。《十三州志》云："古平周县在汾州介休县西五十里也。"

十六年，襄王卒，子哀王立。① 张仪复归秦。

①【集解】荀勖曰："和峤云'《纪年》起自黄帝，终于魏之今王'。今王者，魏惠成王子。案《太史公书》惠成王但言惠王，惠王子曰襄王，襄王子曰哀王。惠王三十六年卒，襄王立十六年卒，并惠、襄为五十二年。今案古文，惠成王立三十六年，改元称一年，改元后十七年卒。《太史公书》为误分惠、成之世，以为二王之年数也。《世本》惠王生襄王而无哀王，然则今王者魏襄王也。"【索隐】按：《系本》襄王生昭王，无哀王，盖脱一代耳。而《纪年》说惠成王三十六年，又称后元一十七年卒。今此文分惠王之历以为二王之年，又有哀王，凡二十三年，纪事甚明，盖无足疑。而孔衍叙《魏语》亦有哀王。盖《纪年》之作失哀王之代，故分襄王之年为惠王后元，即以襄王之年包哀王之代耳。

哀王元年，五国共攻秦，① 不胜而去。

①【正义】韩、魏、楚、赵、燕也。

二年，齐败我观津。① 五年，秦使樗里子② 伐取我曲沃，走犀首③ 岸门。④ 六年，秦(求)〔来〕立公子政⑤ 为太子。与秦会临晋。七年，攻齐。⑥ 与秦伐燕。

①【正义】《括地志》云："观津城在冀州枣阳县东南二十五里。"本赵邑，今属魏也。

②【索隐】秦昭王弟疾居樗里，因号焉。

③【索隐】犀首，官名，即公孙衍。

④【集解】徐广曰："颍阴有岸亭。"【索隐】徐广云"颍阴有岸门亭"，刘氏云"河东皮氏县有岸头亭"也。【正义】《括地志》云："岸门在许州长社县西北十八里，今名西武亭。"

⑤【索隐】魏公子也。

⑥【集解】徐广曰："年表云击齐，虏赘子于濮也。"

八年，伐卫，拔列城二。①卫君患之。如耳②见卫君曰："请罢魏兵，免成陵君可乎？"卫君曰："先生果能，孤请世世以卫事先生。"如耳见成陵君曰："昔者魏伐赵，断羊肠，拔阏与，③约斩赵，赵分而为二，所以不亡者，魏为从主也。今卫已迫亡，将西请事于秦。与其以秦醳卫，不如以魏醳卫，④卫之德魏必终无穷。"成陵君曰："诺。"如耳见魏王曰："臣有谒于卫。卫故周室之别也，其称小国，多宝器。今国迫于难而宝器不出者，其心以为攻卫醳卫不以王为主，故宝器虽出必不入于王也。臣窃料之，先言醳卫者必受卫者也。"如耳出，成陵君入，以其言见魏王。魏王听其说，罢其兵，免成陵君，终身不见。

①【索隐】《纪年》云："八年，翟章伐卫。"

②【正义】魏大夫姓名也。

③【集解】徐广曰："在上党。"【正义】阏，於连反。与音预。羊肠阪道在太行山上，南口怀州，北口潞州。阏与故城在潞州及仪州。若断羊肠，拔阏与，北连恒州，则赵国东西断而为二也。

④【正义】醳音释。

九年，与秦王会临晋。张仪、魏章①皆归于魏。魏相田需死，楚害张仪、犀首、薛公。②楚相昭鱼③谓苏代曰："田需死，吾恐张仪、犀首、薛公有一人相魏者也。"代曰："然相者欲谁而君便之？"昭鱼曰："吾欲太子之自相也。"④代曰："请为君北，必相之。"昭鱼曰："奈何？"对曰："君其为梁王，代请说君。"昭鱼曰："奈何？"对曰："代也从楚来，昭鱼甚忧，曰：'田需死，吾恐张仪、犀首、薛公有一人相魏者也。'代曰：'梁王，长主也，必不相张仪。张仪相，必右秦而左魏。犀首相，必右韩而左魏。薛公相，必右齐而左魏。梁王，长主也，必不便也。'王曰：'然则寡人孰相？'代曰：'莫若太子之自相。太子之自相，是三人者皆以太子为非常相也，皆将务以其国事魏，欲得丞相玺也。以魏之强，而三万乘之国辅之，魏必安矣。故曰莫若太子之自相也。'"遂北见梁王，以此告之。太子果相魏。

①【索隐】章为魏将，后又相秦。

②【索隐】田文也。

③【索隐】昭奚恤也。

④【索隐】太子即襄王也。

十年，张仪死。十一年，与秦武王会应。十二年，太子朝于秦。秦来伐我皮氏，未拔而解。十四年，秦来归武王后。十六年，秦拔我蒲反、阳晋、封陵。①十七年，与秦会临晋。秦予我蒲反。十八年，与秦伐楚。②二十一年，与齐、韩共败秦军函谷。③

①【索隐】《纪年》作“晋阳、封谷”。　【正义】阳晋当作“晋阳”也，史文误。《括地志》云：“晋阳故城今名晋城，在蒲州虞乡县西三十五里。”表云“魏哀王十六年秦拔我杜阳、晋阳”，即此城也。封陵亦在蒲州。按阳晋故城在曹州，解在《苏秦传》也。

②【集解】徐广曰：“二十年，与齐王会于韩。”

③【集解】徐广曰：“河、渭绝一日。”

二十三年，秦复予我河外及封陵为和。哀王卒，①子昭王立。②

①【索隐】按：《汲冢纪年》终于哀王二十年，昭王三年丧毕，始称元年耳。

②【索隐】《系本》昭王名遬。

昭王元年，秦拔我襄城。二年，与秦战，我不利。三年，佐韩攻秦，秦将白起败我军伊阙二十四万。六年，予秦河东地方四百里。芒卯以诈重。①七年，秦拔我城大小六十一。八年，秦昭王为西帝，齐湣王为东帝，月馀，皆复称王归帝。九年，秦拔我新垣、曲阳之城。②

①【索隐】谓卯以智诈见重于魏。

②【正义】(年表及)《括地志》云：“曲阳故城在怀州济源县西十里。”新垣近曲阳，未详端的所之处也。

十年，齐灭宋，宋王死我温。十二年，与秦、赵、韩、燕共伐齐，败之济西，湣王出亡。燕独入临菑。与秦王会西周。①

①【正义】即王城也，今河南郡城也。

十三年，秦拔我安城。①兵到大梁，去。②十八年，秦拔郢，楚王徙陈。

①【正义】《括地志》云："安城故城，豫州汝陵县东南七十一里。"

②【集解】徐广曰："十四年大水。"

十九年，昭王卒，子安釐王立。①

①【索隐】《系本》安僖王名圉。

安釐王元年，秦拔我两城。二年，又拔我二城，军大梁下，韩来救，予秦温以和。三年，秦拔我四城，斩首四万。四年，秦破我及韩、赵，杀十五万人，走我将芒卯。魏将段干子请予秦南阳①以和。苏代谓魏王曰："欲玺者段干子也，欲地者秦也。今王使欲地者制玺，使欲玺者制地，魏氏地不尽则不知已。且夫以地事秦，譬犹抱薪救火，薪不尽，火不灭。"王曰："是则然也。虽然，事始已行，不可更矣。"对曰："王独不见夫博之所以贵枭者，便则食，不便则止矣。今王曰'事始已行，不可更'，是何王之用智不如用枭也？"②

①【集解】徐广曰："在修武。"

②【正义】博头有刻为枭鸟形者，掷得枭者合食其子，若不便则为馀行也。

九年，秦拔我怀。十年，秦太子外质于魏死。十一年，秦拔我郪丘。①

①【集解】徐广曰："郪丘，一作'廪丘'，又作'邢丘'。郪丘今为宋公县。" 【索隐】郪，七丝反，又音妻。 【正义】郪，七私反，又音妻。《地理志》云汝南郡新郪县。应劭曰："秦伐魏，取郪丘，汉兴为新郪，章帝封殷后，更名宋也。"

秦昭王谓左右曰："今时韩、魏与始孰强？"对曰："不如始强。"王曰："今时如耳、魏齐与孟尝、芒卯孰贤？"对曰："不如。"王曰："以孟尝、芒卯之贤，率强韩、魏以攻秦，犹无奈寡人何也。今以无能之如耳、魏齐而率弱韩、魏以伐秦，其无奈寡人何亦明矣。"左右皆曰："甚然。"中旗冯琴①而对曰："王之料天下过矣。当晋六卿之时，知氏最强，灭范、中行，又率韩、魏之兵以围赵襄子于晋阳，决晋水以灌晋阳之城，② 不湛者三版。知伯行水，魏桓子御，韩康子为参乘。知伯曰：'吾始不知水之可以亡人之国也，乃今知之。'汾水可以灌安邑，③ 绛水可以灌平阳。④ 魏桓子肘韩康子，韩康子履魏桓子，肘足接于车上，而知氏地分，身死国亡，为天下笑。今秦兵虽强，不能过知氏；韩、魏虽弱，尚贤其在晋阳之下也。此方其用肘足之时也，愿王之勿易也！"⑤ 于是秦王恐。

①【索隐】按：《战国策》作"推琴"者，《春秋后语》作"伏琴"，而《韩子》作"推瑟"，《说苑》作"伏瑟"，文各不同。

②【正义】《括地志》云："晋水源出并州晋阳县西悬瓮山。《山海经》云悬瓮之山，晋水出焉，东南流注汾水。昔赵襄子保晋阳，智氏防山以水灌之，不没者三版。其渎乘高西注入晋阳城，以周溉灌，东南出城注于汾阳也。"

③【正义】安邑在绛州夏县，本魏都。汾水东北历安邑西南入河也。

④【正义】平阳，晋州，本韩都也。《括地志》云："绛水一名白水，今名弗泉，源出绛山。飞泉奋涌，扬波北注，县流积壑二十许丈，望之极为奇观矣。"按：引此灌平阳城也。

⑤【索隐】易音以豉反。

齐、楚相约而攻魏，魏使人求救于秦，冠盖相望也，而秦救不至。魏人有唐雎① 者，年九十馀矣，谓魏王曰："老臣请西说秦王，令兵先臣出。"魏王再拜，遂约车而遣之。唐雎到，入见秦王。秦王曰："丈人芒然乃远至此，甚苦矣！夫魏之来求救数矣，寡人知魏之急已。"唐雎对曰："大王已知魏之急而救不发者，臣窃以为用策之臣无任矣。夫魏，一万乘之国也，然所以西面而事秦，称东藩，受冠带，祠春秋者，以秦之强足以为与也。② 今齐、楚之兵已合于魏郊矣，而秦救不发，亦将赖其未急也。使之大急，彼且割地而约从，王尚何救焉？必待其急而救之，是失一东藩之魏而强二敌之齐、楚，则王何利焉？"于是秦昭王遽为发兵救魏。魏氏复定。

①【索隐】七馀反。

②【索隐】与谓许与为亲而结和也。

赵使人谓魏王曰："为我杀范痤，吾请献七十里之地。"魏王曰："诺。"使吏捕之，围而未杀。痤因上屋骑危，①谓使者曰："与其以死痤市，不如以生痤市。有如痤死，赵不予王地，则王将奈何？故不若与先定割地，然后杀痤。"魏王曰："善。"痤因上书信陵君曰："痤，故魏之免相也，赵以地杀痤而魏王听之，有如强秦亦将袭赵之欲，则君且奈何？"信陵君言于王而出之。

①【集解】危，栋上也。　【索隐】上音奇。危，栋上也。《礼》云"中屋履危"。盖升屋以避兵。

魏王以秦救之故，欲亲秦而伐韩，以求故地。无忌谓魏王曰：

秦与戎翟同俗，有虎狼之心，贪戾好利无信，不识礼义德行。苟有利焉，不顾亲戚兄弟，若禽兽耳，此天下之所识也，非有所施厚积德也。故太后母也，而以忧死；穰侯舅也，功莫大焉，而竟逐之；两弟无罪，而再夺之国。此于亲戚若此，而况于仇雠之国乎？今王与秦共伐韩而益近秦患，臣甚惑之。而王不识则不明，群臣莫以闻则不忠。

今韩氏以一女子奉一弱主，内有大乱，外交强秦魏之兵，王以为不亡乎？韩亡，秦有郑地，与大梁邺，①王以为安乎？王欲得故地，今负强秦之亲，王以为利乎？

①【索隐】《战国策》"邺"作"邻"字为得。

秦非无事之国也，韩亡之后必将更事，更事必就易与利，就易与利必不伐楚与赵矣。是何也？夫越山逾河，绝韩上党而攻强赵，是复阏与之事，①秦必不为也。若道河内，倍邺、朝歌，绝漳滏水，与赵兵决于邯郸之郊，是知伯之祸也，秦又不敢。伐楚，道涉谷，②行三千里③而攻冥阸之塞，④所行甚远，所攻甚难，⑤秦又不为也。若道河外，倍大梁，⑥右(蔡左)〔上蔡〕、召陵，⑦与楚兵决于陈郊，秦又不敢。故曰秦必不伐楚与赵矣，又不攻卫与齐矣。⑧

①【索隐】复音扶富反。谓前年秦韩相攻阏与，而赵奢破秦军。

②【索隐】道犹行也。涉谷是往楚之险路。从秦向楚有两道,涉谷是西道,河内是东道。

③【正义】刘伯庄云:"秦兵向楚有两道,涉谷是西道,河外是东道。从褒斜入梁州,即东南至申州攻石城山,险厄之塞也。"

④【集解】孙检曰:"楚之险塞也。"徐广曰:"或以为今江夏鄳县。" 【正义】冥音盲。《括地志》云:"石城山在申州锺山县东南二十一里。魏攻冥阨即此,山上有故石城。《注水经》云'或言在鄳',指此山也。《吕氏春秋》云'九塞',此其一也。"

⑤【索隐】攻,亦作"致"。《战国策》见作"致军",言致军粮难也。

⑥【正义】从河外出函谷关,历同州南至郑州,东向陈州,则背大梁也。

⑦【集解】徐广曰:"一无'左'字。" 【正义】上蔡县在豫州北七十里,邵陵故城亦在豫州郾城县东四十五里,并在陈州西。从汴州南行向陈州之西郊,则上蔡、邵陵正南面,向东皆身之右,定无"左"字也。

⑧【正义】卫、齐皆在韩、赵、魏之东,故秦不伐也。

夫韩亡之后,兵出之日,非魏无攻已。秦固有怀、茅、①邢丘,②城③垝津④以临河内,河内共、汲⑤必危;有郑地,⑥得垣雍,⑦决荧泽水灌大梁,大梁必亡。王之使者出过而恶安陵氏于秦,⑧秦之欲诛之久矣。秦叶阳、昆阳与舞阳邻,⑨听使⑩者之恶之,随安陵氏而亡之,⑪绕舞阳之北,以东临许,南国必危,⑫国无害(已)〔乎〕?

①【集解】徐广曰:"在修武轵县,有茅亭。" 【正义】茅,卯包反。怀州武陟县西十一里故怀城,本周邑,后属晋。《左传》云周与郑人苏忿生十二邑,其一曰攒茅。《括地志》云"在怀州获嘉县东北二十五里"也。获嘉,古修武也。

②【集解】徐广曰:"在平皋。" 【正义】《括地志》云:"平皋故城在怀州武德县东南二十里,本邢丘邑也,以其在河之皋地也。"

③【索隐】按:《战国策》云邢丘、安城,此少"安"字耳。

④【索隐】在河北。垝音九毁反。 【正义】垝音诡。字误,当作"延"。《括地志》云:"延津故俗字名临津,故城在卫州清淇县西南二十六里。杜预云'汲郡城南有延津'是也。"

⑤【集解】徐广曰:"汲县属河内。" 【索隐】汲,亦作"波"。波及汲皆县名,俱属

河内。

⑥【集解】徐广曰:“成皋、荥阳亦属郑。”

⑦【集解】徐广曰:“垣雍城在卷县,卷县属魏也。卷县又有长城,经阳武到密者也。”【正义】雍,于用反。《括地志》云:“故城在郑州原武县西北七里。”《释例》:“地名卷县,理或垣城也。”言韩亡之后,秦有郑地,得垣雍城,从荥泽决沟历雍灌大梁是也。

⑧【集解】徐广曰:“召陵有安陵乡,征羌有安陵亭也。”【正义】《括地志》云:“鄢陵县西北十五里。李奇云六国时为安陵也。”言魏王使者出向秦云,共伐韩以成过失,而更恶安陵氏于秦,今伐之,重非也。

⑨【正义】《括地志》云:“叶阳今许州叶县也。昆阳故城在许州叶县北二十五里。舞阳故城在叶县东十里。”此时叶阳、昆阳属秦,舞阳属魏也。

⑩【索隐】上平声,下去声。

⑪【正义】随犹听也。无忌说言使者恶安陵氏,亦听秦亡安陵氏。然绕舞阳之北以东临许,许必危矣。秦有许地,魏国可无害。

⑫【正义】南国,今许州许昌县南西四十里许昌故城是也。此时属韩,在魏之南,故言南国。《括地志》云:“周时为许国,武王伐纣所封。《地理志》云颍川许县古许国,姜姓,四岳之后,文叔所封,二十四君,为楚所灭。”三卿背晋,其地属韩。

夫憎韩不爱安陵氏可也,夫不患秦之不爱南国非也。异日者,秦在河西晋,国去梁千里,①有河山以阑之,有周韩以间之。从林乡军②以至于今,秦七攻魏,五入囿中,③边城尽拔,文台堕,④垂都焚,⑤林木伐,麋鹿尽,而国继以围。又长驱梁北,东至陶卫之郊,⑥北至平监。⑦所亡于秦者,山南山北,⑧河外河内,⑨大县数十,⑩名都数百。⑪秦乃在河西晋,去梁千里,而祸若是矣。又况于使秦无韩,有郑地,无河山而阑之,无周韩而间之,去大梁百里,祸必由此矣。

①【集解】徐广曰:“魏国之界千里。又云河南梁县有注城。”【正义】河西,同州也。晋国都绛州,魏都安邑,皆在河东,去大梁有千里也。

②【集解】徐广曰:“林乡在宛县。”【索隐】刘氏云“林,地名,盖春秋时郑地之

棐林，在大梁之西北”。徐广云在宛陵也。【正义】《括地志》云：“宛陵故城在郑州新郑县东北三十八里，本郑旧县也。”按刘徐二说，是其地也。

③【集解】徐广曰：“一作‘城’也。”【索隐】圃即圃田。圃田，郑薮，属魏。徐广云一作“城”。而《战国策》作“国中”。【正义】《括地志》云：“圃田泽在郑州管城县东三里。《周礼》云豫州薮曰圃田也。”

④【索隐】文台，台名。《列士传》曰“隐陵君施酒文台”也。【正义】堕，许规反。《括地志》云：“文台在曹州冤句县西北六十五里也。”

⑤【集解】徐广曰：“一云‘魏山都焚’。句阳有垂亭。”【索隐】垂，地名。有庙曰都。并魏邑名。

⑥【正义】陶，曹州定陶也。卫即宋州楚丘县，卫文公都之，秦兵历取其郊也。

⑦【集解】徐广曰：“平县属河南。平，或作‘乎’字。《史记》齐阚止作‘监’字。阚在东平须昌县。”

⑧【正义】山，华山也。华山之东南，七国时邓州属韩，汝州属魏。华山之北，同、华、银、绥并魏地也。

⑨【正义】河外谓华州以东至虢、陕，河内谓蒲州以东至怀、卫也。

⑩【集解】徐广曰：“一作‘百’。”

⑪【集解】徐广曰：“一作‘十’。”

异日者，从之不成也，①楚、魏疑而韩不可得也。今韩受兵三年，秦桡之以讲，②识亡不听，③投质于赵，请为天下雁行顿刃，楚、赵必集兵，皆识秦之欲无穷也，非尽亡天下之国而臣海内，必不休矣。是故臣愿以从事王，④王速受楚赵之约，(赵)〔而〕挟韩之质⑤以存韩，而求故地，韩必效之。⑥此士民不劳而故地得，其功多于与秦共伐韩，而又与强秦邻之祸也。

①【索隐】从音足松反。

②【索隐】桡音尼孝反。谓韩被秦之兵，桡扰已经三年，云欲讲说与韩和。

③【索隐】识犹知也。故《战国策》云“韩知亡犹不听”也。

④【索隐】从音足松反。从事，言合从事王也。《战国策》亦然。

⑤【索隐】言韩以质子入赵，则赵挟韩质而亲韩也。

⑥【索隐】效犹致也，谓致故地于赵也。【正义】无忌令魏王速受楚、赵之从。

赵、楚扶持韩之质以存韩，而魏以求地，韩必效之，胜于与秦伐韩又与秦邻之祸殃也。

夫存韩安魏而利天下，此亦王之天时已。通韩上党于共、甯，①使道安成，②出入赋之，是魏重质韩以其上党也。今有其赋，足以富国。韩必德魏爱魏重魏畏魏，韩必不敢反魏，是韩则魏之县也。魏得韩以为县卫，大梁、河外必安矣。今不存韩，二周、安陵必危，楚、赵大破，卫、齐甚畏，天下西向而驰秦入朝而为臣不久矣。

①【集解】徐广曰："朝歌有甯乡。" 【正义】共，卫州共城县。甯，怀州修武县，本殷之甯邑。《韩诗外传》云"武王伐纣，勒兵于甯，故曰修武"。今魏开通共甯之道，使韩上党得直路而行也。

②【正义】《括地志》云："故安城在郑州原武县东南二十里。"时属魏也。

二十年，秦围邯郸，信陵君无忌矫夺将军晋鄙兵以救赵，①赵得全。无忌因留赵。二十六年，秦昭王卒。

①【正义】《括地志》云："魏德故城一名晋鄙城，在卫县西北五十里，即公子无忌矫夺晋鄙兵，故名魏德城也。"

三十年，无忌归魏，率五国兵攻秦，败之河外，走蒙骜。魏太子增质于秦，秦怒，欲囚魏太子增。或为增谓秦王①曰："公孙喜②固谓魏相曰'请以魏疾击秦，秦王怒，必囚增。魏王又怒，击秦，秦必伤'。今王囚增，是喜之计中也。故不若贵增而合魏，以疑之于齐、韩。"秦乃止增。

①【索隐】按：《战国策》作"苏秦为公子增谓秦王"。

②【索隐】《战国策》作"公孙衍"。

三十一年，秦王政初立。

三十四年，安釐王卒，太子增立，是为景湣王。①信陵君无忌卒。

①【索隐】《系本》云："安釐王生景湣王午。"

景湣王元年，秦拔我二十城，以为秦东郡。二年，秦拔我朝歌。卫徙野王。①三年，秦拔我汲。五年，秦拔我垣、蒲阳、衍。②十五年，景湣王卒，子王假立。

①【集解】徐广曰："卫从濮阳徙野王。"

②【集解】徐广曰："十二年献城秦。" 【正义】《括地志》云："故垣地本魏王垣也，在绛州垣县西北二十里。蒲邑故城在隰州隰川县南四十五里。"在蒲水之北，故曰蒲阳。衍，地名，在郑州。

王假元年，燕太子丹使荆轲刺秦王，秦王觉之。①

①【集解】徐广曰："二年，新郑反。"

三年，秦灌大梁，虏王假，①遂灭魏以为郡县。

①【集解】《列女传》曰："秦杀假。"

太史公曰：吾适故大梁之墟，墟中人曰："秦之破梁，引河沟而灌大梁，三月城坏，王请降，遂灭魏。"说者皆曰魏以不用信陵君故，国削弱至于亡，余以为不然。天方令秦平海内，其业未成，魏虽得阿衡之佐，曷益乎？①

①【索隐】按：谯周曰"以予所闻，所谓天之亡者，有贤而不用也，如用之，何有亡哉？使纣用三仁，周不能王，况秦虎狼乎"？

【索隐述赞】毕公之苗，因国为姓。大名始赏，盈数自正。胤裔繁昌，系载忠正。杨干就戮，智氏奔命。文始建侯，武实强盛。大梁东徙，长安北侦。卯既无功，卬亦外聘。王假削弱，虏于秦政。

史记卷四十五

韩世家第十五

韩之先与周同姓,①姓姬氏。其后苗裔事晋,得封于韩原,②曰韩武子。武子后三世③有韩厥,从封姓为韩氏。

①【索隐】按:《左氏传》云"邘、晋、应、韩,武之穆",是武王之子,故《诗》称"韩侯出祖",是有韩而先灭。今据此文,云"其后裔事晋,封于韩原,曰韩武子",则武子本是韩侯之后,晋又封之于韩原,即今之冯翊韩城是也。然按《系本》及《左传》旧说,皆谓韩万是曲沃桓叔之子,即是晋之支庶。又《国语》叔向谓韩宣子能修武子之德,起再拜谢曰"自桓叔已下,嘉吾子之赐",亦言桓叔是韩之祖也。今以韩侯之后别有桓叔,非关曲沃之桓叔,如此则与太史公之意亦有违。

②【正义】《括地志》云:"韩原在同州韩城县西南八里。又韩城在县南十八里,故古韩国也。《古今地名》云韩武子食菜于韩原故城也。"

③【索隐】《系本》云:"万生赇伯,赇伯生定伯简,简生舆,舆生献子厥。"

韩厥,晋景公之三年,晋司寇屠岸贾将作乱,诛灵公之贼赵盾。赵盾已死矣,欲诛其子赵朔。韩厥止贾,贾不听。厥告赵朔令亡。朔曰:"子必能不绝赵祀,死不恨矣。"韩厥许之。及贾诛赵氏,厥称疾不出。程婴、公孙杵臼之藏赵孤赵武也,厥知之。

景公十一年,厥与郤克将兵八百乘伐齐,败齐顷公于鞍,①获逢丑父。于是晋作六卿,而韩厥在一卿之位,号为献子。

①【正义】音安。《括地志》云:"故鞍城今俗名马鞍城,在济州平阴县十里。"

晋景公十七年,病,卜,大业之不遂者为祟。韩厥称赵成季之功,今后无祀,以感景公。景公问曰:"尚有世乎?"厥于是言赵武,而复与故赵氏田邑，续赵氏祀。

晋悼公之（十）〔七〕年，韩献子老。献子卒，子宣子代。宣子徙居州。①

①【索隐】宣子名起。州，今在河内是也。　【正义】《括地志》云："怀州武德县本周司寇苏忿生之州邑也。"

晋平公十四年，吴季札使晋，曰："晋国之政卒归于韩、魏、赵矣。"晋顷公十二年，韩宣子与赵、魏共分祁氏、羊舌氏十县。晋定公十五年，宣子与赵简子侵伐范、中行氏。宣子卒，子贞子代立。贞子徙居平阳。①

①【索隐】《系本》作"平子"，名须，宣子子也。又云"景子居平阳"。平阳在山西。宋忠曰"今河东平阳县"。　【正义】平阳，晋州城是。

贞子卒，子简子代。①简子卒，子庄子代。庄子卒，子康子②代。康子与赵襄子、魏桓子共败知伯，分其地，地益大，大于诸侯。

①【集解】徐广曰："《史记》多无简子、庄子，而云贞子生康子。班氏亦同。"【索隐】徐广云："《史记》多无简子、庄子，而云贞子生康子。班氏亦同。"按：《系本》有简子，名不信；庄子，名庚。《赵系家》亦有简子，名不佞。

②【索隐】名虎。

康子卒，子武子①代。武子二年，伐郑，杀其君幽公。十六年，武子卒，子景侯立。②

①【索隐】名启章。

②【索隐】《纪年》及《系本》皆作"景子"，名处。

景侯虔元年，伐郑，取雍丘。二年，郑败我负黍。

六年，与赵、魏俱得列为诸侯。

九年，郑围我阳翟。景侯卒，子列侯取立。①

①【索隐】《系本》作"武侯"。

列侯三年，聂政杀韩相侠累。①九年，秦伐我宜阳，取六邑。十三年，列侯卒，子文侯立。②是岁魏文侯卒。

①【集解】徐广曰："六年救鲁也。"【索隐】《战国策》作"杀韩傀"，高诱曰"韩傀，侠侯累也"。

②【索隐】按：《纪年》无文侯，《系本》无列侯。

文侯二年，伐郑，取阳城。伐宋，到彭城，执宋君。七年，伐齐，至桑丘。郑反晋。九年，伐齐，至灵丘。[①]十年，文侯卒，子哀侯立。

①【正义】灵丘，蔚州县也，此时属燕也。

哀侯元年，与赵、魏分晋国。二年，灭郑，因徙都郑。[①]

①【索隐】按：《纪年》魏武侯二十一年，韩灭郑，哀侯入于郑。二十二年，晋桓公邑哀侯于郑。是韩既徙都，因改号曰郑，故《战国策》谓韩惠王曰郑惠王，犹魏徙大梁称梁王然也。

六年，韩严弑其君哀侯，而子懿侯立。[①]

①【索隐】按：年表懿侯作"庄侯"。又《纪年》云"晋桓公邑哀侯于郑，韩山坚贼其君哀侯而立韩若山"。若山即懿侯也，则韩严为韩山坚也。而《战国策》又有韩仲子，名遂，又恐是韩严也。

懿侯二年，魏败我马陵。[①]五年，与魏惠王会宅阳。[②]九年，魏败我浍。[③]十二年，懿侯卒，子昭侯立。

①【正义】在魏州元城县东南一里。

②【正义】在郑州也。

③【集解】徐广曰："大雨三月也。"【正义】浍，古外反，在陵州浍水之上也。

昭侯元年，秦败我西山。二年，宋取我黄池。[①]魏取朱。六年，伐东周，[②]取陵观、邢丘。

①【集解】徐广曰："在平丘。"

②【正义】河南巩县。

八年，申不害相韩，修术行道，国内以治，诸侯不来侵伐。

十年，韩姬弑其君悼公。[①]十一年，昭侯如秦。二十二年，申不害死。二十四年，秦来拔我宜阳。

①【索隐】《纪年》"姬"亦作"玘"，并音羊之反。姬是韩大夫，而王邵亦云不知

悼公何君也。

二十五年，旱，作高门。屈宜臼①曰："昭侯不出此门。何也？不时。吾所谓时者，非时日也，人固有利不利时。昭侯尝利矣，不作高门。往年秦拔宜阳，今年旱，昭侯不以此时恤民之急，而顾益奢，此谓'时绌举赢'。"②二十六年，高门成，昭侯卒，③果不出此门。子宣惠王立。

①【集解】许慎曰："屈宜臼，楚大夫，在魏也。"

②【集解】徐广曰："时衰耗而作奢侈。"

③【索隐】按：《纪年》"郑昭侯武薨，次威侯立。威侯七年，与邯郸围襄陵。五月，梁惠王会威侯于巫沙。十月，郑宣王朝梁"，不见威侯之卒。下败韩举在威侯八年，而此系家即以为宣惠王之年。又上有杀悼公，悼公又不知是谁之谥。则韩微小，国史失代系，故此文及《系本》不同，盖亦不可复考。

宣惠王五年，张仪相秦。八年，魏败我将韩举。①十一年，君号为王。与赵会区鼠。十四年，秦伐败我鄢。②

①【索隐】韩举则是韩将不疑，而《纪年》云韩举，赵将，盖举先为赵将，后入韩。又《纪年》云其败当韩威王八年，是不同也。

②【集解】徐广曰："颍川鄢陵县。音於乾反。"　【正义】今许州鄢陵县西北十五里有鄢陵故城是也。

十六年，秦败我修鱼，①虏得韩将鲠、申差于浊泽。②韩氏急，公仲③谓韩王曰："与国非可恃也。今秦之欲伐楚久矣，王不如因张仪为和于秦，赂以一名都，具甲，与之南伐楚，此以一易二之计也。"④韩王曰："善"。乃警公仲之行，⑤将西购于秦。⑥楚王闻之大恐，召陈轸告之。陈轸曰："秦之欲伐楚久矣，今又得韩之名都一而具甲，秦韩并兵而伐楚，此秦所祷祀而求也。今已得之矣，楚国必伐矣。王听臣为之警四境之内，起师言救韩，命战车满道路，发信臣，多其车，重其币，使信王之救己也。纵韩不能听我，韩必德王也，⑦必不为雁行以来，⑧是秦韩不和也，兵虽至，楚不大病也。为能听我绝和于秦，秦必大怒，以厚怨韩。韩之南交楚，必轻秦；轻秦，其应秦必不敬：是因秦、韩之兵而免楚国之患也。"楚王曰："善。"乃警四境之内，兴师言救韩。命战车满道路，发信臣，多其车，重其币。谓韩王曰：“不穀国虽小，已悉发之矣。愿大国遂肆志于秦，不穀将以楚殉韩。”⑨韩王闻之大说，乃止公仲之行。⑩公仲曰：“不可。夫以实伐我者秦也，以虚名救我者楚也。王恃楚之虚名，而轻绝强秦之敌，王必为天下大笑。且楚韩非兄弟之国也，又非素约而谋伐秦也。已有伐形，因发兵言救韩，此必陈轸之谋也。且王已使人报于秦矣，今不行，是欺秦也。夫轻欺强秦而信楚之谋臣，恐王必悔之。”韩王不听，遂绝于秦。秦因大怒，益甲伐韩，大战，楚救不至韩。十九年，大破我岸门。⑪太子仓质于秦以和。

①【索隐】地名。

②【集解】徐广曰：“一云鲠、申差。长社有浊泽。” 【索隐】鳆、申差，二将。鳆音瘦，亦作“鲠”。 【正义】按：浊泽者盖误，当作“观泽”。年表云“秦惠文王更元八年，与韩战，斩首八万。韩宣惠王十六年，秦败我修鱼，得将军申差。魏哀王二年，齐败我观泽。赵武灵王九年，与韩、魏击秦。齐湣王七年，败魏、赵观泽”，浊泽定误矣。徐广又云“浊泽在长社”，不晓错误之甚。《括地志》云“观泽在魏州顿丘县东十八里”。

③【索隐】韩相国，名侈。

④【索隐】一，谓名都也。二，谓使不伐韩而又与之伐楚也。

⑤【索隐】警，戒也。《战国策》作“卫”。

⑥【索隐】《战国策》作“讲”。讲亦谋议，与购求意通。

⑦【索隐】言韩王信楚之救，虽不能听待楚救至，折入于秦，犹德于楚也。

⑧【索隐】言韩以楚必救己，己虽随秦来战，犹德于王，故不为雁行而来，言不同心旅进也。

⑨【索隐】殉，从死也。言以死助韩。

⑩【索隐】止不令西之秦。

⑪【集解】徐广曰：“颍阴有岸亭。” 【正义】《括地志》云：“岸门在许州长社县西北十八里，今名西武亭矣。”

二十一年，①与秦共攻楚，②败楚将屈丐，斩首八万于丹阳。③是岁，宣惠王卒，太子仓立，是为襄王。④

①【集解】徐广曰：“周王赧之三年也。”

②【集解】徐广曰："围景痤也。"

③【索隐】故楚都，在今均州。　【正义】《左传〔释〕例》云："楚居丹阳，今枝江县故城是也。"

④【集解】徐广曰："一云周赧王六年，韩襄哀王三年，张仪死。赧王九年，襄哀王六年，秦昭王立。"

襄王四年，与秦武王会临晋。其秋，秦使甘茂攻我宜阳。五年，秦拔我宜阳，①斩首六万。秦武王卒。六年，秦复与我武遂。九年，秦复取我武遂。十年，太子婴朝秦而归。②十一年，秦伐我，取穰。③与秦伐楚，败楚将唐眛。

①【正义】《括地志》云："故韩城一名宜阳城，在洛州福昌县东十四里，韩宜阳城也。"

②【集解】徐广曰："与秦会临晋，因至咸阳而还。"

③【正义】穰，人羊反，邓州县也。郭仲产《南雍州记》云："楚之别邑。秦初侵楚，封公子悝为穰侯。后属韩，秦昭王取之也。"

十二年，太子婴死。公子咎、公子虮虱争为太子。时虮虱质于楚。苏代谓韩咎曰："虮虱亡在楚，楚王欲内之甚。今楚兵十馀万在方城之外，①公何不令楚王筑万室之都雍氏之旁，②韩必起兵以救之，公必将矣。公因以韩楚之兵奉虮虱而内之，其听公必矣，必以楚韩封公也。"韩咎从其计。

①【索隐】方城，楚之北境。之外，北境之北也。　【正义】《括地志》云："方城山在许州叶县西南十八里。《左传》云楚大夫屈完对齐侯曰'楚国方城以为城'，杜注云'方城山在南阳叶县南'。"

②【集解】徐广曰："在阳翟。"　【正义】《括地志》云："故雍氏城在洛州阳翟县二十五里。故老云黄帝臣雍父作杵臼也。"

楚围雍氏，①韩求救于秦。秦未为发，使公孙眛入韩。公仲曰："子以秦为且救韩乎？"对曰："秦王之言曰'请道南郑、蓝田，②出兵于楚以待公'，殆不合矣。"③公仲曰："子以为果乎？"对曰："秦王必祖张仪之故智。④楚威王攻梁也，张仪谓秦王曰：'与楚攻魏，魏折而入于楚，韩固其与国也，是秦孤也。不如出兵以到之，[5]魏楚大战，秦取西河之外以归。'今其状阳言与韩，其实阴善楚。公待秦而到，必轻与楚战。楚阴得秦之不用也，必易与公相支也。[6]公战而胜楚，遂与公乘楚，施三川而归。[7]公战不胜楚，楚塞三川守之，[8]公不能救也。窃为公患之。司马庚[9]三反于郢，甘茂与昭鱼[10]遇于商於，其言收玺，[11]实类有约也。"公仲恐，曰："然则奈何？"曰："公必先韩而后秦，先身而后张仪。[12]公不如亟以国合于齐楚，齐楚必委国于公。公之所恶者张仪也，[13]其实犹不无秦也。"于是楚解雍氏围。[14]

①【集解】徐广曰："《秦本纪》惠王后元十三年，周赧王三年，楚怀王十七年，齐湣王十二年，皆云'楚围雍氏'。《纪年》于此亦说'楚景翠围雍氏。韩宣王卒，秦助韩共败楚屈丐'。又云'齐、宋围煮枣'。皆与《史记》年表及《田完世家》符同。然则此卷所云'襄王十二年，韩咎从其计'以上，是楚后围雍氏，赧王之十五年事也。又说'楚围雍氏'以下，是楚前围雍氏，赧王之三年事。"

②【正义】南郑，梁州县。蓝田，雍州县。秦王言或出雍州西南至郑，或出雍州东南历蓝田出峣关，俱绕楚北境以待韩使而东救雍氏。如此迟缓，近不合于楚矣。

③【索隐】殆不合于南郑。

④【集解】徐广曰："祖者，宗之习之谓也。故智，犹前时谋计也。"

⑤【索隐】到，欺也，犹俗云"张到"。然《战国策》作"劲"，劲，强也。

⑥【索隐】言楚阴知秦，不为公用，亦必易为公相支拒也。

⑦【正义】施犹设也。三川，周天子都也。言韩战胜楚，则秦与韩驾御于楚，即于天子之都，张设救韩之功，行霸王之迹，加威诸侯，乃归咸阳是也。

⑧【正义】楚乃塞南河四关守之，韩不能救三川。

⑨【集解】徐广曰："一作'唐'。"

⑩【集解】徐广曰："楚相国。"【索隐】《战国策》谓之昭敾。

⑪【索隐】刘氏云"诈言昭鱼来秦，欲得秦官之印玺"。收即取之义也。

⑫【正义】先以身存韩之计，而后知张仪为秦到魏之计，不如急以国合于齐楚。

⑬【正义】恶，乌故反。公孙昧言公仲所恶者张仪到魏之计，虽以国合于齐楚，其实犹不轻欺无秦也。

⑭【集解】徐广曰："《甘茂传》云'楚怀王以兵围韩雍氏，韩使公仲告急于秦，秦昭王新立，不肯救。甘茂为韩言之，乃下师于郩以救韩也'。又云'周赧王十五年，韩襄王十二年，秦击楚，斩首二万，败楚襄城，杀景缺'。《周本纪》赧王八年之后云'楚围雍氏'，此当韩襄王十二年，魏哀王十九年。《纪年》于此亦说'楚入雍氏，楚人败'。然尔时张仪已死十年矣。" 【正义】自此已上十二年，并是楚后围雍氏，赧王之十五年一段事也。前注徐广云"'楚围雍氏'之下，是楚前围雍氏，赧王三年事"，徐说非也。徐见下文云"先身而后张仪"及"公之所恶者张仪也"，言张仪尚存，楚又两度围雍氏，故生此前后之见，甚误也。然是公孙昧却述张仪时事，说韩相公仲耳。

苏代又谓秦太后弟芈戎①曰："公叔伯婴恐秦楚之内虮虱也，②公何不为韩求质子于楚？③楚王听入质子于韩，④则公叔伯婴知秦楚之不以虮虱为事，必以韩合于秦楚。秦楚挟韩以窘魏，魏氏不敢合于齐，是齐孤也。公又为秦求质子于楚，⑤楚不听，怨结于韩。韩挟齐魏以围楚，楚必重公。⑥公挟秦楚之重以积德于韩，公叔伯婴必以国待公。"于是虮虱竟不得归韩。⑦韩立咎为太子。齐、魏王来。⑧

①【集解】徐广曰："号新城君。" 【索隐】芈，姓；戎，名。秦宣太后弟，号新城君。

②【索隐】按《战国策》，公叔伯婴与虮虱及公子咎并是襄王子。然伯婴即太子婴，婴前死，故咎与虮虱又争立。此取《战国策》说，伯婴未立之先亦与虮虱争立，故事重而文倒也。

③【索隐】令韩求楚，更以别人为质，以替虮虱也。 【正义】为，于伪反。后同。

④【索隐】质子，虮虱也。 【正义】质子，虮虱。苏代令芈戎为韩求虮虱入于韩，楚不听。公叔伯婴知秦楚不以虮虱为事，必以韩合于秦楚。"楚王听入质子于韩"当云"楚王不听入质子于韩"，承前脱"不"字耳。次下云"知秦楚不以虮虱为事"，重明脱"不"字。

⑤【索隐】令芈戎教秦，于楚索韩所送质子，令入之于秦也。

⑥【正义】言韩合齐魏以围楚，楚必尊重芈戎以求秦救矣。

⑦【正义】自此已前苏代数计皆不成，故韩竟立咎为太子也。

⑧【正义】苏代为韩立计，故得齐、魏王来。

十四年，与齐、魏王共击秦，至函谷而军焉。十六年，秦与我河外及武遂。襄王卒，太子咎立，是为釐王。

釐王三年，使公孙喜率周、魏攻秦。秦败我二十四万，虏喜伊阙。五年，秦拔我宛。①六年，与秦武遂地二百里。②十年，秦败我师于夏山。十二年，与秦昭王会西周而佐秦攻齐。齐败，湣王出亡。十四年，与秦会两周间。二十一年，使暴鸢③救魏，为秦所败，鸢走开封。

①【正义】宛，于元反。宛，邓州县也，时属韩也。

②【正义】此武遂及上武遂皆宜阳近地。

③【正义】音捐。韩将姓名。

二十三年，赵、魏攻我华阳。①韩告急于秦，秦不救。韩相国谓陈筮②曰："事急，愿公虽病，为一宿之行。"陈筮见穰侯。穰侯曰："事急乎？故使公来。"陈筮曰："未急也。"穰侯怒曰："是可以为公之主使乎？夫冠盖相望，告敝邑甚急，公来言未急，何也？"陈筮曰："彼韩急则将变而佗从，以未急，故复来耳。"穰侯曰："公无见王，请今发兵救韩。"八日而至，败赵、魏于华阳之下。是岁，釐王卒，子桓惠王立。

①【正义】司马彪云："华阳，山名，在密县。"郑州管城县南四十里。

②【集解】徐广曰："一作'筌'。" 【索隐】徐广云一作"筌"。《战国策》作"田苓"。

桓惠王元年，伐燕。九年，秦拔我陉，城汾旁。①十年，秦击我于太行，②我上党郡守以上党郡降赵。十四年，秦拔赵上党，③杀马服子卒四十余万于长平。十七年，秦拔我阳城、负黍。④二十二年，秦昭王卒。二十四年，秦拔我城皋、荥阳。二十六年，秦悉拔我上党。二十九年，秦拔我十三城。

①【正义】陉音刑。秦拔陉城于汾水之旁。陉故城在绛州曲沃县西北二十里汾水之旁也。

②【正义】太行山在怀州河内县北二十五里也。

③【正义】韩上党也。从太行山西北泽、潞等州是也。

④【集解】徐广曰："负黍在阳城。" 【正义】《古今地名》云："负黍在洛州阳城西三十七里也。"

三十四年，桓惠王卒，子王安立。

王安五年，秦攻韩，韩急，使韩非使秦，秦留非，因杀之。

九年，秦虏王安，尽入其地，为颍川郡。韩遂亡。①

①【正义】亡在秦始皇帝十七年。

太史公曰：韩厥之感晋景公，绍赵孤之子武，以成程婴、公孙杵臼之义，此天下之阴德也。韩氏之功，于晋未睹其大者也。然与赵、魏终为诸侯十馀世，宜乎哉！

【索隐述赞】韩氏之先，实宗周武。事微国小，《春秋》无语。后裔事晋，韩原是处。赵孤克立，智伯可取。既徙平阳，又侵负黍。景赵俱侯，惠(文)〔又〕僭主。秦败修鱼，魏会区鼠。韩非虽使，不禁狼虎。

史记卷四十六

田敬仲完世家第十六

陈完者，陈厉公他①之子也。完生，周太史过陈，陈厉公使卜完，卦得《观》之《否》："是为观国之光，利用宾于王。此其代陈有国乎？不在此而在异国乎？非此其身也，在其子孙。若在异国，必姜姓。姜姓，四岳之后。②物莫能两大，陈衰，此其昌乎？"③

①【索隐】他音徒何反。此系家以他为厉公，而《左传》厉公名跃，《陈系家》又有利公跃，利即厉也，是厉公名跃。盖他是厉公之兄，立未逾年，无谥。今此云"厉公他"，非也。他一名五父，故《经》云"蔡人杀陈他"，《传》又云"蔡人杀五父"是也。

②【正义】杜预云："姜姓之先，为尧四岳也。"

③【正义】陈湣公，周敬王四十一年为楚惠王所灭。齐简公，周敬王三十九年被田常所杀。

厉公者，陈文公少子也，其母蔡女。文公卒，厉公兄鲍立，是为桓公。桓公与他异母。及桓公病，蔡人为他杀桓公鲍及太子免而立他，为厉公。厉公既立，娶蔡女。蔡女淫于蔡人，数归，厉公亦数如蔡。桓公之少子林怨厉公杀其父与兄，乃令蔡人诱厉公而杀之。林自立，是为庄公。故陈完不得立，为陈大夫。厉公之杀，以淫出国，故《春秋》曰"蔡人杀陈他"，罪之也。

庄公卒，立弟杵臼，是为宣公。宣公〔二〕十一年，杀其太子御寇。御寇与完相爱，恐祸及己，完故奔齐。齐桓公欲使为卿，辞曰："羁旅之臣幸得免负檐，君之惠也，不敢当高位。"桓公使为工正。①齐懿仲欲妻完，卜之，占曰："是谓凤皇于蜚，和鸣锵锵。有妫之后，将育于姜。五世其昌,并于正卿。八世之后,莫之与京。”卒妻完。完之奔齐,齐桓公立十四年矣。

①【正义】工巧之长,若将作大匠。

完卒,谥为敬仲。仲生稚孟夷。①敬仲之如齐,以陈字为田氏。②

①【索隐】《系本》作“夷孟思”。盖稚是名,孟夷字也。

②【集解】徐广曰:“应劭云始食菜地于田,由是改姓田氏。” 【索隐】据如此云,敬仲奔齐,以陈田二字声相近,遂以为田氏。应劭云“始食菜于田”,则田是地名,未详其处。 【正义】案:敬仲既奔齐,不欲称本国故号,故改陈字为田氏。

田稚孟夷生湣孟庄,①田湣孟庄生文子须无。田文子事齐庄公。

①【集解】徐广曰:“一作‘芷’。” 【索隐】《系本》作“闵孟克”。芷,昌改反。

晋之大夫栾逞①作乱于晋,来奔齐,齐庄公厚客之。晏婴与田文子谏,庄公弗听。

①【索隐】音盈。《史记》多作“逞”字。

文子卒,生桓子无宇。田桓子无宇有力,事齐庄公,甚有宠。

无宇卒,生武子开与釐子乞。①田釐子乞事齐景公为大夫,其收赋税于民以小斗受之,其(粟)〔禀〕予民以大斗,行阴德于民,而景公弗禁。由此田氏得齐众心,宗族益强,民思田氏。晏子数谏景公,景公弗听。已而使于晋,与叔向私语曰:“齐国之政其卒归于田氏矣。”

①【正义】釐音僖。

晏婴卒后,范、中行氏反晋。晋攻之急,范、中行请粟于齐。田乞欲为乱,树党于诸侯,乃说景公曰:“范、中行数有德于齐,齐不可不救。”齐使田乞救之而输之粟。

景公太子死,后有宠姬曰芮子,①生子荼。②景公病,命其相国惠子③与高昭子④以子荼为太子。景公卒,两相高、国立荼,是为晏孺子。而田乞不说,欲立景公他子阳生。阳生素与乞欢。晏孺子之立也,阳生奔鲁。田乞伪事高昭子、国惠子者，每朝代参乘，言曰："始诸大夫不欲立孺子。孺子既立，君相之，大夫皆自危，谋作乱。"又绐大夫曰："高昭子可畏也，及未发先之。"诸大夫从之。田乞、鲍牧与大夫以兵入公室，攻高昭子。昭子闻之，与国惠子救公。公师败。田乞之众追国惠子，惠子奔莒，遂返杀高昭子。晏(孺子)〔圉〕奔鲁。

①【集解】徐广曰："一作'粥子'。"

②【索隐】音舒。又如字。

③【索隐】名夏。

④【索隐】名张。

田乞使人之鲁，迎阳生。阳生至齐，匿田乞家。请诸大夫曰："常之母有鱼菽之祭，幸而来会饮。"会饮田氏。田乞盛阳生橐中，①置坐中央。发橐，出阳生，曰："此乃齐君矣。"大夫皆伏谒。将盟立之，田乞诬曰："吾与鲍牧谋共立阳生也。"鲍牧怒曰："大夫忘景公之命乎？"诸大夫欲悔，阳生乃顿首曰："可则立之，不可则已。"鲍牧恐祸及己，乃复曰："皆景公之子，何为不可！"遂立阳生于田乞之家，是为悼公。乃使人迁晏孺子于骀，②而杀孺子荼。悼公既立，田乞为相，专齐政。

①【索隐】橐音托。橐中谓皮橐之中。

②【正义】音臺，又音台。贾逵云："齐地也。"

四年，田乞卒，子常代立，是为田成子。

鲍牧与齐悼公有郄，杀悼公。齐人共立其子壬，是为简公。田常成子与监止①俱为左右相，相简公。田常心害监止，监止幸于简公，权弗能去。于是田常复修釐子之政，以大斗出贷，以小斗收。齐人歌之曰："妪乎采芑，归乎田成子！"②齐大夫朝，御鞅③谏简公曰："田、监不可并也，君其择焉。"君弗听。

①【集解】监，一作"阚"。　【索隐】上音如字，又音苦滥反。监，姓也。名止。

②【索隐】言妪之采芑菜皆归入于田成子，以刺齐国之政将归陈。

③【索隐】御，官也；鞅，名也。亦田氏之族。

子我者，监止之宗人也，[①]常与田氏有郤。田氏疏族田豹事子我有宠。子我曰："吾欲尽灭田氏適，以豹代田氏宗。"豹曰："臣于田氏疏矣。"不听。已而豹谓田氏曰："子我将诛田氏，田氏弗先，祸及矣。"子我舍公宫，田常兄弟四人乘如公宫，欲杀子我。子我闭门。简公与妇人饮檀台，[②]将欲击田常。太史子馀曰："田常非敢为乱，将除害。"简公乃止。田常出，闻简公怒，恐诛，将出亡。田子行曰："需，事之贼也。"[③]田常于是击子我。子我率其徒攻田氏，不胜，出亡。田氏之徒追杀子我及监止。

①【索隐】案：《齐系家》云"子我夕"，贾逵云"即监止也"。寻其文意，当是监止。今云"宗人"，盖太史误也。

②【正义】在青州临淄县东北一里。

③【索隐】需音须。需者，疑也。疑必致难，故云事之贼也。

简公出奔，田氏之徒追执简公于徐州。[①]简公曰："蚤从御鞅之言，不及此难。"田氏之徒恐简公复立而诛己，遂杀简公。简公立四年而杀。于是田常立简公弟骜，是为平公。平公即位，田常为相。

①【索隐】徐音舒。徐州，齐邑，薛县是也，非九州之徐。 【正义】齐之西北界上地名，在勃海郡东平县也。

田常既杀简公，惧诸侯共诛己，乃尽归鲁、卫侵地，西约晋、韩、魏、赵氏，南通吴、越之使，修功行赏，亲于百姓，以故齐复定。

田常言于齐平公曰："德施人之所欲，君其行之；刑罚人之所恶，臣请行之。"行之五年，齐国之政皆归田常。田常于是尽诛鲍、晏、监止及公族之强者，而割齐自安平以东[①]至琅邪，自为封邑。[②]封邑大于平公之所食。

①【集解】徐广曰："安平在北海。" 【索隐】案：司马彪《郡国志》"北海东安平，六国时曰安平"，则徐广云在北海是。 【正义】《括地志》云："安平城在青州临淄县东十九里，古纪国之酅邑。"青州即北海郡也。

②【正义】琅邪，沂州也。从安平已东，莱、登、沂、密等州皆自为田常封邑也。

田常乃选齐国中女子长七尺以上为后宫，后宫以百数，而使宾客舍人出入后宫者不禁。及田常卒，有七十馀男。①

①【索隐】案：鲍昱云“陈成子有数十妇，生男百馀人”，与此亦异。然谯允南案《春秋》，陈恒为人，虽志大负杀君之名，至于行事亦修整，故能自保，固非苟为禽兽之行。夫成事在德，虽有奸子七十，只以长乱，事岂然哉？言其非实也。

田常卒，子襄子盘①代立，相齐。常谥为成子。

①【集解】徐广曰：“盘，一作‘塈’。” 【索隐】徐广云一作“塈”。音许既反。《系本》作“班”。

田襄子既相齐宣公，三晋杀知伯，①分其地。襄子使其兄弟宗人尽为齐都邑大夫，与三晋通使，且以有齐国。

①【集解】徐广曰：“宣公之三年时也。”

襄子卒，子庄子白①立。田庄子相齐宣公。宣公四十三年，伐晋，毁黄城，围阳狐。②明年，伐鲁、葛及安陵。③明年，取鲁之一城。

①【索隐】《系本》名伯。

②【正义】《括地志》云：“故黄城在魏州冠氏县南十里。阳狐郭在魏州元城县东北三十二里也。”

③【正义】《括地志》云：“故鲁城在许昌县南四十里，本鲁朝宿邑。长葛故城在许州长葛县北十三里，郑之葛邑也。鄢陵故城在许州鄢陵县西北十五里。李奇云六国时为安陵也。”

庄子卒，子太公和立。①田太公相齐宣公。宣公四十八年，取鲁之郕。②明年，宣公与郑人会西城。伐卫，取毌丘。③宣公五十一年卒，田会自廪丘反。④

①【索隐】案：《纪年》“齐宣公十五年，田庄子卒。明年，立田悼子。悼子卒，乃次立田和”。是庄子后有悼子。盖立年无几，所以作《系本》及记史者不得录也。而庄周及鬼谷子亦云“田成子杀齐君，十二代而有齐国”。今据《系本》、系家，自成子至王建之灭，唯只十代；若如《纪年》，则悼子及侯剡即有十二代，乃与庄子、鬼谷说同，明《纪年》亦非妄。

②【正义】音城。《括地志》云：“故郕城在兖州泗水县西北五十里。《说文》云

‘郕，鲁孟氏邑’是也。”

③【索隐】毌音贯，古国名，卫之邑。今作“毌”者，字残缺耳。 【正义】《括地志》云：“故贯城即古贯国，今名蒙泽城，在曹州济阴县南五十六里也。”

④【索隐】《纪年》“宣公五十一年，公孙会以廪丘叛于赵。十二月，宣公薨”。于周正为明年二月。

宣公卒，子康公贷立。① 贷立十四年，淫于酒、妇人，不听政。太公乃迁康公于海上，食一城，以奉其先祀。明年，鲁败齐平陆。②

①【集解】徐广曰：“十一年，伐鲁，取最。” 【索隐】贷音土代反。最音祖外反。

②【集解】徐广曰东平平陆。 【正义】兖州县也。

三年，太公与魏文侯会浊泽，① 求为诸侯。魏文侯乃使使言周天子及诸侯，请立齐相田和为诸侯。周天子许之。康公之十九年，田和立为齐侯，列于周室，纪元年。

①【集解】徐广曰：“康公之十六年。” 【索隐】徐广云“康公十六年”，盖依年表为说，而不省此上文“贷立十四年”，又云“明年会平陆”，“又三年会浊泽”，则是十八年，表及此注并误也。

齐侯太公和立二年，和卒，① 子桓公午立。② 桓公午五年，秦、魏攻韩，韩求救于齐。齐桓公召大臣而谋③ 曰：“蚤救之孰与晚救之？”驺忌曰：“不若勿救。”段干朋④ 曰：“不救，则韩且折而入于魏，不若救之。”田臣思⑤ 曰：“过矣君之谋也！秦、魏攻韩，楚、赵必救之，是天以燕予齐也。”桓公曰：“善。”乃阴告韩使者而遣之。韩自以为得齐之救，因与秦、魏战。楚、赵闻之，果起兵而救之。齐因起兵袭燕国，取桑丘。⑥

①【集解】徐广曰：“伐鲁，破之。”

②【索隐】《纪年》“齐康公五年，田侯午生。二十二年，田侯剡立。后十年，齐田午弑其君及孺子喜而为公”。《春秋后传》亦云“田午弑田侯及其孺子喜而兼齐，是为桓侯”。与此系家不同也。

③【索隐】谓驺忌、段干朋。如《战国策》威王二十六年邯郸之役有此谋臣耳。又南梁之难在宣王二年，有驺子、田忌、孙膑之谋。《战国策》又有张田。其辞前后交互，是记史者所取各异，故不同耳。

④【索隐】段干，姓；朋，名也。《战国策》作“段干纶”。

⑤【索隐】《战国策》作“田期思”，《纪年》谓之徐州子期，盖即田忌也。

⑥【正义】《括地志》云：“桑丘故城俗名敬城，在易州遂城县。”尔时齐伐燕桑丘，魏、赵来救之。《魏》、《赵世家》并云“伐齐至桑丘”，皆是易州。

六年，救卫。桓公卒，[①]子威王因齐立。是岁，故齐康公卒，绝无后，奉邑皆入田氏。

①【索隐】案《纪年》，梁惠王十二年当齐桓公十八年，后威王始见，则桓公十九年而卒，与此不同。

齐威王元年，三晋因齐丧来伐我灵丘。[①]三年，三晋灭晋后而分其地。六年，鲁伐我，入阳关。[②]晋伐我，至博陵。[③]七年，卫伐我，取薛陵。九年，赵伐我，取甄。[④]

①【正义】灵丘，河东蔚州县。案：灵丘此时属齐，三晋因丧伐之。《韩》、《魏》、《赵世家》云“伐齐至灵丘”皆是蔚州。

②【集解】徐广曰：“在钜平。” 【正义】《括地志》云：“鲁阳关故城在兖州博城县南二十九里，西临汶水也。”

③【正义】在济州西界也。

④【正义】音绢。即濮州甄城县也。

威王初即位以来，不治，委政卿大夫，九年之间，诸侯并伐，国人不治。于是威王召即墨大夫而语之曰：“自子之居即墨也，[①]毁言日至。然吾使人视即墨，田野辟，民人给，官无留事，东方以宁。是子不事吾左右以求誉也。”封之万家。召阿大夫语曰：“自子之守阿，誉言日闻。然使使视阿，田野不辟，民贫苦。昔日赵攻甄，子弗能救。卫取薛陵，子弗知。是子以币厚吾左右以求誉也。”是日，烹阿大夫，及左右尝誉者皆并烹之。遂起兵西击赵、卫，败魏于浊泽而围惠王。惠王请献观以和解，赵人归我长城。于是齐国震惧，人人不敢饰非，务尽其诚。齐国大治。诸侯闻之，莫敢致兵于齐二十馀年。

①【正义】莱州胶水县南六十里即墨故城是也。

驺忌子以鼓琴见威王，威王说而舍之右室。须臾，王鼓琴，驺忌子推户入曰:“善哉鼓琴!”王勃然不说,去琴按剑曰:“夫子见容未察,何以知其善也?”驺忌子曰:“夫大弦浊以春温者,君也;小弦廉折以清者,相也;[①]攫[②]之深,醳[③]之愉者,[④]政令也;钧谐以鸣,大小相益,回邪而不相害者,四时也:吾是以知其善也。”王曰:“善语音。”驺忌子曰:“何独语音,夫治国家而弭人民皆在其中。”王又勃然不说曰:“若夫语五音之纪,信未有如夫子者也。若夫治国家而弭人民,又何为乎丝桐之间?”驺忌子曰:“夫大弦浊以春温者,君也;小弦廉折以清者,相也;攫之深而舍之愉者,政令也;钧谐以鸣,大小相益,回邪而不相害者,四时也。夫复而不乱者,所以治昌也;连而径者,所以存亡也:故曰琴音调而天下治。夫治国家而弭人民者,无若乎五音者。”王曰:“善。”

①【集解】《琴操》曰:“大弦者,君也,宽和而温。小弦者,臣也,清廉而不乱。”【索隐】大弦浊以温者君也。案:《春秋后语》“温”字作“春”,春气温,义亦相通也。蔡邕曰:“凡弦以缓急为清浊。琴,紧其弦则清,缦其弦则浊。”

②【集解】徐广曰:“以爪持弦也。攫音己足反。”

③【集解】徐广曰:“一作‘舒’。”

④【索隐】醳音释,与下文舍字并同。愉音舒也。

驺忌子见三月而受相印。淳于髡见之曰:“善说哉!髡有愚志,愿陈诸前。”驺忌子曰:“谨受教。”淳于髡曰:“得全全昌,[①]失全全亡。”驺忌子曰:“谨受令,请谨毋离前。”[②]淳于髡曰:“狶膏棘轴,所以为滑也,然而不能运方穿。”[③]驺忌子曰:“谨受令,请谨事左右。”淳于髡曰:“弓胶昔幹,[④]所以为合也,然而不能傅合疏罅。”[⑤]驺忌子曰:“谨受令,请谨自附于万民。”淳于髡曰:“狐裘虽敝,不可补以黄狗之皮。”驺忌子曰:“谨受令,请谨择君子,毋杂小人其间。”淳于髡曰:“大车不较,[⑥]不能载其常任;琴瑟不较,不能成其五音。”驺忌子曰:“谨受令,请谨修法律而督奸吏。”淳于髡说毕,趋出,至门,而面其仆曰:“是人者,吾语之微言五,其应我若响之应声,是人必封不久矣。”[⑦]居期年,封以下邳,号曰成侯。

①【索隐】案:得全,谓人臣事君之礼全具无失,故云得全也。全昌者,谓若无

失则身名获昌，故云全昌也。

②【索隐】谓佩服此言，常无离心目之前。

③【索隐】狶膏，猪脂也。棘轴，以棘木为车轴，至滑而坚也。然而穿孔若方，则不能运转，言逆理反经也。故下忌曰“请谨事左右”，言每事须顺从。

④【集解】徐广曰：“一作‘乾’。”【索隐】音孤捍反。昔，久旧也。幹，弓幹也。徐广又曰一作“乾”。《考工记》作“枡幹”，则枡昔音相近。言作弓之法，以胶被昔幹而纳诸檠中，则是以势令合耳。

⑤【索隐】傅音附。罅音五嫁反。以言胶干可以势暂合，而久亦不能常傅合于疏罅隙缝。以言人臣自宜弥缝得所，岂待拘以礼制法式哉。故下云“请自附于万人”是也。

⑥【索隐】较者，校量也。言有常制，若大车不较，则车不能载常任，琴不能成五音也。

⑦【集解】《新序》曰：“齐稷下先生喜议政事。驺忌既为齐相，稷下先生淳于髡之属七十二人皆轻驺忌，以为设以微辞，驺忌必不能及，乃相与俱往见驺忌。淳于髡之徒礼倨，驺忌之礼卑。淳于髡等称辞，驺忌知之如应响，淳于髡等辞诎而去，驺忌之礼倨，淳于髡之礼卑。故所以尚干将、莫邪者，贵其立断也。所以尚骐骥者，为其立至也。必且历日旷久，则系牦能挈石，驽马亦能致远。是以聪明捷敏，人之美材也。”

威王二十三年，与赵王会平陆。二十四年，与魏王会田于郊。魏王问曰：“王亦有宝乎？”威王曰：“无有。”①梁王曰：“若寡人国小也，尚有径寸之珠照车前后各十二乘者十枚，奈何以万乘之国而无宝乎？”威王曰：“寡人之所以为宝与王异。吾臣有檀子者，②使守南城，则楚人不敢为寇东取，泗上十二诸侯③皆来朝。吾臣有肦子者，使守高唐，则赵人不敢东渔于河。吾吏有黔夫者，使守徐州，则燕人祭北门，赵人祭西门，④徙而从者七千馀家。吾臣有种首者，使备盗贼，则道不拾遗。将以照千里，岂特十二乘哉！”梁惠王惭，不怿而去。

①【索隐】案：韩婴《诗外传》以为齐宣王，其说异也。

②【索隐】檀子，齐臣。檀，姓；子，美称，大夫皆称子。肦子，田肦也。黔夫及种首皆臣名。事悉具《战国策》也。

③【索隐】邾、莒、宋、鲁之比。

④【集解】贾逵曰："齐之北门西门也。言燕、赵之人畏见侵伐，故祭以求福。"

二十六年，魏惠王围邯郸，赵求救于齐。齐威王召大臣而谋曰："救赵孰与勿救？"驺忌子曰："不如勿救。"段干朋曰："不救则不义，且不利。"威王曰："何也？"对曰："夫魏氏并邯郸，其于齐何利哉？且夫救赵而军其郊，是赵不伐而魏全也。故不如南攻襄陵①以弊魏，邯郸拔而乘魏之弊。"威王从其计。

①【正义】襄陵故城在兖州邹县也。

其后成侯驺忌与田忌不善，公孙阅①谓成侯忌曰："公何不谋伐魏，田忌必将。战胜有功，则公之谋中也；战不胜，非前死则后北，而命在公矣。"于是成侯言威王，使田忌南攻襄陵。十月，邯郸拔，齐因起兵击魏，大败之桂陵。②于是齐最强于诸侯，自称为王，以令天下。

①【索隐】《战国策》作"公孙闬"。

②【索隐】在威王二十六年。【正义】在曹州乘氏县东北二十一里。

三十三年，杀其大夫牟辛。①

①【集解】徐广曰："一作'夫人'。"【索隐】牟辛，大夫姓字也。徐广曰一作"夫人"。案：年表亦作"夫人"。王劭案《纪年》云"齐桓公十一年杀其君母。宣王八年杀王后"。然则夫人之字，或如《纪年》之说。

三十五年，公孙阅又谓成侯忌曰："公何不令人操十金卜于市，曰'我田忌之人也。吾三战而三胜，声威天下。欲为大事，亦吉乎不吉乎'？"卜者出，因令人捕为之卜者，验其辞于王之所。田忌闻之，因率其徒袭攻临淄，求成侯，不胜而奔。①

①【索隐】案：《战国策》田忌前败魏于马陵，因被构，不得入齐，非是居齐历十年乃出奔也。是时齐都临淄，且《孟尝列传》云"田忌袭齐之边邑"，其言为得，即与系家不同也。

三十六年，威王卒，子宣王辟强立。

宣王元年，秦用商鞅。周致伯于秦孝公。

二年，魏伐赵。赵与韩亲，共击魏。赵不利，战于南梁。①宣王召田忌复故位。韩氏请救于齐。宣王召大臣而谋曰："蚤救孰与晚救？"驺忌子曰："不如勿救。"田忌曰："弗救，则韩且折而入于魏，不如蚤救之。"②孙子③曰："夫韩、魏之兵未弊而救之，是吾代韩受魏之兵，顾反听命于韩也。且魏有破国之志，韩见亡，必东面而愬于齐矣。吾因深结韩之亲而晚承魏之弊，则可重利而得尊名也。"宣王曰："善。"乃阴告韩之使者而遣之。韩因恃齐，五战不胜，而东委国于齐。齐因起兵，使田忌、田婴将，④孙子为(帅)〔师〕，救韩、赵以击魏，大败之马陵，⑤杀其将庞涓，虏魏太子申。其后三晋之王皆因田婴朝齐王于博望，⑥盟而去。⑦

①【索隐】《晋太康地记》曰："战国谓梁为南梁者，别之于大梁、少梁也。"【正义】《括地志》云："故梁在汝州西南二百步。《晋太康地记》云'战国时谓南梁者，别之于大梁、少梁也'。古蛮子邑也。"

②【索隐】案：《纪年》威王十四年，田肦伐梁，战马陵。《战国策》南梁之难，有张田对曰"蚤救之"。此云邹忌者，王劭云"此时邹忌死已四年，又齐威时未称王，故《战国策》谓之田侯。今此以田侯为宣王，又横称邹忌，皆谬矣"。

③【索隐】孙膑也。

④【集解】徐广曰："婴，一作'肦'。"

⑤【索隐】在宣王二年。

⑥【正义】《括地志》云："博望故城在邓州向城县东南四十五里。"

⑦【集解】徐广曰："表曰三年，与赵会博望伐魏。"

七年，与魏王会平阿南。①明年，复会甄。魏惠王卒。②明年，与魏襄王会徐州，诸侯相王也。十年，楚围我徐州。十一年，与魏伐赵，赵决河水灌齐、魏，兵罢。十八年，秦惠王称王。

①【正义】沛郡平阿县也。

②【索隐】明年，梁惠王卒。案《纪年》，梁惠王乃是齐湣王为东帝，秦昭王为西帝时。此时梁惠王改元称一年，未卒也。而系家以其后即为魏襄王之年，又以此文当齐宣王时，实所不能详考。

宣王喜文学游说之士，自如驺衍、淳于髡、①田骈、②接予、③慎到、④环渊⑤之徒七十六人，皆赐列第，为上大夫，不治而议论。是以齐稷下学士复盛，且数百千人。⑥

①【正义】赘翚，齐之稷下先生也。

②【正义】白眠反。《艺文志》云田骈，齐人，游稷下，号天口骈，作《田子》二十五篇也。

③【正义】齐人。《艺文志》云《接予》二篇，在道家流。

④【正义】赵人，战国时处士。《艺文志》作《慎子》四十二篇也。

⑤【正义】楚人。《孟子传》云环渊著书上下篇也。

⑥【集解】刘向《别录》曰："齐有稷门，城门也。谈说之士期会于稷下也。"【索隐】刘向《别录》曰"齐有稷门，齐城门也。谈说之士期会于其下"。《齐地记》曰"齐城西门侧，系水左右有讲室，趾往往存焉"。盖因侧系水出，故曰稷门，古侧稷音相近耳。又虞喜曰"齐有稷山，立馆其下以待游士"，亦异说也。《春秋传》曰"莒子如齐，盟于稷门"。

十九年，宣王卒，子湣王地①立。

①【索隐】《系本》名遂。

湣王元年，秦使张仪与诸侯执政会于啮桑。三年，封田婴于薛。四年，迎妇于秦。七年，与宋攻魏，败之观泽。

十二年，攻魏。楚围雍氏，①秦败屈丐。苏代谓田轸曰："臣愿有谒于公，其为事甚完，使楚利公，成为福，不成亦为福。今者臣立于门，客有言曰魏王谓韩冯、②张仪曰：'煮枣将拔，③齐兵又进，子来救寡人则可矣；不救寡人，寡人弗能拔。'④此特转辞也。秦、韩之兵毋东，旬馀，则魏氏转韩从秦，秦逐张仪，⑤交臂而事齐楚，此公之事成也。"田轸曰："奈何使无东？"对曰："韩冯之救魏之辞，必不谓韩王曰'冯以为魏'，必曰'冯将以秦韩之兵东却齐宋，冯因抟⑥三国之兵，乘屈丐之獘，⑦南割于楚，故地必尽得之矣'。张仪救魏之辞，必不谓秦王曰'仪以为魏'，必曰'仪且以秦韩之兵东距齐宋，仪将抟三国之兵，乘屈丐之獘，南割于楚，名存亡国，实伐三川⑧而归，此王业也'。公令楚王⑨与韩氏地，使秦制和，谓秦王曰'请与韩地，而王以施三川，⑩韩氏之兵不用而得地于楚’。韩冯之东兵之辞且谓秦何？曰‘秦兵不用而得三川，伐楚韩以窘魏，魏氏不敢东，是孤齐也’。张仪之东兵之辞且谓何？曰‘秦韩欲地而兵有案，声威发于魏，魏氏之欲不失齐楚者有资矣’。魏氏转秦韩争事齐楚，楚王欲而无与地，⑪公令秦韩之兵不用而得地，有一大德也。⑫秦韩之王劫于韩冯、张仪而东兵以徇服魏，公常执左券⑬以责于秦韩，此其善于公而恶张子多资矣。”⑭

①【集解】徐广曰：“在阳翟，属韩。”

②【集解】徐广曰：“韩之公仲侈也。”

③【集解】徐广曰：“在济阴宛朐。”

④【索隐】能犹胜也。言不胜其拔，故听齐拔之耳。

⑤【索隐】逐，随也。

⑥【集解】徐广曰：“音专。专犹并合制领之谓也。”【索隐】抟音团，团谓握领也。徐作“专”，亦通。

⑦【正义】屈丐，楚将，为秦所败，今更欲乘之。

⑧【索隐】韩也。

⑨【索隐】公谓陈轸。

⑩【正义】施，张设也。言秦王于天子都张设迫胁也。

⑪【集解】徐广曰：“楚王欲得魏来事己，而不欲与韩地也。”

⑫【正义】苏代谓陈轸，今秦韩之兵不战伐而得地，陈轸于秦韩岂不有大恩德。

⑬【索隐】券，要也。左，不正也。言我以右执其左而责之。

⑭【正义】左券下，右券上也。苏代说陈轸以上券令秦韩不用兵得地，而以券责秦韩却韩冯、张仪以徇服魏，故秦韩善陈轸而恶张仪多取矣。

十三年，秦惠王卒。二十三年，与秦击败楚于重丘。①二十四年，秦使泾阳君质于齐。二十五年，归泾阳君于秦。孟尝君薛文入秦，即相秦。文亡去。二十六年，②齐与韩魏共攻秦，至函谷军焉。二十八年，秦与韩河外以和，兵罢。二十九年，赵杀其主父。齐佐赵灭中山。③

①【集解】徐广曰：“表曰与秦击楚，使公子将，大有功。”

②【集解】徐广曰：“孟尝君为相。”

③【集解】徐广曰：“三十年，田甲劫王，相薛文走。”

三十六年，王为东帝，秦昭王为西帝。苏代自燕来，入齐，见于章华东门。[①]齐王曰："嘻，善，子来！秦使魏冉致帝，子以为何如？"对曰："王之问臣也卒，而患之所从来微，愿王受之而勿备称也。秦称之，天下安之，王乃称之，无后也。且让争帝名，无伤也。秦称之，天下恶之，王因勿称，以收天下，此大资也。且天下立两帝，王以天下为尊齐乎？尊秦乎？"王曰："尊秦。"曰："释帝，天下爱齐乎？爱秦乎？"王曰："爱齐而憎秦。"曰："两帝立约伐赵，孰与伐桀宋之利？"[②]王曰："伐桀宋利。"对曰："夫约钧，然与秦为帝而天下独尊秦而轻齐，释帝则天下爱齐而憎秦，伐赵不如伐桀宋之利，故愿王明释帝以收天下，倍约宾秦，无争重，而王以其间举宋。夫有宋，卫之阳地危；[③]有济西，赵之阿东国危；[④]有淮北，楚之东国危；[⑤]有陶、平陆，梁门不开。[⑥]释帝而贷之以伐桀宋之事，国重而名尊，燕楚所以形服，天下莫敢不听，此汤武之举也。敬秦以为名，而后使天下憎之，此所谓以卑为尊者也。愿王孰虑之。"于是齐去帝复为王，秦亦去帝位。

①【集解】左思《齐都赋》注曰："齐小城北门也。"而此言东门，不知为是一门非邪？　【正义】《括地志》云："齐城章华之东有闾门、武鹿门也。"

②【集解】《宋世家》云："宋王偃，诸侯皆曰桀宋也。"

③【集解】阳地，濮阳之地。　【正义】案：卫此时河南独有濮阳也。

④【正义】阿，东阿也。尔时属赵，故云东国危。

⑤【正义】淮北，徐、泗也。东国谓下相、僮、取虑也。

⑥【正义】陶，定陶，今曹州也。平陆，兖州县也，县在大梁东界。

三十八年，伐宋。秦昭王怒曰："吾爱宋与爱新城、阳晋同。[①]韩聂与吾友也，而攻吾所爱，何也？"苏代为齐谓秦王曰："韩聂之攻宋，所以为王也。齐强，辅之以宋，楚魏必恐，恐必西事秦，是王不烦一兵，不伤一士，无事而割安邑也，[②]此韩聂之所祷于王也。"秦王曰："吾患齐之难知。一从一衡，其说何也？"对曰："天下国令齐可知乎？齐以攻宋，其知事秦以万乘之国自辅，不西事秦则宋治不安。[③]中国白头游敖之士皆积智欲离齐秦之交,伏式结轶④西驰者,未有一人言善齐者也,伏式结轶东驰者,未有一人言善秦者也。何则?皆不欲齐秦之合也。何晋楚之智而齐秦之愚也!晋楚合必议齐秦,齐秦合必图晋楚,请以此决事。”秦王曰:“诺。”于是齐遂伐宋,宋王出亡,死于温。⑤齐南割楚之淮北,西侵三晋,欲以并周室,为天子。泗上诸侯邹鲁之君皆称臣,诸侯恐惧。

①【正义】《括地志》云:“新城故城在宋州宋城县界。阳晋故城在曹州乘氏县西北三十七里。”

②【正义】年表云秦昭王二十一年,魏纳安邑及河内。

③【索隐】《战国策》作“宋地不安”。

④【索隐】轶音侄。轶者,车辙也,言车辙往还如结也。《战国策》作“结靷”。

⑤【正义】怀州有温城。

三十九年,秦来伐,拔我列城九。

四十年,燕、秦、楚、三晋合谋,各出锐师以伐,败我济西。①王解而却。燕将乐毅遂入临淄,尽取齐之宝藏器。湣王出亡,之卫。卫君辟宫舍之,称臣而共具。湣王不逊,卫人侵之。湣王去,走邹、鲁,有骄色,邹、鲁君弗内,遂走莒。楚使淖齿②将兵救齐,因相齐湣王。淖齿遂杀湣王而与燕共分齐之侵地卤器。③

①【集解】徐广曰:“案其馀诸传无楚伐齐事。年表云楚取淮北。”

②【索隐】淖音女教反。

③【正义】卤掠齐宝器也。

湣王之遇杀,其子法章变名姓为莒太史敫①家庸。太史敫女奇法章状貌,以为非恒人,怜而常窃衣食之,而与私通焉。淖齿既以去莒,莒中人及齐亡臣相聚求湣王子,欲立之。法章惧其诛己也,久之,乃敢自言“我湣王子也”。于是莒人共立法章,是为襄王。以保莒城而布告齐国中:“王已立在莒矣。”

①【集解】徐广曰:“音跃,一音皎。”

襄王既立,立太史氏女为王后,是为君王后,生子建。太史敫曰:“女不取媒因自嫁,非吾种也,汙吾世。”终身不睹君王后。君王后贤,不以不睹故失人子之礼。

襄王在莒五年，田单以即墨攻破燕军，迎襄王于莒，入临菑。齐故地尽复属齐。齐封田单为安平君。①

①【正义】安平城在青州临淄县东十九里，古纪之酅邑也。

十四年，秦击我刚寿。十九年，襄王卒，子建立。

王建立六年，秦攻赵，齐楚救之。秦计曰："齐楚救赵，亲则退兵，不亲遂攻之。"赵无食，请粟于齐，齐不听。周子①曰："不如听之以退秦兵，不听则秦兵不却，是秦之计中而齐楚之计过也。且赵之于齐楚，扞蔽也，②犹齿之有唇也，唇亡则齿寒。今日亡赵，明日患及齐楚。且救赵之务，宜若奉漏瓮沃焦釜也。夫救赵，高义也；却秦兵，显名也。义救亡国，威却强秦之兵，不务为此而务爱粟，为国计者过矣。"齐王弗听。秦破赵于长平四十馀万，遂围邯郸。

①【索隐】盖齐之谋臣，史失名也。《战国策》以"周子"为"苏秦"，而"楚"字皆作"燕"，然此时苏秦死已久矣。

②【正义】此时秦伐赵上党欲克，无意伐齐、楚，故言赵之于齐、楚为扞蔽也。

十六年，秦灭周。君王后卒。二十三年，秦置东郡。二十八年，王入朝秦，秦王政置酒咸阳。三十五年，秦灭韩。三十七年，秦灭赵。三十八年，燕使荆轲刺秦王，秦王觉，杀轲。明年，秦破燕，燕王亡走辽东。明年，秦灭魏，秦兵次于历下。四十二年，秦灭楚。明年，虏代王嘉，灭燕王喜。

四十四年，秦兵击齐。齐王听相后胜计，不战，以兵降秦。秦虏王建，迁之共。①遂灭齐为郡。天下壹并于秦，秦王政立号为皇帝。始，君王后贤，事秦谨，与诸侯信，齐亦东边海上，秦日夜攻三晋、燕、楚，五国各自救于秦，以故王建立四十馀年不受兵。君王后死，后胜相齐，多受秦间金，多使宾客入秦，秦又多予金，客皆为反间，劝王去从朝秦，不修攻战之备，不助五国攻秦，秦以故得灭五国。五国已亡，秦兵卒入临淄，民莫敢格者。王建遂降，迁于共。故齐人怨王建不蚤与诸侯合从攻秦，听奸臣宾客以亡其国，歌之曰："松耶柏耶？住建共者客耶？"② 疾建用客之不详也。③

①【集解】《地理志》河内有共县。【正义】今卫州共城县也。

②【集解】徐广曰："《战国策》云秦处建于共松柏间也。"【索隐】耶音邪。谓是建客邪，客说建住言遂乃失策，今建迁共。共，今在河内也。

③【索隐】谓不详审用客，不知其善否也。

太史公曰：盖孔子晚而喜《易》。《易》之为术，幽明远矣，非通人达才孰能注意焉！故周太史之卦田敬仲完，占至十世之后；及完奔齐，懿仲卜之亦云。田乞及常所以比犯二君，① 专齐国之政，非必事势之渐然也，盖若遵厌兆祥云。

①【索隐】比如字，又频律反。二君即悼公、简公也。僖子废晏孺子，鲍牧以乞故杀悼公，而成子又杀简公，故云田氏比犯二君也。

【索隐述赞】田完避难，奔于大姜；始辞羁旅，终然凤皇。物莫两盛，代五其昌。二君比犯，三晋争强。和始擅命，威遂称王。祭急燕、赵，弟列康、庄。秦假东帝，莒立法章。王建失国，松柏苍苍。

史记卷四十七

孔子世家第十七

【索隐】孔子非有诸侯之位，而亦称系家者，以是圣人为教化之主，又代有贤哲，故称系家焉。　【正义】孔子无侯伯之位，而称世家者，太史公以孔子布衣传十馀世，学者宗之，自天子王侯，中国言六艺者宗于夫子，可谓至圣，故为世家。

孔子生鲁昌平乡陬邑。①其先宋人也，曰孔防叔。②防叔生伯夏，伯夏生叔梁纥。③纥与颜氏女野合而生孔子，④祷于尼丘得孔子。鲁襄公二十二年而孔子生。⑤生而首上圩顶，⑥故因名曰丘云。字仲尼，姓孔氏。

①【集解】徐广曰："陬音驺。孔安国曰'陬，孔子父叔梁纥所治邑'。"　【索隐】陬是邑名，昌平，乡号。孔子居鲁之邹邑昌平乡之阙里也。　【正义】《括地志》云："故邹城在兖州泗水县东南六十里。昌平山在泗水县南六十里。孔子生昌平乡，盖乡取山为名。故阙里在泗水县南五十里。《舆地志》云邹城西界阙里有尼丘山。"按：今尼丘山在兖州邹城，阙里即此也。《括地志》云："兖州曲阜县鲁城西南三里有阙里，中有孔子宅，宅中有庙。伍缉之《从征记》云阙里背邾面泗，即此也。"按：夫子生在邹，长徙曲阜，仍号阙里。

②【索隐】《家语》："孔子，宋微子之后。宋襄公生弗父何，以让弟厉公。弗父何生宋父周，周生世子胜，胜生正考父，考父生孔父嘉，五世亲尽，别为公族，姓孔氏。孔父生子木金父，金父生睪夷。睪夷生防叔，畏华氏之逼而奔鲁，故孔氏为鲁人也。"

③【正义】《括地志》云："叔梁纥庙亦名尼丘山祠，在兖州泗水县五十里尼丘山东趾。《地理志》云鲁县有尼丘山，有叔梁纥庙。"

④【索隐】《家语》云"梁纥娶鲁之施氏，生九女。其妾生孟皮，孟皮病足，乃求

婚于颜氏徵在，从父命为婚”。其文甚明。今此云“野合”者，盖谓梁纥老而徵在少，非当壮室初笄之礼，故云野合，谓不合礼仪。故《论语》云“野哉由也”，又“先进于礼乐，野人也”，皆言野者是不合礼耳。【正义】男八月生齿，八岁毁齿，二八十六阳道通，八八六十四阳道绝。女七月生齿，七岁毁齿，二七十四阴道通，七七四十九阴道绝。婚姻过此者，皆为野合。故《家语》云“梁纥娶鲁施氏女，生九女，乃求婚于颜氏，颜氏有三女，小女徵在”。据此，婚过六十四矣。

⑤【索隐】《公羊传》“襄公二十一年十有一月庚子，孔子生”。今以为二十二年，盖以周正十一月属明年，故误也。后序孔子卒，云七十二岁，每少一岁也。

⑥【索隐】圩音乌。顶音鼎。圩顶言顶上窳也，故孔子顶如反宇。反宇者，若屋宇之反，中低而四傍高也。【正义】《括地志》云：“女陵山在曲阜县南二十八里。干宝《三日纪》云‘徵在生孔子空桑之地，今名空窦，在鲁南山之空窦中。无水，当祭时洒扫以告，辄有清泉自石门出，足以周用，祭讫泉枯。今俗名女陵山’。”

丘生而叔梁纥死，① 葬于防山。② 防山在鲁东，由是孔子疑其父墓处，母讳之也。③ 孔子为儿嬉戏，常陈俎豆，④ 设礼容。孔子母死，乃殡五父之衢，⑤ 盖其慎也。⑥ 郰人⑦ 輓父之母诲孔子父墓，然后往合葬于防焉。

①【索隐】《家语》云生三岁而梁纥死。

②【正义】《括地志》云：“防山在兖州曲阜县东二十五里。《礼记》云孔子母合葬于防也。”

③【索隐】谓孔子少孤，不的知父坟处，非谓不知其茔地。徵在笄年适于梁纥，无几而老死，是少寡，盖以为嫌，不从送葬，故不知坟处，遂不告耳，非讳之也。

④【正义】俎豆以木为之，受四升，高尺二寸。大夫以上赤云气，诸侯加象饰足，天子玉饰也。

⑤【正义】《括地志》云：“五父衢在兖州曲阜县西南二里，鲁城内衢道也。”

⑥【集解】徐广曰：“鲁县有阙里，孔子所居也。又有五父之衢也。”【索隐】谓孔子不知父墓，乃且殡其母于五父之衢，是其谨慎也。【正义】慎谓以绋

引棺就殡所也。

⑦【正义】上音邹。

孔子要绖，①季氏飨士，孔子与往。②阳虎绌曰："季氏飨士，非敢飨子也。"孔子由是退。

①【索隐】《家语》"孔子之母丧，既练而见"，不非之也。今此谓孔子实要绖与飨，为阳虎所绌，亦近诬矣。一作"要经"。要经犹带经也，故刘氏云嗜学之意是也。

②【正义】与音预。季氏为馔饮鲁文学之士，孔子与迎而往，阳虎以孔子少，故折之也。

孔子年十七，鲁大夫孟釐子病且死，①诫其嗣懿子曰："孔丘，圣人之后，②灭于宋。③其祖弗父何始有宋而嗣让厉公。④及正考父佐戴、武、宣公，⑤三命兹益恭，故鼎铭云：⑥'一命而偻，再命而伛，三命而俯，⑦循墙而走，⑧亦莫敢余侮。⑨饘于是，粥于是，以餬余口。'⑩其恭如是。吾闻圣人之后，虽不当世，必有达者。⑪今孔丘年少好礼，其达者欤？吾即没，若必师之。"及釐子卒，懿子与鲁人南宫敬叔⑫往学礼焉。是岁，季武子卒，平子代立。

①【索隐】昭公七年《左传》云"孟僖子病不能相礼，乃讲学之，及其将死，召大夫"云云。按：谓病者，不能礼为病，非疾困之谓也。至二十四年僖子卒，贾逵云"仲尼时年三十五矣"。是此文误也。

②【集解】服虔曰："圣人谓商汤。"

③【集解】杜预曰："孔子六世祖孔父嘉为宋华督所杀，其子奔鲁也。"

④【集解】杜预曰："弗父何，孔父嘉之高祖，宋愍公之长子，厉公之兄也。何嫡嗣，当立，以让厉公也。"

⑤【集解】服虔曰："正考父，弗父何之曾孙。"

⑥【集解】杜预曰："三命，上卿也。考父庙之鼎。"

⑦【集解】服虔曰："偻，伛，俯，皆恭敬之貌也。"

⑧【集解】杜预曰："言不敢安行。"

⑨【集解】杜预曰："其恭如是，人亦不敢侮慢。"

⑩【集解】杜预曰："于是鼎中为饘粥。饘粥，餬属。言至俭也。"

⑪【集解】王肃曰："谓若弗父何，殷汤之后，而不继世为宋君也。"杜预曰："圣人之后，有明德而不当大位，谓正考父。"

⑫【索隐】《左传》及《系本》，敬叔与懿子皆孟僖子之子，不应更言"鲁人"，亦太史公之疏耳。

孔子贫且贱。及长，尝为季氏史，①料量平；尝为司职吏而畜蕃息。由是为司空。已而去鲁，斥乎齐，逐乎宋、卫，困于陈蔡之间，于是反鲁。孔子长九尺有六寸，人皆谓之"长人"而异之。鲁复善待，由是反鲁。

①【索隐】有本作"委吏"。按：赵岐曰"委吏，主委积仓库之吏"。

鲁南宫敬叔言鲁君曰："请与孔子适周。"①鲁君与之一乘车，两马，一竖子俱，适周问礼，盖见老子云。辞去，而老子送之曰："吾闻富贵者送人以财，②仁人者送人以言。吾不能富贵，窃仁人之号，③送子以言，曰：'聪明深察而近于死者，好议人者也。博辩广大危其身者，发人之恶者也。为人子者毋以有己，④为人臣者毋以有己。'"⑤孔子自周反于鲁，弟子稍益进焉。

①【索隐】《庄子》云"孔子年五十一，南见老聃"。盖系家亦依此为说而不究其旨，遂俱误也。何者？孔子适周，岂访礼之时即在十七耶？且孔子见老聃，云"甚矣道之难行也"，此非十七之人语也，乃既仕之后言耳。

②【索隐】《庄周》"财"作"轩"。

③【集解】王肃曰："谦言窃仁者之名。"

④【集解】王肃曰："身父母之有。"　【索隐】《家语》作"无以有己为人子者"。

⑤【索隐】《家语》作"无以恶己为人臣者"。王肃云："言听则仕，不用则去，保身全行，臣之节也。"

是时也，晋平公淫，六卿擅权，东伐诸侯；楚灵王兵强，陵轹中国；齐大而近于鲁。鲁小弱，附于楚则晋怒；附于晋则楚来伐；不备于齐，齐师侵鲁。

鲁昭公之二十年，而孔子盖年三十矣。齐景公与晏婴来适鲁，景公问孔子曰："昔秦穆公国小处辟，其霸何也？"对曰："秦，国虽小，其志大；

处虽辟，行中正。身举五羖，①爵之大夫，起累绁之中，②与语三日，授之以政。以此取之，虽王可也，其霸小矣。”景公说。

①【正义】百里奚也。

②【索隐】《家语》无此一句。孟子以为“不然”之言也。

孔子年三十五，而季平子与郈昭伯以斗鸡故①得罪鲁昭公，昭公率师击平子，平子与孟氏、叔孙氏三家共攻昭公，昭公师败，奔于齐，齐处昭公乾侯。②其后顷之，鲁乱。孔子适齐，为高昭子家臣，欲以通乎景公。与齐太师语乐，闻《韶》音，学之，三月不知肉味，③齐人称之。

①【正义】郈音后。《括地志》云：“斗鸡台二所，相去十五步，在兖州曲阜县东南三里鲁城中。《左传》昭二十五年，季氏与郈昭伯斗鸡，季氏芥鸡翼，郈氏为金距之处。”

②【正义】相州成安县东南三十里斥丘故城，本春秋时乾侯之邑。

③【集解】周氏曰：“孔子在齐，闻习《韶》乐之盛美，故忘于肉味也。” 【索隐】按《论语》，子语鲁太师乐，非齐太师也。又“子在齐闻《韶》，三月不知肉味”，无“学之”文。今此合《论语》齐、鲁两文而为此言，恐失事实。

景公问政孔子，孔子曰：“君君，臣臣，父父，子子。”①景公曰：“善哉！信如君不君，臣不臣，父不父，子不子，虽有粟，吾岂得而食诸！”②他日又复问政于孔子，孔子曰：“政在节财。”景公说，将欲以尼谿田封孔子。③晏婴进曰：“夫儒者滑稽而不可轨法；倨傲自顺，不可以为下；崇丧遂哀，破产厚葬，不可以为俗；游说乞贷，不可以为国。自大贤之息，周室既衰，礼乐缺有间。④今孔子盛容饰，繁登降之礼，趋详之节，累世不能殚其学，当年不能究其礼。君欲用之以移齐俗，非所以先细民也。”后，景公敬见孔子，不问其礼。异日，景公止孔子曰：“奉子以季氏，⑤吾不能。”以季孟之间待之。⑥齐大夫欲害孔子，孔子闻之。景公曰：“吾老矣，弗能用也。”孔子遂行，反乎鲁。

①【集解】孔安国曰：“当此之时，陈恒制齐，君不君，臣不臣，故以此对也。”

②【集解】孔安国曰：“言将危也。陈氏果灭齐。”

③【索隐】此说出《晏子》及《墨子》，其文微异。

④【索隐】息者，生也。言上古大贤生则有礼乐，至周室微而始缺有间也。

⑤【索隐】刘氏奉音扶用反，非也。今奉音如字，谓奉待孔子如鲁季氏之职，故下文云“以季孟之间待之”也。

⑥【集解】孔安国曰：“鲁三卿，季氏为上卿，最贵；孟氏为下卿，不用事。言待之以二者之间也。”

孔子年四十二，鲁昭公卒于乾侯，定公立。定公立五年，夏，季平子卒，桓子嗣立。季桓子穿井得土缶，中若羊，①问仲尼云“得狗”。②仲尼曰：“以丘所闻，羊也。丘闻之，木石之怪夔、罔阆，③水之怪龙、罔象，④土之怪坟羊。”⑤

①【集解】韦昭曰：“羊，生羊也，故谓之怪也。”【索隐】《家语》云“桓子穿井于费，得物如土缶，其中有羊焉”是也。

②【集解】韦昭曰：“获羊而言狗者，以孔子博物，测之。”

③【集解】韦昭曰：“木石谓山也。或云夔，一足，越人谓之山缫也。或言独足魍魉，山精，好学人声而迷惑人也。”【索隐】夔音逵。阆音两。《家语》作“魍魉”。缫音骚。然山缫独一足是山神名，故谓之夔。夔，一足兽，状如人也。

④【集解】韦昭曰：“龙，神兽也，非常见，故曰怪。或云‘罔象食人，一名沐肿’。”【索隐】沐肿音木踵。

⑤【集解】唐固曰：“坟羊，雌雄未成者也。”

吴伐越，堕会稽，①得骨节专车。②吴使使问仲尼：“骨何者最大？”仲尼曰：“禹致群神于会稽山，③防风氏后至，禹杀而戮之，④其节专车，此为大矣。”吴客曰：“谁为神？”仲尼曰：“山川之神足以纲纪天下，其守为神，⑤社稷为公侯，⑥皆属于王者。”客曰：“防风何守？”仲尼曰：“汪罔氏之君守封、禺之山，⑦为釐姓。⑧在虞、夏、商为汪罔，于周为长翟，今谓之大人。”⑨客曰：“人长几何？”仲尼曰：“僬侥氏⑩三尺，短之至也。长者不过十之，数之极也。”⑪于是吴客曰：“善哉圣人！”

①【集解】王肃曰：“堕，毁也。”【索隐】隳会稽。会稽，山名，越之所都。隳，毁也。吴伐越在鲁哀元年。

②【集解】韦昭曰："骨一节，其长专车。专，擅也。"

③【集解】韦昭曰："群神谓主山川之君为群神之主，故谓之神也。"

④【集解】韦昭曰："防风氏违命后至，故禹杀之。陈尸为戮。"

⑤【集解】王肃曰："守山川之祀者为神，谓诸侯也。"韦昭曰："足以纲纪天下，谓名山大川能兴云致雨以利天下也。"

⑥【集解】王肃曰："但守社稷无山川之祀者，直为公侯而已。"

⑦【集解】韦昭曰："封，封山；禺，禺山：在吴郡永安县。"骃案：晋太康元年改永安为武康县，今属吴兴郡。

⑧【索隐】釐音僖。《家语》云姓漆，盖误。《系本》无漆姓。

⑨【集解】王肃曰："周之初及当孔子之时，其名异也。"

⑩【集解】韦昭曰："僬侥，西南蛮之别名也。" 【正义】按：《括地志》"在大秦国(北)〔南〕也"。

⑪【集解】王肃曰："十之，谓三丈也，数极于此也。"

桓子嬖臣曰仲梁怀，与阳虎有隙。阳虎欲逐怀，公山不狃① 止之。其秋，怀益骄，阳虎执怀。桓子怒，阳虎因囚桓子，与盟而醳之。② 阳虎由此益轻季氏。季氏亦僭于公室，陪臣执国政，是以鲁自大夫以下皆僭离于正道。故孔子不仕，退而修诗书礼乐，弟子弥众，至自远方，莫不受业焉。

①【集解】孔安国曰："不狃为季氏宰。" 【索隐】狃音女久反。邹氏云一作"蹂"。《论语》作"弗扰"。

②【正义】醳音释。

定公八年，公山不狃不得意于季氏，因阳虎为乱，欲废三桓之適，① 更立其庶孽阳虎素所善者，遂执季桓子。桓子诈之，得脱。定公九年，阳虎不胜，奔于齐。是时孔子年五十。

①【正义】適音嫡。

公山不狃以费畔季氏，使人召孔子。孔子循道弥久，温温无所试，莫能己用，曰："盖周文武起丰镐而王，今费虽小，傥庶几乎！"① 欲往。子路不说，止孔子。孔子曰："夫召我者岂徒哉？如用我，其为东周乎！”②然亦卒不行。

①【索隐】检《家语》及孔氏之书，并无此言，故桓谭亦以为诬也。

②【集解】何晏曰：“兴周道于东方，故曰东周也。”

其后定公以孔子为中都宰，一年，四方皆则之。①由中都宰为司空，由司空为大司寇。

①【索隐】《家语》作“西方”。王肃云：“鲁国近东，故西方诸侯皆取法则焉。”

定公十年春，及齐平。①夏，齐大夫黎钼言于景公曰：“鲁用孔丘，其势危齐。”乃使使告鲁为好会，会于夹谷。②鲁定公且以乘车好往。孔子摄相事，曰：“臣闻有文事者必有武备，有武事者必有文备。古者诸侯出疆，必具官以从。请具左右司马。”定公曰：“诺。”具左右司马。会齐侯夹谷，为坛位，土阶三等，以会遇之礼相见，③揖让而登。献酬之礼毕，齐有司趋而进曰：“请奏四方之乐。”景公曰：“诺。”于是旍旄羽袚矛戟剑拨鼓噪而至。④孔子趋而进，历阶⑤而登，不尽一等，举袂而言曰：“吾两君为好会，夷狄之乐何为于此！请命有司！”有司却之，不去，则左右视晏子与景公。景公心怍，麾而去之。有顷，齐有司趋而进曰：“请奏宫中之乐。”景公曰：“诺。”优倡侏儒为戏而前。孔子趋而进，历阶而登，不尽一等，曰：“匹夫而营惑⑥诸侯者罪当诛！请命有司！”有司加法焉，手足异处。景公惧而动，知义不若，归而大恐，告其群臣曰：“鲁以君子之道辅其君，而子独以夷狄之道教寡人，使得罪于鲁君，为之奈何？”有司进对曰：“君子有过则谢以质，小人有过则谢以文。君若悼之，则谢以质。”于是齐侯乃归所侵鲁之郓、汶阳、龟阴之田以谢过。⑦

①【索隐】及，与也。平，成也。谓与齐和好，故云平。

②【集解】徐广曰：“司马彪云今在祝其县也。”

③【集解】王肃曰：“会遇之礼，礼之简略也。”

④【索隐】《家语》作“莱人以兵鼓噪劫定公”。袚音弗，谓舞者所执，故《周礼》乐有《袚舞》。拨音伐，谓大楯也。

⑤【索隐】谓历阶级也。故王肃云“历阶，登阶不聚足”。

⑥【索隐】谓经营而惑乱也。《家语》作“荧侮”。

⑦【集解】服虔曰:“三田,汶阳田也。龟,山名。阴之田,得其田不得其山也。”杜预曰:“太山博县北有龟山。” 【索隐】《左传》“郓、讙及龟阴之田”,则三田皆在汶阳也。 【正义】郓,今郓州郓城县,在兖州龚丘县东北五十四里。故谢城在龚丘县东七十里。齐归侵鲁龟阴之田以谢鲁,鲁筑城于此,以旌孔子之功,因名谢城。

定公十三年夏,孔子言于定公曰:“臣无藏甲,大夫毋百雉之城。”①使仲田为季氏宰,将堕三都。②于是叔孙氏先堕郈。③季氏将堕费,公山不狃、叔孙辄率费人袭鲁。公与三子入于季氏之宫,④登武子之台。费人攻之,弗克,入及公侧。⑤孔子命申句须、乐颀下伐之,⑥费人北。国人追之,败诸姑蔑。⑦二子奔齐,遂堕费。将堕成,⑧公敛处父⑨谓孟孙曰:“堕成,齐人必至于北门。且成,孟氏之保障,无成是无孟氏也。我将弗堕。”十二月,公围成,弗克。

①【集解】王肃曰:“高丈长丈曰堵,三堵曰雉。”

②【集解】服虔曰:“三都,三家之邑也。”

③【集解】杜预曰:“东平无盐县东南郈乡亭。” 【正义】《括地志》云:“郈亭在郓州宿城县东三十二里。”

④【集解】服虔曰:“三子,季孙、孟孙、叔孙也。”

⑤【集解】服虔曰:“人有入及公之台侧。”

⑥【集解】服虔曰:“申句须、乐颀,鲁大夫。”

⑦【集解】杜预曰:“鲁国卞县南有姑蔑城。” 【正义】《括地志》云:“姑蔑故城在兖州泗水县东四十五里。”按:泗水县本汉卞县地。

⑧【集解】杜预曰:“泰山钜平县东南有成城也。” 【正义】《括地志》云:“故郕城在兖州泗水县西北五十里。”

⑨【集解】服虔曰:“成宰也。”

定公十四年,孔子年五十六,由大司寇行摄相事,有喜色。门人曰:“闻君子祸至不惧,福至不喜。”孔子曰:“有是言也。不曰‘乐其以贵下人’乎?”于是诛鲁大夫乱政者少正卯。与闻国政三月,粥羔豚者弗饰贾;男女行者别于途;途不拾遗;四方之客至乎邑者不求有司,①皆予之以归。②

①【集解】王肃曰："有司常供其职，客求而有在也。"

②【索隐】《家语》作"皆如归"。

齐人闻而惧，曰："孔子为政必霸，霸则吾地近焉，我之为先并矣。盍致地焉？"黎钼曰："请先尝沮之；沮之而不可则致地，庸迟乎！"于是选齐国中女子好者八十人，皆衣文衣而舞《康乐》，①文马三十驷，遗鲁君。陈女乐文马于鲁城南高门外。季桓子微服往观再三，将受，乃语鲁君为周道游，②往观终日，怠于政事。子路曰："夫子可以行矣。"孔子曰："鲁今且郊，如致膰乎大夫，③则吾犹可以止。"桓子卒受齐女乐，三日不听政；郊，又不致膰俎于大夫。孔子遂行，宿乎屯。④而师己送，曰："夫子则非罪。"孔子曰："吾歌可夫？"歌曰："彼妇之口，可以出走；彼妇之谒，可以死败。⑤盖优哉游哉，维以卒岁！"⑥师己反，桓子曰："孔子亦何言？"师己以实告。桓子喟然叹曰："夫子罪我以群婢故也夫！"

①【索隐】《家语》作"容玑"。王肃云："舞曲名也。"

②【索隐】谓请鲁君为周偏道路游行，因出观齐之女乐。

③【集解】王肃曰："膰，祭肉。"

④【集解】屯在鲁之南也。　【索隐】地名。

⑤【集解】王肃曰："言妇人之口请谒，足以忧使人死败，故可以出走也。"

⑥【集解】王肃曰："言仕不遇也，故且优游以终岁。"

孔子遂适卫，主于子路妻兄颜浊邹家。①卫灵公问孔子："居鲁得禄几何？"对曰："奉粟六万。"卫人亦致粟六万。②居顷之，或谮孔子于卫灵公。灵公使公孙余假一出一入。③孔子恐获罪焉，居十月，去卫。

①【索隐】《孟子》曰"孔子于卫主颜雠由，弥子之妻与子路之妻，兄弟也"。今此云浊邹是子路之妻兄，所说不同。

②【索隐】若六万石似太多，当是六万斗，亦与汉之秩禄不同。　【正义】六万小斗，计当今二千石也。周之斗升斤两皆用小也。

③【索隐】谓以兵仗出入，以胁夫子也。

将适陈，过匡，①颜刻为仆，以其策指之曰："昔吾入此，由彼缺也。"②匡人闻之，以为鲁之阳虎。阳虎尝暴匡人，匡人于是遂止孔子。③孔子状类阳虎，拘焉五日。颜渊后，④子曰："吾以汝为死矣。"颜渊曰："子在，回何敢死！"⑤匡人拘孔子益急，弟子惧。孔子曰："文王既没，文不在兹乎？⑥天之将丧斯文也，后死者不得与于斯文也。⑦天之未丧斯文也，匡人其如予何！"⑧孔子使从者为宁武子臣于卫，然后得去。⑨

①【正义】故匡城在滑州匡城县西南十里。

②【索隐】谓昔所被攻缺破之处也。　【正义】《琴操》云："孔子到匡郭外，颜渊举策指匡穿垣曰：'往与阳货正从此入。'匡人闻其言，告君曰：'往者阳货今复来。'乃率众围孔子数日，乃和琴而歌，音曲甚哀，有暴风击军士僵仆，于是匡人有知孔子圣人，自解也。"

③【索隐】匡，宋邑也。《家语》云匡人简子以甲士围夫子。

④【集解】孔安国曰："言与孔子相失，故在后也。"

⑤【集解】包氏曰："言夫子在，己无所致死也。"

⑥【集解】孔安国曰："兹，此也。言文王虽已没，其文见在此。此，自谓其身也。"

⑦【集解】孔安国曰："文王既没，故孔子自谓后死也。言天将丧此文者，本不当使我知之；今使我知之，未欲丧之也。"

⑧【集解】马融曰："如予何犹言'奈我何'也。天未丧此文，则我当传之，匡人欲奈我何！言不能违天以害己。"

⑨【索隐】《家语》"子路弹剑而歌，孔子和之，曲三终，匡人解围而去"。今此取《论语》"文王既没"之文，及从者臣宁武子然后得去。盖夫子再厄匡人，或设辞以解围，或弹剑而释难。今此合《论语》、《家语》之文以为一事，故彼此文交互耳。

去即过蒲。①月馀，反乎卫，主蘧伯玉家。灵公夫人有南子者，使人谓孔子曰："四方之君子不辱欲与寡君为兄弟者，必见寡小君。寡小君愿见。"孔子辞谢，不得已而见之。夫人在绨帷中。孔子入门，北面稽首。夫人自帷中再拜，环佩玉声璆然。②孔子曰："吾乡为弗见，见之礼答焉。”③子路不说。孔子矢之曰：“予所不者，天厌之！天厌之！”④居卫月馀，灵公与夫人同车，宦者雍渠参乘，出，使孔子为次乘，招摇市过之。⑤孔子曰：“吾未见好德如好色者也。”⑥于是丑之，去卫，过曹。是岁，鲁定公卒。

①【集解】徐广曰：“长垣县有匡城、蒲乡。”【正义】《括地志》云：“故蒲城在滑州匡城县北十五里。匡城本汉长垣县。”

②【正义】璆音虬。

③【索隐】上“见”如字。下“见”音贤遍反，去声。言我不为相见之礼现而答之。

④【集解】栾肇曰：“见南子者，时不获已，犹文王之拘羑里也。天厌之者，言我之否屈乃天命所厌也。”蔡谟曰：“矢，陈也。夫子为子路陈天命也。”

⑤【集解】徐广曰：“招摇，翱翔也。”【索隐】《家语》作“游过市”。

⑥【集解】何晏曰：“疾时薄于德，厚于色，故发此言也。”李充曰：“使好德如好色，则弃邪而反正矣。”

孔子去曹适宋，①与弟子习礼大树下。宋司马桓魋欲杀孔子，拔其树。孔子去。弟子曰：“可以速矣。”孔子曰：“天生德于予，桓魋其如予何！”②

①【集解】徐广曰：“年表定公十三年，孔子至卫；十四年，至陈；哀公三年，孔子过宋。”

②【集解】包氏曰：“天生德者，谓授以圣性，德合天地，吉无不利，故曰其如予何。”

孔子适郑，与弟子相失，孔子独立郭东门。郑人或谓子贡曰：①“东门有人，其颡似尧，②其项类皋陶，其肩类子产，然自要以下不及禹三寸，累累若丧家之狗。”③子贡以实告孔子。孔子欣然笑曰：“形状，末也。而谓似丧家之狗，然哉！然哉！”

①【索隐】《家语》姑布子卿谓子贡曰。

②【索隐】《家语》云“河目而隆颡，其颡似尧”。

③【集解】王肃曰：“丧家之狗。主人哀荒，不见饮食，故累然而不得意。孔子

生于乱世，道不得行，故累然不得志之貌也。《韩诗外传》曰'丧家之狗，既敛而椁，有席而祭，顾望无人'也。"

孔子遂至陈，主于司城贞子家。岁馀，吴王夫差伐陈，取三邑而去。赵鞅伐朝歌。楚围蔡，蔡迁于吴。吴败越王句践会稽。

有隼集于陈廷而死，楛矢贯之，石砮，矢长尺有咫。① 陈湣公使使问仲尼。② 仲尼曰："隼来远矣，此肃慎之矢也。③ 昔武王克商，通道九夷百蛮，④ 使各以其方贿来贡，⑤ 使无忘职业。于是肃慎贡楛矢石砮，长尺有咫。先王欲昭其令德，以肃慎矢分大姬，⑥ 配虞胡公而封诸陈。分同姓以珍玉，展亲；⑦ 分异姓以远方职，使无忘服。⑧ 故分陈以肃慎矢。"试求之故府，果得之。⑨

①【集解】韦昭曰："隼，鸷鸟，今之鹗也。楛，木名。砮，镞也，以石为之。八寸曰咫。楛矢贯之，坠而死。"【正义】隼音笋。《毛诗义疏》："鹞，齐人谓之击征，或谓之题肩，或曰省雁，春化为布谷。此属数种皆为隼。"

②【索隐】《家语》、《国语》皆作"陈惠公"，非也。按：惠公以鲁昭元年立，定四年卒。又按系家，湣公（十）六年孔子适陈，十三年亦在陈，则此湣公为是。

③【正义】《肃慎国记》云："肃慎，其地在夫馀国东北，（河）〔可〕六十日行。其弓四尺，强劲弩射四百步，今之靺鞨国方有此矢。"

④【集解】王肃曰："九夷，东方夷有九种也。百蛮，夷狄之百种。"

⑤【集解】王肃曰："各以其方面所有之财贿而来贡。"

⑥【集解】韦昭曰："大姬，武王元女也。"

⑦【集解】韦昭曰："展，重也。玉谓若夏后氏之璜。"

⑧【集解】王肃曰："使无忘服从于王也。"

⑨【集解】韦昭曰："故府，旧府也。"

孔子居陈三岁，会晋楚争强，更伐陈，及吴侵陈，陈常被寇。孔子曰："归与归与！吾党之小子狂简，进取不忘其初。"于是孔子去陈。

过蒲，会公叔氏以蒲畔，蒲人止孔子。弟子有公良孺者，以私车五乘从孔子。其为人长贤，有勇力，谓曰："吾昔从夫子遇难于匡，今又遇难于此，命也已。吾与夫子再罹难，宁斗而死。"斗甚疾。蒲人惧，① 谓孔子曰："苟毋适卫，吾出子。"与之盟，出孔子东门。孔子遂适卫。子贡曰："盟可负邪？"孔子曰："要盟也，神不听。"

①【索隐】《家语》云"我宁斗死，挺剑而合众，将与之战，蒲人惧"是也。

卫灵公闻孔子来，喜，郊迎。问曰："蒲可伐乎？"对曰："可。"灵公曰："吾大夫以为不可。今蒲，卫之所以待晋楚也，①以卫伐之，无乃不可乎？"孔子曰："其男子有死之志，②妇人有保西河之志。③吾所伐者不过四五人。"④灵公曰："善。"然不伐蒲。

①【正义】卫在濮州，蒲在滑州，在卫西也。韩魏及楚从西向东伐，先在蒲，后及卫。

②【集解】王肃曰："公叔氏欲以蒲适他国，而男子欲死之，不乐适他。"

③【集解】王肃曰："妇人恐惧，欲保西河，无战意也。" 【索隐】此西河在卫地，非魏之西河也。

④【集解】王肃曰："本与公叔同畔者。"

灵公老，怠于政，不用孔子。孔子喟然叹曰："苟有用我者，期月而已，三年有成。"①孔子行。

①【集解】孔安国曰："言诚有用我于政事者，期年而可以行其政教，必三年乃有成也。"

佛肸为中牟宰。①赵简子攻范、中行，伐中牟。佛肸畔，使人召孔子。孔子欲往。子路曰："由闻诸夫子，'其身亲为不善者，君子不入也'。②今佛肸亲以中牟畔，子欲往，如之何？"孔子曰："有是言也。不曰坚乎，磨而不磷；不曰白乎，涅而不淄。③我岂匏瓜也哉，焉能系而不食？"④

①【集解】孔安国曰："晋大夫赵简子之邑宰。" 【索隐】此河北之中牟，盖在汉阳西。

②【集解】孔安国曰："不入其国。"

③【集解】孔安国曰："磷，薄也。涅，可以染皂者也。言至坚者磨之而不薄，至白者染之于涅中而不黑，君子虽在浊乱，不能污也。"

④【集解】何晏曰："言匏瓜得系一处者，不食故也。吾自食物当东西南北，不得如不食之物系滞一处。"

孔子击磬。有荷蒉而过门者，曰："有心哉，击磬乎！①硁硁乎，莫己知也夫而已矣！"②

①【集解】何晏曰："蒉，草器也。有心谓契契然也。"

②【集解】何晏曰："此硁硁，信己而已，言亦无益也。"

孔子学鼓琴师襄子，①十日不进。师襄子曰："可以益矣。"孔子曰："丘已习其曲矣，未得其数也。"有间，曰："已习其数，可以益矣。"孔子曰："丘未得其志也。"有间，曰："已习其志，可以益矣。"孔子曰："丘未得其为人也。"有间，(曰)有所穆然深思焉，有所怡然高望而远志焉。曰："丘得其为人，黯然而黑，②几然而长，③眼如望羊，④如王四国，非文王其谁能为此也！"师襄子辟席再拜，曰："师盖云《文王操》也。"

①【索隐】《家语》师襄子曰"吾虽以击磬为官，然能于琴"。盖师襄子鲁人，《论语》谓之"击磬襄"是也。

②【集解】王肃曰："黯，黑貌。"

③【集解】徐广曰："《诗》云'颀而长兮'。"　【索隐】"几"与注"颀"，并音祈，《家语》无此四字。

④【集解】王肃曰："望羊，望羊视也。"　【索隐】王肃云："望羊，望羊视也。"

孔子既不得用于卫，将西见赵简子。至于河而闻窦鸣犊、舜华①之死也，临河而叹曰："美哉水，洋洋乎！丘之不济此，命也夫！"子贡趋而进曰："敢问何谓也？"孔子曰："窦鸣犊、舜华，晋国之贤大夫也。赵简子未得志之时，须此两人而后从政；及其已得志，杀之乃从政。丘闻之也，刳胎杀夭则麒麟不至郊，竭泽涸渔则蛟龙不合阴阳，②覆巢毁卵则凤皇不翔。何则？君子讳伤其类也。夫鸟兽之于不义也尚知辟之，而况乎丘哉！"乃还息乎陬乡，作为《陬操》③以哀之。而反乎卫，入主蘧伯玉家。

①【集解】徐广曰："或作'鸣铎窦犨'，又作'窦犨鸣犊、舜华也'。"　【索隐】《家语》云"闻赵简子杀窦犨鸣犊及舜华"，《国语》云"鸣铎窦犨"，则窦犨字鸣犊，声转字异，或作"鸣铎"。庆华当作"舜华"，诸说皆同。

②【索隐】有角曰蛟龙。龙能兴云致雨，调和阴阳之气。

③【集解】王肃曰："《陬操》，琴曲名也。"【索隐】此陬乡非鲁之陬邑。《家语》云作"槃操"也。

他日，灵公问兵陈。① 孔子曰："俎豆之事则尝闻之，军旅之事未之学也。"② 明日，与孔子语，见蜚雁，仰视之，色不在孔子。孔子遂行，③ 复如陈。

①【集解】孔安国曰："军陈行列之法。"

②【集解】郑玄曰："万二千人为军，五百人为旅。军旅末事，本未立不可教以末也。"

③【索隐】此鲁哀二年也。

夏，卫灵公卒，立孙辄，是为卫出公。六月，赵鞅内太子蒯聩于戚。阳虎使太子绕，八人衰绖，伪自卫迎者，哭而入，遂居焉。冬，蔡迁于州来。是岁鲁哀公三年，而孔子年六十矣。齐助卫围戚，以卫太子蒯聩在故也。

夏，鲁桓釐庙燔，南宫敬叔救火。孔子在陈，闻之，曰："灾必于桓釐庙乎？"① 已而果然。

①【集解】服虔曰："桓釐当毁，而鲁事非礼之庙，故孔子闻有火灾，知其加桓僖也。"

秋，季桓子病，辇而见鲁城，喟然叹曰："昔此国几兴矣，以吾获罪于孔子，故不兴也。"顾谓其嗣康子曰："我即死，若必相鲁；相鲁，必召仲尼。"后数日，桓子卒，康子代立。已葬，欲召仲尼。公之鱼曰："昔吾先君用之不终，终为诸侯笑。今又用之，不能终，是再为诸侯笑。"康子曰："则谁召而可？"曰："必召冉求。"于是使使召冉求。冉求将行，孔子曰："鲁人召求，非小用之，将大用之也。"是日，孔子曰："归乎归乎！① 吾党之小子狂简，斐然成章，吾不知所以裁之。"② 子赣知孔子思归，送冉求，因诫曰"即用，以孔子为招"云。

①【索隐】此系家再有"归与"之辞者，前辞出《孟子》，此辞见《论语》，盖止是一称"归与"，二书各记之，今前后再引，亦失之也。

②【集解】孔安国曰："简，大也。孔子在陈思归欲去，曰：'吾党之小子狂者进

取于大道，妄穿凿以成章，不知所以裁制，当归以裁耳。'"

冉求既去，明年，孔子自陈迁于蔡。蔡昭公将如吴，吴召之也。前昭公欺其臣迁州来，后将往，大夫惧复迁，公孙翩射杀昭公。①楚侵蔡。秋，齐景公卒。②

①【集解】徐广曰："哀公四年也。"

②【集解】徐广曰："哀公五年也。"

明年，孔子自蔡如叶。叶公问政，孔子曰："政在来远附迩。"他日，叶公问孔子于子路，子路不对。①孔子闻之，曰："由，尔何不对曰'其为人也，学道不倦，诲人不厌，发愤忘食，乐以忘忧，不知老之将至'云尔。"

①【集解】孔安国曰："叶公名诸梁，楚大夫，食菜于叶，僭称公。不对，未知所以对也。"

去叶，反于蔡。长沮、桀溺耦而耕，孔子以为隐者，使子路问津焉。①长沮曰："彼执舆者为谁?"子路曰："为孔丘。"曰："是鲁孔丘与?"曰："然。"曰："是知津矣。"②桀溺谓子路曰："子为谁?"曰："为仲由。"曰："子，孔丘之徒与?"曰："然。"桀溺曰："悠悠者天下皆是也，而谁以易之?③且与其从辟人之士，岂若从辟世之士哉!"④耰而不辍。⑤子路以告孔子，孔子怃然⑥曰："鸟兽不可与同群。⑦天下有道，丘不与易也。"⑧

①【集解】郑玄曰："耜广五寸，二耜为耦。津，济渡处也。"【正义】《括地志》云："黄城山俗名菜山，在许州叶县西南二十五里。《圣贤冢墓记》云黄城山即长沮、桀溺所耕处。下有东流，则子路问津处也。"

②【集解】马融曰："言数周流，自知津处。"

③【集解】孔安国曰："悠悠者，周流之貌也。言当今天下治乱同，空舍此适彼，故曰'谁以易之'。"

④【集解】何晏曰："士有辟人之法，有辟世之法。长沮、桀溺谓孔子为士，从辟人之法者也；己之为士，则从辟世之法也。"

⑤【集解】郑玄曰："耰，覆种也。辍，止也。覆种不止，不以津告也。"

⑥【集解】何晏曰："为其不达己意而非己。"

⑦【集解】孔安国曰："隐于山林是同群。"

⑧【集解】何晏曰："凡天下有道者，丘皆不与易也，己大而人小故也。"

他日，子路行，遇荷蓧丈人，①曰："子见夫子乎？"丈人曰："四体不勤，五谷不分，孰为夫子！"②植其杖而芸。③子路以告，孔子曰："隐者也。"复往，则亡。④

①【集解】包氏曰："丈人，老者。蓧，草器名也。"

②【集解】包氏曰："丈人曰不勤劳四体，分植五谷，谁为夫子而索也。"

③【集解】孔安国曰："植，倚也。除草曰芸。"

④【集解】孔安国曰："子路反至其家，丈人出行不在。"

孔子迁于蔡三岁，吴伐陈。楚救陈，①军于城父。闻孔子在陈蔡之间，楚使人聘孔子。孔子将往拜礼，陈蔡大夫谋曰："孔子贤者，所刺讥皆中诸侯之疾。今者久留陈蔡之间，诸大夫所设行皆非仲尼之意。今楚，大国也，来聘孔子。孔子用于楚，则陈蔡用事大夫危矣。"于是乃相与发徒役围孔子于野。不得行，绝粮。从者病，莫能兴。②孔子讲诵弦歌不衰。子路愠见曰："君子亦有穷乎？"孔子曰："君子固穷，小人穷斯滥矣。"③

①【集解】徐广曰："哀公四年也。"

②【集解】孔安国曰："兴，起也。"

③【集解】何晏曰："滥，溢也。君子固亦有穷时，但不如小人穷则滥溢为非。"

子贡色作。孔子曰："赐，尔以予为多学而识之者与？"曰："然。①非与？"②孔子曰："非也。予一以贯之。"③

①【集解】孔安国曰："然谓多学而识之。"

②【集解】孔安国曰："问今不然耶。"

③【集解】何晏曰："善有元，事有会，天下殊涂而同归，百虑而一致。知其元则众善举也，故不待学，以一知之。"

孔子知弟子有愠心，乃召子路而问曰："《诗》云'匪兕匪虎，率彼旷野'。①吾道非邪？吾何为于此？"子路曰："意者吾未仁邪？人之不我信也。②意者吾未知邪？人之不我行也。"③孔子曰："有是乎！由，譬使仁者而必信，安有伯夷、叔齐？④使知者而必行，安有王子比干？"⑤

①【集解】王肃曰："率，循也。言非兕虎而循旷野也。"

②【集解】王肃曰："言人不信吾，岂以未仁故乎？"

③【集解】王肃曰："言人不使通行而困穷者，岂以吾未智乎？"

④【正义】言仁者必使四方信之，安有伯夷、叔齐饿死乎？

⑤【正义】言智者必使处事通行，安有王子比干剖心哉？

子路出，子贡入见。孔子曰："赐，《诗》云'匪兕匪虎，率彼旷野'。吾道非邪？吾何为于此？"子贡曰："夫子之道至大也，故天下莫能容夫子。夫子盖少贬焉？"孔子曰："赐，良农能稼而不能为穑，①良工能巧而不能为顺。②君子能修其道，纲而纪之，统而理之，而不能为容。今尔不修尔道而求为容。赐，而志不远矣！"

①【集解】王肃曰："种之为稼，敛之为穑。言良农能善种之，未必能敛获之。"

②【集解】王肃曰："言良工能巧而已，不能每顺人之意。"

子贡出，颜回入见。孔子曰："回，《诗》云'匪兕匪虎，率彼旷野'。吾道非邪？吾何为于此？"颜回曰："夫子之道至大，故天下莫能容。虽然，夫子推而行之，不容何病，不容然后见君子！夫道之不修也，是吾丑也。夫道既已大修而不用，是有国者之丑也。不容何病，不容然后见君子！"孔子欣然而笑曰："有是哉颜氏之子！使尔多财，吾为尔宰。"①

①【集解】王肃曰："宰，主财者也。为汝主财，言志之同也。"

于是使子贡至楚。楚昭王兴师迎孔子，然后得免。

昭王将以书社地七百里①封孔子。楚令尹子西曰："王之使使诸侯有如子贡者乎？曰无有。王之辅相有如颜回者乎？曰无有。王之将率有如子路者乎？曰无有。王之官尹有如宰予者乎？曰无有。且楚之祖封于周，号为子男五十里。今孔丘述三五之法，明周召之业，王若用之，则楚安得世世堂堂方数千里乎？夫文王在丰，武王在镐，百里之君卒王天下。今孔丘得据土壤，贤弟子为佐，非楚之福也。"昭王乃止。其秋，楚昭王卒于城父。

①【集解】服虔曰："书，籍也。"【索隐】古者二十五家为里，里则各立社，则书社者，书其社之人名于籍。盖以七百里书社之人封孔子也，故下冉求云"虽累千社而夫子不利"是也。

楚狂接舆歌而过孔子，①曰："凤兮凤兮，何德之衰！②往者不可谏兮，③来者犹可追也！④已而已而，今之从政者殆而！"⑤孔子下，欲与之言。⑥趋而去，弗得与之言。

①【集解】孔安国曰："接舆，楚人也。佯狂而来歌，欲以感切孔子也。"

②【集解】孔安国曰："比孔子于凤鸟，待圣君乃见。非孔子周行求合，故曰'衰'也。"

③【集解】孔安国曰："已往所行，不可复谏止也。"

④【集解】孔安国曰："自今已来，可追自止，避乱隐居。"

⑤【集解】孔安国曰："言'已而'者，言世乱已甚，不可复治也。再言之者，伤之深也。"

⑥【集解】包氏曰："下，下车也。"

于是孔子自楚反乎卫。是岁也，孔子年六十三，而鲁哀公六年也。

其明年，吴与鲁会缯，征百牢。①太宰嚭召季康子。康子使子贡往，然后得已。

①【索隐】此哀七年时也。百牢，牢具一百也。周礼上公九牢，侯伯七牢，子男五牢。今吴征百牢，夷不识礼故也。子贡对以周礼，而后吴亡是征也。【正义】《括地志》云："故鄫城在沂州承县。《地理志》云缯县属东海郡也。"

孔子曰："鲁卫之政，兄弟也。"①是时，卫君辄父不得立，在外，诸侯数以为让。而孔子弟子多仕于卫，卫君欲得孔子为政。子路曰："卫君待子而为政，子将奚先？"②孔子曰："必也正名乎！"③子路曰："有是哉，子之迂也！何其正也？"④孔子曰："野哉由也！⑤夫名不正则言不顺，言不顺则事不成，事不成则礼乐不兴，礼乐不兴则刑罚不中，⑥刑罚不中则民无所错手足矣。夫君子为之必可名，言之必可行。⑦君子于其言，无所苟而已矣。"

①【集解】包氏曰："周公、康叔既为兄弟，康叔睦于周公，其国之政亦如兄弟也。"

②【集解】包氏曰："问往将何所先行。"

③【集解】马融曰："正百事之名也。"

④【集解】包氏曰："迂犹远也。言孔子之言远于事也。"

⑤【集解】孔安国曰："野，不达也。"

⑥【集解】孔安国曰："礼以安上，乐以移风。二者不行，则有淫刑滥罚也。"

⑦【集解】王肃曰："所名之事，必可得明言；所言之事，必可得遵行者。"

其明年，冉有为季氏将师，与齐战于郎，克之。① 季康子曰："子之于军旅，学之乎？性之乎？"冉有曰："学之于孔子。"季康子曰："孔子何如人哉？"对曰："用之有名；播之百姓，质诸鬼神而无憾。求之至于此道，虽累千社，夫子不利也。"康子曰："我欲召之，可乎？"对曰："欲召之，则毋以小人固之，则可矣。"而卫孔文子② 将攻太叔，③ 问策于仲尼。仲尼辞不知，退而命载而行，曰："鸟能择木，木岂能择鸟乎！"④ 文子固止。会季康子逐公华、公宾、公林，以币迎孔子，孔子归鲁。

①【集解】徐广曰："此哀公十一年也，去吴会缯已四年矣。年表哀公十年，孔子自陈至卫也。"【索隐】徐说去会四年，是也。按：《左传》及此文，孔子是时在卫归鲁，不见有在陈之文，在陈当哀公之初，盖年表误尔。【正义】《括地志》云："郎亭在徐州滕县西五十三里。"

②【集解】服虔曰："文子，卫卿也。"

③【集解】《左传》曰太叔名疾。

④【集解】服虔曰："鸟喻己，木以喻所之之国。"

孔子之去鲁凡十四岁而反乎鲁。①

①【索隐】前文孔子以定公十四年去鲁，计至此十三年。《鲁系家》云定公十二年孔子去鲁，则首尾计十五年矣。

鲁哀公问政，对曰："政在选臣。"季康子问政，曰："举直错诸枉，① 则枉者直。"康子患盗，孔子曰："苟子之不欲，虽赏之不窃。"② 然鲁终不能用孔子，孔子亦不求仕。

①【集解】包氏曰："错，置也。举正直之人用之，废置邪枉之人。"【索隐】《论语》"季康子问政，子曰'政者，正也'"。又"哀公问曰'何为则人服'？子曰'举直错诸枉则人服'"。今此初论康子问政，未合以孔子答哀公使人服，盖太史公撮略《论语》为文而失事实。

②【集解】孔安国曰："欲，情欲也。言民化于上，不从其所令，从其所好也。"

孔子之时，周室微而礼乐废，《诗》《书》缺。追迹三代之礼，序《书传》，上纪唐虞之际，下至秦缪，编次其事。曰："夏礼吾能言之，杞不足征也。殷礼吾能言之，宋不足征也。①足，则吾能征之矣。"观殷夏所损益，曰："后虽百世可知也，②以一文一质。周监二代，郁郁乎文哉。吾从周。"③故《书传》、《礼记》自孔氏。

①【集解】包氏曰："征，成也。杞宋二国，夏殷之后也。夏殷之礼吾能说之，杞宋之君不足以成也。"

②【集解】何晏曰："物类相召，势数相生，其变有常，故可预知者也。"

③【集解】孔安国曰："监，视也。言周文章备于二代，当从之也。"

孔子语鲁大师："乐其可知也。始作翕如，①纵之纯如，②皦如，③绎如也，以成。"④"吾自卫反鲁，然后乐正，《雅》《颂》各得其所。"⑤

①【集解】何晏曰："太师，乐官名也。五音始奏，翕如盛也。"

②【集解】何晏曰："言五音既发放纵尽，其声纯和谐也。"

③【集解】何晏曰："言其音节明。"

④【集解】何晏曰："纵之以纯如，皦如，绎如，言乐始于翕如而成于三者也。"

⑤【集解】郑玄曰："反鲁，鲁哀公十一年冬。是时道衰乐废，孔子来还，乃正之，故《雅》《颂》各得其所。"

古者《诗》三千馀篇，及至孔子，去其重，①取可施于礼义，上采契后稷，中述殷周之盛，至幽厉之缺，始于衽席，故曰"《关雎》之乱以为《风》始，②《鹿鸣》为《小雅》始，③《文王》为《大雅》始，④《清庙》为《颂》始"。⑤三百五篇孔子皆弦歌之，以求合《韶》《武》《雅》《颂》之音。礼乐自此可得而述，以备王道，成六艺。

①【正义】去，丘吕反。重，逐龙反。

②【正义】乱，理也。《诗小序》云："《关雎》，后妃之德也，风之始也，所以风天下而正夫妇也。"毛苌云："关关，和声。雎鸠，王雎也，鸟挚而有别。后妃悦乐君子之德，无不和谐，又不淫色，慎固幽深，若雎鸠之有别，然后可以风化天下。夫妇有别则父子亲，父子亲则君臣敬，君臣敬则朝廷正，朝廷正则王化成也。"按：王雎，金口鹗也。

③【正义】《小序》云："《鹿鸣》，宴群臣嘉宾也。既饮食之，又实币帛筐篚以将其厚意，然后忠臣嘉宾得尽其心矣。"毛苌云："鹿得苹，呦呦鸣而相呼，恳诚发乎中，以兴嘉乐宾客，当有恳诚相招呼以成礼也。"

④【正义】《小序》云："《文王》，文王受命作周。"郑玄云："文王初为西伯，有功于民，其德著见于天，故天命之以为王，使君天下。"

⑤【正义】《小序》云："《清庙》，祀文王也。周公既成雒邑，朝诸侯，率以祀文王焉。"毛苌云："《清庙》者，祭有清明之德者之宫也。谓祭文王，天德清明，文王象焉，故祭之而歌此诗也。"

孔子晚而喜《易》，序①《彖》、②《系》、③《象》、④《说卦》、⑤《文言》。⑥读《易》，韦编三绝。曰："假我数年，若是，我于《易》则彬彬矣。"

①【正义】序，《易·序卦》也。夫子作《十翼》，谓《上彖》、《下彖》、《上象》、《下象》、《上系》、《下系》、《文言》、《序卦》、《说卦》、《杂卦》也。《易正义》曰："文王既繇六十四卦分为上下篇，先后之次，其理不易。孔子就上下二经，各序其相次之义。"

②【正义】吐乱反。《上彖》，卦下辞；《下彖》，爻卦下辞。《易正义》曰："夫子所作，统论一卦之义，或说其卦德，或说其卦义，或说其卦名。庄氏云'彖，断也，言断定一卦之义'也。"

③【正义】如字，又音系。《易正义》云："《系辞》者，圣人系属此辞于爻卦之下。分为上下篇者，以简编重大，是以分之。"又言"《系辞》者，取纲系之义"也。

④【正义】《上象》，卦辞；下象，爻辞。《易正义》云："万物之体自然，各有形象，圣人设卦以写万物之象，今夫子释此卦之象也。"

⑤【正义】《易正义》云："《说卦》者，陈说八卦德业变化法象所为也。"

⑥【正义】《易正义》云："夫子赞明《易》道，申说义理，释《乾》《坤》二卦经文之言，故称《文言》。"又："杂卦者，六十四卦以为义，于序卦之外，别言圣人之兴，因时而作，随其事宜，不必相因袭，当有损益。"又云："杂揉众卦，错综其

义，或以同相类，或以异相明。”按：史不出《杂卦》，故附之。

孔子以诗书礼乐教，弟子盖三千焉，身通六艺者七十有二人。如颜浊邹之徒，①颇受业者甚众。

①【正义】浊音卓。邹音聚。颜浊邹，非七十(七)〔二〕人数也。

孔子以四教：文，行，忠，信。①绝四：毋意，②毋必，③毋固，④毋我。⑤所慎：齐，战，疾。⑥子罕言利与命与仁。⑦不愤不启，举一隅不以三隅反，则弗复也。⑧

①【集解】何晏曰：“四者有形质，可举以教。”

②【集解】何晏曰：“以道为度，故不任意也。”

③【集解】何晏曰：“用之则行，舍之则藏，故无专必。”

④【集解】何晏曰：“无可无不可，故无固行也。”

⑤【集解】何晏曰：“述古而不自作，处群萃而不自异，唯道是从，故不有其身。”

⑥【集解】何晏曰：“此三者人所不能慎，而夫子慎也。”

⑦【集解】何晏曰：“罕者，希也。利者，义之和也。命者，天之命也。仁者，行之盛也。寡能及之，故希言之。”

⑧【集解】郑玄曰：“孔子与人言，必待其人心愤愤，口悱悱，乃后启发为说之，如此则识思之深也。说则举一端以语之，其人不思其类，则不重教也。”

其于乡党，恂恂①似不能言者。其于宗庙朝廷，辩辩②言，唯谨尔。③朝，与上大夫言，訚訚如也；④与下大夫言，侃侃如也。⑤

①【集解】王肃曰：“恂恂，温恭貌也。”【索隐】有本作“逡逡”，音七旬反。

②【索隐】《论语》作“便便”。

③【集解】郑玄曰：“唯辩而谨敬也。”

④【集解】孔安国曰：“中正之貌也。”

⑤【集解】孔安国曰：“和乐貌。”

入公门，鞠躬如也；趋进，翼如也。①君召使傧，②色勃如也。③君命召，不俟驾行矣。④

①【集解】孔安国曰：“言端好也。”

②【集解】郑玄曰：“有宾客，使迎之也。”

③【集解】孔安国曰："必变色。"

④【集解】郑玄曰："急趋君命也，行出而车驾随之。"

鱼馁，肉败，割不正，不食。①席不正，不坐。食于有丧者之侧，未尝饱也。

①【集解】孔安国曰："鱼败曰馁也。"

是日哭，则不歌。见齐衰、瞽者，虽童子必变。①

①【集解】包氏曰："瞽，盲。"

"三人行，必得我师。"①"德之不修，学之不讲，闻义不能徙，不善不能改，是吾忧也。"②使人歌，善，则使复之，然后和之。③

①【集解】何晏曰："言我三人行，本无贤愚，择善而从之，不善而改之，无常师。"

②【集解】孔安国曰："夫子常以此四者为忧也。"

③【集解】何晏曰："乐其善，故使重歌而自和也。"

子不语：怪，力，乱，神。①

①【集解】王肃曰："怪，怪异也。力谓若奡荡舟，乌获举千钧之属也。乱谓臣弑君，子弑父也。神谓鬼神之事。或无益于教化，或所不忍言也。"李充曰："力不由理，斯怪力也。神不由正，斯乱神也。怪力，乱神，有与于邪，无益于教，故不言也。"

子贡曰："夫子之文章，可得闻也。①夫子言天道与性命，弗可得闻也已。"②颜渊喟然叹曰："仰之弥高，钻之弥坚。③瞻之在前，忽焉在后。④夫子循循然善诱人，⑤博我以文，约我以礼，欲罢不能。既竭我才，如有所立，卓尔。虽欲从之，蔑由也已。"⑥达巷党人(童子)曰："大哉孔子，博学而无所成名。"⑦子闻之曰："我何执？执御乎？执射乎？我执御矣。"⑧牢曰："子云'不试，故艺'。"⑨

①【集解】何晏曰："章，明。文，彩。形质著见，可以耳目循也。"

②【集解】何晏曰："性者，人之所受以生也。天道者，元亨日新之道。深微，故不可得而闻之。"

③【集解】何晏曰："言不可穷尽。"

④【集解】何晏曰："言忽怳不可为形象。"

⑤【集解】何晏曰："循循，次序貌也。诱，进也。言夫子正以此道进劝人学有次序也。"

⑥【集解】孔安国曰："言夫子既以文章开博我，又以礼节节约我，使我欲罢不能。已竭吾才矣，其有所立，则卓然不可及。言己虽蒙夫子之善诱，犹不能及夫子所立也。"

⑦【集解】郑玄曰："达巷者，党名。五百家为党。此党之人美孔子博学道艺，不成一名而已。"

⑧【集解】郑玄曰："闻人美之，承以谦也。吾执御者，欲明六艺之卑。"

⑨【集解】郑玄曰："牢者，弟子子牢也。试，用也。言孔子自云我不见用故多伎艺也。"

鲁哀公十四年春，狩大野。①叔孙氏车子钼商获兽，②以为不祥。仲尼视之，曰："麟也。"取之。③曰："河不出图，雒不出书，吾已矣夫！"④颜渊死，孔子曰："天丧予！"⑤及西狩见麟，曰："吾道穷矣！"⑥喟然叹曰："莫知我夫！"子贡曰："何为莫知子？"⑦子曰："不怨天，不尤人，⑧下学而上达，⑨知我者其天乎！"⑩

①【集解】服虔曰："大野，薮名，鲁田圃之常处，盖今钜野是也。" 【正义】《括地志》云："获麟堆在郓州钜野县东十二里。《春秋》哀十四年《经》云'西狩获麟'。《国都城记》云'钜野故城东十里泽中有土台，广轮四五十步，俗云获麟堆，去鲁城可三百馀里'。"

②【集解】服虔曰："车子，微者也；钼商，名也。" 【索隐】《春秋传》及《家语》并云"车子钼商"，而服虔以"子"为姓，非也。今以车子为主车车士，微者之人也。人微故略其姓，则"子"非姓也。

③【集解】服虔曰："麟非时所常见，故怪之，以为不祥也。仲尼名之曰'麟'，然后鲁人乃取之也。明麟为仲尼至也。"

④【集解】孔安国曰："圣人受命，则河出图，今无此瑞。吾已矣夫者，〔伤〕不得见〔也〕。河图，八卦是也。"

⑤【集解】何休曰："予，我也。天生颜渊为夫子辅佐，死者是天将亡夫子之证者也。"

⑥【集解】何休曰："麟者，太平之兽，圣人之类也。时得而死，此天亦告夫子将殁之证，故云尔。"

⑦【集解】何晏曰："子贡怪夫子言何为莫知己，故问之。"

⑧【集解】马融曰："孔子不用于世，而不怨天不知己，亦不尤人。"

⑨【集解】孔安国曰："下学人事，上达天命。"

⑩【集解】何晏曰："圣人与天地合其德，故曰唯天知己。"

"不降其志，不辱其身，伯夷、叔齐乎！"① 谓"柳下惠、少连降志辱身矣"。谓"虞仲、夷逸隐居放言，② 行中清，废中权"。③ "我则异于是，无可无不可。"④

①【集解】郑玄曰："言其直己之心，不入庸君之朝。"

②【集解】包氏曰："放，置也。置不复言世务也。"

③【集解】马融曰："清，纯絜也。遭世乱，自废弃以免患，合于权也。"

④【集解】马融曰："亦不必进，亦不必退，唯义所在。"

子曰："弗乎弗乎，君子病没世而名不称焉。吾道不行矣，吾何以自见于后世哉？"乃因史记作《春秋》，上至隐公，下讫哀公十四年，十二公。据鲁，亲周，① 故殷，运之三代。② 约其文辞而指博。故吴楚之君自称王，而《春秋》贬之曰"子"；践土之会实召周天子，而《春秋》讳之曰"天王狩于河阳"：推此类以绳当世。贬损之义，后有王者举而开之。《春秋》之义行，则天下乱臣贼子惧焉。

①【索隐】言夫子修《春秋》，以鲁为主，故云据鲁。亲周，盖孔子之时周虽微，而亲周王者，以见天下之有宗主也。

②【正义】殷，中也。又中运夏、殷、周之事也。

孔子在位听讼，文辞有可与人共者，弗独有也。至于为《春秋》，笔则笔，削则削，子夏之徒不能赞一辞。弟子受《春秋》，孔子曰："后世知丘者以《春秋》，而罪丘者亦以《春秋》。"①

①【集解】刘熙曰："知者，行尧舜之道者也。罪者，在王公之位，见贬绝者。"

明岁，子路死于卫。孔子病，子贡请见。孔子方负杖逍遥于门，曰："赐，汝来何其晚也？"孔子因叹，歌曰："太山坏乎！① 梁柱摧乎！哲人萎乎!”②因以涕下。谓子贡曰:“天下无道久矣,莫能宗予。③夏人殡于东阶,周人于西阶,殷人两柱间。昨暮予梦坐奠两柱之间,予始殷人也。”后七日卒。④

①【集解】郑玄曰:“太山,众山所仰。”

②【集解】王肃曰:“萎,顿也。”

③【集解】王肃曰:“伤道之不行也。”

④【集解】郑玄曰;“明圣人知命也。” 【正义】《括地志》云:“汉封夫子十二代孙忠为褒成侯;生光,为丞相,封侯;平帝封孔霸孙莽二千户为褒成侯;后汉封十七代孙志为褒成侯;魏封二十二代孙羡为崇圣侯;晋封二十三代孙震为奉圣亭侯;后魏封二十七代孙为崇圣大夫;孝文帝又封三十一代孙珍为崇圣侯,高齐改封珍为恭圣侯,周武帝改封邹国公;隋文帝仍旧封邹国公,炀帝改为绍圣侯;皇唐给复二千户,封孔子裔孙孔德伦为褒圣侯也。”

孔子年七十三,以鲁哀公十六年四月己丑卒。①

①【索隐】若孔子以鲁襄二十一年生,至哀十六年为七十三;若襄二十二年生,则孔子年七十二。《经》《传》生年不定,致使孔子寿数不明。

哀公诔之曰:“旻天不吊,不慭遗一老,①俾屏余一人以在位,茕茕余在疚。②呜呼哀哉!尼父,毋自律!”③子贡曰:“君其不没于鲁乎!夫子之言曰:‘礼失则昏,名失则愆。失志为昏,失所为愆。’④生不能用,死而诔之,非礼也。称‘余一人’,非名也。”⑤

①【集解】王肃曰:“吊,善也。慭,且也。一老谓孔子也。”

②【集解】王肃曰:“疚,病也。”

③【集解】王肃曰:“父,丈夫之显称也。律,法也。言毋以自为法也。”

④【索隐】失礼为昏,失所为愆。《左传》及《家语》皆云“失志为昏,失礼为愆”,与此不同也。

⑤【集解】服虔曰:“天子自谓‘一人’,非诸侯所当名也。”

孔子葬鲁城北泗上,①弟子皆服三年。三年心丧毕,相诀而去,②则哭,各复尽哀;或复留。唯子赣庐于冢上,③凡六年,然后去。弟子及鲁人往从冢而家者百有馀室,因命曰孔里。鲁世世相传以岁时奉祠孔子冢，而诸儒亦讲礼乡饮大射于孔子冢。孔子冢大一顷。故所居堂、弟子内，后世因庙，藏孔子衣冠琴车书，④至于汉二百馀年不绝。高皇帝过鲁，以太牢祠焉。诸侯卿相至，常先谒然后从政。

①【集解】《皇览》曰："孔子冢去城一里。冢茔百亩，冢南北广十步，东西十三步，高一丈二尺。冢前以瓴甓为祠坛，方六尺，与地平。本无祠堂。冢茔中树以百数，皆异种，鲁人世世无能名其树者。民传言'孔子弟子异国人，各持其方树来种之'。其树柞、枌、雒离、安贵、五味、毚檀之树。孔子茔中不生荆棘及刺人草。"【索隐】雒离，各离二音，又音落藜。藜是草名也。安贵，香名，出西域。五味，药草也。毚音谗。毚檀，檀树之别种。

②【索隐】诀音决。诀者，别也。

③【索隐】按：《家语》无"上"字。且《礼》云"适墓不登陇"，岂合庐于冢上乎？盖"上"者，亦是边侧之义。

④【索隐】谓孔子所居之堂，其弟子之中，孔子没后，后代因庙，藏夫子平生衣冠琴书于寿堂中。

孔子生鲤，字伯鱼。①伯鱼年五十，先孔子死。②

①【索隐】按：《家语》孔子年十九，娶于宋之并官氏之女，一岁而生伯鱼。伯鱼之生，鲁昭公使人遗之鲤鱼。夫子荣君之赐，因以名其子也。

②【集解】《皇览》曰："伯鱼冢在孔子冢东，与孔子并，大小相望也。"

伯鱼生伋，字子思，年六十二。尝困于宋。子思作《中庸》。①

①【集解】《皇览》曰："子思冢在孔子冢南，大小相望。"

子思生白，字子上，年四十七。子上生求，字子家，年四十五。子家生箕，字子京，年四十六。子京生穿，字子高，年五十一。子高生子慎，年五十七，尝为魏相。

子慎生鲋，年五十七，为陈王涉博士，死于陈下。

鲋弟子襄，年五十七。尝为孝惠皇帝博士，迁为长沙太守。长九尺六寸。

子襄生忠，年五十七。忠生武，武生延年及安国。安国为今皇帝博士，至临淮太守，蚤卒。安国生卬，卬生驩。

太史公曰:《诗》有之:“高山仰止,景行行止。”虽不能至,然心向往之。余读孔氏书,想见其为人。适鲁,观仲尼庙堂车服礼器,诸生以时习礼其家,余祗回留之不能去云。①天下君王至于贤人众矣,当时则荣,没则已焉。孔子布衣,传十馀世,学者宗之。自天子王侯,中国言六艺者折中于夫子,②可谓至圣矣!

①【索隐】祗,敬也。言祗敬迟回不能去之。有本亦作“低回”,义亦通。

②【索隐】《离骚》云“明五帝以折中”。王师叔云“折中,正也”。宋均云“折,断也。中,当也”。按:言欲折断其物而用之,与度相中当,故以言其折中也。

【索隐述赞】孔子之胄,出于商国。弗父能让,正考铭勒。防叔来奔,邹人掎足。尼丘诞圣,阙里生德。七十升堂,四方取则。卯诛两观,摄相夹谷。歌凤遽衰,泣麟何促!九流仰镜,万古钦躅。

史记卷四十八

陈涉世家第十八

【索隐】按：胜立数月而死，无后，亦称“系家”者，以其所遣王侯将相竟灭秦，以其首事也。

陈胜者，阳城人也，①字涉。吴广者，阳夏人也，②字叔。陈涉少时，尝与人佣耕，③辍耕之垄上，怅恨久之，曰：“苟富贵，无相忘。”庸者笑而应曰：“若为庸耕，何富贵也？”陈涉太息曰：“嗟乎，燕雀安知鸿鹄之志哉！”④

①【索隐】韦昭云属颍川，《地理志》云属汝南。不同者，按郡县之名随代分割。盖阳城旧属汝南，（史迁云）今为汝阴，后又分隶颍川，韦昭据以为说，故其不同。他皆放此。　【正义】即河南阳城县也。

②【索隐】夏音贾。韦昭云：“淮阳县，后属陈。”　【正义】《括地志》云：“陈州太康县，本汉阳夏县也。”

③【索隐】《广雅》云：“佣，役也。”按：谓役力而受雇直也。

④【索隐】《尸子》云“鸿鹄之鷇，羽翼未合，而有四海之心”是也。按：鸿鹄是一鸟，若凤皇然，非谓鸿雁与黄鹄也。鹄音户酷反。

二世元年七月，发闾左①適戍渔阳，②九百人屯大泽乡。③陈胜、吴广皆次当行，为屯长。会天大雨，道不通，度已失期。失期，法皆斩。陈胜、吴广乃谋曰：“今亡亦死，举大计亦死，等死，死国可乎？”④陈胜曰：“天下苦秦久矣。吾闻二世少子也，⑤不当立，当立者乃公子扶苏。扶苏以数谏故，上使外将兵。今或闻无罪，二世杀之。百姓多闻其贤，未知其死也。⑥项燕为楚将，数有功，爱士卒，楚人怜之。或以为死，或以为亡。今诚以吾众诈自称公子扶苏、项燕，为天下唱，⑦宜多应者。”吴广以为然。乃行卜。⑧卜者知其指意，曰：“足下事皆成，有功。然足下卜之鬼乎！”⑨陈胜、吴广喜，念鬼，⑩曰：“此教我先威众耳。”乃丹书帛曰“陈胜王”，置人所罾鱼腹中。⑪卒买鱼烹食，得鱼腹中书，固以怪之矣。又间令⑫吴广之次所旁丛祠中，⑬夜篝火，⑭狐鸣呼曰“大楚兴，陈胜王”。卒皆夜惊恐。旦日，卒中往往语，皆指目陈胜。

①【索隐】闾左谓居闾里之左也。秦时复除者居闾左。今力役凡在闾左者尽发之也。又云，凡居以富强为右，贫弱为左。秦役戍多，富者役尽，兼取贫弱者也。

②【索隐】適音直革反，又音磔。故《汉书》有七科適。戍者，屯兵而守也。《地理志》渔阳县名，在渔阳郡也。　【正义】《括地志》云：“渔阳故城在檀州密云县南十八里，在渔水之阳也。”

③【集解】徐广曰：“在沛郡蕲县。”

④【索隐】谓欲经营图国，假使不成而败，犹愈为戍卒而死也。

⑤【索隐】姚氏按：隐士遗章邯书云“李斯为二世废十七兄而立今王”，则二世是始皇第十八子也。

⑥【索隐】如淳云“扶苏自杀，故人不知其死”。或以为不知何坐而死，故天下冤二世杀之，其意亦得。今宜依文而解，直是扶苏为二世所杀，而百姓未知，故欲诈自称之也。

⑦【索隐】《汉书》作“倡”，倡谓先也。《说文》云：“倡，首也。”

⑧【索隐】行者，先也。一云行，往也。

⑨【集解】苏林曰：“狐鸣祠中则是也。”瓒曰：“假托鬼神以威众也，故胜、广曰‘此教我威众也’。”　【索隐】裴注引苏林、臣瓒义亦当矣。而李奇又云“卜者戒曰‘所卜事虽成，当死为鬼’，恶指斥言之，而胜失其旨，反依鬼神起怪”，盖亦得本旨也。

⑩【索隐】念者，思也。谓思念欲假鬼神事耳。

⑪【集解】《汉书音义》曰：“罾音曾。”文颖曰：“罾，鱼网也。”

⑫【索隐】服虔云“间音‘中间’之‘间’”。郑氏云“间谓窃令人行也”。孔文祥又云“窃伺间隙，不欲令众知之也”。

⑬【集解】张晏曰：“戍人所止处也。丛，鬼所凭焉。”　【索隐】次，师所次舍处

也。《墨子》云“建国必择木之修茂者以为丛位”。高诱注《战国策》云“丛祠，神祠也。丛，树也”。

⑭【集解】徐广曰：“或作‘带’也。篝者，笼也，音沟。” 【索隐】篝音沟。《汉书》作“搆”。郭璞云：“篝，笼也。”

吴广素爱人，士卒多为用者。将尉①醉，广故数言欲亡，忿恚尉，令辱之，以激怒其众。尉果笞广。尉剑挺，②广起，夺而杀尉。陈胜佐之，并杀两尉。召令徒属曰：“公等遇雨，皆已失期，失期当斩。藉弟令毋斩，③而戍死者固十六七。且壮士不死即已，死即举大名耳，④王侯将相宁有种乎！”徒属皆曰：“敬受命。”乃诈称公子扶苏、项燕，从民欲也。袒右，称大楚。为坛而盟，祭以尉首。陈胜自立为将军，吴广为都尉。攻大泽乡，收而攻蕲。⑤蕲下，⑥乃令符离⑦人葛婴将兵徇蕲⑧以东。攻铚、酂、苦、柘、谯皆下之。⑨行收兵。比至陈，⑩车六七百乘，骑千馀，卒数万人。攻陈，⑪陈守令皆不在，⑫独守丞与战谯门中。⑬弗胜，守丞死，乃入据陈。数日，号令召三老、豪杰与皆来会计事。三老、豪杰皆曰：“将军身被坚执锐，伐无道，诛暴秦，复立楚国之社稷，功宜为王。”陈涉乃立为王，号为张楚。⑭

①【索隐】官也。《汉书仪》“大县二人，其尉将屯九百人”，故云将尉也。

②【集解】徐广曰：“挺犹脱也。” 【索隐】徐广云“挺，夺也”。按：夺即脱也。《说文》云“挺，拔也”。案：谓尉拔剑而广因夺之，故得杀尉。

③【集解】服虔曰：“藉，假也。弟，次弟也。”应劭曰：“藉，吏士名藉也。今失期当斩，就使藉弟幸得不斩，戍死者固十六七。此激怒其众也。”苏林曰：“弟，且也。” 【索隐】苏林云“藉第，假借。且令失期不斩，则戍死者固十七八”。然弟一音“次第”之“第”。又小颜云“弟，但也”；刘氏云“藉音子夜反”；应劭读如字，云“藉，吏士之名藉也”。各以意言，苏说为近之也。

④【索隐】大名谓大名称也。

⑤【索隐】音机，又音祈，县名，属沛郡。

⑥【索隐】下，降也。谓以兵临而即降也。

⑦【索隐】韦昭云：“属沛郡。”

⑧【索隐】李奇云：“徇，略也。音辞峻反。”

⑨【集解】徐广曰："苦、柘属陈，馀皆在沛也。"

⑩【索隐】《地理志》陈县属淮阳。

⑪【正义】今陈州城也。本楚襄王筑，古陈国城也。

⑫【索隐】张晏云"郡守及令皆不在"，非也。按：《地理志》云秦三十六郡并无陈郡，则陈止是县。言守令，则守非官也，与下守丞同也，则"皆"字是衍字。

⑬【索隐】盖谓陈县之城门，一名丽谯，故曰谯门中，非上谯县之门也。谯县守已下讫故也。

⑭【索隐】按：李奇云"欲张大楚国，故称张楚也"。

当此时，诸郡县苦秦吏者，皆刑其长吏，杀之以应陈涉。乃以吴叔为假王，监诸将以西击荥阳。令陈人武臣、张耳、陈馀徇赵地，令汝阴人邓宗徇九江郡。当此时，楚兵数千人为聚者，不可胜数。

葛婴至东城，①立襄彊为楚王。婴后闻陈王已立，因杀襄彊，还报。至陈，陈王诛杀葛婴。陈王令魏人周市北徇魏地。吴广围荥阳。李由为三川守，②守荥阳，吴叔弗能下。陈王征国之豪杰与计，以上蔡人房君蔡赐为上柱国。③

①【索隐】《地理志》属九江。　【正义】《括地志》云："东城故城在濠州定远县东南五十里也。"

②【索隐】三川，今洛阳也。地有伊、洛、河，故曰三川。秦曰三川，汉曰河南郡。李由，李斯子也。

③【集解】《汉书音义》曰："房君，官号也，姓蔡，名赐。"瓒曰："房邑君也。"　【索隐】房，邑也。爵之于房，号曰房君，蔡赐其姓名。晋灼按《张耳传》，言"相国房君"者，盖误耳。涉始号楚，因楚有柱国之官，故以官蔡赐。盖其时草创，亦未置相国之官也。　【正义】豫州吴房县，本房子国，是所封也。

周文，陈之贤人也，①尝为项燕军视日，②事春申君，自言习兵，陈王与之将军印，西击秦。行收兵至关，车千乘，卒数十万，至戏，军焉。③秦令少府章邯免郦山徒、人奴产子生，④悉发以击楚大军，尽败之。周文败，走出关，止次曹阳⑤二三月。章邯追败之，复走次渑池⑥十馀日。章邯击，大破之。周文自刭，⑦军遂不战。

①【集解】文颖曰："即周章。"

②【集解】如淳曰："视日时吉凶举动之占也。司马季主为日者。"

③【正义】即京东戏亭也。

④【集解】服虔曰："家人之产奴也。"【索隐】按：《汉书》无"生"字，小颜云"犹今言家产奴也"。

⑤【索隐】晋灼云："亭名也，在弘农东十二里。"小颜云"曹水之阳也。其水出陕县西南岘头山，北流入河。魏武帝谓之好阳"也。【正义】《括地志》云："曹阳故亭亦名好阳亭，在陕州桃林县东南十四里。崔浩云'曹阳，坑名，自南出，北通于河'。按：魏武帝改曰好阳也。"

⑥【正义】渑池，河南府县是也。

⑦【集解】徐广曰："十一月也。"【索隐】《越系家》"句践使罪人三行，属剑于颈，曰'不敢逃刑'，乃自刭"。郭璞注《三苍》，以为刭，刺也。

武臣到邯郸，自立为赵王，陈馀为大将军，张耳、召骚为左右丞相。陈王怒，捕系武臣等家室，欲诛之。柱国曰："秦未亡而诛赵王将相家属，此生一秦也。不如因而立之。"陈王乃遣使者贺赵，而徙系武臣等家属宫中，而封耳子张敖为成都君，①趣赵兵②亟入关。③赵王将相相与谋曰："王王赵，非楚意也。楚已诛秦，必加兵于赵。计莫如毋西兵，使使北徇燕地以自广也。赵南据大河，北有燕、代，楚虽胜秦，不敢制赵。若楚不胜秦，必重赵。赵乘秦之弊，可以得志于天下。"赵王以为然，因不西兵，而遣故上谷卒史韩广将兵北徇燕地。

①【正义】成都，蜀郡县，涉遥封之。

②【索隐】上音促。促谓催促也。

③【索隐】亟音棘。亟，急也。

燕故贵人豪杰谓韩广曰："楚已立王，赵又已立王。燕虽小，亦万乘之国也，愿将军立为燕王。"韩广曰："广母在赵，不可。"燕人曰："赵方西忧秦，南忧楚，其力不能禁我。且以楚之强，不敢害赵王将相之家，赵独安敢害将军之家！"韩广以为然，乃自立为燕王。居数月，赵奉燕王母及家属归之燕。

当此之时，诸将之徇地者，不可胜数。周市北徇地至狄，① 狄人田儋杀狄令，自立为齐王，以齐反，击周市。市军散，还至魏地，欲立魏后故甯陵② 君咎为魏王。③ 时咎在陈王所，不得之魏。魏地已定，欲相与立周市为魏王，周市不肯。使者五反，陈王乃立甯陵君咎为魏王，遣之国。周市卒为相。

①【集解】徐广曰："今之临济。"

②【索隐】晋灼云"今在梁国也"。按：今梁国有宁陵县是也，字转异耳。【正义】《括地志》云："宋州宁陵县城，古甯陵城也。"

③【集解】应劭曰："魏之诸公子，名咎。欲立六国后以树党。"

将军田臧等相与谋曰："周章军已破矣，秦兵旦暮至，我围荥阳城弗能下，秦军至，必大败。不如少遗兵，① 足以守(荧)〔荥〕阳，悉精兵迎秦军。今假王骄，不知兵权，不可与计，非诛之，事恐败。"因相与矫王令以诛吴叔，献其首于陈王。陈王使使赐田臧楚令尹印，使为上将。田臧乃使诸将李归等守荥阳城，自以精兵西迎秦军于敖仓。与战，田臧死，军破。章邯进兵击李归等荥阳下，破之，李归等死。

①【索隐】按：遗谓留馀也。

阳城人邓说① 将兵居郯，② 章邯别将击破之，邓说军散走陈。铚人伍徐③ 将兵居许，④ 章邯击破之，伍徐军皆散走陈。陈王诛邓说。

①【索隐】《地理志》阳城县属颍川。说音悦，凡人名皆音悦。

②【索隐】音谈。小颜云"东海之县名"，非也。按：章邯军此时未至东海，此郯别是地名。或恐"郯"当作"郏"，郏是郏鄏之地，或见下有东海郯，故误。【正义】属海州，疑"郯"当作"郏"，音纪洽反。郏即春秋时郏地，楚郏敖葬之，今汝州郏城县是。邓悦是阳城人，阳城河南府县，与郏城县相近，又走陈，盖"郏"字误作"郯"耳。

③【集解】徐广曰："一作'逢'。"【索隐】《地理志》铚，县名，属沛。伍徐，《汉书》作"伍逢"也。

④【正义】《括地志》云："许州许昌县，本汉许县。《地理志》云许县故国，姜姓，四岳之后，大叔所封，二十四君，为楚所灭，汉以为县。魏文帝即位，改许曰许昌也。"

陈王初立时，陵人秦嘉、①铚人董绁、符离人朱鸡石、取虑②人郑布、徐人丁疾等皆特起，将兵围东海③守庆于郯。陈王闻，乃使武平君畔为将军，④监郯下军。秦嘉不受命，嘉自立为大司马，恶属武平君。告军吏曰："武平君年少，不知兵事，勿听！"因矫以王命杀武平君畔。

①【集解】《地理志》泗水国有陵县也。

②【索隐】《地理志》县名，属临淮。音秋闾二音。取，又音子臾反。

③【正义】今海州。

④【集解】张晏曰："畔，名也。"

章邯已破伍徐，击陈，柱国房君死。章邯又进兵击陈西张贺军。陈王出监战，军破，张贺死。

腊月，①陈王之汝阴，还至下城父，②其御庄贾杀以降秦。陈胜葬砀，③谥曰隐王。

①【集解】张晏曰："秦之腊月，夏之九月。"瓒曰："建丑之月也。"【索隐】臣瓒云："建丑之月也。"颜游秦云："按《史记》表'二世二年十月，诛葛婴，十一月，周文死，十二月，陈涉死'是也。"宗懔《荆楚记》云："腊节在十二月，故因是谓之腊月也。"

②【索隐】按：旧以陈王从汝阴还至城父县，因降之，故云"还至下城父"。又顾氏按《郡国志》，山乘县有下城父聚，在城父县东，下读如字。其说为得之。

③【正义】音唐。今宋州砀山县是。

陈王故涓人将军吕臣①为仓头军，②起新阳，③攻陈下之，杀庄贾，复以陈为楚。④

①【集解】应劭曰："涓人，如谒者。将军姓吕名臣也。"晋灼曰："《吕氏春秋》'荆柱国庄伯令谒者驾，令涓人取冠'。"【索隐】涓音公玄反。服虔云："给涓通也，如今谒者。"

②【索隐】韦昭云："军皆著青帽。"

③【集解】徐广曰："在汝南也。"【正义】《括地志》云："新阳故城在豫州真阳县西南四十二里，汉新阳县城。应劭云在新水之阳也。"

④【索隐】为，如字读。谓又以陈地为楚国。

初，陈王至陈，令铚人宋留将兵定南阳，入武关。留已徇南阳，闻陈王死，南阳复为秦。宋留不能入武关，乃东至新蔡，遇秦军，宋留以军降秦。秦传留至咸阳，车裂留以徇。

秦嘉等闻陈王军破出走，乃立景驹为楚王，①引兵之方与，②欲击秦军定陶下。③使公孙庆使齐王，欲与并力俱进。齐王曰："闻陈王战败，不知其死生，楚安得不请而立王！"公孙庆曰："齐不请楚而立王，楚何故请齐而立王！且楚首事，当令于天下。"田儋诛杀公孙庆。

①【集解】徐广曰："正月，嘉为上将军。"

②【正义】房预二音。方与，兖州县也。

③【正义】今曹州也。

秦左右校①复攻陈，下之。吕将军走，收兵复聚。鄱盗②当阳君黥布之兵相收，复击秦左右校，破之青波，③复以陈为楚。会项梁立怀王孙心为楚王。

①【索隐】按：即左右校尉军也。

②【集解】鄱音婆。英布居江中为群盗，陈胜之起，布归番君吴芮，故谓之"鄱盗"者也。

③【集解】《汉书音义》曰："地名也。"

陈胜王凡六月。已为王，王陈。其故人尝与庸耕者闻之，之陈，扣宫门曰："吾欲见涉。"宫门令欲缚之。自辩数，①乃置，不肯为通。陈王出，遮道而呼涉。陈王闻之，乃召见，载与俱归。入宫，见殿屋帷帐，客曰："夥颐！涉之为王②沈沈者！"③楚人谓多为夥，故天下传之，夥涉为王，由陈涉始。客出入愈益发舒，言陈王故情。或说陈王曰："客愚无知，颛妄言，轻威。"陈王斩之。诸陈王故人皆自引去，由是无亲陈王者。④陈王以朱房为中正，胡武为司过，主司群臣。诸将徇地，至，令之不是者，系而罪之，以苛察为忠。其所不善者，弗下吏，辄自治之。⑤陈王信用之。诸将以其故不亲附。此其所以败也。

①【集解】晋灼曰："数音'朋友数，斯疏矣'。" 【索隐】一音疏主反。谓自辩说，数与涉有故旧事验也。又音朔。数谓自辩往数与涉有故。此数犹"朋友数"之"数"也。

②【索隐】服虔云："楚人谓多为夥。"按：又言"颐"者，助声之辞也。谓涉为王，宫殿帷帐庶物夥多，惊而伟之，故称夥颐也。

③【集解】应劭曰："沈沈，宫室深邃之貌也。沈音长含反。" 【索隐】应劭以为沈沈，宫室深邃貌，故音长含反。而刘伯庄以"沈沈"犹"谈谈"，谓故人呼为"沈沈"者，犹俗云"谈谈汉"是。

④【索隐】顾氏引《孔丛子》云："陈胜为王，妻之父兄往焉。胜以众宾待之。妻父怒云：'怙强而傲长者，不能久焉。'不辞而去。"是其事类也。

⑤【索隐】谓朱房、胡武等以素所不善者，即自验问，不往下吏。

陈胜虽已死，其所置遣侯王将相竟亡秦，由涉首事也。高祖时为陈涉置守冢三十家砀，至今血食。

褚先生曰：①地形险阻，所以为固也；兵革刑法，所以为治也。犹未足恃也。夫先王以仁义为本，而以固塞文法为枝叶，岂不然哉！吾闻贾生之称曰：

①【集解】徐广曰："一作'太史公'。"骃案：《班固奏事》云"太史迁取贾谊《过秦》上下篇以为《秦始皇本纪》、《陈涉世家》下赞文"，然则言"褚先生"者，非也。 【索隐】徐广与裴骃据所见别本及《班彪奏事》，皆云合作"太史公"。今据此是褚先生述《史记》，加此赞首"地形险阻"数句，然后始称贾生之言，因即改太史公之目，而自题己位号也。已下义并已见始皇之本纪讫。

"秦孝公据殽函之固，①拥雍州之地，君臣固守，以窥周室。有席卷天下，包举宇内，囊括四海之意，并吞八荒之心。当是时也，商君佐之，内立法度，务耕织，修守战之备；外连衡而斗诸侯。于是秦人拱手而取西河之外。

①【集解】韦昭曰："殽谓二殽。函，函谷关也。"

"孝公既没，惠文王、武王、昭王蒙故业，因遗策，南取汉中，西举巴蜀，东割膏腴之地，收要害之郡。诸侯恐惧，会盟而谋弱秦。不爱珍器重宝肥饶之地，以致天下之士。合从缔交，相与为一。当此之时，齐有孟尝，赵有平原，楚有春申，魏有信陵：此四君者，皆明知而忠信，宽厚而爱人，尊贤而重士。约从连衡，兼韩、魏、燕、赵、宋、卫、中山之众。于是六国之士有甯越、徐尚、苏秦、杜赫之属为之谋，齐明、周冣、①陈轸、邵滑、②楼缓、翟景、苏厉、乐毅之徒通其意，吴起、孙膑、带他、兒良、王廖、田忌、廉颇、赵奢之伦制其兵。尝以什倍之地，百万之师，仰关而攻秦。③秦人开关而延敌，九国之师④遁逃而不敢进。秦无亡矢遗镞之费，而天下固已困矣。于是从散约败，争割地而赂秦。秦有馀力而制其弊，追亡逐北，伏尸百万，流血漂橹，⑤因利乘便，宰割天下，分裂山河，强国请服，弱国入朝。

①【正义】音聚。

②【正义】邵，作"昭"。

③【索隐】仰字亦作"卬"，并音仰。谓秦地形高，故并仰向关门而攻秦。有作"叩"字，非也。

④【索隐】九国者，谓六国之外，更有宋、卫、中山。

⑤【索隐】《说文》云："橹，大楯也。"

"施及孝文王、庄襄王，享国之日浅，国家无事。

"及至始皇，奋六世之馀烈，振长策而御宇内，吞二周而亡诸侯，履至尊而制六合，执敲朴①以鞭笞天下，威振四海。南取百越之地，以为桂林、象郡，百越之君俛首系颈，委命下吏。乃使蒙恬北筑长城而守藩篱，却匈奴七百馀里，胡人不敢南下而牧马，士亦不敢贯弓②而报怨。于是废先王之道，燔百家之言，以愚黔首。堕名城，杀豪俊，收天下之兵聚之咸阳，销锋锟，③铸以为金人十二，④以弱天下之民。然后践华为城，因河为池，据亿丈之城，临不测之谿以为固。良将劲弩，守要害之处，信臣精卒，陈利兵而谁何。⑤天下已定，始皇之心，自以为关中之固，金城千里，子孙帝王万世之业也。

①【索隐】臣瓒云:“短曰敲,长曰朴。”

②【索隐】贯音乌还反,又如字。贯谓上弦也。

③【集解】徐广曰:“一作‘镝’。”

④【索隐】各重千石,坐高二丈,号曰“翁仲”。

⑤【索隐】音呵,亦“何”字,犹今巡更问何谁。

“始皇既没,馀威振于殊俗。然而陈涉瓮牖绳枢之子,甿隶之人,①而迁徙之徒也。材能不及中人,非有仲尼、墨翟之贤,陶朱、猗顿之富也。蹑足行伍之间,俛仰仟佰之中,②率罢散之卒,将数百之众,转而攻秦。斩木为兵,揭竿为旗,天下云会响应,赢粮而景从,山东豪俊遂并起而亡秦族矣。

①【集解】徐广曰:“田民曰甿。音亡更反。”

②【索隐】仟佰谓千人百人之长也,音千百。《汉书》作“阡陌”,如淳云“时皆僻屈在阡陌之中”。陌音貊。

“且天下非小弱也;雍州之地,郩函之固自若也。陈涉之位,非尊于齐、楚、燕、赵、韩、魏、宋、卫、中山之君也;钼櫌棘矜,①非铦于勾戟长铩也;適戍之众,非俦于九国之师也;深谋远虑,行军用兵之道,非及乡时之士也。②然而成败异变,功业相反也。尝试使山东之国与陈涉度长絜大,③比权量力,则不可同年而语矣。然而秦以区区之地,致万乘之权,抑八州而朝同列,④百有馀年矣。然后以六合为家,殽函为宫。一夫作难而七庙堕,身死人手,为天下笑者,何也?仁义不施,⑤而攻守之势异也。”

①【索隐】钼櫌谓钼木也。《论语》曰“櫌而不辍”是也。棘,戟也。矜,戟柄也,音勤。

②【索隐】乡音香亮反。乡时犹往时也。盖谓孟尝、信陵、苏秦、陈轸之比也。

③【索隐】絜音下结反。谓如结束知其大小也。

④【索隐】谓秦强而抑八州使朝己也。《汉书》作“招八州”,亦通也。

⑤【索隐】式豉反。言秦虎狼之国,其仁义不施及于天下,故亡也。

【索隐述赞】天下匈匈，海内乏主，掎鹿争捷，瞻乌爰处。陈胜首事，厥号张楚。鬼怪是凭，鸿鹄自许。葛婴东下，周文西拒。始亲朱房，又任胡武。夥颐见杀，腹心不与。庄贾何人，反噬城父！

史记卷四十九

外戚世家第十九

【索隐】外戚，纪后妃也，后族亦代有封爵故也。《汉书》则编之列传之中。王隐则谓之为纪，而在列传之首也。

自古受命帝王及继体守文之君，①非独内德茂也，盖亦有外戚之助焉。②夏之兴也以涂山，③而桀之放也以末喜。④殷之兴也以有娀，⑤纣之杀也嬖妲己。⑥周之兴也以姜原⑦及大任，⑧而幽王之禽也淫于褒姒。⑨故《易》基《乾》《坤》，《诗》始《关雎》，《书》美釐降，《春秋》讥不亲迎。⑩夫妇之际，人道之大伦也。礼之用，唯婚姻为兢兢。夫乐调而四时和，阴阳之变，万物之统也。⑪可不慎与？人能弘道，无如命何。甚哉，妃匹之爱，⑫君不能得之于臣，⑬父不能得之于子，况卑下乎！既欢合矣，或不能成子姓；⑭能成子姓矣，或不能要其终：⑮岂非命也哉？孔子罕称命，盖难言之也。非通幽明之变，恶能⑯识乎性命哉？

①【索隐】按：继体谓非创业之主，而是嫡子继先帝之正体而立者也。守文犹守法也，谓非受命创制之君，但守先帝法度为之主耳。

②【索隐】按：谓非独君德于内茂盛，而亦有贤后妃外戚之亲以助教化。

③【索隐】韦昭云："涂山，国名，禹所娶，在今九江。"应劭云："九江当涂有禹墟。《大戴》云'禹娶涂山氏之女，谓之侨，侨产启'。"

④【索隐】《国语》"桀伐有施，有施人以妹喜女焉"，韦昭云"有施氏女，姓喜"。

⑤【索隐】韦昭云："契母简狄，有娀国女。音嵩。"

⑥【索隐】《国语》"殷辛伐有苏氏，有苏氏以妲己女焉"。按：有苏，国也。己，姓也。妲，字也。包恺云"妲音丁达反"。

⑦【索隐】《系本》云："帝喾上妃有邰氏之女，曰姜原。"郑氏笺《诗》云："姜姓，嫄名，履大人迹而生后稷。"

⑧【索隐】按：大任，文王之母，故《诗》云"挚仲氏任"，《毛(诗)〔传〕》云"挚国任姓之中女也"。

⑨【索隐】《国语》曰："幽王伐有褒，有褒人以褒姒女焉。"按：褒是国名，姒是其姓，即龙漦之子，褒人育而以女于幽王也。然此文自"夏之兴"至"褒姒"皆是魏如耳之母词，见《国语》及《列女传》。

⑩【索隐】按：《公羊》"纪裂繻来逆女，何以书？讥也，讥不亲迎也"。

⑪【索隐】以言若乐声调，能令四时和，而阴阳变，则能生万物，是阴阳即夫妇也。夫妇道和而能化生万物。万物，人为之本，故云"万物之统"。

⑫【索隐】妃音配，又如字。

⑬【索隐】以言夫妇亲爱之情，虽君父之尊而不夺臣子所好爱，使移其本意，是不能得也。故曰"匹夫不可夺志"是也。

⑭【索隐】按：郑玄注《礼记》云"姓者，生也。子姓，谓众孙也"。按即赵飞燕等是也。

⑮【索隐】按：谓有始不能要其终也。以言虽有子姓而意不能要终，如栗姬、卫后等皆是也。

⑯【索隐】上音乌。恶犹于何也。

太史公曰：秦以前尚略矣，其详靡得而记焉。汉兴，吕娥姁①为高祖正后，男为太子。及晚节色衰爱弛，而戚夫人有宠，②其子如意几代太子者数矣。及高祖崩，吕后夷戚氏，诛赵王，而高祖后宫唯独无宠疏远者得无恙。③

①【集解】徐广曰："姁音况羽反。吕后姊字长姁也。"【索隐】吕后字，音况羽反。按：《汉书》吕后名雉。

②【索隐】《汉书》云得定陶戚姬。

③【索隐】《尔雅》云"恙，忧也"。一说，古者野居露宿，恙，噬人虫也，故人相恤云"得无恙乎"。

吕后长女为宣平侯张敖妻，敖女为孝惠皇后。①吕太后以重亲故，欲其生子万方，终无子，诈取后宫人子为子。及孝惠帝崩，天下初定未久，继嗣不明。于是贵外家，王诸吕以为辅，而以吕禄女为少帝后，欲连固根本牢甚，然无益也。

①【索隐】按：皇甫谧云名嫣。

高后崩，合葬长陵。① 禄、产等惧诛，谋作乱。大臣征之，天诱其统，② 卒灭吕氏。唯独置孝惠皇后居北宫。③ 迎立代王，是为孝文帝，奉汉宗庙。此岂非天邪？非天命孰能当之？

①【集解】《关中记》曰："高祖陵在西，吕后陵在东。汉帝后同茔，则为合葬，不合陵也。诸陵皆如此。"

②【集解】徐广曰："一作'衷'。"

③【索隐】按：宫在未央北，故曰北宫。 【正义】《括地志》云："北宫在雍州长安县西北十三里，与桂宫相近，在长安故城中。"

薄太后，父吴人，姓薄氏，秦时与故魏王宗家女魏媪通，① 生薄姬，而薄父死山阴，因葬焉。②

①【索隐】媪音乌老反。然媪是妇人之老者通号，故赵太后自称媪，及王媪、刘媪之属是也。

②【索隐】顾氏按《冢墓记》，在会稽县，县西北檝山上今犹有兆域。檝音庄洽反。 【正义】《括地志》云："檝山在越州会稽县西北三里，一名稷山。"檝音庄洽反。

及诸侯畔秦，魏豹立为魏王，而魏媪内其女于魏宫。媪之许负所相，相薄姬，云当生天子。是时项羽方与汉王相距荥阳，天下未有所定。豹初与汉击楚，及闻许负言，心独喜，因背汉而畔，中立，更与楚连和。汉使曹参等击虏魏王豹，以其国为郡，而薄姬输织室。豹已死，汉王入织室，见薄姬有色，诏内后宫，岁馀不得幸。始姬少时，与管夫人、赵子儿相爱，约曰："先贵无相忘。"已而管夫人、赵子儿先幸汉王。汉王坐河南宫成皋台，① 此两美人相与笑薄姬初时约。汉王闻之，问其故，两人具以实告汉王。汉王心惨然，怜薄姬，是日召而幸之。薄姬曰："昨暮夜妾梦苍龙据吾腹。"高帝曰："此贵征也，吾为女遂成之。"一幸生男，是为代王。其后薄姬希见高祖。

①【索隐】按:是河南宫之成皋台,《汉书》作“成皋灵台”。《西征记》云“武牢城内有高祖殿,西南有武库”。 【正义】《括地志》云:“洛州汜水县,古东虢州,故郑之制邑,汉之成皋县也。”

高祖崩,诸御幸姬戚夫人之属,吕太后怒,皆幽之,不得出宫。而薄姬以希见故,得出,从子之代,为代王太后。太后弟薄昭从如代。

代王立十七年,高后崩。大臣议立后,疾外家吕氏强,皆称薄氏仁善,故迎代王,立为孝文皇帝,而太后改号曰皇太后,弟薄昭封为轵侯。①

①【索隐】按《地理志》,轵县在河内,恐地远非其封也。按:长安东有轵道亭,或当是所封也。

薄太后母亦前死,葬栎阳北。于是乃追尊薄父为灵文侯,会稽郡置园邑三百家,长丞已下吏奉守冢,寝庙上食祠如法。而栎阳北亦置灵文侯夫人园,如灵文侯园仪。薄太后以为母家魏王后,早失父母,其奉薄太后诸魏有力者,于是召复魏氏,(及尊)赏赐各以亲疏受之。薄氏侯者凡一人。

薄太后后文帝二年,以孝景帝前二年崩,葬南陵。①以吕后会葬长陵,故特自起陵,近孝文皇帝霸陵。②

①【索隐】按:《庙记》云“在霸陵南十里,故谓南陵”。按:今在长安东浐水东东原上,名曰少阴。在霸陵西南,故曰“东望吾子,西望吾夫”是也。 【正义】《括地志》云:“南陵故县在雍州万年县东南二十四里。汉南陵县,本薄太后陵邑。陵在东北,去县六里。”

②【集解】徐广曰:“霸陵县有轵道亭。”

窦太后,①赵之清河观津人也。②吕太后时,窦姬以良家子入宫侍太后。太后出宫人以赐诸王,各五人,窦姬与在行中。窦姬家在清河,欲如赵近家,请其主遣宦者吏:③“必置我籍赵之伍中。”宦者忘之,误置其籍代伍中。籍奏,诏可,当行。窦姬涕泣,怨其宦者,不欲往,相强,乃肯行。至代,代王独幸窦姬,生女嫖,④后生两男。而代王王后生四男。

先代王未入立为帝而王后卒。及代王立为帝，而王后所生四男更病死。孝文帝立数月，公卿请立太子，而窦姬长男最长，立为太子。立窦姬为皇后，女嫖为长公主。其明年，立少子武为代王，已而又徙梁，是为梁孝王。

①【索隐】按：皇甫谧云名猗房。

②【正义】在冀州枣强县东北二十五里。

③【正义】谓宦者为吏，主发遣宫人也。

④【索隐】音疋消反。

窦皇后亲蚤卒，葬观津。① 于是薄太后乃诏有司，追尊窦后父为安成侯，母曰安成夫人。令清河置园邑二百家，长丞奉守，比灵文园法。

①【索隐】按：挚虞注《决录》云"窦太后父少遭秦乱，隐身渔钓，坠泉而死。景帝立，太后遣使者填父所坠渊，起大坟于观津城南，人间号曰窦氏青山也"。

窦皇后兄窦长君，① 弟曰窦广国，字少君。② 少君年四五岁时，家贫，为人所略卖，其家不知其处。传十馀家，至宜阳，为其主入山作炭，(寒)〔暮〕卧岸下百馀人，岸崩，尽压杀卧者，少君独得脱，不死。自卜数日当为侯，从其家之长安。③ 闻窦皇后新立，家在观津，姓窦氏。广国去时虽小，识其县名及姓，又常与其姊采桑堕，用为符信，上书自陈。窦皇后言之于文帝，召见，问之，具言其故，果是。又复问他何以为验？对曰："姊去我西时，与我决于传舍中，④ 丐沐沐我，⑤ 请食饭我，乃去。"于是窦后持之而泣，泣涕交横下。侍御左右皆伏地泣，助皇后悲哀。乃厚赐田宅金钱，封公昆弟，家于长安。⑥

①【索隐】按：《决录》云建字长君。

②【正义】《括地志》云："窦少君墓在冀州武邑县东南二十七里。"

③【索隐】谓从逐其宜阳之主人家，而皆往长安也。

④【索隐】决者，别也。传音转。传舍谓邮亭传置之舍。盖窦后初入宫时，别其弟于传舍之中也。

⑤【索隐】丐音盖。丐者，乞也。沐，米潘也。谓后乞潘为弟沐。

⑥【索隐】按：公亦祖也，谓皇后同祖之昆弟，如窦婴即皇后之兄子之比，亦得

家于长安。故刘氏云“公昆弟谓广国等”。

绛侯、灌将军等曰：“吾属不死，命乃且县此两人。两人所出微，不可不为择师傅宾客，又复效吕氏大事也。”于是乃选长者士之有节行者与居。窦长君、少君由此为退让君子，不敢以尊贵骄人。

窦皇后病，失明。文帝幸邯郸慎夫人、尹姬，皆毋子。孝文帝崩，孝景帝立，乃封广国为章武侯。① 长君前死，封其子彭祖为南皮侯。② 吴楚反时，窦太后从昆弟子窦婴，任侠自喜，将兵，以军功为魏其侯。③ 窦氏凡三人为侯。

①【索隐】《地理志》县名，属勃海。　【正义】《括地志》云：“沧州鲁城县。”

②【索隐】《地理志》县名，属勃海。　【正义】《括地志》云：“故南皮城在沧州南皮县北四里，汉南皮县也。”

③【索隐】《地理志》县名，属琅邪。

窦太后好黄帝、老子言，帝及太子诸窦不得不读《黄帝》、《老子》，尊其术。

窦太后后孝景帝六岁(建元六年)崩，① 合葬霸陵。遗诏尽以东宫金钱财物赐长公主嫖。

①【索隐】是当武帝建元六年，此文是也。而《汉书》作“元光”，误。

王太后，① 槐里人，② 母曰臧儿。臧儿者，故燕王臧荼孙也。臧儿嫁为槐里王仲妻，生男曰信，与两女。③ 而仲死，臧儿更嫁长陵田氏，生男蚡、胜。臧儿长女嫁为金王孙妇，生一女矣，而臧儿卜筮之，曰两女皆当贵。因欲奇两女，④ 乃夺金氏。金氏怒，不肯予决，乃内之太子宫。太子幸爱之，生三女一男。男方在身时，王美人梦日入其怀。以告太子，太子曰：“此贵征也。”未生而孝文帝崩，孝景帝即位，王夫人生男。⑤

①【索隐】按：皇甫谧云名娡。音志。

②【索隐】按：《地理志》右扶风槐里，本名废丘。　【正义】《括地志》云：“犬丘故城一名槐里，亦曰废丘，城在雍州始平县东南十里也。”

③【索隐】即后及兒姁也。

④【索隐】奇者，异之也。《汉书》作“倚”。倚者，依也。

⑤【索隐】即武帝也。《汉武故事》云“帝以乙酉年七月七日生于猗兰殿”。

先是臧儿又入其少女兒姁，① 兒姁生四男。②

①【索隐】况羽反。

②【索隐】谓广川王越、胶东王寄、清河王乘、常山王舜也。

景帝为太子时，薄太后以薄氏女为妃。及景帝立，立妃曰薄皇后。皇后毋子，毋宠。薄太后崩，废薄皇后。

景帝长男荣，其母栗姬。栗姬，齐人也。立荣为太子。长公主嫖有女，欲予为妃。栗姬妒，而景帝诸美人皆因长公主见景帝，得贵幸，皆过栗姬，① 栗姬日怨怒，谢长公主，不许。长公主欲予王夫人，王夫人许之。长公主怒，而日谗栗姬短于景帝曰：“栗姬与诸贵夫人幸姬会，常使侍者祝唾其背，挟邪媚道。”景帝以故望之。②

①【索隐】过音戈。谓逾之。

②【索隐】望犹责望，谓恨之也。

景帝尝体不安，心不乐，属诸子为王者于栗姬，曰：“百岁后，善视之。”栗姬怒，不肯应，言不逊。景帝恚，心嗛之而未发也。①

①【索隐】嗛音衔。衔谓恨也。

长公主日誉王夫人男之美，景帝亦贤之，又有曩者所梦日符，计未有所定。王夫人知帝望栗姬，因怒未解，阴使人趣大臣立栗姬为皇后，大行奏事① 毕，曰：“‘子以母贵，母以子贵’，② 今太子母无号，宜立为皇后。”景帝怒曰：“是而所宜言邪！”遂案诛大行，而废太子为临江王。栗姬愈恚恨，不得见，以忧死。卒立王夫人为皇后，其男为太子，封皇后兄信为盖侯。③

①【索隐】大行，礼官。行音衡。

②【索隐】此皆《公羊传》文。

③【索隐】《地理志》盖县属太山。

景帝崩，太子袭号为皇帝。尊皇太后母臧儿为平原君。① 封田蚡为武安侯，②胜为周阳侯。③

①【正义】德州县也。

②【索隐】《地理志》县名，属魏郡。　【正义】《括地志》云："武安故城在洺州武安县西南七里，六国时赵邑，汉武安县城也。"

③【索隐】《地理志》县名，属上郡。　【正义】《括地志》云："周阳故城在绛州闻喜县东二十九里也。"

景帝十三男，一男为帝，十二男皆为王。而兒姁早卒，其四子皆为王。王太后长女号曰平阳公主，①次为南宫公主，②次为林虑公主。③

①【正义】《括地志》云："平阳故城即晋州城西面，今平阳故城东面也。《城记》云尧筑也。"

②【正义】南宫，冀州县也。

③【索隐】县名，属河内。本名隆虑，避殇帝讳，改名林虑。虑音庐。　【正义】林虑，相州县也。

盖侯信好酒。田蚡、胜贪，巧于文辞。王仲蚤死，葬槐里，追尊为共侯，置园邑二百家。及平原君卒，从田氏葬长陵，置园比共侯园。而王太后后孝景帝十六岁，以元朔四年崩，合葬阳陵。①王太后家凡三人为侯。

①【正义】《括地志》云："阳陵在雍州咸阳县东四十里。"

卫皇后字子夫，生微矣。盖其家号曰卫氏，①出平阳侯邑。②子夫为平阳主讴者。武帝初即位，数岁无子。平阳主求诸良家子女十馀人，饰置家。武帝祓③霸上还，因过平阳主。主见所侍美人，上弗说。既饮，讴者进，上望见，独说卫子夫。是日，武帝起更衣，子夫侍尚衣轩中，得幸。④上还坐，欢甚，赐平阳主金千斤。主因奏子夫奉送入宫。子夫上车。平阳主拊其背曰："行矣，强饭，勉之！即贵，无相忘。"入宫岁馀，竟不复幸。武帝择宫人不中用者，斥出归之。卫子夫得见，涕泣请出。上怜之，复幸，遂有身，尊宠日隆。召其兄卫长君、弟青为侍中。而子夫后大幸，有宠，凡生三女⑤一男。男名据。⑥

①【正义】《卫青传》云:“父郑季为吏,给事平阳侯家,与侯妾卫媪通,生青,故冒卫氏。”

②【集解】徐广曰:“平阳侯曹寿尚平阳公主。”

③【集解】徐广曰:“三月上巳,临水祓除谓之禊。《吕后本纪》亦云‘三月祓还过轵道’。盖与‘游’字相似,故或定之也。” 【索隐】苏林音废,今亦音拂,谓祓禊之,游水自洁,故曰祓除。

④【正义】尚,主也。于主衣车中得幸也。

⑤【索隐】按:谓诸邑、石邑及卫长公主后封当利公主是。

⑥【索隐】即戾太子也。

初,上为太子时,娶长公主女为妃。立为帝,妃立为皇后,姓陈氏,①无子。上之得为嗣,大长公主有力焉,②以故陈皇后骄贵。闻卫子夫大幸,恚,几死者数矣。上愈怒。陈皇后挟妇人媚道,其事颇觉,于是废陈皇后,③而立卫子夫为皇后。

①【索隐】《汉武故事》云“后名阿娇”,即长公主嫖女也。曾祖父婴,堂邑侯,传至父午,尚长公主,生后。

②【集解】徐广曰:“即景帝姊嫖也。”

③【索隐】按:《汉书》云“女子楚服等坐为皇后咒诅,大逆无道,相连诛者三百人”,乃废后居长门宫。故司马相如赋云“陈皇后别在长门宫,怨闷悲思,奉黄金百斤为相如取酒,乃为作颂以奏,皇后复亲幸”。作颂信有之也,复亲幸之恐非实也。

陈皇后母大长公主,景帝姊也,数让武帝姊平阳公主曰:“帝非我不得立,已而弃捐吾女,壹何不自喜而倍本乎!”平阳公主曰:“用无子故废耳。”陈皇后求子,与医钱凡九千万,然竟无子。

卫子夫已立为皇后,先是卫长君死,乃以卫青为将军,击胡有功,封为长平侯。①青三子在襁褓中,皆封为列侯。及卫皇后所谓姊卫少儿,少儿生子霍去病,以军功封冠军侯,②号骠骑将军。青号大将军。立卫皇后子据为太子。卫氏枝属以军功起家,五人为侯。

①【索隐】《地理志》县名,属汝南。

②【索隐】子夫姊少儿之子去病封也。《地理志》冠军属河阳。

及卫后色衰,赵之王夫人①幸,有子,为齐王。

①【索隐】生齐王闳。

王夫人蚤卒。而中山李夫人①有宠,有男一人,为昌邑王。②

①【索隐】生昌邑哀王髆。

②【正义】名贺。

李夫人蚤卒,①其兄李延年以音幸,号协律。协律者,故倡也。兄弟皆坐奸,族。是时其长兄广利为贰师将军,伐大宛,不及诛,还,而上既夷李氏,后怜其家,乃封为海西侯。②

①【索隐】李延年之女弟。《汉书》云"帝悼之,李少翁致其形,帝为作赋"。此《史记》以为王夫人最宠,武帝悼惜。《新论》亦同《史记》为王夫人。

②【正义】汉武帝令李广利征大宛,国近西海,故号海西侯也。

他姬子二人为燕王、广陵王。①其母无宠,以忧死。

①【索隐】《汉书》云李姬生广陵王胥、燕王旦也。

及李夫人卒,则有尹婕妤之属,更有宠。然皆以倡见,非王侯有土之士女,不可以配人主也。

褚先生曰:"①臣为郎时,问习汉家故事者锺离生。曰:王太后在民间时所生(子)〔一〕女者,②父为金王孙。王孙已死,景帝崩后,武帝已立,王太后独在。而韩王孙名嫣素得幸武帝,承间白言太后有女在长陵也。武帝曰:"何不蚤言!"乃使使往先视之,在其家。武帝乃自往迎取之。跸道,先驱旄骑出横城门,③乘舆驰至长陵。当小市西入里,里门闭,暴开门,乘舆直入此里。通至金氏门外止,使武骑围其宅,为其亡走,身自往取不得也。即使左右群臣入呼求之。家人惊恐,女亡匿内中床下。扶持出门,令拜谒。武帝下车泣曰:"嚄!④大姊,何藏之深也!"诏副车载之,回车驰还,而直入长乐宫。行诏门著引籍,⑤通到谒太后。太后曰:"帝倦矣,何从来?"帝曰:"今者至长陵得臣姊,与俱来。"顾曰:"谒太后!"太后曰:"女某邪？”曰：“是也。”太后为下泣，女亦伏地泣。武帝奉酒前为寿，奉钱千万，奴婢三百人，公田百顷，甲第，以赐姊。太后谢曰：“为帝费焉。”于是召平阳主、南宫主、林虑主三人俱来谒见姊，因号曰修成君。有子男一人，女一人。男号为修成子仲，⑥女为诸侯王王后。⑦此二子非刘氏，以故太后怜之。修成子仲骄恣，陵折吏民，皆患苦之。

①【正义】疑此元成之间褚少孙续之也。

②【集解】徐广曰：“名俗。” 【正义】按：后封修成君者。

③【集解】如淳曰：“横音光。《三辅黄图》云北面西头门。” 【正义】《括地志》云：“渭桥本名横桥，架渭水上，在雍州咸阳县东南二十二里。”按：此桥对门也。

④【索隐】乌百反。盖惊怪之辞耳。 【正义】嚄，啧，失声惊愕貌也。

⑤【正义】武帝道上诏令通名状于门使，引入至太后所。

⑥【索隐】金氏甥，修成君之子也。而名仲者，又与大外祖王氏同字，恐非也。

⑦【集解】徐广曰：“嫁为淮南王安太子妃也。”

卫子夫立为皇后，后弟卫青字仲卿，以大将军封为长平侯。四子，长子伉为侯世子，侯世子常侍中，贵幸。其三弟皆封为侯，各千三百户，一曰阴安侯，①二曰发干侯，②三曰宜春侯，③贵震天下。天下歌之曰：“生男无喜，生女无怒，独不见卫子夫霸天下！”

①【索隐】名不疑。《地理志》县名，属魏郡。 【正义】《括地志》云：“阴安故城在魏州顿丘县北六十里也。”

②【索隐】名登。《地理志》县名，属东郡。 【正义】《括地志》云：“发干故城在博州堂邑县西南二十三里。”

③【索隐】名伉。《地理志》宜春，县名，属汝南。 【正义】《括地志》云：“宜春故城在豫州汝阳县西六十七里。”

是时平阳主寡居，当用列侯尚主。主与左右议长安中列侯可为夫者，皆言大将军可。主笑曰：“此出吾家，常使令骑从我出入耳，奈何用为夫乎？”左右侍御者曰：“今大将军姊为皇后，三子为侯，富贵振动天下，主何以易之乎？”于是主乃许之。言之皇后，令白之武帝，乃诏卫将军尚平阳公主焉。

褚先生曰：丈夫龙变。《传》曰："蛇化为龙，不变其文；家化为国，不变其姓。"丈夫当时富贵，百恶灭除，光耀荣华，贫贱之时何足累之哉！

武帝时，幸夫人尹婕妤。① 邢夫人号娙娥，② 众人谓之"娙何"。娙何秩比中二千石，③ 容华秩比二千石，④ 婕妤秩比列侯。常从婕妤迁为皇后。

①【索隐】韦昭云"婕，承；妤，助也"。一云"美好也"。《声类》云幸也，字亦从女。《汉书仪》云"皇后为婕妤下舆，礼比丞相也"。

②【索隐】服虔云："娙音近妍"。徐广音五耕反。邹诞生音茎。《字林》音五经反。《说文》云"娙，长也，好也"。许慎云"秦晋之间谓好为娙"。又《方言》曰"美貌谓之娥"。《汉旧仪》云"娙娥秩比将军、御史大夫"。

③【索隐】按：崔浩云"中犹满也。汉制九卿已上秩一岁满二千斛"。又《汉官仪》云"中二千石俸月百八十斛"。

④【索隐】按：二千石是郡守之秩。《汉官仪》云"其俸月百二十斛"。又有真二千石者，如淳云"诸侯王相在郡守上，秩真二千石"。《汉律》真二千石俸月二万。按是二万斗也，则二万斗亦是二千石也。崔浩云"列卿已上秩石皆正二千石"。按此则是真二千石也。其云中二千石，亦不满二千，盖千八九百耳。此崔氏之说，今兼引而解之。

尹夫人与邢夫人同时并幸，有诏不得相见。尹夫人自请武帝，愿望见邢夫人，帝许之。即令他夫人饰，从御者数十人，为邢夫人来前。尹夫人前见之，曰："此非邢夫人身也。"帝曰："何以言之？"对曰："视其身貌形状，不足以当人主矣。"于是帝乃诏使邢夫人衣故衣，独身来前。尹夫人望见之，曰；"此真是也。"于是乃低头俛而泣，自痛其不如也。谚曰："美女入室，恶女之仇。"

褚先生曰：浴不必江海，要之去垢；马不必骐骥，要之善走；士不必贤世，要之知道；女不必贵种，要之贞好。《传》曰："女无美恶，入室见妒；士无贤不肖，入朝见嫉。"美女者，恶女之仇。岂不然哉！

钩弋夫人①姓赵氏,②河间人也。得幸武帝,生子一人,昭帝是也。武帝年七十,乃生昭帝。昭帝立时,年五岁耳。③

①【索隐】按:夫人姓赵,河间人。《汉书》云"武帝过河间,望气者言此有奇女,天子乃使使召之。女两手皆拳,上自披之,手即时伸。由是幸,号曰拳夫人。后居钩弋宫,号曰钩弋夫人"。《列仙传》云"发手得一玉钩,故号焉"。《汉武故事》云"宫在直城门南"。《庙记》云"宫有千门万户,不可记名也"。【正义】《括地志》云:"钩弋宫在长安城中,门名尧母门也。"

②【索隐】按《汉书》,昭帝即位,追尊太后父赵父为顺成侯。

③【集解】徐广曰:"武帝崩年正七十,昭帝年八岁耳。" 【索隐】按:徐广依《汉书》,以武帝年七十崩,崩时昭帝年八岁。此褚先生之记。《汉书》云"元始三年,昭帝生",误也。按:元始当为太始。

卫太子废后,未复立太子。而燕王旦上书,愿归国入宿卫。武帝怒,立斩其使者于北阙。

上居甘泉宫,召画工图画周公负成王也。于是左右群臣知武帝意欲立少子也。后数日,帝谴责钩弋夫人。夫人脱簪珥叩头。帝曰:"引持去,送掖庭狱!"夫人还顾,帝曰:"趣行,女不得活!"夫人死云阳宫。①时暴风扬尘,百姓感伤。使者夜持棺往葬之,②封识其处。

①【索隐】按:《三辅故事》云"葬甘泉宫南。后昭帝起云陵,邑三千户"。《汉武故事》云"既殡,香闻十里,上疑非常人,发棺视之,无尸,衣履存焉"。 【正义】《括地志》云:"云阳宫,秦之甘泉宫,在雍州云阳县西北八十里。秦始皇作甘泉宫,去长安三百里,黄帝以来祭圜丘处也。"

②【正义】《括地志》云:"云阳陵,汉钩弋夫人陵也,在云阳县西北五十八里。孝武帝钩弋赵婕妤,昭帝之母,齐人,姓赵。少好清静,六年卧病,右手卷,饮食少。望气者云'东北有贵人',推而得之。召到,姿色甚佳。武帝持其手伸之,得玉钩。后生昭帝。武帝末年杀夫人,殡之而尸香一日。昭帝更葬之,棺但存丝履也。《宫记》云'武帝思之,为起通灵台于甘泉,常有一青鸟集台上往来,至宣帝时乃止'。"

其后帝闲居,问左右曰:"人言云何?"左右对曰:"人言且立其子，何去其母乎？”帝曰：“然。是非儿曹愚人所知也。往古国家所以乱也，由主少母壮也。女主独居骄蹇，淫乱自恣，莫能禁也。女不闻吕后邪？”故诸为武帝生子者，无男女，其母无不谴死，岂可谓非贤圣哉！昭然远见，为后世计虑，固非浅闻愚儒之所及也。谥为“武”，岂虚哉！

【索隐述赞】《礼》贵夫妇，《易》叙《乾》《坤》。配阳成化，比月居尊。河洲降淑，天曜垂轩。德著任、姒，庆流娀、嫄。逮我炎历，斯道克存。吕权大宝，窦喜玄言。自兹已降，立嬖以恩。内无常主，后嗣不繁。

史记卷五十

楚元王世家第二十

楚元王刘交者,[①]高祖之同母[②]少弟也,字游。

①【正义】年表云都彭城。

②【集解】徐广曰:"一作'父'。"【索隐】按:《汉书》作"同父"。言同父者,以明异母也。

高祖兄弟四人,长兄伯,伯蚤卒。始高祖微时,尝辟事,时时与宾客过巨嫂食。[①]嫂厌叔,叔与客来,嫂详为羹尽,栎釜,[②]宾客以故去。已而视釜中尚有羹,高祖由此怨其嫂。及高祖为帝,封昆弟,而伯子独不得封。太上皇以为言,高祖曰:"某非忘封之也,为其母不长者耳。"于是乃封其子信为羹颉侯。[③]而王次兄仲于代。[④]

①【集解】徐广曰:"《汉书》云丘嫂也。"【索隐】《汉书》作"丘"。应劭云"丘,姓也"。孟康云"丘,空也。兄亡,空有嫂也"。今此作"巨",巨,大也,谓长嫂也。刘氏云"巨,一作'丘'"。

②【索隐】栎音历。谓以杓历釜旁,使为声。《汉书》作"轑",音劳。

③【集解】徐广曰:"羹颉侯以高祖七年封,封十三年,高后元年,有罪,削爵一级,为关内侯。"【索隐】羹颉,爵号耳,非县邑名,以其栎釜故也。【正义】《括地志》云:"羹颉山在妫州怀戎县东南十五里。"按:高祖取其山名为侯号者,怨故也。

④【集解】徐广曰:"次兄名喜,字仲,以六年立为代王,其年罢。卒谥顷王。有子曰濞。"

高祖六年,已禽楚王韩信于陈,乃以弟交为楚王,都彭城。[①]即位二十三年卒,子夷王郢立。[②]夷王四年卒,子王戊立。

①【索隐】《汉书》云楚王王薛郡、东海、彭城三十六县也。

②【索隐】《汉书》名郢客。

王戊立二十年，冬，坐为薄太后服私奸，① 削东海郡。春，戊与吴王合谋反，其相张尚、太傅赵夷吾谏，不听。戊则杀尚、夷吾，起兵与吴西攻梁，破棘壁。② 至昌邑南，③ 与汉将周亚夫战。汉绝吴楚粮道，士卒饥，吴王走，楚王戊自杀，军遂降汉。

①【索隐】《汉书》云"私奸服舍中"。姚察云"奸于服舍，非必宫中"。又按：《集注》服虔云"私奸中人"。盖以罪重，故至削郡也。

②【正义】《括地志》云："大棘故城在宋州宁陵县西七十里，即梁棘壁。"

③【正义】《括地志》云"有梁丘故城在曹州成武县东北三十二里"也。

汉已平吴楚，孝景帝欲以德侯子续吴，① 以元王子礼续楚。窦太后曰："吴王，老人也，宜为宗室顺善。今乃首率七国，纷乱天下，奈何续其后！"不许吴，许立楚后。是时礼为汉宗正。乃拜礼为楚王，奉元王宗庙，是为楚文王。

①【集解】徐广曰："德侯名广，吴王濞之弟也。其父曰仲。"

文王立三年卒，子安王道立。安王二十二年卒，子襄王注立。襄王立十四年卒，子王纯代立。王纯立，地节二年，中人上书告楚王谋反，王自杀，国除，入汉为彭城郡。①

①【集解】徐广曰："纯立十七年卒，谥节王。子延寿立，十九年死。"　【索隐】按：太史公唯记王纯为国人告反，国除。盖延寿后更封，至十九年又谋反诛死，故不同也。　【正义】《汉书》云王纯嗣十六年，子延寿嗣，与赵何齐谋反，延寿自杀，立三十二年国除。与此不同。地节是宣帝年号，去天汉四年二十九年，仍隔昭帝世。言到地节二年以下者，盖褚先生误也。

赵王刘遂者，① 其父高祖中子，名友，谥曰"幽"。幽王以忧死，故为"幽"。高后王吕禄于赵，一岁而高后崩。大臣诛诸吕吕禄等，乃立幽王子遂为赵王。

①【正义】年表云都邯郸。

孝文帝即位二年，立遂弟辟彊，① 取赵之河间郡为河间王，②（以）〔是〕为文王。立十三年卒，子哀王福立。一年卒，无子，绝后，国除，入于汉。

①【索隐】音壁强二音，又音辟疆。

②【正义】河间，今瀛州也。

遂既王赵二十六年，孝景帝时坐晁错以適削赵王常山之郡。吴楚反，赵王遂与合谋起兵。其相建德、① 内史王悍谏，不听。遂烧杀建德、王悍，发兵屯其西界，欲待吴与俱西。北使匈奴，与连和攻汉。汉使曲周侯郦寄击之。赵王遂还，城守邯郸，相距七月。吴楚败于梁，不能西。匈奴闻之，亦止，不肯入汉边。栾布自破齐还，乃并兵引水灌赵城。赵城坏，赵王自杀，邯郸遂降。② 赵幽王绝后。

①【索隐】建德，其相名，史先失姓也。

②【正义】邯郸，洺州县也。

太史公曰：国之将兴，必有祯祥，君子用而小人退。国之将亡，贤人隐，乱臣贵。使楚王戊毋刑申公，① 遵其言，赵任防与先生，② 岂有篡杀之谋，为天下僇哉？贤人乎，贤人乎！非质有其内，恶能用之哉？甚矣，"安危在出令，存亡在所任"，诚哉是言也！

①【索隐】《汉书》申公名培，王戊胥靡之。

②【集解】《赵尧传》曰："赵人防与公也。"【索隐】此及《汉书》虽不见赵不用防与公，盖当时犹知事迹，或别有所见，故太史公明引以结其赞。

【索隐述赞】汉封同姓，楚有令名。既灭韩信，王于彭城。穆生置醴，韦孟作程。王戊弃德，与吴连兵。太后命礼，为楚罪轻。文襄继立，世挺才英。如何赵遂，代殒厥声！兴亡之兆，所任宜明。

史记卷五十一

荆燕世家第二十一

荆王刘贾者,①诸刘,不知其何属②初起时。汉王元年,还定三秦,刘贾为将军,定塞地,③从东击项籍。

①【正义】年表云都吴也。

②【集解】《汉书》贾,高帝从父兄。　【索隐】按:注引《汉书》,云贾,高祖从父兄,则班固或别有所见也。

③【索隐】贾将兵定塞地,塞即桃林之塞。

汉四年,汉王之败成皋,北渡河,得张耳、韩信军,军修武,深沟高垒,使刘贾将二万人,骑数百,渡白马津入楚地,①烧其积聚,以破其业,无以给项王军食。已而楚兵击刘贾,贾辄壁不肯与战,而与彭越相保。

①【正义】《括地志》云:"黎阳,一名白马津,在滑州白马县北三十里。"按:贾从此津南过入楚地也。

汉五年,汉王追项籍至固陵,①使刘贾南渡淮围寿春。②还至,使人间招楚大司马周殷。周殷反楚,佐刘贾举九江,迎武王黥布兵,皆会垓下,共击项籍。汉王因使刘贾将九江兵,与太尉卢绾西南击临江王共尉。③共尉已死,以临江为南郡。④

①【集解】徐广曰:"在阳夏。"　【正义】《括地志》云:"固陵,陵名。在陈州宛丘县西北四十二里。"

②【正义】今寿州寿春县是也。

③【索隐】共敖之子。

④【正义】今荆州也。

汉六年春,会诸侯于陈,①废楚王信,囚之,分其地为二国。当是时也，高祖子幼，昆弟少，又不贤，欲王同姓以镇天下，乃诏曰："将军刘贾有功，及择子弟可以为王者。"群臣皆曰："立刘贾为荆王，王淮东五十二城；②高祖弟交为楚王，王淮西三十六城。"③因立子肥为齐王。始王昆弟刘氏也。

①【正义】今陈州也。

②【索隐】按：表云刘贾都吴。又《汉书》以东阳郡封贾。东阳即临淮，故云淮东也。　【正义】《括地志》云西北四十里，盖此县是也。

③【正义】淮以西徐、泗、濠等州也。

高祖十一年秋，淮南王黥布反，东击荆。荆王贾与战，不胜，走富陵，①为布军所杀。高祖自击破布。十二年，立沛侯刘濞为吴王，王故荆地。

①【索隐】《地理志》县名，属临淮。　【正义】《括地志》云："富陵故城在楚州盱眙县东北六十里。"

燕王刘泽者，诸刘远属也。①高帝三年，泽为郎中。高帝十一年，泽以将军击陈豨，得王黄，为营陵侯。②

①【集解】《汉书》曰："泽，高祖从祖昆弟。"　【索隐】按：注引《汉书》云高祖从祖昆弟。又《楚汉春秋》田子春说张卿云"刘泽，宗家也"。按言"宗家"，似疏远矣。然则班固言"从祖昆弟"，当别有所见矣。

②【索隐】《地理志》县名，在北海。　【正义】《括地志》云："营陵故城在青州北海县南三十里。"

高后时，齐人田生①游乏资，以画干营陵侯泽。②泽大说之，用金二百斤为田生寿。田生已得金，即归齐。二年，泽使人谓田生曰："弗与矣。"③田生如长安，不见泽，而假大宅，令其子求事吕后所幸大谒者张子卿。④居数月，田生子请张卿临，亲修具。张卿许往。田生盛帷帐共具，譬如列侯。张卿惊。酒酣，乃屏人说张卿曰："臣观诸侯王邸弟百馀，皆高祖一切功臣。⑤今吕氏雅故本推毂高帝就天下，⑥功至大，又亲戚太后之重。太后春秋长，诸吕弱，太后欲立吕产为(吕)王，王代。太后又重发之，⑦恐大臣不听。今卿最幸，大臣所敬，何不风大臣以闻太后，太后必喜。诸吕已王，万户侯亦卿之有。⑧太后心欲之，而卿为内臣，不急发，恐祸及身矣。”张卿大然之，乃风大臣语太后。太后朝，因问大臣。大臣请立吕产为吕王。太后赐张卿千斤金，张卿以其半与田生。田生弗受，因说之曰：“吕产王也，诸大臣未大服。今营陵侯泽，诸刘，为大将军，独此尚觖望。⑨今卿言太后，列十馀县王之，彼得王，喜去，诸吕王益固矣。”张卿入言，太后然之。乃以营陵侯刘泽为琅邪王。琅邪王乃与田生之国。田生劝泽急行，毋留。出关，太后果使人追止之，已出，即还。

①【集解】晋灼曰：“《楚汉春秋》田子春。”

②【集解】服虔曰：“以计画干之也。”文颖曰：“以工画得宠也。” 【索隐】画，一音“计画’之“画”，又音“图画”之“画”，两家义并通也。

③【集解】孟康曰：“与，党与。言不复与我为与也。”文颖曰：“不得与汝相知。”

④【集解】徐广曰：“名泽。”骃案：如淳曰阉人也。

⑤【索隐】按：此一切犹一例，同时也，非如他一切训权时也。

⑥【集解】如淳曰：“吕公知高祖相贵，以女妻之，推毂使为长者。”瓒曰：“谓诸吕共推毂高祖征伐成帝业。雅，正意也。” 【索隐】按：雅训素也。谓吕氏素心奉推高祖取天下，若人推毂欲前进涂然也，此略同臣瓒之意也。推音昌谁反。

⑦【集解】文颖曰：“欲发之，恐大臣不听。”邓展曰：“重难发事。”

⑧【正义】《高后纪》云封“张卿为建陵侯。

⑨【索隐】觖音决，又音企。

及太后崩，琅邪王泽乃曰：“帝少，诸吕用事，刘氏孤弱。”乃引兵与齐王合谋西，①欲诛诸吕。至梁，闻汉遣灌将军屯荥阳，泽还兵备西界，遂跳驱至长安。②代王亦从代至。诸将相与琅邪王共立代王为天子。天子乃徙泽为燕王，乃复以琅邪予齐，复故地。③

①【集解】《汉书音义》曰：“泽至齐，为齐王所劫，不得去。乃说王，求诣京师，齐具车送之。不为本与齐合谋也。” 【索隐】按：《汉书·齐王传》云使祝午劫琅邪王至齐，因留琅邪王不得反国。泽乃说求入关，齐乃送之。与此文不同者，刘氏以为燕、齐两史各言其主立功之迹，太史公闻疑传疑，遂各记之，则所谓实录。

②【集解】《汉书音义》曰："跳驱，驰至长安也。"【索隐】跳，他凋反，脱独去也。又音条，谓疾去也。

③【集解】李奇曰："本齐地，分以王泽，今复与齐也。"

泽王燕二年，薨，谥为敬王。传子嘉，为康王。

至孙定国，与父康王姬奸，生子男一人。夺弟妻为姬。与子女三人奸。定国有所欲诛杀臣肥如令郢人，① 郢人等告定国，定国使谒者以他法劾捕格杀郢人以灭口。至元朔元年，郢人昆弟复上书具言定国阴事，以此发觉。诏下公卿，皆议曰："定国禽兽行，乱人伦，逆天，当诛。"上许之。定国自杀，国除为郡。

①【集解】如淳曰："定国自欲有所杀馀臣，肥如令郢人以告之。"【索隐】按：如淳意以肥如亦臣名，令郢人以告定国也。小颜以为定国欲有所诛杀馀臣，而肥如令郢人乃告定国也。然按《地理志》，肥如在辽西也。

太史公曰：荆王王也，由汉初定，天下未集，故刘贾虽属疏，然以策为王，填江淮之间。刘泽之王，权激吕氏，① 然刘泽卒南面称孤者三世。事发相重，② 岂不为伟乎！③

①【索隐】按：谓田子春欲王刘泽，先使张卿说封吕产，乃恐以大臣觖望，泽卒得王，故为权激诸吕也。

②【集解】晋灼曰："泽以金与田生以事张卿，张卿言之吕后，而刘泽得王，故曰'事发相重'。或曰事起于相重也。"【索隐】按：谓先发吕氏令重，我亦得其功，是事发相重也。

③【索隐】伟者盛也，盖盛其能激发也。

【索隐述赞】刘贾初从，首定三秦。既渡白马，遂围寿春。始迎黥布，绝间周殷。赏功胙士，与楚为邻。营陵始爵，勋由击陈。田生游说，受赐千斤。权激诸吕，事发荣身。徙封传嗣，亡于郢人。

史记卷五十二

齐悼惠王世家第二十二

齐悼惠王①刘肥者，高祖长庶男也。其母外妇也，曰曹氏。高祖六年，立肥为齐王，食七十城，诸民能齐言者皆予齐王。②

①【正义】年表云都临淄。

②【索隐】谓其语音及名物异于楚魏。一云此时人多流亡，故使齐言者皆还齐王。

齐王，孝惠帝兄也。孝惠帝二年，齐王入朝。惠帝与齐王燕饮，亢礼如家人。①吕太后怒，且诛齐王。齐王惧不得脱，乃用其内史勋计，献城阳郡，②以为鲁元公主汤沐邑。吕太后喜，乃得辞就国。

①【索隐】谓齐王是兄，不为君臣礼，而乃亢敌如家人兄弟之礼，故太后怒。

②【正义】《括地志》云："濮州雷泽县，本汉城阳县。"按：后为郡也。

悼惠王即位十三年，以惠帝六年卒。子襄立，是为哀王。

哀王元年，孝惠帝崩，吕太后称制，天下事皆决于高后。二年，高后立其兄子郦侯①吕台②为吕王，割齐之济南郡③为吕王奉邑。

①【集解】徐广曰："郦，一作'鄜'。"【索隐】二字并音孚。鄜，县名，在冯翊。郦县在南阳。【正义】按：郦音呈益反。《括地志》云"故郦城在邓州新城县西北四十里"，盖此县是也。

②【索隐】音胎。吕后兄子也。

③【正义】《括地志》云："济南故城在淄州长山县西北二十五里。"

哀王三年，其弟章入宿卫于汉，吕太后封为朱虚侯，①以吕禄女妻之。后四年，封章弟兴居为东牟侯，②皆宿卫长安中。

①【索隐】《地理志》县名，属琅邪。

②【索隐】《地理志》县名，属东莱。

哀王八年，高后割齐琅邪郡①立营陵侯刘泽为琅邪王。

①【正义】今沂州也。

其明年，赵王友入朝，幽死于邸。三赵王皆废。高后立诸吕为三王，①擅权用事。

①【集解】徐广曰："燕、赵、梁。"

朱虚侯年二十，有气力，忿刘氏不得职。尝入侍高后燕饮，高后令朱虚侯刘章为酒吏。章自请曰："臣，将种也，请得以军法行酒。"高后曰："可。"酒酣，章进饮歌舞。已而曰："请为太后言耕田歌。"高后儿子畜之，笑曰："顾而父知田耳。若生①而为王子，安知田乎？"章曰："臣知之。"太后曰："试为我言田。"章曰："深耕穊种，立苗欲疏；非其种者，钽而去之。"吕后默然。顷之，诸吕有一人醉，亡酒，章追，拔剑斩之而还，报曰："有亡酒一人，臣谨行法斩之。"太后左右皆大惊。业已许其军法，无以罪也。因罢。自是之后，诸吕惮朱虚侯，虽大臣皆依朱虚侯，刘氏为益强。

①【索隐】顾犹念也。而及若皆训汝。

其明年，高后崩。赵王吕禄为上将军，吕王产为相国，皆居长安中，聚兵以威大臣，欲为乱。朱虚侯章以吕禄女为妇，知其谋，乃使人阴出告其兄齐王，欲令发兵西，朱虚侯、东牟侯为内应，以诛诸吕，因立齐王为帝。

齐王既闻此计，乃与其舅父驷钧、①郎中令祝午、中尉魏勃阴谋发兵。齐相召平②闻之，乃发卒卫王宫。魏勃绐召平曰："王欲发兵，非有汉虎符验也。而相君围王，固善。勃请为君将兵卫卫王。"召平信之，乃使魏勃将兵围王宫。勃既将兵，使围相府。召平曰："嗟乎！道家之言'当断不断，反受其乱'，乃是也。"遂自杀。于是齐王以驷钧为相，魏勃为将军，祝午为内史，悉发国中兵。使祝午东诈琅邪王曰："吕氏作乱，齐王发兵欲西诛之。齐王自以儿子,年少,不习兵革之事,愿举国委大王。大王自高帝将也,习战事。齐王不敢离兵,③使臣请大王幸之临菑见齐王计事,并将齐兵以西平关中之乱。”琅邪王信之,以为然,(西)〔迺〕驰见齐王。齐王与魏勃等因留琅邪王,而使祝午尽发琅邪国而并将其兵。

①【索隐】按:舅谓舅父,犹姨称姨母。

②【索隐】按:广陵人召平与东陵侯召平及此召平皆似别人也。《功臣表》平子奴以父功封黎侯也。

③【索隐】按:服虔云“不敢离其兵而到琅邪”也。

琅邪王刘泽既见欺,不得反国,乃说齐王曰:“齐悼惠王高皇帝长子,推本言之,而大王高皇帝適长孙也,当立。今诸大臣狐疑未有所定,而泽于刘氏最为长年,大臣固待泽决计。今大王留臣无为也,不如使我入关计事。”齐王以为然,乃益具车送琅邪王。

琅邪王既行,齐遂举兵西攻吕国之济南。于是齐哀王遗诸侯王书曰:“高帝平定天下,王诸子弟,悼惠王于齐。悼惠王薨,惠帝使留侯张良立臣为齐王。惠帝崩,高后用事,春秋高,听诸吕擅废高帝所立,又杀三赵王,①灭梁、燕、赵②以王诸吕,分齐国为四。③忠臣进谏,上惑乱不听。今高后崩,皇帝春秋富,④未能治天下,固恃大臣诸(将)〔侯〕。今诸吕又擅自尊官,聚兵严威,劫列侯忠臣,矫制以令天下,宗庙所以危。今寡人率兵入诛不当为王者。”

①【正义】隐王如意、幽王友,梁王恢徙王赵,并高祖子也。

②【正义】梁王恢、燕王建,梁王恢徙赵,分灭无后也。

③【索隐】谓济南、琅邪、城阳并齐为四也。【正义】琅邪郡封刘泽,济南郡以为吕王奉邑,城阳为鲁元公主汤沐邑也。

④【索隐】按:小颜云“言年幼也,比之于财,方未匮竭,故谓之富”也。

汉闻齐发兵而西,相国吕产乃遣大将军灌婴东击之。灌婴至荥阳,乃谋曰:“诸吕将兵居关中,欲危刘氏而自立。我今破齐还报,是益吕氏资也。"乃留兵屯荥阳,使使喻齐王及诸侯,与连和,以待吕氏之变而共诛之。齐王闻之,乃西取其故济南郡,亦屯兵于齐西界以待约。

吕禄、吕产欲作乱关中,朱虚侯与太尉勃、丞相平等诛之。朱虚侯首先斩吕产,于是太尉勃等乃得尽诛诸吕。而琅邪王亦从齐至长安。

大臣议欲立齐王,而琅邪王及大臣曰:"齐王母家驷钧,恶戾,虎而冠者也。①方以吕氏故几乱天下,今又立齐王,是欲复为吕氏也。代王母家薄氏,君子长者;且代王又亲高帝子,于今见在,且最为长。以子则顺,以善人则大臣安。"于是大臣乃谋迎立代王,而遣朱虚侯以诛吕氏事告齐王,令罢兵。

①【集解】张晏曰:"言钧恶戾,如虎而著冠。"

灌婴在荥阳,闻魏勃本教齐王反,既诛吕氏,罢齐兵,使使召责问魏勃。勃曰:"失火之家,岂暇先言大人而后救火乎!"①因退立,股战而栗,恐不能言者,终无他语。灌将军熟视笑曰:"人谓魏勃勇,妄庸人耳,②何能为乎!"乃罢魏勃。③魏勃父以善鼓琴见秦皇帝。及魏勃少时,欲求见齐相曹参,家贫无以自通,乃常独早夜埽齐相舍人门外。相舍人怪之,以为物,④而伺之,得勃。勃曰:"愿见相君,无因,故为子埽,欲以求见。"于是舍人见勃曹参,因以为舍人。一为参御,言事,参以为贤,言之齐悼惠王。悼惠王召见,则拜为内史。始,悼惠王得自置二千石。及悼惠王卒而哀王立,勃用事,重于齐相。

①【索隐】此盖旧俗之言,谓救火之急,不暇先启家长也。亦犹国家有难,不暇待诏命也。

②【索隐】按:妄庸谓凡妄庸劣之人也。

③【索隐】罢谓不罪而放遣之。

④【索隐】姚氏云:"物,怪物。"

王既罢兵归,而代王来立,是为孝文帝。

孝文帝元年,尽以高后时所割齐之城阳、琅邪、济南郡复与齐,而徙琅邪王王燕,益封朱虚侯、东牟侯各二千户。

是岁，齐哀王卒，太子(侧)〔则〕立，是为文王。

齐文王元年，汉以齐之城阳郡立朱虚侯为城阳王，以齐济北郡①立东牟侯为济北王。

①【正义】今济州，济北王所都。

二年，济北王反，汉诛杀之，地入于汉。

后二年，孝文帝尽封齐悼惠王子罷军等七人①皆为列侯。

①【正义】罷音不。

齐文王立十四年卒，无子，国除，地入于汉。

后一岁，孝文帝以所封悼惠王子分齐为王，齐孝王将闾以悼惠王子杨虚侯为齐王。故齐别郡尽以王悼惠王子：子志为济北王，子辟光为济南王，子贤为菑川王，子卬为胶西王，子雄渠为胶东王，与城阳、齐凡七王。①

①【索隐】谓将闾为齐王；志为济北王；卬，胶西王；辟光，济南王；贤，菑川王；章，城阳王；雄渠，胶东王。

齐孝王十一年，吴王濞、楚王戊反，兴兵西，告诸侯曰"将诛汉贼臣晁错以安宗庙"。胶西、胶东、菑川、济南皆擅发兵应吴楚。欲与齐，齐孝王狐疑，城守不听，三国兵共围齐。①齐王使路中大夫②告于天子。天子复令路中大夫还告齐王："善坚守，吾兵今破吴楚矣。"路中大夫至，三国兵围临菑数重，无从入。三国将劫与路中大夫盟，曰："若反言汉已破矣，齐趣下三国，不且见屠。"路中大夫既许之，至城下，望见齐王，曰："汉已发兵百万，使太尉周亚夫击破吴楚，方引兵救齐，齐必坚守无下！"三国将诛路中大夫。

①【集解】张晏曰："胶西、菑川、济南也。"

②【集解】张晏曰："姓路，为中大夫。"【索隐】按：路姓，为中大夫官，史失其名，故言姓及官。顾氏按《路氏谱》中大夫名卬也。卬，五刚反。

齐初围急，阴与三国通谋，约未定，会闻路中大夫从汉来，喜，及其大臣乃复劝王毋下三国。居无何，汉将栾布、平阳侯①等兵至齐，击破三国兵，解齐围。已而复闻齐初与三国有谋，将欲移兵伐齐。齐孝王惧，乃饮药自杀。景帝闻之，以为齐首善，以迫劫有谋，非其罪也，乃立孝王太子寿为齐王，是为懿王，续齐后。而胶西、胶东、济南、菑川王咸诛灭，地入于汉。徙济北王王菑川。齐懿王立二十二年卒，子次景立，是为厉王。

①【索隐】按表是简侯曹奇也。

齐厉王，其母曰纪太后。太后取其弟纪氏女为厉王后。王不爱纪氏女。太后欲其家重宠，①令其长女纪翁主②入王宫，正其后宫，毋令得近王，欲令爱纪氏女。王因与其姊翁主奸。

①【索隐】重，直龙反。谓欲世宠贵于王宫也。

②【索隐】按：如淳云"诸王女云翁主。称其母姓，故谓之纪翁主"。

齐有宦者徐甲，入事汉皇太后。①皇太后有爱女曰修成君，修成君非刘氏，②太后怜之。修成君有女名娥，太后欲嫁之于诸侯，宦者甲乃请使齐，必令王上书请娥。皇太后喜，使甲之齐。是时齐人主父偃知甲之使齐以取后事，亦因谓甲："即事成，幸言偃女愿得充王后宫。"甲既至齐，风以此事。纪太后大怒，曰："王有后，后宫具备。且甲，齐贫人，急③乃为宦者，入事汉，无补益，乃欲乱吾王家！且主父偃何为者？乃欲以女充后宫！"徐甲大穷，还报皇太后曰："王已愿尚娥，然有一害，恐如燕王。"燕王者，与其子昆弟奸，新坐以死，亡国，故以燕感太后。太后曰："无复言嫁女齐事。"事浸浔(不得)闻于天子。主父偃由此亦与齐有郤。

①【索隐】谓王太后，武帝母也。

②【集解】张晏曰："王太后前嫁金氏所生。"

③【集解】徐广曰："一作'及'。"

主父偃方幸于天子，用事，因言："齐临菑十万户，市租千金，①人众殷富，巨于长安，此非天子亲弟爱子不得王此。今齐王于亲属益疏。”乃从容言：“吕太后时齐欲反，吴楚时孝王几为乱。今闻齐王与其姊乱。”于是天子乃拜主父偃为齐相，且正其事。主父偃既至齐，乃急治王后宫宦者为王通于姊翁主所者，令其辞证皆引王。王年少，惧大罪为吏所执诛，乃饮药自杀。绝无后。

①【索隐】市租谓所卖之物出税，日得千金，言齐人众而且富也。

是时赵王惧主父偃一出废齐，恐其渐疏骨肉，乃上书言偃受金及轻重之短。①天子亦既囚偃。公孙弘言：“齐王以忧死毋后，国入汉，非诛偃无以塞天下之望。”遂诛偃。

①【索隐】谓偃挟齐不娶女之恨，因言齐之短，为轻重之辞，谓言临菑富及吴、楚、孝王时事是也。

齐厉王立五年死，毋后，国入于汉。

齐悼惠王后尚有二国，城阳及菑川。菑川地比齐。天子怜齐，为悼惠王冢园在郡，割临菑东环悼惠王冢园邑尽以予菑川，以奉悼惠王祭祀。

城阳景王章，①齐悼惠王子，以朱虚侯与大臣共诛诸吕，而章身首先斩相国吕王产于未央宫。孝文帝既立，益封章二千户，赐金千斤。孝文二年，以齐之城阳郡立章为城阳王。立二年卒，子喜立，是为共王。

①【正义】年表云都莒也。

共王八年，徙王淮南。①四年，复还王城阳。凡三十三年卒，子(建)延立，是为顷王。

①【索隐】按：当孝文帝之十二年也。　【正义】年表云都陈也。

顷王二十(八)〔六〕年卒，子义立，是为敬王。敬王九年卒，子武立，是为惠王。惠王十一年卒，子顺立，是为荒王。荒王四十六年卒，子恢立，①是为戴王。戴王八年卒，子景立，至建始三年，②十五岁，卒。

①【集解】徐广曰：“甘露二年。”

②【正义】建始，成帝年号。从建始四年上至天汉四年，六十七矣，盖褚先生次之。

济北王兴居，①齐悼惠王子，以东牟侯助大臣诛诸吕，功少。及文帝从代来，兴居曰："请与太仆婴入清宫。"废少帝，共与大臣尊立孝文帝。

①【正义】都济州也。

孝文帝二年，以齐之济北郡立兴居为济北王，与城阳王俱立。立二年，反。始大臣诛吕氏时，朱虚侯功尤大，许尽以赵地王朱虚侯，尽以梁地王东牟侯。及孝文帝立，闻朱虚、东牟之初欲立齐王，故绌其功。及二年，王诸子，乃割齐二郡以王章、兴居。章、兴居自以失职夺功。章死，而兴居闻匈奴大入汉，汉多发兵，使丞相灌婴击之，文帝亲幸太原，以为天子自击胡，遂发兵反于济北。天子闻之，罢丞相及行兵，皆归长安。使棘蒲侯柴将军①击破虏济北王，王自杀，地入于汉，为郡。

①【集解】张晏曰："柴武。"

后十(二)〔三〕年，文帝十六年，复以齐悼惠王子安都侯①志为济北王。十一年，吴楚反时，志坚守，不与诸侯合谋。吴楚已平，徙志王菑川。

①【索隐】《地理志》安都阙。 【正义】安都故城在瀛州高阳县西南三十九里。

济南王辟光，①齐悼惠王子，以勒侯②孝文十六年为济南王。十一年，与吴楚反。汉击破，杀辟光，以济南为郡，地入于汉。

①【正义】辟音壁。都济南郡。

②【索隐】勒，《汉书》作"朸"，并音力。《地理志》县名，属平原也。

菑川王贤，①齐悼惠王子，以武城侯②文帝十六年为菑川王。十一年，与吴楚反，汉击破，杀贤。

①【正义】年表云淄川王都剧。故城在青州寿光县西三十一里。

②【索隐】《地理志》县名，属平原。 【正义】贝州县。

天子因徙济北王志王菑川。志亦齐悼惠王子，以安都侯王济北。菑川王反，毋后，乃徙济北王王菑川。凡立三十五年卒，谥为懿王。子建代立，是为靖王。二十年卒，子遗代立，是为顷王。三十六年卒，子终古立，是为思王。二十八年卒，子尚立，是为孝王。五年卒，子横立，至建始①三年，十一岁，卒。

①【正义】亦褚少孙次之。

胶西王卬，①齐悼惠王子，以昌平侯②文帝十六年为胶西王。十一年，与吴楚反。汉击破，杀卬，地入于汉，为胶西郡。

①【正义】卬，五郎反。年表云都高苑。《括地志》云："高苑故城在淄州长山县北四里。"

②【正义】《括地志》云："昌平故城在幽州东南六十里也。"

胶东王雄渠，①齐悼惠王子，以白石侯②文帝十六年为胶东王。十一年，与吴楚反，汉击破，杀雄渠，地入于汉，为胶东郡。

①【正义】年表云都即墨。按：即墨故城在莱州胶东县南六十里。

②【索隐】《地理志》县名，属金城。 【正义】白石古城在德州安德县北二十里。

太史公曰：诸侯大国无过齐悼惠王。以海内初定，子弟少，激秦之无尺土封，故大封同姓，以填万民之心。及后分裂，固其理也。

【索隐述赞】汉矫秦制，树屏自强。表海大国，悉封齐王。吕后肆怒，乃献城阳。哀王嗣立，其力不量。朱虚仕汉，功大策长。东牟受赏，称乱贻殃。胶东、济北，雄渠、辟光。齐虽七国，忠孝者昌。

史记卷五十三

萧相国世家第二十三

萧相国何者，沛丰人也。①以文无害②为沛主吏掾。③

①【索隐】按：《春秋纬》"萧何感昴精而生，典狱制律"。

②【集解】《汉书音义》曰："文无害，有文无所枉害也。律有无害都吏，如今言公平吏。一曰，无害者如言'无比'，陈留间语也。" 【索隐】按：裴注已列数家，今更引二说。应劭云"虽为文吏，而不刻害也"。韦昭云"为有文理，无伤害也"。

③【索隐】《汉书》云"何为主吏"。主吏，功曹也。又云"何为沛掾"，是何为功曹掾也。

高祖为布衣时，何数以吏事护高祖。①高祖为亭长，常左右之。高祖以吏繇咸阳，吏皆送奉钱三，何独以五。②

①【索隐】《说文》云："护，救视也。"

②【集解】李奇曰："或三百，或五百也。" 【索隐】奉音扶用反。谓资俸之。如字读，谓奉送之也。钱三百，谓他人三百，何独五百也。刘氏云："时钱有重者一当百，故有送钱三者。"

秦御史监郡者与从事，常辨之。①何乃给泗水卒史②事，第一。③秦御史欲入言征何，何固请，得毋行。

①【集解】张晏曰："何与共事修辨明，何素有方略也。"苏林曰："辟何与从事也。秦时无刺史，以御史监郡。" 【索隐】按：何与御史从事常辨明，言称职也。故张晏曰"何与共事修辨明，何素有方略"是也。

②【集解】徐广曰："沛县有泗水亭。又秦以沛为泗水郡。"骃按：文颖曰"何为泗水郡卒史"。 【索隐】如淳按：律，郡卒史书佐各十人也。卒，祖忽反。

③【索隐】按：谓课最居第一也。

及高祖起为沛公，何常为丞督事。①沛公至咸阳，诸将皆争走②金帛财物之府分之，何独先入收秦丞相御史律令图书藏之。沛公为汉王，以何为丞相。项王与诸侯屠烧咸阳而去。汉王所以具知天下厄塞，户口多少，强弱之处，民所疾苦者，以何具得秦图书也。何进言韩信，汉王以信为大将军。语在《淮阴侯》事中。

①【索隐】谓高祖起沛，令何为丞，常监督庶事也。

②【索隐】音奏。奏者，趋向之。

汉王引兵东定三秦，何以丞相留收巴蜀，填抚谕告，使给军食。汉二年，汉王与诸侯击楚，何守关中，侍太子，治栎阳。为法令约束，立宗庙社稷宫室县邑，辄奏上，可，许以从事；即不及奏上，辄以便宜施行，上来以闻。①关中事计户口转漕②给军，汉王数失军遁去，何常兴关中卒，辄补缺。上以此专属任何关中事。

①【集解】应劭曰："上来还，乃以所为闻之。"

②【索隐】转，刘氏音张恋反。漕，水运也。

汉三年，汉王与项羽相距京索之间，上数使使劳苦丞相。鲍生谓丞相曰："王暴衣露盖，数使使劳苦君者，有疑君心也。为君计，莫若遣君子孙昆弟能胜兵者悉诣军所，上必益信君。"于是何从其计，汉王大说。

汉五年，既杀项羽，定天下，论功行封。群臣争功，岁馀功不决。高祖以萧何功最盛，封为酂侯，①所食邑多。功臣皆曰："臣等身被坚执锐，多者百馀战，少者数十合，攻城略地，大小各有差。今萧何未尝有汗马之劳，徒持文墨议论，不战，顾反居臣等上，何也？"高帝曰："诸君知猎乎？"曰："知之。""知猎狗乎？"曰："知之。"高帝曰："夫猎，追杀兽兔者狗也，而发踪指示兽处者人也。今诸君徒能得走兽耳，功狗也。至如萧何，发踪指示，功人也。且诸君独以身随我，多者两三人。今萧何举宗数十人皆随我，功不可忘也。”群臣皆莫敢言。

①【集解】文颖曰：“音赞。”瓒曰：“今南乡酂县也。孙检曰‘有二县，音字多乱。其属沛郡者音嵯，属南阳者音赞’。按《茂陵书》，萧何国在南阳，宜呼赞。今多呼嵯，嵯旧字作‘鄘’，今皆作‘酂’，所由乱也。”　【索隐】邹氏云：“属沛郡音嵯，属南阳音赞。”又臣瓒按《茂陵书》：“萧何国在南阳，则字当音赞，今多呼为嵯也。”《注》：“瓒曰今南乡酂县。”顾氏云：“南乡，郡名也。《太康地理志》云‘魏武帝建安中分南阳立南乡郡，晋武帝又曰顺阳郡也’。”

列侯毕已受封，及奏位次，皆曰：“平阳侯曹参身被七十创，攻城略地，功最多，宜第一。”上已桡①功臣，多封萧何，至位次未有以复难之，然心欲何第一。关内侯鄂君②进曰：“群臣议皆误。夫曹参虽有野战略地之功，此特一时之事。夫上与楚相距五岁，常失军亡众，逃身遁者数矣。然萧何常从关中遣军补其处，非上所诏令召，而数万众会上之乏绝者数矣。夫汉与楚相守荥阳数年，军无见粮，萧何转漕关中，给食不乏。陛下虽数亡山东，萧何常全关中以待陛下，此万世之功也。今虽亡曹参等百数，何缺于汉？汉得之不必待以全。奈何欲以一旦之功而加万世之功哉！萧何第一，曹参次之。”高祖曰：“善。”于是乃令萧何〔第一〕，赐带剑履上殿，入朝不趋。

①【集解】应劭曰：“桡，屈也。”　【索隐】音女教反。

②【索隐】按《功臣表》，鄂君即鄂千秋，封安平侯。

上曰：“吾闻进贤受上赏。萧何功虽高，得鄂君乃益明。”于是因鄂君故所食关内侯邑封为安平侯。①是日，悉封何父子兄弟十馀人，皆有食邑。乃益封何二千户，以帝尝繇咸阳时何送我独赢奉钱二也。②

①【集解】徐广曰：“以谒者从定诸侯有功，秩举萧何功，故因侯二千户。封九年卒。至玄孙但，坐与淮南王安通，弃市，国除。”　【正义】《括地志》云：“泽州安平县，本汉安平县。”

②【索隐】谓人皆三，何独五，所以为赢二也。音盈。

汉十一年，陈豨反，高祖自将，至邯郸。未罢，淮阴侯谋反关中，吕后用萧何计，诛淮阴侯，语在《淮阴》事中。上已闻淮阴侯诛，使使拜丞相何为相国，益封五千户，令卒五百人一都尉为相国卫。诸君皆贺，召平独吊。召平者，故秦东陵侯。秦破，为布衣，贫，种瓜于长安城东，瓜美，故世俗谓之"东陵瓜"，从召平以为名也。召平谓相国曰："祸自此始矣。上暴露于外而君守于中，非被矢石之事而益君封置卫者，以今者淮阴侯新反于中，疑君心矣。夫置卫卫君，非以宠君也。愿君让封勿受，悉以家私财佐军，则上心说。"相国从其计，高帝乃大喜。

汉十二年秋，黥布反，上自将击之，数使使问相国何为。相国为上在军，乃拊循勉力百姓，悉以所有佐军，如陈豨时。客有说相国曰："君灭族不久矣。夫君位为相国，功第一，可复加哉？然君初入关中，得百姓心，十馀年矣，皆附君，常复孳孳得民和。上所为数问君者，畏君倾动关中。今君胡不多买田地，贱贳贷① 以自污？上心乃安。"于是相国从其计，上乃大说。

①【正义】贳音世，又食夜反，赊也。下天得反。

上罢布军归，民道遮行上书，言相国贱强买民田宅数千万。上至，相国谒。上笑曰："夫相国乃利民！"① 民所上书皆以与相国，曰："君自谢民。"相国因为民请曰："长安地狭，上林中多空地，弃，愿令民得入田，毋收稿为禽兽食。"② 上大怒曰："相国多受贾人财物，乃为请吾苑！"乃下相国廷尉，械系之。数日，王卫尉侍，③ 前问曰："相国何大罪，陛下系之暴也？"上曰："吾闻李斯相秦皇帝，有善归主，有恶自与。今相国多受贾竖金而为民请吾苑，以自媚于民，故系治之。"王卫尉曰："夫职事苟有便于民而请之，真宰相事，陛下奈何乃疑相国受贾人钱乎！且陛下距楚数岁，陈豨、黥布反，陛下自将而往，当是时，相国守关中，摇足则关以西非陛下有也。相国不以此时为利，今乃利贾人之金乎？且秦以不闻其过亡天下，李斯之分过，④ 又何足法哉。陛下何疑宰相之浅也。"⑤ 高帝不怿。是日，使使持节赦出相国。相国年老，素恭谨，入，徒跣谢。高帝曰："相国休矣！相国为民请苑，吾不许，我不过为桀纣主，而相国为贤相。吾故系相国，欲令百姓闻吾过也。"

①【索隐】谓相国取人田宅以为利，故云"乃利人"也。所以令相国自谢之。

②【索隐】苗子还种田人，留稿入官。

③【集解】如淳曰："《百官公卿表》卫尉王氏，无名字。"

④【索隐】按：上文李斯归恶而自予，是分过。

⑤【集解】韦昭曰："用意浅。"

何素不与曹参相能，及何病，孝惠自临视相国病，因问曰："君即百岁后，谁可代君者？"对曰："知臣莫如主。"孝惠曰："曹参何如？"何顿首曰："帝得之矣！臣死不恨矣！"

何置田宅必居穷处，为家不治垣屋。曰："后世贤，师吾俭；不贤，毋为势家所夺。"

孝惠二年，相国何卒，①谥为文终侯。②

①【集解】《东观汉记》云"萧何墓在长陵东司马门道北百步。" 【正义】《括地志》云："萧何墓在雍州咸阳县东北三十七里。"

②【集解】徐广曰："《功臣表》萧何以客初起从也。"

后嗣以罪失侯者四世，绝，天子辄复求何后，封续酂侯，功臣莫得比焉。

太史公曰：萧相国何于秦时为刀笔吏，录录未有奇节。①及汉兴，依日月之末光，何谨守管籥，因民之疾(奉)〔秦〕法，顺流与之更始。淮阴、黥布等皆以诛灭，而何之勋烂焉。位冠群臣，声施后世，与闳夭、散宜生等争烈矣。

①【索隐】录音禄。

【索隐述赞】萧何为吏，文而无害。及佐兴王，举宗从沛。关中既守，转输是赖。汉军屡疲，秦兵必会。约法可久，收图可大。指兽发踪，其功实最。政称画一，居乃非泰。继绝宠勤，式旌砺带。

史记卷五十四

曹相国世家第二十四

平阳侯①曹参者，沛人也。②秦时为沛狱掾，而萧何为主吏，居县为豪吏矣。

①【正义】晋州城即平阳故城也。

②【集解】张华曰："曹参字敬伯。"【索隐】《地理志》平阳县属河东。又按《春秋纬》及《博物志》，并云参字敬伯。【正义】按：沛，今徐州县也。

高祖为沛公而初起也，参以中涓从。①将击胡陵、方与，②攻秦监公军，③大破之。东下薛，击泗水守军薛郭西。复攻胡陵，取之。徙守方与。方丰反为魏，击之。④丰反为魏，⑤攻之。赐爵七大夫。击秦司马尸⑥军砀东，破之，取砀、狐父、⑦祁善置。⑧又攻下邑以西，至虞，⑨击章邯车骑。攻爰戚⑩及亢父，⑪先登。迁为五大夫。北救阿，⑫击章邯军，陷陈，追至濮阳。攻定陶，取临济。⑬南救雍丘，击李由军，破之，杀李由，虏秦候一人。秦将章邯破杀项梁也，沛公与项羽引而东。楚怀王以沛公为砀郡长，将砀郡兵。于是乃封参为执帛，⑭号曰建成君。⑮迁为戚公，⑯属砀郡。

①【集解】《汉书音义》曰："中涓如中谒者。"【索隐】涓音古玄反。

②【索隐】《地理志》二县皆属山阳郡。【正义】胡陵，县名，在方与之南。方音房，与音预，兖州县也。

③【集解】《汉书音义》曰："监，御史监郡者；公，名。秦一郡置守、尉、监三人。"【索隐】按注，公者监之名，然本纪泗川监名平，则平是名，公为相尊之称也。

④【正义】曹参击方与。

⑤【索隐】时雍齿守丰，为魏反沛公。

⑥【正义】音夷。

⑦【集解】徐广曰："伍被曰'吴濞败于狐父'。" 【索隐】《地理志》砀属梁国。狐父，地名，在梁砀之间。徐氏引伍被云"吴濞败于狐父"，是吴与梁相拒而败处。 【正义】《括地志》云："狐父亭在宋州砀山县东南三十里。"

⑧【集解】文颖曰："善置，置名也。"晋灼曰："祁音坻。孙检曰'汉谓驿曰置。善，名也'。" 【索隐】按：司马彪《郡国志》穀熟有祁亭。刘氏音迟，又如字。善置，置名，汉谓驿为置。 【正义】《括地志》云："故祁城在宋州下邑县东北四十九里，汉祁城县也。"言取砀、狐父及祁县之善置。

⑨【索隐】《地理志》下邑、虞皆属梁国。 【正义】宋州下邑县在州东百一十里。汉下邑城，今砀山县是。虞城县在州北五十里，古虞国，商均所封。

⑩【集解】徐广曰："宣帝时有爰戚侯。" 【索隐】苏林云"县名，属山阳"。按《功臣表》，爰戚侯赵成。 【正义】音寂。刘音七历反。今在兖州南，近亢父县。

⑪【索隐】《地理志》县名，属东平。 【正义】《括地志》："亢父故城在兖州任城县南五十一里。"

⑫【索隐】按：阿即东阿也。时章邯围田荣于东阿也。 【正义】今济州东阿也。

⑬【正义】淄州高苑县西北二里有狄故城，安帝改曰临济。

⑭【集解】张晏曰："孤卿也。或曰楚官名。"

⑮【索隐】《地理志》建成县属沛郡。

⑯【索隐】谓迁参为戚令。 【正义】即爰戚县也，是时属沛郡。

其后从攻东郡尉军，破之成武南。①击王离军成阳南，②复攻之杠里，大破之。追北，西至开封，击赵贲③军，破之，围赵贲开封城中。西击秦将杨熊军于曲遇，④破之，虏秦司马及御史各一人。迁为执珪。⑤从攻阳武，⑥下轘辕、缑氏，⑦绝河津，⑧还击赵贲军尸北，破之。⑨从南攻犨，与南阳守齮战阳城郭东，⑩陷陈，⑪取宛，虏齮，尽定南阳郡。从西攻武关、峣关，⑫取之。前攻秦军蓝田南，⑬又夜击其北，秦军大破，遂至咸阳，灭秦。

①【索隐】《地理志》成武县属山阳。

②【索隐】《地理志》县名，在济阴。成，地名。周武王封弟季载于成，其后代迁

于成之阳，故曰成阳。　【正义】成阳故城，濮州雷泽县是。《史记》云武王封弟季载于成。其后迁于成之阳，故曰成阳也。

③【索隐】音奔。

④【集解】徐广曰："在中牟。"【索隐】曲，丘禹反。遇，牛凶反。　【正义】曲，丘羽反。遇，牛恭反。司马彪《郡国志》云"中牟有曲遇聚"。按：中牟，郑州县也。

⑤【集解】张晏曰："侯伯执珪以朝，位比之。"如淳曰："《吕氏春秋》'得伍员者位执珪'。古爵名。"

⑥【正义】《括地志》云："阳武故城在郑州阳武县东北十八里，汉阳武县城也。"

⑦【索隐】《地理志》阳武、缑氏二县属河南。轘辕，道名，在缑氏南。　【正义】缑氏，洛州县也。《括地志》云："轘辕故关在洛州缑氏县东南四十里。《十三州志》云轘辕道凡十二曲，是险道。"

⑧【正义】津，济渡处。《括地志》云："平阴故津在洛州洛阳县东北五十里。"

⑨【集解】徐广曰："尸在偃师。"孟康曰："尸乡北。"【正义】破赵贲军于尸乡之北也。《括地志》云："尸乡亭在洛州偃师县，在洛州东南也。"

⑩【集解】应劭曰："今赭阳。"【索隐】徐广云"阳城在南阳"，应劭云"今赭阳"。赭阳是南阳之县。

⑪【正义】陷南阳守于阳城郭东也。

⑫【正义】《括地志》云："故武关在商州商洛县东九十里。蓝田关在雍州蓝田县东南九十里，即秦峣关也。"

⑬【正义】雍州蓝田县在州东南八十里，因蓝田山为名。

项羽至，以沛公为汉王。汉王封参为建成侯。从至汉中，①迁为将军。从还定三秦，初攻下辩、故道、②雍、斄。③击章平军于好畤南，④破之，围好畤，取壤乡。⑤击三秦军壤东及高栎，⑥破之。复围章平，章平出好畤走。因击赵贲、内史保军，破之。东取咸阳，更名曰新城。⑦参将兵守景陵⑧二十日，三秦使章平等攻参，参出击，大破之。赐食邑于宁秦。⑨参以将军引兵围章邯于废丘。⑩以中尉从汉王出临晋关。⑪至河内，下修武，⑫渡围津，⑬东击龙且、项他定陶，破之。东取砀、萧、彭城。⑭击项籍军，汉军大败走。参以中尉围取雍丘。王武反于〔外〕黄，⑮

程处反于燕,⑯往击,尽破之。柱天侯反于衍氏,⑰又进破取衍氏。击羽婴于昆阳,追至叶。还攻武强,⑱因至荥阳。参自汉中为将军中尉,从⑲击诸侯及项羽,败,还至荥阳,凡二岁。

①【正义】梁州本汉中郡。

②【索隐】《地理志》二县名,皆属武都。辩音皮苋反。 【正义】《括地志》云:“成州同谷县,本汉下辨道。”又云:“凤州两当县,本汉故道县,在州西五十里。”

③【索隐】《地理志》二县名,属右扶风。斄音胎。 【正义】斄作“邰”,音贻。《括地志》云:“故雍县南七里。故斄城一名武功,县西南二十二里,古邰国也。”

④【正义】《括地志》云:“好畤城在雍州好畤县东南十三里。”

⑤【集解】文颖曰:“地名。”

⑥【索隐】栎音历。按:文颖云“壤乡、高栎皆地名也”。然尽在右扶风,今其地阙也。 【正义】音历。皆村邑名。壤乡,今在雍州武功县东南一十馀里高壤坊,是高栎近壤乡也。

⑦【索隐】按:《汉书》高帝元年咸阳名新城,武帝改名曰渭城。

⑧【集解】《汉书音义》曰:“县名也。”

⑨【集解】苏林曰:“今华阴。”

⑩【正义】周曰犬丘,秦更名废丘,汉更名槐里,今故城在雍州始平县东南十里。

⑪【正义】即蒲津关也,在临晋县。故言临晋关,今在同州也。

⑫【正义】今怀州获嘉县,古修武也。

⑬【集解】徐广曰:“东郡白马有围津。” 【索隐】顾氏按:《水经注》白马津有韦乡、韦津城。“围”与“韦”同,古今字变尔。 【正义】《括地志》云:“黎阳津一名白马津,在滑州白马县北三十里。《帝王世纪》云‘白马县南有韦城,故豕韦国也’。《续汉书·郡国志》云‘白马县有韦城’。”

⑭【正义】徐州二县。

⑮【集解】徐广曰:“内黄县有黄泽。”

⑯【集解】徐广曰:“东郡燕县。”骃案:《汉书音义》曰“皆汉将”。

⑰【索隐】天柱侯不知其谁封。衍氏,魏邑。《地理志》云天柱在庐江潜县。

⑱【集解】瓒曰："武强城在阳武。"【正义】《括地志》云："武强故城在郑州管城县东北三十一里。"

⑲【索隐】才用反。

高祖(三)〔二〕年，拜为假左丞相，入屯兵关中。月馀，魏王豹反，以假左丞相别与韩信东攻魏将军孙遬①军东张，②大破之。因攻安邑，得魏将王襄。击魏王于曲阳，③追至武垣，④生得魏王豹。取平阳，⑤得魏王母妻子，尽定魏地，凡五十二城。赐食邑平阳。因从韩信击赵相国夏说军于邬东，⑥大破之，斩夏说。韩信与故常山王张耳引兵下井陉，击成安君，而令参还围赵别将戚将军于邬城中。戚将军出走，追斩之。乃引兵诣敖仓汉王之所。韩信已破赵，为相国，东击齐。参以右丞相属韩信，攻破齐历下军，遂取临菑。还定济北郡，攻著、漯阴、平原、鬲、卢。⑦已而从韩信击龙且军于上假密，⑧大破之，斩龙且，虏其将军周兰。定齐，凡得七十馀县。得故齐王田广相田光，其守相许章，及故齐胶东将军田既。韩信为齐王，引兵诣陈，与汉王共破项羽，而参留平齐未服者。

①【索隐】音速。

②【集解】徐广曰："张者，地名。《功臣表》有张侯毛泽之。"骃按：苏林曰属河东。【正义】《括地志》云："张阳故城一名东张城，在蒲州虞乡县西北四十里。"

③【正义】《括地志》云："上曲阳，定州恒阳县是。下曲阳在定州鼓城县西五里。"

④【集解】徐广曰："河东有垣县。"【正义】《括地志》云："武垣县，今瀛州城是。《地理志》云武垣县属涿郡也。"

⑤【正义】晋州城是。

⑥【集解】徐广曰："邬县在太原。音乌古反。"【索隐】《地理志》邬，太原县名。音乌古反。

⑦【索隐】《地理志》著县属济南，卢县属泰山，漯阴、平原、鬲三县属平原。漯音吐答反。【正义】《括地志》云："平原故城在德州平原县东南十里。故鬲城在德州安德县西北十五里。"卢县，今济州理县是也。

⑧【集解】文颖曰："或以为高密。"　【索隐】《汉书》亦作"假密"。按：下定齐七十县，则上假密非高密，亦是齐地，今阙。

项籍已死，天下定，汉王为皇帝，韩信徙为楚王，齐为郡。参归汉相印。高帝以长子肥为齐王，而以参为齐相国。以高祖六年赐爵列侯，与诸侯剖符，世世勿绝。食邑平阳万六百三十户，号曰平阳侯，除前所食邑。

以齐相国击陈豨将张春军，破之。黥布反，参以齐相国从悼惠王将兵车骑十二万人，与高祖会击黥布军，大破之。南至蕲，还定竹邑、相、萧、留。①

①【索隐】《地理志》蕲、竹邑、相、萧四县属沛。韦昭云"留今属彭城"，则汉初亦属沛也。　【正义】《括地志》云："徐州符离县城，汉竹邑城也。李奇云'今竹邑也'。故相城在符离县西北九十里。《舆地志》云'宋共公自睢阳徙相子城，又还睢阳'。萧，徐州县，古萧叔国城也。故留城在徐州沛县东南五十里，张良所封。"

参功：凡下二国，县一百二十二；得王二人，相三人，将军六人，大莫敖、①郡守、司马、候、御史各一人。

①【集解】《汉书音义》曰："楚之卿号。"

孝惠帝元年，除诸侯相国法，更以参为齐丞相。参之相齐，齐七十城。天下初定，悼惠王富于春秋，参尽召长老诸生，问所以安集百姓，如齐故(俗)诸儒以百数，言人人殊，参未知所定。闻胶西有盖公，善治黄老言，使人厚币请之。既见盖公，盖公为言治道贵清静而民自定，推此类具言之。参于是避正堂，舍盖公焉。其治要用黄老术，故相齐九年，齐国安集，大称贤相。

惠帝二年，萧何卒。参闻之，告舍人趣治行，"吾将入相"。居无何，使者果召参。参去，属其后相曰："以齐狱市为寄，慎勿扰也。"后相曰："治无大于此者乎？"参曰："不然。夫狱市者，所以并容也，今君扰之，奸人安所容也？吾是以先之。”①

①【集解】《汉书音义》曰：“夫狱市兼受善恶，若穷极，奸人无所容窜；奸人无所容窜，久且为乱。秦人极刑而天下畔，孝武峻法而狱繁，此其效也。《老子》曰‘我无为而民自化，我好静而民自正’。参欲以道化其本，不欲扰其末。”

参始微时，与萧何善；及为将相，有郤。至何且死，所推贤唯参。参代何为汉相国，举事无所变更，一遵萧何约束。

择郡国吏木诎于文辞，重厚长者，即召除为丞相史。吏之言文刻深，欲务声名者，辄斥去之。日夜饮醇酒。卿大夫已下吏及宾客见参不事事，①来者皆欲有言。至者，参辄饮以醇酒，间之，欲有所言，复饮之，醉而后去，终莫得开说，②以为常。

①【集解】如淳曰：“不事丞相之事。”

②【集解】如淳曰：“开谓有所启白。”

相舍后园近吏舍，吏舍日饮歌呼。从吏恶之，无如之何，乃请参游园中，闻吏醉歌呼，从吏幸相国召按之。乃反取酒张坐饮，亦歌呼与相应和。

参见人之有细过，专掩匿覆盖之，府中无事。

参子窋①为中大夫。惠帝怪相国不治事，以为“岂少朕与”？②乃谓窋曰：“若归，试私从容问而父曰：‘高帝新弃群臣，帝富于春秋，君为相，日饮，无所请事，何以忧天下乎？’然无言吾告若也。”③窋既洗沐归，闲侍，自从其所谏参。参怒，而笞窋二百，曰：“趣入侍，天下事非若所当言也。”至朝时，惠帝让参曰：“与窋胡治乎？④乃者我使谏君也。”参免冠谢曰：“陛下自察圣武孰与高帝？”上曰：“朕乃安敢望先帝乎！”曰：“陛下观臣能孰与萧何贤？”上曰：“君似不及也。”参曰：“陛下言之是也。且高帝与萧何定天下，法令既明，今陛下垂拱，参等守职，遵而勿失，不亦可乎？”惠帝曰：“善。君休矣！”

①【索隐】音张律反。

②【索隐】按：少者不足之词，故胡亥亦云“丞相岂少我哉”。盖帝以丞相岂不是嫌少于我哉。小颜以为“我年少”，非也。

③【索隐】谓惠帝语窋，无得言我告汝令谏汝父，当自云是己意也。

④【集解】如淳曰："犹言用窋为治。"【索隐】按：胡，何也，言语参"何为治窋"也。

参为汉相国，出入三年。卒，谥懿侯。子窋代侯。百姓歌之曰："萧何为法，顜若画一；①曹参代之，守而勿失。载其清净，民以宁一。"

①【集解】徐广曰："顜音古项反，一音较。"【索隐】觏，《汉书》作"讲"，故文颖云"讲，一作'较'"。按：训直，又训明，言法明直若画一也。觏音讲，亦作"顜"。小颜云"讲，和也。画一，言其法整齐也"。

平阳侯窋，高后时为御史大夫。孝文帝立，免为侯。立二十九年卒，谥为静侯。子奇代侯，立七年卒，谥为简侯。子时代侯。时尚平阳公主，生子襄。时病疠，归国。立二十三年卒，谥夷侯。子襄代侯。襄尚卫长公主，生子宗。立十六年卒，谥为共侯。子宗代侯。征和二年中，宗坐太子死，国除。

太史公曰：曹相国参攻城野战之功所以能多若此者，以与淮阴侯俱。及信已灭，而列侯成功，唯独参擅其名。参为汉相国，清静极言合道。然百姓离秦之酷后，参与休息无为，故天下俱称其美矣。

【索隐述赞】曹参初起，为沛豪吏。始从中涓，先围善置。执珪执帛，攻城略地。衍氏既诛，昆阳失位。北禽夏说，东讨田溉。剖符定封，功无与二。市狱勿扰，清净不事。尚主平阳，代享其利。

史记卷五十五

留侯世家第二十五

留侯①张良者,②其先韩人也。③大父开地,④相韩昭侯、宣惠王、襄哀王。父平,相釐王、悼惠王。⑤悼惠王二十三年,平卒。卒二十岁,秦灭韩。良年少,未宦事韩。韩破,良家僮三百人,弟死不葬,悉以家财求客刺秦王,为韩报仇,以大父、父五世相韩故。⑥

①【索隐】韦昭云"留,今属彭城"。按:良求封留,以始见高祖于留故也。【正义】《括地志》云:"故留城在徐州沛县东南五十五里。今城内有张良庙也。"

②【索隐】《汉书》云字子房。按:王符、皇甫谧并以良为韩之公族,姬姓也。秦索贼急,乃改姓名。而韩先有张去疾及张谴,恐非良之先代。

③【索隐】良既历代相韩,故知其先韩人。顾氏按:《后汉书》云"张良出于城父",城父县属颍川也。　【正义】《括地志》云:"城父在汝州郏城县东三十里,韩(里)〔地〕也。"

④【集解】应劭曰:"大父,祖父。开地,名。"

⑤【索隐】《韩系家》及《系本》并作桓惠王。

⑥【索隐】谓大父及父相韩五王,故云五代。

良尝学礼淮阳。①东见仓海君。②得力士,为铁椎重百二十斤。秦皇帝东游,良与客狙③击秦皇帝博浪沙中,④误中副车。⑤秦皇帝大怒,大索天下,求贼甚急,为张良故也。良乃更名姓,亡匿下邳。

①【正义】今陈州也。

②【集解】如淳曰:"秦郡县无仓海。或曰东夷君长。"　【索隐】姚察以武帝时东夷秽君降,为仓海郡,或因以名,盖得其近也。　【正义】《汉书·武帝纪》云〔元朔〕元年,东夷秽君南闾等降,为仓海郡,今貊秽国",得之。太史公修

史时已降为郡，自书之。《括地志》云：“秽貊在高丽南，新罗北，东至大海西。”

③【集解】服虔曰：“狙，伺候也。”应劭曰：“狙，七预反，伺也。”徐广曰：“伺候也，音千恕反。”【索隐】按：应劭云“狙，伺也”。一曰狙，伏伺也，音七豫反。谓狙之伺物，必伏而候之，故今云“狙候”是也。

④【索隐】服虔云“地在阳武南”。按：今浚仪西北四十里有博浪城。【正义】《晋地理记》云“郑阳武县有博浪沙”。按：今当官道也。

⑤【索隐】按：《汉官仪》天子属车三十六乘。属车即副车，而奉车郎御而从后。

良尝间从容①步游下邳②圯上，③有一老父，衣褐，至良所，直堕其履圯下，④顾谓良曰：“孺子，下取履！”良鄂然，欲殴之。⑤为其老，强忍，下取履。父曰：“履我！”良业为取履，因长跪履之。⑥父以足受，笑而去。良殊大惊，随目之。父去里所，复还，⑦曰：“孺子可教矣。后五日平明，与我会此。”良因怪之，跪曰：“诺。”五日平明，良往。父已先在，怒曰：“与老人期，后，何也？”去，曰：“后五日早会。”五日鸡鸣，良往。父又先在，复怒曰：“后，何也？”去，曰：“后五日复早来。”五日，良夜未半往。有顷，父亦来，喜曰：“当如是。”出一编书，⑧曰：“读此则为王者师矣。后十年兴。十三年孺子见我济北，穀城山下黄石即我矣。”⑨遂去，无他言，不复见。旦日视其书，乃《太公兵法》也。⑩良因异之，常习诵读之。

①【索隐】尝训经也。间，闲字也。从容，闲暇也。从容谓从任其容止，不矜庄也。

②【索隐】邳，被眉反。按：《地理志》下邳县属东海。又云邳在薛，后徙此。有上邳，故此曰下邳也。

③【集解】徐广曰：“圯，桥也。东楚谓之圯。音怡。”【索隐】李奇云“下邳人谓桥为圯，音怡”。文颖曰“沂水上桥也”。应劭云“沂水之上也”。姚察见《史记》本有作土旁者，乃引今会稽东湖大桥名为灵圯。圯亦音夷，理或然也。

④【索隐】崔浩云“直犹故也”，亦恐不然。直言正也，谓至良所正堕其履也。

⑤【集解】徐广曰：“一云‘良怒，欲骂之’。”【索隐】殴音乌后反。

⑥【索隐】业犹本先也。谓良心先已为取履，故遂跪而履之。

⑦【集解】徐广曰："一曰'为其老，强忍，下取履，因进之。父以足受，笑而去。良殊大惊。父去里所，复还'。"

⑧【集解】徐广曰："编，一作'篇'。"

⑨【正义】《括地志》云："榖城山一名黄山，在济州东阿县东。济州，故济北郡。孔文祥云'黄石公〔状〕，须眉皆白，(状)杖丹黎，履赤舄'。"

⑩【正义】《七录》云："《太公兵法》一帙三卷。太公，姜子牙，周文王师，封齐侯也。"

居下邳，为任侠。项伯常杀人，从良匿。

后十年，陈涉等起兵，良亦聚少年百馀人。景驹自立为楚假王，在留。良欲往从之，道遇沛公。沛公将数千人，略地下邳西，遂属焉。沛公拜良为厩将。① 良数以《太公兵法》说沛公，沛公善之，常用其策。良为他人言，皆不省。良曰："沛公殆天授。"② 故遂从之，不去见景驹。

①【集解】《汉书音义》曰："官名。"

②【索隐】殆训近也。

及沛公之薛，见项梁。项梁立楚怀王。良乃说项梁曰："君已立楚后，而韩诸公子横阳君成贤，可立为王，益树党。"项梁使良求韩成，立以为韩王。以良为韩申徒，① 与韩王将千馀人西略韩地，得数城，秦辄复取之，往来为游兵颍川。

①【集解】徐广曰："即司徒耳，但语音讹转，故字亦随改。"

沛公之从雒阳南出轘辕，良引兵从沛公，下韩十馀城，击破杨熊军。沛公乃令韩王成留守阳翟，与良俱南，攻下宛，西入武关。沛公欲以兵二万人击秦峣下军，① 良说曰："秦兵尚强，未可轻。臣闻其将屠者子，贾竖易动以利。愿沛公且留壁，使人先行，为五万人具食，② 益为张旗帜③ 诸山上，为疑兵，令郦食其持重宝啖秦将。"秦将果畔，欲连和俱西袭咸阳，沛公欲听之。良曰："此独其将欲叛耳，恐士卒不从。不从必危，不如因其解④ 击之。"沛公乃引兵击秦军，大破之。(遂)〔逐〕北至蓝田，再战，秦兵竟败。遂至咸阳，秦王子婴降沛公。

①【集解】徐广曰:"哓音尧。"

②【集解】徐广曰:"五,一作'百'。"

③【索隐】音其试二音。

④【索隐】谓卒将离心而懈怠。

沛公入秦宫,宫室帷帐狗马重宝妇女以千数,意欲留居之。樊哙谏沛公出舍,沛公不听。[①]良曰:"夫秦为无道,故沛公得至此。夫为天下除残贼,宜缟素为资。[②]今始入秦,即安其乐,此所谓'助桀为虐'。且'忠言逆耳利于行,毒药苦口利于病',[③]愿沛公听樊哙言。"沛公乃还军霸上。

①【集解】徐广曰:"一本'哙谏曰:"沛公欲有天下邪?将欲为富家翁邪?"沛公曰:"吾欲有天下。"哙曰:"今臣从入秦宫,所观宫室帷帐珠玉重宝钟鼓之饰,奇物不可胜极,入其后宫,美人妇女以千数,此皆秦所以亡天下也。愿沛公急还霸上,无留宫中。"沛公不听'。"

②【集解】晋灼曰:"资,藉也。欲沛公反秦奢泰,服俭素以为藉也。"

③【索隐】按:此语见《孔子家语》。

项羽至鸿门下,欲击沛公,项伯乃夜驰入沛公军,私见张良,欲与俱去。良曰:"臣为韩王送沛公,今事有急,亡去不义。"乃具以语沛公。沛公大惊,曰:"为将奈何?"良曰:"沛公诚欲倍项羽邪?"沛公曰:"鲰生[①]教我距关无内诸侯,秦地可尽王,故听之。"良曰:"沛公自度能却项羽乎?"沛公默然良久,曰:"固不能也。今为奈何?"良乃固要项伯。项伯见沛公。沛公与饮为寿,结宾婚。令项伯具言沛公不敢倍项羽,所以距关者,备他盗也。及见项羽后解,语在《项羽》事中。

①【集解】徐广曰:"吕静曰鲰,鱼也,音此垢反。"【索隐】吕静云"鲰,鱼也,谓小鱼也,音此垢反"。臣瓒按:《楚汉春秋》鲰生本姓(解)〔鲰〕。

汉元年正月,沛公为汉王,王巴蜀。汉王赐良金百溢,珠二斗,良具以献项伯。汉王亦因令良厚遗项伯,使请汉中地。[①]项王乃许之,遂得汉中地。汉王之国,良送至褒中,[②]遣良归韩。良因说汉王曰:"王何不烧绝所过栈道,示天下无还心,以固项王意。"乃使良还。行,烧绝栈道。

①【集解】如淳曰:"本但与巴蜀,故请汉中地。"

②【正义】《括地志》云:"褒谷在梁州褒城县北五十里南中山。昔秦欲伐蜀,路无由入,乃刻石为牛五头,置金于后,伪言此牛能屎金,以遗蜀。蜀侯贪,信之,乃令五丁共引牛,堑山堙谷,致之成都。秦遂寻道伐之,因号曰石牛道。《蜀赋》以石门在汉中之西,褒中之北是。"又云:"斜水源出褒城县西北衙岭山,与褒水同源而流派。《汉书·沟洫志》云褒水通沔,斜水通渭,皆以行船。"

良至韩,韩王成以良从汉王故,项王不遣成之国,从与俱东。良说项王曰:"汉王烧绝栈道,无还心矣。"乃以齐王田荣反书告项王。项王以此无西忧汉心,而发兵北击齐。

项王竟不肯遣韩王,乃以为侯,又杀之彭城。良亡,间行归汉王,汉王亦已还定三秦矣。复以良为成信侯,从东击楚。至彭城,汉败而还。至下邑,汉王下马踞鞍而问曰:"吾欲捐关以东等弃之,谁可与共功者?"良进曰:"九江王黥布,楚枭将,与项王有郄;彭越与齐王田荣反梁地:此两人可急使。而汉王之将独韩信可属大事,当一面。即欲捐之,捐之此三人,则楚可破也。"汉王乃遣随何说九江王布,而使人连彭越。及魏王豹反,使韩信将兵击之,因举燕、代、齐、赵。然卒破楚者,此三人力也。

张良多病,未尝特将也,常为画策臣,时时从汉王。

汉三年,项羽急围汉王荥阳,汉王恐忧,与郦食其谋桡楚权。食其曰:"昔汤伐桀,封其后于杞。武王伐纣,封其后于宋。今秦失德弃义,侵伐诸侯社稷,灭六国之后,使无立锥之地。陛下诚能复立六国后世,毕已受印,此其君臣百姓必皆戴陛下之德,莫不乡风慕义,愿为臣妾。德义已行,陛下南乡称霸,楚必敛衽而朝。"汉王曰:"善。趣刻印,先生因行佩之矣。"

食其未行,张良从外来谒。汉王方食,曰:"子房前!客有为我计桡楚权者。"具以郦生语告,曰:"于子房何如?"良曰:"谁为陛下画此计者?陛下事去矣。"汉王曰:"何哉?"张良对曰:"臣请藉前箸为大王筹之。"①曰:"昔者汤伐桀而封其后于杞者,度能制桀之死命也。今陛下能制项籍之死命乎?”曰:“未能也。”“其不可一也。武王伐纣封其后于宋者,度能得纣之头也。今陛下能得项籍之头乎?”曰:“未能也。”“其不可二也。武王入殷,表商容之闾,②释箕子之拘,③封比干之墓。今陛下能封圣人之墓,表贤者之闾,式智者之门乎?”曰:“未能也。”“其不可三也。发钜桥之粟,散鹿台之钱,以赐贫穷。今陛下能散府库以赐贫穷乎?”曰:“未能也。”“其不可四矣。殷事已毕,偃革为轩,④倒置干戈,覆以虎皮,以示天下不复用兵。今陛下能偃武行文,不复用兵乎?”曰:“未能也。”“其不可五矣。休马华山之阳,示以无所为。今陛下能休马无所用乎?”曰:“未能也。”“其不可六矣。放牛桃林之阴,⑤以示不复输积。今陛下能放牛不复输积乎?”曰:“未能也。”“其不可七矣。且天下游士离其亲戚,弃坟墓,去故旧,从陛下游者,徒欲日夜望咫尺之地。今复六国,立韩、魏、燕、赵、齐、楚之后,天下游士各归事其主,从其亲戚,反其故旧坟墓,陛下与谁取天下乎?其不可八矣。且夫楚唯无强,六国立者复桡而从之,⑥陛下焉得而臣之?诚用客之谋,陛下事去矣。”汉王辍食吐哺,骂曰:“竖儒,几败而公事!”⑦令趣销印。

①【集解】张晏曰:“求借所食之箸用指画也。或曰前世汤武箸明之事,以筹度今时之不若也。”

②【索隐】按:崔浩云“表者,标榜其里门也”。商容,纣时贤人也。《韩诗外传》曰“商容执羽籥冯于马徒,欲以化纣而不能,遂去,伏于太行山。武王欲以为三公,固辞不受”。馀解在《商纪》。

③【集解】徐广曰:“释,一作‘式’。拘,一作‘囚’。”

④【集解】如淳曰:“革者,革车也;轩者,赤轂乘轩也。偃武备而治礼乐也。”【索隐】苏林云:“革者,兵车也;轩者,朱轩皮轩也。谓废兵车而用乘车也。”《说文》云:“轩,曲周屏车。”

⑤【索隐】按:晋灼云“在弘农阌乡南谷中”。应劭:《十三州记》“弘农有桃丘聚,古桃林也”。《山海经》云“夸父之山,北有桃林,广三百里”也。

⑥【集解】《汉书音义》曰:“唯当使楚无强,强则六国弱从之。”【索隐】按:荀悦《汉纪》说此事云“独可使楚无强,若强,则六国屈桡而从之”。又韦昭云“今无强楚者,言六国立必复屈桡从楚”。是二说意同也。

⑦【索隐】高祖骂郦生为竖儒，谓此儒生竖子耳。几音祈。几者，殆近也。而公，高祖自谓也。《汉书》作“乃公”，乃亦汝也。

汉四年，韩信破齐而欲自立为齐王，汉王怒。张良说汉王，汉王使良授齐王信印，语在《淮阴》事中。

其秋，汉王追楚至阳夏南，战不利而壁固陵，诸侯期不至。良说汉王，汉王用其计，诸侯皆至。语在《项籍》事中。

汉六年正月，封功臣。良未尝有战斗功，高帝曰：“运筹策帷帐中，决胜千里外，子房功也。自择齐三万户。”良曰：“始臣起下邳，与上会留，此天以臣授陛下。陛下用臣计，幸而时中，臣愿封留足矣，不敢当三万户。”乃封张良为留侯，与萧何等俱封。

(六年)上已封大功臣二十馀人，其馀日夜争功不决，未得行封。上在雒阳南宫，从复道①望见诸将往往相与坐沙中语。上曰：“此何语？”留侯曰：“陛下不知乎？此谋反耳。”上曰：“天下属安定，何故反乎？”留侯曰：“陛下起布衣，以此属取天下，今陛下为天子，而所封皆萧、曹故人所亲爱，而所诛者皆生平所仇怨。今军吏计功，以天下不足遍封，此属畏陛下不能尽封，恐又见疑平生②过失及诛，故即相聚谋反耳。”上乃忧曰：“为之奈何？”留侯曰：“上平生所憎，群臣所共知，谁最甚者？”上曰：“雍齿与我故，③数尝窘辱我。我欲杀之，为其功多，故不忍。”留侯曰：“今急先封雍齿以示群臣，群臣见雍齿封，则人人自坚矣。”于是上乃置酒，封雍齿为什方侯，④而急趣丞相、御史定功行封。群臣罢酒，皆喜曰：“雍齿尚为侯，我属无患矣。”

①【集解】如淳曰：“复音複。上下有道，故谓之复道。”韦昭曰：“阁道。”

②【集解】徐广曰：“多作‘生平’。”

③【集解】《汉书音义》曰：“未起时有故怨。”

④【索隐】《地理志》县名，属广汉。什音十。　【正义】《括地志》云：“雍齿城在益州什邡县南四十步。汉什邡县，汉初封雍齿为侯国。”

刘敬说高帝曰："都关中。"上疑之。左右大臣皆山东人，多劝上都雒阳："雒阳东有成皋，西有殽黾，倍河，向伊雒，其固亦足恃。"留侯曰："雒阳虽有此固，其中小，不过数百里，田地薄，四面受敌，此非用武之国也。夫关中左殽函，①右陇蜀，②沃野千里，南有巴蜀之饶，北有胡苑之利，③阻三面而守，独以一面东制诸侯。诸侯安定，河渭漕挽天下，西给京师；诸侯有变，顺流而下，足以委输。此所谓金城千里，天府之国也，④刘敬说是也。"于是高帝即日驾，西都关中。⑤

①【正义】殽，二殽山也，在洛州永宁县西北二十八里。函谷关在陕州桃林县西南十二里。

②【正义】陇山南连蜀之岷山，故云右陇蜀也。

③【索隐】崔浩云："苑马牧外接胡地，马生于胡，故云胡苑之利。"【正义】《博物志》云"北有胡苑之塞"。按：上郡、北地之北与胡接，可以牧养禽兽，又多致胡马，故谓胡苑之利也。

④【索隐】按：此言"谓"者，皆是依凭古语。言秦有四塞之国，如金城也。故《淮南子》云"虽有金城，非粟不守"。又苏秦说秦惠王云"秦地势形便，所谓天府"。是所凭也。

⑤【索隐】按：《周礼》"二曰询国迁"，乃为大事。高祖即日西迁者，盖谓其日即定计耳，非即日遂行也。

留侯从入关。留侯性多病，即道引不食谷，①杜门不出岁馀。

①【集解】《汉书音义》曰："服辟谷之药，而静居行气。"

上欲废太子，立戚夫人子赵王如意。大臣多谏争，未能得坚决者也。吕后恐，不知所为。人或谓吕后曰："留侯善画计策，上信用之。"吕后乃使建成侯吕泽劫留侯，曰："君常为上谋臣，今上欲易太子，君安得高枕而卧乎？"留侯曰："始上数在困急之中，幸用臣策。今天下安定，以爱欲易太子，骨肉之间，虽臣等百馀人何益。"吕泽强要曰："为我画计。"留侯曰："此难以口舌争也。顾上有不能致者，天下有四人。①四人者年老矣，皆以为上慢侮人，故逃匿山中，义不为汉臣。然上高此四人。今公诚能无爱金玉璧帛，令太子为书，卑辞安车，因使辩士固请，宜来。

来，以为客，时时从入朝，令上见之，则必异而问之。问之，上知此四人贤，则一助也。”于是吕后令吕泽使人奉太子书，卑辞厚礼，迎此四人。四人至，客建成侯所。

①【索隐】四人，四晧也，谓东园公、绮里季、夏黄公、角里先生。按：《陈留志》云“园公姓庾，字宣明，居园中，因以为号。夏黄公姓崔名广，字少通，齐人，隐居夏里修道，故号曰夏黄公。角里先生，河内轵人，太伯之后，姓周名术，字元道，京师号曰霸上先生，一曰角里先生”。又孔安国《秘记》作“禄里”。此皆王劭据崔氏、周氏系谱及陶元亮《四八目》而为此说。

汉十一年，黥布反，上病，欲使太子将，往击之。四人相谓曰：“凡来者，将以存太子。太子将兵，事危矣。”乃说建成侯曰：“太子将兵，有功则位不益太子；无功还，则从此受祸矣。且太子所与俱诸将，皆尝与上定天下枭将也，今使太子将之，此无异使羊将狼也，皆不肯为尽力，其无功必矣。臣闻‘母爱者子抱’，①今戚夫人日夜侍御，赵王如意常抱居前，上曰‘终不使不肖子居爱子之上’，明乎其代太子位必矣。君何不急请吕后承间为上泣言：‘黥布，天下猛将也，善用兵，今诸将皆陛下故等夷，②乃令太子将此属，无异使羊将狼，莫肯为用，且使布闻之，则鼓行而西耳。③上虽病，强载辎车，卧而护之，诸将不敢不尽力。上虽苦，为妻子自强。’”于是吕泽立夜见吕后，吕后承间为上泣涕而言，如四人意。上曰：“吾惟竖子固不足遣，而公自行耳。”于是上自将兵而东，群臣居守，皆送至灞上。留侯病，自强起，至曲邮，④见上曰：“臣宜从，病甚。楚人剽疾，愿上无与楚人争锋。”因说上曰：“令太子为将军，监关中兵。”上曰：“子房虽病，强卧而傅太子。”是时叔孙通为太傅，留侯行少傅事。

①【索隐】此语出《韩子》。

②【集解】徐广曰：“夷犹侪也。”【索隐】如淳云：“等夷，言等辈。”

③【集解】晋灼曰：“鼓行而西，言无所畏也。”

④【集解】司马彪曰：“长安县东有曲邮聚。”【索隐】邮音尤。按：司马彪《汉书·郡国志》长安有曲邮聚。今在新丰西，俗谓之邮头。《汉书旧仪》云“五里

一邮，邮人居间，相去二里半”。按：邮乃今之候也。

汉十二年，上从击破布军归，疾益甚，愈欲易太子。留侯谏，不听，因疾不视事。叔孙太傅称说引古今，以死争太子。上详许之，犹欲易之。及燕，置酒，太子侍。四人从太子，年皆八十有馀，须眉皓白，衣冠甚伟。上怪之，问曰：“彼何为者？”四人前对，各言名姓，曰东园公，角里先生，绮里季，夏黄公。上乃大惊，曰：“吾求公数岁，公辟逃我，今公何自从吾儿游乎？”四人皆曰：“陛下轻士善骂，臣等义不受辱，故恐而亡匿。窃闻太子为人仁孝，恭敬爱士，天下莫不延颈欲为太子死者，故臣等来耳。”上曰：“烦公幸卒调护太子。”①

①【集解】如淳曰：“调护犹营护也。”

四人为寿已毕，趋去。上目送之，召戚夫人指示四人者曰：“我欲易之，彼四人辅之，羽翼已成，难动矣。吕后真而主矣。”戚夫人泣，上曰：“为我楚舞，吾为若楚歌。”歌曰：“鸿鹄高飞，一举千里。羽翮已就，横绝四海。横绝四海，当可奈何！虽有矰缴，①尚安所施！”歌数阕，②戚夫人嘘唏流涕，上起去，罢酒。竟不易太子者，留侯本招此四人之力也。

①【集解】韦昭曰：“缴，弋射也。其矢曰矰。” 【索隐】马融注《周礼》云：“矰者，缴系短矢谓之矰。”一说云矰，一弦，可以仰高射，故云矰也。

②【索隐】音曲穴反，谓曲终也。《说文》曰：“阕，事〔已闭门〕也。”

留侯从上击代，出奇计马邑下，①及立萧何相国，②所与上从容言天下事甚众，非天下所以存亡，故不著。留侯乃称曰：“家世相韩，及韩灭，不爱万金之资，为韩报雠强秦，天下振动。今以三寸舌③为帝者师，封万户，位列侯，此布衣之极，于良足矣。愿弃人间事，欲从赤松子④游耳。”乃学辟⑤谷，道引轻身。⑥会高帝崩，吕后德留侯，乃强食之，曰：“人生一世间，如白驹过隙，何至自苦如此乎！”留侯不得已，强听而食。

①【集解】徐广曰：“一云‘出奇计下马邑’。”

②【集解】《汉书音义》曰：“何时未为相国，良劝高祖立之。”

③【索隐】《春秋纬》云:“舌在口,长三寸,象斗玉衡。”

④【索隐】《列仙传》:“神农时雨师也,能入火自烧,昆仑山上随风雨上下也。”

⑤【索隐】宾亦反。

⑥【集解】徐广曰:“一云‘乃学道引,欲轻举’也。”

后八年卒,谥为文成侯。子不疑代侯。①

①【集解】徐广曰:“文成侯立十六年卒,子不疑代立。十年,坐与门大夫吉谋杀故楚内史,当死,赎为城旦,国除。”

子房始所见下邳圯上老父与《太公书》者,后十三年从高帝过济北,果见穀城山下黄石,取而葆祠之。①留侯死,并葬黄石(冢)。②每上冢伏腊,祠黄石。

①【集解】徐广曰:“《史记》珍宝字皆作‘葆’。”

②【正义】《括地志》云:“汉张良墓在徐州沛县东六十五里,与留城相近也。”

留侯不疑,孝文帝五年坐不敬,国除。

太史公曰:学者多言无鬼神,然言有物。①至如留侯所见老父予书,亦可怪矣。②高祖离困者数矣,而留侯常有功力焉,岂可谓非天乎?上曰:“夫运筹策帷帐之中,决胜千里外,吾不如子房。”余以为其人计魁梧奇伟,③至见其图,状貌如妇人好女。盖孔子曰:“以貌取人,失之子羽。”④留侯亦云。

①【索隐】按:物谓精怪及药物也。

②【索隐】按:《诗纬》云“风后,黄帝师,又化为老子,以书授张良”。亦异说。

③【集解】应劭曰:“魁梧,丘虚壮大之意。” 【索隐】苏林云“梧音忤”。萧该云“今读为吾,非也”。小颜云“言其可惊悟”。

④【索隐】子羽,澹台灭明字也。《仲尼弟子传》云“状貌甚恶”。又《韩子》云“子羽有君子之容,而行不称其貌”,与《史记》文相反。

【索隐述赞】留侯倜傥,志怀愤惋。五代相韩,一朝归汉。进履宜假,运筹神算。横阳既立,申徒作扞。灞上扶危,固陵静乱。人称三杰,辩推八难。赤松愿游,白驹难绊。嗟彼雄略,曾非魁岸。

史记卷五十六

陈丞相世家第二十六

陈丞相平者，阳武户牖乡人也。① 少时家贫，好读书，有田三十亩，独与兄伯居。伯常耕田，纵平使游学。平为人长〔大〕美色。人或谓陈平曰："贫何食而肥若是？"其嫂嫉平之不视家生产，曰："亦食糠覈耳。② 有叔如此，不如无有。"伯闻之，逐其妇而弃之。

①【集解】徐广曰："阳武属魏地。户牖，今为东昏县，属陈留。" 【索隐】徐广云"阳武属魏"，而《地理志》属河南郡，盖后阳武分属梁国耳。徐又云"户牖，今为东昏县，属陈留"，与《汉书·地理志》同。按：是秦时户牖乡属阳武，至汉以户牖为东昏县，隶陈留郡也。 【正义】《陈留风俗传》云："东昏县，卫地，故阳武之户牖乡也。"《括地志》云："东昏故城在汴州陈留县东北九十里。"

②【集解】徐广曰："覈音核。"骃案：孟康曰"麦糠中不破者也"。晋灼曰"覈音纥，京师谓粗屑为纥头"。

及平长，可娶妻，富人莫肯与者，贫者平亦耻之。久之，户牖富人有张负，① 张负女孙五嫁而夫辄死，人莫敢娶。平欲得之。邑中有丧，平贫，侍丧，以先往后罢为助。张负既见之丧所，独视伟平，平亦以故后去。负随平至其家，家乃负郭② 穷巷，以弊席为门，然门外多有长者车辙。③ 张负归，谓其子仲曰："吾欲以女孙予陈平。"张仲曰："平贫不事事，一县中尽笑其所为，独奈何予女乎？"负曰："人固有好美如陈平而长贫贱者乎？"卒与女。为平贫，乃假贷币以聘，予酒肉之资以内妇。负诫其孙曰："毋以贫故，事人不谨。事兄伯如事父，事嫂如母。"④ 平既娶张氏女，赍用益饶，游道日广。

①【索隐】按：负是妇人老宿之称，犹“武负”之类也。然此张负既称富人，或恐是丈夫尔。

②【索隐】高诱注《战国策》云“负背郭居也”。

③【索隐】一作“轨”。按：言长者所乘安车，与载运之车轨辙或别。

④【集解】兄伯已逐其妇，此嫂疑后娶也。

里中社，平为宰，①分肉食甚均。父老曰：“善，陈孺子之为宰！”平曰：“嗟乎，使平得宰天下，亦如是肉矣！”

①【索隐】其里名库上里。知者，据蔡邕《陈留东昏库上里社碑》云“惟斯库里，古阳武之牖乡”。陈平由此社宰，遂相高祖也。

陈涉起而王陈，使周市略定魏地，立魏咎为魏王，与秦军相攻于临济。陈平固已前谢其兄伯，①从少年往事魏王咎于临济。魏王以为太仆。说魏王不听，人或谗之，陈平亡去。

①【集解】《汉书音义》曰：“谢语其兄往事魏。”

久之，项羽略地至河上，陈平往归之，从入破秦，赐平爵卿。①项羽之东王彭城也，汉王还定三秦而东，殷王反楚。项羽乃以平为信武君，将魏王咎客在楚者以往，击降殷王而还。项王使项悍拜平为都尉，赐金二十溢。居无何，汉王攻下殷(王)。项王怒，将诛定殷者将吏。陈平惧诛，乃封其金与印，使使归项王，而平身间行杖剑亡。渡河，船人见其美丈夫独行，疑其亡将，要中当有金玉宝器，目之，欲杀平。平恐，乃解衣裸而佐刺船。船人知其无有，乃止。

①【集解】张晏曰：“礼秩如卿，不治事。”

平遂至修武降汉，①因魏无知求见汉王，②汉王召入。是时万石君奋为汉王中涓，③受平谒，入见平。平等七人俱进，赐食。王曰：“罢，就舍矣。”平曰：“臣为事来，所言不可以过今日。”于是汉王与语而说之，问曰：“子之居楚何官？”曰：“为都尉。”是日乃拜平为都尉，使为参乘，典护军。诸将尽讙，④曰：“大王一日得楚之亡卒，未知其高下，而即与同载，反使监护军长者！”汉王闻之，愈益幸平。遂与东伐项王。至彭城，为楚所败。引而还，收散兵至荥阳，以平为亚将，属于韩王信，军广武。

①【集解】徐广曰："汉二年。"

②【索隐】《汉书》张敞与朱邑书云"陈平须魏倩而后进"，孟康云即无知也。

③【集解】徐广曰："亦曰涓人。"

④【索隐】讙，哗也。音欢，又音喧。《汉书》作"皆怨"。

绛侯、灌婴等咸谗陈平曰："平虽美丈夫，如冠玉耳，其中未必有也。[①]臣闻平居家时，盗其嫂；事魏不容，亡归楚；归楚不中，又亡归汉。今日大王尊官之，令护军。臣闻平受诸将金，金多者得善处，金少者得恶处。平，反覆乱臣也，愿王察之。"汉王疑之，召让魏无知。无知曰："臣所言者，能也；陛下所问者，行也。今有尾生、孝已之行[②]而无益处于胜负之数，陛下何暇用之乎？楚汉相距，臣进奇谋之士，顾其计诚足以利国家不耳。且盗嫂受金又何足疑乎？"汉王召让平曰："先生事魏不中，遂事楚而去，今又从吾游，信者固多心乎？"平曰："臣事魏王，魏王不能用臣说，故去事项王。项王不能信人，其所任爱，非诸项即妻之昆弟，虽有奇士不能用，平乃去楚。闻汉王之能用人，故归大王。臣裸身来，不受金无以为资。诚臣计画有可采者，(顾)〔愿〕大王用之；使无可用者，金具在，请封输官，得请骸骨。"汉王乃谢，厚赐，拜为护军中尉，尽护诸将。诸将乃不敢复言。

①【集解】《汉书音义》曰："饰冠以玉，光好外见，中非所有。"

②【集解】如淳曰："孝已，高宗之子，有孝行。"

其后，楚急攻，绝汉甬道，围汉王于荥阳城。久之，汉王患之，请割荥阳以西以和。项王不听。汉王谓陈平曰："天下纷纷，何时定乎？"陈平曰："项王为人，恭敬爱人，士之廉节好礼者多归之。至于行功爵邑，重之，士亦以此不附。今大王慢而少礼，士廉节者不来；然大王能饶人以爵邑，士之顽钝[①]嗜利无耻者亦多归汉。诚各去其两短，袭其两长，天下指麾则定矣。然大王恣侮人，不能得廉节之士。顾楚有可乱者，彼项王骨鲠之臣亚父、锺离眛、龙且、周殷之属，不过数人耳。大王诚能出捐数万斤金，行反间，间其君臣，以疑其心，项王为人意忌信谗，必内相诛。汉因举兵而攻之，破楚必矣。”汉王以为然，乃出黄金四万斤，与陈平，恣所为，不问其出入。

①【集解】如淳曰：“犹无廉隅。”

陈平既多以金纵反间于楚军，宣言诸将锺离眛等为项王将，功多矣，然而终不得裂地而王，欲与汉为一，以灭项氏而分王其地。项羽果意不信锺离眛等。项王既疑之，使使至汉。汉王为太牢具，举进。见楚使，即详惊曰：“吾以为亚父使，乃项王使！”复持去，更以恶草具①进楚使。楚使归，具以报项王。项王果大疑亚父。亚父欲急攻下荥阳城，项王不信，不肯听。亚父闻项王疑之，乃怒曰：“天下事大定矣，君王自为之！愿请骸骨归！”归未至彭城，疽发背而死。陈平乃夜出女子二千人荥阳城东门，楚因击之，陈平乃与汉王从城西门夜出去。遂入关，收散兵复东。

①【集解】《汉书音义》曰：“草，粗也。” 【索隐】《战国策》云“食冯煖以草具”。如淳云“藁草粗恶之具也”。

其明年，淮阴侯破齐，自立为齐王，使使言之汉王。汉王大怒而骂，陈平蹑汉王。①汉王亦悟，乃厚遇齐使，使张子房卒立信为齐王。封平以户牖乡。用其奇计策，卒灭楚。常以护军中尉从定燕王臧荼。

①【集解】《汉书音义》曰：“蹑谓蹑汉王足。”

汉六年，人有上书告楚王韩信反。高帝问诸将，诸将曰：“亟发兵坑竖子耳。”高帝默然。问陈平，平固辞谢，曰：“诸将云何？”上具告之。陈平曰：“人之上书言信反，有知之者乎？”曰：“未有。”曰：“信知之乎？”曰：“不知。”陈平曰：“陛下精兵孰与楚？”上曰：“不能过。”平曰：“陛下将用兵有能过韩信者乎？”上曰：“莫及也。”平曰：“今兵不如楚精，而将不能及，而举兵攻之，是趣之战也，窃为陛下危之。”上曰：“为之奈何？”平曰：“古者天子巡狩，会诸侯。南方有云梦，陛下弟出伪游云梦,①会诸侯于陈。陈,楚之西界,②信闻天子以好出游,其势必无事而郊迎谒。谒,而陛下因禽之,此特一力士之事耳。"高帝以为然,乃发使告诸侯会陈,"吾将南游云梦"。上因随以行。行未至陈,楚王信果郊迎道中。高帝豫具武士,见信至,即执缚之,载后车。信呼曰:"天下已定,我固当烹!"高帝顾谓信曰:"若毋声!而反,明矣!"武士反接之。③遂会诸侯于陈,尽定楚地。还至雒阳,赦信以为淮阴侯,而与功臣剖符定封。

①【索隐】苏林云"弟,且也"。小颜云"但也"。

②【正义】陈,今陈州也。韩信都彭城,号楚王,故陈州为楚西界也。

③【集解】《汉书音义》曰:"反缚两手。"

于是与平剖符,世世勿绝,为户牖侯。平辞曰:"此非臣之功也。"上曰:"吾用先生谋计,战胜克敌,非功而何?"平曰:"非魏无知臣安得进?"上曰:"若子可谓不背本矣。"乃复赏魏无知。其明年,以护军中尉从攻反者韩王信于代。卒至平城,为匈奴所围,七日不得食。高帝用陈平奇计,使单于阏氏,①围以得开。高帝既出,其计秘,世莫得闻。②

①【集解】苏林曰:"阏氏音焉支,如汉皇后。"

②【集解】桓谭《新论》:"或云:'陈平为高帝解平城之围,则言其事秘,世莫得而闻也。此以工妙踔善,故藏隐不传焉。子能权知斯事否?'吾应之曰:'此策乃反薄陋拙恶,故隐而不泄。高帝见围七日,而陈平往说阏氏,阏氏言于单于而出之,以是知其所用说之事矣。彼陈平必言汉有好丽美女,为道其容貌天下无有,今困急,已驰使归迎取,欲进与单于,单于见此人必大好爱之,爱之则阏氏日以远疏,不如及其未到,令汉得脱去,去,亦不持女来矣。阏氏妇女,有妒媢之性,必憎恶而事去之。此说简而要,及得其用,则欲使神怪,故隐匿不泄也。'刘子骏闻吾言,乃立称善焉。"按:《汉书音义》应劭说此事大旨与桓《论》略同,不知是应全取桓《论》,或别有所闻乎?今观桓《论》似本无说。

高帝南过曲逆,①上其城,望见其屋室甚大,曰:"壮哉县!吾行天下,独见洛阳与是耳。"顾问御史曰:"曲逆户口几何?"对曰:"始秦时三万馀户，间者兵数起，多亡匿，今见五千户。”于是乃诏御史，更以陈平为曲逆侯，尽食之，除前所食户牖。

①【集解】《地理志》县属中山也。　【索隐】章帝丑其名，改云蒲阴也。

其后常以护军中尉从攻陈豨及黥布。凡六出奇计，辄益邑，凡六益封。奇计或颇秘，世莫能闻也。

高帝从破布军还，病创，徐行至长安。燕王卢绾反，上使樊哙以相国将兵攻之。既行，人有短恶哙者。高帝怒曰："哙见吾病，乃冀我死也。”用陈平谋而召绛侯周勃受诏床下，曰："陈平亟驰传载勃代哙将，平至军中即斩哙头！”二人既受诏，驰传未至军，行计之曰："樊哙，帝之故人也，功多，且又乃吕后弟吕嬃之夫，有亲且贵，帝以忿怒故，欲斩之，则恐后悔。宁囚而致上，上自诛之。”未至军，为坛，以节召樊哙。哙受诏，即反接载槛车，传诣长安，而令绛侯勃代将，将兵定燕反县。

平行闻高帝崩，平恐吕太后及吕嬃谗怒，乃驰传先去。逢使者诏平与灌婴屯于荥阳。平受诏，立复驰至宫，哭甚哀，因奏事丧前。吕太后哀之，曰："君劳，出休矣。”平畏谗之就，因固请得宿卫中。太后乃以为郎中令，曰："傅教孝惠。”① 是后吕嬃谗乃不得行。樊哙至，则赦复爵邑。

①【集解】如淳曰："傅相之傅也。”

孝惠帝六年，相国曹参卒，以安国侯王陵为右丞相，① 陈平为左丞相。

①【集解】徐广曰："王陵以客从起丰，以厩将别守丰，上东，因从战，不利，奉孝惠、鲁元出睢水中，封为雍侯。高帝(八)〔六〕年，定食安国。二十一年卒，谥武侯。至玄孙，坐酎金，国除。”

王陵者，故沛人，始为县豪，高祖微时，兄事陵。陵少文，任气，好直言。及高祖起沛，入至咸阳，陵亦自聚党数千人，居南阳，不肯从沛公。及汉王之还攻项籍，陵乃以兵属汉。项羽取陵母置军中，陵使至，则东向坐陵母，欲以招陵。陵母既私送使者，泣曰：“为老妾语陵，谨事汉王。汉王，长者也，无以老妾故，持二心。妾以死送使者。”遂伏剑而死。项王怒，烹陵母。陵卒从汉王定天下。以善雍齿，雍齿，高帝之仇，而陵本无意从高帝，以故晚封，为安国侯。

安国侯既为右丞相，二岁，孝惠帝崩。高后欲立诸吕为王，问王陵，王陵曰：“不可。”问陈平，陈平曰：“可。”吕太后怒，乃详迁陵为帝太傅，实不用陵。陵怒，谢疾免，杜门竟不朝请，七年而卒。

陵之免丞相，吕太后乃徙平为右丞相，以辟阳侯审食其为左丞相。左丞相不治，常给事于中。①

①【集解】孟康曰：“不立治处，使止宫中也。”

食其亦沛人。汉王之败彭城，西，楚取太上皇、吕后为质，食其以舍人侍吕后。其后从破项籍为侯，幸于吕太后。及为相，居中，百官皆因决事。

吕媭常以前陈平为高帝谋执樊哙，数谗曰：“陈平为相非治事，日饮醇酒，戏妇女。”陈平闻，日益甚。吕太后闻之，私独喜。面质吕媭于陈平曰：“鄙语曰‘儿妇人口不可用’，顾君与我何如耳。无畏吕媭之谗也。”

吕太后立诸吕为王，陈平伪听之。及吕太后崩，平与太尉勃合谋，卒诛诸吕，立孝文皇帝，陈平本谋也。审食其免相。①

①【集解】徐广曰：“审食其初以舍人起，侍吕后、孝惠帝于沛，又从在楚。封二十五年，文帝三年死，子平代。代二十二年，景帝三年，坐谋反，国除。一本云‘食其免后三岁，为淮南王所杀。文帝令其子平嗣侯。菑川王反，辟阳近菑川，平降之，国除’。”

孝文帝立，以为太尉勃亲以兵诛吕氏，功多；陈平欲让勃尊位，乃谢病。孝文帝初立，怪平病，问之。平曰：“高祖时，勃功不如臣平。及诛诸吕，臣功亦不如勃。愿以右丞相让勃。”于是孝文帝乃以绛侯勃为右丞相，位次第一；平徙为左丞相，位次第二。赐平金千斤，益封三千户。

居顷之，孝文皇帝既益明习国家事，朝而问右丞相勃曰："天下一岁决狱几何？"勃谢曰："不知。"问："天下一岁钱谷出入几何？"勃又谢不知，汗出沾背，愧不能对。于是上亦问左丞相平。平曰："有主者。"上曰："主者谓谁？"平曰："陛下即问决狱，责廷尉；问钱谷，责治粟内史。"上曰："苟各有主者，而君所主者何事也？"平谢曰："主臣！①陛下不知其驽下，使待罪宰相。宰相者，上佐天子理阴阳，顺四时，下育万物之宜，外镇抚四夷诸侯，内亲附百姓，使卿大夫各得任其职焉。"孝文帝乃称善。右丞相大惭，出而让陈平曰："君独不素教我对！"陈平笑曰："君居其位，不知其任邪？且陛下即问长安中盗贼数，②君欲强对邪？"于是绛侯自知其能不如平远矣。居顷之，绛侯谢病请免相，陈平专为一丞相。

①【集解】张晏曰："若今人谢曰'惶恐'也。马融《龙虎赋》曰'勇怯见之，莫不主臣'。"孟康曰："主臣，主群臣也，若今言人主也。"韦昭曰："言主臣道，不敢欺也。"【索隐】苏林与孟康同，既古人所未了，故并存两解。

②【集解】《汉书音义》曰："头数也。"

孝文帝二年，丞相陈平卒，谥为献侯。子共侯买代侯。二年卒，子简侯恢代侯。二十三年卒，子何代侯。二十三年，何坐略人妻，弃市，国除。

始陈平曰："我多阴谋，是道家之所禁。吾世即废，亦已矣，终不能复起，以吾多阴祸也。"然其后曾孙陈掌以卫氏亲贵戚，愿得续封陈氏，然终不得。①

①【集解】徐广曰："陈掌者，卫青之子婿。"

太史公曰："陈丞相平少时，本好黄帝、老子之术。方其割肉俎上之时，其意固已远矣。倾侧扰攘楚魏之间，卒归高帝。常出奇计，救纷纠之难，振国家之患。及吕后时，事多故矣，然平竟自脱，定宗庙，以荣名终，称贤相，岂不善始善终哉！非知谋孰能当此者乎？

【索隐述赞】曲逆穷巷，门多长者。宰肉先均，佐丧后罢。魏楚更用，腹心难假。弃印封金，刺船露裸。间行归汉，委质麾下。荥阳计全，平城围解。推陵让勃，裒多益寡。应变合权，克定宗社。

史记卷五十七

绛侯周勃世家第二十七

绛侯周勃者,沛人也。其先卷人,①徙沛。勃以织薄曲为生,②常为人吹箫给丧事,③材官引强。④

①【集解】徐广曰:"卷县在荥阳。" 【索隐】韦昭云属河南,《地理志》亦然。然则后置荥阳郡,而卷隶焉。音丘玄反,《字林》音丘权反。 【正义】《括地志》云:"故卷城在郑州原武县西北七里。"《释例·地名》云:"卷县所理垣雍城也。"

②【集解】苏林曰:"薄,一名曲。《月令》曰'具曲植'。" 【索隐】谓勃本以织蚕薄为生业也。韦昭云"北方谓薄为曲"。许慎注《淮南》云"曲,苇薄也"。郭璞注《方言》云"植,悬曲柱也"。音直吏反。

③【集解】如淳曰:"以乐丧家,若俳优。"瓒曰:"吹箫以乐丧宾,若乐人也。" 【索隐】《左传》"歌虞殡",犹今挽歌类也。歌者或有箫管。

④【集解】《汉书音义》曰:"能引强弓官,如今挽强司马也。" 【索隐】晋灼云"申屠嘉为材官蹶张"。

高祖之为沛公初起,勃以中涓从攻胡陵,下方与。方与反,与战,却适。攻丰。击秦军砀东。还军留及萧。复攻砀,破之。下下邑,先登。赐爵五大夫。攻蒙、虞,①取之。击章邯车骑,殿。②定魏地。攻爰戚、东缗,③以往至栗,④取之。攻啮桑,⑤先登。击秦军阿下,⑥破之。追至濮阳,下甄城。攻都关、⑦定陶,袭取宛朐,⑧得单父⑨令。夜袭取临济,攻张,⑩以前至卷,破之。击李由军雍丘下。攻开封,先至城下为多。⑪后章邯破杀项梁,沛公与项羽引兵东如砀。自初起沛还至砀,一岁二月。⑫楚怀王封沛公号安武侯,为砀郡长。沛公拜勃为虎贲令,⑬以令从沛公定魏地。攻东郡尉于城武，破之。击王离军，破之。攻长社，先登。攻颍阳、缑氏，⑭绝河津。⑮击赵贲军尸北。⑯南攻南阳守齮，破武关、峣关。破秦军于蓝田，至咸阳，灭秦。

①【索隐】二县名。《地理志》属梁国。

②【集解】服虔曰："略得殿兵也。"如淳曰："殿，不进也。"瓒曰："在军后曰殿。"孙检曰："一说上功曰最，下功曰殿，战功曰多。周勃事中有此三品，与诸将俱计功则曰殿最，独捷则曰多。多义见《周礼》。故此云'击章邯车骑，殿'，又云'先至城下为多'，又云'攻槐里、好畤，最'是也。" 【索隐】孙检说是。

③【集解】徐广曰："属山阳。" 【索隐】小颜音昏，非也。《地理志》山阳有东缗县，音旻。然则户牖之为东缗，音昏是。属陈留者音昏，属山阳者音旻也。【正义】缗，眉贫反。《括地志》云："东缗故城，汉县也，在兖州金乡县界。"

④【正义】《括地志》云属沛郡也。

⑤【索隐】徐氏云在梁、彭城间。

⑥【索隐】谓东阿之下也。

⑦【索隐】《地理志》县名，属山阳。

⑧【正义】冤朐二音，今曹州县，在州西四十七里。

⑨【正义】善甫二音，宋州县也。

⑩【集解】《汉书音义》曰："攻寿张。" 【索隐】《地理志》东郡寿良县，光武改曰寿张。

⑪【集解】文颖曰："勃士卒至者多。"如淳曰："《周礼》'战功曰多'。"

⑫【索隐】谓初起沛及还至砀，得一岁又更二月也。

⑬【集解】徐广曰："一云'句盾令'。" 【索隐】《汉书》云"襄贲令"。贲音肥，县名，属东海。徐广又云"句盾令"，所见本各别也。

⑭【正义】缑音勾。洛州县。

⑮【正义】即古平阴津，在洛州洛阳县东北五十里。

⑯【索隐】贲音肥，人姓名也。尸即尸乡，今偃师也。北谓尸乡之北。

项羽至，以沛公为汉王。汉王赐勃爵为威武侯。①从入汉中，拜为将军。还定三秦，至秦，赐食邑怀德。②攻槐里、好畤，③最。④击赵贲、内史保于咸阳，最。北攻漆。⑤击章平、姚卬军。⑥西定汧。⑦还下郿、频阳。⑧围章邯废丘。⑨破西丞。⑩击盗巴军，破之。⑪攻上邽。⑫东守峣关。转击项籍。攻曲逆，最。还守敖仓，追项籍。籍已死，因东定楚地泗(川)〔水〕、东海郡，凡得二十二县。还守雒阳、栎阳，赐与颍(阳)〔阴〕侯共食锺离。⑬以将军从高帝击反者燕王臧荼，破之易下。⑭所将卒当驰道⑮为多。赐爵列侯，剖符世世勿绝。食绛⑯八千一百八十户，号绛侯。

①【索隐】或是封号，未必县名也。

②【正义】《括地志》云："怀德故城在同州朝邑县西南四十三里。

③【索隐】《地理志》二县属右扶风。

④【集解】如淳曰："于将率之中功为最。"

⑤【索隐】《地理志》漆县在右扶风。　【正义】今豳州新平县，古漆县也。

⑥【索隐】印音五郎反，平下将。

⑦【正义】口肩反。今陇州汧源县，本汉汧县地也。

⑧【索隐】《地理志》郿属右扶风，频阳属左冯翊也。　【正义】郿音眉。《括地志》云："郿县故城在岐州郿县东北十五里，频阳故城在宜州土门县南三里。"今土门县并入同官县，属雍州，宜州废也。

⑨【索隐】《地理志》"槐里，周曰犬丘，懿王都之，秦更名废丘，高祖三年更名槐里"。而此云槐里者，据后而书之。又云废丘者，以章邯本都废丘而亡，亦据旧书之。

⑩【集解】徐广曰："天水有西县。"　【正义】《括地志》云："西县故城在秦州上邽县西南九十里，本汉西县地。"破西县丞。

⑪【集解】如淳曰："章邯将。"

⑫【正义】音圭。秦州县也。

⑬【索隐】《地理志》县名，属九江，古锺离子国。　【正义】《括地志》云："颍阴故城在陈州南顿县西北。锺离故城在濠州锺离县东北五里。"

⑭【索隐】荼，如字读。易，水名，因以为县，在涿郡。谓破荼军于易水之下，言近水也。　【正义】《括地志》云："易县故城在幽州归义县东南十五里，燕桓侯所徙都临易是也。"

⑮【索隐】小颜以当高祖所行之道。或以驰道为秦之驰道，故《贾山传》云"秦为驰道，东穷燕、齐"也。

⑯【正义】《括地志》云："绛邑城，汉绛县，在绛州曲沃县南二里。或以为秦之

旧驰道也。”

以将军从高帝击反韩王信于代，降下霍人。① 以前至武泉，② 击胡骑，破之武泉北。转攻韩信军铜鞮，③ 破之。还，降太原六城。④ 击韩信胡骑晋阳下，破之，下晋阳。后击韩信军于硰石，⑤ 破之，追北八十里。还攻楼烦⑥ 三城，因击胡骑平城下，⑦ 所将卒当驰道为多。勃迁为太尉。

①【索隐】萧该云：“《左传》‘以偪阳子归纳诸霍人’，杜预云晋邑也。字或作‘靃’。” 【正义】霍音琐，又音苏寡反。颜师古云：“音山寡反。”按：“霍”字当作“葰”，《地理志》云葰人，县，属太原郡。《括地志》云：“葰人故城在代州繁畤县界，汉葰人县也。”按：《樊哙列传》作“靃人”，其音亦同。

②【集解】徐广曰：“属云中。” 【正义】《括地志》云：“武泉故城在朔州北二百二十里。”

③【正义】《括地志》云：“铜鞮故城在潞州铜鞮县东十五里，州西六十五里，在并州东南也。”

④【正义】并州县。从铜鞮还并，降六城也。

⑤【集解】应劭曰：“硰音沙。或曰地名。” 【索隐】晋灼音赤座反。 【正义】按：在楼烦县西北。

⑥【正义】《地理志》云在雁门郡，《括地志》云在并州崞县界。

⑦【正义】《地理志》云在雁门郡。《括地志》云：“朔州定襄，本汉平城县。”

击陈豨，屠马邑。所将卒斩豨将军乘马絺。① 击韩信、陈豨、赵利军于楼烦，破之。得豨将宋最、雁门守圂。② 因转攻得云中守遬、③ 丞相箕肆、将勋。④ 定雁门郡十七县，云中郡十二县。因复击豨灵丘，⑤ 破之，斩豨，得豨丞相程纵、将军陈武、都尉高肆。定代郡九县。

①【集解】徐广曰：“姓乘马。” 【索隐】絺，名也。乘音始证反。

②【索隐】圂，守之名，音胡困反。

③【索隐】音速。 【正义】《括地志》云：“云中故城在胜州榆林县东北四十里，秦云中郡。”

④【集解】徐广曰：“箕，一作‘虞’。勋，一作‘专’，一作‘转’。” 【索隐】刘氏肆音如字，包恺音以四反。《汉书》“勋”亦作“博”字，并误耳。

⑤【索隐】《地理志》县名，属代郡。 【正义】《括地志》云：“灵丘故城在蔚州灵

丘县东十里,汉县也。"

燕王卢绾反,勃以相国代樊哙将,击下蓟,得绾大将抵、丞相偃、守陉、①太尉弱、御史大夫施,屠浑都。②破绾军上兰,③复击破绾军沮阳。④追至长城,⑤定上谷十二县,右北平十六县,辽西、辽东二十九县,渔阳二十二县。最从高帝⑥得相国一人,丞相二人,将军、二千石各三人;别破军二,下城三,定郡五,县七十九,得丞相、大将各一人。

①【集解】张晏曰:"卢绾郡守,陉其名。"

②【集解】徐广曰:"在上谷。"　【索隐】施,名也。屠,灭之也。《地理志》浑都县属上谷。一云,御史大夫姓施屠,名浑都。　【正义】《括地志》云:"幽州昌平县,本汉浑都县。"

③【正义】《括地志》云"妫州怀戎县东北有马兰溪水",恐是也。

④【集解】徐广曰:"在上谷。"骃案:服虔曰沮音阻。　【索隐】按:《地理志》沮阳县属上谷。　【正义】《括地志》云:"上谷郡故城在妫州怀戎县东北百二十里。燕上谷,秦因不改,汉为沮阳县。"

⑤【正义】即马邑长城,亦名燕长城,在妫州北,今是。

⑥【索隐】最,都凡也。谓总举其从高祖攻战克获之数也。

勃为人木强敦厚,高帝以为可属大事。勃不好文学,每召诸生说士,东乡坐而责之:①"趣为我语。"其椎少文如此。②

①【集解】如淳曰:"勃自乡向坐,责诸生说士,不以宾主之礼。"

②【集解】瓒曰:"令直言,勿称经书也。"韦昭曰:"椎不桡曲,直至如椎。"　【索隐】大颜云:"俗谓愚为钝椎,音直追反。"今按:椎如字读之。谓勃召说士东向而坐,责之云"趣为我语",其质朴之性,以斯推之,其少文皆如此。

勃既定燕而归,高祖已崩矣,以列侯事孝惠帝。孝惠帝六年,置太尉官,①以勃为太尉。十岁,高后崩。吕禄以赵王为汉上将军,吕产以吕王为汉相国,秉汉权,欲危刘氏。勃为太尉,不得入军门。陈平为丞相,不得任事。于是勃与平谋,卒诛诸吕而立孝文皇帝。其语在《吕后》、《孝文》事中。

①【集解】徐广曰:"《功臣表》及《将相表》皆高后四年始置太尉。"　【正义】下

云“以勃为太尉。十岁高后崩”。按:孝惠六年〔至〕高后八年崩,是十年耳。而《功臣表》及《将相表》云高后四年置太尉官,未详。

文帝既立,以勃为右丞相,赐金五千斤,食邑万户。居月馀,人或说勃曰:“君既诛诸吕,立代王,威震天下,而君受厚赏,处尊位,以宠,久之即祸及身矣。”勃惧,亦自危,乃谢请归相印。上许之。岁馀,丞相平卒,上复以勃为丞相。十馀月,上曰:“前日吾诏列侯就国,或未能行,丞相吾所重,其率先之。”乃免相就国。

岁馀,每河东守尉行县至绛,绛侯勃自畏恐诛,常被甲,令家人持兵以见之。其后人有上书告勃欲反,①下廷尉。廷尉下其事长安,逮捕勃治之。勃恐,不知置辞。吏稍侵辱之。勃以千金与狱吏,狱吏乃书牍背示之,②曰“以公主为证”。公主者,孝文帝女也,勃太子胜之尚之,③故狱吏教引为证。勃之益封受赐,尽以予薄昭。及系急,薄昭为言薄太后,太后亦以为无反事。文帝朝,太后以冒絮提文帝,④曰:“绛侯绾皇帝玺,⑤将兵于北军,不以此时反,今居一小县,顾欲反邪!”文帝既见绛侯狱辞,乃谢曰:“吏(事)方验而出之。”于是使使持节赦绛侯,复爵邑。绛侯既出,曰:“吾尝将百万军,然安知狱吏之贵乎!”

①【集解】徐广曰:“文帝四年时。”

②【集解】李奇曰:“吏所执簿。”韦昭曰:“牍版。” 【索隐】簿即牍也。故《魏志》“秦宓以簿击颊”,则亦简牍之类也。

③【集解】韦昭曰:“尚,奉也。不敢言娶。”

④【集解】徐广曰:“提音弟。”骃案:应劭曰“陌额絮也”。如淳曰“太后恚怒,遭得左右物提之也”。晋灼曰“《巴蜀异物志》谓头上巾为冒絮”。 【索隐】服虔云“纶絮也。提音弟,又音啼”,非也。萧该音底。提者,掷也,萧音为得。恚者,嗔也。遭者,逢也。谓太后嗔,乃逢冒絮,因以提帝。陌音“蛮貊”之“貊”。《方言》云“幪巾,南楚之间云‘陌额’”也。

⑤【集解】应劭曰:“言勃诛诸吕,废少帝,手贯玺时尚不反,况今更有异乎?”

绛侯复就国。孝文帝十一年卒,谥为武侯。子胜之代侯。六岁,尚公主,不相中,①坐杀人,国除。绝一岁,文帝乃择绛侯勃子贤者河内守亚夫，封为条侯，②续绛侯后。

①【集解】如淳曰："犹言不相合当。"

②【集解】徐广曰："表皆作'脩'字。"骃案：服虔曰"脩音条"。【索隐】《地理志》条县属渤海郡。【正义】《括地志》云："故蓨城俗名南条城，在德州蓨县南十二里，汉县。"

条侯亚夫自未侯为河内守时，许负相之，①曰："君后三岁而侯。侯八岁为将相，持国秉，②贵重矣，于人臣无两。其后九岁而君饿死。"亚夫笑曰："臣之兄已代父侯矣，有如卒，子当代，亚夫何说侯乎？然既已贵如负言，又何说饿死？指示我。"许负指其口曰："有从理入口，③此饿死法也。"居三岁，其兄绛侯胜之有罪，孝文帝择绛侯子贤者，皆推亚夫，乃封亚夫为条侯，续绛侯后。

①【索隐】应劭云："负，河内温人，老妪也。"姚氏按：《楚汉春秋》高祖封负为鸣雌亭侯，是知妇人亦有封邑。

②【索隐】音柄。

③【索隐】从音子容反。从理，横理。

文帝之后六年，匈奴大入边。乃以宗正刘礼为将军，军霸上；①祝兹侯徐厉为将军，军棘门；②以河内守亚夫为将军，军细柳：③以备胡。上自劳军。至霸上及棘门军，直驰入，将以下骑送迎。已而之细柳军，军士吏被甲，锐兵刃，彀弓弩，持满。④天子先驱至，不得入。先驱曰："天子且至！"军门都尉曰："将军令曰'军中闻将军令，不闻天子之诏'。"⑤居无何，上至，又不得入。于是上乃使使持节诏将军："吾欲入劳军。"亚夫乃传言开壁门。壁门士吏谓从属车骑曰："将军约，军中不得驱驰。"于是天子乃按辔徐行。至营，将军亚夫持兵揖曰："介胄之士不拜，请以军礼见。"⑥天子为动，改容式车。⑦使人称谢："皇帝敬劳将军。"成礼而去。既出军门，群臣皆惊。文帝曰："嗟乎，此真将军矣！曩者霸上、棘门军，若儿戏耳，其将固可袭而虏也。至于亚夫，可得而犯邪！"称善者久之。月余，三军皆罢。乃拜亚夫为中尉。⑧

①【正义】《庙记》云:"霸陵即霸上。"按:霸陵城在雍州万年县东北二十五里。

②【正义】孟康云:"秦时宫也。"《括地志》云:"棘门在渭北十馀里,秦王门名也。"

③【正义】《括地志》云:"细柳仓在雍州咸阳县西南二十里也。"

④【索隐】彀者,张也。

⑤【索隐】《六韬》云:"军中之事,不闻君命。"

⑥【集解】应劭曰:"《礼》'介者不拜'。" 【索隐】应劭云:"《左传》'晋郤克三肃使者而退',杜预注'肃,若今撎'。郑众注《周礼》'肃拜'云'但俯下手,今时撎是'。"

⑦【索隐】轼者,车前横木。若上有敬,则俯身而凭之。

⑧【正义】《汉书·百官表》云:"中尉,秦官,掌徼巡京师。武帝太初元年,更名执金吾。"应劭云:"吾者,御也。掌执金吾以御非常。"颜师古云:"金吾,鸟名,主辟不祥。天子出行,职主先导,以备非常,故执此鸟之象,因以名官也。"

孝文且崩时,诫太子曰:"即有缓急,周亚夫真可任将兵。"文帝崩,拜亚夫为车骑将军。

孝景三年,吴楚反。亚夫以中尉为太尉,① 东击吴楚。因自请上曰:"楚兵剽轻,② 难与争锋。愿以梁委之,③ 绝其粮道,乃可制。"上许之。

①【正义】《汉书·百官表》云:"太尉,秦官,掌武〔事〕。元狩四年置大将军大司马。"即今十二卫大将军及兵部尚书也。

②【索隐】《汉书》亚夫至淮阳,问邓都尉,为画此计,亚夫从之。今此云"自请"者,盖此亦闻疑而传疑,汉史得其实也。剽音疋妙反。轻读从去声。

③【索隐】谓以梁委之于吴,使吴兵不得过也。亦有作倭音,亦通。

太尉既会兵荥阳,吴方攻梁,梁急,请救。太尉引兵东北走昌邑,深壁而守。梁日使使请太尉,太尉守便宜,不肯往。梁上书言景帝,景帝使使诏救梁。太尉不奉诏,坚壁不出,而使轻骑兵弓高侯等① 绝吴楚兵后食道。吴兵乏粮，饥，数欲挑战，终不出。夜，军中惊，内相攻击扰乱，至于太尉帐下。太尉终卧不起。顷之，复定。后吴奔壁东南陬，②太尉使备西北。已而其精兵果奔西北，不得入。吴兵既饿，乃引而去。太尉出精兵追击，大破之。吴王濞弃其军，而与壮士数千人亡走，保于江南丹徒。③汉兵因乘胜，遂尽虏之，降其兵，购吴王千金。月馀，越人斩吴王头以告。④凡相攻守三月，而吴楚破平。于是诸将乃以太尉计谋为是。由此梁孝王与太尉有郤。

①【索隐】韩穨当也。　【正义】弓高，沧州县也。

②【集解】如淳曰："陬，隅也。"　【索隐】音子侯反。

③【索隐】《地理志》县属会稽。　【正义】《括地志》云："丹徒故城在润州丹徒县东南十八里，汉丹徒县也。《晋太康地志》云'吴王濞反，走丹徒，越人杀之于此城南'。《徐州记》云'秦使赭衣凿其地，因谓之丹徒。凿处今在故县西北六里。丹徒岘东南连亘，盘纡屈曲，有象龙形，故秦凿绝顶，阔百馀步，又夹坑龙首，以毁其形。坑之所在，即今龙、月二湖，悉成田也'。"

④【正义】越人即丹徒人。越灭吴，丹徒地属楚。秦灭楚后，置三十六郡，丹徒县属会稽郡，故以丹徒为越人也。

归，复置太尉官。五岁，迁为丞相，景帝甚重之。景帝废栗太子，丞相固争之，不得。景帝由此疏之。而梁孝王每朝，常与太后言条侯之短。

窦太后曰："皇后兄王信可侯也。"景帝让曰："始南皮、章武侯①先帝不侯，及臣即位乃侯之。信未得封也。"窦太后曰："人主各以时行耳。②自窦长君在时，竟不得侯，死后乃(封)其子彭祖顾得侯。③吾甚恨之。帝趣侯信也！"景帝曰："请得与丞相议之。"丞相议之，亚夫曰："高皇帝约'非刘氏不得王，非有功不得侯。不如约，天下共击之'。今信虽皇后兄，无功，侯之，非约也。"景帝默然而止。

①【集解】瓒曰："南皮，窦彭祖，太后兄子。章武侯，太后弟广国。"

②【索隐】谓人主各当其时而行事，不必一一相法也。　【正义】人主作"人生"。

③【索隐】许慎注《淮南子》云："顾，反也。"

其后匈奴王〔唯〕徐卢等五人降，景帝欲侯之以劝后。丞相亚夫曰："彼背其主降陛下，陛下侯之，则何以责人臣不守节者乎？"景帝曰："丞相议不可用。"乃悉封〔唯〕徐卢等为列侯。① 亚夫因谢病。景帝中三年，以病免相。

①【索隐】《功臣表》唯徐卢封容城侯。

顷之，景帝居禁中，召条侯，赐食。独置大胾，① 无切肉，又不置櫡。条侯心不平，顾谓尚席取櫡。② 景帝视而笑曰："此不足君所乎？"③ 条侯免冠谢。上起，条侯因趋出。景帝以目送之，曰："此怏怏者非少主臣也！"

①【集解】韦昭曰："胾，大脔也。音侧吏反。"【索隐】脔音李转反。谓肉脔也。

②【集解】应劭曰："尚席，主席者。"【索隐】顾氏按《舆服杂事》云"六尚，尚席，掌武帐帷幔也"。櫡音筯。《汉书》作"箸"。箸者，食所用也。留侯云"借前箸以筹之"。《礼》曰"羹之有菜者用梜"。梜亦箸之类，故郑玄云"今人谓箸为梜"是也。

③【集解】孟康曰："设胾无筯者，此非不足满于君所乎？嫌恨之。"如淳曰："非故不足君之食具也，偶失之。"【索隐】言不设箸者，此盖非我意，于君有不足乎？故如淳云"非故不足君之食具，偶失之耳"。盖当然也，所以帝视而笑也。若本不为足，当别有辞，未必为之笑也。孟康、晋灼虽探古人之情，亦未必能得其实。顾氏亦同孟氏之说，又引魏武赐荀彧虚器，各记异说也。

居无何，条侯子为父买工官尚方① 甲楯五百被② 可以葬者。取庸苦之，不予钱。庸知其盗买县官器，③ 怒而上变告子，事连污条侯。④ 书既闻上，上下吏。吏簿责条侯，⑤ 条侯不对。景帝骂之曰："吾不用也。"⑥ 召诣廷尉。⑦ 廷尉责曰："君侯欲反邪？"亚夫曰："臣所买器，乃葬器也，何谓反邪？"吏曰："君侯纵不反地上，即欲反地下耳。"吏侵之益急。初，吏捕条侯，条侯欲自杀，夫人止之，以故不得死，遂入廷尉。因不食五日，呕血而死。国除。

①【集解】徐广曰："一作'西'。"【索隐】工官即尚方之工，所作物属尚方，故云工官尚方。

②【集解】徐广曰："音拔。"骃案：如淳曰"工官，官名也"。张晏曰"被，具也。五百具甲楯"。

③【索隐】县官谓天子也。所以谓国家为县官者，《夏（家）〔官〕》王畿内县即国都也。王者官天下，故曰县官也。

④【索隐】污音乌故反。

⑤【集解】如淳曰："簿问责其情。"

⑥【集解】孟康曰："不用汝对，欲杀之也。"如淳曰："恐狱吏畏其复用事，不敢折辱。"【索隐】孟康、如淳已备两解，大颜以孟说为得。而姚察又别一解，云"帝责此吏不得亚夫直辞，以为不足任用，故召亚夫别诣廷尉，使责问"。

⑦【正义】景帝见条侯不对簿，因责骂之曰："吾不任用汝也。"故召诣廷尉，使重推劾耳。馀说皆非也。

绝一岁，景帝乃更封绛侯勃他子坚为平曲侯，续绛侯后。十九年卒，谥为共侯。子建德代侯，十三年，为太子太傅。坐酎金不善，元鼎五年，有罪，国除。①

①【集解】徐广曰："诸列侯坐酎金失侯者，皆在元鼎五年，但此辞句如有颠倒。"【索隐】既云"坐酎金不善"，复云"元鼎五年有罪国除"，似重有罪，故云颠倒。而《汉书》云"为太子太傅，坐酎金免官。后有罪，国除"，其文又错也。按：表坐免官，至元鼎五年坐酎金又失侯，所以二史记之各有不同也。

条侯果饿死。死后，景帝乃封王信为盖侯。

太史公曰：绛侯周勃始为布衣时，鄙朴人也，才能不过凡庸。及从高祖定天下，在将相位，诸吕欲作乱，勃匡国家难，复之乎正。虽伊尹、周公，何以加哉！亚夫之用兵，持威重，执坚刃，穰苴曷有加焉！足己而不学，①守节不逊，②终以穷困。悲夫！

①【索隐】亚夫自以己之智谋足，而〔不〕虚己（不）学古人，所以不体权变，而动有违忤。

②【索隐】守节谓争栗太子，不封王信、〔唯〕徐卢等；不逊谓顾尚席取箸，不对制狱是也。

【索隐述赞】绛侯佐汉，质厚敦笃。始击砀东，亦围尸北。所攻必取，所讨咸克。陈豨伏诛，臧荼破国。事居送往，推功伏德。列侯还第，太尉下狱。继相条侯，绍封平曲。惜哉贤将，父子代辱！

史记卷五十八

梁孝王世家第二十八

梁孝王武者，孝文皇帝子也，而与孝景帝同母。母，窦太后也。

孝文帝凡四男：长子曰太子，是为孝景帝；次子武；次子参；次子胜。①孝文帝即位二年，以武为代王，②以参为太原王，③以胜为梁王。④二岁，徙代王为淮阳王。⑤以代尽与太原王，号曰代王。参立十七年，孝文后二年卒，谥为孝王。子登嗣立，是为代共王。立二十九年，元光二年卒。子义立，是为代王。十九年，汉广关，以常山为限，而徙代王王清河。⑥清河王徙以元鼎三年也。

①【正义】《汉书》"胜"作"揖"。又云"诸姬生代孝王参、梁怀王揖"。言诸姬者，众妾卑贱，史不书姓，故云诸姬也。

②【集解】徐广曰："都中都。" 【正义】《括地志》云："中都故城在汾州平遥县西十二里。"

③【集解】徐广曰："都晋阳。" 【正义】《括地志》云："并州太原地名大明城，即古晋阳城。智伯与韩魏攻赵襄子于晋阳，即此城是也。"

④【集解】徐广曰："都睢阳。" 【索隐】《汉书》梁王名揖，盖是矣。按：景帝子中山靖王名胜，是《史记》误耳。 【正义】《括地志》云："宋州宋城县在州南二里外城中，本汉之睢阳县也。汉文帝封子武于大梁，以其卑湿，徙睢阳，故改曰梁也。"

⑤【集解】徐广曰："都陈。" 【正义】即古陈国城也。

⑥【集解】徐广曰："都清阳。" 【正义】《括地志》云："清阳故城在贝州清阳县西北八里也。"

初，武为淮阳王十年，而梁王胜卒，谥为梁怀王。怀王最少子，爱幸异于他子。其明年,徙淮阳王武为梁王。梁王之初王梁,孝文帝之十二年也。梁王自初王通历已十一年矣。①

①【索隐】谓自文帝二年初封代,后徙淮阳,又徙梁,通数文帝二年至十二年徙梁为十一年也。

梁王十四年,入朝。十七年,十八年,比年入朝,留,其明年,乃之国。二十一年,入朝。二十二年,孝文帝崩。二十四年,入朝。二十五年,复入朝。是时上未置太子也。上与梁王燕饮,尝从容言曰:"千秋万岁后传于王。"王辞谢。虽知非至言,然心内喜。太后亦然。

其春,吴楚齐赵七国反。吴楚先击梁棘壁,①杀数万人。梁孝王城守睢阳,而使韩安国、张羽等为大将军,以距吴楚。吴楚以梁为限,不敢过而西,与太尉亚夫等相距三月。吴楚破,而梁所破杀虏略与汉中分。②明年,汉立太子。其后梁最亲,有功,又为大国,居天下膏腴地。地北界泰山,西至高阳,③四十馀城,皆多大县。

①【集解】文颖曰:"地名。" 【索隐】按:《左传》宣公二年,宋华元战于大棘。杜预云在襄邑东南,盖即棘壁是也。 【正义】《括地志》云:"大棘故城在宋州宁陵县西南七十里。"

②【集解】《汉书音义》曰:"梁所虏吴楚之捷,略与汉等。"

③【集解】徐广曰:"在陈留圉县。"骃案:司马彪曰"圉有高阳亭"也。 【索隐】圉县属陈留。高阳,乡名也。注引司马彪者,出《续汉书·郡国志》也。

孝王,窦太后少子也,爱之,赏赐不可胜道。于是孝王筑东苑,①方三百馀里。②广睢阳城七十里。③大治宫室,为复道,自宫连属于平台三十馀里。④得赐天子旌旗,出从千乘万骑。⑤东西驰猎,拟于天子。出言趩,入言警。⑥招延四方豪桀,自山以东游说之士莫不毕至。齐人羊胜、公孙诡、邹阳之属。公孙诡多奇邪计,⑦初见王,赐千金,官至中尉,梁号之曰公孙将军。梁多作兵器弩弓矛数十万,而府库金钱且百巨万,⑧珠玉宝器多于京师。

①【索隐】筑谓建也。《白虎通》云:"苑所以东者何?盖以东方生物故也。"

②【索隐】盖言其奢,非实辞。或者梁国封域之方。 【正义】《括地志》云:"兔

园在宋州宋城县东南十里。葛洪《西京杂记》云‘梁孝王苑中有落猿岩、栖龙岫、雁池、鹤洲、凫岛。诸宫观相连，奇果佳树，瑰禽异兽，靡不毕备’。俗人言梁孝王竹园也。”

③【索隐】苏林云：“广其径也。”《太康地理记》云：“城方十三里，梁孝王筑之。鼓倡节杵而后下和之者，称《睢阳曲》。今踵以为故，所以乐家有《睢阳曲》，盖采其遗音也。”

④【集解】徐广曰：“睢阳有平台里。”骃案：如淳曰“在梁东北，离宫所在也”。晋灼曰“或说在城中东北角”。　【索隐】如淳云“在梁东北，离宫所在”者，按今城东二十里临新河，有故台址，不甚高，俗云平台，又一名修竹苑。《西京杂记》云“有落猿岩、凫洲、雁渚，连亘七十馀里”是也。

⑤【索隐】《汉官仪》曰：“天子法驾三十六乘，大驾八十一乘，皆备千乘万骑而出也。”

⑥【索隐】《汉旧仪》云：“皇帝辇动称警，出殿则传跸，止人清道。”言出入者，互文耳，入亦有跸。

⑦【索隐】《周礼》“有奇衺之人”，郑玄云“奇衺，谲怪非常也。奇音纪宜反，邪音斜”也。

⑧【索隐】如淳云：“巨亦大，与大百万同也。”韦昭云：“大百万，今万万。”

二十九年十月，梁孝王入朝。景帝使使持节乘舆驷马，迎梁王于关下。①既朝，上疏因留。以太后亲故，王入则侍景帝同辇，出则同车游猎，射禽兽上林中。梁之侍中、郎、谒者著籍引出入②天子殿门，与汉宦官无异。

①【集解】邓展曰：“但将驷马往。”瓒曰：“称乘舆驷马，则车马皆往，言不驾六马耳。天子副车驾驷马。”

②【正义】著，竹略反。籍谓名簿也，若今通引出入门也。

十一月，上废栗太子，窦太后心欲以孝王为后嗣。大臣及袁盎等有所关说于景帝，①窦太后义格，②亦遂不复言以梁王为嗣事由此。以事秘，世莫知。乃辞归国。

①【索隐】袁盎云“汉家法周道立子”，是有所关涉之说于帝也。一云关者，隔也。引事而关隔，其说不得行也。

②【集解】如淳曰："歧阁不得下。" 【索隐】张晏云"格，止也"。服虔云"格谓格阁不行"。苏林音阁。周成《杂字》"歧阁也"。《通俗文》云"高置立歧棚云歧阁"。《字林》音纪，又音诡也。

其夏四月，上立胶东王为太子。梁王怨袁盎及议臣，乃与羊胜、公孙诡之属阴使人刺杀袁盎及他议臣十馀人。逐其贼，未得也。于是天子意梁王，①逐贼，果梁使之。乃遣使冠盖相望于道，覆按梁，捕公孙诡、羊胜。公孙诡、羊胜匿王后宫。使者责二千石急，梁相轩丘豹②及内史韩安国进谏王，王乃令胜、诡皆自杀，出之。上由此怨望于梁王。梁王恐，乃使韩安国因长公主谢罪太后，然后得释。

①【索隐】谓意疑梁刺之。

②【正义】姓轩丘，名豹也。

上怒稍解，因上书请朝。既至关，茅兰①说王，使乘布车，②从两骑入，匿于长公主园。汉使使迎王，王已入关，车骑尽居外，不知王处。太后泣曰："帝杀吾子！"景帝忧恐。于是梁王伏斧质于阙下，谢罪，然后太后、景帝大喜，相泣，复如故。悉召王从官入关。然景帝益疏王，不同车辇矣。

①【集解】《汉书音义》曰："茅兰，孝王臣。"

②【集解】张晏曰："布车，降服，自比丧人。"

三十五年冬，复朝。上疏欲留，上弗许。归国，意忽忽不乐。北猎良山，①有献牛，足出背上，②孝王恶之。六月中，病热，六日卒，谥曰孝王。③

①【索隐】《汉书》作"梁山"。《述征记》云"良山际清水"。今寿张县南有良山，服虔云是此山也。 【正义】《括地志》云"梁山在郓州寿张县南三十五里"，即猎处也。

②【索隐】张晏云："足当处下，所以辅身也；今出背上，象孝王背朝以干上也。北者，阴也。又在梁山，明为梁也。牛者，丑之畜，冲在六月。北方数六，故六月六日薨也。"

③【索隐】《述征记》："砀有梁孝王之冢。"

孝王慈孝，每闻太后病，口不能食，居不安寝，常欲留长安侍太后。太后亦爱之。及闻梁王薨，窦太后哭极哀，不食，曰："帝果杀吾子！"景帝哀惧，不知所为。与长公主计之，乃分梁为五国，①尽立孝王男五人为王，女五人皆食汤沐邑。于是奏之太后，太后乃说，为帝加壹餐。

①【索隐】长子买，梁共王。子明，济川王。子彭离，济东王。子定，山阳王。子不识，济阴王。

梁孝王长子买为梁王，是为共王；子明为济川王；子彭离为济东王；子定为山阳王；子不识为济阴王。

孝王未死时，财以巨万计，不可胜数。及死，藏府馀黄金尚四十馀万斤，他财物称是。

梁共王三年，景帝崩。共王立七年卒，子襄立，是为平王。

梁平王襄①十四年，母曰陈太后。共王母曰李太后。李太后，亲平王之大母也。而平王之后姓任，曰任王后。任王后甚有宠于平王襄。初，孝王在时，有罍樽，②直千金。孝王诫后世，善保罍樽，无得以与人。任王后闻而欲得罍樽。平王大母李太后曰："先王有命，无得以罍樽与人。他物虽百巨万，犹自恣也。"任王后绝欲得之。平王襄直使人开府取罍樽，赐任王后。李太后大怒，汉使者来，欲自言，平王襄及任王后遮止，闭门，李太后与争门，措指，③遂不得见汉使者。李太后亦私与食官长及郎中尹霸等士通乱，④而王与任王后以此使人风止李太后，李太后内有淫行，亦已。后病薨。病时，任后未尝请病；薨，又不持丧。

①【索隐】《汉书》作"让"。

②【集解】郑德曰："上盖刻为云雷象。"【索隐】应劭曰："《诗》云'酌彼金罍'。罍者，画云雷之象以金饰之。"

③【集解】晋灼曰："许慎云'措，置'。字借以为笮。"【索隐】措音迮，侧格反。《汉书·王陵传》"迫迮前队"，皆作此字。《说文》云"笮，迫也"。谓为门扇所笮。

④【正义】张先生旧本有"士"字，先生疑是衍字，又不敢除，故以朱大点其字中

心。今按:食官长及郎中尹霸等是士人,太后与通乱,其义亦通矣。

元朔中,睢阳人类犴反者,[①]人有辱其父,而与淮阳太守客出同车。太守客出下车,类犴反杀其仇于车上而去。淮阳太守怒,以让梁二千石。二千石以下求反甚急,执反亲戚。反知国阴事,乃上变事,具告知王与大母争樽状。时丞相以下见知之,欲以伤梁长吏,其书闻天子。天子下吏验问,有之。公卿请废襄为庶人。天子曰:"李太后有淫行,而梁王襄无良师傅,故陷不义。"乃削梁八城,枭任王后首于市。梁馀尚有十城。襄立三十九年卒,谥为平王。子无伤立为梁王也。

①【索隐】韦昭云"犴音岸"。按:类犴反,人姓名也。反字或作"友"。

济川王明者,梁孝王子,以桓邑侯[①]孝景中六年为济川王。七岁,坐射杀其中尉,汉有司请诛,天子弗忍诛,废明为庶人,迁房陵,地入于汉为郡。

①【索隐】《地理志》桓邑阙。

济东王彭离者,梁孝王子,以孝景中六年为济东王。二十九年,彭离骄悍,无人君礼,昏暮私与其奴、亡命少年数十人行剽杀人,取财物以为好。[①]所杀发觉者百馀人,国皆知之,莫敢夜行。所杀者子上书言。汉有司请诛,上不忍,废以为庶人,迁上庸,地入于汉,为大河郡。

①【集解】如淳曰:"以是为好喜之事。"

山阳哀王定者,梁孝王子,以孝景中六年为山阳王。九年卒,无子,国除,地入于汉,为山阳郡。

济阴哀王不识者,梁孝王子,以孝景中六年为济阴王。一岁卒,无子,国除,地入于汉,为济阴郡。

太史公曰:梁孝王虽以亲爱之故,王膏腴之地,然会汉家隆盛,百姓殷富,故能植其财货,广宫室,车服拟于天子。然亦僭矣。

褚先生曰：臣为郎时，闻之于宫殿中老郎吏好事者称道之也。窃以为令梁孝王怨望，欲为不善者，事从中生。今太后，女主也，以爱少子故，欲令梁王为太子。大臣不时正言其不可状，阿意治小，私说意以受赏赐，非忠臣也。齐如魏其侯窦婴之正言也，①何以有后祸？景帝与王燕见，侍太后饮，景帝曰："千秋万岁之后传王。"太后喜说。窦婴在前，据地言曰："汉法之约，传子適孙，今帝何以得传弟，擅乱高帝约乎！"于是景帝默然无声。太后意不说。

①【索隐】窦婴、袁盎皆言如周家立子，不合立弟。

故成王与小弱弟立树下，取一桐叶以与之，曰："吾用封汝。"周公闻之，进见曰："天王封弟，甚善。"成王曰："吾直与戏耳。"周公曰："人主无过举，不当有戏言，言之必行之。"于是乃封小弟以应县。①是后成王没齿不敢有戏言，言必行之。《孝经》曰："非法不言，非道不行。"此圣人之法言也。今主上不宜出好言于梁王。梁王上有太后之重，骄蹇日久，数闻景帝好言，千秋万世之后传王，而实不行。

①【索隐】此说与《晋系家》不同，事与封叔虞同，彼云封唐，此云封应，应亦成王之弟，或别有所见，故不同。【正义】《括地志》云："故应城，故应乡也，在汝州鲁山县东四十里。"《吕氏春秋》云"成王戏削桐叶为圭，以封叔虞"，非应侯也。又《汲冢古文》云殷时已有应国，非成王所造也。

又诸侯王朝见天子，汉法凡当四见耳。始到，入小见；到正月朔旦，奉皮荐璧玉贺正月，法见；后三日，为王置酒，赐金钱财物；后二日，复入小见，辞去。凡留长安不过二十日。小见者，燕见于禁门内，饮于省中，非士人所得入也。今梁王西朝，因留，且半岁。入与人主同辇，出与同车。示风以大言而实不与，令出怨言，谋畔逆，乃随而忧之，不亦远乎！非大贤人，不知退让。今汉之仪法，朝见贺正月者，常一王与四侯俱朝见，十馀岁一至。今梁王常比年入朝见，久留。鄙语曰"骄子不孝"，非恶言也。故诸侯王当为置良师傅，相忠言之士，如汲黯、韩长孺等，敢直言极谏，安得有患害！

盖闻梁王西入朝，谒窦太后，燕见，与景帝俱侍坐于太后前，语言私说。太后谓帝曰："吾闻殷道亲亲，周道尊尊，①其义一也。安车大驾，用梁孝王为寄。"景帝跪席举身曰："诺。"罢酒出，帝召袁盎诸大臣通经术者曰："太后言如是，何谓也？"皆对曰："太后意欲立梁王为帝太子。"帝问其状，袁盎等曰："殷道亲亲者，立弟。周道尊尊者，立子。殷道质，质者法天，亲其所亲，故立弟。周道文，文者法地，尊者敬也，敬其本始，故立长子。周道，太子死，立適孙。殷道，太子死，立其弟。"帝曰："于公何如？"皆对曰："方今汉家法周，周道不得立弟，当立子。故《春秋》所以非宋宣公。宋宣公死，不立子而与弟。弟受国死，复反之与兄之子。弟之子争之，以为我当代父后，即刺杀兄子。以故国乱，祸不绝。故《春秋》曰'君子大居正，宋之祸宣公为之'。臣请见太后白之。"袁盎等入见太后："太后言欲立梁王，梁王即终，欲谁立？"太后曰："吾复立帝子。"袁盎等以宋宣公不立正，生祸，祸乱后五世不绝，小不忍害大义状报太后。太后乃解说，即使梁王归就国。而梁王闻其义出于袁盎诸大臣所，怨望，使人来杀袁盎。袁盎顾之曰："我所谓袁将军者也，公得毋误乎？"刺者曰："是矣！"刺之，置其剑，剑著身。视其剑，新治。问长安中削厉工，工曰："梁郎某子②来治此剑。"以此知而发觉之，发使者捕逐之。独梁王所欲杀大臣十馀人，文吏穷本之，谋反端颇见。太后不食，日夜泣不止。景帝甚忧之，问公卿大臣，大臣以为遣经术吏往治之，乃可解。于是遣田叔、吕季主往治之。此二人皆通经术，知大礼。来还，至霸昌厩，③取火悉烧梁之反辞，但空手来对景帝。景帝曰："何如？"对曰："言梁王不知也。造为之者，独其幸臣羊胜、公孙诡之属为之耳。谨以伏诛死，梁王无恙也。"景帝喜说，曰："急趋谒太后。"太后闻之，立起坐餐，气平复。故曰，不通经术知古今之大礼，不可以为三公及左右近臣。少见之人，如从管中窥天也。

①【索隐】殷人尚质，亲亲，谓亲其弟而授之。周人尚文，尊尊，谓尊祖之正体。

故立其子，尊其祖也。

②【索隐】谓梁国之郎，是孝王官属。某子，史失其姓名也。

③【正义】《括地志》云：“汉霸昌厩在雍州万年县东北三十八里。”

【索隐述赞】文帝少子，徙封于梁。太后钟爱，广筑睢阳。旌旂警跸，势拟天王。功扞吴楚，计丑孙羊。窦婴正议，袁盎劫伤。汉穷梁狱，冠盖相望。祸成骄子，致此猖狂。虽分五国，卒亦不昌。

史记卷五十九

五宗世家第二十九

【索隐】景帝子十四人,一武帝,馀十三人为王,《汉书》谓之“景十三王”。此名“五宗”者,十三人为王,其母五人,同母者为宗也。

孝景皇帝子凡十三人为王,而母五人,同母者为宗亲。栗姬子曰荣、德、阏于。① 程姬子曰馀、非、端。贾夫人子曰彭祖、胜。唐姬子曰发。王夫人兒姁② 子曰越、寄、乘、舜。

①【索隐】阏音遏。《汉书》无“于”字。

②【索隐】况羽反。兒姁,夫人名也。王皇后之妹也。

河间献王德,① 以孝景帝前二年用皇子为河间王。好儒学,被服造次必于儒者。山东诸儒多从之游。

①【索隐】《汉书》云“大行令奏:《谥法》曰聪明睿智曰献”。

二十六年卒,① 子共王不害立。四年卒,子刚王基代立。十二年卒,子顷王授代立。②

①【集解】《汉名臣奏》:“杜业奏曰‘河间献王经术通明,积德累行,天下雄俊众儒皆归之。孝武帝时,献王朝,被服造次必于仁义。问以五策,献王辄对无穷。孝武帝艴然难之,谓献王曰:“汤以七十里,文王百里,王其勉之。”王知其意,归即纵酒听乐,因以终’。” 【索隐】注“问以五策”。按:《汉书》诏策问三十馀事。“被服造次”。按:小颜云“被服,言常居处其中也;造次,谓所向所行皆法于儒者”。

②【索隐】《汉书》云授谥顷,音倾也。

临江哀王阏于，以孝景帝前二年用皇子为临江王。三年卒，无后，国除为郡。

临江闵王荣，以孝景前四年为皇太子，四岁废，用故太子为临江王。

四年，坐侵庙壖垣①为宫，上征荣。荣行，祖于江陵北门。②既已上车，轴折车废。江陵父老流涕窃言曰："吾王不反矣！"荣至，诣中尉府簿。中尉郅都责讯王，王恐，自杀。葬蓝田。燕数万衔土置冢上，百姓怜之。

①【索隐】服虔云"宫外之馀地"。顾野王云"墙外行马内田"。音人椽反，又音软，又音奴乱反。壖垣，墙外之短垣也。

②【索隐】按：祖者行神，行而祭之，故曰祖也。《风俗通》云"共工氏之子曰修，好远游，故祀为祖神"。又崔浩云"黄帝之子累祖，好远游而死于道，因以为行神"，亦不知其何据。盖见其谓之祖，因以为累祖，非也。据《帝系》及本纪皆言累祖黄帝妃，无为行神之由也。又《聘礼》云"出祖释軷，祭酒脯"而已。按：今祭礼，以軷壤土为坛于道，则用黄羝或用狗，以其血衅左轮也。

【正义】《荆州图副》云："汉临江闵王荣始都江陵城，坐侵庙壖地为宫，被征，出城北门而车轴折。父老共流涕曰：'吾王不反矣！'既而为郅都所讯，惧而缢死。自此后北门存而不启，盖为荣不以道终也。"

荣最长，①死无后，国除，地入于汉，为南郡。

①【正义】颜师古云："荣实最长，而传居二王后者，以其从太子废后乃为王也。"

右三国本王皆栗姬之子也。

鲁共王馀，以孝景前二年用皇子为淮阳王。二年，吴楚反破后，以孝景前三年徙为鲁王。好治宫室苑囿狗马。季年好音，不喜辞辩。为人吃。

二十六年卒，子光代为王。初好音舆马；晚节啬，①惟恐不足于财。

①【正义】晚节犹言末年时。啬，贪悋也。

江都易王非，①以孝景前二年用皇子为汝南王。吴楚反时，非年十五，有材力，上书愿击吴。景帝赐非将军印，击吴。吴已破，二岁，徙为江都王，治吴故国，以军功赐天子旌旗。元光五年，匈奴大入汉为贼，非上书愿击匈奴，上不许。非好气力，治宫观，招四方豪桀，骄奢甚。

①【索隐】按：《谥法》"好更故旧曰易"也。

立二十六年卒，子建立为王。七年自杀。淮南、衡山谋反时，建颇闻其谋。自以为国近淮南，恐一日发，为所并，即阴作兵器，而时佩其父所赐将军印，载天子旗以出。易王死未葬，建有所说易王宠美人淖姬，①夜使人迎与奸服舍中。及淮南事发，治党与颇及江都王建。建恐，因使人多持金钱，事绝其狱。而又信巫祝，使人祷祠妄言。建又尽与其姊弟奸。②事既闻，汉公卿请捕治建。天子不忍，使大臣即讯王。王服所犯，遂自杀。国除，地入于汉，为广陵郡。

①【集解】苏林曰："淖音泥淖"。　【索隐】郑氏音卓，苏林音"泥淖"之"淖"，女教反。淖，姓也，齐有淖齿是。又《汉书》云"建召易王所爱淖姬等十人，与奸服舍中"。　【正义】淖，女孝反。

②【索隐】《汉书》云建女弟徵臣为盖侯子妇，以易王丧来归，建复与奸也。

胶西于王端，①以孝景前三年吴楚七国反破后，端用皇子为胶西王。端为人贼戾，又阴痿，②一近妇人，病之数月。而有爱幸少年为郎。为郎者顷之与后宫乱，端禽灭之，及杀其子母。数犯上法，汉公卿数请诛端，天子为兄弟之故不忍，而端所为滋甚。有司再请削其国，去太半。端心愠，遂为无訾省。③府库坏漏尽，腐财物以巨万计，终不得收徙。令吏毋得收租赋。端皆去卫，④封其宫门，从一门出游。数变名姓，为布衣，之他郡国。

①【索隐】按：《广周书谥法》云"能优其德曰于"。

②【正义】委危反。不能御妇人。

③【集解】苏林曰："为无所訾录，无所省录。" 【正义】颜师古云："訾，财也。省，视也。言不能视录资财。"

④【索隐】谓不置宿卫人。

相、二千石往者，奉汉法以治，端辄求其罪告之，无罪者诈药杀之。所以设诈究变，①强足以距谏，智足以饰非。相、二千石从王治，则汉绳以法。故胶西小国，而所杀伤二千石甚众。

①【索隐】究者，穷也。故郭璞云"究谓穷尽也"。

立四十七年，卒，竟无男代后，国除，地入于汉，为胶西郡。

右三国本王皆程姬之子也。

赵王彭祖，以孝景前二年用皇子为广川王。赵王遂反破后，彭祖王广川。四年，徙为赵王。十五年，孝景帝崩。彭祖为人巧佞卑谄，足恭而心刻深。①好法律，持诡辩以中人。②彭祖多内宠姬及子孙。相、二千石欲奉汉法以治，则害于王家。是以每相、二千石至，彭祖衣皂布衣，自行迎，除二千石舍，③多设疑事以作动之，得二千石失言，中忌讳，辄书之。二千石欲治者，则以此迫劫；不听，乃上书告，及污以奸利事。彭祖立五十馀年，相、二千石无能满二岁，辄以罪去，大者死，小者刑，以故二千石莫敢治。而赵王擅权，使使即县为贾人榷会，④入多于国经租税。⑤以是赵王家多金钱，然所赐姬诸子，亦尽之矣。彭祖取故江都易王宠姬王建所盗与奸淖姬者为姬，甚爱之。

①【索隐】谓刻害深，无仁恩也。

②【索隐】谓诡诳之辩，以中伤于人。

③【索隐】谓彭祖自为二千石埽除其舍，以迎之也。

④【集解】韦昭曰："平会两家买卖之贾也。榷者，禁他家，独王家得为之。" 【索隐】榷音角。独言榷，谓酤榷也。会音侩，古外反。谓为贾人专榷买卖之贾，侩以取利，若今之和市矣。韦昭则训榷为平，其注解为得。

⑤【索隐】经者，常也。谓王家入多于国家常纳之租税也。

彭祖不好治宫室、禨祥，①好为吏事。上书愿督国中盗贼。常夜从走卒行徼②邯郸中。诸使过客以彭祖险陂，莫敢留邯郸。

①【集解】服虔曰："求福也。"【索隐】按：《埤苍》云"禨，祆祥也"。《列子》云"荆人鬼，越人禨"。谓楚信鬼神而越信禨祥也。

②【索隐】上下孟反，下工吊反。徼是郊外之路，谓巡徼而伺察境界。

其太子丹与其女及同产姊奸，与其客江充有郤。充告丹，丹以故废。赵更立太子。

中山靖王胜，以孝景前三年用皇子为中山王。十四年，孝景帝崩。胜为人乐酒①好内，有子枝属百二十馀人。常与兄赵王相非，曰："兄为王，专代吏治事。王者当日听音乐声色。"赵王亦非之，曰："中山王徒日淫，不佐天子拊循百姓，何以称为藩臣！"

①【正义】乐，五教反。

立四十二年卒，①子哀王昌立。一年卒，子昆侈代为中山王。②

①【索隐】按：《汉书》建元三年，济川、中山王等来朝，闻乐而泣。天子问其故，王对以大臣内谗，肺腑日疏，其言甚雄壮，词切而理文。天子加亲亲之好。可谓汉之英藩矣。

②【索隐】《汉书》昆侈谥康王，子顷王辅嗣，至孙国除也。

右二国本王皆贾夫人之子也。

长沙定王发，发之母唐姬，故程姬侍者。景帝召程姬，程姬有所辟，不愿进，①而饰侍者唐儿使夜进。上醉不知，以为程姬而幸之，遂有身。已乃觉非程姬也。及生子，因命曰发。以孝景前二年用皇子为长沙王。以其母微，无宠，故王卑湿贫国。②

①【索隐】姚氏按：《释名》云"天子诸侯群妾以次进御，有月事者止不御，更不口说，故以丹注面目旳旳为识，令女史见之"。王粲《神女赋》以为"脱袿裳，免簪笄，施玄旳，结羽钗"。旳即《释名》所云也。《说文》云"姅，女污也"。

《汉律》云“见姅变，不得侍祠”。姅音半。

②【集解】应劭曰：“景帝后二年，诸王来朝，有诏更前称寿歌舞。定王但张袖小举手。左右笑其拙，上怪问之，对曰：‘臣国小地狭，不足回旋。’帝以武陵、零陵、桂阳属焉。”

立二十七年卒，子康王庸立。二十八年，卒，子鲋鮈立①为长沙王。

①【集解】服虔曰：“鮈音拘。”

右一国本王唐姬之子也。

广川惠王越，以孝景中二年用皇子为广川王。

十二年卒，子齐立为王。①齐有幸臣桑距。已而有罪，欲诛距，距亡，王因禽其宗族。距怨王，乃上书告王齐与同产奸。自是之后，王齐数上书告言汉公卿及幸臣所忠等。②

①【索隐】《汉书》齐谥缪王。《谥法》“伤人蔽贤曰缪”。

②【索隐】按：《汉书》“又告中尉蔡彭祖”。子去嗣，坐暴虐勃乱，国除也。【正义】所忠，姓名。

胶东康王寄，以孝景中二年用皇子为胶东王。二十八年卒。淮南王谋反时，寄微闻其事，私作楼车镞矢①战守备，候淮南之起。及吏治淮南之事，辞出之。②寄于上最亲，③意伤之，发病而死，不敢置后，于是上(问)〔闻〕。寄有长子者名贤，母无宠；少子名庆，母爱幸，寄常欲立之，为不次，因有过，遂无言。上怜之，乃以贤为胶东王奉康王嗣，而封庆于故衡山地，为六安王。

①【集解】应劭曰：“楼车，所以窥看敌国营垒之虚实也。”【索隐】《左传》云“登楼车以窥宋人”，谓看敌国营垒之虚实也。李巡注《尔雅》“金镞，以金为箭镝”。镞，《字林》音子木反。

②【集解】如淳曰：“穷治其辞，出此事。”

③【集解】徐广曰："其母武帝母妹。"【正义】寄母王夫人即王皇后之妹，于上为从母，故寄于诸兄弟最为亲爱也。

胶东王贤立十四年卒，谥为哀王。子庆为王。①

①【集解】徐广曰："他本亦作'庆'字，惟一本作'建'。不宜得与叔父同名，相承之误。"

六安王庆，以元狩二年用胶东康王子为六安王。

清河哀王乘，以孝景中三年用皇子为清河王。十二年卒，无后，国除，地入于汉，为清河郡。

常山宪王舜，以孝景中五年用皇子为常山王。舜最亲，景帝少子，骄怠多淫，数犯禁，上常宽释之。立三十二年卒，太子勃代立为王。

初，宪王舜有所不爱姬生长男棁。①棁以母无宠故，亦不得幸于王。王后脩生太子勃。王内多，所幸姬生子平、子商，王后希得幸。及宪王病甚，诸幸姬常侍病，故王后亦以妒媢②不常侍病，辄归舍。医进药，太子勃不自尝药，又不宿留侍病。及王薨，王后、太子乃至。宪王雅不以长子棁为人数，及薨，又不分与财物。郎或说太子、王后，令诸子与长子棁共分财物，太子、王后不听。太子代立，又不收恤棁。棁怨王后、太子。汉使者视宪王丧，棁自言宪王病时，王后、太子不侍，及薨，六日出舍，③太子勃私奸，饮酒，博戏，击筑，与女子载驰，环城过市，入牢视囚。天子遣大行骞④验王后及问王勃，请逮勃所与奸诸证左，王又匿之。吏求捕，勃大急，使人致击笞掠，擅出汉所疑囚者。有司请诛宪王后脩及王勃。上以脩素无行，使棁陷之罪，勃无良师傅，不忍诛。有司请废王后脩，徙王勃以家属处房陵，上许之。

①【集解】苏林曰："音夺。"【索隐】邹氏一音之悦反。苏林音夺。许慎《说解字林》云"他活反，字从木也"。

②【索隐】媢音亡报反。邹氏本作"媚"。郭璞注《三苍》云"媢，丈夫妒也"。又

云妒女为媢。

③【集解】如淳曰："服舍也。"

④【索隐】按：谓是张骞。

勃王数月，迁于房陵，国绝。月馀，天子为最亲，乃诏有司曰："常山宪王蚤夭，后妾不和，適孽诬争，陷于不义以灭国，朕甚闵焉。其封宪王子平三万户，为真定王；封子商三万户，为泗水王。"①

①【正义】泗水，海州。

真定王平，元鼎四年用常山宪王子为真定王。

泗水思王商，以元鼎四年用常山宪王子为泗水王。十一年卒，子哀王安世立。十一年卒，无子。于是上怜泗水王绝，乃立安世弟贺为泗水王。

右四国本王皆王夫人兒姁子也。其后汉益封其支子为六安王、泗水王二国。凡兒姁子孙，于今为六王。

太史公曰：高祖时诸侯皆赋，①得自除内史以下，汉独为置丞相，黄金印。诸侯自除御史、廷尉正、博士，拟于天子。自吴楚反后，五宗王世，汉为置二千石，去"丞相"曰"相"，银印。诸侯独得食租税，夺之权。其后诸侯贫者或乘牛车也。

①【集解】徐广曰："国所出有皆入于王也。"

【索隐述赞】景十三子，五宗亲睦。栗姬既废，临江折轴。阏于早薨，河间儒服。馀好宫苑，端事驰逐。江都有才，中山禔福。长沙地小，胶东造镞。仁贤者代，浡乱者族。兒姁四王，分封为六。

史记卷六十

三王世家第三十

“大司马臣去病①昧死再拜上疏皇帝陛下：陛下过听，使臣去病待罪行间。宜专边塞之思虑，暴骸中野无以报，乃敢惟他议以干用事者，诚见陛下忧劳天下，哀怜百姓以自忘，亏膳贬乐，损郎员。皇子赖天，能胜衣趋拜，至今无号位师傅官。陛下恭让不恤，群臣私望，不敢越职而言。臣窃不胜犬马心，昧死愿陛下诏有司，因盛夏吉时定皇子位。②唯陛下幸察。臣去病昧死再拜以闻皇帝陛下。”三月乙亥，御史臣光守尚书令奏未央宫。制曰：“下御史。”

①【索隐】霍去病也。

②【索隐】按：《明堂月令》云“季夏月，可以封诸侯，立大官”是也。

六年三月戊申朔，乙亥，御史臣光，守尚书令丞非，①下御史书到，言：“丞相臣青翟、②御史大夫臣汤、③太常臣充、④大行令臣息、⑤太子少傅臣安⑥行宗正事昧死上言：大司马去病上疏曰：‘陛下过听，使臣去病待罪行间。宜专边塞之思虑，暴骸中野无以报，乃敢惟他议以干用事者，诚见陛下忧劳天下，哀怜百姓以自忘，亏膳贬乐，损郎员。皇子赖天，能胜衣趋拜，至今无号位师傅官。陛下恭让不恤，群臣私望，不敢越职而言。臣窃不胜犬马心，昧死愿陛下诏有司，因盛夏吉时定皇子位。唯愿陛下幸察。’制曰‘下御史’。臣谨与中二千石、二千石臣贺等⑦议：古者裂地立国，并建诸侯以承天子，所以尊宗庙重社稷也。今臣去病上疏，不忘其职，因以宣恩，乃道天子卑让自贬以劳天下，虑皇子未有号位。臣青翟、臣汤等宜奉义遵职，愚憧而不逮事。方今盛夏吉时，臣青翟、臣汤等昧死请立皇子臣闳、[8]臣旦、臣胥为诸侯王。昧死请所立国名。”

①【索隐】按：奏状有尚书令官位，而史先阙其名耳。丞非者，或尚书左右丞，非其名也。

②【索隐】庄青翟也。

③【索隐】张汤。

④【索隐】盖赵充也。

⑤【索隐】李息。

⑥【索隐】任安也。

⑦【正义】公孙贺。

⑧【集解】徐广曰：“一作‘闲’。”

制曰：“盖闻周封八百，姬姓并列，或子、男、附庸。《礼》‘支子不祭’。云并建诸侯所以重社稷，朕无闻焉。且天非为君生民也。[1]朕之不德，海内未洽，乃以未教成者强君连城，即股肱何劝？[2]其更议以列侯家之。”

①【索隐】《左传》曰“天生蒸民，立君以司牧之”，是言生人为立君长司牧之耳，非天为君而生人也。

②【集解】徐广曰：“一作‘敦’，一作‘勖’，一作‘观’也。”【索隐】谓皇子等并未习教义也。皇子未习教义，而强使为诸侯王，以君连城之人，则大臣何有所劝？

三月丙子，奏未央宫。“丞相臣青翟、御史大夫臣汤昧死言：臣谨与列侯臣婴齐、中二千石二千石臣贺、谏大夫博士臣安等议曰：伏闻周封八百，姬姓并列，奉承天子。康叔以祖考显，而伯禽以周公立，咸为建国诸侯，以相傅为辅。百官奉宪，各遵其职，而国统备矣。窃以为并建诸侯所以重社稷者，四海诸侯各以其职奉贡祭。支子不得奉祭宗祖，礼也。封建使守藩国，帝王所以扶德施化。陛下奉承天统，明开圣绪，尊贤显功，兴灭继绝。续萧文终之后于酂，[1]褒厉群臣平津侯等。[2]昭六亲之序，明天施之属，使诸侯王封君得推私恩分子弟户邑，锡号尊建百有馀国。③而家皇子为列侯，则尊卑相逾，④列位失序，不可以垂统于万世。臣请立臣闳、⑤臣旦、⑥臣胥⑦为诸侯王。”三月丙子，奏未央宫。

①【索隐】萧何谥文终也。按：萧何初封沛之酂，音赞。后其子续封南阳之酂，音嵯。

②【索隐】公孙弘封平津侯。平津，高成之乡名。　【正义】公孙弘所封平津乡，在沧州盐山南四十二里也。”

③【索隐】谓武帝广推恩之诏，分王诸侯王子弟，故有百馀国。

④【索隐】谓诸侯王子已为列侯，而今又家皇子为列侯，是尊卑相逾越矣。

⑤【索隐】齐王也，王夫人子。

⑥【索隐】燕王也。《汉书》云李姬子。

⑦【索隐】广陵王也。

制曰：“康叔亲属有十而独尊者，褒有德也。周公祭天命郊，故鲁有白牡、骍刚之牲。①群公不毛，②贤不肖差也。‘高山仰之，景行向之’，朕甚慕焉。所以抑未成，家以列侯可。”

①【集解】《公羊传》曰：“鲁祭周公，牲用白牡，鲁公用骍刚。”何休曰：“白牡，殷牲也。骍刚，赤脊，周牲也。”

②【集解】何休曰：“不毛，不纯色也。”

四月戊寅，奏未央宫。“丞相臣青翟、御史大夫臣汤昧死言：臣青翟等与列侯、吏二千石、谏大夫、博士臣庆等议：昧死奏请立皇子为诸侯王。制曰：‘康叔亲属有十而独尊者，褒有德也。周公祭天命郊，故鲁有白牡、骍刚之牲。群公不毛，贤不肖差也。“高山仰之，景行向之”，朕甚慕焉。所以抑未成，家以列侯可。’臣青翟、臣汤、博士臣将行等伏闻康叔亲属有十，武王继体，周公辅成王，其八人皆以祖考之尊建为大国。康叔之年幼，周公在三公之位，而伯禽据国于鲁，盖爵命之时，未至成人。康叔后扞禄父之难，伯禽殄淮夷之乱。昔五帝异制，周爵五等，春秋三等，①皆因时而序尊卑。高皇帝拨乱世反诸正，②昭至德，定海内，封建诸侯，爵位二等。③皇子或在襁褓而立为诸侯王，奉承天子，为万世法则，不可易。陛下躬亲仁义，体行圣德，表里文武。显慈孝之行，广贤能之路。内褒有德，外讨强暴。极临北海，④西(凑)〔溱〕月氏，⑤匈奴、西域，举国奉师。舆械之费，不赋于民。虚御府之藏以赏元戎，⑥开禁仓以振贫穷，减戍卒之半。百蛮之君，靡不向风，承流称意。远方殊俗，重译而朝，泽及方外。故珍兽至，嘉谷兴，天应甚彰。今诸侯支子封至诸侯王，⑦而家皇子为列侯，⑧臣青翟、臣汤等窃伏孰计之，皆以为尊卑失序，使天下失望，不可。臣请立臣闳、臣旦、臣胥为诸侯王。”四月癸未，奏未央宫，留中不下。

①【集解】郑玄曰：“春秋变周之文，从殷之质，合伯、子、男以为一，则殷爵三等者，公、侯、伯也。”

②【索隐】《春秋公羊传》文。

③【索隐】谓王与列侯。

④【正义】《匈奴传》云霍去病伐匈奴，北临翰海。

⑤【正义】溱音臻。氏音支。至月氏。月氏，西戎国名，在葱岭之西也。

⑥【集解】《诗》云：“元戎十乘，以先启行。”韩婴《章句》曰：“元戎，大戎，谓兵车也。车有大戎十乘，谓车缦轮，马被甲，衡扼之上尽有剑戟，名曰陷军之车，所以冒突先启敌家之行伍也。”《毛传》曰：“夏后氏曰钩车，先正也。殷曰寅车，先疾也。周曰元戎，先良也。”

⑦【索隐】谓立胶东王子庆为六安王，常山王子平为真定王，子商为泗水王是也。

⑧【索隐】时诸王称“国”，列侯称“家”也，故云“家皇子”为尊卑失序。

“丞相臣青翟、太仆臣贺、行御史大夫事太常臣充、太子少傅臣安行宗正事昧死言：臣青翟等前奏大司马臣去病上疏言，皇子未有号位，臣谨与御史大夫臣汤、中二千石、二千石、谏大夫、博士臣庆等昧死请立皇子臣闳等为诸侯王。陛下让文武，躬自切，及皇子未教。群臣之议，儒者称其术，或悖其心。陛下固辞弗许，家皇子为列侯。臣青翟等窃与列侯臣寿成①等二十七人议，皆曰以为尊卑失序。高皇帝建天下，为汉太祖，王子孙，广支辅。先帝法则弗改，所以宣至尊也。臣请令史官择吉日，具礼仪上，御史奏舆地图，②他皆如前故事。”制曰：“可。”

①【集解】徐广曰：“萧何之玄孙酂侯寿成，后为太常也。”

②【索隐】谓地为“舆”者，天地有覆载之德，故谓天为“盖”，谓地为“舆”，故地图称“舆地图”。疑自古有此名，非始汉也。

四月丙申，奏未央宫。“太仆臣贺行御史大夫事昧死言：太常臣充言卜入四月二十八日乙巳，可立诸侯王。臣昧死奏舆地图，请所立国名。礼仪别奏。臣昧死请。”

制曰：“立皇子闳为齐王，旦为燕王，胥为广陵王。”

四月丁酉，奏未央宫。六年①四月戊寅朔，癸卯，御史大夫汤下丞相，丞相下中二千石，二千石下郡太守、诸侯相，丞书从事下当用者。如律令。

①【集解】徐广曰：“一云元狩。”

“维六年四月乙巳，皇帝使御史大夫汤庙立子闳为齐王。曰：於戏，小子闳，①受兹青社！②朕承祖考，维稽古建尔国家，封于东土，世为汉藩辅。於戏念哉！恭朕之诏，惟命不于常。人之好德，克明显光。义之不图，俾君子怠。③悉尔心，允执其中，天禄永终。厥有僁不臧，乃凶于而国，害于尔躬。於戏，保国艾民，可不敬与！王其戒之。”④

①【索隐】此封齐王策文也。又按《武帝集》，此三王策皆武帝手制。於戏音呜呼。戏或音羲。

②【集解】张晏曰：“王者以五色土为太社，封四方诸侯，各以其方色土与之，苴以白茅，归以立社。”【索隐】蔡邕《独断》云：“皇子封为王，受天子太社之土，若封东方诸侯，则割青土，藉以白茅，授之以立社，谓之‘茅土’。”齐在东方，故云青社。

③【索隐】谓若不图于义，则君子懈怠，无归附心。

④【集解】徐广曰：“立八年，无后，绝。”

右齐王策。

“维六年四月乙巳，皇帝使御史大夫汤庙立子旦为燕王。曰：於戏，小子旦，受兹玄社！朕承祖考，维稽古，①建尔国家，封于北土，世为汉藩辅。於戏！荤粥氏虐老兽心，②侵犯寇盗，加以奸巧边萌。③於戏！朕命将率徂征厥罪，万夫长，千夫长，三十有二君皆来，④降期奔师。⑤荤粥徙域，⑥北州以绥。⑦悉尔心，毋作怨，毋俷德，⑧毋乃废备。⑨非教士不得从征。⑩於戏，保国艾民，可不敬与！王其戒之。”⑪

①【索隐】褚先生解云：“维者，度也。稽者，当也。言当顺古道也。”魏高贵乡公云：“稽，同也。古，天也。谓尧能同天。”

②【索隐】按：《匈奴传》曰“其国贵壮贱老，壮者食肥美，老者食其馀”，是虐老也。

③【索隐】边甿。韦昭云：“甿，民也。”《三仓》云：“边人云甿。”

④【集解】张晏曰：“时所获三十二帅也。”

⑤【集解】如淳曰：“偃其旗鼓而来降。” 【索隐】《汉书》“君”作“帅”，“期”作“旗”。而服虔云以三十二军中之将，下旗去之也。如淳云即昆邪王偃旗鼓降时也。若如此意，则三十二君非军将，盖戎狄酋帅时有三十二君来降也。

⑥【集解】张晏曰：“匈奴徙东也。”

⑦【集解】臣瓒曰：“绥，安也。”

⑧【集解】徐广曰：“俷，一作‘菲’。” 【索隐】无菲德。苏林云：“菲，废也。本亦作‘俷’，俷，败也。”孔文祥云：“菲，薄也。”《汉书》作“棐”。 【正义】俷音符味反。

⑨【索隐】褚先生解云：“言无乏武备，常备匈奴也。”

⑩【集解】张晏曰：“士不素习，不应召。” 【索隐】韦昭云：“士非素教习，不得从军征发。故孔子曰‘不教人战，是谓弃之’是也。”褚先生解云：“非习礼义，不得在其侧也。”

⑪【集解】徐广曰：“立三十年，自杀，国除。”

右燕王策。

“维六年四月乙巳，皇帝使御史大夫汤庙立子胥为广陵王。曰：於戏，小子胥，受兹赤社！朕承祖考，维稽古建尔国家，封于南土，世为汉藩辅。古人有言曰：‘大江之南，①五湖之间，②其人轻心。杨州保疆，③三代要服，不及以政。’於戏！悉尔心，战战兢兢，乃惠乃顺，毋侗好轶，毋迩宵人，④维法维则。《书》云‘臣不作威，不作福’，靡有后羞。於戏，保国艾民，可不敬与！王其戒之。”⑤

①【正义】谓京口南至荆州以南也。

②【索隐】按：五湖者，具区、洮滆、彭蠡、青草、洞庭是也。或曰太湖五百里，故曰五湖也。

③【集解】徐广曰：“一作‘壇’。”骃案：李奇曰“保，恃也”。

④【集解】应劭曰：“无好逸游之事，迩近小人。”张晏曰：“侗音同。”【索隐】侗音同。褚先生解云：“无好轶乐驰骋(戈)〔弋〕猎。迩，近也。宵人，小人也。”邹氏宵音谡，谡亦小人也。或作“佞人”。

⑤【集解】徐广曰：“立六十四年，自杀。”

右广陵王策。

太史公曰：古人有言曰“爱之欲其富，亲之欲其贵”。故王者壃土建国，封立子弟，所以褒亲亲，序骨肉，尊先祖，贵支体，广同姓于天下也。是以形势强而王室安。自古至今，所由来久矣。非有异也，故弗论箸也。燕齐之事，无足采者。然封立三王，天子恭让，群臣守义，文辞烂然，甚可观也，是以附之世家。

褚先生曰：臣幸得以文学为侍郎，好览观太史公之列传。传中称《三王世家》文辞可观，求其世家终不能得。窃从长老好故事者取其封策书，编列其事而传之，令后世得观贤主之指意。

盖闻孝武帝之时，同日而俱拜三子为王：封一子于齐，一子于广陵，一子于燕。各因子才力智能，及土地之刚柔，人民之轻重，为作策以申戒之。谓王：“世为汉藩辅，保国治民，可不敬与！王其戒之。”夫贤主所作，固非浅闻者所能知，非博闻强记君子者所不能究竟其意。至其次序分绝，文字之上下，简之参差长短，皆有意，人莫之能知。谨论次其真草诏书，编于左方，令览者自通其意而解说之。

王夫人者，赵人也，与卫夫人并幸武帝，而生子闳。闳且立为王时，其母病，武帝自临问之。曰："子当为王，欲安所置之？"王夫人曰："陛下在，妾又何等可言者。"帝曰："虽然，意所欲，欲于何所王之？"王夫人曰："愿置之雒阳。"武帝曰："雒阳有武库敖仓，天下冲厄，汉国之大都也。先帝以来，无子王于雒阳者。去雒阳，馀尽可。"王夫人不应。武帝曰："关东之国无大于齐者。齐东负海而城郭大，古时独临菑中十万户，天下膏腴地莫盛于齐者矣。"王夫人以手击头，谢曰："幸甚。"王夫人死而帝痛之，使使者拜之曰："皇帝谨使使太中大夫明奉璧一，赐夫人为齐王太后。"子闳王齐，年少，无有子，立，不幸早死，国绝，为郡。天下称齐不宜王云。

所谓"受此土"者，诸侯王始封者必受土于天子之社，归立之以为国社，以岁时祠之。《春秋大传》曰："天子之国有泰社。东方青，南方赤，西方白，北方黑，上方黄。"故将封于东方者取青土，封于南方者取赤土，封于西方者取白土，封于北方者取黑土，封于上方者取黄土。各取其色物，裹以白茅，封以为社。此始受封于天子者也。此之为主土。主土者，立社而奉之也。"朕承祖考"，祖者先也，考者父也。"维稽古"，维者度也，念也，稽者当也，当顺古之道也。

齐地多变诈，不习于礼义，故戒之曰"恭朕之诏，唯命不可为常。人之好德，能明显光。不图于义，使君子怠慢。悉若心，信执其中，天禄长终。有过不善，乃凶于而国，而害于若身"。齐王之国，左右维持以礼义，不幸中年早夭。然全身无过，如其策意。

传曰"青采出于蓝，而质青于蓝"者，教使然也。远哉贤主，昭然独见：诫齐王以慎内；诫燕王以无作怨，无俷德；① 诫广陵王以慎外，无作威与福。

①【索隐】本亦作"肥"。案：上策云"作菲德"，下云"勿使王背德也"，则肥当音扶味反，亦音匪。

夫广陵在吴越之地，其民精而轻，故诫之曰"江湖之间，其人轻心。杨州葆疆，三代之时，迫要使从中国俗服，不大及以政教，以意御之而已。无侗好佚，无迩宵人，维法是则。无长好佚乐驰骋弋猎淫康，而近小人。常念法度，则无羞辱矣”。三江、五湖有鱼盐之利，铜山之富，天下所仰。故诫之曰“臣不作福”者，勿使行财币，厚赏赐，以立声誉，为四方所归也。又曰“臣不作威”者，勿使因轻以倍义也。

会孝武帝崩，孝昭帝初立，先朝广陵王胥，厚赏赐金钱财币，直三千馀万，益地百里，邑万户。

会昭帝崩，宣帝初立，缘恩行义，以本始元年中，裂汉地，尽以封广陵王胥四子：一子为朝阳侯；① 一子为平曲侯；② 一子为南利侯；③ 最爱少子弘，立以为高密王。④

①【正义】《括地志》云：“朝阳故城在邓州穰县南八十里。应劭云在朝水之阳也。”

②【正义】《地理志》云平曲县属东海郡。又云在瀛州文安县北七十里。

③【正义】《括地志》云：“南利故城在豫州上蔡县东八十五里。”

④【正义】《括地志》云：“高密故城在密州高密县西南四十里。”

其后胥果作威福，通楚王使者。楚王宣言曰：“我先元王，高帝少弟也，封三十二城。今地邑益少，我欲与广陵王共发兵云。〔立〕广陵王为上，我复王楚三十二城，如元王时。”事发觉，公卿有司请行罚诛。天子以骨肉之故，不忍致法于胥，下诏书无治广陵王，独诛首恶楚王。传曰“蓬生麻中，不扶自直；① 白沙在泥中，与之皆黑”者，土地教化使之然也。其后胥复祝诅谋反，自杀，国除。

①【索隐】已下并见《荀卿子》。

燕土墝埆，北迫匈奴，其人民勇而少虑，故诫之曰“荤粥氏无有孝行而禽兽心，以窃盗侵犯边民。朕诏将军往征其罪，万夫长，千夫长，三十有二君皆来，降旗奔师。荤粥徙域远处，北州以安矣”。“悉若心，无作怨”者，勿使从俗以怨望也。“无俷德”者，勿使(上)〔王〕背德也。“无废备”者，无乏武备，常备匈奴也。“非教士不得从征”者，言非习礼义不得在于侧也。

会武帝年老长，而太子不幸薨，未有所立，而旦使来上书，请身入宿卫于长安。孝武见其书，击地，怒曰：“生子当置之齐鲁礼义之乡，乃置之燕赵，果有争心，不让之端见矣。”于是使使即斩其使者于阙下。

会武帝崩，昭帝初立，旦果作怨而望大臣。自以长子当立，与齐王子刘泽等谋为叛逆，出言曰：“我安得弟在者！①今立者乃大将军子也。”欲发兵。事发觉，当诛。昭帝缘恩宽忍，抑案不扬。公卿使大臣请，遣宗正与太中大夫公户满意、御史二人，偕往使燕，风喻之。②到燕，各异日，更见责王。宗正者，主宗室诸刘属籍，先见王，为列陈道昭帝实武帝子状。侍御史乃复见王，责之以正法，问：“王欲发兵罪名明白，当坐之。汉家有正法，王犯纤介小罪过，即行法直断耳，安能宽王。”惊动以文法。王意益下，心恐。公户满意习于经术，最后见王，称引古今通义，国家大礼，文章尔雅。③谓王曰：“古者天子必内有异姓大夫，所以正骨肉也；外有同姓大夫，所以正异族也。④周公辅成王，诛其两弟，故治。武帝在时，尚能宽王。今昭帝始立，年幼，富于春秋，未临政，委任大臣。古者诛罚不阿亲戚，故天下治。方今大臣辅政，奉法直行，无敢所阿，恐不能宽王。王可自谨，无自令身死国灭，为天下笑。”于是燕王旦乃恐惧服罪，叩头谢过。大臣欲和合骨肉，难伤之以法。

①【索隐】案：昭帝，钩弋夫人所生，武帝崩时，年才七八岁耳。胥、旦早封在外，实合有疑。然武帝春秋高，惑于内宠，诛太子而立童孺，能不使胥、旦疑怨。亦由权臣辅政，贪立幼主之利，遂得钩弋子当阳。斯实父德不弘，遂令子道不顺。然犬各吠非其主，太中、宗正，人臣之职，又亦当如此。

②【索隐】宗正，官名，必以宗室有德者为之，不知时何人。公户姓，满意名，为太中大夫。是使二人，又有侍御史二人，皆往使治燕王也。

③【索隐】尔，近也；雅，正也。其书于“正”字义训为近，故云尔雅。相承云周公作以教成王，又云子夏作之以解《诗》《书》也。

④【索隐】按：内云有异姓大夫以正骨肉，盖错也。“内”合言“同姓”，宗正是

也。"外"合言"异姓",太中大夫是也。

其后旦复与左将军上官桀等谋反,宣言曰"我次太子,太子不在,我当立,大臣共抑我"云云。大将军光辅政,与公卿大臣议曰:"燕王旦不改过悔正,行恶不变。"于是修法直断,行罚诛。旦自杀,国除,如其策指。有司请诛旦妻子。孝昭以骨肉之亲,不忍致法,宽赦旦妻子,免为庶人。传曰"兰根与白芷,渐之滫中,①君子不近,庶人不服"者,所以渐然也。

①【集解】徐广曰:"滫者,淅米汁也。音先纠反。" 【索隐】白芷,香草也,音止,又音昌改反。渐音子潜反。渐,渍也。滫读如《礼》"滫溲"之"滫",谓洗也,音思酒反。 【正义】言虽香草,以米汁渍之,无复香气。君子不欲附近,庶人不服者,为渐渍然也。以旦谋叛,君子庶人皆不附近。

宣帝初立,推恩宣德,以本始元年中尽复封燕王旦两子:一子为安定侯;①立燕故太子建为广阳王,②以奉燕王祭祀。

①【正义】《汉表》在钜鹿郡。

②【正义】《括地志》云:"广阳故城今在幽州良乡县东北三十七里。"

【索隐述赞】三王封系,旧史烂然。褚氏后补,册书存焉。去病建议,青翟上言。天子冲挹,志在急贤。太常具礼,请立齐燕。闳国负海,旦社惟玄。宵人不迩,荤粥远边。明哉监戒,式防厥愆。